Economía, historia e instituciones del turismo en España

RAFAEL ESTEVE SECALL
PROFESOR TITULAR DEL DEPARTAMENTO DE ECONOMÍA APLICADA
DE LA UNIVERSIDAD DE MÁLAGA

RAFAEL FUENTES GARCÍA
DIRECTOR DEL DEPARTAMENTO ECONÓMICO Y TURÍSTICO
DE LA SOCIEDAD DE PLANIFICACIÓN Y DESARROLLO

Economía, historia e instituciones del turismo en España

EDICIONES PIRÁMIDE

COLECCIÓN «ECONOMÍA Y EMPRESA»

Director:
Miguel Santesmases Mestre
Catedrático de la Universidad de Alcalá de Henares

Diseño de cubierta: C. Carabina

Realización de cubierta: Anaí Miguel

© Rafael Esteve Secall
   Rafael Fuentes García
© Ediciones Pirámide (Grupo Anaya, S. A.), 2000
Juan Ignacio Luca de Tena, 15. 28027 Madrid
Teléfono: 91 393 89 89. Fax: 91 742 36 61
Depósito legal: M. 35.448-2000
ISBN: 84-368-1503-3
Printed in Spain
Impreso en Lavel, S. A.
Polígono Industrial Los Llanos. Gran Canaria, 12
Humanes de Madrid (Madrid)

Índice

Índice

8. Visión conjunta de la evolución del turismo en España 383

Anexo: Los planes de desarrollo 421

Bibliografía 469

Introducción

Este libro cuyas páginas empiezas a abrir —lector— es fruto de una preocupación investigadora y docente. De la primera, porque en el mismo recogemos parte de nuestras respectivas tesis doctorales. De la segunda, porque al enfrentarnos con la docencia de diferentes aspectos del turismo español en el Máster de Estudios Turísticos que iniciamos en la Universidad de Málaga hace ya una decena de años comprobamos la escasez de material docente existente en relación con estos temas. Por ello, nos planteamos la oportunidad de elaborar un manual que pudiera servir a las enseñanzas de la historia y el presente del turismo español para quienes se acercaran a su estudio desde no importa qué ámbito disciplinario, pues no existía ese libro omnicomprensivo que, desde una perspectiva histórica, permitiera analizar con rigor la evolución legal, administrativa y cuantitativa del turismo hispano. Y esa laguna es la que hemos intentado cubrir con este libro cuya elaboración nos ha llevado bastante más tiempo del previsto.

Y es además un libro que estimamos oportuno porque creemos que ya ha transcurrido el suficiente tiempo, desde que se inició el *boom* del moderno turismo de masas, como para tener la imprescindible perspectiva histórica que permita un adecuado tratamiento en todas sus facetas de lo que ha sido el turismo para la economía y la sociedad españolas de este siglo que se acaba.

Por otro lado hemos procurado ser muy estrictos en el tratamiento metodológico del libro, porque entendemos que es la mejor garantía de una fácil asimilación por quienes son la parte fundamental de sus destinatarios: profesionales del sector y alumnos de turismo o de otras disciplinas relacionadas con el turismo.

El primer problema con que nos enfrentamos al abordar el trabajo fue decidir entre las diferentes alternativas metodológicas que se nos planteaban; y entre un tratamiento sectorial o el estrictamente temporal optamos por una mezcla de ambos. Así, el libro está dividido en capítulos que abarcan, cada uno de ellos, diferentes épocas históricas con una evidente unidad política-administrativa que, además, es reflejo de una división de la historia económica reciente bastante aceptada. Esta estructura va a facilitarnos en el futuro la actualización del trabajo al poder agregar nuevos capítulos en la medida en que se vayan cerrando nuevas etapas.

Por otro lado, en el contexto de cada capítulo o período histórico hemos mantenido una estructura similar. Una introducción contextual que sirve para enmarcar históricamente el análisis que sigue, consistente en el análisis del marco administrativo y su variación en el tiempo de cada capítulo; a continuación se estudia el marco legal del turismo; le siguen el marco económico y la cuantificación de los principales datos de la actividad económica y turística, para finalizar con una perspectiva conceptual general acerca de lo que significó el turismo en la correspondiente etapa histórica.

Entendemos que esta estructura facilita al lector una visión global de lo que el turismo ha sido y sigue siendo para la economía y la sociedad españolas. A veces los árboles no nos dejan ver el bosque y por eso hemos procurado parcelarlo para poder ver cada uno de los árboles, pero sin perder la perspectiva general del bosque. Es al lector a quien corresponde juzgar si hemos logrado nuestro objetivo. Con esta estructura metodológica entendemos que se facilita enormemente también la labor de los docentes, por cuanto son muy fáciles de identificar las partes que le interesan especialmente en su docencia, y sin que se pierda la visión general del período histórico correspondiente.

El libro se cierra con un capítulo en el que recopilamos las principales estadísticas turísticas españolas existentes para dar una visión de conjunto de su evolución, y con unas tablas históricas en que se puede ver de forma sincrónica la evolución de cada uno de los tres marcos: administrativo, legal y económico. Su simple examen es suficientemente elocuente de la trayectoria seguida por el sector turístico a lo largo del siglo xx.

Finalmente, como en todo libro de características similares al de éste, siempre hay alguna deuda de gratitud con personas que de una u otra manera han ayudado a los autores en su elaboración. Desde el ingeniero Luis López Peláez, uno de los autores de la última ley de Costas e impulsores de su cumplimiento gracias a la cual hoy está algo más defendido nuestro litoral de las ansias privatizadoras del capital especulativo, y que leyó las partes relacionadas con el tratamiento legal del mismo, al también ingeniero Agustín Lozano Hernández que en otra época nos descubrió la maravillas naturales que encierra la Serranía de Ronda, y que también leyó los borradores acerca del tratamiento legal y administrativo de la protección de la naturaleza y del medio ambiente; a ambos nuestro agradecimiento por sus sugerencias. Asimismo, nuestro reconocimiento al historiador del andalucismo Juan Antonio Lacomba, con quien discutimos la estructuración periódica de los capítulos en que hemos dividido el libro, y a la economista Belén Rodríguez, quien nos ayudó en la homogeneización de la amplia información obtenida en el transcurso del trabajo. Como muy agradecidos estamos también al Instituto de Estudios Turísticos, cuya biblioteca es fuente inagotable para cualquier investigador turístico y, en concreto, queremos personificar ese agradecimiento en Alfonso Sanz y Carlos Calvo, siempre amables y dispuestos a facilitarnos cualquier documento que necesitáramos. Por último, también quisiéramos agradecer las facilidades que el Instituto Nacional de Estadística, fundamentalmente en su delegación provincial malagueña, nos dio a la hora del acopio estadístico de la primera mitad del siglo. A todos ellos hacemos partícipes de los aciertos que puedan encontrarse en este trabajo, lo que no ocurre con los posibles errores, que siempre son de la incumbencia de los autores.

14

1

La Restauración, la dictadura primorriverista y la República (de 1900 a 1936)

1. ENCUADRE GENERAL: LOS «FELICES VEINTE» Y LA GRAN CRISIS

El largo período temporal contemplado en este primer capítulo está enmarcado por una serie de hechos relevantes que van a determinar la evolución económica y social de España. En lo político, tres regímenes abarcan el período: la Restauración, la dictadura de Primo de Rivera y el advenimiento de la Segunda República. En lo económico, hay asimismo tres hitos que condicionan tal evolución: la crisis finisecular y la pérdida de las últimas colonias de Cuba, Puerto Rico y Filipinas, lo que originó inicialmente los problemas monetarios derivados de la financiación de las guerras coloniales y la posterior repatriación de cuantiosos capitales españoles; la Primera Guerra Mundial y las oportunidades para hacer grandes negocios en países próximos a los beligerantes pero no participantes en la misma, como fue el caso español; y la crisis de 1929 y sus secuelas de todo tipo. Y todo ello adobado con el espectro de la última guerra colonial de África que tanto marcó a la sociedad española de aquel primer tercio del siglo XX.

España a finales del XIX era un país típicamente subdesarrollado, en el que la escasa formación interior de capital, el insuficiente desarrollo tecnológico y el general atraso en que se desenvolvía nuestra economía no permitía el aprovechamiento nacional de nuestros recursos, gestionado de manera generalizada por el capital extranjero. Un capital extranjero que se orientó fundamentalmente hacia los sectores extractivos y, en general, hacia la industria exportadora y el sector transportes —singularmente el ferrocarril— y los servicios públicos.

En cualquier caso, el final del siglo XIX coincide con el triunfo del proteccionismo cuya consolidación permitió la aparición de lo que algunos autores han denominado la «vía nacionalista del capitalismo español» que se mantuvo hasta el fin de la Autarquía, al término de la sexta década del siglo XX, y que fue estimulado por el desastre colonial de 1898.

Antes, la única política económica industrializadora que existió consistía en eliminar las trabas a la inversión extranjera —que inundó nuestro país mediado el siglo pasado atendiendo lógicamente a sus intereses—, y en instaurar la protección arancelaria. Pero al impulsar la construcción de ferrocarriles permitió, simultáneamente, la formación de un auténtico mercado nacional inexistente hasta entonces por las dificultades orográficas del territorio español.

A principios de siglo, España era un país agrario, tanto en lo concerniente a su estructura económica como a la misma ocupación del territorio. El desarrollo tecnológico en el sector agrario brillaba por su ausencia, dada la abundancia de mano de obra, con pocas excepciones en sectores esencialmente exportadores o de transformación agraria (olivo, vid y remolacha azucarera) que confirmaban la regla. Y poco más o menos puede decirse del resto de los sectores productivos configuradores de un país que exportaba fundamentalmente minerales (un tercio del total de las exportaciones), vinos, frutas y aceite.

La segunda revolución industrial propiciada por la electricidad posibilita un cambio cualitativo a principios de siglo, por cuanto la repatriación de capitales coloniales estimula la creación de grandes empresas e instalaciones de cierta importancia, lo que no es sino el inicio de un lento, pero constante, despegue tecnológico basado en un período de estabilización económica que se extiende hasta casi la Primera Guerra Mundial, y de una «nacionalización» del desarrollo español, hasta entonces en manos foráneas, capitaneado por una gran banca mixta que fomentó la inversión industrial a largo plazo.

Este desarrollo tecnológico y financiero coincide con una creciente cartelización del mercado basado en el reforzamiento de los intereses proteccionistas en el nuevo arancel de 1906 y, sobre todo, en el Arancel Cambó de 1922 y posteriores elevaciones de 1926, 1927 y 1928. Y con el desarrollo industrial también tiene lugar una creciente toma de conciencia de los trabajadores, materializada en el auge de las organizaciones obreras y campesinas. Desde el comienzo del siglo, el proteccionismo arancelario coexistía con las propias medidas del proteccionismo administrativo de carácter estrictamente intervencionista. Es más, el intervencionismo no puede considerarse como un cuerpo separado de la protección arancelaria. Como se ha señalado con acierto, aquel es «una consecuencia de la protección» y la organización corporativa que ensaya la política anticrisis de la Dictadura, no es sino una especie de consagración institucional del vasto intervencionismo que se viene practicando desde la Primera Guerra Mundial a través de un sinfín de juntas y comités[1].

La implantación del motor de explosión, coincidente con el auge del petróleo y sus derivados como fuente de energía, constituye en esos años iniciales del siglo XX otro elemento esencial en el acortamiento de los desplazamientos, reforzando la implantación del mercado nacional y facilitando los viajes. Todo ello, junto a la política de construcción de carreteras del directorio militar de Primo de Rivera, sienta

---

[1] García Delgado, J. L.: «Industrialización y nacionalismo económico en la España del primer tercio del siglo XX», en la obra colectiva *Mercado y desarrollo económico en la España contemporánea*, Siglo XXI, Madrid, 1986, p. 126.

las bases de una expansión turística, todavía muy limitada pero significativa, que tiene lugar ya en los años veinte.

Pero antes conviene tener presente que la Primera Guerra Mundial estimuló la actividad económica española por la aparición de un mercado internacional coyuntural y artificioso ante la desaparición de los países beligerantes como exportadores. La especulación, los exorbitantes beneficios, el alza de precios y alguna escasez de bienes posibilitan un gran proceso de acumulación de capital, de concentración empresarial y de impulso industrial en algunas zonas del país. Sin embargo, las estructuras agrarias no se modifican acrecentándose las contradicciones socioeconómicas.

En general, debe pensarse que la coyuntura de la primera conflagración mundial «fue de pingües beneficios pero de escaso progreso tecnológico; el atraso de España en este sentido la hacía dependiente de los países en guerra, que no podían exportar tecnología ni sus aplicaciones. Por el contrario, la maduración de la conciencia social durante este período se debe mucho más a la manifiesta evidencia de los beneficios capitalistas multiplicados por la coyuntura y a la negativa patronal, durante los dos primeros años de alza de beneficios, a conceder alzas salariales, a pesar de los graves problemas de subsistencias que se iban acumulando»[2].

A partir de la década de los veinte, la vida cotidiana experimenta sensibles cambios ligados a la mejora de los transportes, del nivel de vida y a la aparición de nuevos bienes de consumo. Cambiaba la propia configuración urbana de España cuyas ciudades, especialmente las industriales, crecen y se modernizan impulsadas por la atracción que las industrias y los nuevos servicios ejercían sobre el resto del país al aumentar los puestos de trabajo. La estabilización que tiene lugar en Europa, una vez recuperada de la gran conflagración, facilita la bonanza económica de la dictadura primorriverista y una prosperidad coincidente, además, con la demanda de aprovisionamientos de material para hacer frente a la guerra de Marruecos.

El ciclo de prosperidad es aprovechado para realizar avances tecnológicos, en especial la aplicación de la energía eléctrica a la industria tras el fuerte impulso dado a la industria hidroeléctrica, y para efectuar fuertes inversiones públicas orientadas fundamentalmente hacia los ferrocarriles, la construcción naval y las obras públicas en general. Todo ello en el ámbito de un fuerte proteccionismo al que ya nos hemos referido.

Pero el ciclo quiebra con la crisis desencadenada por el *crack* de la bolsa de Nueva York del famoso martes de negro de 1929; una crisis que se extiende por toda Europa alterando las bases y poniendo en riesgo el funcionamiento del propio sistema capitalista. Si bien afecta en menor medida a España que al resto de países europeos, pronto nuestro país se vería inmerso en la crisis política derivada de la inesperada proclamación de la Segunda República tras las elecciones municipales de 1931.

Las transformaciones energéticas llegaron a España de pleno, pero con retraso; hubo una evidente modernización industrial, pero la tecnificación agraria continúa como asignatura pendiente; y esa creciente contradicción va a resultar determinante

---

[2] Tuñón de Lara, M.: *España, 1898-1936: Estructuras y cambio,* Editorial de la Universidad Complutense de Madrid, 1984, pp. 46 y 47.

en el período que se abre en la década de los treinta. Pues no hay que olvidar tampoco que el progreso tecnológico también supone reducción de puestos de trabajo y una creciente necesidad de una mano de obra más formada, lo que puso en evidencia las graves carencias educativas de nuestro país.

En suma, la crisis mundial de los años treinta abrió un período en que fascismo y comunismo cuestionaron el capitalismo vigente que no encontraba la fórmula para salir de la misma. Y ello, a la postre, desembocó en la tragedia española, que con sus indudables connotaciones propias, fue, además, el preámbulo de la tragedia mundial en que acabaron resolviéndose todas las contradicciones y problemas.

2. EL MARCO ADMINISTRATIVO: LAS PRIMERAS INSTITUCIONES ADMINISTRATIVAS DEL TURISMO

2.1. La Comisión Nacional para Fomentar las Excursiones Artísticas y de Recreo del Público Extranjero

Por un Real Decreto de 6 de octubre de 1905, y a propuesta del ministro de Fomento, Álvaro de Figueroa, se creaba la Comisión Nacional para Fomentar las Excursiones Turísticas y de Recreo del Público Extranjero. En su preámbulo se deja constancia de la importancia que tiene el turismo para la economía de cualquier país, al margen de otras consideraciones como la referente a su antigüedad en comparación con otras legislaciones extranjeras.

Como señala Fernández Álvarez, «significó un hito importante en la historia de nuestro turismo, no sólo por crearse con él nuestro organismo turístico, ni tampoco por ser la primera disposición que empleaba, consagrándolo, el término "turismo", sino porque nos ponía, en cuanto a esto, a la cabeza de los países más adelantados, hasta el punto de que los primeros organismos turísticos en Francia, Suiza e Italia no serían creados hasta algunos años más tarde»[3].

Tras constatar la importancia cuantitativa de los ingresos turísticos de Italia y Suiza, el preámbulo del decreto esboza los atractivos españoles centrados en *topografía y clima, monumentos artísticos y riqueza de recuerdos históricos,* y hace mención de las carencias de su explotación asentadas en *incurias y apatías lamentables, hijas de nuestro carácter nacional.* Como se puede apreciar, el pesimismo noventayochista dominaba la vida pública española en aquellos albores del siglo XX.

Y entre los aspectos de índole estrictamente económica tratados en el citado preámbulo, cabe señalar la reflexión que se hace acerca de los ingresos que puede proporcionar la corriente de excursionistas extranjeros, y su influencia «en el mantenimiento de una balanza económica favorable», así como la consagración del principio de subsidiariedad que debe presidir la acción del Estado. En cuanto a la fun-

---

[3] Fernández Álvarez, J.: *Curso de Derecho Administrativo turístico,* 2 tomos, Editora Nacional, Madrid, 1974, p. 103 del tomo 1.

ción propia de la iniciativa privada «debe ser aquí, como lo ha sido en otras naciones, impulsar y desarrollar el turismo, pero ante la falta de esa acción social, el Estado se cree en el deber de dar ejemplo y de estimular a todos en la tarea patriótica de fomentar las incursiones extranjeras en nuestra patria»[4].

Para la consecución de lo enunciado se creó la Comisión Nacional Permanente con los objetivos de «proponer los medios prácticos» para favorecer la llegada de extranjeros, «estudiar» las causas de las dificultades y «procurar» las mayores facilidades y atractivos. Y los medios concretos que se arbitran para ello son:

1. Formación y divulgación en el extranjero de itinerarios de viajes para visitar lo más fácil y provechosamente posible los principales monumentos artísticos nacionales, paisajes, etc.

2. Estudio y gestiones con las compañías de ferrocarriles para organizar y establecer tarifas especiales y trenes rápidos y confortables, que partiendo de las fronteras, y si fuese posible de los puertos, conduzcan a los viajeros en estas excursiones, haciendo el viaje atractivo y cómodo.

3. Concertar con Diputaciones, Ayuntamientos u otras entidades que fuese conveniente la mejora de los alojamientos, de todos los servicios relacionados con los viajeros, y cuanto pueda ser motivo lícito de atraer y retener a los súbditos de otras naciones.

4. Publicar y difundir en el extranjero, en los idiomas que sea conveniente, datos históricos, descripciones de nuestros monumentos y cuanto se considere útil para la mejor apreciación de las bellezas artísticas y naturales, para el conocimiento de nuestra historia y para despertar la curiosidad a los extranjeros.

5. Cualesquiera otros trabajos o gestiones que, a juicio de la Comisión nombrada, y con la aprobación del Gobierno si fuese preciso, se consideren conducentes al propósito de favorecer la excursión a España de público extranjero (art. 3.º).

Es decir, que se concibe la Comisión como un órgano fundamentalmente propagandístico y de marketing, quedando absolutamente diluidas las funciones que pudiera desempeñar para mejorar los equipamientos turísticos en el concepto jurídico «concertar», lo que sin duda es consecuencia de las limitaciones presupuestarias que, de conformidad con lo expresado en el artículo 4.º, tendrían por finalidad *atender a la impresión y propaganda de los trabajos que se realicen.*

La Comisión estaba presidida por el ministro de Fomento y en su composición entraría un número indeterminado de vocales designados por el propio ministro que, a tenor de la norma, fueran *personas de reconocida autoridad y experiencia adquirida en el frecuente viajar por el extranjero.*

Los mejores frutos de la Comisión fueron la publicación de nuevas normas re-

---

[4] Preámbulo del Real Decreto de 6 de octubre de 1905.

guladoras de la industria de hospedaje, y el impulso que dio a la creación de las sociedades de fomento y sindicatos de turismo de ámbito provincial, pero el principio de subsidiariedad enunciado en el preámbulo quedaba limitado a los aspectos publicitarios anteriormente citados.

2.2. La Comisaría Regia de Turismo

Fue también otro Decreto, esta vez de la Presidencia del Consejo de Ministros y fecha de 19 de junio de 1911, el que creó la Comisaría Regia de Turismo, fruto en gran medida de los desvelos y actividades de un aristócrata, profundamente preocupado por el tesoro histórico-artístico monumental español, que fue su primer comisario: el marqués de la Vega-Inclán. Este pionero del turismo hispano acondicionó de su propio peculio y abrió al público la Casa del Greco de Toledo, altruista evidencia de su interés por el tema. Esto no empece para que la oportunidad histórica de su creación pudiera deberse a otros motivos a los que nos vamos a referir más adelante.

La exposición de motivos del decreto evidencia los fines de la Comisaría: «Por estímulo ajeno, nacido de la admiración que el extranjero siente hacia la España artística, y por decoro nacional, se impone la necesidad de que nuestra patria preste la debida atención a los tesoros de arte que heredó de la antigüedad, dándoles el adecuado marco dentro de las exigencias de la vida moderna. Un poco desamparados de la tutela oficial estuvieron esos tesoros hasta el día [...]. No podía por otra parte estar ausente del ánimo del legislador el interés de todo español, de que las bellezas naturales de paisaje, de clima, fueran asequibles al extranjero que visita nuestra patria, y a su efecto quiere procurar por todos los medios a su alcance que la contemplación de estas bellezas naturales de nuestro suelo sean todo lo holgada y cómoda posible para el forastero»[5].

Del análisis de su contenido parece deducirse una doble preocupación en el legislador. Por un lado, acerca del tesoro artístico cuya situación debía ser deplorable, y su abandono casi total, a juzgar por lo que se reconoce en el preámbulo. Y, por otro, el interés por un tipo de turismo que más bien encajaría en lo que hoy día podemos conceptuar como «turismo cultural», que era una de las modalidades de turismo características de la época en que se creó la Comisaría.

Las atribuciones que se le conferían eran muy amplias, como ya se ha señalado, y no parece que fueran demasiado adecuadas a los fines enunciados en la exposición de motivos, transcrita anteriormente, puesto que se ceñían a:

1. Proponer medidas conducentes a la vulgarización de conocimientos elementales del arte y al aumento de la cultura artística colectiva.
2. Vigilar la conservación eficaz y procurar la exhibición adecuada de la España artística, monumental y pintoresca.

---

[5] *Gaceta de Madrid* del 20 de junio de 1911.

3. Promover y sostener las relaciones internacionales que las necesidades de la época actual exigen en materia artística.
4. Facilitar el conocimiento y el estudio de España, procurando la comodidad de los alojamientos, la seguridad y rapidez de las comunicaciones y el acceso a las bellezas naturales y artísticas de nuestra patria.
5. Desarrollar, por los métodos más eficaces, las relaciones espirituales, sociales y económicas que enlazan América con España (art. 2.º).

El hecho de que se creara esta Comisaría Regia seis años después de que lo fuera la Comisión Nacional es prueba de que el turismo recibió una mayor atención de parte de la administración. Porque de la experiencia de aquella Comisión parece que se dedujo la aparición de dificultades en la ejecución de sus fines cuando se tropezaba con competencias ajenas al Ministerio de Fomento. Por eso, en el preámbulo del decreto se dice expresamente que la *multiplicidad de servicios no puede llenarse cumplidamente, ni por la iniciativa particular, ni por la gestión aislada de cada uno de los Centros ministeriales, si no se concretan en una obra de conjunto realizada por un organismo superior que las lleve a término en forma eficaz y práctica.* Ésta es posiblemente la razón fundamental por la que la Comisión se trocó en Comisaría Regia dependiente de la Presidencia del Consejo de Ministros.

Resulta igualmente significativo precisar que el artículo 3.º estableció que, aunque el Comisario desempeñaría gratuitamente su cargo, tendría una determinada categoría administrativa: la de Jefe Superior de Administración Civil. Es una evidencia más de los problemas interadministrativos y protocolarios que habrían estado entorpeciendo el trabajo de la Comisión. Por otra parte, las dificultades presupuestarias para dotar a un nuevo organismo de la correspondiente financiación se obviaron destinando a la Comisaría ocho funcionarios procedentes de cuatro ministerios en comisión de servicios. Y asimismo se decretó la constitución de una Junta Superior integrada por un número indeterminado de personas a nombrar por el Presidente del Consejo.

Los análisis realizados a lo largo del tiempo acerca de la actuación de la Comisaría Regia de Turismo son bastante similares en quienes se han preocupado por ella. Todos ponen de manifiesto la escasez de los medios puestos a su alcance, frente a la amplitud de los objetivos que se había propuesto cubrir, así como la magnífica labor de divulgación histórico-artística de la riqueza monumental y artística española efectuada.

Sin embargo, no nos resistimos a reproducir unas opiniones de gran importancia, acerca del fenómeno turístico y su utilización por cuanto tienen de esclarecedoras, ya que, creemos, ponen de manifiesto un objetivo subyacente muy importante de la Comisaría que puede justificar, en parte, los comentarios anteriores:

> Aquella Regia Comisaría ejerció de una manera marcadamente selecta y minoritaria las funciones que le eran específicamente inherentes, pues se concentró en la edición de pulcros y eruditos textos sobre monumentos nuestros de alto bordo, pero su acción resultó poco menos que nula en el

desempeño de otra misión, mucho más delicada, que según un periodista locuaz, bien informado por lo general, constituyó asimismo parte de su labor. De acuerdo con dicha tesis, la Comisaría sería creada a instancias de Canalejas para contrarrestar la fuerte propaganda política contra España desencadenada en el extranjero a causa del fusilamiento de Ferrer[6].

Por consiguiente, al igual que ocurrió medio siglo más tarde, como tendremos ocasión de examinar más adelante, ya por aquel entonces y ante una situación política delicada en el interior, se utilizaba el turismo con fines propagandísticos al servicio del crédito internacional del Gobierno y del régimen político imperante en España.

Abundando en esta misma interpretación, no podemos dejar de mencionar las afirmaciones del biógrafo del marqués de la Vega-Inclán, primer Comisario Regio de Turismo, en relación con el origen del organismo turístico que nos ocupa y de la decisión de encargarle a él la dirección de sus primeros pasos: «La campaña organizada en el extranjero contra el gobierno español, contra España, por la represión y castigo por los trágicos sucesos de Barcelona, tuvo su máxima expresión en Bruselas donde levantaron un monumento al tristemente célebre Ferrer, dirigente de aquella hecatombe. El gobierno de Canalejas preocupado por aquellas campañas pensó que sería de gran utilidad atraer personalidades belgas que acudieran a Madrid por sus negocios y pudieran al propio tiempo enterarse de la falsedad y de las invenciones y mala voluntad que acompañaba a toda aquella campaña [...] El éxito artístico de Vega-Inclán en Toledo y el gran número de visitantes que, en consecuencia, acudían a la Casa y Museo del Greco, su relación con el Palacio y su Acta de Diputado gubernamental, con su experto conocimiento de la vida en el extranjero y su actividad arrolladora, constituían méritos suficientes para atraer la atención del Presidente del Consejo. Teniendo ya quien lo regentara, decide la creación de un organismo que atendiera todo aquel quehacer turístico que, de manera embrionaria, iba apareciendo e irradiaría al extranjero con su extensa propaganda para dirigir hacia nuestras viejas ciudades y modernas capitales, aquellas caravanas que la Agencia Cook apoyada en el Baedeker, llevaba por Italia y Suiza especialmente. A tal efecto creó una Comisaría Regia encargada de promover el fomento del turismo y la divulgación de la cultura artística popular»[7].

Por eso es perfectamente explicable el desconocimiento acerca del turismo y de lo que el fenómeno turístico significa, en su vertiente económica, entre los políticos y dirigentes de la España de principios de siglo, a pesar de lo que pudiera deducirse de la actuación administrativa en este campo.

Es más, podríamos decir que esa ignorancia venía adobada con ciertas dosis de nacionalismo estrecho o de patrioterismo, perfectamente encajable en un ambiente internacional «antiespañol», deducible de las opiniones anteriormente expuestas, y

---

[6] Lavour, L.: «Glosario histórico del término turismo», *Revista de Estudios Turísticos,* núm. 15, 1967, p. 76. Este autor se apoya en las afirmaciones de García Sanchiz, F.: *Adiós, Madrid,* Zaragoza, 1944.

[7] Traver, Tomás, Vicente: «El marqués de la Vega-Inclán», Dirección General de Bellas Artes, Fundaciones Vega-Inclán, Castellón, 1965, pp. 110 a 113.

que también se deja traslucir en la siguiente anécdota: «Se ha explicado alguna vez, que visitando Barcelona un Jefe de Gobierno español de la segunda década del siglo, los dirigentes de una naciente sociedad de Atracción de Forasteros pidieron una subvención económica con la que financiar sus primeras actividades. Dijo el político que no se les podía conceder, añadiendo unas palabras que podrían figurar en los anales de la ceguera sobre el futuro tan características de nuestro país: "Total, para que los franceses vengan a comerse nuestros bistecs […]"»[8].

El mayor logro de la Comisaría residió en su visión acerca de la importancia que podía tener el Estado en el desarrollo turístico de España, puesto que a sus impulsos se creó el primer parador nacional de turismo, el de Gredos, cuya inauguración tuvo lugar pocos meses después de la desaparición de la Comisaría Regia en octubre de 1928, o sea, cuando ya estaba funcionando el Patronato Nacional de Turismo.

2.3. El Patronato Nacional de Turismo

El directorio militar de Primo de Rivera también prestó atención al turismo, ya que por Real Decreto 745/1928, de 25 de abril, creó el Patronato Nacional de Turismo, que absorbería todas las funciones de la Comisaría Regia de Turismo.

Como hemos hecho con anterioridad, nos remitimos a la exposición de motivos de tal disposición porque ello siempre arroja alguna luz acerca de los objetivos explícitos e implícitos que se pretendían cubrir con la misma. Comienza como sigue: «En todas las naciones merece cada día mayor atención la organización del turismo, considerado como fuente de riqueza y prestigio nacionales. En España, un esfuerzo mínimo por los recursos de que ha dispuesto, máximo por la inteligencia y celo que lo ha presidido por parte de la Comisaría Regia de Turismo, ha puesto de relieve, estimulado por la tranquilidad pública y la indudable mejora de las comunicaciones, un progreso muy estimable en este aspecto, en los tres años últimos».

En estos párrafos aparece una concepción bastante novedosa y moderna del fenómeno turístico, por cuanto se conceptúa como «fuente de riqueza», lo que es un nuevo enfoque inexistente hasta el momento, y como «fuente de prestigio nacional»; es decir, que también se enmarca en una perspectiva nacionalista muy propia de la época.

Pero, al mismo tiempo, se señala la importancia que la mejora de las comunicaciones tiene en el desarrollo de la actividad turística, y la de «la tranquilidad pública», lo cual parece confirmar, aún más si cabe, los objetivos subyacentes de la Comisaría Regia de Turismo a los que nos hemos referido con cierta insistencia en el epígrafe anterior.

Los fines del Patronato vienen especificados en el artículo 2.º del Real Decreto que lo creó:

---

[8] Citada por Pernau, J.: «Un sector con problemas. La otra cara del turismo», *Alta Dirección,* núm. 52, noviembre-diciembre 1973, p. 83.

a) Divulgar, en todos sus aspectos, el conocimiento de España, fomentando para ello la publicación de guías, catálogos, anuncios, itinerarios, etc., dentro y fuera de nuestra patria, ya directamente o contratando en su totalidad o en parte este importante servicio.

b) Provocar y apoyar cuantas iniciativas tiendan a mejorar el turismo.

c) Estimular el desarrollo de la industria hotelera, otorgando auxilios en los casos en que interese especialmente al turismo.

d) Estudiar los medios para, con la cooperación de elementos que se presten a ello desinteresadamente, llegar a la implantación de Escuelas de Turismo que faciliten personal titulado en el número que se estime preciso, con dominio de los idiomas extranjeros más extendidos, y con la debida cultura artística para servir de guías aptos a los turistas.

e) Promover y apoyar la propaganda del turismo en el extranjero organizando, cuando así convenga, centros de información y viajes en otros países, correspondiendo la vigilancia de estos servicios a los representantes de Su Majestad.

f) Fundar Centros o Agencias de Turismo en España, donde no existan, estableciendo relación colaboradora con las Juntas y Sindicatos de Iniciativa de Turismo, Comisiones de Monumentos y Sociedades de Amigos del País, así como con todas las entidades culturales de hidrología médica, playas y balnearios, deportivas, alpinas, ferroviarias, Clubs de automovilismo, Aviación, Círculos Mercantiles, Cámaras de Comercio, de la Propiedad y Hoteleras y, en general, con todas aquellas de iniciativa oficial o ciudadana cuya actuación pueda de algún modo utilizarse para el mejor éxito de esta obra.

g) Cualquier otra labor que contribuya a afirmar el prestigio de España entre los que vienen a visitarla, dándoles facilidades para hacerlo, y que, guardando conexión con las anteriores funciones, no le esté vedado por las leyes generales del Reino o por disposiciones especiales.

Puede apreciarse que sus funciones eran bastante nítidas, tal como, además, se especificaba en sus tres delegaciones de Arte, Propaganda y Viajes.

Es interesante remarcar que con este organismo se pretende *«asegurar el enlace entre todos los elementos que cooperan a la atracción turística»*. Por ello, el organigrama administrativo que configura el Patronato se hace mucho más complejo, pues, al margen del Comité Directivo y Ejecutivo compuesto de presidente, tres vicepresidentes, tres delegados generales responsables de las delegaciones arriba mencionadas, y cinco subdelegados regionales, se crea un Consejo General en el que se incluyen además de los directores generales de Bellas Artes, Ferrocarriles y Tranvías, Obras Públicas y Comercio, Industria y Seguros, a una serie de vocales en representación del Real Patrimonio, Dirección General de Marruecos y Colonias, de los Consejos Superiores Ferroviario y Bancario, del Patronato del Circuito de Firmes Especiales, del Real Automóvil Club, de las Compañías de Navegación, de Transportes por Automóvil, de Transportes Aéreos, de la Industria Hotelera y tres más de representación artística e histórica. Como se ve, un consejo variopinto en el que se da cabida a todos los que tenían alguna relación con el turismo.

Hemos mencionado a unos subdelegados regionales que responden a otra de las novedades que trajo el Patronato de Turismo: la primera zonificación turística que se hizo en España. Concretamente distinguió cinco regiones (Central, Cantábrica, Aragón-Cataluña-Baleares, Levante, y Andalucía-Canarias-Marruecos), al frente de las cuales estaban los subdelegados, habiéndose previsto la creación de delegaciones o representaciones provinciales y locales con carácter propagandístico de fomento y de inspección.

Para hacer frente a tales cometidos se le dotó económicamente con un mínimo del 50 por 100 de los ingresos percibidos por el Seguro Obligatorio de Viajeros Transportados por Ferrocarril y Compañías de Navegación y del Seguro Obligatorio del Ganado Vivo Transportado por Ferrocarril. Ambos seguros creados por el artículo 13 del mismo Real Decreto que dio origen al Patronato, e implantados el 1 de julio de 1928. Consiguientemente esta normativa es muestra de una toma de conciencia de la necesidad de dotación financiera para que la naciente administración turística pudiese funcionar realmente, ya que las dotaciones presupuestarias incluidas en las correspondientes al Ministerio de Fomento desde la creación de la Comisión Nacional en 1906 y en el de Instrucción Pública y Bellas Artes en tiempos de la Comisaría, debieron manifestarse como muy insuficientes.

Sin embargo, la llegada de la Segunda República supuso la apertura de un paréntesis en su actuación por cuanto se revisó totalmente, al igual que se hizo con la totalidad de la Administración del Estado.

Así pues, por Decreto de 23 de abril de 1931, se creaba la Dirección General del Turismo cuya misión era la expuesta en el artículo único del decreto: «El Patronato Nacional y Dirección General del Turismo tendrán por misión urgente y principal liquidar los contratos y presupuestos en curso que no debieran continuarse, examinar la gestión anterior, formulando las propuestas que corresponda, y preparar la más rápida modificación de servicios que el interés público aconseje no suprimir en este ramo». Fue una medida transitoria, en tanto el gobierno provisional tomaba las riendas de la República, por la que el director general asumió todas las facultades de la Presidencia y la Junta del Patronato Nacional de Turismo.

Pasado el período transitorio, el Gobierno ordenó la publicación el 4 de diciembre de 1931 de sendos decretos por los que se reorganizaba el Patronato Nacional de Turismo en sus esferas administrativa y financiera, que se vinculó a la Presidencia del Consejo de Ministros a través de la subsecretaría correspondiente, con un jefe de administración con carácter de secretario del mismo. El Subsecretario de la Presidencia pasaba a presidir el Patronato; como vicepresidente quedaba el Director de Bellas Artes; y el resto lo constituían seis vocales a nombrar por la Facultad de Filosofía y Letras de la Universidad de Madrid, el Centro de Estudios Históricos, y los cuatro restantes en representación de los ministerios de Marina, Hacienda, Fomento y Economía; además del vocal secretario. Puede apreciarse entonces un proceso de centralización burocrática relacionado con la necesidad de reducir los gastos de su funcionamiento.

En consecuencia, si durante la dictadura primorriverista la relación orgánico-presupuestaria del Patronato era el ministro de Instrucción, ahora pasa a depender directamente de la Presidencia en cuyos presupuestos se incluyen los del Patronato, al tiempo que se refuerza su control administrativo, puesto que su presidencia deja de ser de libre designación. E igualmente se dejaba abierta la posibilidad de devolver su vigencia al Consejo General como órgano consultivo.

Una vez normalizado y controlado el funcionamiento del Patronato, el 12 de enero de 1932 se dictó el anunciado reglamento firmado por el entonces presidente del gobierno Manuel Azaña, y en el que como novedad recoge entre sus fines de forma explícita: «contribuir a la mejora de alojamientos, transportes y similares y *ejercer acerca de los mismos funciones de inspección con el alcance y sanciones que se determine*» (las cursivas son nuestras). Este nuevo objetivo es el germen de la actuación fiscalizadora e interventora del Estado en la esfera turística privada, lo cual estaba en línea con los nuevos aires intervencionistas que se expandían por occidente como medio de salir del marasmo provocado por la gran crisis del 29. Fines que habían sido tímidamente reflejados en las competencias de los delegados territoriales que se crearon en 1928, aunque difícilmente podrían haber sido ejercidas al carecer tales delegados de la capacidad coactiva de la administración por no pertenecer a ella. De hecho su funcionarización no llegó hasta 1931.

Por otro lado, el reglamento restableció en sus funciones consultivas a la Junta del Patronato, aunque se equivocó el redactor al decir que estaría compuesto en la forma prescrita en el decreto de 4 de diciembre de 1931, porque en dicho decreto no se decía nada al respecto. Muy posiblemente figurara en un borrador del mismo, pero en el último momento se suprimió del texto publicado en el que sólo se dice que el reglamento «podrá crear el Consejo General de Turismo». Y es lo que hace el artículo 20 del reglamento que, reflejando en su composición una filosofía similar a la del Consejo del año 1928, concreta sus miembros y los amplía con dos representantes del Congreso y de otros organismos públicos y privados relacionados con el turismo. El reglamento es, pues, bastante confuso ya que habla de una Junta consultiva en su artículo 3.º y, al mismo tiempo, de un Consejo General de Turismo con funciones igualmente consultivas en el artículo 20. Posiblemente hubo más de un redactor y de ahí surgió el galimatías jurídico, porque es evidente que, con distintos nombres, se estaba refiriendo al mismo organismo.

Además, para evitar equívocos y ahorrar gastos al Patronato se añade en dicho artículo que los gastos de viaje debían ser sufragados por las entidades representadas. Asimismo, y para evitar problemas que sin duda existieron en el pasado, también se obligaba a la renovación anual de las representaciones, se fijó la cuantía de las dietas de asistencia y se fijaron expresamente una serie de temas de obligada consulta, en concreto los relativos a la gestión económica del Patronato (presupuestos, incrementos de gastos y censura de cuentas) y al establecimiento o creación de oficinas de información turística. Finalmente, el reglamento estableció pautas muy concretas de actuación en materia de gestión económico-presupuestaria con deslinde de las correspondientes competencias funcionales.

La confusión anteriormente expuesta fue definitivamente zanjada por otro decreto de 31 de enero de 1934, esta vez firmado por el presidente del Consejo de Ministros, el radical Alejandro Lerroux, en el que se suprimió el Consejo General establecido en el reglamento de 1932 y se creó la Junta del Patronato, con una composición muy parecida a la del Consejo de 1928 y algo más reducida que la del de 1931. Así pues, parece volverse de nuevo a una desconcentración administrativa del Patronato, con intervención de sectores privados que no se limitan al fomento, sino que también pueden controlar, puesto que, al modificar los fines establecidos en el reglamento, se añade: «y principalmente promover y fomentar cuantas iniciativas particulares, gremiales o regionales tiendan al desarrollo del turismo. Dondequiera que tales iniciativas demuestren su eficacia, el Patronato Nacional de Turismo podrá constituir Juntas delegadas que impulsen y controlen el servicio turístico, dando entrada en dichas Juntas a los elementos colaboradores gremiales o locales».

Curiosamente debió ser muy atractiva la pertenencia a la Junta consultiva, y grandes las resistencias a dejarla, cuando también se especificaba en este decreto que «en cualquier momento queda reservada a los organismos representados la facultad de retirar y reemplazar a sus representantes en la Junta del Patronato, mediante las propuestas pertinentes». Y por último, se limitaron algo las competencias del Presidente del Patronato cuando en caso de discrepancias entre su criterio y el de los servicios técnicos, la decisión presidencial no podría ser ejecutiva antes de oír a la Junta.

Las realizaciones del Patronato Nacional de Turismo fueron numerosas e importantes y se puede encontrar una descripción detallada de las mismas en el magnífico trabajo de José Fernández Álvarez, al que remitimos al lector interesado[9].

3. EL MARCO LEGAL

3.1. Los comienzos de una reglamentación del tránsito internacional

La amplitud temporal del período que abarcamos en este capítulo inicial se caracteriza, desde la perspectiva turística, por el proceso de normalización legislativa internacional del tránsito entre países, que tiene lugar en los años veinte, y que constituye el marco básico para lograr un desarrollo turístico internacional.

Un período caracterizado, además, por la revolución que trajo el automóvil al mundo del transporte, y por el surgimiento de instituciones internacionales como la Sociedad de Naciones —precedente de la actual Organización de Naciones Unidas— que empezaba a fomentar y desarrollar un derecho público internacional cada día más necesario, tanto para la normalización de las relaciones internacionales tras la Primera Guerra Mundial como por el auge de la propia demanda de tránsitos fronterizos.

El punto de arranque de este proceso es la Conferencia de la Sociedad de Na-

---

[9] Fernández Álvarez, J.: *Op. cit.*

ciones de 21 de octubre de 1920, donde se fijó el modelo de «pasaporte tipo» a adoptar por los países signatarios. Y a continuación aparecieron las normas que inician la regulación del tránsito internacional de personas y cosas a través de los diferentes modos de transporte.

La primera, en orden cronológico, es el Convenio Internacional relativo a la libertad de tránsito de personas, equipajes y mercancías de 20 de abril de 1921, adoptado en la Conferencia de Barcelona de 14 de abril de ese año. En este convenio se fijó el Estatuto relativo a la libertad de tránsito. Entró en vigor, de conformidad al articulado del mismo, el 31 de octubre de 1922. España lo ratificó el 17 de diciembre de 1929.

La segunda de ellas es el Convenio de Ginebra de 9 de diciembre de 1923, adoptado en la Segunda Conferencia General de Comunicaciones y Tránsito celebrada en dicha ciudad el 15 de noviembre de ese año, que regulaba el régimen internacional de las vías férreas, tratando de favorecer los enlaces de las líneas internacionales para hacer más rápidos y confortables los viajes, así como «regular las formalidades de la Aduana y Policía, de manera que el tráfico internacional se dificulte y retrase lo menos posible». España ratificó el convenio con seis años de retraso a su firma, ya que entró en vigor en marzo de 1930.

3.2. Primeras respuestas administrativas al turismo emergente

En este contexto internacional de nacimiento del derecho público que regulase las relaciones y los tránsitos transfronterizos, es en el que tiene lugar el surgimiento en España de un conjunto de normas deslavazadas con las que la Administración da respuesta a los diferentes problemas que el turismo empezaba a generar.

La primera en el tiempo es la Real Orden de 17 de marzo de 1909 de regulación del servicio de viajeros, en la que se fijan los controles a efectuar en cualquier establecimiento dedicado al alojamiento público acerca de quienes allí trabajan transportando equipajes, y de quienes los utilizan para conseguir clientes turísticos, es decir, intérpretes y guías.

El objetivo básico de la misma era, según se especificaba en el preámbulo: «El deber de la autoridad de amparar y proteger a los viajeros contra toda clase de fraudes o explotaciones de que pretende hacerlos víctimas», así como velar por «garantizar la rectitud y moralidad de las personas que se dedican a hospedarles y servirles». Asimismo, se establece el principio de publicidad de las tarifas que deberán estar en las habitaciones, entre otros lugares.

Dos años más tarde, en 1911, comienza a desarrollarse una legislación marginalmente turística, aunque muy significativa, por lo que se deduce acerca de la forma en que empezaba a entenderse la enseñanza en aquella época: la organización de las colonias escolares veraniegas.

Más significativa, desde una perspectiva moderna del turismo, fue la Orden de 25 de junio de 1931 por la que el Patronato Nacional de Turismo trató de resolver

© Ediciones Pirámide

el problema de la pérdida de tiempo que suponía, para los turistas que hacían escala en los puertos españoles, el cambio de moneda en tierra. Para ello la orden facultaba a realizar el cambio de divisas a bordo de los buques con las lógicas garantías.

De este mismo tenor fue el Decreto de 23 de enero de 1934 regulando los requisitos y formalidades administrativas a cubrir en el desembarco de súbditos extranjeros en las islas Baleares. Es interesante detenerse en el artículo sexto donde se distingue entre viajes por motivos de turismo, comercial, familiar y artístico. Pero, sobre todo, resulta más significativo constatar la existencia de los viajes organizados de turismo cuando se señala que «los extranjeros que en viaje colectivo de turismo no estén en posesión del referido pasaporte o permiso y deseen desembarcar en las islas con el fin de visitarlas para poder apreciar la belleza de las mismas, podrán efectuarlo, pero quedan obligados el capitán del buque [...]».

También el mismo año de 1934 el código de circulación que entra en vigor regula en su artículo 166 la matrícula turística, prueba de que existía una demanda turística de viajes por carretera de cierto relieve.

Y finalmente, una Ley de 23 de octubre de 1935 establece las normas reguladoras de la adquisición de fincas y terrenos por extranjeros en las islas españolas, limitando su extensión y estableciendo otros elementos de control vinculados a la problemática de la defensa nacional, que en su articulado no se circunscribe a los dos archipiélagos, sino que incluye a los entornos costeros de Gibraltar y Galicia, así como a las costas africanas bajo dominio español. Lo interesante de esta ley es, desde la perspectiva de este libro, la constatación de la existencia de una demanda inmobiliaria de base fundamentalmente turística ya en aquellos años.

4. EL MARCO ECONÓMICO: INSUFICIENCIAS PRESUPUESTARIAS, CACIQUISMO Y AUSTERIDAD

Aunque hemos evidenciado el carácter pionero de la administración turística española, en realidad una administración como tal no aparece hasta 1928 con la creación del Patronato Nacional de Turismo. A finales de los veinte la Administración española parece decidida a potenciar el turismo dotando recursos para poder abordar la ingente tarea que se proponía, y de manera especial *habida cuenta también de la proximidad de las grandes exposiciones nacionales*[10] como la Universal de Barcelona y la Iberoamericana de Sevilla de 1929. Por eso se dotó al nuevo organismo de recursos financieros reales y no las buenas voluntades y poco más de la Comisaría Regia. La aportación presupuestaria del Ministerio de Instrucción Pública que la nutría era ciertamente mínima.

Aspecto fundamental en la nueva estructura organizativa de que se dota al turismo fue la creación de un seguro obligatorio de viajeros para personas y ganado vivo,

---

[10] Preámbulo del Real Decreto 745 de 25 de abril de 1928.

cuyo rendimiento después del pago de los siniestros se destinaría al Patronato de Turismo, con el fin de *evitar en lo posible cargar al Tesoro de un modo directo los gastos cuantiosos, aunque de segura remuneración, que la propaganda y organización del turismo exigen.* Es la consecuencia del problema fundamental que tenía planteado la sociedad española de principios de siglo: la permanente insuficiencia de los ingresos públicos para hacer frente a los gastos, ante la continua frustración de las sucesivas reformas fiscales que diferentes ministros de Hacienda, tanto de la Restauración como de la Dictadura, emprendieron, e incluso ante el fracaso de la lucha contra el fraude. En un momento histórico en que los Estados europeos modificaban sus estructuras fiscales para hacer frente a las necesidades de unos Estados modernos, en España razones fundamentalmente políticas de diversa índole lo impidieron.

En primer lugar, la Restauración prescindió de toda innovación o progreso con el fin de preservar el antiguo orden. La agonía del caciquismo fue muy lenta y desembocó en la crisis de la Restauración derivada de las propias contradicciones internas en el «bloque de poder» que la sustentó desde el principio. Un bloque en confrontación entre burguesías industriales y financieras, por un lado, y los grandes propietarios rurales, por otro, entre mundo urbano y mundo rural, entre agricultura e industria[11]. Un enfrentamiento que al final desembocó en la dictadura primorriverista.

En segundo lugar, y explicando también en buena medida lo expuesto en el punto anterior, la pérdida de la solidez del sistema de «turno» en el Gobierno —implantado por Cánovas—, tras su desaparición y la de Sagasta. Ello originó una disgregación de los grandes partidos y la imposibilidad de conseguir mayorías gubernamentales estables, sólidas y coherentes, al faltar, asimismo, personalidades políticas nacionales y aparecer en escena nuevos poderes regionales y provinciales[12].

Y en tercer lugar, tras el desastre colonial del 98 y sus efectos en la Armada, los presupuestos militares mejoraron sensiblemente. De hecho, todo el período es de conflicto entre la organización militar y la civil, un conflicto que se va decantando hacia la militar, sobre todo a partir de 1917. *Y el monarca como institución integradora de ambas organizaciones tuvo que mediar en los conflictos favoreciendo el fortalecimiento del intervencionismo militar, evolucionando hacia el militarismo*[13].

Y no hay que olvidar los efectos perversos del caciquismo sobre los presupuestos, en la medida en que aquel régimen frenaba cualquier aumento de fiscalidad que pudiera afectar a sus intereses, al tiempo que apoyaba fervorosamente ampliaciones presupuestarias para «colocar» a amigos y protegidos en puestos de la Administración[14]. En suma, el régimen caciquil impidió el establecimiento de un sistema tributario más técnico, más justo y, en definitiva, auténticamente recaudador.

---

[11] Elorza, A.; Arranz, L., y del Rey, F.: «Liberalismo y corporativismo en la crisis de la Restauración», en la obra colectiva editada por J. L. García Delgado: *La crisis de la Restauración. España entre la Primera Guerra Mundial y la Segunda República,* Siglo XXI, Madrid, 1986, p. 22.

[12] *Ibídem,* pp. 22 y 23.

[13] González Calvet, T.: «La destrucción del sistema político de la Restauración», en la obra colectiva citada *ut supra,* pp. 112 y 113.

[14] Véase al respecto la obra dirigida por García Delgado, J. L.: *Santiago Alba. Un programa de reforma económica en la España del primer tercio del siglo xx,* Instituto de Estudios Fiscales, Madrid, 1989, pp. 137 y ss.

Por eso, ante las insuficiencias presupuestarias y el déficit público permanente se acudía a buscar nuevas fuentes de ingresos, que no afectaran a los intereses más personales e inmediatos de las clases dirigentes, cuando había necesidad de abordar nuevas competencias administrativas como las de turismo. O se acudía a la deuda pública mediante emisiones de títulos que pudieran pignorarse en el Banco de España. Estas emisiones fueron mayoritariamente suscritas por la banca privada, puesto que, al margen de la flexibilidad que facilitaba a las entidades financieras para ajustar sus disponibilidades líquidas, ofrecían unas condiciones de pignoración ventajosas al haber medio punto de diferencia entre el descuento que aplicaba el Banco de España y el tipo de interés de los títulos. Ambas fórmulas se aplicaron para financiar el funcionamiento del Patronato Nacional de Turismo.

Por un lado se creó el seguro obligatorio, mencionado anteriormente, que se pretendió entrara en funcionamiento el primero de julio de ese año 1928, aunque en realidad empezó a funcionar el primero de noviembre, tras la aprobación del correspondiente Real Decreto 1736/1928, de 13 de octubre, en el que se encauzaba legalmente el funcionamiento del nuevo seguro detallando la cuantía de los impuestos-primas del billetaje, las personas protegidas y el alcance de la protección, las indemnizaciones y la forma de su reclamo, las obligaciones de las compañías ferroviarias, la aplicación de las utilidades del seguro, etc.

Y por el otro, el Real Decreto 2204, también de 1928, firmado por el ministro de Hacienda, José Calvo Sotelo, el 27 de noviembre, facultó al Patronato a su demanda para que concertara un empréstito con la banca nacional de 25 millones de pesetas nominales, a cuyos compromisos financieros de intereses y amortización se afectan los ingresos correspondientes al mencionado seguro, y con la adicional garantía subsidiaria del Estado. El interés pactado fue del 5 por 100 y la amortización de veinticinco años a partir del 1 de enero de 1930. Este empréstito fue la fórmula arbitrada para disponer de las cuantías necesarias en cumplimiento de los fines establecidos, sobre todo ante la perentoriedad de las exposiciones anteriormente citadas. Y para subvenir a las iniciales necesidades, el Gobierno adelantó 250.000 pesetas al Patronato con carácter de anticipo reintegrable y con el paralelo cese de la aportación presupuestaria vigente para la Comisaría Regia.

Para dar una idea de la importancia relativa que financieramente se concedió a la incipiente administración turística, hay que precisar que el presupuesto de que se dispuso a través del seguro de viajeros en el momento en que se creó el Patronato ascendió a unos seis millones de pesetas. Y el presupuesto español de 1929 ascendió a 4.427 millones de pesetas, de los cuales el Ministerio de Fomento dispuso de 600[15]. Es decir, que el turismo dispuso de una cuantía equivalente al 1 por 100 del presupuesto de Fomento.

Las bases que rigieron el funcionamiento del seguro de viajeros, que tenía el carácter de impuesto-prima y adoptaba la forma de un suplemento sobre el precio del billete, fueron:

---

[15] Melguizo Sánchez, A.: «El presupuesto de la Dictadura de Primo de Rivera», en la obra colectiva editada por J. L. García Delgado: *La crisis de la Restauración..., op. cit.*, pp. 232 y ss.

1.º El impuesto que grave los billetes de viajeros no será inferior a 5 céntimos de peseta, ni excederá de 3 pesetas por billete y viaje, distinguiendo las clases de billetes de tal modo que los viajeros de segunda clase paguen doble que los de tercera, y los de primera clase, triple que los de tercera.

2.º El impuesto que grave el transporte de ganado vivo no puede rebasar el 2 por 100 de la facturación del ganado transportado.

3.º La recaudación que el impuesto produzca se aplicará, en primer término, a indemnizar las consecuencias de los accidentes que por causa del transporte se produzcan en los trenes, muelles, vías y estaciones, en las personas o en los animales que son objeto de seguro, en los casos y con las limitaciones que se establezcan.

4.º Una parte de los beneficios del seguro se dedicará a mejorar la indemnización que a los empleados y obreros de los ferrocarriles corresponde por la Ley de Accidentes de Trabajo.

5.º Las indemnizaciones de seguro dejan en pleno vigor las responsabilidades que por todos los conceptos pesan sobre las compañías porteadoras.

6.º En la fijación del importe de las primas y de las indemnizaciones se procurará que, en todo caso, quede el 50 por 100 como mínimo de la recaudación de los impuestos especiales, disponible para ser dedicado a los fines del Patronato Nacional de Turismo[16].

Pero pronto la nueva fuente de financiación empezó a recibir sustanciales recortes, al margen de los establecidos en las bases anteriores. Porque el 13 de octubre de 1928 se acuerda detraer un 1 por 100 de las primas recaudadas para el Instituto de Reeducación Profesional, y otro tanto como bonificaciones para el personal encargado de la administración del seguro, que posteriormente se elevó hasta el 3 por 100. Poco después las compañías ferroviarias también pasaron a cobrar un 4 por 100 en concepto de gestión de cobro. Y ya en 1931 el sindicato Asociación de Empleados y Obreros Ferroviarios empezó a percibir un 10 por 100 y, a consecuencia de la situación de conflictividad laboral en el sector ferroviario, otro 50 por 100 para que las empresas pudieran abonar aumentos de sueldos a sus trabajadores. Todo ello originó, según se exponía en el Decreto, que frente a unas previsiones de ingresos del seguro de 11 millones de pesetas en 1931, sólo 3.800.000 podrían ingresar en el Patronato, cuando el año anterior recibió más de 6.500.000 pesetas.

Lógicamente el Gobierno de la República al tratar de poner orden en las cuentas públicas tuvo que proceder a una drástica reducción de gastos para no incurrir en déficit. Momento que aprovechó, asimismo, para hacer funcionarios a los trabajadores del Patronato creando la correspondiente plantilla, para aclarar la situación

---

[16] Artículo 15 del Real Decreto 745 de 25 de abril de 1928

de otros funcionarios que cobraban también de diferentes organismos y entidades oficiales de los que procedían y que, inmediatamente, abandonaron el Patronato volviendo a ellos, y para despedir a delegados, secretarios, jefes de oficinas y auxiliares de las oficinas de turismo españolas. Sólo se hizo funcionarios en provincias a los intérpretes. La plantilla de funcionarios aprobada por Decreto de 9 de diciembre de 1931 ascendió a 35 personas.

A subrayar que la exposición de motivos del Decreto del Gobierno Provisional de la República de 23 de abril de 1931, por el que el Patronato es sustituido por la Dirección General de Turismo, venía a poner el dedo en la llaga del anómalo funcionamiento de las cajas autónomas. «Pero quizá también nadie ponga en duda que la organización dada al servicio respectivo, así como *la recaudación y el destino de los fondos que constituyen su caja especial y en cierto modo autónoma, no respondieron siempre* (aun con excepciones manifiestas y mejora visible) *a los fines naturales del organismo* administrativo creado, ni en la gestión dejaron satisfecha en todo caso la seguridad de acierto, orden y apartamiento de otros impulsos y resortes de carácter político. Para esclarecer el pasado y reformar radicalmente el futuro se provee, transitoriamente al régimen y mantenimiento del Centro directivo con funciones de liquidación urgente, propuesta de responsabilidades, si a ello hubiera lugar, y de transformación pronta y honda que haga sentir a la vez la economía y la eficacia» (las cursivas son nuestras). Parece deducirse de estos párrafos que los fondos administrados por el Patronato pudieran, en alguna medida, haber estado supeditados a otros fines de carácter político, encontrándonos de nuevo con una instrumentación del turismo y su administración en pro de la consecución de otros objetivos distintos de los que reglamentariamente tenía confiados.

Respecto de la regularización financiera, ésta se abordó por otro Decreto de 4 de diciembre de 1931, en el que el Patronato Nacional de Turismo convocaba a licitación pública entre tenedores la amortización de sus obligaciones, hasta la suma de 7.500.000 pesetas efectivas. Habían sido creadas en 1928 y su historia queda reflejada sintéticamente en la exposición de motivos del Decreto de 4 de diciembre de 1931. «El Real Decreto de 27 de noviembre de 1928 facultó al Patronato Nacional de Turismo a emitir 25 millones de pesetas representados en 50.000 obligaciones de a 500 pesetas cada una, habiéndose hecho la emisión de una vez en enero de 1929. El hecho de que a pesar del tiempo transcurrido existan en las cajas del Tesoro cerca de 7 millones y medio de pesetas procedentes de ese empréstito, prueba que la emisión fue de cuantía excesiva o que la colocación de los títulos debió hacerse gradualmente.» Y más adelante añade: «Decidido el Gobierno a poner término al desorden de las cajas especiales y de los organismos autónomos creados en contra de la Ley de Contabilidad, hará frente, si así lo acuerda, y mediante la precisa consignación en sus Presupuestos Generales, a las necesidades del crédito hotelero a que estaban adscritas las sumas existentes producidas por el empréstito y siempre con la cautela y con la moderación que estuvieron tan ausentes de este servicio en épocas anteriores».

Se deduce, por consiguiente, que la reorganización financiera que suponía la inclusión de los presupuestos del Patronato en los generales del Estado, iba dirigida a una normalización contable de la actuación de la Administración en general, y en particular del Patronato, que no parece actuara con mucha diligencia financiera cuando, tres años después de emitido el empréstito comentado, cerca de una tercera parte del mismo no había sido cubierto. Y los intereses se seguían devengando sin que se hubiera procedido a la asignación de tales partidas que permanecían inactivas. Asimismo, las diferentes normas decretadas por la República hicieron mucho hincapié en cuestiones básicas y de detalle de índole económico-presupuestaria, como, por ejemplo, mencionar la distinción que existe entre presupuesto ordinario y extraordinario, o la especificación de que *antes del día 20 de cada mes se efectuará un arqueo de caja que presenciarán y del que levantarán acta: el Secretario General, el Habilitado-cajero y el Interventor*[17]. Todo lo cual hace pensar en un caos de gestión del Patronato, o como calificó la exposición de motivos del Decreto de 31 de enero de 1934 una *época inicial de despilfarro y de desórdenes administrativos, de autonomía orgiástica a cuenta del contribuyente español.*

Todavía en 1942, se hizo frente al pago de algo más de 140.000 pesetas de obligaciones del Patronato, amortizadas por sorteo en diciembre de 1932, que no se habían liquidado.

5. LA CUANTIFICACIÓN

En el período comprendido en este capítulo inicial cualquier investigación sobre el sector turístico parte del grave inconveniente de la escasez de datos, tal y como parece obvio señalar. Por esta razón, el análisis de este período no sigue exactamente la misma estructura que el resto. En cualquier caso las estadísticas de incidencia turística disponibles afectan a dos períodos bastante definidos: los comienzos de siglo y los años treinta. Desde la Primera Guerra Mundial, pasando por la dictadura primorriverista y hasta la llegada de la Segunda República la nebulosa estadística es casi total.

A pesar de que no dispongamos de estadísticas suficientes para la realización de un estudio exhaustivo sobre la actividad turística, ésta comenzaba a cobrar importancia económica según todas las evidencias a las que nos referimos más adelante. Prueba de ello es la adaptación del marco legislativo que rodea al sector y de la adopción de medidas favorecedoras de su desarrollo.

Hay que hacer la especial consideración de la falta de homogeneidad de las estadísticas entre los dos períodos en que disponemos de alguna información, puesto que la metodología de obtención de datos tuvo que ser necesariamente diferente, ya que la propia legislación de control fronterizo y tráfico de viajeros era diferente.

---

[17] Artículo 17 del Decreto de 12 de enero de 1932 que aprobó el Reglamento del Patronato Nacional de Turismo.

5.1. Evolución de las principales macromagnitudes

Ciertamente, resulta arriesgado sacar conclusiones sobre una información estadística —la anterior a 1939— que los miembros de la comisión redactora del Dictamen sobre el Patrón Oro «han estado unánimes en abstenerse del empleo de sus cifras»[18], pues, como dice más adelante, «una información con tan enormes errores no puede guiar una política cuya principal garantía de éxito está en la exactitud de la información»[19]. Pero como nuestro objetivo es hacer una aproximación a la realidad macroeconómica de la época —a pesar de las insuficiencias y de la falta de calidad de las estadísticas de aquellos años— damos por buena la información existente en el buen entendimientos de que es mejor algún dato que la carencia absoluta de ellos.

Es importante destacar, en relación con el ámbito turístico que nos interesa, que la Comisión anteriormente citada no menciona para nada al turismo entre las fuentes de financiación del casi permanente déficit de la balanza comercial española, y sólo cita a los fletes de la marina mercante, las remesas de emigrantes y al capital especulativo[20].

No obstante, casi veinte años antes, también desde ámbitos oficiales, se mencionaba al turismo e incluso se producía una cierta aproximación cuantitativa al mismo. En el apéndice 6.º del Real Decreto *autorizando al ministro de Hacienda para presentar a las Cortes un proyecto de ley para establecer el nivel de los cambios sobre el extranjero,* firmado el 10 de diciembre de 1912 por el ministro de Hacienda, a la sazón Navarro Reverter, se intenta establecer un *balance económico* de España; y al analizar las *remesas de fondos del extranjero* se dice: «Otro origen de ingresos en oro, hasta no hace muchos años poco importante, es el de los turistas. Sin llegar a las sumas que en Italia se recaudan por este concepto y que ascienden a más de 600 millones de liras, ni a las que percibe Suiza, donde los turistas dejan de 350 a 400 millones de francos, van, sin embargo, organizándose en España medios de explotar este elemento de riqueza. Atractivos para los extranjeros los hay abundantes en nuestros monumentos históricos de remota antigüedad y en la variada serie de estilos arquitectónicos de todos los tiempos, y singularmente del arte árabe, único en el mundo. La comodidad de hacer excursiones por África, atravesando de paso casi toda España desde las costas del Mediterráneo a las del Atlántico, presta mayores facilidades a la combinación de los itinerarios. Desde que por nuestras vías férreas circulan los trenes con mayor velocidad y las comodidades en los de lujo se asemejan y en algunos casos igualan a los del extranjero, y además los alojamientos, hoteles y fondas reúnen condiciones de limpieza y de confort, el turismo se desarrolla más cada día»[21].

¿Qué pasó para que la visión optimista y esperanzada de 1912 se trocara en absoluto olvido en 1929? Ciertamente en el ínterin hubo una guerra mundial que afec-

---

[18] «Dictamen de la Comisión del Patrón Oro», *Documentación Económica*, vol I, núm. 4, mayo 1945, p. 297.
[19] *Ibídem*, p. 298.
[20] *Ibídem*, p. 298.
[21] *Gaceta de Madrid*, 16 de diciembre de 1912, p. 821.

tó a nuestra demanda turística, y una guerra colonial en Marruecos en los años veinte que probablemente afectaría a nuestra oferta turística. Eso podría explicar el hundimiento del «clima turístico», a falta de información estadística de tal período.

TABLA 1.1

Estimación de la renta nacional (millones de pesetas corrientes)

1901	10.152	**1910**	12.038	**1919**	33.855	**1928**	31.002
1902	10.409	**1911**	12.745	**1920**	32.863	**1929**	31.844
1903	10.750	**1912**	12.638	**1921**	26.925	**1930**	31.503
1904	11.125	**1913**	13.086	**1922**	25.660	**1931**	31.922
1905	11.201	**1914**	14.382	**1923**	26.916	**1932**	32.921
1906	11.324	**1915**	16.407	**1924**	28.927	**1933**	32.324
1907	11.672	**1916**	20.047	**1925**	31.350	**1934**	34.892
1908	11.926	**1917**	25.471	**1926**	31.102	**1935**	34.358
1909	12.281	**1918**	29.323	**1927**	31.244		

FUENTE: J. Alcaide: información obtenida en Carreras, A. (coord.): *Estadísticas históricas de España. Siglos XIX-XX,* Fundación Banco Exterior, Madrid, 1989.

La tabla 1.1 refleja la estimación de la renta nacional en pesetas corrientes efectuada por Julio Alcaide en el tercio de siglo analizado en este capítulo, cifras que analizadas en el contexto de pesetas constantes muestran el siguiente crecimiento por quinquenios:

TABLA 1.2

Crecimiento de la renta nacional por quinquenios

1901-1905	12,2%
1905-1910	8,8%
1910-1915	14,4%
1915-1920	21,4%
1920-1925	14,0%
1925-1930	12,9%
1930-1935	7,7%

Una evolución que pone de relieve el extraordinario momento económico que significó la Primera Guerra Mundial y la neutralidad española, y paralelamente la influencia de la crisis económica mundial que lastró pesadamente el discurrir de la Segunda República.

Junto a estos datos podemos reproducir los correspondientes a los de la balanza comercial, casi siempre deficitaria a lo largo del período —a pesar de las políticas de equilibrio comercial internacional seguidas— con la destacada excepción del cuatrienio 1915-1918, además de algún que otro año.

TABLA 1.3

Balanza comercial de España (millones de pesetas corrientes)
(excluidas Ceuta, Melilla y Canarias)

	Exp. (fob)	Imp. (cif)	Saldo		Exp. (fob)	Imp. (cif)	Saldo
1901	790,5	943,4	−152,9	1919	1.310,7	900,8	409,9
1902	850,6	921,6	−71,0	1920	1.020,0	1.423,3	−403,3
1903	946,0	975,9	−29,9	1921	1.579,7	2.835,0	−1.255,3
1904	956,7	955,9	0,8	1922	1.319,4	2.717,2	−1.397,8
1905	938,9	1.087,7	−148,8	1923	1.526,3	2.926,4	−1.400,1
1906	937,6	1.056,1	−118,5	1924	1.709,8	2.945,3	−1.235,5
1907	922,0	997,4	−75,4	1925	1.584,7	2.244,3	−659,6
1908	969,5	1.070,4	−100,9	1926	1.605,6	2.148,0	−542,4
1909	1.019,3	1.050,4	−31,1	1927	1.895,3	2.576,1	−680,8
1910	1.075,3	1.104,4	−29,1	1928	2.471,8	3.497,7	−1.205,9
1911	1.101,3	1.071,3	30,0	1929	2.782,7	3.604,6	−821,9
1912	1.146,0	1.140,7	−5,3	1930	3.861,6	4.099,6	−238
1913	1.195,0	1.414,9	−219,9	1931	1.963,7	2.392,7	−429,0
1914	880,7	1.025,5	−144,8	1932	1.788,4	2.351,3	−562,9
1915	1.257,9	976,8	281,1	1933	1.557,2	1.939,3	−382,1
1916	1.377,6	946,0	431,6	1934	1.458,7	2.038,4	−579,7
1917	1.324,6	735,5	589,1	1935	1.395,9	2.087,7	−691,8
1918	1.009,0	590,1	418,9				

FUENTE: Carreras, A. (coord.): *Estadísticas históricas de España. Siglos XIX-XX*, Fundación Banco Exterior, Madrid, 1989.

¿En qué medida el turismo contribuyó a equilibrar dicha balanza comercial? El análisis de la balanza de pagos tratará de esclarecerlo.

5.1.1. *Balanza de pagos*

5.1.1.1. A principios del siglo xx

Existen diferentes documentos estadísticos que pueden considerarse como estimaciones a la balanza de pagos española en el umbral del siglo XX. La primera de las estimaciones conocida fue realizada por el Fomento del Trabajo Nacional en 1899, de la cual no se tiene constancia documental, pero se conoce por vía indirecta la cuantía del déficit registrado y que registraba un déficit de 33 millones de pesetas. Pero lo que a nosotros más nos interesa podemos analizarlo en la tabla 1.4.

Al analizar los datos de la balanza, no se deduce el déficit de 33 millones. Tal cifra de déficit se alcanzaba «combinando estos datos con algunos otros se llegaba al déficit anteriormente citado. Naturalmente esta estimación ha de ser aceptada con muchas cautelas»[22]. No obstante, lo que nos interesa destacar es que de las rúbricas

---

[22] Chamorro, S.: «Bosquejo histórico de la balanza de pagos de España», *ICE*, núm. 517, septiembre 1976, p. 153.

TABLA 1.4

Balanza de pagos del Fomento del Trabajo Nacional de 1899
(millones de pesetas)

Créditos		Débitos	
Participación de españoles en los valores pagados en oro	18	Rescate de valores españoles situados en el extranjero	100
Remesas de los españoles del Río de la Plata (Argentina, Uruguay y Paraguay)	180	Intereses y dividendos	130
Remesas de Argelia	10	Viajes y otros gastos de los españoles en el extranjero	15
Remesas de las demás repúblicas americanas	25	Pagos por fletes marítimos	36
Gastos de extranjeros en España	50		
Venta directa por españoles de café, azúcar, tabaco, etc., de las Filipinas y demás colonias	50		
Rentas y ganancias de españoles en otros países de Europa.	20		
Cobros por fletes marítimos	45		
Total	398	Total	281

FUENTE: Chamorro, S.: «Bosquejo histórico de la balanza de pagos de España», *ICE*, núm. 517, septiembre 1976. Estos datos, elaborados por el Fomento del Trabajo Nacional, aparecen en la obra de Sanz y Escartín, *La moneda y el cambio en España*, Madrid, 1905.

anteriores se deduce en cierta medida una «aproximación a la balanza turística» que daría un saldo positivo de 35 millones de pesetas.

La que quizá sea segunda estimación de la balanza de pagos se debe a un economista francés, Edmond Théry, que publicó dos; la primera, muy imprecisa para 1899, estimó un saldo final positivo para España de 49 millones de francos, y la segunda, de 1900, daba los datos de la tabla 1.5.

También de esta estimación de la balanza se puede deducir una balanza turística favorable para España de 20 millones de francos, lo que al tipo de cambio peseta/franco de 1900 supone unos 30 millones de pesetas. Cifra bastante parecida a la que se deduce de la estimación primera del Fomento del Trabajo Nacional del año anterior.

La tercera estimación de la balanza de pagos que vamos a reproducir, siguiendo la misma fuente informativa anterior, es la de Sanz y Escartín para 1904, que se reproduce en la tabla 1.6.

De estos datos no podemos deducir la balanza turística; pero sí, al menos, los ingresos, que se estiman en 68 millones de pesetas. De todas formas, hay que subrayar que en esta partida de gastos de extranjeros en España se incluyen, además de los ingresos por turismo y residentes extranjeros, los procedentes de los gastos de marinas extranjeras. De hecho, el saldo de este concepto de gastos en la estimación del Fomento del Trabajo Nacional fue de 9 millones de pesetas, y los volúme-

TABLA 1.5

Balanza de pagos de España de 1900 (millones de francos)

Débitos		Créditos	
Déficit comercial	120	Gastos de extranjeros en España	50
Gastos de españoles en el extranjero	30	Renta de inversiones extranjeras de	
Gastos del Gobierno español en el extranjero	15	españoles y excedente de ingresos sobre gastos de la marina mercante española	50
Servicios de las obligaciones de las compañías ferroviarias	50	Transferencias de españoles en el extranjero	200
Servicio de la deuda exterior estampillada (4 por 100)	40		
Servicio de los bonos de Cuba en el extranjero	8		
Total	263	Total	300
Saldo a favor de España 37			

FUENTE: Chamorro, S.: *Op cit.,* p. 153.

TABLA 1.6

Balanza de pagos de España de 1904 (millones de pesetas)

Ingresos		Pagos	
Remesas hechas por los españoles residentes en América, Filipinas, norte de África, Francia y Portugal	280	Intereses y amortizaciones de acciones y obligaciones de ferrocarriles, dividendos de sociedades, seguros, empresas industriales, etc., propiedad de extranjeros y gastos de españoles en el extranjero	200
Intereses y utilidades de capitales españoles en el extranjero	110		
Gastos de extranjeros en España	68	Deducción por utilidades de los extranjeros en nuestra exportación de minas	60
Billetes de lotería exportados	12		
Exportación (nivelada con la importación)	—	Importación (nivelada con la exportación)	—
Total	470	Total	260
Saldo a favor de España 210			

FUENTE: Chamorro, S.: *Op cit.*

nes de comercio exterior no variaron entre esos años de manera muy importante. Por consiguiente, podemos concluir que a principios del siglo XX, los ingresos turísticos españoles estaban cifrados en torno a los 50 millones de pesetas. Puesto que la renta nacional de España a principios de siglo estaba cifrada en el entorno de los 10.000 millones de pesetas, eso significa que la participación de los ingresos turísticos en la renta nacional significaba aproximadamente un 0,5 por 100 de dicha renta. Y si tomamos en consideración el saldo turístico, en vez del ingreso, entonces la participación se reduce al 0,20 por 100.

Puede, asimismo, apreciarse que la mayor parte de la financiación exterior de la balanza española de aquellos años estaba constituida por las remesas de emigrantes, y de acuerdo con los datos de la balanza de Théry, el saldo de la balanza turística contribuía a financiar el 16 por 100 del déficit comercial de 1900.

5.1.1.2. Al final del período

Tuvo que pasar más de un cuarto de siglo para que se elaboraran las primeras balanzas de pagos «modernas», que lo fueron por el funcionario del Banco de España, Francisco Jáinaga, para el período 1931-1934, siguiendo los formularios e instrucciones dictadas por el Secretariado de la Sociedad de Naciones. Básicamente, utilizó las estadísticas de comercio exterior complementadas por numerosas informaciones de los más dispares sectores. En lo concerniente a los datos de turismo los obtuvo del Patronato Nacional de Turismo, concretamente los desembolsos de los extranjeros fueron evaluados por el mencionado organismo[23].

TABLA 1.7

Balanzas de pagos de España 1931-1934 (millones de pesetas-oro)

	1931		1932		1933		1934	
	Crédito	Débito	Crédito	Débito	Crédito	Débito	Crédito	Débito
Mercaderías	1.052,0	1.304,4	811,9	1.080,1	7.884,0	9.811,0	697,4	983,3
Intereses y dividendos	65,0	76,7	51,3	76,0	43,0	68,6	43,7	74,7
Otros artículos corrientes	397,2	237,0	372,0	198,2	295,6	183,3	265,1	168,7
(Turismo y exportación de billetes)	64,4	73,2	66,8	53,0	58,8	46,1	59,6	35,1
Oro amonedado y en pasta	0,1	0,1	0,2	0,1	1,3	—	0,7	—
Balanza por cuenta corriente	**1.514,3**	**1.618,2**	**1.235,4**	**1.354,4**	**1.128,3**	**1.233,0**	**1.006,9**	**1226,7**
Movimiento de capitales a largo	37,6	38,6	42,1	51,0	28,4	14,6	24,6	11,4
Balanza básica	**1.551,9**	**1.656,8**	**1.277,5**	**1.405,4**	**1.156,7**	**1.247,6**	**1.031,5**	**1.238,1**
Capitales a corto	**287,1**	**182,2**	**285,1**	**157,2**	**99,3**	**62,2**	**144,3**	**20,8**
Errores y omisiones	—	—	—	—	**53,8**	—	**83,1**	—

---

[23] Toda la información de este subepígrafe ha sido obtenida en: Chamorro, S., y Morales, R.: «Las balanzas de pagos de Francisco Jáinaga», *Información Comercial Española*, núm. 511, marzo 1976.

Lo que a nosotros nos interesa destacar de esta información estadística es la relevancia del turismo, partida que hemos explicitado y que forma parte del apartado correspondiente a «Otros artículos corrientes». Hay que precisar, no obstante, que en esta partida turística se reflejan los ingresos y pagos por concepto de gastos de turismo, viajes, estancias en el extranjero, así como las importaciones y exportaciones de capital por estudios, atenciones familiares (distinta de las remesas de emigrantes), etc. Realmente puede considerarse una partida homogénea a las de épocas más recientes. Y el comportamiento de esta partida, pone de relieve los siguientes saldos en millones de pesetas-oro:

TABLA 1.8

Saldos de la balanza turística española (millones de pesetas-oro)

1931	1932	1933	1934
−8,8	13,8	12,7	24,5

Así pues, la balanza turística parte de una situación negativa que se invierte con tendencia a mejorar, pero hay que tener en cuenta que la crisis económica mundial llega con retraso a España, y que las cifras globales de ingresos y pagos turísticos sufren una reducción importante entre 1931 y 1933 a causa de dicha crisis. También creemos que tal reducción no fue mayor debido posiblemente a la devaluación de la peseta de aquellos años.

¿En qué medida esta balanza turística financió el déficit comercial? Basta comparar los datos de esa «balanza turística» con los saldos de la balanza de mercaderías de Jáinaga, datos todos ellos establecidos en pesetas-oro. El resultado es que, en los tres años de la década de los treinta que reflejaron saldos turísticos positivos, la importancia porcentual del saldo turístico positivo en el déficit comercial fue del 5,1 por 100, 0,7 por 100 y 8,6 por 100, respectivamente. Hay que hacer notar la enorme discrepancia existente entre estas balanzas de Jáinaga y los datos de la serie de comercio exterior anteriormente expuesta en la que se excluía el oro en pasta y amonedado.

5.1.2 *Participación del turismo en la renta nacional (años treinta)*

Dado que tenemos los datos de los ingresos turísticos de los cuatro años anteriormente citados en pesetas-oro, y también de las estimaciones de la renta nacional en pesetas corrientes para los mismos años, si pasamos los datos de la balanza turística a pesetas corrientes podemos estimar el peso del turismo en la economía española de aquellos años.

Utilizando los datos de la tabla 1.9 llegamos a estimar los ingresos turísticos de esos años treinta, que pasan a ser en millones de pesetas corrientes los siguientes: 130,7; 161,0; 136,4; y 141,8, respectivamente.

TABLA 1.9

Tabla de conversión entre pesetas corrientes y pesetas-oro

1931	1 peseta-oro equivale a 2,03 pesetas corrientes
1932	1 peseta-oro equivale a 2,41 pesetas corrientes
1933	1 peseta-oro equivale a 2,32 pesetas corrientes
1934	1 peseta-oro equivale a 2,38 pesetas corrientes

FUENTE: Elaboración propia sobre datos de Carreras, A. (coord.): *Estadísticas históricas de España. Siglos XIX-XX,* Fundación Banco Exterior, Madrid, 1989.

Aplicando estas cifras a las estimaciones de la renta nacional de Julio Alcaide podemos llegar a estimar la importancia porcentual de dichos ingresos turísticos en la citada renta que es la siguiente:

1931	1932	1933	1934
0,41	0,49	0,42	0,41

Como puede comprobarse, son cifras ligeramente inferiores a las estimadas para principios de siglo.

Ahora bien, si en vez de los datos de los ingresos utilizamos los del saldo turístico, entonces la participación de dicho saldo en la renta nacional se traduce en los siguientes porcentajes para los tres años en que dicho saldo fue positivo:

1932	1933	1934
0,10	0,09	0,17

Son cifras bastante bajas, similares a las de finales de los años cuarenta, y ello explica la falta de consideración del turismo en el famoso Dictamen sobre el Patrón Oro de 1929.

5.2. La demanda turística

5.2.1. *Visitantes procedentes del extranjero a principios de siglo*

Aunque para un tema alejado del objetivo que perseguimos de analizar y cuantificar de algún modo el fenómeno turístico en este primer tercio del siglo XX, es interesante señalar que en un apéndice de un Real Decreto del Ministerio de Hacienda de 10 de diciembre de 1912 relacionado con el establecimiento de tipos de cambio, se da información sobre las llegadas de viajeros procedentes del extranjero por vía férrea, y los comentarios que ilustran la tabla 1.10 hacen especial hincapié en la distinción entre viajeros que «toman billetes sueltos o de tráfico local y los que traen billetes combinados para sus excursiones por España y África. El aumento en el decenio en los billetes combinados, o sea, excursiones, asciende a 166 por 100, y todo indica que continuando la progresión de las mejoras en facilidades y comodidad de viajes, estancias y atractivos, se desarrollará más esta fuente de ingresos, tan beneficiosa para España desde el punto de vista de la utilidad directa y del favorable concepto que nuestro país merecerá al extranjero, destruyendo las antiguas leyendas y fantasías literarias».

TABLA 1.10

Viajeros llegados a España por las estaciones de Irún y Port Bou en el decenio 1901-1911 (miles)

	1901	1908	1910	1911	% 1911/1901
Local	165,0	215,4	230,2	248,3	151
Combinado	99,1	232,1	251,4	264,3	267
Total	**264,1**	**447,4**	**481,6**	**512,6**	**194**
Irún					
Local	79,7	111,3	115,2	125,4	157
Combinado	95,6	222,1	238,0	246,4	258
Total	**175,3**	**333,4**	**353,2**	**371,9**	**212**
Port Bou					
Local	85,3	104,1	115,0	122,8	144
Combinado	3,5	10,0	13,4	17,9	511
Total	**88,8**	**114,0**	**128,4**	**140,7**	**158**

FUENTE: *Gaceta de Madrid*, 16 de diciembre de 1912, pág. 821.

Igualmente se cuantifican las llegadas de viajeros por vía marítima en la tabla 1.11.

Puede observarse que, asimismo, son relevantes los movimientos de viajeros por vía marítima, ya que «también los trasatlánticos traen del otro lado del océano, principalmente de la América Latina, viajeros que han aumentado en las proporciones siguientes» (las que expresa la tabla). Y añade el redactor del apéndice que estamos comentando: «Otro elemento moderno, que estimula el turismo, es el uso del automóvil, con el cual se ha aumentado considerablemente la afición a las excursiones internacionales. En los momentos actuales se están organizando varias sociedades para el fomento del turismo, que procurarán la construcción de albergues y de hoteles con todos los medios necesarios para la comodidad y el mejor trato de los viajeros, y es de suponer que nuestro país se beneficiará en ese concepto». Por el tipo de vocabulario que se emplea en los párrafos dedicados al turismo de este Real Decreto podría pensarse que no es ajeno al marqués de la Vega-Inclán.

Lo que evidencian esas cifras, al margen del volumen concreto de turistas de aquellos años, es que la actividad turística estaba en franca expansión, con aumen-

TABLA 1.11

Pasajeros embarcados y desembarcados en los puertos
de la Península y Baleares (miles)

Años	Desembarcados	Embarcados	Total
1901	58,2	60,0	118,2
1902	67,1	58,2	125,3
1903	64,7	66,3	131,0
1904	71,3	95,4	166,7
1905	73,8	122,7	196,5
1906	85,8	127,0	212,8
1907	87,4	133,4	220,8
1908	90,8	173,6	264,4
1909	107,6	149,2	256,8
1910	138,1	213,7	351,8
% 1910-1901	237	356	298

FUENTE: *Gaceta de Madrid*, 16 de diciembre de 1912, p. 821.

tos en la década del 166 por 100 y 137 por 100, respectivamente, en viajeros terrestres y marítimos.

Ahora bien, ¿cómo se puede enlazar esta serie estadística —que nos parece bastante fiable a pesar de las reticencias que nos suscita cualquier estadística de esos años— con la que se expone en la tabla 1.12 del Servicio Sindical de Estadística, publicada casi medio siglo después?

En primer lugar, hay que dejar constancia de la casi identidad de las estadísticas sindicales con las del *Anuario Estadístico de España* de 1916, por lo que creemos que éste es el origen de aquéllas.

Pero, en segundo lugar, también hay que decir que las estadísticas sindicales, que analizaremos seguidamente, se inician justo un año después de los datos de la *Gaceta*, pero las diferencias son bastante relevantes entre una y otra y nada hace suponer que se produjera una caída tan brutal en las llegadas de visitantes extranjeros. De alguna manera, el ministro Navarro Reverter cuantificaba los excursionistas-turistas llegados por tren en 1910 y 1911 (es decir, los que sacaban billete combinado, ya que por la existencia de diversas compañías actuantes eran necesarios varios billetes) en algo más de un cuarto de millón cada uno de esos años. Los desembarcos de 1910 eran, asimismo, cifrados en 138.000. Por tanto, la cifra de turistas de ese año puede calcularse en cerca de 400.000. Bien es cierto que no todos esos viajeros llegados en tren o en barco pueden calificarse como tales, pero nada nos induce a pensar que los recogidos en la estadística sindical lo fueran. La única explicación a la discrepancia puede hallarse en que muchos de los llegados podrían ser españoles que habrían salido al extranjero y en su vuelta aparecen contabilizados como turistas, pero la discrepancia con los 123.000 de los datos sindicales de 1912 es demasiado fuerte. Pero analicemos los datos con mayor detalle.

Tal y como se observa en la tabla 1.12, la serie sindical muestra al principio un aumento constante del número de llegadas de extranjeros a España, incrementándose en tres años en cerca de 70.000 el número de llegadas. A partir de 1914 se inicia un claro retroceso, llegando a situarse por debajo del total registrado en 1912, lógica consecuencia de la Primera Guerra Mundial.

TABLA 1.12

Visitantes procedentes del extranjero que han entrado en España

	1912	1913	1914	1915	1916
España	123.270	147.746	192.057	115.508	96.530

FUENTE: *Estadísticas de Turismo. Hostelería, Turismo y Estadística,* Servicio Sindical de Estadísticas, 1956.

La figura 1.1 muestra claramente cómo el año de inicio de la Primera Guerra Mundial, 1914, marca la ruptura de una trayectoria de crecimiento del número de turistas que llegaban a España.

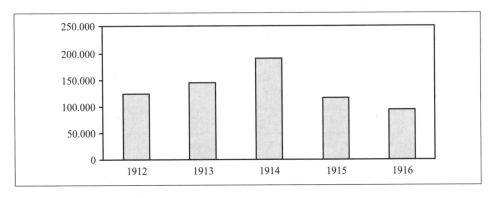

Figura 1.1. Evolución del número de turistas llegados a España.

TABLA 1.13

Visitantes extranjeros llegados a España por país de residencia

	1912	1913	1914	1915	1916
Alemania	1.317	1.563	1.524	246	1.014
Bélgica	82	68	160	76	4
Francia	2.689	3.392	3.447	1.344	2.548
Gran Bretaña	3.308	3.336	2.992	871	727
Italia	1.295	1.250	2.609	1.177	1.296
Estados Unidos	1.224	1.398	3.249	2.327	2.231

FUENTE: *Anuario Estadístico de España,* 1916.

Como muestra la tabla 1.13, la llegada de visitantes estuvo sujeta a constantes cambios, en cuanto a su composición por país de entrada, fruto de las alteraciones políticas ocasionadas por la gran conflagración.

Europa comenzaba a perder su hegemonía mundial conseguida tras la Revolución Industrial, mientras que Estados Unidos comenzaba su escalada hacia la cúspide como país más poderoso del mundo.

Estos cambios tienen repercusión sobre la llegada de visitantes según el país de procedencia. Así, en 1912 el *ranking* estaba liderado por Gran Bretaña, que es ligeramente superada por Francia al año siguiente; y en 1914 es Estados Unidos quien empieza a ganar posiciones, para en 1915 llegar a ocupar el primer lugar como país emisor de visitantes hacia nuestro país. El errático comportamiento de los datos nacionales, que se aprecia en los años coincidentes con la Primera Guerra Mundial, debe estar relacionado con la importancia que España, como país no beligerante, adquirió como lugar de gran interés para el espionaje de los bandos enfrentados dada su situación estratégica en las rutas marítimas.

TABLA 1.14

Visitantes extranjeros llegados a España por continentes de procedencia

	1912	1913	1914	1915	1916
Europa	13.257	15.063	22.494	7.536	5.098
America	75.101	90.676	118.048	79.544	69.938
África	34.106	41.493	50.921	27.946	20.835
Asia	6	26	54	27	118
Oceanía	500	488	540	458	541
Total	122.970	147.746	192.057	115.511	96.530

FUENTE: *Anuario Estadístico de España*, 1916.

Una cuestión importante a tener en cuenta es el poco peso que los principales países del mundo parecen tener en las cifras de visitantes llegados a España en aquellos años al comparar sus datos con los totales por continentes, lo que carece, a priori, de toda lógica. Y la explicación podría estar en que, al parecer, la contabilización de los visitantes llegados debía estar relacionada con el origen del medio de transporte que los traía, el barco, y no con la nacionalidad concreta de sus pasajeros. Por eso, América y Africa tienen tanta relevancia en las cifras de visitantes. España era lugar de escala obligada a las numerosas rutas marítimas que unían las metrópolis europeas con sus colonias, amén de las propias rutas que la unían con toda Hispanoamérica. Esto podría explicar en nuestra opinión —caso de tener cierta verosimilitud estas cifras— que, por continentes, el principal emisor de visitantes hacia España fuese América seguido de África. De todas formas, las cifras por países no son creíbles, ya que ni siquiera la suma de los visitantes procedentes de los cinco países europeos señalados alcanza las dos terceras partes de los señalados en la estadística continental en 1912 y, en cambio, la supera en 1916.

© Ediciones Pirámide

Por otro lado, contamos con los datos referentes a la llegada de visitantes según meses que muestran una marcada estacionalidad, concentrándose la mayoría de las llegadas en los meses estivales, tal y como se muestra en el siguiente gráfico, por lo cual esa estacionalidad sirve como confirmación del carácter turístico de tales visitas (figura 1.2).

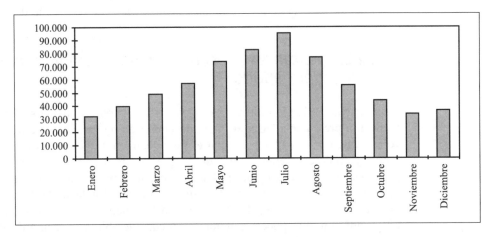

Figura 1.2. Llegada de visitantes a España según meses, 1912-1916.

Sin embargo, la salida de españoles no sigue las mismas pautas de comportamiento que la llegada de extranjeros en cuanto a la distribución a lo largo del año. Así, al contrario del comportamiento estacional de los visitantes extranjeros, las salidas de españoles registran el menor volumen de salidas precisamente en el estío.

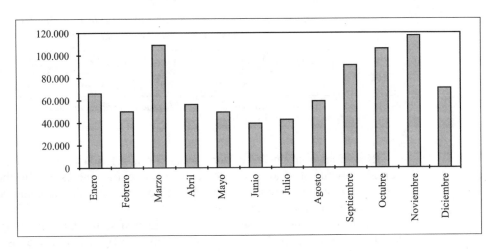

Figura 1.3. Salida de españoles según meses, 1912-1916.

Este comportamiento de complementariedad puede explicarse por el hecho de que quienes podían permitirse el lujo de viajar al extranjero —en aquellas fechas lo era salvo para quienes lo hacían por imperiosa necesidad— pertenecían a las clases altas de la sociedad española que veraneaba en España y luego se desplazaba al extranjero fundamentalmente en primavera y otoño. Y quienes están incluidos en estos datos por emigrar parece lógico que lo hicieran una vez terminadas las faenas de la recolección, dado el carácter eminentemente agrario de la España de aquella época.

5.2.2. *Visitantes procedentes del extranjero al final del período*

A partir de 1916 asistimos a un vacío de datos estadísticos oficiales que no vuelven a presentarse hasta el inicio de la década de los años treinta. Es el período coincidente en su mayor parte con el funcionamiento de la Comisaría Regia de Turismo, y no desesperamos confiando en que los datos que colmen tan importante laguna puedan aparecer algún día bajo la vetusta capa de polvo de algún legajo perdido en cualquier archivo de la Administración. En la tabla 1.15 se recoge el número de visitantes llegados a España en los cuatro últimos años del período que nos ocupa. En ella, podemos apreciar un considerable incremento de visitantes extranjeros entre 1931 y 1932, sin explicación plausible dada la carencia constatada. También, sobre la base de esta mínima información, se puede afirmar que, a partir de 1934 se asiste a un retroceso en el número de llegadas de viajeros a nuestro país, muy probablemente a causa del clima de inseguridad que se respiraba en España tras la sublevación de Asturias y subsiguiente represión.

TABLA 1.15

Visitantes procedentes del extranjero que han entrado en España provistos de pasaporte

	1931	1932	1933	1934
España	187.220	201.914	200.346	190.830

FUENTE: *Estadísticas de Turismo. Hostelería, Turismo y Estadística,* Servicio Sindical de Estadísticas, 1956.

Esta variable no puede ser comparada con la referida a las llegadas al inicio del período, porque aquéllos son datos globales, mientras que éstos sólo incluyen a los visitantes llegados provistos de pasaporte, lo cual imposibilita cualquier comparación y conocer el saldo del período.

Los datos desglosados según país de origen sí se prestan a la comparación con los del inicio del período, ya que ambas series recogen el total de visitantes llegados de cada país, sin distinguir los provistos de pasaporte.

TABLA 1.16

Visitantes procedentes del extranjero que han entrado en España
según nacionalidad

	1930	1931	1932	1933	1934
Alemania	17.588	10.720	10.652	9.980	10.341
Bélgica	6.903	2.564	2.063	2.880	2.960
Francia	83.506	55.926	90.211	89.060	90.419
Gran Bretaña	38.539	21.469	17.618	18.638	17.574
Italia	6.325	4.415	4.736	4.505	4.656
Estados Unidos	14.187	6.427	6.864	4.345	3.454

FUENTE: *Anuario Estadístico de España*, 1916.

Se comprueba cómo Francia se convierte en el principal país emisor de visitantes hacia España, seguida a gran distancia de Gran Bretaña, y en tercer lugar Alemania. Los llegados de Estados Unidos representan un porcentaje menor que el de Alemania. Y la primacía francesa es de tal magnitud que supera a todos los demás países juntos, comportamiento explicable por razones de proximidad geográfica. Por tanto, la situación cambió bastante con respecto a los primeros años del período, aunque ni uno ni otro períodos corresponden a años de estabilidad, como ya hemos indicado. Asimismo, es de destacar la reducción que experimentan las llegadas después de 1930 como consecuencia de la gran crisis de principios de la década. El hecho de que Francia aumentara su número de turistas a España en plena crisis tiene que ver con la caída del tipo de cambio de la peseta que desde 1930 hasta 1932 se depreció cerca de un 50 por 100, aproximadamente, respecto al franco. Las turbulencias monetarias de aquellos años, con el abandono del patrón oro por Gran Bretaña y por Estados Unidos, y con la consiguiente apertura de la guerra comercial de las devaluaciones competitivas, fueron la antesala de la auténtica guerra, en términos bélicos propiamente dichos, que se desencadenaría pocos años después. Los viajes turísticos se resintieron lógicamente de tales turbulencias.

En estos años, la mayor parte de los viajes turísticos se realizaban por mar, al igual que el transporte de viajeros entre las potencias europeas y sus colonias africanas y asiáticas. El hecho de que España sea la puerta de entrada o salida del Mediterráneo originó que las líneas marítimas que unían metrópolis y colonias hiciesen escala en los diferentes puertos españoles, como ya hemos indicado, al igual que lo hacían las líneas que unían Italia y el Mediterráneo con el Nuevo Mundo, de ahí la explicación de los datos reflejados.

6. EL MARCO CONCEPTUAL: EL TURISMO COMO INSTRUMENTO POLÍTICO Y COMO FUENTE DE RIQUEZA Y PRESTIGIO INTERNACIONAL

El primer tercio del siglo XX es el período en que tiene lugar la emergencia del moderno turismo en España. A finales del siglo pasado, los agentes europeos que sentaron las bases del actual turismo de masas empezaron a ampliar sus actividades hacia España siguiendo las huellas de los viajeros románticos que tantas páginas literarias y descriptivas habían escrito y publicado sobre nuestro país.

Por otro lado, la preocupación, e incluso la implicación personal de algunas élites, por el estado de nuestro riquísimo patrimonio histórico-artístico, habían dado lugar a que encontrasen, en esa incipiente demanda exterior, el argumento para que la Administración se preocupara de la nueva actividad económica en que se había convertido el turismo, aunque se apoyase su creación sobre bases de patriotismo y prestigio nacionales. Sin embargo, la utilización política y subordinación a otros fines de la incipiente administración turística primó en aquellos años de descomposición del régimen de la Restauración, y posteriormente de la dictadura primorriverista, marcando una especie de estigma sobre la citada administración —y sobre la percepción que del turismo se tenía en la sociedad española— que ha perdurado hasta épocas muy recientes. El turismo no se consideraba como una actividad plenamente productiva como tal, quizá porque no producía bienes físicos como la agricultura o la industria, o porque su desarrollo dependía de la coyuntura de otros países y de la evolución del tipo de cambio de la peseta.

Conviene no olvidar al respecto el contexto nacionalista de la política imperante en aquellos años y las luchas imperialistas entre las potencias europeas. De hecho, no se ha adquirido, hasta muy recientemente, la noción de que estamos en una economía de servicios en la que su prestación genera una actividad económica tan digna, productiva y estable como la que más. No obstante, en el período que analizamos ya se empieza a atisbar la importancia económica de dicha actividad, al margen de su relevancia política.

La República tuvo que poner orden en los desbarajustes funcionales y de gestión de la Administración precedente en un claro intento de reordenación y modernización administrativas que, en lo concerniente al ámbito turístico, procuró una política de apoyo económico al desarrollo del sector asentada en unas bases financieras saneadas; sin embargo, la coyuntura política, económica y social de aquellos años dieron al traste con tan loables propósitos.

En suma, en este período se inicia el desarrollo de una Administración pública especialmente dedicada al turismo y empieza, asimismo, a establecerse un marco legislativo propio. No obstante, ya fuera por los condicionantes políticos internos de España o por las circunstancias que concurrían en la escena internacional, el desarrollo de la actividad turística fue escasa y adoleció de graves carencias.

2 La autarquía (de 1939 a 1956)

1. ENCUADRE GENERAL: EL AISLAMIENTO Y EL CONDICIONANTE POSTBÉLICO

1.1. Autarquía e intervencionismo

Al término de la Guerra Civil la nueva confrontación bélica mundial va a condicionar y enmarcar la situación política, económica y social de España. Si bien es cierto que la autarquía y el intervencionismo extremo caracterizadores de este período, que se extiende hasta mediada la década de los cincuenta, son rasgos fundamentales del mismo, no lo es menos que no responden exclusivamente al contexto histórico aislacionista en que se desenvolvió la economía y la política internacional españolas de los años cuarenta y cincuenta, sino que hunde sus raíces más atrás, en las experiencias prebélicas del nacionalsocialismo y del fascismo de Alemania e Italia, respectivamente, países con los que el bando triunfante en la confrontación fratricida hispana mantenía evidentes afinidades ideológicas. Esta forzada caracterización del período estuvo asimismo abonada por un nacionalismo que buscaba superar las dificultades que nuestra dependencia económica había experimentado en el pasado. «Al igual que en Alemania e Italia, la autarquía española no fue tanto una exigencia ideológica del nuevo régimen cuanto una forma de asimilar la amarga experiencia de depender del exterior»[1].

En cualquier caso, no dejaba de ser una autarquía bastante «descafeinada» dadas las grandes limitaciones que la pretendida autosuficiencia económica española presentaba, especialmente en petróleo, vehículos de motor, abonos, pasta de papel, maquinaria y bienes de equipo en general, etc. Incluso en algo tan fundamental como la mera subsistencia que no se había logrado, teniendo que realizarse en aquellos

---

[1] Clavera, J., y otros: *Capitalismo español: de la autarquía a la estabilización (1939-1959),* 2 tomos, Cuadernos para el Diálogo, Madrid, 1973, p. 90 del tomo 1.

años cuarenta cuantiosas importaciones de cereales procedentes de Sudamérica para cubrir las necesidades básicas de la población. Y ello a pesar de la nueva ruralización que experimentó la economía como consecuencia de la propia guerra.

En cuanto al intervencionismo, que en el mundo occidental aparece al término de la Segunda Guerra Mundial como una forma de control de la economía por el Estado con objeto de atajar los graves problemas sociales generados por el abstencionismo en materia económica de los gobiernos tras la crisis del 29, no tiene nada que ver con el que caracterizó la España de la quinta y sexta décadas del siglo XX. Y aunque presente algunas afinidades con el de la Alemania hitleriana, este intervencionismo hispano «arranca precisamente de la situación de guerra civil y se prolonga después más como consecuencia del modelo político adoptado que por las necesidades propias de una política de reconstrucción. La exacerbación del intervencionismo, su utilización ideológica intensiva y su innecesaria prolongación temporal van a ser una de las características esenciales de la España posterior a la Guerra Civil»[2].

El intervencionismo fue el caldo de cultivo en que la especulación, el estraperlo y el mercado negro, en suma, favorecieron un corrupto sistema de enriquecimiento para quienes mejores contactos o menores escrúpulos tenían, posibilitando el surgimiento de una nueva o potenciada burguesía a costa de la miseria de la mayor parte de la población.

Finalmente, conviene asimismo dejar sentado que fue, muy posiblemente, la opción del modelo político-ideológico adoptada por el régimen franquista lo que impidió que España se beneficiase del Plan Marshall del que, en cambio, sí se beneficiaron los beligerantes europeos, tanto vencedores como derrotados, que así pudieron reconstruir sus muy maltrechas y deterioradas economías en tiempo récord, dando paso al período de mayor prosperidad económica vivido en tiempos modernos por el mundo occidental

De esta manera, el estrangulamiento económico impuesto por las dificultades de abastecimiento, la gran escasez de divisas y las limitaciones para su obtención que caracterizaron el período coincidente con la contienda mundial, se alargaron en España bastante más en el tiempo de lo que padecieron los derrotados en aquélla, precisamente por los condicionantes ideológicos. Sólo el furibundo anticomunismo del régimen de Franco, que supo imbricarse en las necesidades estratégicas occidentales en pleno desencadenamiento de la confrontación Estados Unidos-URSS, fue lo que facilitó el «deshielo» de las relaciones internacionales de España por parte de Estados Unidos materializado en el Tratado de 1953.

1.2. El fin del aislamiento

El cerco internacional de España se inició en 1946 cuando una resolución de la ONU expresó su condena al régimen español, no admitiendo su entrada como país

---

[2] *Ibídem*, p. 92 del tomo 1.

miembro ni siquiera en sus agencias especializadas. Esta medida fue acompañada de la recomendación de la retirada de los embajadores y plenipotenciarios, que se cumplió casi en su integridad, e incluso Francia cerró la frontera terrestre. Por consiguiente, al término de la Segunda Guerra Mundial, España estaba absolutamente bloqueada en términos diplomáticos y en lo económico de forma atenuada, puesto que los suministros básicos de petróleo y otros productos nunca llegaron a paralizarse[3]. La gran excepción al bloqueo fue Argentina que con sus exportaciones de cereales salvó a la población española de una segura hambruna.

Lógicamente, cuando apenas dos años después se puso en marcha el Plan Marshall, España quedó marginada. Sin embargo, el complejo contexto de los equilibrios políticos interiores entre las diferentes facciones del régimen y sus respectivas vinculaciones y apoyos internacionales, fue poco a poco decantándose en favor de quienes habían apostado desde el principio por Estados Unidos. Era el caso del dictador, que había estado alineado personalmente con la gran potencia[4]. Y aunque España no se benefició de dicho plan de reconstrucción, sí empezó a recibir ayudas financieras materializadas en un primer crédito en dólares en 1949 del Chase National Bank, acompañado de otros del Export-Import Bank en 1950 y 1951. Había un acuerdo más o menos tácito o expreso entre Franco y Estados Unidos de reintegrar a España al capitalismo occidental de corte liberal, por lo que esos créditos anteriores al importante cambio de Gobierno de 1951 contribuyeron a aliviar la difícil situación alimentaria, energética y de suministros de materias primas y bienes de equipo. Pero, sobre todo, alentaron a llevar a cabo las primeras reformas que cambiaron el rumbo de la política económica española seguida hasta entonces desde el término de la Guerra Civil, y prepararon el terreno para levantar las restricciones internacionales que pesaban sobre España.

En 1950 empezaron a volver los embajadores y se dio el visto bueno a la entrada de España en la ONU en el contexto de una emergente «guerra fría» iniciada con la guerra de Corea.

La situación económica al comienzo de la década de los cincuenta era que tras doce años de política económica del nuevo régimen, no se habían recuperado aún los niveles de producción de la preguerra y, lo que es más grave, no parecía que existiese posibilidad de mejorar la situación si se persistía en el mismo esquema de política económica. El camino iniciado en 1939 se había demostrado definitivamente inviable, y el creciente descontento social presionaba fuertemente para que un cambio tuviese lugar[5]. La política de sustitución de importaciones se mostraba cada día más inviable, sobre todo en el terreno industrial. Al mismo tiempo, la escasez de productos alimentarios era consecuencia de las malas cosechas de los últimos años y el mal funcionamiento de los mercados agrarios, pues el propio sistema de distribución de productos mediante intervenciones administrativas frenaba el creci-

---

[3] Tamames, R.: *La República. La era de Franco,* Alianza Editorial-Alfaguara, Madrid, 1973, p. 549.

[4] Garcés, J. E.: *Soberanos e intervenidos. Estrategias globales, americanos y españoles,* Siglo XXI de España Editores, Madrid, 1996, p. 73.

[5] Clavera, J., y otros: *Op. cit.,* p. 41 del tomo 2.

miento de la producción dadas las múltiples rigideces que generaba. Y ello sin contar los aumentos de precios estimulados por un floreciente estraperlo de productos alimenticios.

Por todas estas razones, en 1951 tiene lugar un significativo cambio en la orientación de la política económica, tras el desplazamiento parcial de la Falange, coincidente, asimismo, con los primeros brotes importantes de descontento social que se saldaron con una fuerte represión acompañada de algunas mejoras en las condiciones de subsistencia. La ayuda crediticia americana estaba contribuyendo a frenar la inflación, a paliar el hambre y se pudo suprimir el racionamiento.

El nuevo ideario económico que el Gobierno puso en marcha propugnaba una «ortodoxia» económica frente a la discrecionalidad intervencionista que había sido habitual. Propugnaba, asimismo, el fin de la autarquía aceptando la inevitabilidad de los intercambios internacionales, muestra de la voluntad de integración en el concierto capitalista mundial. Abría el mercado al libre funcionamiento frente a los controles directos o, lo que es lo mismo, racionalizaba el cálculo económico; y, finalmente, mostraba su confianza en la iniciativa privada frente a la creencia en la eficacia de la gestión administrativa de los asuntos económicos.

Estos importantes cambios de orientación en la política económica sentaron las bases del pleno reconocimiento internacional de España por medio de los Tratados con los Estados Unidos y del Concordato con la Santa Sede, en 1953.

Este último supuso importantes concesiones al Vaticano que implicaron la admisión jurídica internacional de la interferencia de la Iglesia en materias de derecho civil, de enseñanza, de opinión pública y de hacienda. Las contrapartidas para el Gobierno español fueron meramente simbólicas por su carácter litúrgico y paralitúrgico[6]. Sin embargo, no por ello dejaban de ser importantes, en un país de tan profunda raigambre católica como España, en orden a la legitimación del régimen en general y de Franco en particular, al incluir entre tales contrapartidas la elevación diaria, por parte de todos los sacerdotes españoles, de preces por España y por el Jefe del Estado. Y también se derivaron consecuencias, no menos relevantes para el propio funcionamiento del sistema político, como las relativas a dotar de nuevo contenido ideológico al régimen que, de esta manera, fue desplazando, poco a poco, al falangismo cada vez menos presentable internacionalmente.

En cuanto a los Tratados con Estados Unidos facultaron un crecimiento económico cierto, dentro de un perfil fluctuante, con estabilidad de precios. A esta estabilidad contribuyeron de manera importante (algo no suficientemente destacado en la historiografía económica) las condiciones en que se otorgaron los créditos por Estados Unidos en el Tratado de Ayuda Económica. Concretamente, tales créditos en dólares eran estabilizadores por la retirada de la circulación de las contrapartidas en pesetas, que quedaban bloqueadas en unas cuentas especiales a disposición de los Gobiernos de Estados Unidos y España. A su vez, y a diferencia de lo ocurrido hasta entonces, las inversiones abordadas, además de dejar sentir su efecto expansivo, no tenían carácter inflacionario.

---

[6] Tamames, R.: *La República. La era de Franco, op. cit.,* p. 558.

Las presiones políticas para la liberalización del régimen también aparecían en ese Tratado de Ayuda Económica, por cuanto su concesión tenía como contrapartida la obligación del Gobierno español de adoptar medidas de saneamiento financiero para restaurar la confianza internacional en la peseta, y de actuar sobre el funcionamiento del sector real de la economía mediante la eliminación de monopolios y otros elementos «cartelizadores» del mercado español.

Dado el escaso interés mostrado por Estados Unidos en demanda de la aplicación de estas contrapartidas, sobre todo en comparación con las militares, que eran las que realmente les interesaban, cabe preguntarse en qué medida aquellas presiones o recomendaciones respondieron a la necesidad de la retórica americana de este tipo de acuerdos para salvar la cara del Gobierno estadounidense ante la Cámara de Representantes, o fueron elementos ideológicos suscitados desde la propia España para conseguir refuerzos exteriores en la batalla que se estaba librando en el interior del régimen franquista entre los sectores falangistas y liberales que lo sustentaban.

El elemento esencial para comprender la estrategia de la nueva política económica de 1951 es el nuevo objetivo que ésta se plantea, pues no es hasta este momento cuando el máximo crecimiento de la producción se convierte efectivamente en el eje de la política económica. De este modo, el conjunto de las medidas adoptadas en este período debe ser analizado como un intento de romper los frenos que venían impidiendo un crecimiento sensible de la producción nacional, creando un marco más eficaz para su rápido desenvolvimiento[7].

En definitiva, este período de crecimiento quiebra en 1956 cuando de nuevo resurge el movimiento obrero, esta vez con más fuerza y, otra vez, es fuertemente reprimido, aunque se logran subidas salariales importantes. Junto a esta oposición aparecen por primera vez después de la guerra los primeros movimientos de protesta política en la universidad. Pero, ya entonces, España había empezado a caminar decididamente por la senda del restablecimiento de los mecanismos de mercado interior y de apertura al comercio internacional.

2. EL MARCO ADMINISTRATIVO: LA ELEVACIÓN «NOMINAL» DEL RANGO ADMINISTRATIVO DEL TURISMO

2.1. El Ministerio de Información y Turismo y sus antecedentes: la Dirección General de Turismo

Por Decreto Ley de la Presidencia del Gobierno de 19 de julio de 1951 se creó el Ministerio de Información y Turismo, nuevo ministerio cuya organización fue decretada, a su vez, el 15 de febrero de 1952. El nombre del nuevo ministerio podría inducir a creer que tanto la información como el turismo iban a tener un rango semejante. Nada más lejos de la realidad. El turismo se conformaba como un mero

---

[7] Clavera, J.: *Op. cit.,* pp. 46 y 47 del tomo 2.

apéndice para suavizar la denominación ministerial, y sólo se le asignaba una dirección general, de las cinco que integraban el citado ministerio, cuando fue creado. A saber: Prensa, Información, Radiodifusión, Cinematografía y Teatro y Turismo. Un ministerio clave en el régimen franquista, concebido para ejercer un estricto control de la información e impedir que pudiera circular todo aquello que no convenía a los intereses del nuevo Estado.

El preámbulo del Decreto es sumamente ilustrativo al respecto, por cuanto sin referirse al turismo para nada —lo que confirma nuestro aserto inicial— decía acerca de la información: «[...] Desde el punto de vista del Estado, la información se configura como uno de los servicios públicos de más hondo contenido y de más delicado tratamiento, ya que debe sujetarse a la obligación de promover el bien común, *en orden a formar sanos criterios de opinión y a difundir la más auténtica conciencia de nuestra patria y sus circunstancias tanto en el interior como en el exterior*» (las cursivas son nuestras).

Nos encontramos, pues, de nuevo con una instrumentación del turismo al aparecer ligado a aspectos propagandísticos del régimen político, tanto frente al interior del país como frente al extranjero.

No obstante, como etapa administrativa previa a su constitución hay que hacer mención a la Dirección General de Turismo, cuyos orígenes se remontan a la Guerra Civil, puesto que en el primer Gobierno de Franco, de 30 de enero de 1938, las funciones del Patronato Nacional de Turismo fueron asumidas por un Servicio Nacional del Turismo, integrado en la cartera de Interior en principio, y en la de Gobernación más tarde con el segundo Gobierno, con unas funciones claramente controladoras de precios y categorías en los establecimientos hoteleros. Al término de la guerra, el Servicio Nacional del Turismo pasó a convertirse en la Dirección General del Turismo, hasta que con la creación del Ministerio de Información y Turismo, dejó de encuadrarse en Gobernación para pasar a engrosar este nuevo ministerio.

Las funciones de esta dirección general venían detalladas en el artículo 22 del Decreto de creación ministerial. Decía textualmente: «La Dirección General del Turismo es la competente para inspeccionar, gestionar, promover y fomentar las actividades relacionadas con la organización de viajes, la industria hospedera y la información, atracción y propaganda respecto de forasteros, fomentar el interés dentro y fuera de España por el conocimiento de la vida y territorio nacional y ejecutar las órdenes que el ministro disponga para el mejor desarrollo de los servicios.

Las secciones en que se divida la Dirección General del Turismo atenderán al fomento de los establecimientos turísticos y profesionales con ellos relacionados, a la información gráfica y de todo orden en idiomas nacional y extranjeros, así como la vigilancia y, en su caso, la dirección de las Agencias de Turismo».

También es interesante resaltar una novedad en este texto, por cuanto aparece una nueva actividad ligada al turismo, cual es la organización de viajes. Muestra de que empezaba a tener importancia y especificidad propia al margen del transporte con el que tradicionalmente estaba vinculada.

Esta dirección general sufrió varias reorganizaciones internas que no modificaron sustancialmente su peso específico. Sin embargo, la situación cambió con la llegada de Manuel Fraga al frente del ministerio, pero eso ya pertenece al próximo capítulo.

2.2. El Plan Nacional de Turismo de 1952

Más interés, tanto desde una perspectiva estrictamente turística como administrativa, tiene el denominado Plan Nacional de Turismo de 1952, por cuanto constata la intervención en el sector turístico de otro departamento administrativo ajeno al que teóricamente tenía las correspondientes competencias: la Presidencia del Gobierno. Esto también puede considerarse como una muestra más de que el apéndice «y Turismo» que adornaba la denominación ministerial era eso, un simple adorno administrativo.

Pues bien. Bajo el título genérico de Estudios para un Plan Nacional de Turismo y realizado por la Secretaría General para la Ordenación Económica y Social (SOES) de la Presidencia del Gobierno, apareció en 1952 un opúsculo dividido en diez capítulos, cuya síntesis ofrecemos a continuación, por cuanto presenta el interés de ser el primer documento en el que la administración española analiza el turismo como un todo, como un sector que tiene su importancia y efectos sobre el resto de la economía, y que presenta una serie de problemas para su desenvolvimiento.

El resumen es el siguiente:

Capítulo I: El turismo en España. España ha sido visitada durante el año 1951 por 1.200.000 turistas, que han proporcionado, en divisas, el equivalente a 1.000 millones de pesetas. Al propio tiempo ha repatriado una cantidad de pesetas que se estima en 1.500 millones.

Capítulo II: Trámites de frontera. A fin de producir en el turismo que entra en España una buena impresión inicial, es necesario acondicionar urgentemente los locales en que están instalados los servicios de frontera, así como procurar, por todos los medios, que estos servicios se realicen del modo menos molesto para el turista.

Capítulo III: Objetivos de interés turístico. La corriente turística hacia España acusa un máximo acentuado en agosto y su mínimo de noviembre a febrero. Convendría acondicionar, como ciudades turísticas de invierno, Málaga, Palma de Mallorca y Alicante. A fin de fomentar los deportes de invierno se estima de interés construir refugios e instalaciones de montaña en Nuria, La Molina, Guadarrama y Sierra Nevada. Asimismo, parece conveniente intensificar la propaganda sobre estos objetivos de invierno.

Capítulo IV: Transporte por ferrocarril. El medio de transporte más usual para el turista, después del vehículo automóvil, es el ferrocarril, que deberá mejorarse mediante la renovación y modernización del material y el acondicionamiento de diversos servicios de estaciones.

Capítulo V: Transporte por carretera. La carretera es actualmente, el medio de transporte preferido por el turista y al que se asignan más posibilidades futuras. En consecuencia, es necesario llevar a cabo la reparación o mejora de aquellos trozos de carretera que, no obstante formar parte de itinerarios turísticos, no están comprendidos en el «Plan de Modernización de la Red de Carreteras Españolas», aprobado por Ley de 4 de diciembre de 1950.

Capítulo VI: Transportes marítimos. El número de turistas que viajan en buques de bandera nacional aumenta progresivamente. Se hace, pues, necesario llevar a cabo a ritmo acelerado la construcción de los buques proyectados por la Empresa Nacional Elcano de Navegación.

Capítulo VII: Transportes aéreos. El medio de transporte preferido por el turista de lujo procedente del otro lado del Atlántico es el avión. Debe, por tanto, aumentarse en lo posible el material aéreo de las compañías españolas, a fin de incrementar esta clase de transporte. Este incremento se hace indispensable en las líneas de Canarias y Baleares, cuya capacidad de tráfico es hoy insuficiente.

Capítulo VIII: Alojamientos. La capacidad hotelera de España es de 60.000 habitaciones incluidos los hoteles en construcción. Para albergar a 2.000.000 de turistas serían necesarias 87.000 habitaciones, existiendo por tanto un déficit de 27.000. Resulta, pues, urgente la construcción de un programa mínimo de hoteles. El medio que se estima más eficaz es el incremento del crédito hotelero, elevándolo, como mínimo a 300 millones de pesetas.

Capítulo IX: Propaganda. Se estima necesario incrementar los presupuestos dedicados a propaganda, a fin, principalmente, de atender las peticiones y consultas que se formulen ante nuestras oficinas del exterior. El gasto de propaganda por turista es en España de unas cinco pesetas, mientras que en Francia asciende a una cantidad de francos equivalente a 28 pesetas.

Capítulo X: Legislación. La ejecución de las propuestas que se formulan en el presente plan exige que se dicten varias disposiciones legales de distinto rango.

Hecho el resumen del «pomposo» Plan Nacional de Turismo es necesario, asimismo, efectuar algunos comentarios al respecto. Porque la calificación de plan aplicada a una serie de constataciones sobre la realidad turística de la época y de afirmaciones enunciativas acerca de lo que sería preciso hacer o dejar de hacer, sin referencia expresa a las medidas que se piensan llevar a cabo, es realmente pretenciosa. Así que los aspectos más destacables del citado plan son: el reconocimiento indirecto de la importancia de la fuga de divisas por aquel entonces y la pujanza del mercado negro; la lentitud, la complejidad y la seriedad de los controles fronterizos que constituyen, sin duda alguna, un freno y una molestia para los turistas; la estacionalidad, así como la importancia que el turismo de nieve y el residencial de invierno pueden adquirir como medio equilibrador de esa estacionalidad; las deficiencias de la red de transportes y comunicaciones española de la época; el análisis breve de la realidad hotelera española y la fijación de unos objetivos, aunque sin horizonte temporal, ni medios al servicio de aquéllos; la determinación de las modificaciones legislativas precisas para la realización y puesta a punto del Plan; y, finalmente, la constatación de la importancia de la propaganda en el marketing turístico, sobre todo de la publicidad efectuada directamente por las oficinas en el exterior.

Es relevante significar a estos efectos que si se dice, y es veraz, que el gasto de propaganda por turista y año fue de cinco pesetas, supuso unos 6.000.000 de pesetas al año, es decir, el 0,6 por 100 de los ingresos oficiales por turismo. Este porcentaje es exactamente el triple del que se gastaba a mediados de los años setenta[8]; lo que evidencia, en términos relativos, que el gasto de propaganda en el exterior que se hacía a principios de la década de los cincuenta (es importante tener en cuenta el bloqueo internacional que España padecía en 1952) era muy superior al de aquellas fechas en que el turismo era ya una realidad exitosa. Eso demuestra el esfuerzo que el régimen franquista hizo para forzar un reconocimiento político internacional cuya ausencia amenazaba su propia supervivencia.

3. EL MARCO LEGAL: EL INTERVENCIONISMO CONTROLADOR, SANCIONADOR Y REPRESOR

3.1. Las normas laborales

3.1.1. *El Reglamento para la Industria Hotelera, Cafés, Bares y Similares de 1939*

Apenas se habían apagado los ecos de la Guerra Civil cuando el 1 de mayo de 1939 el denominado Ministerio de Organización y Acción Sindical dictó una orden por la que entraba en vigor el Reglamento para la Industria Hotelera, Cafés, Bares y Similares, cuyo objetivo fue clasificar el personal y reglamentar la estructura salarial de las diferentes categorías de establecimientos que quedaron agrupados en dos clases. Una para los dedicados al alojamiento y restauración, y otra para el resto; y con categorías conformes al Decreto de 8 de abril de 1939 al que nos referiremos más adelante.

Este minucioso reglamento constaba de 56 artículos, y en él se fijaron los criterios para establecer las categorías de los establecimientos. Sin embargo, la mayor parte del mismo se dedica al reparto entre sus beneficiarios del concepto retributivo «servicio», un suplemento en el precio, a través de un complejo sistema de puntos, que se mantuvo muchos años con pocas variaciones, y cuya cuantía del 10 y del

---

[8] «El actual 0,2 por 100 de los ingresos por turismo que el Estado presupuesta para su promoción [...]», Ponencia de Turismo, IV Plan de Desarrollo, Subsecretaría de Planificación, Presidencia del Gobierno, Madrid, 1976, p. 358.

7 por 100 según la clase de establecimiento, respectivamente, discriminaba además a los clientes según su carácter fijo o eventual. Este concepto retributivo del «servicio» nació para sustituir a la propina, que se eliminó, sobre el papel claro está, al ser una costumbre socialmente arraigada; y su establecimiento no fue sino el reconocimiento de la importancia que el régimen de propina tenía en los ingresos de los trabajadores del sector.

Y es precisamente la elaboración del sistema de puntos para el reparto de ese «servicio» como concepto retributivo y del resto de los conceptos salariales, lo que da pie a la orden para introducir la clasificación de las diferentes categorías profesionales del sector, con expresión de sus competencias laborales. Es curioso subrayar que los salarios no se fijaron estrictamente por la categoría laboral correspondiente, sino que ese criterio se combinó con otro relativo a la categoría del establecimiento.

En total aparecen 118 categorías profesionales básicas que, multiplicadas por las correspondientes a las de los establecimientos, dan un abanico profesional compuesto de 426 puestos y salarios distintos. Además, se especifican los aumentos y reducciones que esas escalas salariales podían experimentar en razón a la capital o población de ubicación del establecimiento, su carácter o no turístico, y el coste de la vida.

No es extraño, por ello, que ante tal complejidad administrativa en el mercado laboral, los delegados provinciales de trabajo fueran los responsables de efectuar las propuestas para cada población de la correspondiente provincia y categoría administrativa, y las elevaran al Servicio Nacional de Jurisdicción y Armonía en el Trabajo para su aprobación. La Administración del nuevo régimen sustituía al mercado de trabajo.

3.1.2. *El Reglamento Nacional para la Industria Hotelera, Bares y Similares de 1944*

La aplicación práctica del reglamento de 1939 empezó a encontrar problemas derivados de la ausencia de turismo por el conflicto bélico mundial, lo que llevó a realizar algunas modificaciones al alza de los porcentajes a cobrar por el concepto de «servicios», en sendas Órdenes de 15 de julio y 7 de noviembre de 1942, hasta tanto terminaban los trabajos de modificación global del reglamento. Nuevo reglamento cuya vigencia fue muy duradera, pues prácticamente rigió las relaciones laborales del sector hostelero durante todo el franquismo, y cuya redacción es mucho más prolija y detallada que fue la de 1939.

Así pues, el Reglamento Nacional de Trabajo para la Industria Hotelera y de Cafés, Bares y Similares, aprobado por la Orden de 30 de mayo de 1944, constituye el paradigma del reglamentismo de la época. y su ámbito funcional distinguía ocho clases de establecimientos:

1. Hoteles, albergues y paradores; fondas y pensiones; casas de huéspedes y posadas.

2. Hoteles de balneario.
3. Restaurantes, casas de comida y tabernas que sirven comida.
4. Cafés, cafés-bares, bares, cervecerías, chocolaterías, heladerías.
5. Salas de fiestas y de té.
6. Tabernas que no sirven comida.
7. Casinos.
8. Billares.

Resulta interesante constatar la diferencia que se establece entre los hoteles de balneario y el resto de alojamientos, prueba de una primitiva diferenciación de alojamiento turístico especializado, por lo menos desde una perspectiva laboral. Pero no sólo era ésa la diferencia. Los hoteles-balnearios debían ofrecer otros servicios complementarios como capilla, casino y teatro en locales independientes, amén de parques de recreo y bares con orquesta en los de lujo. Y reduciendo la importancia de estos servicios con la categoría del establecimiento, pero manteniendo en todos ellos la capilla, excepto en la categoría más baja. Ciertamente el Estado nacionalcatólico se preocupaba por la salud espiritual de los españoles que acudían a los balnearios a recuperar la salud física.

Para cada una de las clases de establecimientos anteriormente citados se fijan las correspondientes categorías dando origen, en total, a 41 tipos de establecimientos. Resulta curioso constatar que se establecen cuatro categorías entre las salas de fiestas y de té; cuatro también entre los casinos y dos entre los billares.

Pues bien, la minuciosidad reglamentista aparece cuando se clasifica y define al personal. Pero antes de entrar en ello señalemos que, en relación con el reglamento de 1939, se excluye la actividad profesional de alta dirección o alto consejo, y la de los servicios de alojamiento y restauración en trenes y en establecimientos militares.

No procede aquí reproducir cada uno de los diferentes puestos de trabajo y sus funciones, pero sí creemos interesante resumir tal clasificación.

Así, en las secciones 1.ª y 2.ª que corresponden a los alojamientos, las 78 categorías profesionales se concentran en siete servicios o departamentos. En la sección 3.ª de restauración eran tres los departamentos y 39 categorías profesionales. En la sección 4.ª de cafeterías, eran también tres los departamentos y 21 las categorías. Para la sección 5.ª, cuatro servicios y 28 categorías. Para la 6.ª eran tres categorías. Para la 7.ª, dos departamentos y 18 categorías. Y para la 8.ª eran cinco categorías.

En total son 21 departamentos y 192 categorías profesionales lo que constituye la estructura laboral del sector. Y multiplicando esas categorías profesionales por el número de categorías de los establecimientos llegamos a un total de 1.120 salarios diferentes que se detallan en el reglamento. Y para cada una de esas categorías profesionales se señalan en la orden: su definición, su función detallada, los ingresos, etc. Además se regulan los ascensos, las plantillas, las suspensiones, el aprendizaje, las normas generales de retribución, los haberes iniciales, sueldos garantizados y sueldos fijos, y la distribución del porcentaje del «servicio» a través de un detallado sistema de puntos; recargo que es del 12 por 100 en las secciones de alojamiento y restauración, con alguna excepción de reducción al 9 por 100 para clientes fijos o estables, y del 25 por 100 para el resto de las secciones.

A título de ejemplo, y por especificar con más detalle, el número de categorías profesionales de un hotel de lujo o de primera categoría eran 11 en la sección de personal de comedor, 21 en la de conserjería, 15 en la de cocina, 8 en la de lencería, y 12 en la de servicios auxiliares. En total 67 categorías profesionales a las que había que añadir las correspondientes a otros establecimientos como salas de fiesta, cervecerías, etc., si éstos formaban parte de las instalaciones del hotel.

Otros aspectos que se regularon fueron las dotaciones de personal y salarios en servicios extraordinarios; la jornada laboral, horas extras, vacaciones y fiestas; las faltas, sanciones y premios; el régimen interior de las empresas; la seguridad e higiene en el trabajo; pluses familiares y otras disposiciones acerca de uniformes o gratificaciones de Navidad. Asimismo, se incluyen aspectos varios entre los que destacamos dos curiosidades. La primera es el sueldo de las mujeres que será para igual categoría profesional el 80 por 100 del masculino si es a sueldo fijo; y si los ingresos se conforman con haberes iniciales y sueldo garantizado, con el 70 por 100 y 100 por 100, respectivamente. La otra curiosidad, que es reflejo del «espíritu de nacionalcatolicismo» de la época, hace referencia al apartado de enfermedades, y se dice al respecto: «Las enfermedades secretas o venéreas privan de todo derecho al empleado y eximen a las empresas o patronos de toda obligación». Nos parece una cláusula suficientemente explícita que no merece mayores comentarios.

Con esta minuciosidad y detalle con que fue redactado el reglamento, es evidente que la gestión administrativa del personal se convirtió en la clave de la gestión empresarial del sector. Pero si, por un lado, garantizaba, sobre el papel, los derechos de los trabajadores, fijando con gran rigidez las condiciones salariales y laborales, por otro, el reglamento se tradujo en un mecanismo muy eficaz para mantener el control sobre los trabajadores, haciendo inútiles los sindicatos de clase ante el nuevo sindicalismo vertical que constituía uno de los pilares ideológicos del régimen franquista.

3.2. La política de protección de la naturaleza y su vinculación con el aprovechamiento turístico

3.2.1. *Precedentes historicos*[9]

Si suele ser conocido que el primer parque nacional del mundo fue creado por el Gobierno de Estados Unidos en 1872 —el Parque de Yellowstone—, con fines fundamentalmente estéticos de protección del paisaje y de conservación como lega-

---

[9] Los datos históricos españoles han sido tomados de Muñoz Goyanes, G.: «Parques nacionales», *Revista Montes*, núm. 100, julio-agosto 1961.

do para las generaciones futuras, vinculados a sus valores culturales y científicos, no lo son en cambio los precedentes históricos españoles.

Una historia —la española— que pone de relieve la estrecha vinculación de la protección de un espacio natural con su utilización para fines turísticos, si manejáramos una terminología moderna; aunque lógicamente limitada al rey y a la corte, dado el contexto histórico en que nació.

En concreto, fue Felipe II el que por Real Cédula de 1 de marzo de 1579 vedaba y acotaba para caza mayor y menor, aves de volatería y pesca el Real Bosque de Balsaín. Su nieto Felipe IV, a su vez, por Reales Cédulas de 24 de diciembre de 1647 y 3 de marzo de 1654, estableció penas para quienes no respetaran la anterior y precisó los límites del bosque. Al cambio de dinastía, Felipe V, por Reales Cédulas de 24 de septiembre de 1705 y 29 de junio de 1715, confirmó y mandó guardar las anteriores. Carlos III, a su vez, dictó una Real Ordenanza el 6 de septiembre de 1774 vedando y acotando para la real recreación y entretenimiento, marcando límites, amojonando y estableciendo el orden y la forma a que debía someterse su conservación. Transcurrido el convulso siglo que se extiende entre finales del XVIII y del XIX se creó el Coto Regio de los Picos de Europa con una reglamentación especial y una guardería. Y en tiempos de Alfonso XIII, antes de que el marqués de Villaviciosa de Asturias presentara la proposición de ley que desencadenó la promulgación de la Ley de Parques Nacionales de 1916, aquél ordenó estudiar la posibilidad de constituir una zona de especial protección con fines científicos en la parte central de la sierra de Gredos, dando origen al Coto Real de Gredos que salvaría de la extinción a la cabra montés, especie *capra pyrenaica Victoriae*.

Tanto éste como el de los Picos de Europa fueron transformados por Decreto de 1932, ya en tiempos de la Segunda República, en cotos nacionales de caza, dependiendo ambos del Patronato Nacional de Turismo; y destinando el importe de lo que se recaudase, por cualquier concepto, al fomento de la riqueza venatoria, a su propaganda, facilidades de utilización y, asimismo, a la mejora de todos los elementos. Incluso se preveía la posibilidad de cacerías especiales dedicadas a cazadores extranjeros, en cuyo caso se elevarían las cantidades a pagar por las piezas cobradas. Por consiguiente, el hecho de que la organización, explotación y propaganda de estos dos primeros cotos nacionales de caza quedaran administrativamente bajo la dependencia del Patronato Nacional de Turismo es una evidente muestra de la vinculación entre la caza y el turismo, entre la protección de la naturaleza y el turismo, y es, al mismo tiempo, esclarecedor acerca de la concepción de la política turística de la época.

3.2.2. *La Ley Reguladora del Fomento y Conservación de la Pesca Fluvial*

El preámbulo de esta Ley de 20 de febrero de 1942 es suficientemente ilustrativo de las vinculaciones con el turismo que tiene la política de protección a la naturaleza que se lleva a cabo después de la Guerra Civil, cuando dice «[...] si bien es natural que hayan de concederse ciertas preferencias a la Dirección General de Turismo, como Organismo del Estado, que ve en el desarrollo de la pesca una importante atracción para nacionales y extranjeros».

De conformidad con dicho preámbulo, el artículo 42 —primero de los dedicados a las concesiones— dice textualmente: «La Dirección General de Montes, Caza y Pesca Fluvial, a petición de la Dirección General de Turismo, podrá otorgarle concesiones de pesca en aguas públicas para el establecimiento de cotos fluviales, con fines exclusivamente deportivos y en las condiciones que determine el Reglamento de esta Ley».

Asimismo, el artículo 43 establece la posibilidad, tras la notificación en cada caso de la Dirección General de Montes, Caza y Pesca Fluvial, de solicitar el derecho de tanteo a favor de la Dirección General de Turismo en las subastas públicas para la concesión de cotos fluviales para fines deportivos. Solicitud que será o no atendida teniendo en cuenta las consecuencias en los órdenes social y económico.

Es interesante resaltar que el reglamento correspondiente, aprobado por Decreto de 6 de abril de 1943, señala en su artículo 60 que las licencias para extranjeros no residentes en España podrán ser solicitadas y obtenidas por la Dirección General de Turismo y por las agencias de viajes legalmente reconocidas.

En el artículo 63 se establece que los permisos de pesca en los cotos a cargo de la Dirección General de Turismo serán expedidos y percibidos por la citada dirección general, cuyo importe será fijado, a su propuesta, por la Dirección General de Montes, Caza y Pesca Fluvial.

El artículo 68 establece, por otra parte, que los ingresos obtenidos por la Dirección General de Turismo en concepto de permisos, una vez resarcidos los gastos de personal de guardería y el pago de cuotas a los ayuntamientos ribereños cuando proceda, se destinarán a inversión en propaganda de los ríos españoles en el exterior y en las mejoras de los propios cotos.

Finalmente, en el artículo 76 se estipula que tendrán el título oficial de «Coto Nacional de Pesca» los cotos concedidos a la Dirección General de Turismo.

En consecuencia, podemos comprobar la estrecha vinculación que se establece entre la política conservacionista y el turismo, también en la pesca fluvial, así como el comienzo de una cierta participación del sector privado en la explotación de tales recursos turísticos.

3.2.3. *El restablecimiento de la política de parques nacionales*

Los Decretos que crean los parques nacionales del Teide, de la Caldera de Taburiente y de Aigües Tortes y Lago de San Mauricio —publicados en 1954 los correspondientes a los parques canarios y en 1955 el relativo al pirenaico—, y en especial sus respectivos reglamentos, establecen una serie de atribuciones a las respectivas juntas, de las que forma parte como vocal un representante del Ministerio de Información y Turismo. Entre otras podrán «realizar cuantos actos y gestiones considere convenientes para fomentar la propaganda y atracción del turismo nacional o extranjero en todos aquellos aspectos que guarden relación con el parque. Y la de establecer relaciones con la Dirección General de Turismo para la regulación del cámping dentro del recinto del parque a través de la Comisaría de Parques Nacionales».

Por consiguiente, se aprecia en esta reglamentación una preocupación por la potencialidad turística, aunque bien es cierto que algo marginal en el contexto de las múltiples funciones —fundamentalmente protectoras y ordenadoras de la explotación del medio— que tienen encomendadas las juntas de los respectivos parques.

La aparición de esta preocupación turística no resulta novedosa por cuanto el objetivo exclusivo de la declaración de un parque nacional en la ley de 1916, según se dice en el preámbulo, era «favorecer su acceso por vías de comunicación adecuadas y de respetar y hacer que se respete la belleza natural de sus paisajes, la riqueza de su flora y las particularidades geológicas e hidrológicas que encierran, evitando de este modo con la mayor eficacia todo acto de destrucción, deterioro o desfiguración por la mano del hombre». Y se añade más adelante que «no cabe por otra parte desconocer que se ha despertado últimamente en nuestra patria un movimiento de inclinación al campo, altamente beneficioso para la mejora de las costumbres y la práctica del estudio. De continuo, sociedades de turismo y grupos de excursionistas acometen la empresa, no siempre exenta de peligros, de escalar las cumbres de nuestras escabrosas cordilleras, esparciendo el ánimo en los más dilatados horizontes para olvidar el reducido ambiente de las habituales preocupaciones [...]». Así pues, es una preocupación turístico-deportiva que presenta una evidente vinculación con los primeros flujos turísticos organizados de cierta importancia que tuvieron lugar en Europa a fines del XIX y principios del XX: el montañismo en el entorno de los paisajes alpinos.

Sin embargo, la aplicación de la ley de 1916 fue altamente restrictiva, ya que desde su promulgación hasta 1954, en que se reinició el proceso de nuevas declaraciones, sólo se habían creado dos: Covadonga y Ordesa, ambos en el verano de 1918. Esto fue posiblemente debido a que el predominio de la propiedad privada del suelo exigía su compra o expropiación para una correcta aplicación de la figura de parque nacional, o, en su caso, compensación por las limitaciones de uso.

Por último, también las leyes de creación de los cotos nacionales de caza introducen la preocupación turística en su explotación. Concretamente, el 4 de septiembre de 1943 se promulgó la ley que creó el Coto Nacional de Reres, cuya conservación y explotación correrá a cargo de las direcciones generales de Montes, Caza y Pesca Fluvial y del Turismo, ejerciendo cada una de ellas las funciones que corresponden a sus respectivas competencias y con cargo a las partidas correspondientes de sus presupuestos.

Es significativo destacar lo que parece un paulatino cambio introducido por sendas Leyes de 23 de diciembre de 1948 y 13 de julio de 1950, creadoras, respectivamente, de los Cotos Nacionales de la Serranía de Ronda y Sierra de Gredos, por cuanto sus aprovechamientos y mejoras, tras los planes que diseñaba la Dirección General de Montes, Caza y Pesca Fluvial, se los encomienda: en exclusividad a la de Turismo, en el caso de Ronda; y en el caso de Gredos, se le hace depender del Ministerio de la Gobernación a través de la Dirección General de Turismo. Asimismo, se especifica en las respectivas leyes que habrá consignaciones para cubrir esos fines en las correspondientes partidas de la mencionada dirección general.

Parece un poco extraña esta encomienda, aunque puede tener una doble explicación. La primera es la debida a las insuficiencias presupuestarias de que pudiera adolecer la administración de los montes españoles, frente a un todopoderoso Ministerio de la Gobernación en plena dictadura franquista a finales de los años cuarenta. La segunda, que consideramos quizá más ajustada a la realidad, aunque no excluya a la anterior con la que pudiera complementarse, es la relativa al plus de control, o a no dejar ni un resquicio del mismo, que la explotación de los cotos pudiera tener sobre las armas de fuego. Aunque lógicamente ese control se amparara en el paraguas administrativo del turismo.

No deja de extrañarnos que no se haga mención alguna a la propaganda y difusión del turismo, como ocurría con la administración de los cotos nacionales de pesca fluvial, cuando los organismos administrativos involucrados eran los mismos, y la similitud de una y otra explotación de recursos es manifiesta.

3.3. La aviación y el turismo internacional

El final de la Segunda Guerra Mundial trajo el comienzo de la normalización de las relaciones y de los tránsitos internacionales, así como la continuación del desarrollo de un derecho público regulador de las relaciones entre países iniciado en los años veinte, tan necesario para facilitar todo tipo de intercambios internacionales, entre los que conviene destacar a los movimientos turísticos que empezaban a recuperarse.

Así, incluso cuando todavía no había concluido la gran conflagración, se reunieron en Chicago representantes de gobiernos occidentales junto a los de las principales compañías aéreas y firmaron en 1944 la Convención para la Navegación Aérea Civil, una convención que tenía por objeto la regulación del tráfico de aviones civiles extranjeros para facilitar el desarrollo del transporte aéreo.

En coherencia con lo firmado, por Decreto de 12 de julio de 1946, el Gobierno español ratificó la mencionada convención con su publicación en el *Boletín Oficial del Estado,* al tiempo que efectuaba una clasificación de los aeropuertos españoles abiertos al tráfico civil, distinguiendo los que contaban con aduana y estaban abiertos a todo el tráfico nacional e internacional, y los abiertos al tráfico civil por lo que entiende el nacional completo o internacional de turismo. Es decir, que, de alguna manera, se empieza a considerar la relevancia futura de los vuelos irregulares a los que también se hace referencia en la exposición de motivos correspondiente.

Otra muestra de la incipiente preocupación administrativa por el turismo en relación con la aviación es el Decreto de 22 de julio de 1948 de constitución de aeroclubes. La minuciosidad con la que se regula administrativamente el funcionamiento de estos organismos es enorme, y fruto de los condicionantes políticos de la época. El artículo 8.º del Decreto, referido a los fines de los aeroclubes, menciona el «organizar cuantos trabajos se refieran a la propaganda del turismo y deportes aéreos, organizar raids y concursos nacionales e internacionales», etc. Por tanto, vinculación aéreo-deportiva del turismo en su faceta publicitaria, y posiblemente también gran escasez de recursos para llevar a cabo una política de promoción turística, de manera que se recurre a estas entidades privadas para allegar algún tipo de publicidad turística.

3.4. El intervencionismo extremo

A lo largo de los años que transcurren entre el término de la Guerra Civil y los primeros pasos de la apertura al exterior en 1957, tiene lugar la publicación de una normativa turística que vamos a examinar agrupada en tres bloques, al margen de los aspectos comentados en los epígrafes anteriores.

3.4.1. *Las normas «facilitadoras» de la actividad turística*

Un primer grupo lo constituyen las normas que podríamos calificar de «facilitadoras de la actividad turística». Son las relativas a:

a) La creación de una empresa mixta de transportes para turismo por carretera (ATESA) en 1949, cuyo Decreto de creación de 13 de octubre la integraba en el Instituto Nacional de Industria. Detalla en su preámbulo —por cierto, considerablemente más largo que el simple articulado de la norma— lo que significaba por aquel entonces el turismo: «El fomento del turismo, por su favorable repercusión en la Balanza de Pagos y por los beneficios que reporta a importantes industrias, como son la hotelera, las de producción de artículos de artesanía, artes industriales y otras viene siendo, desde hace largo tiempo, objeto de especial atención por parte de los gobiernos de aquellos países que por sus alicientes geográficos, artísticos e históricos están en condiciones de atraer hacia sí las corrientes turísticas mundiales [...]. Pero iniciada ya la recuperación en ciertas naciones y muy avanzada en las demás, procede adoptar medidas eficaces para intensificar las corrientes del turismo que las singulares características de nuestra patria y la tradicional hospitalidad española están de nuevo promoviendo». Consiguientemente, empieza a detectarse una preocupación por el turismo en la Administración vinculada a las dificultades que presentaba el sector exterior de la economía española. Y para hacer frente a ellas era preciso dar facilidades para la llegada y el tránsito de los turistas.

b) El Reglamento Ordenador de los Transportes por Carretera de 9 de diciembre de 1949 y posterior Decreto estableciendo servicios públicos internacionales de transporte por carretera tanto regular como discrecional por Norma de 17 de noviembre de 1950.

c) La Orden de 14 de julio de 1951 por la que se regulan los transportes de viajeros por carretera que realizan las agencias de viajes, y posterior de 28 de marzo de 1955 por la que se amplían y modifican algunos de sus preceptos en el sentido de especificar que los viajes a forfait, organizados por las agencias de viajes, serán «única y exclusivamente de tráfico turístico, es decir, que todos los ocupantes del vehículo han de efectuar el viaje persiguiendo ese fin común».

d) El Convenio de 4 de junio de 1954 sobre Formalidades Aduaneras para la Importación Temporal de Vehículos Particulares de Carretera firmado por España, aunque su entrada en vigor se demoró hasta el 16 de noviembre de 1958. Un convenio en cuyo frontispicio introductorio se dice taxativamente: «Los estados contratantes, deseando facilitar el desarrollo del turismo internacional [...]», prueba evidente del auge del turismo que llegaba por carretera.

e) La Orden del Ministerio de la Gobernación de 16 de julio de 1956 por la que la legislación vigente en materia de visados (de 4 de junio de 1956) se amplía a todos los «súbditos extranjeros de cuantas naciones europeas mantengan con España relaciones diplomáticas, siempre que se conceda por los respectivos gobiernos un trato recíproco a los súbditos españoles».

3.4.2. *El reglamentismo minucioso y sancionador*

El segundo grupo de normas son las que podríamos calificar de «reglamentismo minucioso y sancionador» de actividades relacionadas con el turismo.

a) La primera norma relativa al turismo que se dicta por el nuevo régimen surgido tras la Guerra Civil, lo es incluso pocos días antes del propio final de la contienda. El 8 de abril de 1939, el Ministerio de la Gobernación dictó una normativa para la apertura y clasificación de establecimientos hoteleros.

En esta orden se trató de regular cuatro casos: las autorizaciones de apertura; el establecimiento de las categorías de los establecimientos; la fijación de precios máximos y mínimos; y la inspección. Estas facultades se ejercieron a través del Servicio Nacional de Turismo. La clasificación estableció los siguientes tipos de establecimientos:

— Hoteles o paradores, con cinco categorías: lujo, 1.ª A, 1.ª B, 2.ª y 3.ª.
— Pensiones o fondas, con tres categorías: 1.ª, 2.ª y 3.ª.
— Casas de huéspedes y posadas.
— Alojamientos no dotados de comedor, con tres categorías: 1ª, 2ª y 3ª.

Los precios que se fijaron no debían ser superiores a los vigentes para idéntica clasificación y categoría el 16 de febrero de 1936, y no podrían ser modificados sin autorización del jefe del Servicio Nacional de Turismo que procedería a aprobarlos si se habían realizado mejoras en los servicios del establecimiento *b*) Son buenos ejemplos también de ese reglamentismo las Órdenes de 30 de abril y 20 de mayo de 1940 y 20 de abril de 1944 que fueron derogadas por la de 9 de marzo de 1946 de apertura de cafés, bares, cervecerías y similares, en la que se dice que: «Los gobernadores civiles podrán conceder licencias de apertura de tales establecimientos, previo expediente en el que se acredite la buena conducta y antecedentes del peticionario, que la instalación reúne las condiciones de seguridad, higiene y comodidad exigibles, a juicio de los facultativos designados al efecto, y que aquéllos en que hubieran de expenderse artículos intervenidos tengan concedido el necesario cupo de los mismos; ello independientemente de atenerse a las demás reglamentaciones en la materia, incluso en el orden fiscal, de trabajo y sindical, y de velar en dichos locales por la pública moralidad de costumbres». Toda una carrera de obstáculos de variada índole propia de la época, adobada con la facultad discrecional de los auténticos virreyes que eran los gobernadores civiles.

A título de curiosidad y ejemplo paradigmático de la minuciosidad, la Orden del Ministerio de la Gobernación de 9 de enero de 1942 que autorizaba mezclar el café con sucedáneos decía:

> 1.º Se autoriza a los establecimientos denominados cafés, bares y similares a tener mezclados sin envasar, café con sucedáneos con destino a su infusión por medio de las cafeteras «Express», en cantidad no superior a 400 gramos para cada una de las canillas o «portacacillos» que tenga la cafetera empleada.
>
> 2.º Excepcionalmente se podrán tener hasta 1.000 gramos por cada una de las canillas cuando el establecimiento afectado careciera de cafetera corriente.

Sin duda es buena muestra de las carencias de la época, de la asfixia económica en que se vivía, pero también de una filosofía administrativa y de una asfixia política propias de la dictadura.

c) En esta misma materia hay un comienzo de liberalización con la Circular número 754 de 11 de agosto de 1950 de la Comisaría de Abastecimientos y Transportes dedicada al Régimen de Comidas, Precios y Cupos de artículos, por la que se liberalizan los precios para cafés y bares, y para los platos de las cartas de los restaurantes aunque con la compensación de la obligatoriedad de un cubierto a precio fijo.

Asimismo, se regulaba el sistema de cupos a la industria hostelera con un procedimiento que, todavía, hoy subsiste, para fines distintos aunque con el mismo espíritu, en el caso de las farmacias. En la petición de cupo había que hacer constar las distancias que existen desde el local que ocupa o vaya a ocupar la industria, a la que se refiere el expediente, hasta las industrias similares más próximas.

d) Otras muestras del «reglamentismo minucioso y sancionador» son las dos Órdenes de 15 de junio de 1955 por las que se modifican los modelos de los libros de reclamaciones de los hospedajes y, sobre todo, el Decreto de 4 de agosto de 1952, por el que se autoriza al recién creado Ministerio de Información y Turismo a refundir y unificar las facultades inspectoras y sancionadoras, desarrollado por orden de 22 de octubre del mismo año.

3.4.3. *Otras normas*

Finalmente, queda por mencionar un último grupo de normas de diferente significado. Así, en relación con aspectos de propaganda, una Orden de 9 de abril de 1941 fijaba normas para la publicidad con fines turísticos donde, con buen criterio, se señala que la Dirección General de Turismo intervendrá [...] cualesquiera clases de anuncios o carteles al aire libre, en el recinto de ciudades o pueblos y fuera de ellos, y velará por sí, o por los organismos dependientes o delegados de ella, por la protección y respeto de los intereses turísticos y de los lugares del paisaje o de la urbe españoles que merezcan dicha protección.

Otra Orden de 11 de abril de 1941 regló los tamaños en la confección de los carteles de propaganda turística. Igualmente, en el período se dictó un conjunto de normas que regulaban la ocupación temporal de los montes de utilidad pública por campamentos veraniegos, u otros que aclaraban la utilización de las denominaciones de albergues, paradores, hosterías y refugios con el añadido «de Turismo», de uso exclusivo para la red estatal en relación con establecimientos privados.

Por último, otra norma de interesante mención es el Decreto de 4 de abril de 1952 por el que se estableció el monopolio del Estado en el uso de los nombres «parador o albergue», sin el adjetivo «de turismo», en los nuevos establecimientos que se abrieran, así como en los antiguos que lo estuvieran utilizando —Orden de 30 de septiembre de 1952 de aplicación del Decreto—, hecha la salvedad de quienes lo tuvieran inscrito en el Registro de la Propiedad Industrial, a quienes se les podría aplicar el derecho de expropiación forzosa (Orden de 10 de enero de 1955) cuando el interés general así lo exigiese. Es una buena prueba del prestigio que ya por aquel entonces empezaba a gozar la red estatal. A subrayar igualmente que el uso de los términos «Parador de Turismo», «Albergue de Turismo», «Hostería de Turismo» o «Refugio de Turismo» había sido prohibido con anterioridad, salvo autorización expresa, por Orden Ministerial de 5 de noviembre de 1950.

4. EL MARCO ECONÓMICO: DE LA PENURIA A LA AYUDA AMERICANA

4.1. Las primeras normas de apoyo financiero a la hotelería

También los apoyos financieros al desarrollo del sector hotelero se iniciaron en esa época con la Orden de 27 de marzo de 1942, que estableció una línea de crédito hotelero dotada con 100 millones de pesetas con carácter de fondo rotativo pero con un condicionante clave para acceder a ésta: la declaración de utilidad pública.

El encargado de gestionar esta línea crediticia era el Banco de Crédito Industrial y los intereses fijados del 4 por 100 más un octavo por comisión, ambos anuales. Hacienda se comprometía a cubrir al banco la diferencia con el 5,25 por 100 del interés habitual.

El reglamento, que por Orden de 13 de mayo de 1942 desarrolló esta línea de crédito, fijó tres tipos y unas cuantías máximas de los créditos: *a*) de hasta el 60 por 100 del valor de la garantía ofrecida y un plazo de amortización de hasta 35 años, en nueva construcción en edificios o solares propios; *b*) de hasta el 40 por 100 y 20 años en inversiones en edificios ajenos y contratos de arrendamientos; y *c*) de hasta el 20 por 100 y 10 años de plazo en inversiones de transformación y mejora. El requisito básico, según este reglamento, para poder acceder a ellos era «el interés excepcional de utilidad pública» declarado por la Dirección General de Turismo; es decir, la discrecionalidad absoluta para la Administración.

4.2. La ayuda americana

Tras el arrumbamiento definitivo de los proyectos para derribar al régimen de Franco, la potencia hegemónica de la postguerra, Estados Unidos, apoyada políticamente en el anticomunismo del régimen español, en pleno apogeo de la guerra fría, firma los tratados con Madrid en 1953. Es el inicio de la penetración extranjera desde el *impasse* nacionalista en que desembocó el desastre del 98. Una penetración económico-militar dentro de la más genuina forma de actuación capitalista para con los países subdesarrollados.

Como agudamente preveían Celestini y Viau, «los proyectos actuales[10] tienden hacia un desarrollo de la producción y de los intercambios en el que España desempeñaría cada vez más el papel de abastecedora de materias primas e importadora de productos terminados. Las naciones no apelan a otro procedimiento para la explotación de sus colonias»[11].

Las características de la ayuda económica americana, contrapartida de las facilidades militares otorgadas, que analizamos seguidamente, no se apartan demasiado de lo que predijeron los autores anteriormente citados.

Desde la firma de los tratados en septiembre de 1953[12] hasta el 31 de diciembre de 1961, las cantidades y sectores a que se afectaron los ingresos programados para el Estado español fueron los recogidos en la tabla 2.1.

---

[10] Estas frases escritas en 1951 se refieren a los donativos y préstamos materializados en 1953.

[11] Celestini, G., y Viau, P.: «Visión de conjunto sobre la situación de España», *Le diagnostique économique et sociale,* núm. de septiembre-octubre de 1951, citado por Fuentes Quintana, E., y Plaza Prieto, J., en «Perspectivas de la economía española (1940-1953)», *Revista de Economía Política,* mayo-septiembre 1952, vol. IV, p. 113.

[12] Como se sabe, en el marco general del Tratado se firmaron tres acuerdos, los de ayuda económica, ayuda para la defensa mutua y el convenio defensivo.

TABLA 2.1

Ayuda económica de Estados Unidos a España

	Donaciones		Préstamos		Total	
	Mill. ptas.	%/total	Mill. ptas.	%/total	Mill. ptas	%/total gen.
Sector agrario	3.691	46,1	5.065	57,9	8.757	45,7
Sector industrial y minero	232	10,4	2.005	89,62	237	11,7
Transportes	5.813	73,2	2.124	26,87	937	41,4
Educación y Administración pública	46	31,99	86	8,1	144	0,7
Fondos de cooperación y otros programas	102	100,0	—	—	102	0,5
Total general*	9.884	51,5	9.293	48,5	19.177	100,0

* Además de la cantidad señalada existían fondos generados, pero no programados, que ascendían a unos 4.000 millones de pesetas. La mayor parte de esos fondos iban a ser usados para obras hidráulicas, regadíos, colonización, carreteras y ferrocarriles.

FUENTE: Misión Económica de los Estados Unidos en España, Embajada de los Estados Unidos, Madrid (aparecido en la revista *Moneda y Crédito*, núm. 81, pp. 186 y ss.

Puede apreciarse, en el total general, que estaban prácticamente igualadas las donaciones y los préstamos a largo plazo. Sin embargo, en el análisis sectorial se comprueba que la relación entre unos y otros es muy diferente. A resaltar tres hechos significativos. El primero de ellos es la poca importancia de las donaciones industriales frente a los préstamos en este sector. El segundo hecho relevante es la preponderancia de las donaciones en el sector transportes. También puede apreciarse, por último, la debilidad de la ayuda al sector industrial en comparación con los otros dos sectores.

Esto quiere decir que «el amigo americano» no parece que estuviera muy dispuesto a ayudar a la modernización industrial española y que, en cualquier caso, prefería la venta de tecnología con los créditos a largo plazo, de modo que se impulsara la dependencia española en el terreno industrial.

Es interesante resaltar, igualmente, el interés por las donaciones al sector transportes con el fin de que las infraestructuras no constituyeran un freno a un eventual traslado de efectivos militares a través de España. Felipe Miera insiste en este aspecto haciéndose eco de las polémicas en el seno de la OTAN, a principios de los años cincuenta, sobre la conveniencia o no de la entrada de España en la misma: «La posición estratégica de España era tenida en cuenta, más la inexistencia de una eficaz red de comunicaciones, para trasladar rápidamente los efectivos militares de una parte a otra del país, hacía dudar a los estrategas europeos»[13]. Era perfectamen-

---

[13] Miera, F.: «La política exterior franquista y sus relaciones con los Estados Unidos de América», en la obra colectiva *Horizonte español 1966* (tomo I), Cuadernos de Ruedo Ibérico (suplemento 1966), Ediciones Ruedo Ibérico, 1966, p. 190.

te lógico, pues, que si la deficiencia de la infraestructura del transporte era una preocupación estratégico-militar, los Estados Unidos por medio de los Tratados de 1953 con España tratasen de superar el inconveniente para hacer más efectiva la ligazón España-Europa en caso de un eventual conflicto que lo precisara. En definitiva, se trataba de «aportar a España ayuda económica para reforzar su capacidad de resistencia militar»[14].

Finalmente, y como colofón a este breve comentario acerca de la ayuda económica americana a España a lo largo de la década de los cincuenta, reproducimos las interesantes opiniones de Tamames al respecto: «En resumen, se puede afirmar que la ayuda americana ha significado muy poco en la aportación del equipo necesario para nuestro desarrollo económico. En contra de lo que sucedió en los demás países europeos que recibieron ayuda americana y que la aplicaron sustancialmente para reconstruir y renovar la industria, sus transportes y su agricultura, España ha recibido preponderantemente mercancías de las que Estados Unidos tenía fortísimos excedentes [...]. La escasa importancia del equipo capital y el gran volumen de las materias primas y alimentos recibidos se deben, en gran parte, a la propia política económica de Estados Unidos. El Congreso de aquel país ha facilitado las ventas y donativos de excedentes agrícolas y de materias primas cuya salida era cada día más difícil: aceite de soja, carbón, algodón, etc. Por el contrario, la cifra de autorizaciones para bienes de equipo no ha dejado de decrecer de 1954 a 1962, reduciéndose así la partida que habría sido de mayor interés para nuestra economía [...]. En conclusión, en los diez primeros años de cooperación con Norteamérica, España ha obtenido una ayuda relativamente escasa, cuya composición está fuertemente influida por los propios intereses de Estados Unidos. La ayuda no ha impulsado apenas el desarrollo de nuestras industrias básicas, pero fue de importancia sustancial para abastecer el mercado de alimentos y materias primas»[15].

No obstante la mediocridad de las contrapartidas económicas, las de carácter político fueron realmente importantes para Franco y su régimen después del prolongado ostracismo internacional. Como dice Vázquez Montalbán, «[...] está claro que la ayuda americana significaba una ratificación del régimen frente a sus adversarios interiores y el pasar a desempeñar un papel de pieza bélica en el complejo defensivo de Occidente frente al campo socialista»[16].

Sin embargo, los condicionantes ideológicos del régimen impedían todavía una verdadera apertura a las inversiones internacionales. Limitaciones de la «vía nacionalista» del capitalismo hispano que, paradójicamente, estaba estrangulado precisamente por el sector exterior, es decir, por la imposibilidad de poder efectuar las importaciones ineludibles y absolutamente precisas para atender al funcionamiento y a

[14] «The Soviet Threat against the Iberian Peninsula and the Means Required to meet it. Short title: "Drumbeat"», Joint War Plans Committee 465/1, 8 May 1947, ABC 381 USSR (2 March 46), sec. 1-D. Citado por Garcés, J. E.: *Soberanos e intervenidos, op. cit.,* p. 64.
[15] Tamames, R.: *Estructura económica de España,* 3.ª ed., Sociedad de Estudios y Publicaciones, Madrid, 1965, pp. 568 y 569.
[16] Vázquez Montalbán, M.: *La penetración americana en España,* Cuadernos para el Diálogo, Madrid, 1974, p. 112.

la renovación de nuestra raquítica industria, puesto que la ausencia de materias primas y de energía, junto con la dependencia tecnológica de nuestro país, las exigían. Los únicos ingresos que se obtenían del exterior procedían de las exportaciones de una gama reducida de productos minerales y agrícolas, que apenas aportaban las divisas imprescindibles para que la economía española no se colapsase.

La inyección económica americana no fue muy efectiva debido, también —al margen de las razones anteriormente aludidas—, a lo dilatado en el tiempo de la misma, aunque sin duda sirvió para paliar el hambre que padecía la población.

5. LA CUANTIFICACIÓN

Este período puede ser subdividido en dos grandes bloques, uno que llega hasta comienzos de los años cincuenta y el otro hasta el final del período. El primero está marcado por la situación de emergencia económica, tanto nacional como internacional, provocada por la postguerra en España y por la Segunda Guerra Mundial; y el segundo lo está por la reconstrucción europea con las ayudas del Plan Marshall.

El desarrollo de la actividad turística española se vio, por tanto, frenado por los condicionamientos bélicos y por el aislamiento exterior al que fue sometida España. Acontecimientos que repercutieron negativamente en las corrientes turísticas que lógicamente experimentaron un paréntesis en su dinámica de crecimiento, y hubo que esperar hasta 1949 para que el número de turistas llegados superara los valores de los años anteriores a la Guerra Civil.

El inicio de la década de los cincuenta supone un giro en la trayectoria de la afluencia de turistas, que experimentó un fuerte aumento en sus ritmos de crecimiento, evidenciando una expansión imparable —con leves altibajos— que aún continua en nuestros días. Así, la modernidad del sector turístico llega en los últimos años de este período, aunque alcanzará su mayor ritmo de crecimiento en la década de los sesenta. La expansión turística, iniciada en esos años, se vio propiciada por dos factores fundamentales, como fueron la prosperidad de Europa y Estados Unidos por un lado, y el bajo nivel de precios registrados en España por otro.

5.1. Evolución de las principales macromagnitudes

Al abordar el análisis de las principales macromagnitudes, nos volvemos a encontrar no tanto con el problema de la escasez de información cuanto con el de su fiabilidad. Sin embargo, también hay que dejar constancia de la labor de historiadores y estadísticos que han reconstruido y depurado las series existentes que nos permiten aproximarnos con bastante verosimilitud a la realidad económica de aquellos años.

Las dificultades son comprensibles dado el escaso grado de desarrollo de la estadística oficial en aquellas fechas y la «alergia» del régimen franquista a todo lo que significara información a la sociedad y relaciones con el exterior, porque conviene no olvidar el contexto dictatorial y autárquico en que se desenvolvía la economía española de aquellos años. Y el turismo, al margen de ser una actividad que estaba «naciendo», era también uno de los sectores de mayor vinculación con el exterior, una actividad económica en la que no se creía, por la que tampoco se apostaba políticamente dada la «contaminación ideológica» que generaba. Por todo eso son explicables las carencias estadísticas oficiales.

TABLA 2.2

Estimación de la renta nacional

Millones de pesetas corrientes					
1940	44.926	**1946**	110.908	**1952**	256.702
1941	56.662	**1947**	132.675	**1953**	272.635
1942	65.535	**1948**	141.052	**1954**	294.816
1943	68.771	**1949**	151.420	**1955**	327.693
1944	74.788	**1950**	182.036	**1956**	376.746
1945	79.737	**1951**	241.174		
Millones de pesetas constantes de 1958					
1940	249.016	**1946**	299.804	**1952**	381.453
1941	252.397	**1947**	305.185	**1953**	386.918
1942	270.309	**1948**	303.278	**1954**	414.708
1943	269.569	**1949**	306.521	**1955**	434.491
1944	276.424	**1950**	322.113	**1956**	465.981
1945	270.079	**1951**	357.258		

FUENTE: J. Alcaide. Información obtenida en Carreras, A. (coord.): *Estadísticas históricas de España. Siglos XIX-XX*, Fundación Banco Exterior, Madrid, 1989.

La tabla 2.2 da cuenta de la evolución de la renta nacional en pesetas corrientes. Analizándola en el contexto de pesetas constantes, nos encontramos con que el crecimiento total experimentado por la economía española por quinquenios fue del 8,5 por 100 en el quinquenio 1940-1945; del 19,3 por 100 en el de 1945-1950; y del 34,9 por 100 en el de 1950-1955. Son el resultado palpable de una coyuntura internacional muy marcada por la guerra en la primera década, y del impulso de los acuerdos con los Estados Unidos en los primeros años cincuenta.

5.1.1. *Balanza comercial*

Asimismo, reflejamos en la tabla 2.3 la evolución de la balanza comercial, siempre deficitaria con la única excepción de los años de la guerra mundial y de 1951, año de excelentes cosechas y, al propio tiempo, buen año hidrológico, lo que permitió reducir las importaciones alimentarias y energéticas. Conviene recordar que, en aquellos años, prácticamente la única fuente de energía española —además del carbón— era generada por los saltos hidroeléctricos. A partir de ese año con la mejora de las producciones (pues siguieron años de bonanza climatológica), y la mejora de la situación política internacional se inició un cambio de rumbo de la política cambiaria hacia una tímida liberalización. Esta incipiente liberalización sentó las bases de un proceso de despegue económico, fácilmente reconocible en la evolución de la balanza comercial, que tuvo su reflejo en el crecimiento de la renta nacional anteriormente expuesto[17].

TABLA 2.3

Balanza comercial de España (millones de pesetas corrientes)

	1940	1941	1942	1943	1944	1945
Exportaciones	1.314,7	1.863,3	2.249,5	3.141,7	3.422,4	3.149,9
Importaciones	2.068,8	1.965,9	2.161,2	3.249,7	2.956,4	3.085,5
Saldo de la balanza comercial	−754,1	−102,6	88,3	−108,0	466,0	64,4
	1946	**1947**	**1948**	**1949**	**1950**	**1951**
Exportaciones	2.908,8	3.252,7	3.958,7	4.162,6	4.255,9	5.055,7
Importaciones	2.301,6	4.341,0	5.126,9	4.969,5	4.273,4	4.208,0
Saldo de la balanza comercial	607,2	−1.088,3	−1.168,2	−806,9	−17,5	847,7
	1952	**1953**	**1954**	**1955**	**1956**	
Exportaciones	4.472,0	5.245,3	5.085,1	4.886,2	4.840,7	
Importaciones	5.667,4	6.528,0	6.721,9	6.759,1	8.394,9	
Saldo de la balanza comercial	−1.195,4	−1.282,7	−1.636,8	−1.872,9	−3.554,2	

FUENTE: Carreras, A. (coord.): *Estadísticas históricas de España. Siglos XIX-XX,* Fundación Banco Exterior, Madrid, 1989.

Por otro lado, sin perjuicio del análisis específico que le dedicamos en el subepígrafe 5.1.4, conviene hacer unas referencias a los saldos turísticos que aparecen en la tabla 2.8, por su función de financiación de los déficits comerciales, lo que nos da pie, asimismo, para hacer algunos comentarios sobre el mercado negro de divisas de aquella época.

Los saldos turísticos muestran unas cifras de gran modestia en los años cuarenta, aunque en los cincuenta empiezan a despegar con gran rapidez, pero se estancan en 1953. Hay que señalar una cierta contradicción entre los saldos turísticos de 1953 a 1956 y las cifras de llegadas de viajeros, pues como luego señalaremos, tales llegadas aumentaron en dicho período un 70 por 100, mientras que las entradas de divisas por turismo apenas variaron. El tipo de cambio entre la peseta y el dólar se mantuvo oficialmente en las 10,95 pesetas por dólar, en tanto que en el mercado de Tánger tampoco varió mucho la cotización de la peseta, pues pasó de 43,30 a

---

[17] Para estudiar en profundidad lo que ha sido la política comercial exterior de España desde la República hasta la muerte de Franco, véase Viñas, A.; Viñuela, J.; Eguidazu, F.; Pulgar, C. F., y Florensa, S.: *Política comercial exterior en España (1931-1975),* Banco Exterior de España, Madrid, 1979.

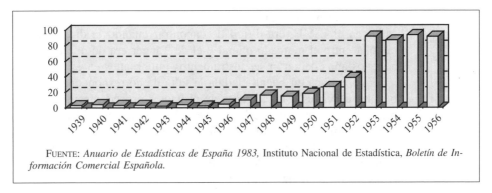

FUENTE: *Anuario de Estadísticas de España 1983,* Instituto Nacional de Estadística, *Boletín de Información Comercial Española.*

Figura 2.1. Saldo turístico.

45,19 por dólar en ese mismo período. No encontramos explicación a esta paradoja, salvo el contrabando y tráfico de divisas. A tal efecto reproducimos los siguientes párrafos explicativos de tal situación:

> La persistencia de una relación oficial peseta-divisas artificialmente baja no favorecía desde luego el reembolso de los ingresos en moneda extranjera por parte de los exportadores españoles ni, en general, por quienes percibieran cobros del extranjero por cualquier concepto, sobre todo si se consideraba que el cambio que podía obtenerse de tales divisas en los mercados libres superaba al oficial en porcentajes del 100 por 100 y aun superiores, como vimos en capítulos precedentes. Y aunque la nutrida panoplia de mecanismos *ad hoc* (cambios preferentes, primas, cuentas de compensación, etc.) procurase cubrir parcialmente la brecha, ofreciendo los cedentes de divisas unos cambios en pesetas más favorables que el magro tipo oficial, lo cierto es que la cotización del mercado internacional siguió estando ampliamente distanciada de las aplicadas por el IEME. Como consecuencia, un amplio porcentaje de reembolsos continuó sustrayéndose al instituto y canalizándose hacia mercados paralelos, mermando en consecuencia los resultados de la exportación precisamente cuando el régimen realizaba esfuerzos considerables para allegar todo tipo de recursos extraordinarios. (...) La plaza ideal para este tráfico ilegal de divisas contra pesetas era, por supuesto, Tánger. La libre circulación de la peseta como moneda de curso legal en dicha ciudad, la existencia en la misma de un mercado libre de divisas, la actuación en ella de oficinas de numerosos bancos extranjeros (y españoles) y, por añadidura, la presencia de una amplia población de aluvión (tan habitual en torno a las plazas francas con libertad de comercio y divisas) dedicada al comercio, eran factores que conducían inevitablemente a un marco de negocios centrado en el contrabando y el tráfico monetario[18].

---
[18] *Ibídem,* pp. 802 y 803.

Y mayor negocio que el legalizar las divisas, no tanto evadidas cuanto no ingresadas en el IEME, era difícil de encontrar cuando la diferencia del cambio peseta/dólar entre el mercado oficial y el de Tánger era de una a cuatro. Los turistas de aquellos años debieron ser instrumentos importantes en esa evasión de divisas.

Esto explica en buena medida la falta de correspondencia entre los saldos de la balanza de viajes y las llegadas de visitantes procedentes del extranjero, aunque habría que conocer con detalle los mecanismos de contabilización y asignación de los ingresos por viajes de aquellos años. No deja de ser significativo el que con ocasión de la firma de los Tratados con Estados Unidos en 1953 dicha balanza diera un gran salto, duplicando datos del año anterior, sin que la evolución de las llegadas de turistas justifique dicho salto.

Para estimar el grado de cobertura que la balanza turística ejercía sobre la balanza comercial, pasamos a pesetas corrientes los saldos turísticos aplicando el tipo de cambio oficial, y una vez valorados en pesetas los citados saldos, hallamos su peso en la balanza comercial (tabla 2.5).

TABLA 2.4

Saldo de la balanza de viajes (millones de pesetas)

1940	1941	1942	1943	1944	1945	1946	1947	1948
48,2	36,1	37,2	24,1	46,0	26,3	50,4	108,4	175,2
1949	**1950**	**1951**	**1952**	**1953**	**1954**	**1955**	**1956**	
159,9	199,3	293,5	422,7	1.005,2	954,8	1.027,1	1.001,9	

TABLA 2.5

Grado de cobertura del déficit comercial por el saldo turístico (porcentajes)

1940	1941	1942	1943	1944	1945	1946	1947	1948
6,4	3,5	—	2,2	—	—	—	10,0	15,0
1949	**1950**	**1951**	**1952**	**1953**	**1954**	**1955**	**1956**	
19,8	1.138,9	—	35,4	78,4	58,3	54,8	28,2	

Como puede apreciarse, a partir de finales de los cuarenta el turismo empieza a tener un destacado papel en la financiación del déficit comercial español, papel que es especialmente relevante en el último lustro de este período, a pesar, incluso, de que la balanza turística real fuera todavía más boyante de lo que las cifras oficiales certifican.

5.1.2. *Importancia del turismo en la renta nacional*

Para medir la importancia que la actividad turística tiene en España, el método más simple a utilizar es ponerlo en relación con cualquiera de las macromagnitudes.

En este caso, y por disponer de las series históricas de la renta nacional elaboradas por Julio Alcaide que ya hemos expuesto anteriormente, más completas y coherentes que las de otras macromagnitudes, hemos optado por ella en vez de por el PIB para analizar la incidencia que el turismo tuvo en aquellos difíciles años en la economía española. El resultado queda reflejado en la tabla 2.6.

TABLA 2.6

Representación del turismo en la renta nacional (en porcentaje)

1940	1941	1942	1943	1944	1945	1946	1947	1948
0,10	0,06	0,06	0,04	0,06	0,03	0,04	0,08	0,12
1949	**1950**	**1951**	**1952**	**1953**	**1954**	**1955**	**1956**	
0,11	0,11	0,12	0,16	0,37	0,32	0,31	0,27	

Como se puede comprobar, el turismo era una actividad insignificante en la economía española de aquel período y cualquier conclusión que tratemos de establecer respecto a la evolución de este ratio nos parece fuera de lugar, habida cuenta de los problemas mencionados anteriormente. No obstante, la única apreciación indiscutible es la de la expansión de la actividad turística desde comienzos de la década de los cincuenta.

5.1.3. *Crédito hotelero*

La información sobre el crédito hotelero sólo está disponible a partir de 1943 que es el primer año en que aparece esta modalidad de crédito tras la correspondiente orden de 1942. La tabla 2.7 nos permite analizar su trayectoria, que se puede dividir en cuatro etapas. La primera de ellas empieza en 1943 y llega hasta 1945. Estos tres años están marcados por una tendencia descendente desde el año inicial hasta el último, en que se llega a situar el crédito hotelero en casi la tercera parte de lo que representaba en 1943.

TABLA 2.7

Crédito hotelero (miles de pesetas)

	1943	1944	1945	1946	1947	1948	1949
Entregas	9.441	6.821	3.267	13.122	12.096	28.333	29.989
	1950	**1951**	**1952**	**1953**	**1954**	**1955**	**1956**
Entregas	47.425	51.208	16.646	4.434	21.984	60.048	90.503

FUENTE: *El credito hotelero en España*, Instituto de Estudios Turísticos.

En 1946 se inicia la siguiente etapa, una fase de crecimiento del crédito hotelero, y las cifras de ese año, a su vez, se duplican con creces en 1948 situándose en 28 millones de pesetas. Etapa de crecimiento continuado que llega hasta 1951. La tercera etapa es también de retroceso y se extiende de 1951 a 1953 en el que pasa de algo más de 51 millones a 16 millones y medio en el 1952 y a poco más de cuatro millones en 1953. Finalmente, en 1954 entramos de nuevo en una etapa de crecimiento, llegándose a situar el volumen de entregas del crédito hotelero en más de 90 millones y medio en 1956.

En la figura 2.2 se aprecian con mayor claridad los altibajos sufridos por el crédito hotelero en estos años, que responden sin duda a los avatares de la coyuntura económica española de aquellos años. Así pues, en este período se inicia por primera vez en España una tímida apuesta por el fomento de la oferta turística a raíz de la publicación de la primera norma de apoyo financiero a la misma: la Orden de 27 de marzo de 1942 creando el crédito hotelero.

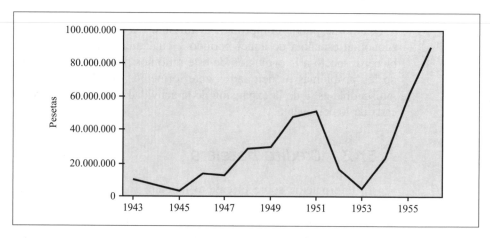

Figura 2.2.

5.1.4. *Entradas y salidas de divisas*

Del análisis del saldo turístico resultante de la entrada y salida de divisas podemos deducir la existencia de tres etapas, muy claramente diferenciadas. Su trayectoria está marcada fundamentalmente por la evolución de las entradas de divisas, ya que las salidas son insignificantes en términos absolutos y relativos.

La primera de las etapas abarca desde el inicio del período hasta 1946 y se caracteriza por presentar un saldo reducido, con ligeras alteraciones interanuales. Las cifras alcanzadas en esta etapa oscilan entre los 2,2 millones de dólares alcanzados en 1943 y los 4,5 de 1946, volúmenes muy bajos debido al gran conflicto bélico mundial, lo cual repercute lógicamente en la marcha de la economía en general y del turismo en particular.

Finalizada la guerra mundial, empieza a notarse una recuperación del sector turístico. Desde 1947 hasta 1952 se aprecia una tendencia al alza en la evolución del saldo por turismo, llegándose a alcanzar en 1952 los 38 millones y medio de dólares en el saldo por este concepto.

A partir de 1953 entramos en la tercera fase del período, marcada por unas cifras más o menos estables, que se mueven en torno a los 90 millones de dólares. Este despegue se debe a la recuperación económica tras la conclusión del conflicto bélico, pero sobre todo a la firma de los Tratados con los Estados Unidos que acabaron con el aislamiento internacional de España. Pero conviene asimismo tener muy en cuenta las medidas monetarias de elevación de tipos de interés y contención del crédito en el marco de la lucha contra la inflación, adoptadas por el Gobierno en 1947, que repercuten en el tipo de cambio «real» de la peseta. Dada la falta de convertibilidad de la misma y el sistema de cambios múltiple vigente entre 1948 y 1957, no cabe duda que la simplificación de este último en 1950 y 1951 contribuyó a facilitar la llegada de turistas. En cualquier caso, no creemos muy correcto establecer relaciones entre las series de ingresos turísticos en la balanza de pagos y llegadas de visitantes porque el mercado negro y la fuga de divisas distorsionan cualquier análisis que con cierta rigurosidad quisiéramos efectuar.

TABLA 2.8

Entrada y salida de divisas por turismo (millones de dólares)

	1939	1940	1941	1942	1943	1944	1945	1946	1947
Entrada	3,34	4,91	4,17	4,22	3,05	4,77	3,19	6,28	11,58
Salida	0,19	0,49	0,87	0,84	0,88	0,57	0,83	1,73	1,70
Saldo	3,15	4,42	3,30	3,38	2,17	4,20	2,36	4,55	9,88
	1948	**1949**	**1950**	**1951**	**1952**	**1953**	**1954**	**1955**	**1956**
Entrada	18,08	16,18	20,61	29,61	40,94	94,15	90,02	96,72	94,84
Salida	2,08	1,61	2,44	2,71	2,37	2,32	3,00	2,94	3,33
Saldo	16,00	14,57	18,17	26,90	38,57	91,83	87,02	93,78	91,51

Fuente: INE.

5.2. La oferta de alojamientos (restauración y recreo)

Antes de abordar el análisis de la oferta hotelera existente en España durante los años comprendidos entre 1939 y 1956 y su evolución, es necesario destacar que, al igual que sucedía en el período anterior, en éste persiste el problema de la dificultad para disponer de unos datos estadísticos fidedignos, homogéneos y constantes para todos los años.

Por este motivo, en lo que a la oferta de plazas y alojamientos hoteleros por categorías se refiere, sólo disponemos de datos a partir de 1953, lo que nos impide conocer la trayectoria que siguió durante estos años. Por ello, y en un intento de acercarnos a la evolución experimentada por dicha oferta en este período, la compararemos con la existente a finales del período anterior, al menos para conocer cómo varía la infraestructura hotelera española, sin entrar en otros pormenores.

Sólo disponemos de los datos de la oferta hotelera desglosada por provincias de dos años, 1954 y 1955, para los alojamientos, y de 1955 para la oferta de plazas. Para la oferta hotelera desglosada por categorías existen datos de 1951 a 1955, mientras que para las plazas sólo hay datos de 1955.

Por todo ello, y al igual que sucedía en el período anterior, resulta bastante difícil realizar un diagnóstico con la profundidad con que abordaremos los períodos siguientes. Sin embargo, y con el apoyo de la legislación existente, podemos atisbar la realidad y sacar algunas conclusiones que nos muestren cuál era la situación de la oferta hotelera española en aquellos años

5.2.1. *Alojamientos y plazas hoteleras por categorías*

En la tabla 2.9 se muestra la oferta de alojamientos hoteleros existentes en España desde 1951 a 1956.

La estructura hotelera española estaba dominada por establecimientos de categorías medias e inferiores, sobre todo de estas últimas, correspondientes a hoteles de segunda y tercera y pensiones de primera. A lo largo de esos años se produce un incremento generalizado en todas las categorías, aunque hay un ligero cambio en la estructura de la oferta al aumentar ligeramente en términos relativos los hoteles de las categorías más elevadas, perdiendo peso relativo de manera importante los hoteles de menor categoría, y creciendo fuertemente los establecimientos de categorías inferiores (pensiones). Sin embargo, si diferenciamos entre la hotelería y las pensiones, se comprueba que en estos años tiene lugar una mejora cualitativa de la hotelería bastante relevante, ya que los hoteles de lujo casi duplican su proporción en el

TABLA 2.9

Alojamientos hoteleros por categorías

	1951	1952	1953	1954	1955	1956
Hoteles de lujo	27	37	42	45	48	59
Hoteles de primera A	76	90	104	112	122	135
Hoteles de primera B	151	160	183	191	228	246
Hoteles de segunda	380	424	444	457	487	510
Hoteles de tercera	404	410	435	437	475	503
Pensiones de lujo	54	57	62	70	75	111
Pensiones de primera	228	234	336	349	407	512
Total	1.320	1.412	1.606	1.661	1.842	2.076

FUENTE: *Anuario de Estadísticas de España 1962*, Instituto Nacional de Estadísticas, *Boletín de Información Comercial Española* y elaboración propia.

total de alojamientos hoteleros; también la aumentan los de primera A y en menor medida los de primera B, perdiendo peso los hoteles de segunda y más aún los de tercera. En cuanto a las pensiones se produce el fenómeno contrario, es decir, una reducción de la relevancia de las pensiones de mayor categoría.

El total de establecimientos inaugurados en los seis años de que disponemos de datos es de 756, de los cuales algo más de las dos terceras partes corresponde a estas categorías inferiores. Las pensiones de primera aumentan un 38 por 100, lo que en términos absolutos significa 284 nuevos establecimientos, representando el mayor incremento entre todas las categorías, tanto en términos absolutos como relativos. Le siguen con un incremento de 130 establecimientos los hoteles de segunda, es decir, un incremento del 17 por 100 las categorías de hoteles inmediatamente superior e inferior —primera B y tercera, respectivamente— registran incrementos muy próximos, en torno al 13 por 100 cada una.

Como ya hemos señalado, las pensiones de primera son las que mayor incremento registran. El resto de establecimientos siguen una escala de incrementos que se va reduciendo simétricamente conforme nos alejamos de los establecimientos que ocupan el lugar central, los hoteles de segunda.

Respecto a la capacidad de acogida procede señalar que se incrementa, en los últimos años del período, en 41.958 plazas, lo que representa un 53 por 100, cifra muy próxima al 57 por 100 que se registraba en esos mismos años en el número de establecimientos.

Por otra parte, el comportamiento de las plazas no presenta la misma tendencia que el seguido por los alojamientos. La capacidad alojativa registra un incremento más homogéneo por categorías que el experimentado por los establecimientos que se concentraban en las categorías inferiores y medias. En cuanto a las plazas, la categoría que menores incrementos registra son las pensiones de lujo, con un incremento porcentual del 3,4 por 100 que se corresponde con un aumento de 7.530 pla-

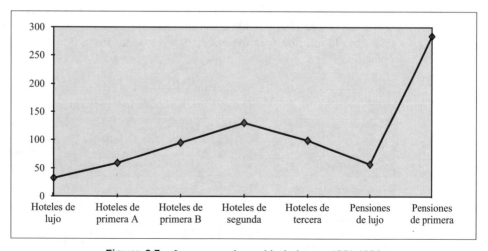

Figura 2.3. Incremento de establecimientos, 1951-1956.

zas. El resto de categorías oscila entre incrementos del 40 y 120 por 100 o, lo que es lo mismo, en términos absolutos, 5.900 y 7.805 plazas.

De forma aparentemente contradictoria, las plazas hoteleras de categorías más altas son las que mayores incrementos registran, todo lo contrario de lo que ocurría con los establecimientos hoteleros de lujo, que eran los que menos veían crecer su oferta, lo cual es una prueba de la mayor dimensión de los nuevos establecimientos de este tipo.

En la tabla 2.10 se recoge los valores y la trayectoria seguida por el indicador «plaza hotelera».

TABLA 2.10

Plazas hoteleras por categorías

	1951	1952	1953	1954	1955	1956
Hoteles de lujo	6.892	9.446	11.629	12.747	13.137	14.698
Hoteles de primera A	9.951	11.845	13.632	14.831	15.177	15.851
Hoteles de primera B	13.603	14.414	15.718	17.731	18.060	20.064
Hoteles de segunda	24.142	26.939	28.396	28.812	29.388	31.672
Hoteles de tercera	16.237	16.680	18.892	20.115	20.438	22.508
Pensiones de lujo	1.459	1.791	1.458	1.722	2.482	2.880
Pensiones de primera	6.487	8.617	9.018	9.399	11.005	13.056
Total	78.771	89.732	98.743	105.357	109.687	120.729

FUENTE: *Anuario de Estadísticas de España 1962,* Instituto Nacional de Estadística.

Asimismo, podemos apreciar en la tabla 2.11 el cambio de estructura de la hotelería, que indudablemente es el tipo de alojamiento de mayor incidencia turística, al desempeñar las pensiones una función más vinculada a las necesidades de alojamiento interior no relacionadas con la actividad turística. Y es significativo apuntar la tendencia a la disminución de la dimensión media de todas las categorías hoteleras, salvo la inferior, y la mejora cualitativa de la oferta de plazas hoteleras.

TABLA 2.11

Dimensión media de la hotelería

	1951			1956		
	Plazas %	Número %	Dimensión media	Plazas %	Número %	Dimensión media
Hoteles de lujo	9,7	2,6	255	14,0	4,1	249
Hoteles de primera A	14,1	7,3	131	15,1	9,3	117
Hoteles de primera B	19,2	14,5	90	19,1	16,9	82
Hoteles de segunda	34,1	36,6	64	30,2	35,1	62
Hoteles de tercera	22,9	38,9	40	21,5	34,6	45

5.2.2. *Alojamientos y plazas hoteleras por provincias*

Únicamente disponemos de datos por provincias de los establecimientos hoteleros para los años 1954 y 1955, a partir de los cuales sólo se puede afirmar, como se muestra en la siguiente tabla, que la oferta hotelera se concentraba en las dos grandes ciudades españolas: Madrid y Barcelona en primer y segundo lugares, respectivamente. Gerona, Baleares y Guipúzcoa son las provincias que siguen más de cerca a estas dos. Se aprecia, por consiguiente, que todas las zonas turísticas más relevantes —si entendemos por tales aquellas que concentran la oferta hotelera— salvo Madrid, se corresponden con provincias costeras. Así se constata la existencia de un turismo emergente en el caso de las provincias mediterráneas y de otro turismo de carácter tradicional para la provincia vasca que fue destino «de veraneo» preferente en años previos a la Guerra Civil.

Los datos de esos años, 1954 y 1955, aunque el bienio sea un espacio de tiempo muy corto para esbozar una trayectoria de lo ocurrido, nos permiten constatar que se produce un incremento considerable de la oferta hotelera de Baleares, que pasa de tener 87 establecimientos a 112, y de Gerona, que pasa de contar con 94 alojamientos hoteleros a 129. También Málaga experimenta un crecimiento relativo del 20 por 100; y son sólo las Canarias las únicas provincias que registran reducciones en su oferta de alojamiento, lo que no resulta extraño dado que todavía no se había producido la revolución del transporte aéreo con la aparición de los aviones a reacción, no habiendo entrado consiguientemente todavía en las corrientes turísticas internacionales. El resto de provincias registran incrementos muy moderados. Puede comprobarse entonces que ya en aquellos años iniciales de la década de los cincuenta, y bastante antes de que naciera el turismo de masas «charterizado», empezaban a delinearse las tres zonas turísticas costeras más relevantes del Mediterráneo español.

Para las plazas, sólo se han obtenido datos oficiales de 1955, que nos permiten conocer la estructura de su distribución por provincias. Así, la principal de ellas,

TABLA 2.12

Alojamientos hoteleros por provincias

	1954	1955
Alicante	29	30
Baleares	87	112
Barcelona	117	129
Canarias	21	14
Gerona	94	129
Guipúzcoa	80	81
Madrid	162	170
Málaga	30	36
Valencia	32	33
Resto de España	1.009	1.108

FUENTE: *Anuario Estadístico de España.*

con diferencia, es la capital de España que concentraba en torno a las 18.000 plazas, lo que representaba el 17 por 100 del total de plazas nacionales. Barcelona ocupa el segundo lugar bastante alejada, con poco más de la mitad de las ubicadas en Madrid, que representan en torno al 9 por 100 del total nacional de este año. A continuación y con volumen muy parecido de plazas hoteleras, en torno a 6.000 plazas, estaban por este orden, Guipúzcoa, Gerona y Baleares. A lo largo de los siguientes años Guipúzcoa irá perdiendo su protagonismo como centro de atracción turística adoptando una trayectoria decreciente incluso, en momentos en los que el resto de zonas turísticas del país crecían desorbitadamente. En cambio Madrid, aunque pierda importancia relativa, seguirá manteniéndose en los primeros puestos.

5.2.3. *Alojamientos y plazas hoteleras por categorías y provincias*

Al igual que ocurría con las variables anteriores, nos volvemos a encontrar con el problema de la inexistencia de series estadísticas oficiales y fiables. En lo que a establecimientos hoteleros se refiere sólo tenemos datos de 1951, 1954 y 1955, mientras que las cifras de las plazas hoteleras por provincia y categoría existentes son de 1955. Esta discordancia histórica en la información estadística vuelve a reproducir el problema ya detectado en los apartados anteriores, dificultando la realización de comparaciones y diagnósticos en profundidad. De forma similar a lo realizado anteriormente, nos ceñiremos a los datos de que disponemos, para tratar, en la medida de lo posible, de efectuar un análisis consistente.

Sobre la base de esa limitada información estadística se puede afirmar que los hoteles de lujo son los que, en buena lógica, tienen menor presencia en el conjunto de las provincias españolas más turísticas, siendo en algunos casos inexistente, como ocurría en Alicante y Valencia. Salvo éstas, en el resto de las provincias españolas la oferta de este tipo de establecimientos no sufre en general muchas variaciones. Las excepciones son Madrid que pasa de 9 hoteles de lujo en 1951 a 16 en 1955, e igualmente es la provincia que mayor incremento registra en hoteles de primera A, con un crecimiento similar al de los de lujo, y Barcelona, que triplica el número de hoteles de lujo en ese período. Tanto el hecho de la capitalidad, política en un caso e industrial en otro, como el que fueran casi los únicos «centros de ocio» españoles de aquellos años cincuenta, son razones suficientemente explicativas de esa evolución.

Respecto a los hoteles de primera B, el mayor incremento se registra en Baleares, que pasa de 10 a 26 establecimientos en los años de la serie, seguida de Madrid y Gerona. Ya empezaba a notarse el despegue turístico mediterráneo.

En Guipúzcoa se produce una reestructuración de su oferta, que aumenta de categoría al desaparecer cuatro hoteles de primera B y tres hoteles de tercera, reducciones que se ven compensadas con la aparición de cuatro de primera A y tres de segunda. Es quizá el síntoma de un postrer intento por recuperar pasados esplendores de épocas en que la familia real veraneaba al abrigo de la Concha y, alrededor de ella, las élites del país.

En los hoteles de segunda, el mayor incremento se registra en Gerona, con 13 establecimientos más en 1955 que en 1951. Le siguen con incrementos muy parecidos entre sí otras zonas costeras como Canarias, Baleares, Málaga o Barcelona, con incrementos de entre 5 y 7 establecimientos. El resto de zonas costeras tienen incrementos muy pequeños, incluso Valencia no incrementa su oferta en esta categoría. Son zonas típicas de sol y playa que estaban iniciando el despegue de su sector turístico.

Gerona es la provincia que mayor incremento registra en la oferta de hoteles de tercera, seguida de Baleares, lo cual demuestra la «generalización» que empieza poco a poco a experimentar el fenómeno vacacional frente al más elitista del veraneo donostiarra. Son sectores sociales de clase media emergente los que empiezan también a disfrutar de períodos de descanso en zonas de sol y playa, de ahí el fuerte incremento de la oferta hotelera de categorías medias e inferiores. En la Costa Brava y Baleares comienza a atisbarse lo que iba a suceder en las dos décadas siguientes, las del *boom* turístico; nueva época marcada por el desarrollo turístico del litoral mediterráneo basado en establecimientos de mediana calidad, lo que solucionó el problema de escasez de alojamientos ante una demanda muy pujante y en fuerte expansión.

En cuanto a la distribución de las plazas por provincias sólo tenemos datos referentes a 1955. Y esa información nos permite llegar a conclusiones similares y coincidentes con las anteriores, pues en las zonas costeras más desarrolladas turísticamente, como puede ser Barcelona, Gerona o Baleares, se aprecia una concentración de plazas hoteleras de categorías más bajas; sobre todo acusada en Gerona, y menos en Baleares y Barcelona.

Madrid, en este año, es la provincia que mayor número de plazas de lujo ofrece de España con un total de 5.208, cifra que duplica a las del resto de provincias españolas juntas. Es característica propia de un país poco desarrollado turísticamente el concentrar la mayor parte de la hotelería de lujo en su capital, y a esos esquemas respondía la España de los cincuenta.

Las provincias costeras que aún no habían despegado turísticamente presentan una distribución más homogénea por categorías. Datos todos ellos que se reflejan en la tabla 2.13.

5.3. La demanda turística

La afluencia de visitantes hacia España experimentó a partir de 1946 un considerable incremento, extensible a todos los años del período. Se pasa en una década de contar con algo más de 83.000 a superar el millón y medio de visitantes en 1956, lo cual confirma el hecho de que el turismo empezaba a convertirse en un sector económico pujante (tabla 2.14).

5.3.1. *Visitantes procedentes del extranjero*

Como ya hemos señalado, el turismo en estos años era ya relativamente importante para el desarrollo económico del país; por eso, el Gobierno trataba de facilitar

TABLA 2.13

Alojamientos hoteleros por provincias según categorías (sólo hoteles)

		Alojamientos			Plazas
		1951	1954	1955	1955
Alicante	Total	27	29	30	1.645
	Lujo	0	0	0	0
	1.ª A	0	0	1	130
	1.ª B	3	4	4	288
	2.ª	12	13	14	715
	3.ª	12	12	11	512
Baleares	Total	67	87	109	6.022
	Lujo	2	3	5	757
	1.ª A	5	7	10	841
	1.ª B	10	16	26	1.617
	2.ª	24	32	31	1.572
	3.ª	26	29	37	1.235
Barcelona	Total	120	117	129	9.559
	Lujo	2	6	6	1.425
	1.ª A	13	16	17	2.173
	1.ªB	23	21	23	1.579
	2.ª	44	47	50	2.967
	3.ª	38	27	33	1.415
Canarias	Total	15	21	27	1.872
	Lujo	1	2	3	305
	1.ª A	2	3	2	315
	1.ª B	0	1	4	191
	2.ª	11	14	17	1.020
	3.ª	1	1	1	41
Gerona	Total	79	94	129	7.257
	Lujo	3	3	7	313
	1.ª A	6	6	7	723
	1.ª B	8	10	14	1.016
	2.ª	37	41	50	2.356
	3.ª	25	34	51	2.849
Guipúzcoa	Total	81	80	81	6.501
	Lujo	3	3	3	1.037
	1.ª A	11	12	15	2.105
	1.ª B	4	2	0	0
	2.ª	24	26	27	1.792
	3.ª	39	37	36	1.567

TABLA 2.13 *(continuación)*

		Alojamientos			Plazas
		1951	1954	1955	1955
Madrid	Total	142	162	170	17.877
	Lujo	9	14	16	5.208
	1.ª A	24	30	31	3.926
	1.ª B	30	35	37	4.103
	2.ª	53	54	55	3.446
	3.ª	26	29	31	1.194
Málaga	Total	23	30	36	1.996
	Lujo	2	2	2	434
	1.ª A	0	2	5	283
	1.ª B	6	8	9	386
	2.ª	5	8	10	419
	3.ª	10	10	10	474
Valencia	Total	31	32	33	2.651
	Lujo	0	0	0	0
	1.ª A	1	1	3	406
	1.ª B	6	6	6	696
	2.ª	12	12	12	940
	3.ª	12	13	12	609

FUENTE: *Anuario de Estadísticas de España 1983,* Instituto Nacional de Estadística, *Boletín de Información Comercial Española* y elaboración propia.

TABLA 2.14

Visitantes procedentes del extranjero entrados en España provistos de pasaporte

1946	1947	1948	1949	1950	1951	1952	1953	1954	1955	1956
83.568	136.779	175.892	283.890	456.968	676.255	776.820	909.344	993.100	1.383.359	1.560.856

FUENTE: Ministerio de Información y Turismo, *Anuario de Estadísticas de Turismo.*

la entrada de turistas a nuestro país con medidas normativas de diferente índole analizadas en el epígrafe 3 de este capítulo. Y desde luego se cursaron órdenes y circulares internas a los gobiernos civiles para que se aligeraran en lo posible los engorrosos trámites aduaneros y de cambio de divisas.

5.3.1.1. Medio de entrada

Antes de iniciar el análisis de la llegada de visitantes distribuidos por medio de entrada hay que señalar que en el trienio 1948-1950, los datos de ferrocarril y carretera figuran conjuntamente sin desglosar como en el resto de la serie.

Como es lógico, y dado el gran incremento experimentado en la llegada de visitantes a nuestro país, todos los medios de transporte utilizados por los turistas registraron en este período aumentos considerables en el número de usuarios.

Dados los contextos económico y tecnológico de los sistemas de transporte, el principal medio de transporte utilizado era el terrestre, y entre los dos modos empleados por los turistas y para los años en que disponemos de datos, la carretera ocupa el primer lugar. El transporte por carretera, asentado en la espectacular eclosión de la industria y el parque automovilísticos europeos, experimenta un mayor desarrollo de todos los modos de transporte y al final del período se sitúa en una posición dominante muy destacada del resto.

La llegada de turistas a través de puertos y aeropuertos mantiene un grado de utilización similar durante todo el período, manteniéndose hasta 1954 el transporte aéreo por debajo del transporte marítimo. A partir de ese año el barco cede su lugar al avión, cuya utilización crece a un ritmo más rápido.

TABLA 2.15

Visitantes procedentes del extranjero que han entrado en España provistos de pasaporte. Según medio de entrada

	1948	1949	1950	1951	1952	1953	1954	1955	1956
Ferrocarril	141.499	136.300	389.644	182.821	182.678	185.131	219.231	228.106	272.224
Carretera				392.244	453.811	536.185	566.522	884.523	1.345.632
Puertos	16.224	24.885	33.636	52.568	78.173	96.437	100.090	121.234	899.295
Aeropuertos	18.169	22.705	33.688	48.622	62.158	91.591	107.257	149.496	210.851

FUENTE: Ministerio de Información y Turismo, *Estadísticas de Turismo.*

5.3.1.2. Nacionalidades

Gran Bretaña, Italia y Estados Unidos fueron los principales países emisores de turistas hacia nuestro país en 1946. El turismo inglés suponía el 20 por 100 del total de los visitantes llegados a España en ese año; la existencia de Gibraltar y de las numerosas líneas de transporte marítimo que unían la metrópoli británica con sus múltiples colonias, explican sobradamente esta supremacía; quienes iban o venían de las colonias hacían escalas en puertos españoles, contabilizándose como turistas. Mientras entre Italia y Estados Unidos alcanzaron un 10 por 100, respectivamente. El caso de Italia parece extraño, pero no lo es tanto si tenemos en cuenta las diversas líneas marítimas de pasajeros que unían la península de la bota con la nueva tierra prometida americana. Líneas que hacían varias escalas en puertos españoles del Mediterráneo en los que, sin duda, desembarcaron y volvieron a embarcar como turistas los que eran simples emigrantes italianos, al margen de auténticos turistas que utilizaban este medio de transporte para hacer turismo.

Esta estructura geográfica de la demanda turística cambió a principios de la década de los cincuenta, ya que muy pronto Inglaterra e Italia quedaron descolgadas ante el vertiginoso ritmo de crecimiento de Francia por su contigüidad terrestre y, en menor medida, de Alemania. De esta manera, al final del período los principales países emisores de turistas hacia España eran Francia, en primer lugar, con un 44 por 100 del total de visitantes; en segundo lugar, y muy alejada en porcentaje tenemos a Gran Bretaña que, con cerca de 200.000 turistas, representa el 13 por 100. Estados Unidos y Alemania por su parte son, cada uno de ellos, origen del 8 por 100 aproximado del total de turistas llegados a nuestro país. De todas maneras, las cifras francesas hay que matizarlas siempre —ignoramos en qué cuantía— en razón al fenómeno del excursionismo (tabla 2.16).

5.3.1.3. Entrada según meses

Ya por esos años, la principal característica de la distribución de la llegada de turistas a España es la estacionalidad por su concentración en los meses cálidos del año. A la vista de la figura 2.4, que refleja la llegada de turistas agregando por meses los datos de todo el período, se puede apreciar la particularidad de que en el mes de mayo se recibieran más visitantes que en junio.

En el capítulo III del Plan Nacional de Turismo de 1952 se proponía como solución al problema de la estacionalidad el acondicionamiento como ciudades turísticas de invierno a Málaga, Palma y Alicante y el fomento de deportes de invierno mediante la construcción de refugios e instalaciones de montaña

Si analizamos la evolución de la estacionalidad por trimestres, podemos comprobar que a lo largo del período se hace más acusada. Basta para ello comprobar

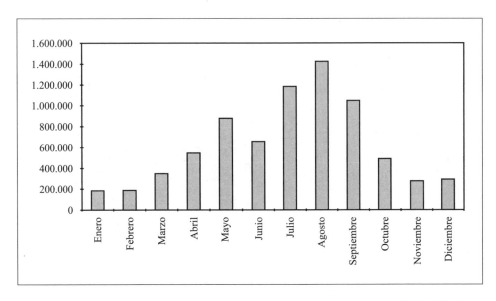

Figura 2.4. Llegada de visitantes según meses agregados del período 1948-1956.

TABLA 2.16

Visitantes procedentes del extranjero que han entrado en España provistos de pasaporte según nacionalidad

	1946	1947	1948	1949	1950	1951	1952	1953	1954	1955	1956
Alemania	965	840	598	2.158	4.962	11.578	24.831	45.296	s.d.	88.736	120.598
Bélgica	2.963	4.800	6.528	9.347	12.468	25.025	23.320	23.656	30.561	37.160	41.114
Francia	3.203	6.310	59.397	114.006	192.282	278.488	317.526	388.036	381.312	614.146	690.838
Gran Bretaña	16.033	27.524	20.522	36.035	37.062	71.706	62.675	88.010	109.274	175.773	193.636
Italia	5.540	6.499	6.599	10.172	11.688	20.741	22.400	25.929	36.144	41.736	43.409
Estados Unidos	3.410	5.944	7.732	11.330	23.108	31.579	50.537	69.048	96.681	98.001	115.778
Países escandinavos	1.023	1.617	2.586	4.551	8.526	22.925	28.469	29.876	32.284	37.501	43.780
Resto del mundo	50.431	83.245	71.930	96.291	166.869	214.213	247.062	239.493	306.844	290.306	311.703

FUENTE: *Historia general del turismo de masas.*

la pérdida relativa de importancia de los trimestres primero y último. Es la consecuencia de la progresiva «democratización» de las vacaciones que facilita su disfrute a personas de menores niveles de renta y, por consiguiente, con limitaciones de su disfrute a los períodos vacacionales veraniegos.

5.3.2. *Salidas de turistas españoles*

La evolución de la salida de españoles como turistas fuera de nuestro país no presenta una tendencia tan lineal como la experimentada por las llegadas, aunque no por ello deja de ser creciente a largo plazo, y aunque las cifras se muevan en unos valores muy pequeños, lógicamente, si los comparamos con las llegadas de turistas extranjeros. De todas maneras, no es fácil explicar esa tendencia si no tenemos en cuenta el contexto monetario de la época con el racionamiento de las divisas y los engorrosos trámites administrativos de visados y otros, que dejaban en manos de la discrecionalidad administrativa la real autorización para salir al extranjero por cualquier motivo. Hay que subrayar también el problema estadístico derivado del excursionismo que, lógicamente, funcionaba en ambos sentidos.

5.3.2.1. Medio de salida

Los españoles que salían al extranjero usaban medios de transporte diferentes a los de los turistas que recibíamos. Concretamente, los españoles utilizaban como

TABLA 2.17

Salida de españoles al extranjero

1948	1949	1950	1951	1952	1953	1954	1955	1956
121.989	157.456	190.001	132.076	174.103	177.157	273.859	311.106	471.185

FUENTE: *Estadísticas de Turismo. Hostelería, Turismo y Estadística,* Servicio Sindical de Estadísticas, 1956.

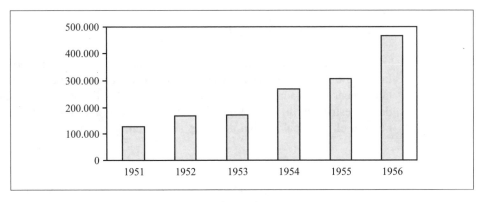

Figura 2.5.

medio principal para salir de nuestro país el transporte marítimo, que se mantuvo en cabeza como transporte más usado hasta 1953 con cifras bastante estables en los años de la serie, en torno a los 60.000 anuales. Estos pretendidos «turistas» no eran sino españoles que utilizaban el barco para emigrar a Sudamérica. El transporte por carretera, que quizá fuese el modo más representativamente turístico de la época, crece ininterrumpidamente consiguiendo situarse en 1954 en primer lugar con 100.000 usuarios, relegando a un segundo lugar al transporte marítimo que, dos años más tarde, 1956, estaba ya en tercer lugar, desplazado por el ferrocarril que ocupa la segunda posición. Este relevante cambio en la estructura de la demanda de transporte en el viaje al extranjero de los españoles, se explica por el inicio de un nuevo destino emigratorio —el europeo— que desplaza a Sudamérica en la preferencia de aquellos españoles que se ven forzados a emigrar. Y el tren pasa a ocupar un lugar destacado.

En el caso de las salidas de españoles al extranjero por avión aún no alcanza los niveles de utilización que en los países emisores de turistas hacia nuestro país. Las cifras de las personas transportadas por vía aérea aún permanecen a mucha distancia del transporte marítimo.

TABLA 2.18

Salida de españoles al extranjero según medio de salida

	1951	1952	1953	1954	1955	1956
Ferrocarril	26.728	34.641	43.408	75.149	60.896	89.743
Carretera	33.763	42.973	50.333	100.400	139.499	271.815
Puertos	54.789	75.386	61.027	75.353	82.818	71.503
Aeropuertos	16.796	21.103	22.389	22.957	30.893	38.124
Total	132.076	174.103	177.157	273.859	314.106	471.185

FUENTE: *Estadísticas de Turismo.*

5.3.2.2. Salida según meses

Como se observa en la figura 2.6 de datos acumulados del período 1951-1956, la salida de españoles hacia el extranjero presenta una pequeña estacionalidad, bastante menos acusada de la que se registraba en las llegadas de turistas. Y la causa de ello estriba en lo que ya hemos mencionado con anterioridad: que las vacaciones no eran el principal motivo de viaje, sino la emigración.

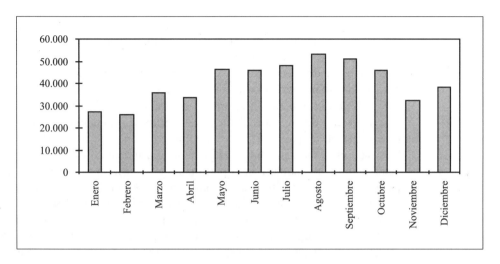

Figura 2.6. Salida de españoles segun meses.

6. EL MARCO CONCEPTUAL: ENTRE EL RECELO Y LA TOMA DE CONCIENCIA DE LA IMPORTANCIA ECONÓMICA DEL TURISMO

Este período, necesariamente dilatado, está marcado por acontecimientos bélicos de gravedad histórica incomparable tanto para España como para el mundo. Las respectivas reconstrucciones española y europea se alargaron en el tiempo y se puede decir que el final del período coincide con la conclusión de ese proceso de reconstrucción. Pero, al término de ambos conflictos, España quedó en un campo ideológico opuesto al que resultó vencedor en la conflagración mundial. De ahí el aislamiento que sufrió nuestro país y su incidencia en el ámbito turístico que nos interesa. Siendo el turismo el sector productivo que mayor vinculación de personas genera con el exterior, tenía necesariamente que resultar muy afectado. Y ello porque la defensa numantina que el Estado español hacía de los principios ideológicos derrotados en el teatro bélico mundial significó el que todo contacto con el exterior se viera con sumo recelo y se controlara al máximo, tanto en las entradas como en las salidas.

A causa del aislamiento, la acción administrativa en materia turística quedó vinculada a la información en una función similar a la desempeñada a principios de siglo. La publicidad turística en el extranjero, de bastante importancia económica en términos relativos, no era sino un elemento más de la propaganda exterior de un régimen, como el franquista, acosado internacionalmente por todos los flancos.

Por otro lado, y como consecuencia tanto del clima político que tal situación generaba, como de los propios principios e ideas que informaban las bases económicas del régimen surgido de la Guerra Civil, el funcionamiento del mercado se sustituye por una actuación administrativa asfixiante que da lugar al nacimiento de una legislación en materia turística —como en todos los ámbitos de la economía— sumamente minuciosa e intervencionista rayana a veces en el ridículo.

Desaparecido el conflicto social por decreto, amén de por la efectividad de la propia represión policial-militar de la dictadura, y sustituido el mercado por el *Boletín Oficial del Estado,* el desarrollo del turismo se vio enfrentado: *a)* por un lado, a la necesidad de ser estimulado como medio de obtención de divisas que sirvieran para paliar el hambre y financiar las importaciones de materias primas indispensables para el funcionamiento de la maquinaria industrial del país; *b)* y por otro, fue visto siempre con sumo recelo por cuanto era la vía por la que se infiltraban en España las ideas y principios de los que abominaba el régimen franquista.

En el fondo, es la misma contradicción existente en el seno del régimen que, poco a poco, fue decantándose por la armonización con los principios económicos vigentes en el mundo occidental, una vez superado el bloqueo. Y en ese contexto de estímulo a las llegadas de turistas se aprecia una estrategia incipiente: la baratura de los precios españoles. Éste va a ser uno de los pilares del desarrollo turístico español de los sesenta, aunque sus cimientos emergían ya en los cincuenta.

3

La apertura al exterior o la transición económica (de 1957 a 1963)

1. ENCUADRE GENERAL: EL DESPEGUE ECONÓMICO EUROPEO

1.1. Los orígenes y las causas de la apertura al exterior de la economía española en 1959

En 1956 tiene lugar en España la primera gran oleada de huelgas de la postguerra en plena crisis económica. Estos hechos llevan al convencimiento, a una parte importante de la oligarquía financiera, de la necesidad de la apertura al exterior como última solución para proceder a la renovación tecnológica industrial que constituía la única alternativa viable para impedir el hundimiento económico.

Aunque conviene no olvidar el marco internacional de la época, caracterizado por la culminación de las tareas de reconstrucción de las bases productivas europeas y el inicio de un «despegue» económico en estrecha relación con la difusión de las ideas europeístas y con los pasos que se estaban dando para proceder a una integración —por lo menos económico-comercial— en el Viejo Continente.

De este modo, la apertura al exterior se llevó a cabo cuando esta oligarquía llegó al convencimiento de que el modelo de crecimiento económico vigente estaba agotado, ya que el alargamiento de las prolongadas jornadas de trabajo era imposible, y la intensificación del ritmo de trabajo le estaba vedada por el envejecimiento técnico de la industria. Es más, incluso podría pensarse que ese envejecimiento, al margen de la elevada obsolescencia que el equipamiento industrial evidenciaba, podría estar dando lugar a una reducción de la productividad laboral y, por consiguiente, a una pérdida de competitividad y a una amenaza de colapso industrial.

Al mismo tiempo, el mantenimiento de unos niveles salariales de miseria era la causa del raquitismo de nuestro mercado interior, lo que, además de ser cada vez más difícil de mantener por el renacer combativo de los trabajadores, constituía un factor limitativo adicional a las posibilidades de expansión de la demanda.

Todos estos factores son los que obligan a la oligarquía española a tomar la decisión de posibilitar una renovación tecnológica profunda, que iba a permitir la continuación del proceso de crecimiento económico a través del aumento de la productividad del trabajo y de los ritmos de producción que admitirían los nuevos bienes de equipo a importar.

Tal renovación precisaba de grandes contingentes de divisas que financiaran esas importaciones, medios de pago que fueron aportados por los emigrantes que salieron a los países europeos, por los turistas que empezaron a llegar masivamente y por el flujo de inversiones extranjeras que propició la liberalización de las correspondientes normas reguladoras. Estos factores constituyen lo que podríamos denominar las necesidades «internas» a la apertura económica española.

Pero hay también otros factores que por la vía de las cuentas exteriores influían en la misma necesidad de apertura. Concretamente nos referimos al gran déficit de la balanza de pagos y a la fuerte inflación de 1956, 1957 y 1958. Como ni uno ni otro problema tenían solución en el marco autárquico, el fracaso del proceso de crecimiento, y del modelo económico seguido hasta entonces, se hizo tan evidente como la única salida que quedaba: la apertura y la consiguiente vinculación con las economías occidentales. De esta forma, se sentaban las bases para la espectacular emergencia turística de España.

Precisamente, las propias necesidades políticas españolas e internacionales que presionaban en favor de la «apertura» obligan a realizar algunas referencias al funcionamiento del franquismo.

En el orden «político-interno» el régimen precisaba consolidarse frente a la creciente oposición interior después de la oleada de huelgas aludidas; y en el «político-externo» era necesaria una aceptación internacional del régimen imperante para abrir las puertas de los organismos internacionales de cooperación económica a las que España estaba llamando y, de esta forma, poder obtener la ayuda económica y técnica indispensable para superar la crisis.

A estos aspectos políticos podríamos añadir la necesidad «ideológica» de sustituir el ideario falangista por su agotamiento y fracaso en lo económico, amén de otras razones insertas en las propias demandas políticas exteriores que exigían un «lavado» del rostro fascista del régimen para su admisión en el concierto internacional. El anticomunismo de Franco era un aval necesario, pero no suficiente, para lograrlo.

Por eso, tras la liquidación paulatina del falangismo que «había dado excelentes resultados en el orden de la seguridad interior, pero era muy incómoda a la hora de iniciar una expansión económica en concomitancia con el capital internacional»[1], fue necesario ocupar el vacío ideológico. Y la nueva ideología que ocuparía el vacío producido fue el «desarrollismo» enarbolado por los tecnócratas del Opus Dei. «El Opus contaba por entonces con los únicos cuadros técnicos de derechas con un mínimo de preparación para controlar el viraje. Era lógico que sus técnicos aparecieran en los ministerios económicos, planearan la política económica y a la larga impusieran su

---

[1] Vázquez Montalbán, M.: *La penetración americana en España,* Cuadernos para el Diálogo, Madrid, 1974, pp. 119 y 120.

concepción política de la situación. Ante todo, se esforzaron por normalizar la estructura y la superestructura económica de España en busca de un país nacionalcatólico que coincidiera con la organización económica de los países capitalistas»[2].

En síntesis, lo que precisaba España era una remodelación del autárquico sistema económico. La «apertura» fue entonces el vehículo exterior de la racionalización del sistema. Racionalización que implicaba evidentemente una subordinación, o como califican más adecuadamente García Delgado y Segura: «La configuración de la economía española como una "economía dependiente". Dependencia, que ha de estimarse considerando, por un lado, la composición de las importaciones (piénsese, por ejemplo en la procedencia de los recursos energéticos), y, por otro lado, el papel del turismo, las remesas de emigrantes y las inversiones extranjeras en el proceso descrito de crecimiento del capitalismo español»[3].

De esta manera, el franquismo viene a romper la «fase nacionalista» del capitalismo español (iniciada a partir del desastre de 1898) y a reparar la línea estrictamente tributaria del mismo, la línea decimonónica, pudiéramos decir, si bien hasta el primer Plan de Estabilización de 1957 aparece como continuador relativamente convincente de la línea nacionalista[4].

Si esta transformación económica impulsada por la oligarquía financiera, se puede llevar a feliz término, es gracias a un pacto con la «vieja guardia» del régimen, que impone como condición la inmutabilidad del poder y del Estado. Este sector se vio obligado incluso a abandonar el terreno ideológico que, como hemos señalado anteriormente, ocuparía el Opus Dei con el desarrollismo. Por ello, entre el principio y el fin de las medidas conducentes a la racionalización económica, es decir, entre las primeras decisiones preestabilizadoras de 1957 y la materialización definitiva del Plan de Estabilización en 1959, tiene lugar la promulgación el 17 de mayo de 1958 de la Ley de Principios Fundamentales del Movimiento Nacional, decisión que toma Franco personalmente y, contra su costumbre, sin previa deliberación en las Cortes, lo que constituye, en nuestra opinión, una prueba de la garantía política exigida y obtenida por esa «vieja guardia» de que la apertura económica al exterior no conllevaría también la apertura política. O una demostración de la presión del calendario internacional pactado, que no podía ponerse en riesgo ante una eventual dilatación de las discusiones sobre la Ley de Principios Fundamentales en las Cortes. La concatenación de las fechas muestra la evidencia del pacto y del calendario:

— El l0 de enero de 1958 España accede como país asociado a la OECE.

— El 17 de mayo de 1958 se promulga la Ley de Principios del Movimiento Nacional.

— El 4 de julio de 1958 España ingresa en el Fondo Monetario Internacional y en el Banco Internacional de Reconstrucción y Desarrollo.

---

[2] *Ibídem,* p. 120.

[3] García Delgado, J. L., y Segura, J.: *Reformismo y crisis económica. La herencia de la dictadura,* Saltés, Madrid, 1977, p. 24.

[4] Acosta, J.: «Imperialismo y democracia en España», *El Viejo Topo,* núm. 6, marzo 1977, p. 38.

— El 18 de julio de 1959 España es aceptada como miembro de pleno derecho de la OECE.

En otros términos, es lo que Ros Hombravella y otros autores denominan virtualidad «tranquilizante para unos cuadros y fuerzas que empezaban a inquietarse»[5].

La ascensión de la oligarquía financiera a la cúspide del capitalismo español es explicada sintéticamente por Roldán y García Delgado de esta forma: «Pues bien, comprenderlo así en el momento oportuno y arbitrar los medios adecuados de todo tipo, posibilitando y facilitando cada vez en mayor medida la entrada de capital extranjero y la expansión del sistema productivo, en general, ha sido una de las bazas fundamentales que explican la irresistible ascensión de un determinado grupo político y el establecimiento de nuevas relaciones de poder en la sociedad española de los últimos años. La nueva vía iniciada imprimirá un mayor dinamismo a la economía española —no exento, por supuesto, de otras limitaciones— y, sobre todo, vendrá a representar una solución de continuidad —la única posible, de hecho— para el capitalismo español»[6].

En síntesis, la entrada de los representantes de la oligarquía financiera en el Gobierno de 1957 supuso la apertura de las puertas no sólo al comercio, sino a la mano de obra emigrante que los países centroeuropeos precisaban y a las nuevas formas de inversión del capital, singularmente a través del turismo.

La demanda por parte de aquéllos de las materias primas turísticas (sol, playa, etc.) y su lucrativa producción y exportación por España, atrajo al capital privado y público español hacia la expansión de la infraestructura necesaria para esta producción. Sólo después que se demostró que el turismo era un negocio rentable para el país, y después de que los industriales europeos encontraran salida para sus bienes de equipo en el mercado español, entró el capital extranjero en el sector turístico. Primero, realizando inversiones directas mediante préstamos a hoteleros; después, efectuando inversiones inmobiliarias para la adquisición de suelo y edificación de inmuebles destinados a la explotación turística, utilizando muy a menudo créditos españoles para financiar tales inversiones. Y donde no se apropiaron de la tierra, fueron dueños de sus productos porque las empresas extranjeras de transporte y viajes tomaron el control y monopolizaron el intercambio y la producción del producto turístico por excelencia: las vacaciones.

1.2. La apertura en el sector turístico

La apertura al exterior se materializó, en lo que al turismo se refiere, en tres medidas fundamentales:

---

[5] Ros Hombravella, J., y otros; *Capitalismo español: de la autarquía a la estabilización (1939-1959)*, Cuadernos para el Diálogo, 2 tomos, Madrid, 1973, p. 165 del tomo 2.

[6] Roldán, S., y García Delgado, J. L.: «Los nuevos mecanismos de equilibrio de la economía española con el exterior», en la obra colectiva *La España de los años 70*, dirigida por Manuel Fraga, Juan Velarde y Salustiano del Campo, Moneda y Crédito, Madrid, 1973, p. 849.

1.ª La eliminación y simplificación de los complejos trámites de visados y aduanas.

2.ª La liberalización de los controles de divisas.

3.ª La modificación del tipo de cambio. Esta última medida acompañada de la estabilización interior de precios.

Estas decisiones, que se adoptaron por diferentes razones, lo fueron también y sobre todo para suprimir trabas y atraer a las crecientes masas de turistas que todos los veranos repetían la cíclica búsqueda del sol y del mar. Sin embargo, tras esta corriente de personas que empezaban a inundar las carreteras y playas españolas a principios de la década de los sesenta, había otras razones profundamente motivadoras.

Como ya hemos indicado en epígrafes anteriores, se atrae al turismo porque se necesitan divisas. Ésta es la razón primigenia. No creemos necesario tener que demostrar esta afirmación. Simplemente la recalcaremos con dos párrafos extraídos de los discursos de Fraga Iribarne cuando era ministro de Información y Turismo. Decía el ministro: «Estando en el camino de lograr este desarrollo y precisando por ello de un importante caudal de aportación de divisas, el turismo —generosa fuente de esta savia esencial— es providencialmente la palanca que mueve en esta etapa transitoria toda la máquina de la economía. Con su concurso son posibles inversiones a plazo medio y largo, renovaciones de capital y equipo, grandes obras de infraestructura que garanticen nuestro futuro. Por ello, resultaría demasiado arriesgado juzgar con ligereza su papel, subestimando su significado [...].

Si tenemos en cuenta que es en el renglón de bienes de equipo en el que se ha operado fundamentalmente el aumento de las importaciones, se establece de un modo natural la consideración de que el turismo extranjero en España constituye el más importante medio de financiación para nuestro desarrollo y modernización industrial»[7].

Consecuentemente, el turismo aporta las divisas que sirven para paliar el déficit comercial y mantener el ritmo de reequipamiento industrial, indispensable para continuar con el proceso de crecimiento que se había estancado en la década de los cincuenta. En este sentido, los turistas intervienen favoreciendo una rápida expansión del consumismo, lo que aunado a la creciente corriente monetaria y su efecto multiplicador, origina una ampliación rápida e importante del mercado interior español.

Por otro lado, el turismo también fomenta, de modo indirecto, la expansión de la cultura urbana (ya que todos los veranos acude gran cantidad de mano de obra rural a las costas turísticas para trabajar de albañiles, camareros, etc., acelerando de esta forma la creciente carrera migratoria campo-ciudad, ya iniciada), cuyas consecuencias para la economía española no dejan de ser muy importantes y favorables. Primero, disminuyendo la presión de la mano de obra en el campo, con lo que se reduce muy sensiblemente el peligro que podríamos sintetizar en la frase símbolo del campesino irredento: «La tierra para el que la trabaja». Segundo, porque la des-

---

[7] Fraga Iribarne, M.: *Horizonte español,* Madrid, 1966, pp. 337 y 339.

capitalización humana del campo hace imprescindible su equipamiento técnico, por lo que se ensancha sensiblemente el mercado de maquinaria agrícola, abonos, fertilizantes, insecticidas, etc., favoreciendo con ello el desarrollo industrial del país. Tercero, por la aparición de grandes suburbios en los alrededores de las metrópolis españolas que, al acoger a los emigrantes, generan una fuerte demanda de viviendas y consiguientemente un gran desarrollo del sector de la construcción, así como el nacimiento de un mercado altamente especulativo como el del suelo urbano. Es la base para que una nueva burguesía nacida al amparo del franquismo pueda conseguir un rápido enriquecimiento que facilita su ascenso social.

La demanda de alojamientos turísticos origina, a su vez, la aparición de un nuevo mercado inmobiliario en las zonas turísticas, que sirve básicamente para consolidar a esta nueva burguesía surgida de la especulación del suelo.

No menos importante es la fuerte expansión de la industria de la construcción ya citada —gigantesca escuela de adaptación para el campesinado que pasa de trabajar en el campo a la industria o a los servicios, tras una temporada más o menos breve de permanencia en la albañilería— al permitir el mantenimiento del proceso creciente de acumulación de las grandes empresas constructoras españolas, tras el principio del declive en la contratación de obras hidráulicas que potenciaron su auge[8]. Y otro efecto quizá de menor importancia cuantitativa, pero más relevante desde una perspectiva cualitativa: sembrar inquietudes industriales y empresariales en general, y, en particular, en zonas donde tales actitudes brillaban por su ausencia.

Es decir, que, en cierto sentido, el turismo constituye el detonante que pone en marcha las dormidas energías del motor económico español, hábilmente espoleadas por la ideología desarrollista que se propagaba por todo el país desde los sótanos del Paseo de la Castellana número 3, sede de la Comisaría del Plan de Desarrollo, y cuyo eco se ampliaba considerablemente unos tres kilómetros más al norte a través de los muros del todopoderoso Ministerio de Información y Turismo.

Finalmente, y sin perjuicio del tratamiento más amplio y específico que le dedicamos en el epígrafe siguiente, bástenos señalar la importantísima función política desempeñada por el turismo que el mismo Fraga no se recataba de pregonar: «Disfrutamos de una paz interior que, frente a un mundo en general convulsión, hace que resalte enormemente su valor como singular atractivo; una paz que merecería de cada español la íntima y diaria gratitud hacia el hombre providencial que la ha hecho posible»[9].

1.3. La instrumentación política del turismo al servicio del régimen franquista

De todos es perfectamente sabida la utilización que la totalidad de los regímenes políticos hacen de los medios que tienen a su alcance, para lograr el mayor con-

---

[8] Cuando, a su vez, el sector turístico empezó a mostrar síntomas de menguar en su ritmo de expansión, surgió el Plan Nacional de Autopistas y el irracional Plan Energético Nacional, que pretendía sembrar el país de centrales nucleares.

[9] Fraga Iribarne, M.: *Horizonte español*, Madrid, 1966, p. 348.

senso posible en torno al mismo, tanto en el interior como en el exterior. De modo muy especial, en las dictaduras, los resortes ligados al hecho nacional y a las relaciones con el exterior son los más vulgarmente utilizados para manejar las fibras del patrioterismo —que no del patriotismo— de la sociedad en favor de los intereses de quienes detentan el poder.

En este sentido, el turismo no podía ser una excepción, por cuanto su utilización, tanto en el interior como frente al exterior, fue hábilmente efectuada por Manuel Fraga durante sus años de permanencia al frente del Ministerio de Información y Turismo. Sus escritos son de lo más explícito al respecto.

«Quienes visitan España (más de catorce millones de turistas en 1965) saben que, en base de todo ello, España es un país que legítimamente mira con tranquilidad su presente y con esperanza su porvenir, que tiene un sistema familiar ejemplar, estable, que arroja los índices más bajos del mundo de inadaptación infantil y delincuencia juvenil, que tiene una envidiable paz social, con uno de los índices de población penitenciaria más bajos de Europa (en cifras absolutas y relativas). Que convive pacíficamente con sus vecinos internacionales en un magnifico ejemplo de cooperación. Que ello merece el reconocimiento y la amistad de la comunidad internacional y, en particular, de los pueblos de su raza y de su lengua, a los que dio lo mejor de su ser»[10].

«Es preciso no olvidar que en la sociología se halla una razón básica de la política, y en este aspecto *no precisa de especial demostración la importancia política de los movimientos turísticos. Los mismos permiten un conocimiento personal vivo de la realidad de los distintos pueblos, por consiguiente, tal conocimiento deja un margen reducido, y aun muchas veces la hace imposible, a la manipulación política de la opinión pública en contra de determinados países o formas de gobierno.* En tal aspecto, el caso español constituye un ejemplo demostrativo de la mayor importancia, por cuanto es preciso reconocer, como mérito del turismo, el haber permitido a una masa, cada vez mayor, de europeos el conocimiento directo de la realidad española, muy diferente de las imágenes tendenciosas con que la representaban en sus propias patrias una gran parte de los órganos de opinión. Ha de verse, por tanto, en este mejor conocimiento de España, que el turismo ha hecho posible, la base del rotundo fracaso de las últimas campañas de desprestigio de nuestro país. De ahí el interés en determinados sectores de la política extranjera por dificultar y combatir el auge cada vez más incontenible del turismo hacia España»[11] (las cursivas son nuestras).

«Si tan importante es el turismo extranjero para equilibrar el déficit de nuestra balanza comercial, también lo es para que conozcan la realidad española, tan mal tratada por los órganos informativos en tantas ocasiones»[12].

El paradigma que resume esta idea puede encontrarse en un editorial de Editur: «No obstante, creemos que no se ha pensado bastante todavía en otros beneficios

---

[10] *Ibídem,* p. 25.
[11] Fraga Iribarne, M.: *Op. cit.,* p. 332. Y también en «El turismo en España. Balance y perspectiva», *Revista de Estudios Turísticos,* núm. 1, p. 8.
[12] Fraga Iribarne, M.: *Información Comercial Española,* núm. 363, p. 45.

del turismo, en la tremenda eficacia de los contactos humanos que procura, para el mejoramiento de las relaciones internacionales y la lucha contra la incomprensión entre las gentes de diversos países [...]. *El turismo ha hecho muchísimo por romper el cerco de incomprensiones que nos ha venido aislando en el orden internacional.* He aquí otra ventaja y no la menor ciertamente»[13] (las cursivas son nuestras).

Creemos que los párrafos transcritos no merecen mayores comentarios, pues son lo suficientemente ilustrativos de la propaganda política que se hacía con el turismo en el exterior. Pero como indicamos anteriormente, también se hizo propaganda del régimen frente al interior utilizando al turismo como demostración de la aceptación internacional de aquél; preocupación fundamental de Franco a lo largo de su dilatada permanencia rigiendo los destinos españoles.

«Algunas veces, incluso entre nosotros, se acepta una interpretación muy insuficiente de las razones por las que el turismo se dirige a España. No es sólo una superficial apetencia de sol o de tipismos o la ventajosa comparación de precios lo que nos gana el favor de los turistas. Hay que valorar más profundamente los motivos del entendimiento y de la amistad entre los pueblos. *Yo creo que una dimensión esencial del turismo es la conciencia profunda de que en España hay verdades y fuerzas vitales diferentes.* Con terca gallardía hemos mantenido durante siglos un entendimiento de la vida y un estilo humano más allá de la vigencia de nuestra hegemonía política o militar. No hemos dimitido del legado de nuestros mejores días, y esto a veces irrita. *El turismo permite comprobar la vigencia y fecundidad de valores y soluciones muchas veces combatidas, pero que hoy se ven claramente como manifestaciones de la cultura europea y cristiana. Quienes nos visitan tienen oportunidad de entrar en contacto con un país que, sin renunciar a interpretar posiciones peculiares, a veces en abierta disparidad con prejuicios y hasta con manías dominantes en el mundo histórico al que pertenece, ofrece una visión original de valores comunes fiel a una elección de estirpe.* Que esto sea posible y sus consecuencias fecundas en datos verificables de buena salud social, de firmeza en las creencias religiosas, de ambiente moral firmemente enraizado y de vigencia plena de valores de la familia, que en otros ambientes se echan en falta, constituyen razones de peso en el encanto que lo español ofrece para multitudes de los más variados países europeos cuando se liberan de la presión de sus medios ambientales [...]. De ahí que el turismo, al hacer conocer nuestro pueblo como es, presta un enorme servicio de reivindicación de la personalidad española»[14] (las cursivas son nuestras).

La premeditada confusión de los valores espirituales que caracterizan al español como pueblo, con los valores políticos del régimen franquista, es hábilmente manejada y enmascarada al servicio de éste.

Las frases con que ilustramos nuestras afirmaciones creemos que son suficientemente explícitas, y conviene reseñar que no han sido escritas para ser publicadas en un libro de corto alcance difusor, sino que proceden de los discursos y declaraciones del todopoderoso ministro de Información y Turismo, cuando el eco de sus ma-

---

[13] Editorial de *Editur,* núm. 8, año I, 6 de mayo de 1960.
[14] Fraga Iribarne, M.: *Horizonte español,* Madrid, 1966, pp. 332 y 333.

nifestaciones podía rastrearse por toda la controlada prensa de la época que hacía de caja de resonancia de cuanto se hacía y decía en el citado ministerio.

Pero no eran sólo las manifestaciones de Fraga las que abonaban este campo propagandístico-político. Son numerosos los ejemplos que se podrían traer a colación. Veamos algunos de ellos: «Queda tan sólo por analizar, dentro de lo limitadísimo de esta exposición, la importancia del turismo, de nuestro turismo, como medio y vehículo extraordinario de contacto personal. ¿Qué no le habrá representado a España el que durante los últimos diez años hayamos conseguido traer a nuestro terreno, para ver, escuchar y sentir las realidades de nuestro país, a más de 150 millones de personas, de todos los niveles sociales, económicos y culturales? ¿Qué país de entre los más ricos de la Tierra habría podido permitirse un presupuesto de relaciones públicas capaz de escoger ese número de invitados, o a un 10 por 100 de ellos, o ni siquiera a un 1 por 100 de ellos, a fin de retenerlos durante unas horas y poder motivarles, predisponerles en favor de unas determinadas situaciones o estructuras políticas? Nosotros, gracias a nuestro turismo, hemos conseguido que, teniendo que ahorrar ellos mismos para pagarse su viaje y para costearse una estancia, no de unas horas, sino de varios días, más de 150 millones de personas nos hayan conocido y, al conocernos, nos hayan entendido mejor y nos hayan llegado, incluso a apreciar, a pesar de nuestra «mala prensa» que data de siglos. *¿Qué otra de nuestras exportaciones* —las consideradas como tales por nuestra Administración y, por tanto, beneficiarias de todo su apoyo y consideración— *aporta a nuestro país unos beneficios ni remotamente equiparables, en términos de prestigio de trascendental apoyo a nuestra causa y a nuestras instituciones?*[15] (las cursivas son nuestras).

Sin embargo, y a pesar del patriotismo que destilan las anteriores frases, que son el reflejo del «clima» político imperante en torno a la explosiva actividad turística, la verdad, no reconocida específicamente por las autoridades españolas, es que el turismo apuntaló el régimen franquista y no sólo en el aspecto económico. Pues a pesar del «peligro» ideológico que el turismo suponía, el mismo hecho de la complejidad del impacto turístico hizo que resultara sumamente beneficioso en el orden político para el régimen franquista. Complejidad y beneficio que Fraga reconocía tácitamente en su discurso a la II Asamblea Hispano-Luso-Americano-Filipina de Turismo: « [...] Porque los efectos del turismo son múltiples y de gran alcance. Hay un evidente impacto económico; hay un impacto psicológico-moral; hay un impacto social, y, por supuesto, todos confluyen en un decidido impacto político»[16].

Pero, ¿cómo puede explicarse ese impacto y apoyo político a un régimen a través del turismo en clara contradicción con los principios y actitudes políticas de los turistas individual y colectivamente considerados? La explicación queda esclarecida en el siguiente párrafo que evidencia una cierta hipocresía moral en las sociedades emisoras de turistas: «Al tiempo que el consumidor niega que sus compras de na-

---

[15] Meliá Sinisterra, J.: Conferencia pronunciada en la Universidad de Deusto y recogida por Ángel Palomino: *El milagro turístico,* Plaza y Janés, Esplugues de Llobregat, 1972, pp. 178 y 179.

[16] Fraga Iribarne, M.: «Discurso», *Revista de Estudios Turísticos,* núm. 24, p. 21.

ranjas sudafricanas deban considerarse como un voto a favor del *apartheid,* de la misma forma rehúsa ver en sus vacaciones en España o Grecia un voto de apoyo del sistema político particular del país. Si es correcto pensar que el turista considera, de forma creciente, a las vacaciones como si fuese un bien de consumo duradero, entonces sólo podemos llegar a la conclusión de que considera a sus vacaciones anuales como algo demasiado trivial, demasiado ordinario, un tema que se encuentra al margen de las oposiciones políticas. Por tanto, se puede asegurar que la demanda turística es políticamente neutral, lo cual ni estimula la buena voluntad entre las naciones, ni tampoco desvía a los gobiernos de la senda que han escogido»[17]. El tiempo transcurrido y los nuevos ejemplos que podrían mencionarse no han modificado un ápice tales opiniones.

1.4. El conflicto entre diferentes sectores del régimen franquista. Su incidencia en el turismo

Si importante fue el turismo como medio de consolidación interior del régimen franquista, no menor fue su relevancia para la implantación del dominio de la oligarquía financiera frente a los medios falangistas, integracionistas y demás fracciones del franquismo. Estos últimos, con gran clarividencia, adivinaban el peligro que se cernía sobre el régimen político cuando la sociedad española, que hasta finales de la década de los cincuenta había vivido casi totalmente marginada y aislada del mundo, se abriese al contacto con otras gentes, con otras mentalidades; y por ello impusieron la promulgación de la Ley de Principios Fundamentales del Movimiento Nacional que les aseguraba el control del aparato del poder político, como hemos señalado anteriormente.

El cambio mental que tal apertura al exterior conllevaba fue posible porque el retraso técnico casi insalvable que separaba a España de nuestros vecinos europeos llevó al convencimiento de las clases dominantes que había que abandonar «el quimérico objetivo de reservar el mercado nacional para una producción que fuese toda nacional [...]. Después de más de setenta años de infructuosos esfuerzos, los grupos de poder dentro del capitalismo español van a reconocer, de hecho, sus limitaciones, su debilidad interna, emprendiendo el camino de la progresiva liberalización del comercio exterior, dando paso, al mismo tiempo, a la inversión y técnica extranjeras, y apoyándose en unos nuevos mecanismos compensadores del necesario y creciente déficit comercial (emigración y turismo) mecanismos que tendrán una participación decisiva —y progresiva— en la orientación y en el apuntalamiento de los cambios que caracterizan a la economía española de los años sesenta»[18].

De ahí que gran parte de la propaganda política que se hizo con el turismo —como hemos señalado en el epígrafe anterior— tuviera como destinataria prefe-

---

[17] Burkart y Medlink: *Tourism, past, present and futur,* Heinemann, Londres, 1974, p. 287.
[18] Roldán, S., y García Delgado, J. L.: «Los nuevos mecanismos de equilibrio de la economía española con el exterior», en la obra colectiva *La España de los 70, op. cit.,* pp. 833 y 835.

rente a la «vieja guardia del régimen», que no veía con buenos ojos los nuevos rumbos iniciados; pero no tuvo más remedio que admitirlos.

Este conflicto latente es apreciable en numerosos documentos y Fraga era muy consciente del mismo: «Como suele suceder siempre en la interpretación de los hechos, si en un extremo se sitúan las críticas de nuestro entendimiento del mundo, en el otro están los casticistas temerosos de contaminaciones imaginarias. Son los que opinan que nuestra peculiaridad respecto a las líneas generales de la civilización europea y cristiana son radicales y *piensan que el contacto con otros pueblos puede servir de tentación y despertar movimientos de imitación excesiva*»[19] (las cursivas son nuestras).

Así pues, el peligro de la «contaminación ideológica y social» era lo que realmente preocupaba a la clase dirigente, aunque en realidad el enfrentamiento se llevó también al terreno económico, defendiendo esta última la falta de estructuralidad del fenómeno turístico y el peligro derivado de un cambio en las modas del turismo que pudiera dar al traste con la modernización que se pretendía.

Mucho más a flor de piel, el choque surgía en el Primer Congreso Sindical donde se enfrentaron las posturas integristas de la «vieja guardia» en uno de sus «feudos tradicionales» con la obligación de obediencia a las directrices emanadas del Gobierno. Los documentos de la Ponencia de Turismo y Hostelería son una muestra del mismo: «Pero desde ahora anunciamos que tampoco ésta será nuestra meta, sino que procuraremos estudiar con detalle ramas como el turismo social, a las que, en nuestra patria, no se ha prestado todavía la atención que el problema merece, y que *examinaremos el turismo no solamente considerando las divisas que nos proporciona ni exclusivamente atendiendo a la riqueza que crea, sino teniendo en cuenta también el impacto que pueda producir en el país tanto en lo moral como en lo espiritual y social, procurando tratar de encontrar los medios para encauzarlo de la manera más conveniente en orden al engrandecimiento patrio, sin merma de nuestros más puros valores espirituales y raciales*»[20] (las cursivas son nuestras).

Llevada al terreno económico, la batalla se entabló, como ya hemos señalado anteriormente, en torno a la vulnerabilidad del fenómeno turístico, y las cualificadas afirmaciones de Varela Parache evidencian la polémica: «Por eso, siempre que se habla de vulnerabilidad del turismo, se habla en términos muy vagos. Se dice que las modas pueden cambiar y que las alteraciones del orden en nuestro país o en otro vecino pueden afectar el flujo turístico. Todo esto es cierto, pero aparte de que ello ocurre también con otras muchas actividades, la experiencia nos indica que tales factores afectan más bien al ritmo de crecimiento que a la existencia del fenómeno turístico [...]. En lo que no todo el mundo está de acuerdo es en sus perspectivas futuras, o más exactamente, en la vulnerabilidad de la actividad turística por diversos motivos. Se habla con relativa frecuencia del turismo como una actividad insegura que, por su carácter vulnerable, no es digna de una decidida política de fomento; y se considera que proporciona una base demasiado frágil para nuestra balanza de pa-

---

[19] Fraga Iribarne, M.: *Horizonte español,* Madrid, 1966, p. 334.
[20] Primer Congreso Sindical: «Ponencia 10: Turismo y hostelería», Madrid, 1961, p. 1678.

gos. Siempre que he visto este argumento expuesto, me ha llamado la atención un hecho: la carencia de la más mínima de las pruebas empíricas». Y más adelante añadía: «La inercia de las corrientes turísticas se debe a que tales viajes crean una serie de canales constituidos por unidades económicas —agencias turísticas, transportistas, hoteleros, etc.— interesadas en mantenerlos y a que, por otra parte, la actividad turística tiene en el propio turista un instrumento propio de propaganda y un aumento del número de turistas expande de forma automática ese mecanismo propagandístico»[21].

Finalmente, una ulterior línea de ataque al turismo masivo extranjero se montó alrededor del perjuicio que se causaba al «tradicional» turismo español que se veía incomodado por la llegada masiva de extranjeros: «Es anacrónico e intolerable que se pretenda frenar directa o indirectamente la avalancha turística hacia nuestra patria para que no sufran incomodidad ni menosprecio los tradicionales veraneantes de nuestras famosas playas. Porque las medidas que se solicitan para el favorecimiento del turismo de determinados grupos sociales, tales como el acotamiento de zonas de nuestro litoral donde el capital privado fuertemente apoyado por el capital público montasen una industria turística "apta para españoles", retrasarían mortalmente para toda nuestra economía, y en especial para la rápida y definitiva elevación de nuestra población campesina y obrera, el imprescindible desarrollo acelerado del gasto turístico extranjero en nuestra patria»[22]. Herencias ideológicas que desde la perspectiva actual, y para quienes no vivieron aquellos años, sólo sugieren una asombrada sonrisa.

2. EL MARCO ADMINISTRATIVO: LA ELEVACIÓN «REAL» DEL RANGO ADMINISTRATIVO DEL TURISMO

2.1. La creación de la Subsecretaría de Turismo

No habían transcurrido tres meses desde el cambio del Gobierno en que por primera vez se sentó en el Consejo de Ministros, cuando Fraga elevó el rango del turismo a subsecretaría por Decreto 2298/1962, de 8 de septiembre —aunque subsistía la antigua Subsecretaría de Información y Turismo—, con una finalidad muy clara y específica de coadyuvar en las tareas preparatorias del Primer Plan de Desarrollo. Se concibe la nueva subsecretaría como órgano de asistencia al ministro en sus funciones relativas a la política turística en general, y en especial a «colaborar en la elaboración del Plan Nacional del Desarrollo Económico en su sector turístico primero, y ejecutar después las medidas que resulten a consecuencia del mismo» (ar-

---

[21] Varela Parache, F.: «Industria turística internacional», en la obra colectiva dirigida por Fuentes Quintana, E.: *El desarrollo económico de España. Juicio crítico del informe del Banco Mundial*, Revista de Occidente, Madrid, 1963, pp. 287 y 290.

[22] Rodríguez Pomatta, J. L.: «El turismo como motor del desarrollo español», *Revista de Estudios Turísticos*, núm. 3, p. 17.

tículo 1.º), y viene a racionalizar la situación administrativa del turismo, subiéndolo de rango en un ministerio claramente dominado por los aspectos censurantes del control de la información y la comunicación en todos sus aspectos.

Sin embargo, los fines generales del nuevo organismo se esbozan en el preámbulo del decreto de creación, al hacer referencia al crecimiento de los viajeros que recorren España, a las industrias turísticas, y a la insuficiencia de la Administración pública en el sector turístico, al tiempo que se señala «la gran importancia que en los órdenes político, cultural, higiénico y social se viene reconociendo universal y unánimemente al turismo; así como la importancia que, al menos teóricamente, se presta al turismo interior en un país en el que aún importantes sectores sociales no salen todo lo que sería deseable de sus lugares habituales de residencia». Es decir, que, con la llegada de Fraga, el turismo dejó fundamentalmente de depender de los sectores políticos del régimen para pasar a serlo de los económicos. El turismo se pone al servicio de la economía del país para dotarla de los medios de pago necesarios para su modernización.

Las funciones que se le encomiendan concretamente en su ámbito de competencias, dentro del mismo artículo primero, son «fomentar el interés dentro y fuera de España, por el conocimiento de la vida y territorios nacionales, para promover, gestionar, regular e inspeccionar las actividades relacionadas con la organización de viajes, la industria hospedera, los servicios relativos al turismo y la información, atracción y propaganda respecto de forasteros».

Estas competencias de la subsecretaría quedan más definidas en los artículos 5.º y 6.º del decreto que comentamos, en que se señalan las específicas de las dos direcciones generales en que se desdobla la primitiva Dirección General de Turismo.

«A la Dirección General de Promoción del Turismo corresponde planear, en colaboración con el organismo competente, las acciones que tienden a fomentar, coordinar y ordenar el desarrollo del turismo en España. También le corresponde estimular mediante la propaganda e información precisas, el viaje y la estancia como formas de conocimiento del territorio y la vida nacionales» (art. 5.º).

«La Dirección General de Empresas y Actividades Turísticas sin perjuicio de la competencia atribuida expresamente a otros órganos de la Administración del Estado, ejercerá la que es propia de la suprimida Dirección General de Turismo sobre las empresas y establecimientos de hostelería, alojamientos y acampamentos turísticos, balnearios, agencias de viajes, transportes de carácter turístico, profesiones turísticas y servicios, espectáculos y deportes que coadyuven directamente a posibilitar la realización del turismo, o creen las economías externas necesarias para sustentar industrias o actividades turísticas» (art. 6.º).

2.2. La creación del Instituto de Estudios Turísticos

Con tres días de adelanto respecto de la creación de la Subsecretaría de Turismo, se creaba, a su vez, el Instituto de Estudios Turísticos por Decreto 2247/1962, de 5 de septiembre, con el fin de «realizar de modo permanente y sistemático investigaciones y estudios que permitan conocer del modo más exacto posible sus distintos aspectos, así como su evolución y tendencias. Tales conocimientos serán de marcada utilidad tanto para las autoridades, a quienes de modo especial está encomendada la política turística, como para las empresas que ponen su actividad al servicio de los viajeros»[23].

La necesidad de la investigación turística ya se sentía a mediados de la década de los cincuenta, cuando se intentó crear en 1956 un Seminario de Estudios Turísticos de carácter privado, que, aunque llegó a contar con los permisos correspondientes para funcionar, no lo hizo por múltiples causas que no procede analizar aquí. Es el antecedente del Instituto de Estudios Turísticos.

El Instituto de Estudios Turísticos elevó el rango científico de los trabajos que se realizaban sobre el turismo situándolo a niveles comparables a los de otros países más avanzados en el campo de la investigación turística.

Su más reconocida aportación ha sido la publicación de la revista *Estudios Turísticos,* cuyo número cero fue publicado en el último trimestre de 1963; fecha desde la que, con las lógicas oscilaciones, no ha dejado de publicarse en tan dilatada vida editorial.

Su adscripción administrativa sufrió una pronta modificación, probablemente por razones de operatividad administrativa, cuando el 14 de mayo de 1964 fue encuadrado por decreto en el organismo autóctono «Administración de la Política de Turismo», dependiente del Ministerio de Información y Turismo, en cuyo presupuesto de gastos se incluyó la consignación presupuestaria para atender a su funcionamiento. Pero esto ya ocurrió en el siguiente período histórico en que dividimos este libro.

3. EL MARCO LEGAL: EL NACIMIENTO DE LA LEGISLACIÓN BÁSICA PARA ESTIMULAR EL DESARROLLO TURÍSTICO

3.1. La entrada en vigor de convenios internacionales de incidencia turística

A lo largo de bastantes años del período autárquico, concretamente desde 1949 en que se firmó el convenio de Ginebra sobre circulación internacional por carretera, se fueron firmando e incluso ratificando distintos convenios internacionales, cuya entrada en vigor fue dilatándose en mayor o menor grado, aunque al final tuvo lugar en el ámbito temporal de este período de apertura al exterior.

El análisis histórico del proceso pone de relieve una acción claramente «internacionalista» del Ministerio de Asuntos Exteriores, que posteriormente era frenada en y por otros sectores políticos del régimen de Franco, hasta que se hizo imparable la apertura al exterior de la economía española.

---

[23] Preámbulo del Decreto 2247/1962, de 5 de septiembre, *BOE* del 8 de septiembre de 1962.

La secuencia temporal de los diferentes convenios internacionales en razón a la fecha de entrada en vigor es la que examinamos seguidamente.

El primero de los convenios que entró en vigor fue el que constituye la pieza clave del desarrollo turístico mundial que se inicia a finales de la década de los cincuenta. Es el Convenio de Nueva York sobre «facilidades aduaneras para el turismo». Un convenio que España firmó fundacionalmente a través de su plenipotenciario el 4 de junio de 1954, que ratificó en agosto de 1958 y que entró en vigor el 18 de noviembre de 1958. Este convenio tiene además una importancia conceptual relevante por cuanto en su artículo 1.º apartado *b)* se define al turista como «toda persona, sin distinción de raza, sexo, lengua o religión que entre en el territorio de un Estado contratante distinto de aquel en que dicha persona tiene su residencia habitual y permanezca en él veinticuatro horas cuando menos y no más de seis meses, en cualquier período de doce meses, con fines de turismo, recreo, deportes, salud, asuntos familiares, estudio, peregrinaciones religiosas o negocios, sin propósito de inmigración».

Así pues, queda conceptualizado lo que se entiende por turista, diferenciándolo del excursionista (quien permanece menos de veinticuatro horas), del residente extranjero (quien permanece más de seis meses al año), y de los emigrantes laborales o refugiados políticos.

Asimismo, el artículo 6.º del convenio constituye su piedra angular: «Los Estados contratantes tratarán de no adoptar procedimientos aduaneros que pudieran obstaculizar el fomento del turismo internacional».

Otros elementos importantes del mismo son la fijación de qué objetos se considerarán efectos personales y qué volumen de artículos pueden importar los turistas para su uso personal (tabaco, alcohol y perfumes).

Este convenio quedó complementado con la firma el mismo día del correspondiente a la importación temporal de vehículos particulares de carretera ratificado el 31 de julio de 1958, y entrada en vigor el 16 de noviembre del mismo año, con un protocolo adicional sobre importación de documentos y material de propaganda turística.

El segundo convenio al que nos referimos es el de «Circulación Internacional por Carretera» que entró en vigor en mayo de 1959, tras la adhesión que tuvo lugar en febrero de 1958. Un convenio cuyo objetivo fundacional fue «favorecer el desarrollo y la seguridad de la circulación internacional por carretera». Por consiguiente, instrumento clave en el desarrollo turístico de la época.

A continuación, y siguiendo la cronología, el *Boletín Oficial del Estado* del 26 de enero de 1959 hacía entrar en vigor el convenio de Ginebra de 18 de mayo de 1956 sobre importación temporal de embarcaciones de recreo y aeronaves para uso privado, ya que se pretendía «facilitar el desarrollo del turismo internacional por medio de embarcaciones de recreo y aeronaves».

Finalmente, en este período tiene lugar la firma por España del Convenio de París de 30 de abril de 1956 acerca de los derechos comerciales de los servicios aéreos irregulares. Acuerdo que fue ratificado por el ministro de Asuntos Exteriores el 10 de mayo de 1957, aunque su entrada en vigor se dilató posteriormente, ya que la orden correspondiente de su publicación en el *BOE* fue dada por la Jefatura del Estado cuatro años más tarde: el 17 de mayo de 1961.

Este convenio supuso la plena aceptación administrativa e institucionalización de los vuelos chárter que tan destacado papel tuvieron en el descubrimiento y posterior desarrollo turístico español de los sesenta, ya que en su artículo 2.º los Estados contratantes convienen en «admitir libremente en sus territorios respectivos, para el embarque o desembarque de tráfico, a las aeronaves en vuelos no regulares (de otros países contratantes o miembros de la OACI) sin imponer restricciones cuando —entre otras actividades— se dediquen al transporte exclusivo de mercancías y al «transporte de pasajeros entre regiones que no tengan enlace razonablemente directo, mediante servicios aéreos regulares».

No deja de ser significativo ese retraso de cuatro años en su entrada en vigor, en relación con la problemática que estudiaremos al comienzo del capítulo siguiente.

3.2. La regulación de la hostelería

El comienzo de la modernización legislativa del sector turístico se sitúa en la Orden de 14 de junio de 1957 por la que se regulaba la actividad de la hostelería. En su preámbulo se constata la necesidad de modificar y refundir la reglamentación vigente, para adaptarla a las necesidades de una creciente afluencia de turistas extranjeros a España, y dotándola de la elasticidad que el fomento del turismo requería.

La orden trataba básicamente de tres aspectos: *a*) la clasificación de los establecimientos presidida por criterios renovados que deben tener en cuenta el aumento de las comodidades y de los atractivos que se ofrezcan al turismo; *b*) la regulación de los precios, con la que se pretende armonizar el interés privado de los industriales con el público de evitar subidas de precios, encarecimiento de la vida y abuso en la especulación, y *c*) la regulación de las relaciones entre los industriales y la administración turística, a la que se le atribuye la facultad de autorización de apertura y funcionamiento de los establecimientos hoteleros, con una detallada regulación de los procedimientos de inspección y sanción.

Comentamos brevemente la tipología de hospedajes que esta orden establece. Es la siguiente: cinco categorías de hoteles, cuatro de pensiones, una para casas de huéspedes y posadas, cinco en hoteles en balnearios, hoteles y pensiones no dotados de comedor con similares categorías a los que sí tienen comedor, y alojamientos eventuales en casas particulares.

Es interesante constatar el gran detalle con que se describen los criterios y requisitos que debe cumplir un hotel en instalaciones y servicios para poder ser calificado de lujo, y el mucho más limitado dedicado al resto de las categorías. Apenas hay cuantificación que permita objetivar la categoría de cada establecimiento, salvo una que constituye el elemento fundamental de la clasificación: el porcentaje de habitaciones que deben tener baño completo. Porcentaje que se sitúa en el 100 por 100 en los hoteles de lujo, y que luego va bajando al 75, 50, 15 y «alguna» en las restantes cuatro categorías.

También resulta detallada la descripción de servicios e instalaciones específicas que deben poseer los hoteles en balnearios que, al margen de los propios de cualquier hotel, deberán tener capilla con culto, salón de reuniones y sala de espectáculos en los de 1.ª A; capilla, salón de reuniones y parque de recreo en los de 1ª B; y capilla y salas de estar en los de 2.ª categoría. Nos parece que esta regulación es una buena muestra del nacionalcatolicismo característico del régimen franquista. Estos aspectos infraestructurales de los balnearios ya habían sido establecidos en el Reglamento Nacional para la Industria Hostelera de 1944.

En lo referente al control de precios —cuya fijación seguía el régimen de tarifas aplicables por las disposiciones vigentes incluyendo los impuestos de todo orden, con excepción del tanto por ciento para el servicio, y cuyas variaciones estaban sometidas a autorizaciones previas de la Dirección General de Turismo—, éste se limita en la orden a la publicidad del precio de la habitación y de los diferentes servicios en todas las habitaciones, además de en la recepción.

Y en lo relativo al control, la obligatoriedad de dar cuenta en veinticuatro horas al delegado provincial de Información y Turismo de cualquier reclamación que se insertase en el libro de reclamaciones se configuró como un elemento de primera importancia en la fácil corrección de cualquier abuso, al margen del propio régimen inspector y sancionador de la Administración.

3.3. El control de precios

Si la Orden de junio de 1957 fue una primera adaptación de la legislación vigente sobre la hotelería desde el término de la Guerra Civil, una vez culminado el proceso de transición económica hacia el capitalismo liberal a principios de los sesenta hubo que proseguir la labor de adaptación legislativa para aproximar el marco legal del turismo español al vigente en Europa. Y esto fue lo que en materia de precios hizo la Orden de 7 de septiembre de 1962.

La Orden Reguladora de los Precios de Hospedaje somete los precios a un control que los sitúa por debajo de nuestros principales países competidores. El preámbulo de la orden es muy explícito al respecto: «[...] Las ventajas derivadas de una liberalización que necesariamente ha de ser gradual hasta alcanzar su pleno encaje, la transparencia actual del mercado, la posibilidad de una competencia reguladora de los mismos precios que tienda además a romper el desequilibrio estacional y el necesario incremento del atractivo inversionista en la propia industria, aconsejan estas medidas [...]». Es de esperar que la industria hotelera, comprenda la importancia que han de tener los precios como factor de desarrollo de dicha demanda, la necesidad de mantenerlos a niveles inferiores de los que rigen en otros países afectados por el fenómeno turístico [...]. Esta orden es el paradigma de lo que se pretendía fueran las líneas básicas de actuación administrativa sobre el sector turístico.

4. EL MARCO ECONÓMICO: EL DETERMINISMO ECONÓMICO DE LA APERTURA AL EXTERIOR

4.1. El turismo en el Programa Nacional de Ordenación de las Inversiones y en los primeros informes de la OCDE sobre la economía española

Es interesante abordar también en este capítulo los precedentes inmediatos de la «racionalización» económica y del comienzo de la colonización turística de España. Es por eso que nos detenemos en el examen del Programa Nacional de Ordenación de las Inversiones junto con los primeros informes de la OCDE sobre la economía española y el Informe del Banco Mundial de 1962

En el Programa Nacional se decía respecto del turismo: «Las inversiones programadas para el fomento del turismo tienden a lograr un saldo creciente de divisas, que han de ser aplicadas para atender a las necesidades de otros sectores. Entre las atenciones que reclama el turismo destaca principalmente la ayuda a la construcción de hoteles, albergues y paradores. Se considera que las inversiones en este sector son rentables a corto plazo, por lo que parece conveniente concederles carácter preferente»[24].

Por consiguiente, se le concede al turismo una atención prioritaria, pero siempre subordinada a unos fines superiores, que son los de obtener divisas para atender a las necesidades de otras ramas productivas. Es decir, que no se concibe al turismo como una actividad productiva digna de apoyarse en su desarrollo por sí misma, sino que se utiliza como palanca del despegue de otros sectores que precisan medios de pago internacionales para importar tecnología. Ésta va a ser, pues, una constante fundamental en el sector a lo largo de los años sesenta y parte de la década siguiente: su subordinación a otros intereses ajenos al mismo que, en parte, pueden justificar sus deficiencias.

En esta línea estrictamente instrumental-monetarista se encuentran también las opiniones del primer informe de la OECE acerca del turismo español, ya que las únicas menciones que se hacen del mismo aparecen relacionadas con la balanza de pagos. Se pone de manifiesto en el informe, asimismo, que el tipo de cambio turístico de la peseta dentro del sistema de cambios múltiples que se había introducido a finales de 1948, quedó fijado en 46 pesetas por dólar, pese a lo cual el mercado negro siguió funcionando, como lo prueba el hecho de que «de 1953 a 1957 el número de turistas que entraron en España aumentó en un 127 por 100, mientras que los ingresos registrados por el Instituto Español de Moneda Extranjera por este concepto disminuyeron en una quinta parte»[25].

También son interesantes las alusiones al turismo registradas en las respuestas

---

[24] «Programa de Ordenación de las Inversiones», *Documentación Económica,* núm. 3, Oficina de Coordinación y Programación Económica, Madrid, 1959, p. 47.

[25] OECE: «Informe sobre la economía española», *Documentación Económica,* núm. 4, Oficina de Coordinación y Programación Económica, Madrid, 1959, p. 50.

que diversos organismos consultados dieron al cuestionario que les envió el Gobierno en torno al Plan de Estabilización. Todas ellas se enmarcan en el aspecto instrumental-monetarista ya citado.

La Confederación Española de Cajas de Ahorros contestaba así al cuestionario: «Las pesetas utilizadas por los turistas se han financiado mediante transacciones que, al no pasar por el mercado oficial de divisas, pueden, en gran parte, haber constituido una evasión de capitales»[26]. En esta respuesta se pone en evidencia también la interconexión entre turismo y tráfico ilegal de divisas.

«Habría que proponerse, por consiguiente, inexcusablemente, la nivelación de nuestra balanza de pagos; ello solo podría hacerse, a nuestro juicio, mediante una expansión de nuestras exportaciones y un aumento de las facilidades dadas al turismo»[27], respondía a su vez la Organización Sindical.

Con más detalle en lo que afectaba al turismo, el Instituto de Estudios Agrosociales contestaba de la siguiente forma: «Como medio para aumentar a corto plazo las disponibilidades y afluencia de divisas resulta necesaria la adopción de medidas que favorezcan y aumenten las corrientes turísticas. A tal efecto, deben suprimirse de inmediato el visado y los complejos trámites, intensificándose la propaganda de las condiciones de atracción de nuestro país. Con el mismo fin, deben favorecerse las inversiones para turismo en la formulación del plan económico»[28].

En estas afirmaciones hay, además, un aspecto relevante a destacar, consistente en la llamada de atención sobre la importancia de la suavización y aceleración de los trámites y controles fronterizos.

La respuesta de la Facultad de Ciencias Económicas de la Universidad Complutense de Madrid también incidía en los aspectos monetaristas de la cuestión: «Es muy posible, también, que una parte de la corriente turística que afluye a España se desvíe a otros países mediterráneos competidores en esto con nosotros, a causa de las ventajas de la moneda convertible que no serían compensadas con la devaluación o mayor baratura de nuestro dinero, porque tarde o temprano influirá sobre los precios interiores»[29]. Otro aspecto que aquí se refleja es la incidencia inflacionista de una eventual devaluación.

Finalmente, las contestaciones del Consejo de Economía Nacional también hacen hincapié en los mismos puntos: «La insuficiencia del comercio exterior obligó a establecer restricciones cuantitativas y el control de cambios y, por ello, apareció correlativamente el tráfico de mercancías y divisas en el llamado mercado paralelo que apareció alimentado por los haberes españoles en el extranjero, procedentes de la infravaloración en la declaración de los productos exportados; por las exportaciones clandestinas, por la desviación de las remesas de emigrantes, los ingresos procedentes de turismo y otras partidas invisibles. Este tráfico paralelo ofrece, sin embargo,

---

[26] Respuesta de la Confederación Española de Cajas de Ahorros, p. 67.
[27] Respuesta de la Organización Sindical, p. 22.
[28] Respuesta del Instituto de Estudios Agrosociales, p. 133.
[29] Respuesta de la Facultad de Ciencias Económicas de la Universidad Complutense de Madrid, pp. 208 y 210.

un saldo favorable por estimación si se tiene en cuenta que las divisas evadidas del control oficial han servido para financiar importaciones de mercancías cuyo valor es abonado en parte al margen de la intervención del Instituto Español de Moneda Extranjera y otras en régimen de contrabando, así como para cubrir los gastos de turistas españoles en el extranjero y otros pagos de partidas invisibles»[30].

Estas últimas afirmaciones acerca de la realidad del funcionamiento del sector exterior en aquellos años, carentes de actitud crítica, creemos que constituyen una buena muestra de que la oligarquía española, sin duda, estaba fielmente representada en el citado Consejo. Asimismo, esta respuesta es clarividente en ese sentido y por las afirmaciones que se hacen después: «En lo relativo al comercio exterior hay que tener en cuenta que nuestras exportaciones a los países de la OECE representan el 60 por 100 de la exportación total; en lo que se refiere al turismo, los ingresos procedentes de países europeos acusan un porcentaje todavía mayor. Esto indica que *existe la necesidad de una incorporación por nuestra parte a la integración europea* y a la adopción de las medidas consiguientes, pero que habrían de ser condicionadas a que no detuvieran el proceso de expansión de nuestra economía y la elevación del nivel de vida dentro del equilibrio. Para lograr esta concordancia existe una posibilidad favorable, la de *que hay un interés evidente en el exterior para que España no quede del todo aislada* y, por tanto, conviene estudiar [...] para determinar si llegan a un acuerdo, en qué momento y en qué condiciones *procedería que España negociase una incorporación paulatina de nuestra economía al ámbito internacional* [...]»[31] (las cursivas son nuestras). Como puede apreciarse, estas últimas aseveraciones coinciden plenamente con nuestra opinión reflejada en epígrafes anteriores.

Las referencias al turismo contenidas en algunos de los primeros informes de la OECE reiteran la preocupación monetarista. Así, en el informe sobre el Plan de Estabilización se decía: «Las evasiones de capitales han cesado completamente y además, a consecuencia de la ley de amnistía, se ha repatriado una parte de los activos españoles en el extranjero. La importancia de estas repatriaciones quizá no ha sido tan grande como se esperaba, pero de todas maneras estas repatriaciones han sido sustanciales»[32]. ¿No sería que gran parte de esas divisas fugadas volvían a entrar con los turistas, una vez «recicladas» en los mercados financieros exteriores?

La explicación podría hallarse —y creemos que en favor de nuestra tesis del «reciclaje» de la fuga de divisas— en el informe de la OECE de 1962, cuando exponía al respecto que: «El incremento real del turismo, medido por el número de personas que han visitado nuestro país es inferior a ese porcentaje (32 por 100 de incremento de divisas en 1962 sobre 1961). Ello nos lleva a la conclusión de que se ha prolongado la estancia del turismo en España o el turismo ha sido de mejor calidad»[33]. Pero, sin embargo, no creemos que ni una ni otra de las explicaciones

---

[30] Respuesta del Consejo de Economía Nacional, p. 222.
[31] *Ibídem*, p. 223.
[32] «Informe de la OECE sobre el Plan de Estabilización», *Documentación Económica*, núm. 14, Madrid, 1960, pp. 29 y 30.
[33] OCDE: «Evolución de la economía española en el año 1962», *Documentación Económica*, núm. 37, p. 16.

dadas por la OECE sean las correctas. Lo que en nuestra opinión ocurrió fue que en este período ya se habían acabado las repatriaciones de pesetas fugadas, que en años anteriores pudieron hacer creer que el gasto por turista era inferior al real. Por eso al normalizarse la situación, cuando se fijó un tipo de cambio realista para la peseta, pudo apreciarse un aparente incremento del gasto medio por turista que era el gasto medio real.

4.2. La liberalización de los precios del hospedaje

La progresiva modernización de la legislación económica española para su adaptación a pautas más «occidentales» de funcionamiento administrativo implicó un cambio en la normativa reguladora de los precios de los hospedajes. Fue una Orden de 7 de noviembre de 1962 la que procedió a la liberalización de los precios del sector, al manifestar en su preámbulo las causas que explicaban el mantenimiento de los controles de precios: el desbordamiento de la demanda turística a partir de 1959 que, ante la escasez de la red hotelera, había abierto posibilidades de especulación y abuso que podían afectar al desarrollo turístico. Igualmente, al destacar la expansión económica de principios de los sesenta, se argumenta la necesidad de una revisión de la política de precios y de aprovechar las ventajas de una liberalización gradual que, con transparencia de precios, tienda a romper el desequilibrio estacional y facilite el necesario incremento del atractivo inversionista de la industria de hospedaje. Son razones calcadas de las recomendaciones del Informe del Banco Mundial.

En cualquier caso, ya se había producido la liberalización de los precios en el sector de restauración y se aboga por la comprensión de la industria hotelera acerca de la importancia de los precios como factor de desarrollo de la demanda turística, y la necesidad de mantenerlos a niveles inferiores, en comparación con los vigentes en países competidores. Por consiguiente, el nuevo marco regulador de precios del hospedaje se limita a establecer la libertad de los mismos con las solas limitaciones de inalterabilidad a lo largo de todo el año y con la fijación de un mínimo y un máximo por habitación que no podrá rebasar el doble de aquél. La orden se completa con otras disposiciones relativas a las sanciones, al régimen de «pensión completa», a las elevaciones sobre los precios vigentes al establecerse el nuevo sistema y al compromiso de publicidad de los mismos por medio de la Guía Oficial de Hoteles a publicar por el Ministerio de Información y Turismo.

4.3. El apoyo a las entidades locales

El 28 de junio de 1963 se aprobó una orden sobre concesión de créditos a las corporaciones locales radicadas en zonas turísticas para la realización de obras de interés turístico. Una orden que respondía a la «apremiante urgencia» de planeamientos y obras que presentaban corporaciones locales de zonas turísticas y que no podían ser atendidas con los medios normales de financiación.

Tratando de resolver el problema financiero y pretendiendo la mayor agilidad posible, previa participación del Ministerio de Información y Turismo en el procedimiento, se autorizó al Banco de Crédito Local a la concesión de tales créditos, entendiendo como obras de interés turístico las de urbanización en general (abastecimiento de agua, alcantarillado, pavimentación, apertura de calles, accesos, alumbrado, etc.), así como la adquisición y adaptación de terrenos para instalación de cámpings, saneamiento y urbanización de zonas inmediatas a playas, ríos, lagunas o parajes turísticos y, en general, cualesquiera otras que pudieran favorecer el mejoramiento de las condiciones turísticas del lugar.

Al Ministerio de Información y Turismo le correspondía la calificación o declaración de interés turístico para tener acceso a los créditos, que devengarían un interés del 5,25 por 100.

4.4. La liberalización de las inversiones extranjeras

Elemento clave del período de desarrollo turístico que se había iniciado fue el decreto de liberalización de las inversiones extranjeras de 18 de abril de 1963. Ya el Decreto 2320 de 24 de diciembre de 1959 había iniciado la apertura de la economía española a las inversiones extranjeras en el marco general liberalizador de la legislación económica. En el decreto de 1963 se especificaban las modalidades que podrían adoptar tales inversiones foráneas. A saber:

a) Transferencia a España de divisas extranjeras, admitidas a negociación en el mercado español, para aportar directamente su contravalor en pesetas a la empresa española.

b) Aportación directa a la empresa española de equipo capital de origen extranjero, cuya valoración será la que se fije a efectos de derechos arancelarios.

c) Aportación directa a la empresa española de pesetas procedentes de beneficios o capitales que, por lo dispuesto en los artículos 6.º y 7.º del Decreto Ley de 27 de julio de 1959, tengan la condición de transferibles al exterior en divisas extranjeras.

d) Aportación directa a la empresa española de pesetas que, de acuerdo con la legislación monetaria, tengan la consideración de convertibles.

e) Aportación directa a la empresa española, previa autorización y valoración por el ministerio competente, de asistencia técnica, patentes y licencias de fabricación».

Sólo se establecían ciertas cautelas para recurrir al crédito nacional y extranjero a medio y largo plazo, en función del grado de participación del capital extranjero en las empresas españolas.

Y el Decreto 701 de 1963 eliminó todo tipo de limitaciones a la cuantía de la participación de capital extranjero en un conjunto de diferentes sectores productivos entre los que se explicitaba: *construcción, ampliación y explotación de hoteles*. En estos casos bastaba con la simple comunicación al Ministerio de Comercio para efectuar la inversión, sin ningún otro de los requisitos administrativos controladores vigentes hasta entonces.

5. LA CUANTIFICACIÓN

Hay tres etapas claramente definidas en el período contemplado en este capítulo. Una primera de imparable crisis en el sector exterior en el bienio inicial que llegó incluso a poner en riesgo los compromisos financieros internacionales de España, haciendo planear la sombra de una eventual suspensión de pagos internacionales.

A continuación se produjo la toma de conciencia definitiva por parte de las autoridades de que era imposible mantener el rumbo político-económico de los últimos veinte años, giro materializado bajo la forma de un Memorándum que dirigió el Gobierno el 30 de junio de 1959 al Fondo Monetario y a la OECE en el que se contenía el conjunto de medidas que conformaron el Plan de Estabilización, plan que fue el gozne sobre el que giró la reorientación de las bases del funcionamiento económico español. Así pues, los años 1959 y 1960 constituyen la segunda etapa de estabilización en la que se materializaron tanto los efectos favorables como desfavorables de las medidas adoptadas, «purga» obligada para sanear la economía y dar paso a la tercera etapa.

Esta última etapa del período es la de la preparación para el desarrollo. Los fulminantes efectos del Plan de Estabilización posibilitaron una rápida reactivación y la consiguiente necesidad de definir claramente el nuevo rumbo emprendido. La misión del Banco Internacional de Reconstrucción y Fomento invitada por el Gobierno que se desplazó a España en 1961 y su importante informe hecho público mediado 1962 constituyen el núcleo esencial de esta tercera etapa «de preparación para el desarrollo» por lo que supuso de apertura de una inédita e importantísima polémica que sirvió de base técnica, política e incluso social para abordar los planes de desarrollo. Pero esto ya forma parte del siguiente capítulo.

Las medidas liberalizadoras de toda índole que acompañaron el cambio de rumbo de 1959, aunadas a una importante mejora de la situación económica de nuestros vecinos europeos, que ya se encontraban en plena onda expansiva, son el fundamento del despegue turístico español de aquellos años.

5.1. Evolución de las principales macromagnitudes

Las dificultades de toda índole que habían venido frenando el crecimiento económico español en los años cuarenta empezaron a solucionarse con la ayuda americana, pero sus efectos se agotaron con bastante rapidez. «La introversión, a través del forzamiento de la producción interior protegiéndola frente al exterior, fue la respuesta que continuaba las preferencias autarquizantes de los más altos escalones del Estado»[34], y en 1956 de nuevo entra en crisis la economía, que se estanca. El deterioro del sector exterior se dejaba sentir profundamente y el propio ministro de Comercio, Manuel Arburúa, «reflexionaba en febrero de aquel año —1957— poco antes de su cese sobre la necesidad de reestructurar el viejo aparato institucional que yugulaba los intercambios exteriores en un rígido marco de convenios bilaterales y restricciones cuantitativas y establecía límites estrictos a las posibilidades de sanear el sector»[35]. Y con el estrangulamiento exterior la producción interior se tenía forzosamente que resentir, como la reducción de la renta de 1959 puso en evidencia.

TABLA 3.1

Estimación de la renta nacional (millones de pesetas corrientes)

	1957	1958	1959	1960	1961	1962	1963
Estimación de J. Alcaide	439.516	508.452	523.067	532.701	609.506	709.623	841.290
Pesetas constantes de 1958	483.516	508.452	494.813	501.366	563.366	620.463	677.749

FUENTE: Carreras, A. (coord.): *Op. cit.*

Para estimar en términos reales el ritmo de crecimiento de esos años, hemos examinado las cifras de la renta en pesetas constantes y podemos diferenciar dos grandes subperíodos claramente enmarcados en el contexto de la estabilización —el primero de ellos—, y del «despegue» en términos rostowianos —el segundo—, pues mientras entre 1957 y 1960 el incremento porcentual fue del 3,7 en el trienio siguiente alcanzó el 35,2. Fenómeno, este último, que se debe en gran medida al turismo, como comprobaremos más adelante.

5.1.1. *Balanza comercial*

Como hecho más significativo, podemos señalar que a lo largo de todo el período nos encontramos con una balanza comercial deficitaria, salvo en 1960. Fue el año en el que las medidas del Plan de Estabilización se dejaron sentir con más crudeza en el sector exterior (tabla 3.2).

Por otra parte, la balanza de bienes y servicios —es decir, incluyendo también al turismo y demás servicios junto a las mercancías— comienza el período con saldo deficitario que cambia bruscamente en 1960, para volver, a partir de 1962, a retomar su anterior signo negativo cuando se disparan las importaciones de mercancías. Este comportamiento tiene la misma explicación anterior y la única diferencia

---

[34] Viñas, A., y otros: *Op. cit.*, p. 851.
[35] *Ibídem*, p. 868.

TABLA 3.2

Balanza comercial de España (millones de pesetas corrientes)

	1957	1958	1959	1960	1961	1962	1963
Exportaciones	5.208,9	5.309,3	29.859,7	43.542,1	42.574,8	44.161,6	44.115,8
Importaciones	9.440,8	9.552,4	47.690,4	43.279,2	65.537,1	94.169,8	117.272,0
Saldo balanza comercial	−4.231,9	−42.431	−17.830,7	262,9	−22.962,3	−50.008,2	−73.156,2

se encuentra en la partida de ingresos por turismo que también empieza su despegue con el cambio de decenio y consigue mantener todavía con signo positivo la balanza de bienes y servicios un año más.

La partida de viajes, una vez establecido el nuevo tipo de cambio y declarada la convertibilidad exterior de la peseta, se mantiene en expansión constante durante todo el período, contribuyendo así, cada vez en mayor medida, a compensar el saldo negativo de la balanza de bienes y servicios. La gran expansión de las importaciones, sobre todo de los bienes de equipo que necesitaba imperiosamente la economía española, es la causa fundamental del creciente déficit de la balanza comercial; y a la cobertura de dicho déficit contribuyó el saldo turístico de la forma que puede verse en la tabla 3.4.

TABLA 3.3

Saldo de la balanza de viajes (millones de pesetas)

1957	1958	1959	1960	1961	1962	1963
807,0	758,8	1.515,5	14.851,6	19.912,6	27.892,1	36.580,5

TABLA 3.4

Grado de cobertura del déficit comercial por el saldo turístico (porcentajes)

1957	1958	1959	1960	1961	1962	1963
19,1	17,9	8,5	—	64,7	56,8	50,0

Ciertamente, el cambio de década fue espectacular, ya que a pesar del fuerte incremento de las importaciones de mercancías, el turismo fue capaz de financiar más de la mitad del déficit comercial generado en ese primer trienio de los sesenta.

5.1.2. *Importancia del turismo en el PIB*

Como era razonable esperar, el auge turístico tuvo mucho que ver en el crecimiento económico de aquellos años, y desde 1959 se inicia, a su vez, un «despegue» de la participación del turismo en el PIB.

TABLA 3.5

Participación de los ingresos turísticos en el PIBpm (porcentajes)

1957	1958	1959	1960	1961	1962	1963
0,15	0,12	0,26	2,88	3,27	3,77	4,23

NOTA: Hemos utilizado como referencia del PIBpm los datos de la OCDE en dólares a partir de 1960, y la serie homogénea de Corrales y Tagua[36] para años anteriores.

La ligera reducción de 1958 tiene origen en la propia reducción de los ingresos y del saldo turístico, pero globalmente el incremento de la participación del turismo en PIB durante este período es muy considerable, de tal modo que en los siete años del período pasa de suponer un 0,15 en 1957 al 4,23 el último año del período. Es decir, se multiplica por más de veinticinco el peso de la actividad turística en solamente seis años.

Se puede comprobar cómo el año del despegue turístico coincide con el primer año de funcionamiento de una economía española liberada de las trabas que habían venido lastrando su funcionamiento y que había simplificado notablemente los engorrosos trámites aduaneros facilitando el tráfico fronterizo. Y si la participación de los ingresos turísticos en el PIB alcanza cotas tan elevadas en tan corto espacio de tiempo es debido a que el turismo arranca antes y acelera en su expansión cuando todavía no se había iniciado el despegue general de la economía española, a la que arrastra al facilitar las importaciones de bienes de equipo que estimulan el crecimiento económico. Hubo de pasar un cierto tiempo para la llegada de la nueva tecnología y para que la modernización industrial empezara a rendir sus frutos plenamente. Es, pues, el desfase temporal entre la obtención de los medios financieros (divisas turísticas), la compra de tecnología (importación de bienes de equipo) y la puesta en marcha de las fábricas modernizadas (nueva producción industrial) lo que explica el comportamiento de este ratio.

5.1.3. *Crédito hotelero*

El crédito hotelero es el principal instrumento con el que el Gobierno intervino en la promoción de la actividad turística en el país. La estrategia seguida consistió en facilitar la concesión de los préstamos a largo plazo para la construcción de ho-

---

[36] Las dificultades para utilizar series de macromagnitudes a largo plazo homogéneas nos han llevado a optar por utilizar la serie de PIBpm a pesetas corrientes elaborada por: Corrales, A., y Taguas, D.: *Series macroeconómicas para el período 1954-1988: un intento de homogeneización,* Instituto de Estudios Fiscales, monografía núm. 75, Madrid, 1989.

Los datos para los años 1989 a 1995, que no se encuentran lógicamente en el trabajo citado, los hemos extrapolado aplicando la media de variación existente entre los datos de Corrales y Taguas y los de la Contabilidad Nacional del período 1983-1988 —que fue del 1,3 por 100— a la serie de la Contabilidad Nacional. A subrayar que las variaciones entre ambas series en el período citado oscilaron entre un mínimo del 1,1 y un máximo del 1,6 por 100.

teles y la realización de obras para mejorar la infraestructura en zonas eminentemente turísticas.

La evolución que presenta el crédito hotelero en este período está caracterizada por constantes oscilaciones interanuales; lo mismo reduce a la mitad la cifra del año precedente como al año siguiente la triplica. De todas maneras, si ponemos en relación la cifra total de las ayudas crediticias con el crecimiento de la oferta llegamos a la conclusión de que fueron meramente simbólicas. Basta la comparación del año en que el crédito alcanzó la cifra más elevada —unos 200 millones en 1962— con el aumento de plazas del año siguiente —poco más de 30.000—, para llegar a la conclusión de que algo más de 6.000 pesetas por plaza hotelera de crédito era una cifra bastante modesta a la vista de su actualización a pesetas de hoy.

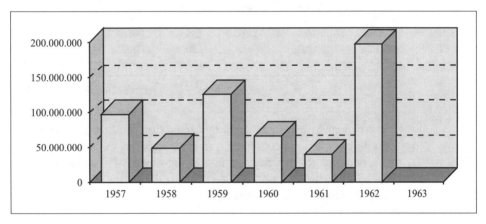

Figura 3.1. Crédito hotelero.

Por otra parte, el 28 de junio de 1963 se aprobó una orden sobre concesión de créditos a las corporaciones locales de zonas turísticas para la realización de obras de interés turístico. Esta norma respondía a la urgente necesidad de ejecución de planeamientos y obras que presentaban unas corporaciones locales anquilosadas, carentes de medios de financiación para hacer frente a su crecimiento, y que estaban desbordadas por una iniciativa privada tremendamente ágil y dinámica. En un intento de resolver el problema financiero y agilizar su tramitación se autorizó al Banco de Crédito Local a la concesión de tales créditos destinados a obras de abastecimiento de agua, pavimentación, accesos, alumbrados, etc., así como cualquier otra acción que pueda favorecer la mejora de las condiciones turísticas del lugar.

5.1.4. *Entradas y salidas de divisas*

El saldo de la entrada y salida de divisas en España entre 1957-1963, se mantiene constantemente con signo positivo y en continuo ascenso, con una ligera excepción en 1958, en que, sin dejar de ser positivo, no aumentó sobre las cifras del año precedente.

El índice porcentual de aumento en los pagos es mayor que el de los ingresos, pero la diferencia en las cifras absolutas de partida es tan elevada que el saldo positivo es cada vez mayor. La ruptura del aislamiento económico de España y el resultado de todo un conjunto de medidas tomadas por el Gobierno encaminadas a facilitar el desarrollo turístico, aunada a la devaluación de la peseta realizada con la puesta en marcha del Plan de Estabilización, desembocaron en una enorme expansión del flujo de divisas que llegaban en los bolsillos de los turistas, a través de las remesas de emigrantes y en las inversiones de capital extranjero.

TABLA 3.6

Entrada y salida de divisas por turismo (millones de dólares)

	1957	1958	1959	1960	1961	1962	1963
Entrada	76,9	71,6	158,9	296,5	384,6	512,7	679,3
Salida	3,2	2,3	20,5	50,0	54,1	46,8	68,2
Saldo	73,7	69,3	138,4	246,5	330,5	465,8	611,1

FUENTE: *Anuario de Estadísticas de España 1983,* Instituto Nacional de Estadística, *Boletín de Información Comercial Española.*

Analizando los datos de la tabla anterior se observa claramente que 1959 es el año de la inflexión económica, prueba de que las medidas adoptadas para la apertura económica de España cumplieron los objetivos pretendidos. Asimismo, se comprueba el fortísimo ritmo de crecimiento de los ingresos turísticos, que se duplican cada dos-tres años como mucho.

5.2. Análisis de la oferta de alojamientos, establecimientos y plazas

La progresiva modernización de la legislación económica española para su adaptación a las pautas de los países occidentales implicó la introducción de una serie de cambios en la normativa reguladora turística en diversos aspectos fundamentales para mejorar la imagen y la realidad de nuestra oferta. Así, la Orden de 7 de noviembre de 1962 procedió a la liberalización de los precios del sector. Esta orden explica en su preámbulo que el desbordamiento de la demanda turística a partir de 1959 constituye una de las causas principales que llevaron al mantenimiento de los controles de precios, ya que, ante la escasez de la red hotelera, podrían aparecer posibilidades de especulación y abuso que podrían afectar al desarrollo turístico. Pero, una vez superada esa fase inicial procedía ir quitando «corsés» a una economía intervenida en todas sus facetas, entre las que el turismo y la hotelería eran sólo algunas de ellas.

La moderna regulación del sector turístico se inició en 1957 con la Orden de 14 de junio de 1957 que regulaba la actividad de la hostelería. Es un intento de adaptación a la creciente afluencia de turistas extranjeros a España para dotar al sector de la elasticidad que el fomento turístico precisaba.

Esta orden trataba tres aspectos básicos que son: en primer lugar, la regulación de precios; en segundo lugar, las relaciones entre los industriales y la administración turística; y por último, la clasificación de los establecimientos, que estaba presidida por criterios renovados que deben tener en cuenta el aumento de las comodidades y de los atractivos ofrecidos al turismo. Es interesante destacar que la clasificación es muy detallista en cuanto a los requisitos que debe cumplir un hotel para ser clasificado de lujo, mientras que lo es mucho menos para el resto de establecimientos.

A continuación, se analiza la trayectoria seguida por la oferta hotelera española en este período de inicio de la transición económica. La oferta se estudiará, como en los anteriores períodos, desde dos perspectivas: el número de establecimientos y el número de plazas, diferenciando por categorías y por provincias.

5.2.1. *La oferta de alojamientos (restauración y recreo)*

Como ya hemos señalado, en el período que comprende el fin de la década de los cincuenta y principios de los sesenta tienen lugar una serie de cambios en los fundamentos político-económicos sobre los que se asentaba el funcionamiento de la economía española encaminados a la búsqueda de una salida a la profunda crisis que atravesaba España en aquellas fechas.

Y es así como la liberalización de la legislación económica y la declaración de convertibilidad exterior de la peseta resultaron claves para estimular el desarrollo turístico, ya que facilitaron el crecimiento de la oferta hotelera, una oferta espoleada por una demanda en fuerte expansión. La acción conjunta de ambos factores se tradujo en un fuerte incremento de la oferta de alojamientos, tanto en el número de plazas como en el de establecimientos.

Esta tendencia expansiva se observa a lo largo de todos y cada uno de los años y en todas y cada una de las categorías hoteleras, aunque, lógicamente, no con el mismo comportamiento, pues existen diferencias en los ritmos de crecimiento, siempre en un contexto tendencial positivo.

Este crecimiento generalizado tiene sus pequeñas excepciones puntuales protagonizadas en 1960 por la desaparición de un hotel de lujo y en 1963 con la desaparición de tres hoteles de segunda, que se debieron a simples reclasificaciones de categorías sin que ello tuviera la menor trascendencia sobre la evolución general.

Las categorías medias-inferiores son las que experimentan un mayor aumento en cuanto al número de establecimientos ofertados. De los 1.326 nuevos surgidos en este período, casi la mitad corresponde a hoteles de tercera y a pensiones de primera.

Durante los años centrales del período se aprecian reducciones en el ritmo de crecimiento del número de establecimientos a causa de la situación de la política económica española, con fuertes restricciones monetarias impuestas por el Plan de Estabilización, lo que frenó, en cierta medida, el interés empresarial, para después, una vez logrado el saneamiento y estabilización pretendidos, registrarse los mayores incrementos. Dentro de este período, es en 1961 y 1962 cuando se experimentan los mayores aumentos en la oferta de alojamientos de categorías inferiores, mientras que las categorías superiores crecen más en 1962 y 1963.

Aunque la oferta de alojamientos es creciente a lo largo de todo el período, en 1960 se aprecia una aceleración en el ritmo de expansión a consecuencia del éxito del Plan de Estabilización y posterior enganche en el tren de la prosperidad europea, lo que provocó la llegada masiva de turistas. Demanda que hubo de afrontarse con la rápida construcción de multitud de nuevos hoteles.

El número de plazas sigue un comportamiento similar, siempre mostrando un ritmo de crecimiento porcentual superior al de los establecimientos, prueba de la mayor dimensión o capacidad media de los nuevos establecimientos construidos.

Los hoteles de lujo mantienen a lo largo de todo el período un ritmo de crecimiento relativamente lento, que se traduce en un aumento del 30 por 100 en el número de establecimientos abiertos en el período.

TABLA 3.7

Alojamientos hoteleros por categorías, 1957-1963

	1957	1958	1959	1960	1961	1962	1963
Hoteles de lujo	59	66	67	66	71	78	78
Hoteles de primera A	135	159	184	199	210	268	294
Hoteles de primera B	251	287	316	350	382	448	535
Hoteles de segunda	510	537	534	582	595	602	601
Hoteles de tercera	508	563	610	638	705	820	897
Pensiones de lujo	116	122	130	137	210	237	265
Pensiones de primera	527	540	573	579	698	734	762
Total	2.106	2.274	2.414	2.551	2.871	3.187	3.432

FUENTE: *Anuario de Estadísticas de España 1964*, Instituto Nacional de Estadística.

Las categorías que registran mayores incrementos son los hoteles de tercera y los de primera B, con 389 y 284 establecimientos más que al principio del período, lo que porcentualmente significa incrementos del 77 por 100 y 113 por 100, respectivamente. Las pensiones de primera ocupan el tercer lugar en cuanto al volumen de incremento absoluto del período con un total de 235 establecimientos más que al comienzo.

En términos relativos, el mayor incremento porcentual corresponde a las pensiones de lujo con un aumento del 128 por 100, lo que representa 149 establecimientos más que en 1957.

Es interesante señalar lo ocurrido el último año del período, en el que el número de hoteles de lujo no varía, mientras que el número de plazas sí se incrementa, originándose así un aumento de la capacidad media. Esto es consecuencia de ampliaciones de hoteles ya en funcionamiento o de la sustitución de viejos establecimientos por otros nuevos de mayor tamaño; es decir, que tiene lugar un aumento de la dimensión de la oferta hotelera en general de nuestro país, y de la correspondiente a las categorías más elevadas en especial, como veremos seguidamente.

© Ediciones Pirámide

TABLA 3.8

Plazas hoteleras por categorías

	1957	1958	1959	1960	1961	1962	1963
Hoteles de lujo	14.698	16.158	17.029	16.806	17.530	20.323	22.027
Hoteles de primera A	15.851	18.058	21.421	23.698	24.328	32.002	37.839
Hoteles de primera B	20.706	22.410	25.403	27.614	29.947	37.585	45.792
Hoteles de segunda	31.631	32.908	32.766	34.716	34.944	37.479	39.984
Hoteles de tercera	22.647	25.067	26.833	27.485	30.319	37.814	43.645
Pensiones de lujo	3.176	3.372	3.535	4.244	6.082	7.118	9.216
Pensiones de primera	14.136	14.572	15.464	16.258	18.955	20.201	24.372
Total	122.845	132.545	142.451	150.821	162.105	192.522	222.875

FUENTE: Instituto Nacional de Estadística, Ministerio de Información y Turismo, y guías hoteleras.

Los hoteles de primera A presentan en este período un avance continuo, tanto en el número de plazas ofertadas como en el de establecimientos, registrándose el mayor incremento en el año 1962. Los hoteles de primera B son los que siguen en su evolución la trayectoria más homogénea de todas las categorías, registrándose el mayor aumento en 1963, año no coincidente con el de máxima expansión de plazas hoteleras, que es 1962. Dado que el período de maduración desde que se toma la decisión de construir un hotel hasta que abre sus puertas es relativamente largo, y puesto que la dimensión media de los hoteles de esta categoría es superior a la de categorías inferiores, parece lógico pensar que fue más rápida la construcción de los hoteles de categorías inferiores, aunque la adopción de las respectivas decisiones de su edificación coincidieran en el tiempo.

El grupo que experimenta una menor expansión, tanto en plazas como en establecimientos, corresponde a los hoteles de segunda, aunque el resultado final del período sigue siendo positivo. La explicación a este comportamiento algo anómalo puede encontrarse en los condicionamientos técnicos, laborales y, sobre todo, de precios exigibles a las distintas categorías hoteleras, cuya rigidez parece haber podido afectar a la rentabilidad de su explotación.

Los hoteles de segunda y tercera comienzan el período con un valor muy parecido en número, aunque no en capacidad, ya que los de segunda contaban con 9.000 plazas más que los de tercera. Sin embargo, al final de este período, en el año 1963, los de tercera suponen un número de establecimientos mucho mayor, superando a los de segunda en 296 establecimientos. Diferencia que no es tan grande en plazas, pues ofertaban sólo unas 4.000 plazas más; aparente paradoja que se explica por la menor capacidad media de los hoteles de tercera.

Hasta 1960 las pensiones, tanto las de lujo como las de primera, siguen una trayectoria de crecimiento moderado en el número de establecimientos. En 1961 aumenta sensiblemente el número de establecimientos, sobre todo en la categoría de pensiones de lujo, llegando casi a duplicarse en tan sólo tres años. La misma explicación esbozada en relación con la comparación anual de la expansión de las cifras de plazas hoteleras por categorías es aplicable a este caso, ya que al ser las pensiones de lujo establecimientos de menor dimensión que los hoteles, su período de maduración es también más corto. Por tanto, creemos que es plenamente coherente que los años de mayor crecimiento en el número de plazas fuesen 1961 en las pensiones de lujo, 1962 en los hoteles de segunda, y 1963 en los de primera B.

Las pensiones de primera experimentan un crecimiento más o menos moderado en número a lo largo de todo el período, a excepción también de 1961.

Como conclusión general de la evolución de la oferta de alojamientos turísticos en su conjunto, podemos señalar que, si comparamos el crecimiento del número de establecimientos y de plazas, el año de mayor incremento de plazas no coincide con el de mayor expansión en establecimientos al depender de las características de los nuevos alojamientos que abren sus puertas cada año.

Asimismo, podemos observar en la tabla 3.9 cómo evolucionó en este período la hotelería exclusivamente, y se puede comprobar el fuerte aumento de la dimensión media en todas las categorías hoteleras y especialmente en los hoteles de lujo, aunque el mayor crecimiento de la oferta de plazas se concentrara en las categorías primera A y B.

TABLA 3.9

Dimension media de los hoteles en el período 1957-1963

	1957			1963		
	Plazas %	Número %	Dimensión media	Plazas %	Número %	Dimensión media
Hoteles de lujo	13,9	4,0	249	11,6	3,2	282
Hoteles de primera A	15,0	9,2	117	20,0	12,2	129
Hoteles de primera B	19,6	17,2	82	24,2	22,2	86
Hoteles de segunda	30,0	34,9	62	21,1	25,0	67
Hoteles de tercera	21,5	34,7	45	23,1	37,3	49

Esta expansión de la oferta alojativa en nuestro país, espoleada por los nacientes operadores turísticos, surge como reacción lógica ante la constatación de la superación de las llegadas de turistas año tras año y la confianza en la continuación de dicha tendencia. Por lo demás, la relajación de la represión política por la plena aceptación internacional del régimen franquista, las facilidades para emigrar al extranjero con lo que significó de alivio en el mercado laboral interno, la evidente mejora de la situación económica española y la creciente confianza en las transformaciones económicas experimentadas en el país fueron factores que, junto a la estable y próspera situación económica internacional, alimentaron dicha confianza en las posibilidades turísticas españolas.

5.2.2. *Alojamientos y plazas hoteleras por provincias*

La tendencia de crecimiento generalizado en la oferta de alojamientos se extiende a las principales zonas turísticas del país, repitiéndose a lo largo de todos los años, con alguna excepción insignificante.

Las provincias que presentan un mayor incremento en el número de establecimientos son Gerona, Baleares y Madrid, mientras que Canarias es la que registra un mayor incremento porcentual en el ritmo de crecimiento al partir de las cifras más bajas. No obstante, es un crecimiento auténticamente explosivo el que experimenta el último año de la serie.

Debido a las diferencias en los ritmos de crecimiento de las distintas zonas, se producen variaciones en el *ranking* de las provincias más turísticas, siendo muy significativo el caso de ambas provincias canarias que pasan en tres años (1960-1963) de ocupar el último lugar entre las provincias aquí analizadas a situarse en cuarta posición, comprobándose que es en estos años, concretamente en 1963, cuando inician su despegue turístico.

TABLA 3.10

Alojamientos hoteleros por provincias

	1960	1961	1962	1963
Alicante	84	103	113	177
Baleares	194	391	427	692
Barcelona	199	309	391	527
Canarias	26	55	63	192
Gerona	160	236	336	717
Guipúzcoa	94	121	124	140
Madrid	181	430	430	602
Málaga	67	106	118	164
Valencia	40	56	53	87
Resto de España	1.506	1.064	1.132	1.696

FUENTE: Servicio Sindical de Estadística.

En el análisis de la oferta de alojamientos por número de plazas se registra, al igual que en el de establecimientos, un incremento generalizado en todas las provincias, aunque no haya coincidencia entre ambas series. Los mayores aumentos cuantitativos en el número de plazas se registran básicamente en destinos de sol y playa, como Gerona, Baleares y Canarias, y donde menos crecen es en Guipúzcoa y Valencia.

En Madrid se produce el fenómeno específico de registrar uno de los mayores aumentos en el número de establecimientos, pero no se acompaña de un aumento proporcional en la oferta de plazas, que es bastante inferior. Esto se explica por el carácter urbano de su hotelería, lo que significa que las limitaciones de suelo y vuelo de los solares, y su elevado precio, generan una hotelería de menor dimensión media. Esto no significa límites a su rentabilidad, ya que la demanda de alojamiento hotelero de la capital de España no está ligada exclusivamente al turismo, ni tampoco está vinculada con los operadores turísticos como ocurre con la hotelería vacacional del litoral, por lo que los umbrales de rentabilidad se consiguen con dimensiones menores a la de los hoteles típicos de sol y playa.

TABLA 3.11

Plazas hoteleras por provincias

	1958	1959	1960	1961	1962	1963
Alicante	3.531	3.393	4.371	4.962	6.287	8.420
Baleares	8.584	11.421	13.859	19.766	25.908	39.594
Barcelona	12.175	13.233	14.125	17.742	24.087	29.819
Canarias	1.178	1.323	1.556	2.487	3.681	12.055
Gerona	7.212	8.951	8.657	11.592	18.635	38.751
Guipúzcoa	6.872	7.081	7.509	8.204	8.083	8.951
Madrid	18.821	19.679	19.457	25.810	25.525	28.106
Málaga	3.213	4.116	4.350	5.856	8.748	10.905
Valencia	2.710	3.349	3.338	3.942	4.216	5.292
Total nacional	114.601	123.452	130.319	162.105	192.522	222.875

FUENTE: Servicio Sindical de Estadísticas.

5.2.3. *Alojamientos y plazas hoteleras por categorías y provincias*

A la vista de la información estadística sobre hoteles de los años extremos del período analizado en este capítulo para los que existe información suficientemente desglosada por categorías y provincias, podemos comprobar que la oferta hotelera se amplía en todas las provincias turísticas españolas, salvo Madrid, que experimenta una pequeña reducción.

La mayor parte de las reducciones en el número de establecimientos hoteleros se registra en hoteles de segunda y tercera categoría.

La simple constatación de los incrementos globales del número de plazas en cada ámbito provincial pone de relieve, ya, cual va a ser el diseño del mapa turístico español de sol y playa, pues incrementos de plazas que como mínimo duplican en 1963 las cifras de 1958 se producen en las grandes «costas» turísticas: Gerona (Costa Brava) cuadruplica, Canarias triplica ampliamente, Baleares y Málaga (Costa del Sol) casi triplican.

Madrid registra un descenso en la oferta de plazas hoteleras de categorías media y baja, siendo los hoteles de lujo y de primera A los únicos que ven aumentar su capacidad de acogida en la capital española.

TABLA 3.12

Alojamientos y plazas hoteleras por provincias y categorías (hoteles)

		Alojamientos		Plazas		
		1960	1963	1958	1960	1963
Alicante	Total	84	82	3.531	4.371	5.557
	Lujo	1	2	280	190	391
	1.ª A	7	10	318	728	1.149
	1.ª B	16	16	654	967	1.661
	2.ª	30	22	1.415	1.349	1.095
	3.ª	30	32	864	1.137	1.261
Baleares	Total	194	265	8.584	13.859	24.683
	Lujo	6	7	853	1.360	1.818
	1.ª A	25	32	1.118	2.336	3.973
	1.ª B	60	93	2.302	4.426	9.051
	2.ª	52	61	2.508	3.083	4.978
	3.ª	51	72	1.803	2.654	4.863
Barcelona	Total	199	306	12.175	14.125	22.283
	Lujo	9	8	1.979	2.199	2.227
	1.ª A	28	38	2.672	3.006	4.581
	1.ª B	34	50	2.471	2.563	3.897
	2.ª	64	80	3.239	3.598	4.910
	3.ª	64	130	1.814	2.759	6.668
Canarias	Total	53	90	2.434	3.826	8.921
	Lujo	2	4	411	560	1.983
	1.ª A	9	23	508	1.297	3.683
	1.ª B	9	27	369	433	1.451
	2.ª	19	16	926	1.131	1.026
	3.ª	14	20	220	405	778
Gerona	Total	160	427	7.212	8.657	29.953
	Lujo	5	4	462	462	563
	1.ª A	17	50	1.218	1.526	6.311
	1.ª B	23	89	1.047	1.470	7.235
	2.ª	59	90	2.415	3.008	5.922
	3.ª	56	194	2.070	2.191	9.922
Guipúzcoa	Total	94	98	6.872	7.509	7.898
	Lujo	3	3	1.037	1.124	1.114
	1.ª A	14	17	1.755	2.099	2.092
	1.ª B	7	12	520	683	1.090
	2.ª	27	22	1.731	1.837	1.675
	3.ª	43	44	1.829	1.766	1.927

TABLA 3.12 *(continuación)*

		Alojamientos		Plazas		
		1960	1963	1958	1960	1963
Madrid	Total	181	167	18.821	19.457	18.795
	Lujo	17	17	5.334	5.327	5.551
	1.ª A	32	31	4.455	4.770	4.860
	1.ª B	40	42	4.490	4.656	4.331
	2.ª	54	47	3.269	3.215	2.709
	3.ª	38	30	1.273	1.489	1.344
Málaga	Total	67	92	3.213	4.250	9.252
	Lujo	2	8	434	334	2.350
	1.ª A	11	19	571	1.134	2.567
	1.ª B	22	38	817	1.052	2.942
	2.ª	20	18	774	1.203	1.049
	3.ª	12	9	617	527	344
Valencia	Total	40	41	2.710	3.338	3.857
	Lujo	0	1	0	0	414
	1.ª A	6	6	417	990	749
	1.ª B	6	6	706	692	794
	2.ª	13	15	897	945	1.196
	3.ª	15	13	690	711	704

FUENTE: Servicio Sindical de Estadísticas y elaboración propia.

5.2.4. *Otra oferta turística*

Entre la información estadística disponible de otra infraestructura turística podemos hacer referencia a los campamentos de turismo, cuya evolución apreciamos en la tabla 3.13.

TABLA 3.13

Evolución del número de cámpings

1957	1958	1959	1960	1961	1962	1963
34	36	79	144	203	234	273

FUENTE: INE.

Ciertamente, la comprobación temporal de su despegue que tiene lugar en 1959, y suponiendo la bondad de la información estadística, parece demostrar un adelantamiento a la de la hotelería, lo que resulta perfectamente lógico dada la «ligereza» de una instalación campista frente a la «pesadez» de la hotelería. Por otro lado, resulta un tipo de instalación turística novedosa —el campismo era considerado antes como algo vinculado exclusivamente actividades juveniles—, por lo que la espectacularidad de su crecimiento es pareja a la de su novedad como instalación turística.

5.3. La demanda turística

Junto al Plan de Estabilización, el Estado adoptó una serie de medidas liberalizadoras a las que nos hemos referido en el epígrafe 3 de este capítulo, medidas que acompañadas por la buena situación económica en Europa y Norteamérica, y de unos precios españoles más bajos que los de otros destinos turísticos europeos competidores, explican el espectacular despegue de las llegadas de turistas a que nos referimos seguidamente.

5.3.1. *Visitantes procedentes del extranjero*

Desde 1957 hasta 1963 el número de visitantes extranjeros llegados a nuestro país casi se multiplica por cuatro, observándose un crecimiento progresivo y continuo, pasando de dos millones de turistas a cerca de ocho. Este crecimiento es paralelo al de otras variables y experimenta una aceleración en 1960 como resultado de las medidas estabilizadoras y la eliminación y flexibilización de los trámites nece-

TABLA 3.14

Visitantes procedentes del extranjero que han entrado en España
provistos de pasaporte

1957	1958	1959	1960	1961	1962	1963
2.018.687	2.451.823	2.863.667	4.332.363	5.495.870	6.390.369	7.941.206

FUENTE: *Anuario de Estadísticas de Turismo*, Ministerio de Información y Turismo.

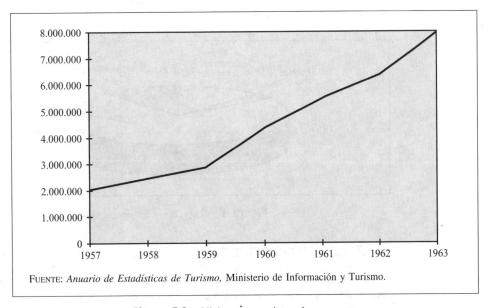

FUENTE: *Anuario de Estadísticas de Turismo*, Ministerio de Información y Turismo.

Figura 3.2. Visitantes provistos de pasaporte.

sarios para la entrada de turistas en España. En 1963 se aprecia también otro acelerón en el ritmo de crecimiento, aunque no tan acusado como el anterior.

5.3.1.1. Medio de entrada

El medio más utilizado, con diferencia, para llegar a España es el terrestre, que fue utilizado por el 85 por 100 de los turistas a lo largo del período comprendido entre 1957 y 1963, predominando la carretera, que fue utilizada por el 73 por 100 de los turistas. Éste es un hecho lógico, ya que la mayoría de visitantes de nuestro país procedían de Europa, sobre todo Francia. A tomar en consideración también un fenómeno sociológico que explica adicionalmente ese predominio del automóvil como medio de transporte turístico, es la naciente motorización que estaba experimentando Europa en aquellos años, siendo lógico que las familias que empezaban a disfrutar de aumentos en sus niveles de vida y estrenaban automóviles quisieran disfrutarlos en épocas vacacionales.

Este hecho se ve reforzado por la entrada en vigor en 1959 del Convenio de Circulación Internacional por Carretera, para «favorecer el desarrollo y la seguridad de la circulación por carretera».

Las entradas por avión y en tren representan una proporción muy parecida, en torno al 12 por 100, mientras que la cuota de turistas que llegan por vía marítima es muy reducida y solo representa el 3 por 100 del total de los viajes a España.

Es importante subrayar en relación con el transporte aéreo que en 1956 se firmó el Acuerdo de París, que fue ratificado en 1957 por el Ministerio de Asuntos Exteriores, y que no entró en vigor hasta 1961; acuerdo que regulaba los derechos de los vuelos irregulares y supone la institucionalización de los vuelos chárter que tan gran importancia tuvieron posteriormente.

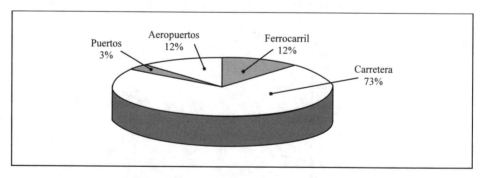

Figura 3.3. Medio de transporte utilizado.

5.3.1.2. Nacionalidades

El período comienza y acaba con predominio de visitantes franceses y británicos, relación que se mantiene durante todo el período sin grandes variaciones, siendo los grandes mercados emisores de turismo hacia nuestro país.

TABLA 3.15

Visitantes procedentes del extranjero que han entrado en España provistos de pasaporte según nacionalidad

	1957	1958	1959	1960	1961	1962	1963
Alemania	153.575	195.455	200.936	304.538	448.157	637.448	791.348
Bélgica	54.224	52.654	81.451	92.281	148.775	161.154	231.007
Francia	929.150	1.145.531	1.363.642	2.235.617	2.938.545	3.160.662	3.792.324
Gran Bretaña	271.295	299.693	361.690	445.239	699.497	723.857	906.067
Italia	55.164	59.930	80.418	140.629	138.716	144.035	171.323
Estados Unidos	123.671	158.089	162.932	251.224	255.863	270.210	328.601
Escandinavia	55.874	65.062	85.121	115.724	153.450	212.450	245.075
Resto del mundo	375.734	475.409	527.477	747.111	712.867	1.080.553	1.475.461

FUENTE: *Historia general del turismo de masas.*

Por otro lado, el número de turistas llegados a España procedentes de Alemania y Estados Unidos, que era muy parecido en 1957, al final del período se aprecia una clara ventaja de Alemania, que despega espectacularmente hasta llegar a situarse a un nivel próximo al de Gran Bretaña. El conjunto de estos seis países concentra al 80 por 100 de los turistas llegados en el período.

5.3.1.3. Entrada según meses

La estacionalidad sigue siendo el rasgo distintivo del turismo que llega a España. El numero de visitantes en los meses de verano se dispara con respecto al resto del año, lo que demuestra que el atractivo para el turista en este período es fundamentalmente el disfrute del sol y la playa.

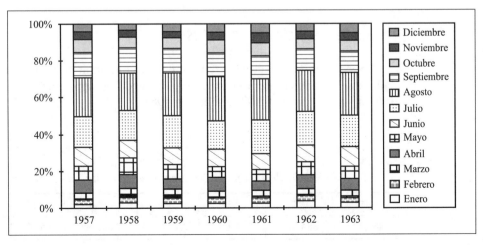

Figura 3.4. Entrada por meses.

En el gráfico anterior se comprueba que este comportamiento estacional de la demanda se repite a lo largo de todos los años. Así, si agregamos por meses los datos de todos los años obtenemos la tabla siguiente, en la cual se aprecia más claramente la mencionada estacionalidad.

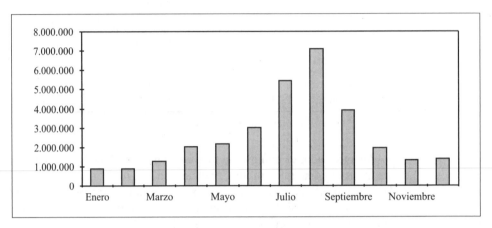

Figura 3.5. Entrada por meses.

Si analizásemos la evolución de la estacionalidad por trimestres podríamos comprobar que a lo largo del período se muestra estable con oscilaciones de tres o cuatro puntos como mucho, pero siempre concentrando más de la mitad de la llegada de turistas en el tercer trimestre, y siendo la cifra correspondiente al segundo trimestre equivalente a las del primero y cuarto unidos.

5.3.2. *Salida de turistas*

En este período se produce un incremento que multiplica por más de siete las salidas de españoles hacia el extranjero, pasando de aproximadamente 500.000 en 1957 a superar las 3.700.000 salidas en 1963.

TABLA 3.16

Salida de españoles, residentes en España, al extranjero

1957	1958	1959	1960	1961	1962	1963
483.479	884.705	850.652	2.149.153	2.695.655	3.528.831	3.706.757

FUENTE: *Anuario de Estadísticas de Turismo,* Ministerio de Información y Turismo.

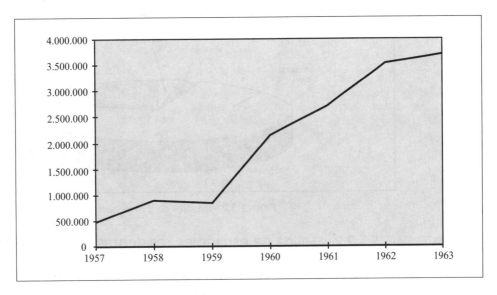

Figura 3.6. Salidas de españoles.

Este importante incremento en la salida de españoles se debe, como ya se ha señalado, a la conjunción de factores económicos, políticos y administrativos favorecedores del mismo.

La crisis económica, el retraso y el aislacionismo españoles y la buena situación económica que se respiraba en la Europa reconstruida después de la Segunda Guerra Mundial, unido al proceso de apertura e incorporación de España al capitalismo liberal, hacen que el exceso de mano de obra hispana sea fácilmente absorbido por un mercado laboral europeo necesitado de trabajadores. Es por eso que hay que tener en cuenta que muchos de estos «turistas» contabilizados en las estadísticas son, más bien, emigrantes españoles que tienen como destino los países centroeuropeos.

5.3.2.1. Medio de salida

La estructura del medio utilizado para salir de España es similar al que utilizan los turistas para entrar en el país, con predominio de los transportes terrestres, sobre todo la carretera.

Los españoles utilizan menos el transporte aéreo en beneficio del ferrocarril y de la carretera en comparación con los turistas que venían a España, lógica consecuencia del inferior nivel de vida de los españoles, amén de la confirmación que este dato supone de la importancia de la emigración en las cifras de «turistas» españoles. No es posible deslindar la cifra de los auténticos turistas de la correspondiente a los emigrantes, por lo que se hace imposible medir la importancia de la actividad turística de los españoles en el extranjero.

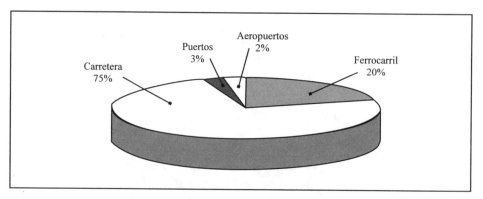

Figura 3.7. Medios de transporte utilizados.

5.3.2.2. Salida de españoles residentes en España por meses

Respecto a esta variable, sólo disponemos de datos a partir del año 1960. A la luz de los mismos, se aprecia que la salida de los españoles fuera del país presenta una estacionalidad durante este período significativamente menor que la registrada por los turistas que vienen al país.

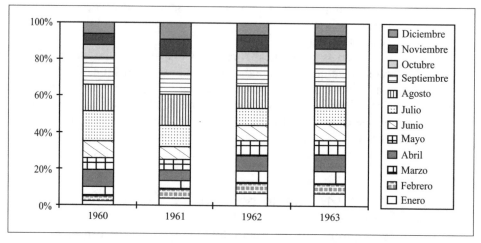

Figura 3.8. Salidas según meses.

A pesar de ello, sigue siendo evidente un cierto grado de estacionalidad, pues los meses que registran una mayor salida de españoles hacia el extranjero coinciden con los de verano. También se observa una importante salida, pero menor que en agosto, en los meses de Semana Santa y las Navidades, siempre con una menor oscilación que la registrada en las llegadas. Esta diferencia de comportamiento se debe, como ya hemos señalado, a la masiva emigración de españoles hacia Europa que se desencadenó en esos años.

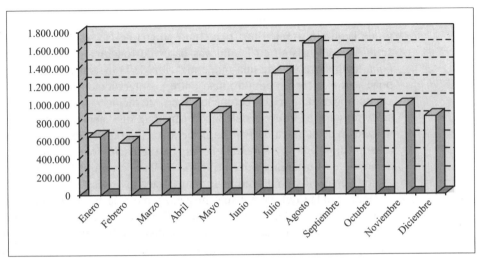

Figura 3.9. Salidas por meses.

6. EL MARCO CONCEPTUAL: LA INSTRUMENTALIZACIÓN DEL TURISMO AL SERVICIO DEL RÉGIMEN FRANQUISTA Y LA GESTACIÓN DE LA DEPENDENCIA DEL TURISMO ESPAÑOL

Si hay un elemento predominante a lo largo del período 1957-1963, y que lo caracteriza, es la apertura al exterior de la economía española, dando fin a la autarquía y a la propia vía nacionalista del capitalismo hispano que se inició con el siglo. Las contradicciones existentes en el seno del propio régimen franquista entre quienes defendían los principios y quienes lo hacían de la realidad, se resolvieron a favor de los sectores que propugnaban el fin de la autarquía por puro realismo. Era imposible —además de irreal— la subsistencia de una economía autosuficiente con las graves carencias tecnológicas y de materias primas energéticas propias de la España de aquellos años, aunque la autarquía existía más en la retórica de los papeles oficiales que en la realidad económica.

Y en la nueva articulación con el exterior, el turismo iba a desempeñar una función clave enmarcada en un contexto instrumental-monetarista, si bien la utilización política del mismo tampoco es desdeñable. Ya vimos en el capítulo anterior cómo la propaganda turística se utilizó para abrir brecha en el bloqueo internacional que España padecía; en este período también hay una utilización política, aunque, esta vez, para «cantar las alabanzas y excelencias del régimen». Pero es una propaganda orientada hacia el interior en el contexto del conflicto existente dentro del propio régimen franquista y para acrecentar el apoyo social de la dictadura.

No podemos obviar un contexto internacional en que aparece el turismo como una nueva y pujante actividad económica que precisa un desarrollo normativo internacional favorecedor de los movimientos turísticos transnacionales, lo que tiene lugar por la vía de convenios internacionales. Y en España, tras la elevación del rango de la administración turística como prueba de la creciente relevancia que tenía y se le daba al turismo en las nuevas bases de funcionamiento de la economía española, también se aborda una modernización de la legislación turística básica que supone una especie de compromiso entre el intervencionismo estatal y la liberalización propugnada por las recomendaciones de técnicos y organismos internacionales, singularmente el informe del Banco Mundial, que sienta las bases de la internacionalización económica de España. Liberalización que en lo tocante al turismo se ciñó a los precios, una vez superada la fase de regulación que acompañó el tránsito de la autarquía a la estabilización, primero, y a la apertura al exterior, después. Liberalización de precios como requisito para atraer las necesarias inversiones extranjeras.

La debilidad del capitalismo hispano junto a la falta de confianza que el sector financiero español tenía en el turismo, al que consideraban como un fenómeno coyuntural o, en cualquier caso, al que minusvaloraban en su potencialidad, hizo que los capitales que financiaron el crecimiento de la oferta hotelera de sol y playa fueran en su mayoría extranjeros, gestándose de esa forma la dependencia del turismo respecto de los operadores turísticos foráneos. De hecho, fue «clamorosa» la ausencia del capital financiero español en el desarrollo turístico de aquellos años. Lo único que preocupaba era la obtención del mayor volumen posible de divisas para poder acometer la modernización industrial de España. Los costes sociales y ambientales de un rapidísimo crecimiento turístico, así como la falta de planificación del mismo —y casi ausencia de control alguno— constituyen aspectos negativos que han gravitado y siguen gravitando pesadamente sobre las costas españolas. La falta de control económico de dicho crecimiento también se dejó sentir en el posterior desarrollo turístico que presentó todas las características de una explotación de materias primas —en este caso el sol y la playa— propias de una economía dependiente.

4 El desarrollo (de 1964 a 1973)

1. ENCUADRE GENERAL: LA PROSPERIDAD SIN LÍMITES

1.1. El informe del Banco Internacional de Reconstrucción y Fomento sobre el desarrollo económico de España. Las «recomendaciones» turísticas

Aunque estrictamente apareciese su publicación en el año 1962, comprendido en el anterior capítulo, analizamos el informe en éste por cuanto es un documento crucial para entender el período histórico abarcado por la vigencia de los Planes de Desarrollo y auténtico antecedente de los mismos. Famoso *best-seller* económico, que refleja la opinión y las recomendaciones de una de las más caracterizadas instituciones internacionales: el Banco Internacional de Reconstrucción y Fomento, habitualmente conocido como el Banco Mundial, es quizá el mejor documento existente sobre el rol que los centros mundiales de poder económico reservaban a España en su paulatino proceso de reintegración al seno del capitalismo occidental tras el final del período autárquico.

El informe dedica 17 páginas al turismo de un total de 567, lo cual es ciertamente poco, dada la importancia creciente del sector en la economía española. No obstante, son lo suficientemente explícitas y sustanciosas para que les dediquemos un amplio comentario.

Empieza presentando las ventajas del turismo como instrumento para lograr una aceleración del crecimiento y el desarrollo económico español, ya que es:

a) La principal fuente de divisas.

b) Un elemento equilibrador básico de la balanza de pagos, que permite la importación de los bienes de equipo necesarios para la modernización de la economía española.

c) Una industria que produce «rentas y empleos».

Tras esta introducción, pasa a enumerar los factores sobre los que se asienta el crecimiento turístico en España, a saber: calidad ecológica (clima soleado, agradable y playas atrayentes), atractivos histórico-monumentales y tradicionales, abaratamiento de los viajes, creciente prioridad al ocio y a los viajes, liberación de los controles monetarios, simplificación en los trámites burocráticos aduaneros, precios bajos y prosperidad económica europea, y elevado nivel de confort y de servicios.

Asimismo, llama la atención sobre la competencia mediterránea y la necesidad de incrementar la oferta hotelera, como medio de impedir o frenar la subida de los precios. De igual manera, hace hincapié en el problema de la estacionalidad y en la necesidad de combatirla, aunque luego no haga ningún tipo de recomendación en este sentido, puesto que, obviamente, la solución al mismo se encontraba fuera de nuestras fronteras, es decir, en las autoridades y medios empresariales de los principales países clientes de España.

Más adelante, el informe se detiene de forma especial en el tema de los precios que adquieren una posición predominante entre los factores de atracción turística. Y aquí es donde empieza a presentarse la problemática de la dependencia en que empieza a caer el turismo español, puesto que a las empresas internacionales del sector les interesa el acceso, control y adquisición de las materias primas al precio más favorable posible. Estas materias primas son, en el caso que nos ocupa, los espacios de mayor calidad ecológica del litoral español y, para asegurarse su bajo precio, se presiona a las autoridades españolas con un posible desvío de las corrientes turísticas, aprovechándose del desconocimiento tanto de la propia realidad como del lugar que la oferta española ocupa en el mercado turístico mundial en general, y en el mediterráneo en particular.

Las siguientes afirmaciones, cuya falsedad el tiempo transcurrido desde entonces se encargó de evidenciar, no pueden sino considerarse como una buena muestra de esta presión: «Las modas en cuanto a los viajes son sumamente cambiantes y no puede suponerse que las preferencias del consumidor por España continúen indefinidamente»[1]; y quizá calificándolas más duramente se puede decir que constituyen una velada amenaza al régimen político español que empezaba a ser aceptado en los organismos internacionales de cooperación económica.

Los aspectos ideológicos del turismo en cuanto actividad productiva y el rol del Gobierno en el sector quedaron claramente explicitados cuando el informe afirma que la empresa privada es el marco más adecuado para las actividades relacionadas con el turismo, al tiempo que se señala para el Gobierno la decisiva función de proveer la estructura apropiada en cuyo marco pueda operar la iniciativa privada con la máxima eficacia. Sin embargo, a pesar de este canto a la libre empresa, se deja traslucir de nuevo la evidente y contradictoria preocupación frente a una eventual subida de los precios de la materia prima turística: «El Gobierno tiene que ocuparse de necesidades colectivas tales como facilitar y *regular de manera razonable la indus-*

---

[1] Banco Internacional de Reconstrucción y Fomento: *El desarrollo económico de España*, Oficina de Coordinación y Programación Económica, 3.ª ed., Madrid, 1962, p. 530.

tria en ciertos terrenos, como el de los precios turísticos»[2] (las cursivas son nuestras).

Por otro lado, la preocupación por un incremento de la oferta que pueda servir como elemento disuasorio a una elevación de precios, también se deja traslucir en el informe cuando se expone que «debería además el Estado estimular las inversiones en hoteles y en otros elementos para el turismo —claro está que dejando a salvo los principios de la libre empresa, señalamos nosotros—, pero interviniendo directamente tan solo cuando no pudieran obtenerse la iniciativa y el capital privados»[3].

De igual modo, el Gobierno debe garantizar la apoyatura precisa para que la actividad turística pueda llevarse a cabo ofreciendo «la necesaria infraestructura de transportes y de obras y servicios públicos, y organizando la elaboración de estadísticas adecuadas sobre las cuales debe basarse necesariamente la futura planificación»[4]. En este último párrafo se menciona un nuevo elemento de gran interés que también choca con el proclamado liberalismo económico. Es el referente a una futura planificación para el logro de la máxima racionalidad en el funcionamiento del sector turístico, como elemento esencial e indispensable para la articulación de España en el capitalismo occidental. Argumento sobre el que se insiste más adelante, al señalarse que la planificación es la base para aprovechar economías externas en la dotación de infraestructura.

Finalmente, se hace hincapié en los aspectos estrictamente institucionales que deben adaptarse a los nuevos rumbos del funcionamiento administrativo español: «Debería procurar la mejora de su propia organización administrativa y estimular la mejora de las organizaciones locales»[5], con ello hace una llamada de atención sobre la necesidad de la descentralización.

Es muy interesante constatar, por otro lado, cómo el informe del BIRF aboga por un desarrollo turístico claramente desequilibrado, ya que propugna que las zonas que sufren una mayor presión de la demanda deben ser prioritarias en la obtención de ayudas crediticias: «[...] Los fondos para la expansión del turismo deberían concentrarse primeramente en áreas ya existentes de actividad turística donde las preferencias del consumidor han quedado demostradas y donde existen servicios básicos. En estas zonas, inversiones relativamente pequeñas producirán beneficios inmediatos y elevados. Si tales fondos fueran esparcidos por todo el país, sin tener en cuenta el funcionamiento previo de cada área como atracción turística y los servicios que ya existen, muchas de las nuevas instalaciones serían utilizadas por debajo de su capacidad, mientras que en las zonas ya populares se reduciría comparativamente la aportación a la eliminación de la escasez de hoteles. Eso no quiere decir que a un plazo más largo no se hayan de abrir nuevas regiones turísticas, si sus perspectivas de rentabilidad resultan razonablemente claras; simplemente insistimos

---

[2] *Ibídem*, p. 531.
[3] *Ibídem*, p. 531.
[4] *Ibídem*, p. 531.
[5] *Ibídem*, p. 531.

en que el dinero público para el turismo, al igual que todos los recursos públicos, vaya primero a las áreas que ofrecen máximas posibilidades de beneficio»[6].

No obstante, puede decirse que el propio informe se contradice en cierto sentido cuando expone que «[...] utilizando de manera prudente los recursos públicos las autoridades pueden asegurar que la expansión de las acomodaciones hoteleras tenga lugar donde más se necesite»[7], ya que —pensamos nosotros— las zonas más necesitadas no tienen por qué coincidir con las zonas más presionadas por la demanda.

Más adelante, el informe vuelve a abordar el tema del control de los precios hoteleros, advirtiendo del peligro de freno en el crecimiento de la oferta que podría implicar una serie de limitaciones de ese tipo, ya que «la existencia de tales controles de precios tiende a desalentar una mayor expansión hotelera y a crear más incertidumbre en cuanto al nivel de los beneficios esperados de las nuevas inversiones»[8]. En este sentido recomienda la abolición de tales limitaciones oficiales de precios siempre que se mantenga una cierta disciplina de los mismos. Pero no muy convencido de lo expuesto, el informe se vuelve a contradecir, en parte, cuando líneas más abajo muestra su preocupación por la consecución de tal medida cuando dice que «no creemos que la abolición de los controles de precios cause un excesivo aumento en los precios de los hoteles»[9]. En el fondo de todo ello late la contradicción entre los principios liberales que impregnan todo el informe y la preocupación porque la liberación de precios se traduzca en una elevación de los mismos, lo que iría en contra de los intereses foráneos. De ahí que, para la reafirmación de esta última frase, se argumente que la creciente competencia tanto interna como externa obligaría al mantenimiento de unos precios bajos por parte de los empresarios.

Tras este canto a la libertad —vigilada— de precios, se plantea la necesidad de la inversión extranjera: «Una fuente adicional de financiación de las inversiones en hoteles podría encontrarse en el extranjero. Existen indicios claros de que se podría disponer de capital extranjero siempre que se obtuviese el estímulo oficial»[10].

No bastaba la muy favorable legislación de 1959 para tales inversiones. Lo que se pide no es ni más ni menos que el Gobierno español arbitre una línea de crédito oficial o dé facilidades especiales para atraer el capital internacional al sector turístico. Este capital extranjero, siendo consciente de la rentabilidad de las inversiones turísticas, y permaneciendo fiel a sus pautas de conducta en lo concerniente a las inversiones en el exterior, presiona al Gobierno para que le permita entrar en el mercado español en óptimas condiciones. Es decir, que pretende realizar inversiones directas mínimas complementándolas con créditos a obtener en España. De esta forma, sería el propio capital español el que financiase la gestación de su dependencia en el sector. Más tarde apuntaremos cómo esa petición fue prontamente atendida por el Gobierno español al crear una importante línea de crédito para las in-

---

[6] *Ibídem*, p. 534.
[7] *Ibídem*, p. 534.
[8] *Ibídem*, p. 535.
[9] *Ibídem*, p. 535.
[10] *Ibídem*, p. 536.

versiones extranjeras en el sector turístico, al tiempo que suprimía la exigencia de autorización previa del Consejo de Ministros para inversiones superiores al 50 por 100 en la construcción, ampliación y explotación de hoteles por el artículo 8 del Decreto de Directrices y Medidas Preliminares del Plan de Desarrollo, de 23 de septiembre de 1962, que asimismo no ponía limitación alguna a la cuantía del capital a invertir.

Pero el objetivo del informe de facilitar los intereses extranjeros queda más palpablemente en evidencia cuando expone que «la inversión en la industria hotelera, como en realidad en cualquier otra industria, se vería fomentada por una mayor liberación de las importaciones. Muchos elementos del equipo hotelero sólo pueden obtenerse en el extranjero y sería beneficioso para esta industria si fueran incluidos en la lista de liberaciones»[11]. Se omite consciente o inconscientemente la gran oportunidad que se le presenta al sector industrial español para crear nuevas industrias dedicadas al suministro de bienes de equipo hotelero, que ciertamente no precisaban ninguna tecnología puntera para su producción, y por lo tanto eran perfectamente abordables por el capital y tecnología españoles sin tener que depender del exterior. Es obvio que, para desarrollar tal actividad, la protección arancelaria era un requisito indispensable y esto es precisamente lo contrario de lo que el informe recomienda.

Por otro lado, los ataques contra la red de hoteles, albergues y hosterías de la Administración son continuos, esgrimiéndose numerosas razones «liberales», pero sin entrar en consideraciones de orden estrictamente cualitativo, como podrían ser las referentes al rescate y funcionalización de inmuebles y edificios históricos que, sin esa intervención de la administración turística, se habrían perdido en la ruina y el olvido, dada la exigüidad de los presupuestos de Bellas Artes y demás organismos encargados de velar por la conservación del inmenso patrimonio histórico-artístico y monumental español.

Además, si el peso porcentual de las plazas hoteleras de esta red en el total nacional era mínimo, al margen de otro tipo de consideraciones como las relativas a su localización no coincidente con las principales zonas turísticas, ¿por qué esa preocupación por pasar al sector privado una red prestigiosa y prestigiada que data de 1928? ¿No será que se temía que el *pool* hotelero estatal pudiera servir de ejemplo a la iniciativa privada, de modo que ésta tomase conciencia de su atomización y de que sólo en su unión podía luchar, con algunas garantías de éxito, contra el creciente monopolio de la demanda de plazas hoteleras ostentado por los operadores turísticos extranjeros? Quizá nuestros interrogantes adolezcan de excesiva suspicacia, ya que en el informe se exponían con meridiana claridad las realidades económicas de la red hotelera estatal, es decir, su falta de rentabilidad y un equilibrio presupuestario conseguido gracias a no pagar impuestos y a la no consideración de las amortizaciones. Sin embargo, todas las reticencias expuestas en un país como España, en que la intervención directa del Estado en la producción no era nada nue-

---

[11] *Ibídem*, p. 536.

va, no pueden por menos que causarnos extrañeza máxime cuando se reconoce el escaso peso específico de la red en el conjunto nacional.

Igualmente, la preocupación por evitar la dispersión de la oferta hotelera se trasluce en las siguientes frases: «Es evidente que numerosos centros dispersos, cada cual con uno o dos hoteles, resultan enormemente antieconómicos cuando se tiene en cuenta el coste de proveer la infraestructura. Por consiguiente, las autoridades públicas deberían examinar con especial cuidado las solicitudes de préstamos al crédito hotelero para tales construcciones, advirtiendo a los posibles inversores que a la provisión de los servicios públicos a esos hoteles se le suele conceder escasa prioridad»[12].

Desde luego el argumento en pro de la concentración de las inversiones turísticas es irreprochable, pero si se tiene en cuenta que gracias al turismo numerosos pueblos pudieron recibir por primera vez los beneficios de tales infraestructuras, hubiera sido preferible para el conjunto del país, desde un punto de vista estrictamente social, ir dotando de tales servicios a muchos núcleos, aunque fuera de forma más limitada, en vez de concentrar la inversión en unos pocos que era lo que más interesaba al capital extranjero. Es decir, que la inversión extranjera pretendía aprovechar las economías externas de la concentración porque, gracias a la misma, la competencia entre la atomizada oferta de plazas hoteleras concentradas geográficamente permitiría al operador turístico imponer sus condiciones de manera mucho más fácil que si la oferta hubiera estado dispersa. Todo ello al margen de otras consideraciones como las economías de gerencia y administración, de accesibilidad a los aeropuertos, etc.

Finalmente, también se hacen en el informe otra serie de apreciaciones y recomendaciones en torno a la política de formación profesional hotelera, a la organización administrativa de turismo, a la promoción y publicidad turísticas, a la mejora de las estadísticas de turismo, y a la necesidad de descentralizar las tareas de promoción turística, a nivel local y regional.

Como dijo Fraga respecto al informe: «*Impresiona en él su carácter realista* con el que está concebido y *la generosidad de los principios en que se basa,* que hace que tenga en el momento presente un cierto valor de orientación para cualquier política turística»[13] (las cursivas son nuestras).

Efectivamente, su influencia en la orientación que dio Fraga a la política turística fue muy notoria. Sin embargo, creemos que las puntualizaciones de Sureda son suficientemente ilustrativas de su valor: «La misión del Banco Mundial afirma que sus recomendaciones son las que estima adecuadas en las circunstancias actuales de dicha economía y, sin duda, no pueden ser consideradas faltas de "realismo" si se atiende sólo a su concordancia con la actual dirección de la política económica española; podría añadirse que sus recomendaciones son las más adecuadas a las presentes circunstancias de la estrategia comercial de los países más desarrollados. Sin embargo, estas pruebas de realismo económico tienen poco que ver con la solución

---

[12] *Ibídem,* p. 539.

[13] Declaraciones a la revista *Editur,* recogidas por el periódico *ABC* el 12 de septiembre de 1962.

de los problemas de desarrollo de la economía española»[14] (las cursivas son nuestras). Conclusiones que compartimos.

1.2. El desarrollo a pesar de los planes

El período histórico delimitado por la vigencia de los Planes de Desarrollo en España coincide con una época en que apenas existían preocupaciones acerca de los límites del crecimiento en los países desarrollados. Se creía haber encontrado las fórmulas y los instrumentos para conducir a la economía sin grandes sobresaltos por la senda del crecimiento ilimitado. Y de esa ola de optimismo participaba España que, con el proceso de liberalización económica llevado a cabo siguiendo las pautas del Plan de Estabilización de finales de los cincuenta, había conseguido subirse al tren de la prosperidad europea. Bien es cierto que con el sacrificio también de muchos cientos de miles de españoles que abandonaron sus hogares dirigiéndose a otras tierras más frías donde encontraron un trabajo del que carecían en su tierra; emigrantes cuyas remesas, junto con las divisas que traían los turistas, facilitaron el reequipamiento industrial español.

Pero si la década se había inaugurado con un proceso liberalizador, superados los gravísimos problemas económicos vividos, y asentados en el éxito inmediato del nuevo período, el empuje liberalizador se frenó sin alcanzar a dos sectores claves en la economía. No llegó ni al mercado laboral ni al sistema financiero.

No están claras las razones —o al menos nosotros no conocemos ninguna explicación documentada y satisfactoria— de por qué, en condiciones económicas tan favorables como las que se encontraba España en aquellos momentos, no se continuó con las reformas y no se adaptó la legislación laboral española a la europea. Creemos que el hecho de que muchos «jerarcas» del régimen —pertenecientes a los sectores falangistas y más contrarios a los nuevos rumbos que seguía nuestro país— estuvieran enquistados en las estructuras de poder del sindicalismo vertical tuvo mucho que ver con ello.

En cuanto al sector financiero es evidente que, habiendo alcanzado una posición hegemónica dentro de los sectores del régimen, no tenían nada que ganar con la liberalización de un mercado absolutamente cartelizado donde la competencia no existía nada más que sobre el papel. Por ello, tampoco se llevó a cabo esa modernización del sistema financiero español que lo hubiera homologado con Europa.

Por consiguiente, con la planificación indicativa se da un frenazo a la liberalización económica, e incluso un cierto retroceso, ya que los planes de desarrollo, que retomaban el intervencionismo en una economía tradicionalmente centralista y burocratizada, fueron el marco ideal para que determinados sectores empresariales revitalizaran los viejos vicios, máxime cuando los mercados más relevantes para sus estructuras de costes —el laboral y el financiero— no se habían modernizado. De

---

[14] Sureda, J. L.: «Función del Estado en el desarrollo económico de España», en la obra colectiva *España en el desarrollo mediterráneo*, Tiempo de España II, Ínsula, Madrid, 1975, p. 110.

todas maneras, conviene no olvidar que los principales sectores industriales de nuestro país estaban en manos de la oligarquía financiera.

Es cierto que con los planes continuó el desarrollo, aunque por caminos más proteccionistas y conservadores. Y como alguien dijo con ciertas dosis de ironía no exentas de un profundo conocimiento de aquella época, «el Plan de Estabilización nos desarrolló y los Planes de Desarrollo nos desestabilizaron».

Los planes de desarrollo «indicativo» que la Administración española adoptó siguiendo el modelo francés, no fueron realmente vinculantes para el sector público, porque las previsiones que en ellos se contenían respecto a sus compromisos nunca se cumplieron, al quedar casi siempre muy por debajo de lo planificado. Y no fueron tampoco «indicativos» para el sector privado porque muchos sectores y subsectores se apartaron notablemente en sus realizaciones de lo planeado. Y puesto que los desequilibrios que iban surgiendo nunca fueron corregidos —entre otras cosas porque no existían mecanismos para su control, ni tampoco los planes se habían elaborado de forma coordinada y con coherencia interna, ya que su redacción no fue obra de un equipo con visión de conjunto, sino una aglomeración de intereses sectoriales, a veces conflictivos, presentados de forma ordenada— es por lo que España creció, y mucho, pero de manera desordenada, con una fuerte inflación, y en un marco de absoluto derrumbe técnico del Plan, ya que las decisiones se adoptaban al margen del mismo. Es decir, que fue un crecimiento espontáneo, desequilibrado y no planificado.

Y aunque técnicamente los planes fueran un fracaso, no por ello hay que hacer un balance absolutamente negativo de los mismos, pues, al margen de los aspectos propagandísticos e ideológicos a los que hemos hecho referencia en el capítulo anterior, hay otros elementos que, para ser justos, hay que poner en su «haber». Desde el inédito diálogo entre la Administración y los sectores productivos, conducente a una coordinación y selección de las inversiones, que puso los cimientos de la racionalización del sistema económico en su conjunto; a la vulgarización y divulgación de la economía, que contribuyó a elevar el nivel cultural del país; y a la creación de mentalidades e inquietudes empresariales que abrieron horizontes de esperanza a una sociedad tan necesitada de ella, tras largos años de carencias en un marco de absoluta represión de las libertades; todos ellos son factores muy positivos que iniciaron el proceso de incorporación sociocultural de España al entorno europeo y contribuyeron decisivamente a la modernización de nuestro país.

Es interesante también hacer algunas reflexiones acerca del papel que el turismo desempeñó en todos estos años, porque no creemos exagerado afirmar que fue clave en el desarrollo —y no únicamente económico— del período. No eran sólo las divisas que aportaba para equilibrar la balanza de pagos y hacían factible la modernización industrial. El sector turístico contribuyó de manera decisiva a acrecentar la interdependencia económica que fue integrando, de hecho y crecientemente, a la economía española con la de nuestros vecinos de allende los Pirineos. Tanto la prosperidad europea como el avance tecnológico en los transportes, especialmente el aéreo, y los favorables precios energéticos posibilitaron el espectacular crecimiento de la demanda europea de vacaciones veraniegas en el Mediterráneo, de las que España se llevó una considerable tajada. Y no menos relevante es considerar la influencia de esas corrientes turísticas en la expansión, modernización y diversificación de la demanda interior española, así como el «tirón» que significó para el sector de la construcción y, a través de él, para el resto de la economía.

Así pues, no creemos exagerado afirmar que si hubo desarrollo en España esos años, un porcentaje muy elevado de «culpabilidad» le corresponde al sector turístico. Ello no quita el que quizá no supimos o no pudimos sacar todo el beneficio que debíamos haber obtenido del mismo, puesto que los márgenes del gasto turístico que se quedan en el país de origen de los turistas eran y siguen siendo realmente muy elevados como consecuencia de la dependencia española, y posiblemente fue inevitable que así ocurriese. Pero no menos cierto es que se presentaron oportunidades para que España hubiese podido recuperar buena parte del valor añadido que se nos escapaba con ocasión de las quiebras de operadores turísticos extranjeros. Faltaron «reflejos intervencionistas» desde la Administración —lo que no era extraño al contexto político-administrativo de la época—, pues al igual que se defendió la magnífica Red Estatal de Paradores, orgullo de la hotelería española, se pudo crear o apoyar la creación de operadores españoles que, con la garantía del Estado, hubieran sabido aprovechar esas coyunturas para abrir hueco en los mercados turísticos de origen, defendiendo desde ellos los intereses del empresariado español.

Finalmente, no podemos dejar de mencionar la enorme importancia que el turismo tuvo en la modernización de los usos y costumbres españoles, tan alejados de los vigentes en la Europa de la época. Cuando a principios de los sesenta algunos prelados de la Iglesia católica excomulgaban a las españolas que osaban ponerse bikini, o la policía detenía por indecencia en la vía pública —e incluso se apedreaba en zonas rurales— a las turistas que llevaban pantalón corto, es evidente que España tuvo que dar un tremendo salto cultural que, también, era requisito ineludible en la modernización y en el establecimiento de las bases que hicieran factible la democracia y la definitiva homogeneización con el mundo occidental.

1.3. Las relaciones de dominación-dependencia en el turismo español

Para explicar estas relaciones de dominación-dependencia del turismo hispano, que de alguna forma han quedado implícita o explícitamente expuestas en anteriores epígrafes, vamos a utilizar la figura 4.1, en la que reflejamos los correspondientes actores representantes de cada una de las tres grandes estructuras sociales, tanto en el bloque de los países desarrollados dominantes como en la España dependiente.

Los respectivos gobiernos son los representantes de la estructura política; en la estructura económica están los operadores turísticos y los hoteleros; y como instrumentos de la estructura ideológica, tanto activos como pasivos, los turistas y los trabajadores de la hostelería.

La actividad de los gobiernos tiende a facilitar el funcionamiento de la actividad

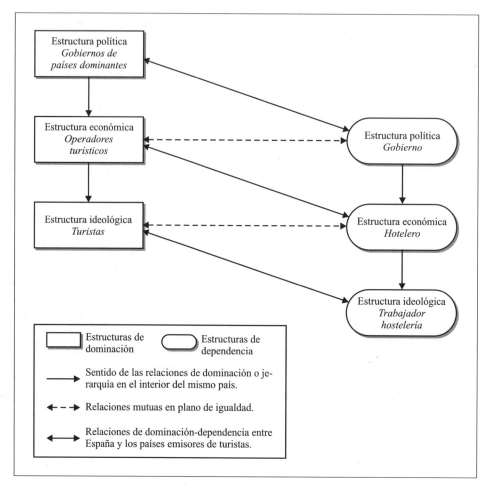

Figura 4.1. Las relaciones de dominación-dependencia en el turismo español.

turística mediante su actuación administrativa y promotora de legislación dentro de sus propios países. Los operadores turísticos y los hoteleros hacen lo propio con su actividad en el nivel económico. Por último, los turistas, en tanto que consumidores de vacaciones, contribuyen a la transmisión ideológica de sus propios valores sociales[15]; y los trabajadores del sector turístico en el desempeño de su actividad y al contacto con los turistas son sujetos pasivos de aquéllos.

Ahora bien, si estas relaciones que hemos señalado son de carácter vertical, ya que dentro de sus respectivas estructuras nacionales son los gobiernos los que a través de la acción legislativa y administrativa configuran el marco en que desempe-

---

[15] Véase al respecto el capítulo 3 del libro de Esteve Secall, R.: *Turismo, ¿democratización o imperialismo?,* Universidad de Málaga-Mancomunidad de Municipios de la Costa del Sol Occidental, Málaga, 1983.

ñan su actividad los respectivos agentes económicos: operadores y hoteleros, y estos últimos, a su vez, organizan el viaje y estancia de los turistas o la actividad laboral de los trabajadores, respectivamente, hay otras relaciones horizontales entre los respectivos agentes de cada uno de los dos bloques. Así, nos encontramos con relaciones de dos tipos que contribuyen al funcionamiento internacional del sistema capitalista en su conjunto: de dominación-dependencia o verticales, y de igualdad u horizontales.

De esta forma nos encontramos con que la subordinación de España, respecto de los países más desarrollados que envían sus turistas, se traduce en que los tres agentes representantes de las tres estructuras hispanas se hallen al nivel del escalón inferior al de la correspondiente estructura de los países dominantes. Así quedan en plano de igualdad los operadores turísticos con el Gobierno español, y los turistas con los hoteleros, mientras que los gobiernos de los países desarrollados están en la situación de máxima dominancia y el trabajador español en la de máxima dependencia.

En cuanto a las relaciones entre los respectivos representantes de cada una de las estructuras son las auténticas relaciones de dominación. De esta forma los gobiernos de los países dominantes imponen al Gobierno español las transformaciones precisas en el marco jurídico-administrativo hispano. Los operadores turísticos ostentan una posición dominante frente a los hoteleros en los contratos anuales, que se traduce en la imposición de precios, condiciones de pago, etc. Y los turistas trasmiten a los trabajadores del sector, y en general a la comunidad donde pasan sus vacaciones, la ideología consumista y sus propios valores.

La forma concreta que adoptan estas relaciones de dominación-dependencia es la siguiente: los gobiernos de los países desarrollados presionan al Gobierno español para que adopte una actitud favorecedora a la recepción de turistas y, sobre todo, para que no ponga trabas a la actividad de los operadores turísticos, al tiempo que regulan y favorecen la actividad de los mismos en sus países. Estos operadores, en su negociación de igual a igual con el Gobierno español, imponen una regulación y control de la hotelería española que no pueda amenazar sus beneficios, sobre la base del control de precios y de calidad a cambio de las divisas que van a aportar. Asimismo, la situación preponderante de los operadores respecto de los hoteleros se traduce en la adopción por estos últimos de sus criterios de localización, edificación y gestión de los hoteles, amén de los aspectos contractuales anteriormente mencionados. Idéntica situación de dependencia en que se encuentran los turistas, que son servidos en sus demandas de vacaciones de forma paternalista y manejados gregariamente por los guías de los respectivos operadores.

Finalmente, los hoteleros se encuentran en pie de igualdad con los turistas que, a su vez, imponen sus gustos y actitudes a los trabajadores del sector a través de la disciplina laboral en el hotel. Esta posición de dominación puede materializarse en el libro de reclamaciones al que teme tanto el hotelero como el propio trabajador que sabe constituye una espada de Damocles sobre la estabilidad de su empleo. Imposición que llega a rozar a veces la vejación. Si el turista está satisfecho del servicio que recibe en el hotel premia al hotelero con una buena calificación del mismo en las encuestas que les hacen los operadores turísticos y que influyen en la contratación futura de las plazas de ese hotel por aquéllos. Y el eslabón más débil de la cadena, y el que suele «pagar los platos rotos» como vulgarmente se dice, es el trabajador español.

La prueba de esta situación de dominación-dependencia del sector turístico español y de las relaciones que hemos esquematizado quedó evidenciada con ocasión de la quiebra de la Court Line cuando la negociación de las consecuencias de la misma en España tuvo lugar entre el Gobierno español y los operadores turísticos en vez de con el Gobierno británico, quedando también los hoteleros españoles al margen de la negociación directa, puesto que lo hicieron a través del representante gubernamental.

Como relató Mario Gaviria: «El Gobierno inglés, una vez que había preparado la quiebra con los representantes de los operadores turísticos que venían enviados a España, desaparece de la escena y, paradójicamente, el Gobierno español negocia (a través del Comisario Nacional de Turismo) con los operadores turísticos, pero no con el Gobierno inglés. El embajador inglés en Madrid, que había prometido pagar las deudas es retirado de su cargo. El embajador español en Inglaterra no interviene en todos estos aspectos, a pesar de que tratándose del ex ministro de Turismo señor Fraga Iribarne, conocía los mecanismos muy bien. La quiebra debería haber sido negociada entre el Gobierno español y el Gobierno inglés, por lo menos a nivel diplomático y, en cualquier caso, en una segunda etapa, a nivel ministerial»[16].

2. EL MARCO ADMINISTRATIVO: ENTRE LOS CONDICIONANTES POLÍTICOS Y LA DEPENDENCIA ECONÓMICA

2.1. Las sucesivas reorganizaciones del Ministerio de Información y Turismo

Las modificaciones que sufrió la Administración para adaptarse a los nuevos tiempos de la planificación indicativa alcanzaron al Ministerio de Información y Turismo, que fue también reorganizado por el Decreto de la Presidencia del Gobierno 64/1968, de 20 de enero, tras el cual los aspectos ligados a la información quedaban con tres direcciones generales: Prensa, Cultura Popular y Espectáculos, y Radiodifusión y Televisión. El turismo mantenía las dos direcciones generales de Promoción del Turismo y de Empresas y Actividades Turísticas que se habían creado a la llegada de Fraga al Ministerio.

Sin embargo, desde entonces habían tenido lugar otras modificaciones menores, pues la Subsecretaría de Turismo ya había sido objeto de reorganización al crearse

---

[16] Gaviria, M.: *El escándalo «Court Line» (bancarrota del turismo español)*, Cuadernos para el Diálogo, Colección Los Suplementos, núm. 57, Madrid, 1975, p. 22.

el Servicio Ordenador de la Subsecretaría, por Decreto 2226/1964 de 25 de junio, y desaparecer el 27 de noviembre de 1967 por medio de un nuevo Decreto, el 2764/1967, en el que se reorganizaba la administración civil del Estado para reducir el gasto público, en el marco de las medidas complementarias a la devaluación del 14 de noviembre de 1967. Sus funciones quedaron absorbidas por el ministro y por la Dirección General de Promoción del Turismo.

Entre sus principales realizaciones se encuentran las leyes sobre Competencia en Materia Turística y su Estatuto Ordenador, así como la de Centros y Zonas de Interés Turístico Nacional que comentaremos en el epígrafe siguiente.

Otras reorganizaciones posteriores tuvieron lugar en las fechas y con el contenido que se detalla someramente:

1.ª 21 de marzo de 1970 siendo ministro Sánchez Bella, que afectó a estratos inferiores de la organización ministerial.

2.ª 5 de julio de 1973 por la que Liñán y Zofío, recién nombrado ministro, creaba la Dirección General de Servicios.

3.ª 11 de octubre de 1973 también firmada por Liñán, que desdoblaba la Dirección General de Cultura Popular y Espectáculos en dos, al tiempo que se cambiaba la denominación de la Promoción del Turismo por la de Ordenación del Turismo, reorganizándose diversos servicios del ministerio.

2.2. La intervención administrativa en el fomento del turismo

Sin perjuicio del estudio detenido que llevaremos a cabo más adelante acerca de la actuación de la Administración española, vamos a realizar un análisis resumido que nos sirva para enmarcar la cuestión, en términos generales, sin descender al detalle con que lo haremos después.

El Gobierno español, una vez tomadas las medidas previas de liberalización para atraer a los turistas, actúa en tres frentes para desarrollar el turismo. El primer frente de intervención es la mejora de las infraestructuras para posibilitar la consecución de economías externas. La Administración se va a preocupar de transformar la red de carreteras generales con el Plan Redia, de mejorar y ampliar la red de aeropuertos españoles, de asegurar el abastecimiento de agua a los nuevos núcleos turísticos.

El segundo frente de actuación es el que podríamos calificar como «la Administración, animadora del desarrollo turístico» por la vía de la planificación indicativa que —como veremos— de indicativa tuvo poco, al tiempo que la planificación brilló por su ausencia. También utilizó los instrumentos clásicos de los créditos y subvenciones.

En tercer lugar, la Administración también es protagonista del desarrollo turístico ya que potencia la red de albergues y paradores iniciada en 1928, con un objetivo de rentabilidad social muy definida, aunque no logre la rentabilidad económica en sus inversiones. En la Segunda Asamblea Provincial de Turismo celebrada en

Palma de Mallorca hubo una ponencia en la que se hacía una descripción, con la que estamos básicamente de acuerdo, aunque no así de las conclusiones extraídas, de la problemática que aquejaba a la red estatal, consistente en inadecuados emplazamientos (crítica con la que no estamos conformes, ya que el emplazamiento en la mayoría de los casos venía predeterminado por edificaciones antiguas que son restauradas y revalorizadas); exención de impuestos y contribuciones; ausencia de autofinanciación, ya que los gastos de inversión y mantenimiento corrían a cargo de los presupuestos generales del Estado; y, en definitiva, eran el máximo exponente de empresas sin rentabilidad, ya que no efectuaban amortizaciones y las pérdidas de unos establecimientos se compensaban con otros.

Por consiguiente, podemos afirmar que la Administración española se preocupó de facilitar el desplazamiento de los turistas y de fomentar la construcción de alojamientos, sin tener en cuenta ningún otro tipo de consideraciones que no fuesen las meramente cuantitativas del crecimiento. En cuanto al elemento fundamental del turismo hoy en día, la variable ecológica, fue totalmente despreciada, quizá porque era un bien aportado por la naturaleza y se creía entonces en su inagotabilidad.

La propia actuación administrativa de carácter interno era puesta en solfa por Ángel Palomino, director de hotel además de escritor, y en consecuencia buen conocedor de esa problemática, desde su perspectiva profesional: «Por lo visto, existe una Comisión Interministerial de Turismo. Alguna vez la veo citada en la prensa y pido que dé noticias de sus actividades. Nunca tuve ese placer, lo hecho de menos. Porque el industrial turístico y especialmente el hotelero, anda siempre amenazado por los fuegos cruzados de varios ministerios. Por eso es bueno que exista una Comisión Interministerial de Turismo. Y que tenga un gerente denominado Secretario-Gestor. Lo que hace falta es que a ese Secretario-Gestor no lo aburran en un carrusel de competencias, dilaciones, y «ya veremos que gestione». A mí me gustaría que fuese gestor-ejecutivo, aunque la denominación pueda tener algo de redundante. A la hora de dar poderes para coordinar ministerios diferentes toda redundancia es poca; mucha, muchísima le hace falta a ese gestor-ejecutivo al que realmente, si se quiere que esa comisión funcione, se debería llamar —al menos entre bastidores— el Mandamás.

Désele lo que sea, lo que haga falta, porque si hemos de esperar que la coordinación se produzca con una reunión trimestral estamos listos. *Que la toma de conciencia turística del pueblo español empiece por donde debe empezar por los miembros del Gobierno. Esto sería el auténtico milagro turístico que, por ahora, no parece vaya a producirse*»[17] (las cursivas son nuestras).

Como se ve —aunque muy dura—, la opinión de Palomino parece evidenciar que, a pesar de la gran avalancha turística, la falta de perspectiva de la burocracia dirigente española continuaba siendo un atributo característico de la misma, como veíamos ya existía en los tiempos de la Comisaría Regia de Turismo.

Los siguientes párrafos de Tamames creemos que ilustran perfectamente el marco en el que se desenvolvía la actividad de la Administración en aquellos años res-

---

[17] Palomino, Á.: *El milagro turístico*, Plaza y Janés, Esplugues de Llobregat, 1972, pp. 95-97.

pecto al sector turístico: «En definitiva, el fenómeno turístico de los últimos años es importante. Para su formidable expansión, la Administración española «puso» algo de crédito hotelero, aeropuertos, mejora de las carreteras, etc. El sol y las playas las puso la Naturaleza. Y el mercado de turistas lo pusieron sobre todo, desde el exterior, sin necesidad de grandes gastos en publicidad por parte de España. Pero en cambio, lo que realmente no ha puesto nadie (¿y quién sino el Estado tendría que haberlo hecho?) es la planificación de zonas turísticas. Se ha seguido, en lo principal, con la vieja óptica de los planes municipales, planes parciales, licencias de Ayuntamientos, etc.

Ahora, cuando hay tanto —y tan mal— construido, se pretende planificar más. Pero hasta el momento los indicios son de que se trata de una planificación para paliar los mayores males (infraestructuras sanitarias, etc.) y no para modelar nuevas áreas o para intentar remodelar las ya «consagradas»[18].

2.3. Sus consecuencias

¿Cuáles han sido a grandes rasgos las consecuencias de esta actividad de la Administración? Son numerosas las investigaciones que tratan este tema, aunque la lectura de los trabajos de la Segunda Asamblea Nacional de Turismo (ANTUR) va a permitirnos enjuiciar sintéticamente las mismas sin perjuicio de que más adelante resaltemos algunos aspectos específicos. En la cuarta ponencia de esta II ANTUR se estudiaba las características pasadas de la oferta y la demanda turísticas españolas.

Respecto de la primera de ellas, se pone de relieve el crecimiento desordenado sin ningún tipo, no ya de ordenación futura, sino ni tan siquiera de previsión más inmediata. Volvemos de nuevo a tomar prestadas las siempre autorizadas opiniones de Tamames, quien expone al efecto: «En lo que se refiere a la planificación general de las zonas turísticas, la tarea más difícil —y donde realmente podría haberse apreciado la calidad de una verdadera política turística— es el punto en que la actividad ha resultado más mediocre, por no decir pobre. El resultado es bien triste y en buena medida irreversible: las costas españolas se han poblado de construcciones donde se combinan los nefastos efectos de la especulación del suelo y de la falta de servicios urbanos adecuados, en una mezcolanza de urbanizaciones más o menos desordenadamente dispuestas y de elevación de alturas en cascos urbanos por no llamarlos «pueblerinos». Todo ello, en el contexto de una ausencia general de planificación y de confusión de competencias entre las aspiraciones —no siempre claras— de los municipios turísticos y de los ministerios con jurisdicción sobre el tema (Turismo, Mar, Vivienda, etc.)»[19].

La ausencia, pues, de una planificación efectiva se traduce en la construcción de instalaciones y puesta en marcha de negocios turísticos que están viciados desde su

---

[18] Tamames, R.: *Estructura económica de España*, Guadiana de Publicaciones, 3 tomos, 7.ª ed., Madrid, 1974, p. 488 del tomo 2.
[19] *Ibídem*, p. 485 del tomo 2.

nacimiento, por ubicarse en lugares prácticamente saturados, carentes de independencia y autonomía no solo financiera, sino ni tan siquiera de gestión, y minadas por toda una serie de defectos estructurales entre los que la propia mentalidad especulativa, más que empresarial de sus gestores, es quizá uno de los más importantes.

Por otro lado, la problemática financiera era calificada como el problema clave de la industria hotelera, en el Análisis Socioeconómico de la Hostelería en Baleares: «Nuestra industria lo es de gran inmovilizado y necesita una rotación de medios financieros que les sean prestados a largo plazo. En nuestra industria provincial no existe la posibilidad de un banco industrial, por lo tanto, se debe acoger a la banca comercial que presta a corto plazo. Esta contradicción es la que ha influido en que nuestra hostelería esté totalmente descapitalizada. Y es por ello que, la única fuente de capital a medio plazo, aun cuando por ello se paguen intereses más elevados del 30 por 100, es la fuente financiera que prestan los agentes extranjeros. De aquí el fabuloso drenaje de divisas que día a día se agudiza más. De esta forma, la macroempresa de cadena hotelera que está siendo creada directamente por el capital extranjero juega con la gran ventaja de no poseer unos costes financieros directos o indirectos que mellan la actividad y el beneficio de los empresarios de la hostelería tradicional y de oportunidad»[20]. Y lo que ocurría en Baleares era fácilmente transplantable a cualquier otra «afamada» costa.

En lo que concierne a la demanda, el rasgo fundamental de la misma es la excesiva dependencia de los operadores turísticos, pues, aprovechándose de su carácter de canales de intermediación entre hoteleros y turistas y del desconocimiento mutuo que ambos tenían del mercado turístico, han llegado a controlar plenamente los elementos que integran el producto vacaciones. Esto ha sido factible por una serie de razones adicionales que detallamos seguidamente.

a) Falta de planificación estratégica de la propia Administración.

b) Falta de formación comercial en los sectores de la oferta.

c) Escasa asignación de recursos para la promoción.

d) Abandono triunfalista a las condiciones naturales, a las que se concede excesiva importancia.

e) Falta de solidaridad en el sector, cuyas iniciativas se destruyen parcialmente en muchos casos[21].

Resumiendo todos estos problemas, podemos llegar a la conclusión de que hubo y persistieron problemas muy graves de comercialización tanto en lo que respecta a la gestión como al propio marketing turístico. La segunda conclusión a la que llegamos es que el factor fundamental, o uno de los más importantes en la atracción turística —los bajos precios—, estaba originando la paulatina pérdida de rentabilidad de las empresas turísticas. Y por último, existía una disociación entre el empre-

---

[20] *Actividades turísticas,* Organización Sindical de Baleares, 1970, p. 4.
[21] II Asamblea Nacional de Turismo, cuarta ponencia: *El mercado turístico, las corrientes turísticas,* Madrid, 1975, p. 94.

sariado turístico y la Administración, lo cual no era sino el reflejo de la situación de dependencia de la economía española en general, y del turismo en particular, que reflejamos en el epígrafe anterior.

Es decir, que España vendió a muy bajo precio y despilfarrando un nuevo recurso escaso: los espacios de calidad, cuya explotación pasó a manos de extranjeros. Como perspicazmente subrayan Santiago Roldán y José Luis García Delgado: «Con relación a este último aspecto (alta y progresiva dependencia de agencias y empresas extranjeras), cabe referirse a los diferentes procesos de integración vertical de actividades y empresas turísticas a través de las cuales se consuma la subordinación del sector al capital y entidades extranjeras, configurándose así, en muchos casos, la actividad turística como una simple prolongación en suelo español de actividades empresariales organizadas y controladas desde el exterior, revertiendo escasos beneficios de todo ello para la economía española [...]. De hecho, pues, el fenómeno turístico es un nuevo factor que ha venido a agravar en alguna medida, las tradicionales tensiones centro-periferia que han caracterizado, como se sabe, la formación y desarrollo de la sociedad industrial en España»[22].

Si bien es cierto que este rápido crecimiento del turismo aportó al país una considerable cantidad de divisas, hay que hacer hincapié en el hecho de que no las aprovechó plenamente. Al margen de las divisas que no se ingresaban en España en función de los contratos de préstamo entre operadores y hoteleros, nos encontrábamos con un escaso control de su tráfico que facilitaba la existencia de un sensible agujero en la bolsa del turismo por donde se escapaban buena parte de sus rentas. Por otro lado, este importante aumento de los ingresos de divisas tuvo como contrapartida la «exportación» de los derechos de propiedad de muchos miles de metros cuadrados de los terrenos de mayor valor ecológico y paisajístico, que quedaron también en manos de extranjeros.

No obstante, en honor a la verdad, estas adquisiciones de terrenos tuvieron un efecto positivo: crear una dependencia del turista respecto del lugar turístico elegido que se transformó en garantía de continuidad de los flujos turísticos.

3. EL MARCO LEGAL: EL DESARROLLO DE LA LEGISLACIÓN TURÍSTICA ESPECÍFICA

3.1. La adaptación de la legislación turística

Las primeras disposiciones que salieron del Ministerio de Información y Turismo, tras la llegada de Fraga, son muy significativas y esclarecedoras de la función que se le asignaba al sector turístico en el conjunto de modificaciones que estaban teniendo lugar en España, en orden a su modernización y homologación con el mundo

---

[22] Roldán, S., y García Delgado, J. L.: *Los nuevos mecanismos de equilibrio..., op. cit.,* pp. 843 y 844.

occidental. Normas que tratan de sacar al sector de la supeditación político-ideológica a la que estaba sometida para dejarlo bajo la lógica de los sectores económicos. Para ello se crean la Subsecretaría de Turismo y el Instituto de Estudios Turísticos, a los que aludimos en el capítulo anterior, al tiempo que se dicta una orden para regular los precios de hospedaje. Todo ello en el breve lapso de dos meses.

Sin embargo, las dos leyes que van a definir la actuación del Ministerio de Información y Turismo a lo largo de los años que van desde 1964 hasta 1973 son la de Competencia en Materia Turística, con su posterior Estatuto Ordenador de las Empresas y Actividades Turísticas Privadas, y la de Centros y Zonas de Interés Turístico Nacional a las que nos vamos a referir seguidamente.

3.1.1. *La Ley sobre Competencia en Materia Turística*

La clara obsolescencia de la normativa que regía las actividades turísticas, determinó una puesta al día para acomodarla a las necesidades de la evolución turística en la España de comienzos de la década de los sesenta, cuando el Ministerio de Información y Turismo —con la llegada de Fraga— empezó a adquirir mayor peso en la segunda parte de su denominación.

Para ello, el 8 de julio de 1963 fue promulgada la Ley sobre Competencia en Materia Turística que, a diferencia de anteriores normas, empieza en su exposición por definir lo que es el turismo y la actividad turística. Entiende por turismo «el movimiento y estancia de personas fuera de su lugar habitual o de trabajo o residencia por motivos diferentes de los profesionales habituales en quien los realiza»; y por actividad turística «aquella que las personas físicas o jurídicas, privadas o públicas, o los órganos de la Administración ejercen y que de manera directa o indirecta se relacionan con el fenómeno turístico o pueden influir de modo predominante sobre el mismo». Sentadas estas bases definitorias la ley procede a precisar y delimitar netamente las competencias específicas o concurrentes del Ministerio de Información y Turismo en la materia.

Estas facultades son las siguientes:

a) *La ordenación y vigilancia de toda clase de actividades turísticas, así como también el directo ejercicio de éstas en defecto o para estímulo y fomento de la iniciativa privada* (artículo 1.º). Es decir, que el proceso de control progresivo del sector llega a su máximo desarrollo en esta ley; pues, si en el decreto de creación del Patronato Nacional de Turismo de 1928 se hablaba de «divulgación, fomento, estímulo, promoción y apoyo», facultades que subsisten prácticamente sin modificación alguna en el Reglamento del Patronato promulgado en 1932 por el Gobierno de la Segunda República, cuando se creó el Ministerio de Información y Turismo en 1952, las facultades que la ley le conferían a la Dirección General del Turismo ya eran de «inspección, gestión, promoción y fomento». Con la ley que estamos analizando se llega a la «ordenación y vigilancia» al margen de las facultades derivadas de la aplicación del principio de subsidiariedad. Por lo tanto, se somete al sector a un estricto control, de modo que pudiera servir mejor a los intereses colectivos que se pretendían alcanzar con la racionalización de la economía española.

b) Pero, además, la centralización del control administrativo del ministerio se reitera de forma específica en el artículo segundo: *Será función privativa del expresado ministerio la ordenación y coordinación del turismo y la de orientar la información, propaganda, relaciones públicas, fomento y atracción del mismo, ya sean ejercidas dichas actividades por la Administración pública o por particulares.* O sea, que el ministerio se arroga, prácticamente en exclusividad, todas las facultades para sí, impidiendo por la cláusula «privativa» que por la iniciativa privada o por las corporaciones locales por ejemplo, pudieran surgir y darse curso a iniciativas de autoorganización y coordinación. ¿No puede quizá deberse en parte la inanición del sector hotelero español frente a los operadores turísticos extranjeros a esta disposición? ¿Por qué no se controlaron de igual forma las actividades de estos últimos en nuestro país?

c) En el artículo tercero se reiteran y especifican las facultades coercitivas señaladas: «[…] *será igualmente función propia del Ministerio de Información y Turismo la ordenación y vigilancia de las empresas de hostelería o de cualesquiera otras de carácter turístico, así como de los alojamientos o instalaciones de igual naturaleza y de las profesiones turísticas. En dicha competencia se entenderá comprendida la de sancionar las infracciones que pudieran cometerse en relación con las materias reguladas por esta ley».* Claro está que esta competencia tendrá el carácter de concurrente con la de los demás órganos de la Administración central, provincial o local en las manifestaciones de la actividad turística no contempladas en la ley.

Ésta se completó con otros dos artículos en los que se definió lo que se entendía por empresa de hostelería y por alojamiento turístico. De esta forma, todas las actividades del sector quedaban claramente subordinadas al control y vigilancia del todopoderoso Ministerio de Información y Turismo, en clara situación de inferioridad en comparación con otras actividades productivas del país. Esta legislación es, pues, el medio de que se valió la Administración para supeditar los intereses del sector turístico a otros objetivos superiores ajenos por completo al sector.

3.1.2. *El Estatuto Ordenador de las Empresas y de las Actividades Turísticas Privadas*

Con posterioridad a la promulgación de la ley comentada, que supuso el punto de partida para un tratamiento diferenciado de las actividades turísticas, las competencias que confería su articulado al ministerio fueron desarrolladas, en lo concerniente a las «empresas y actividades turísticas privadas», en su correspondiente Estatuto Ordenador decretado por el Ministerio de Información y Turismo el 14 de enero de 1965. Este estatuto tuvo como función básica la de reflejar, en un solo documento, las líneas generales de actuación de los distintos tipos de establecimientos turísticos, ya que la legislación existente estaba fragmentada y dispersa, sin perjuicio de posteriores disposiciones específicas reglamentarias.

Como dice el preámbulo del decreto: «[...] Siguiendo este tratamiento unitario y de acuerdo con las directrices de la Ley, se distingue en el presente Estatuto entre Empresas y Actividades Turísticas privadas, reconduciendo a un solo texto las líneas básicas que deben presidir su organización y funcionamiento, por parecer conveniente que entre el superior escalón de la Ley de Competencias y el último de las reglamentaciones particulares exista el nivel intermedio del Estatuto Ordenador, que no pretende ser un Reglamento, pero que ha de facilitar los que se dicten en lo sucesivo, evitando repeticiones innecesarias en materias comunes. Finalmente, y en lo que se refiere a aquellas Empresas y Actividades Turísticas carentes hoy de ordenación específica, viene a satisfacer el Estatuto un mínimo de exigencias, a través de las normas adecuadas».

Tras la especificación de lo que se entiende por empresa turística y por actividad turística privadas y los distintos tipos de cada una de ellas, el capítulo segundo enumera las competencias del Ministerio de Información y Turismo en relación con unas y otras. Eran las siguientes:

   a) *Regular* la constitución y funcionamiento de las Empresas Turísticas, así como *adoptar las medidas de ordenación* que se estimen convenientes respecto de las actividades a que se refiere el párrafo tercero del artículo primero de este Estatuto[23] exclusivamente en aquellos aspectos que puedan repercutir sobre el mismo.

   b) *Autorizar* la apertura y el cierre de los establecimientos de las Empresas Turísticas.

   c) *Fijar* y, en su caso, *modificar* las clases y categorías de las Empresas Turísticas.

   d) *Inspeccionar* las Empresas y las Actividades Turísticas, vigilando el estado de las instalaciones, las condiciones de prestación de los servicios y el trato dispensado a la clientela turística.

   e) *Vigilar* el cumplimiento de lo que se disponga en materia de precios.

   f) *Arbitrar* las medidas adecuadas para el fomento, protección y recompensa de las Empresas y Actividades Turísticas.

   g) *Sustanciar* las reclamaciones que puedan formularse en relación con las materias a que se contrae la presente disposición.

---

[23] «Se entiende por actividades turísticas privadas todas aquellas que de manera directa o indirecta se relacionen o puedan influir predominantemente sobre el turismo, siempre que lleven consigo la prestación de servicios a un turista, tales como la de transporte, venta de productos de artesanía nacional, espectáculos, festivales, deportes y manifestaciones artísticas, culturales y recreativas, y especialmente las profesiones turísticas.»

h) *Imponer las sanciones* que procedan por cualquier infracción del presente Estatuto.

i) Resolver en vía gubernativa los recursos que puedan interponerse, conforme a la legislación administrativa (las cursivas son nuestras).

Las competencias del ministerio llegan incluso a la autorización del cambio de titular de un establecimiento turístico, pues aun cuando en el artículo 10.1 se diga que «[...] para la continuación de la explotación de una Empresa Turística será precisa la previa comunicación al Ministerio de Información y Turismo, a través de la Delegación Provincial correspondiente, *a fin de comprobar si en el nuevo titular concurren las condiciones de solvencia moral, profesional y económica reglamentariamente precisas*» (las cursivas son nuestras), la intervención del Ministerio de Información y Turismo no se limita a la recepción de la citada comunicación, sino que «autoriza» el cambio de titular: «Si transcurridos treinta días [...] no hubiese recaído resolución, se entenderá provisionalmente autorizado el cambio de titularidad en la explotación [...]» (artículo 11).

Otros aspectos curiosos del Estatuto que estamos comentando son los referentes a la utilización del «idioma español o cualquiera de las lenguas en las distintas regiones patrias» en los rótulos de los establecimientos, normativa cuyo incumplimiento brilló por todo el suelo español; y el que hace referencia a que «el Director pondrá especial cuidado en que el trato a la clientela por parte del personal sea amable y cortés, y en que el servicio se preste con la mayor rapidez y eficacia», recomendaciones, estas últimas, que, aparte del absurdo de su aparición en una disposición legal como la comentada, al dar la impresión de que van dirigidas a analfabetos en la profesión, ponen de manifiesto el «paternalismo» con que estaban impregnadas las relaciones entre el ministerio y el empresariado del sector.

3.1.3. *La Ley de Centros y Zonas de Interés Turístico Nacional*

El principal antecedente de la Ley de Centros y Zonas de Interés Turístico Nacional (en lo sucesivo LCZ) se encuentra en los planes turístico-residenciales de la Ley del Suelo de 1956 que, apoyados en la facilidad operativa de los planes especiales regulados en el artículo 13 de la mencionada ley[24], empezaron a proliferar por la geografía española a impulsos de avispados promotores particulares. Éstos se propusieron, y lograron, que los órganos de gestión urbanística aceptaran como planes parciales unos planes de carácter netamente territorial redactados a nivel de planes especiales, con la única singularidad de su finalidad específica: el aprovechamiento turístico-residencial.

---

[24] Planes especiales que podían formularse aun cuando no existiera aprobado un Plan General de Ordenación Urbana.

En realidad, bajo la especificidad teórica de los planes especiales que se ciñen a algún aspecto concreto de la ordenación del territorio afectados por el plan, se atendían todos los aspectos ordenadores del territorio resaltándose la «protección del paisaje en perspectivas que convinieren al fomento del turismo».

La razón de que prosperase semejante pretensión es obvia y denota claros defectos del sistema. Por un lado, la presión de una demanda de terrenos en lugares placenteros de la costa o de la serranía, o en las proximidades de las grandes ciudades, para absorber un turismo siempre en alza, junto a las necesidades de expansión de masas de población sujetas a los inconvenientes conocidos de la conurbación. De otro, la larga gestión y tramitación de los planes generales en contraste con la escasa significación que tienen en ocasiones sus determinaciones sobre la división del territorio en zonas y fijación de destino, que en algunos sectores (playas, embalses, etc.) claramente se puede anticipar. Finalmente, como muchas veces ocurre, un defecto de previsión, pues en la planificación del crecimiento urbano (que ha visto que en sus directrices fundamentales ya no puede hacerse a escala de ciudad, sino desde una perspectiva mucho más alta) es imprescindible prever no sólo los asentamientos, sino la expansión periódica de las masas de población[25].

Si bien estos intitulados «planes especiales turísticos residenciales en grado parcial» evitaron una anarquía total en los centros de atracción y expansión de las grandes ciudades, la falta de una perspectiva global y totalizadora de un plan territorial de mayor entidad que los especiales, se dejó sentir muy sensiblemente en los alrededores de las metrópolis españolas y, sobre todo, a lo largo del litoral turístico en donde no se protegieron ni el medio ambiente natural ni los elementos urbanos merecedores de tal protección, lo cual no fue sino la constatación de uno de los más preclaros vicios de la vida pública española: la improvisación que, en un sector de la misma como el urbanístico, donde los efectos de cualquier actuación se perpetúan por muchos años y son prácticamente irreversibles, es, y los hechos demuestran la realidad de nuestro aserto, sumamente peligrosa.

Estos precedentes son los que sentaron las bases filosóficas que impregnan la LCZ, que recoge en gran parte la esencia de los planes turístico-residenciales especiales.

En su formulación se advierten además dos razones importantes: la primera, un desarrollo turístico constantemente en alza, que tropezaba con una infraestructura insuficiente y demandaba una coordinación de los esfuerzos necesarios para dar satisfacción a la demanda de suelo adecuado (técnicamente planificado y dotado de los servicios comunitarios que se estimaban indispensables); la segunda, la generalizada tendencia expansiva de las competencias, muy acusada en nuestra Administración y que adquirió un riguroso empuje en la época del Ministerio Fraga, que advirtió enseguida la posible consecuencia de una regulación específica en esta materia y la importancia de fomentar con toda energía un campo económico tan importante y prometedor[26].

---

[25] Sociedad Gestora de Estudios y Proyectos, S. L.: *Estudio para definir una política inmobiliaria a largo plazo*, informe mimeografiado para Bancaya Inmobiliaria, 1976, pp. 36 y 37 del capítulo VI.
[26] *Ibídem*, p. 38 del capítulo VI.

Así pues, con el fin de «estimular» a la iniciativa privada para promocionar determinadas regiones españolas caracterizadas por su clima privilegiado, sus bellezas naturales y la existencia de otros atractivos complementarios, el Ministerio de Información y Turismo presentó a las Cortes, en la segunda mitad de 1962, un proyecto de Ley de Centros y Zonas de Interés Turístico Nacional. Claramente inspirada en los principios tecnocráticos que impregnaron la actuación de la Administración española a raíz de la subida al poder en 1957 de los tecnócratas del Opus Dei, trataba de trasplantar al sector turístico la normativa que regulaba los polos de promoción y desarrollo industrial incluida dentro de la Ley del Plan de Desarrollo Económico y Social para el cuatrienio 1964-1967 y normas para su ejecución.

Es interesante resaltar de partida un hecho relevante que puede explicar las contradicciones y defectos que, como iremos apuntando, aparecen en la LCZ. Es la coincidencia de su aprobación en el mismo Consejo de Ministros en que lo fuera el Primer Plan de Desarrollo. No escapará a los conocedores de la sociología política del franquismo la importancia que esta «coincidencia» reviste para la obtención de la luz verde a la citada ley. Evidentemente, fue una hábil jugada de Manuel Fraga para soslayar las resistencias que su proyecto de ley suscitaba, con toda lógica, en otros departamentos ministeriales.

En el preámbulo de la LCZ se señalan las líneas maestras que indujeron al Ministerio de Información y Turismo a enviar a las Cortes el mencionado proyecto de ley: «El gran incremento de la corriente turística ha dado lugar a la *aparición de fenómenos de saturación* y agobio en determinadas zonas y localidades del territorio nacional más favorecidas por la afluencia de visitantes, planteando problemas a resolver con urgencia, mediante la debida *coordinación* de los esfuerzos necesarios a tal fin, consistentes de manera principal en la pronta *adecuación* de nuestro equipo turístico receptor y de la *programación y ejecución* de las correspondientes obras de infraestructura [...].

[...] Existen, por otra parte, amplias zonas dotadas por la naturaleza de suficientes atractivos para convertirse en turísticas, pero cuyas posibilidades no están suficientemente desarrolladas por diversas razones, entre las que sobresale, principalmente, la *de la ausencia de una política de fomento que ordene, estimule o supla* la iniciativa privada de una manera eficaz y facilite su adecuada explotación turística» (las cursivas son nuestras).

Por consiguiente, se pretendía incentivar de manera decidida a la iniciativa privada a través de una serie de beneficios en favor de la promoción turística, manteniendo la Administración una actitud supletoria, en tanto que tal Administración, y complementaria respecto del sector privado.

En cuanto a lo que concierne al objetivo básico de la LCZ, en el mismo preámbulo se sintetizaba el mismo: «Por ello, la Ley comienza por declarar como objetivo de la misma la *ordenación turística del territorio patrio* a través de la *planificación y desarrollo* de "Zonas y Centros de Interés Turístico Nacional" conforme a preceptos precisos, pero con suficiente elasticidad, de manera que se haga posible esta declaración y la consiguiente aplicación de sus beneficios, siempre que concurran razones que así lo aconsejen» (las cursivas son nuestras).

Lo que planteaba la LCZ era, consecuentemente, el mejor aprovechamiento del suelo a efectos turísticos, potenciando al máximo el equipamiento turístico español de acogida, así como las infraestructuras urbanísticas precisas para hacer efectiva la dotación de los servicios comunitarios indispensables a la actividad de aquél. Era, por lo tanto, una ley urbanística y por ello entraba en el terreno específico de competencia de la Ley del Suelo, radicando precisamente en este hecho las más importantes críticas que, desde un punto de vista técnico, se hicieron a la LCZ, y que más adelante analizaremos.

Asimismo, la LCZ distinguía claramente entre los Centros y las Zonas de Interés Turístico Nacional, que serán objeto de tratamiento separado.

A) Los Centros de Interés Turístico Nacional

La ley calificaba como Centros de Interés Turístico Nacional «aquellas zonas delimitadas del territorio que, teniendo condiciones especiales para la atracción y retención del turismo, son, previa su declaración como tales, ordenadas racionalmente en cuanto a la urbanización, servicios e instalaciones precisas para su mejor aprovechamiento» (artículo 2.º.1).

Las condiciones especiales aludidas se detallaban en el artículo 4.º.2 del Reglamento de Centros y Zonas de Interés Turístico Nacional:

- *a)* Que se asiente sobre una superficie territorial en la que existan bellezas naturales que lo justifiquen.
- *b)* Facilidades para la práctica de los deportes o en general de la vida al aire libre en circunstancias climáticas adecuadas.
- *c)* La existencia de lugares, edificios o complejos de interés artístico, histórico o monumental de notoria importancia.
- *d)* Cualesquiera otras análogas a las anteriores[27].

Como puede apreciarse, si exceptuamos el apartado *c)*, las otras condiciones especiales son de una vaguedad y generalidad tales que hubiera dado lo mismo su no especificación.

Mayor importancia revestían las condiciones objetivas que debían concurrir en las áreas aspirantes al otorgamiento de la declaración como Centro de Interés Turístico Nacional (artículo 2.º.2). A saber:

- *a)* Capacidad mínima de quinientas plazas en alojamientos turísticos.
- *b)* Extensión superficial no inferior a diez hectáreas.
- *c)* Servicios adecuados a su capacidad de alojamiento.

---

[27] Decreto 4297/1964 del Ministerio de Información y Turismo, de 23 de diciembre, *BOE* de 16 de enero de 1965.

Sin embargo, estos criterios objetivos de carácter cuantitativo no tenían por qué ser estrictamente necesarios, ya que, si el Gobierno estimaba a propuesta del Ministerio de Información y Turismo que se daban fundadas circunstancias excepcionales, podía proceder a la declaración de interés turístico. En el fondo, esta posibilidad era una vía de escape a la propia normativa, ya que, dadas las numerosas medidas cautelares, los complejos procedimientos de tramitación —en los que intervenían tanto los órganos de la Administración central como local, y entre aquéllos singularmente los Ministerios de Hacienda, Obras Públicas y Vivienda, además de Información y Turismo— y, en definitiva, la necesidad de que la declaración fuese otorgada en y por Consejo de Ministros, implicaba la total discrecionalidad del Gobierno en la materia.

Antes de entrar en el examen de los beneficios que llevaba aparejada la declaración de interés turístico, no está de más dejar constancia de que lo pretendido en el anteproyecto elaborado por el Ministerio de Información y Turismo, que fue parcialmente recortado por el Gobierno, era poco más o menos que la declaración de interés turístico implicara no pagar prácticamente ningún impuesto durante cinco años.

Sin embargo, los beneficios que finalmente se incluyeron en la LCZ no dejaron de ser importantes:

a) Reducción de hasta un 50 por 100 de los impuestos que gravan:
   — Los actos de constitución y ampliación de sociedades que tengan por objeto directo y exclusivo realizar inversiones, obras, construcciones, instalaciones, servicios o actividades relacionadas con el turismo dentro del centro o zona de que se trate.
   — Los contratos de adquisición de terrenos comprendidos en el Plan de Ordenación del Centro o Zona.
   — Las declaraciones de obra nueva.

b) Concesión de un régimen fiscal de amortización de carácter especial, sin limitación de ninguna clase durante el primer quinquenio.

c) Bonificación hasta un 90 por 100 en los aranceles aduaneros para la importación de maquinaria o útiles necesarios para las construcciones o instalaciones turísticas que no sean producidas por la industria nacional.

d) Preferencia para la obtención de créditos oficiales. A tal efecto, en todos los proyectos elaborados con sujeción a los Planes de Promoción y Ordenación de los Centros o Zonas se entenderá implícita la declaración de excepcional utilidad pública.

e) Derechos de uso y disfrute, en la forma que proceda, de los bienes de dominio público o del Estado y de las corporaciones locales. La adjudicación de estos derechos, siempre que tenga por fin los intereses turísticos, estará exceptuada de las formalidades de subasta.

f) Enajenación forzosa en la forma autorizada por el capítulo 1.º del título IV de la Ley de Régimen del Suelo y Ordenación Urbana y su Reglamento, de los terrenos cuyos propietarios, en el plazo de dos años, no hubiesen emprendido o seguido al ritmo normal las obras necesarias para su utilización conforme al Plan de Ordenación[28].

No creemos que merezcan mayores comentarios los apartados *a*), *b*), *c*) y *f*) por cuanto son suficientemente explícitos. Sin embargo, los otros dos necesitan que nos detengamos en ellos.

Respecto a la preferencia en la obtención de créditos oficiales, dos órdenes ministeriales se encargaron de desarrollar los principios enunciados en la LCZ. La primera de ellas de 3 de julio de 1964 es del Ministerio de Hacienda; y la segunda, con fecha 15 de agosto de 1964 del Ministerio de Información y Turismo. Ambas regulaban el procedimiento para la obtención de tales créditos y las condiciones de los mismos. Centrándonos en este último aspecto, que es el que nos interesa, la orden del Ministerio de Hacienda dispuso que el Banco Hipotecario de España quedaba autorizado a conceder tales préstamos, para los fines indicados, con un volumen del 40 por 100 del valor total de las obras a realizar; a un interés del 6,5 por 100 anual, con los correspondientes gastos de inspección bancaria; y un plazo máximo de amortización de cinco años a partir de la terminación de las obras, fecha que no podía ser posterior en más de tres años a la concesión del crédito. Es decir, que entre la concesión del crédito y su total amortización debía mediar como máximo un período de ocho años. Estas medidas protectoras iban dirigidas fundamentalmente a lograr la máxima eficacia de los créditos, ya que, por la particular forma de actuación de los promotores de urbanizaciones, si no se adoptaran eternizarían la terminación de las obras y, por tanto, la amortización del crédito, siendo así que, de este modo, se pretendía canalizar estos recursos hacia promotores solventes cuya petición de crédito tratarían de retrasar hasta que las obras a realizar estuviesen suficientemente avanzadas permitiendo obtener una inmediata rentabilidad a las mismas y, de este modo, su más fácil amortización.

Por otro lado, dadas las ingentes necesidades españolas de créditos para actividades productivas, y no meramente especulativas como las objeto de regulación por la LCZ, creemos que en general eran más que suficientes. Lo menos que se podía pedir a unos promotores que pretendían obtener no sólo los demás beneficios derivados de la declaración de Centro de Interés Turístico, sino también los crediticios, era una solvencia financiera que les permitiera, asimismo, completar sus necesidades de crédito por los canales comerciales normales si el negocio era bueno. Si las instituciones financieras privadas no se los concedían era porque no veían claro el negocio, por lo que no debía ser el sector público el que financiase esas actividades de dudosa rentabilidad y alto riesgo.

En cuanto a los derechos de uso y disfrute de los bienes públicos, cabe reseñar que el objetivo subyacente en estos beneficios no era otro que la privatización de las playas y zonas marítimo-terrestre lindantes con el Centro de Interés Turístico, puesto que la inmensa mayoría de los mismos se localizarían normalmente en zonas cos-

---

[28] Artículo 87 del Reglamento de Centros y Zonas de Interés Turístico Nacional.

166

teras. Tampoco podemos dejar de señalar la posibilidad de hacer lo propio con las masas forestales, que también constituían otro importante atractivo y que sin duda revalorizaba el precio de los terrenos circundantes.

Los centros declarados hasta la muerte de Franco fueron 78, y su distribución espacial fue de 26 en Andalucía —siendo Cádiz la primera provincia con ocho—, Cataluña con otros ocho, Baleares y Murcia con siete, Canarias y País Valenciano con seis, Aragón con cinco, y cantidades inferiores en Madrid, Galicia, Castilla la Mancha, Castilla-León, Navarra, Rioja y País Vasco. Así pues, no sólo se declararon centros orientados hacia el turismo extranjero, sino que hubo bastantes enfocados hacia la consecución de urbanizaciones de segunda residencia en lugares donde la Ley del Suelo las imposibilitaba.

B) Las Zonas de Interés Turístico Nacional

Por lo que concierne a la declaración de Zona de Interés Turístico, la LCZ las califica como «aquellas porciones del territorio declaradas formalmente tales, en las que existiendo dos o más Centros acogidos a los beneficios de esta Ley, y cinco mil plazas como mínimo, sea necesario para el mejor aprovechamiento y desarrollo de sus recursos turísticos, la realización de obras y servicios de infraestructura que requieran una actuación coordinada de la Administración pública en sus diversas esferas» (artículo 3.º.1).

La finalidad de la declaración se detallaba en el Reglamento: «La creación de Zonas Turísticas, al objeto de adoptar de manera coordinada las medidas necesarias para la conservación y mejora de sus valores naturales, y realización de las obras de infraestructura turística y medios de comunicación y transportes en cada caso convenientes para dotar a las mismas de las condiciones de estructura y ambientales que permitan atraer corrientes turísticas» (artículo 2.º, apartado C).

Es decir, se fijaban unos mínimos dimensionales para el otorgamiento de la declaración, que tenía una finalidad de coordinación para superar las trabas administrativas que frenaban la dotación de la infraestructura necesaria a la potenciación del desarrollo turístico. Coordinación que se pretendía se ejerciese tanto entre los distintos órganos de la Administración como entre ésta y los particulares.

El hecho de que la declaración de Zona de Interés Turístico se llevase a cabo sobre territorios donde existían dos o más centros da una clara idea de otro objetivo subyacente en la ley: el de la complementariedad de la actuación pública respecto de la iniciativa privada, para evitar que ésta pudiese verse frenada por la ausencia de aquélla. Pero además, y de forma semejante a lo que ocurría con los centros, el Consejo de Ministros podía declarar Zonas de Interés Turístico aunque en los territorios afectados no se diesen las características objetivas señaladas anteriormente, «siempre que en ella concurran razones especiales de índole topográfica, geográfica, histórica, monumental, sanitaria u otras que justifiquen la excepción» (artículo 3.º.2 de la LCZ). De este modo, aun con los inconvenientes apuntados anteriormente respecto de tales excepciones, atenuados por el mayor ámbito espacial de que se trataba, aparecía otra función subyacente en la declaración: la de preparar suelo turístico con la finalidad de fomentar e incentivar la creación de centros turísticos sobre el mismo. O sea, que, más que una acción complementaria de la Administración, se trataba de una actuación incentivadora y previa al propio desarrollo turístico para «abrir camino» a la iniciativa privada en zonas en que, por razones del tipo que fuese, esta última se mostraba remisa a invertir y la Administración estaba interesada en desarrollar.

No entramos en el análisis de los beneficios que podía comportar la declaración de Zona de Interés Turístico, por cuanto eran los mismos que los referentes a los Centros, pero extensibles a todas las partes del territorio comprendido en el Plan de Promoción Turística de la Zona. Un plan que elaboraba el Ministerio de Información y Turismo, y junto con el Plan de Ordenación Territorial y Urbana de la Zona, eran previos a la declaración de Interés Turístico Nacional por el Consejo de Ministros.

En definitiva, la LCZ pretendía encauzar y recibir adecuadamente la extraordinaria afluencia de visitantes, disparada a principios de la década de los sesenta, de modo que pudieran preverse o evitarse los perjudiciales efectos de desbordamiento, para lo cual había que desarrollar un equipamiento de alojamientos turísticos y demás infraestructuras apropiadas y suficientes.

Puesto que la iniciativa privada se mueve por los lógicos intereses particulares que tratan de obtener la máxima rentabilidad en el mínimo tiempo posible, la inversión promovida por la misma se centró en aquellas áreas relativamente reducidas del litoral español donde tales principios resultaban maximizados. La consecuencia de todo ello fue la aparición de fenómenos de saturación y congestión en esas áreas, de tal forma que la Administración se ha visto obligada con el paso del tiempo a intervenir para corregir los defectos señalados. Su actuación debía, por consiguiente, estar presidida por el criterio de lograr una coordinación entre su propia actividad y la iniciativa privada para abrir a los mercados turísticos nuevas zonas potencialmente válidas y ordenar su racional desarrollo, al tiempo que reordenaba el desarrollo turístico de las zonas consagradas. Promoción y ordenación eran, pues, los pilares básicos que sustentaban los objetivos de la disposición legal comentada.

C) Análisis crítico de la ley

No faltaron lógicamente las críticas positivas a la LCZ, sobre todo de parte del empresariado a quien iba dirigida la disposición legal comentada, por la flexibilidad que la eliminación de la previa exigencia de planes generales daba a la promoción de los territorios turísticos y porque los mecanismos arbitrados suprimían la especulación de muchos en favor de la de unos pocos «afortunados»: los que podían obtener la declaración de interés turístico sobre los territorios que les interesasen.

No obstante estos aspectos favorables para algunos, no faltaron voces que se hicieran eco del temor que suscitaba la tercera disposición final de la LCZ[29] por la

---

[29] «Por los Ministerios de Hacienda, Obras Públicas, Vivienda, Gobernación e Información y Turismo se dictarán las disposiciones complementarias para la aplicación de esta Ley.»

multiplicidad de ministerios que dictarían las disposiciones complementarias con el peligro de confusionismo e incapacitación en la aplicación de la LCZ, así como de contradicciones fácilmente observables en el articulado. La más importante de las cuales era que en el preámbulo de la ley se decía que «los beneficios sólo los puede acordar el Consejo de Ministros, y la proposición de los mismos corresponde al Ministerio de Hacienda mediante otro decreto simultáneo al de declaración de beneficios. Al Ministerio de Información y Turismo sólo le compete dictaminar sobre la preferencia para la obtención de créditos oficiales y el derecho de uso y disfrute de las corporaciones locales. La gravedad de la contradicción es que Hacienda no interviene en los trámites previos y que los beneficios puede limitarlos posteriormente»[30].

A pesar del moderado optimismo inicial, la realidad superó rápidamente la norma, que quedó desfasada y que no la hacían atractiva como no fuese para especular con la declaración formal de Centro de Interés Turístico. En cuanto a la ordenación territorial turística que pretendía realizar no se llevó a cabo, pues su efectividad se limitó a declarar cerca de un centenar de centros, algunos modélicos desde el punto de vista urbanístico, y otros en los que no se efectuó obra alguna, sin que se declarase ninguna zona.

Las críticas negativas a la LCZ fueron múltiples y enfocadas bajo diversos puntos de vista, aunque la fundamental era la aparición de una nueva legislación y de nuevas competencias en un campo jurídico plenamente desarrollado por la Ley del Suelo cuya vigencia databa de 1956.

A este respecto, todo lo que podríamos decir creemos que se encuentra magníficamente condensado en los siguientes párrafos: «Es indudable que la ley tiene como finalidad sustantiva la promoción y regulación de los asentamientos urbanos en razón del turismo. En este sentido su instrumentación como una ley de fomento, esencialmente de tales asentamientos, es irreprochable; pero desde el momento en que es también una ley urbanística, esto es, una ley de ordenación territorial, hace quebrar los principios de la planificación y verifica una auténtica inversión de valores, pues es evidente que el turismo es la parte y el territorio es el todo, y que por tanto estructurar la ordenación de un todo desde una perspectiva exclusivamente parcial es incidir de lleno en la equivocación perjudicial y costosa que supone toda planificación sectorial, y cuyo riesgo mayor, en este caso, resulta del hecho de que al poner al servicio de esa ordenación sectorial las técnicas concebidas para la total planificación urbanística —así, el juego de planes generales y parciales o los conceptos de solar, suspensión de licencias de edificación, parcelaciones, valoraciones y similares— se están desvirtuando esas técnicas en beneficio de un ámbito de intereses muy concreto y para el mayor descrédito de aquéllas frente a la comunidad[31]. En síntesis, era una simple y llana quiebra del principio de unidad de la ordenación del territorio.

[30] I Asamblea Nacional de Turismo, *op. cit.,* pp. 36 y 37.
[31] Martín Mateo, Martín Retortillo y Villar Palasí: «Ponencia sobre aspectos jurídico-administrativos del turismo», publicada en el libro del mismo título relativo al Primer Congreso Italo-Español de profesores de Derecho Administrativo, Sevilla, 1966, p. 61. Citado por Nasarre Alastruey, R., en *Las urbanizaciones particulares. La Ley del Suelo ante el fenómeno turístico,* Montecorvo, Madrid, 1973, p. 166.

Otro de los puntos más conflictivos de la ley comentada fue el referente a las competencias que desarrollaba en favor de unos organismos y en detrimento de otros, pues mermaba las facultades que las Leyes del Suelo y de Régimen Local conferían a los ayuntamientos y determinados organismos del Ministerio de la Vivienda, en beneficio del Ministerio de Información y Turismo que, de hecho, significaba la exclusión de la competencia municipal en materia de aprobación de planes de ordenación urbana y de concesión de licencias. El problema suscitado, en efecto, fue muy grave.

Buena prueba de las consecuencias y de los conflictos que planteó la ruptura de la unidad de la ordenación del territorio y la doble competencia administrativa, nos la suministraba el diario *El País* del 6 de noviembre de 1977 en una información relativa a un determinado plan de urbanización en el área metropolitana madrileña, cuyo redactor era meridianamente claro en su exposición:

> En el pleno de Coplaco del 31 de enero de 1973 fue denegado el plan de urbanización de Valcotos de acuerdo con los artículos 10 y 79 de la Ley del Suelo y en ningún otro momento ha dado su conformidad a este proyecto. Los ecologistas consultados por *El País* se preguntan cómo puede estar aprobado un proyecto al que nunca dio el visto bueno el Ministerio de la Vivienda, según la Ley del Suelo.
>
> La respuesta es extraña; en España hay dos leyes del suelo, la de Urbanismo y la de Turismo, obra esta última del ex ministro de Información y Turismo, Manuel Fraga Iribarne, del año 1963, y a expensas de la cual se ha realizado todo el destrozo que se ha ocasionado en la costa española, desde la urbanización que socava el Parque de Doñana hasta la que tiene en peligro la Dehesa del Saler en Valencia, o ahoga en cemento la albufera de Alcudia, en Mallorca, y ahora en los últimos años proyecta la degradación de las sierras del interior, según medios ecologistas consultados por *El País:* la operación es bien sencilla, los promotores van a Urbanismo, y si por medio de la Ley del Suelo se deniega un proyecto degradador y antiurbanístico —tal es el caso de Valcotos— entonces cambian de ministerio, van al de Turismo y proponen que el lugar en cuestión sea declarado «Centro Nacional de Interés Turístico» al amparo de la citada ley de Fraga, de Centros y Zonas de Interés Turístico Nacional, verdadera ley paralela que supone un auténtico fraude a la ley, en este caso a la Ley del Suelo, con la que trabaja Urbanismo[32].

En el fondo de todo ello latía el eterno círculo vicioso del régimen franquista, y más concretamente de los años del desarrollo tecnocrático, de la tendencia a la centralización máxima de una Administración fuertemente centralista, para evitar los desaguisados «incontrolados» de una ¿corrupta y/o incompetente? Administración

---

[32] J. B.: «La urbanización de Cotos, afectada por dos diferentes leyes del suelo», *El País,* 6 de noviembre de 1977, p. 16.

local que asistía pasiva a la paulatina usurpación de sus funciones por parte de la Administración central, precio que aquélla pagaba gustosa a cambio del encubrimiento de las ilegalidades en que continuamente incurrían los órganos de decisión local. Esto fue especialmente cierto en el tema del urbanismo y más aún en el del urbanismo turístico, en el que gracias a la LCZ se escamotearon las competencias locales en favor del Ministerio de Información y Turismo, prueba de que, por parte de algunos sectores turísticos muy vinculados al aparato del franquismo, se temía incluso que la «facilidad» para otorgar «favores» por los ayuntamientos podría incluso volverse en contra de sus intereses; de ahí que prefirieran los vericuetos de los pasillos ministeriales, más cómodos y conocidos por ellos.

Podríamos extendernos mucho más en este punto porque ciertamente los problemas generados no fueron pocos, amén de ofrecer otros elementos de análisis de gran interés. Pero eso sería meternos en terrenos que no son objeto de este libro.

3.2. La depresión del interior de España y los problemas del urbanismo turístico

La atracción que el fenómeno especulativo, concurrente con el turístico, ha venido ejerciendo sobre la capacidad inversora española en el sector de la construcción, se ha materializado en una desviación de las inversiones hacia el sector turismo y hacia zonas turísticas, lo que ha provocado la «descapitalización relativa» de casi todo el interior de la península y potenciado la «gran marcha de la emigración». La consecuencia es que admitiendo que España en su conjunto ha crecido y se ha desarrollado, unas regiones lo han hecho mucho más deprisa que otras, e incluso a costa de estas últimas. Por consiguiente, el turismo ha generado un desarrollo desequilibrante y desequilibrado.

Estas diferencias se agudizan más todavía en las mismas regiones turísticas, puesto que al concentrarse el desarrollo sectorial en una estrecha franja litoral, convertida en barrera de cemento, que responde a la lógica del máximo y más rápido aprovechamiento del filón «playa o litoral», imposibilita o frena el desarrollo de comarcas más interiores. Esto nos introduce en la problemática de otra de las manifestaciones más notorias de la incidencia del turismo en España: el proceso de urbanización turística, cuyas características fundamentales son las que comentamos seguidamente.

En primer lugar, ha surgido un poderoso movimiento urbanizador de los enclaves rurales costeros que, al contrario de lo ocurrido en el pasado, no se apoya en la industria, sino en el sector terciario. Es decir, que este proceso urbanizador está basado en la terciarización de las actividades de los núcleos turísticos. Es importante resaltar igualmente la rapidez con que ha tenido lugar este crecimiento urbano.

En un segundo plano definitorio del fenómeno analizado, se encuentra el hecho de que el desarrollo de estos núcleos tuvo lugar —debido indudablemente a la cualidad acelerada del mismo y a la estacionalidad de la actividad que lo genera— sin una evolución paralela de su capacidad para hacer frente a las necesidades de los trabajadores del mismo, y con un desarrollo limitado e insuficiente de las infraestructuras básicas, como abastecimientos o saneamientos.

A un tercer nivel, se ha producido una reestructuración de la red urbana preexistente basada en una nueva centralidad de los núcleos turísticos que se convierten en centros receptores de trabajadores de «ida y vuelta», así como de obreros estacionales que alternan sus ocupaciones en el mundo rural con las del sector servicios en los meses punta. Y, por supuesto, planeando sobre este complejo proceso la omnipresente característica de ausencia de planificación urbana.

La explicación de un proceso urbanizador de esta índole no reside en la existencia de algún vínculo de causa-efecto ligado al desarrollo urbano o terciario español, sino que se halla en el rol que, como «periferia placentera», desempeñan las costas mediterráneas y el archipiélago canario en el conjunto del sistema productivo europeo.

Las consecuencias son visibles por doquier. Aunque sea la crítica opinión del arquitecto-urbanista francés Candilis, especialmente calificado e incalificado al mismo tiempo[33] para analizar la Costa Brava, la que reproduzcamos: «Es incomprensible construir colonias de vacaciones sin proyectar de antemano la ordenación urbanística de su emplazamiento e incluso de toda la región. La metamorfosis brutal surgida por el litoral español de la Costa Brava, abandonada a promotores y especuladores sin organización alguna, ha tenido unos resultados catastróficos; la anarquía, la confusión, la promiscuidad o el aislamiento, la falta de instalaciones para las actividades y manifestaciones colectivas forman una imagen caricaturesca. El predominio del beneficio inmediato en detrimento del respeto a la naturaleza y de la dignidad del hombre son la expresión de una explotación abusiva del ocio de masas»[34].

¿Acaso tienen razón quienes opinan que a gran parte de los turistas les gusta el hacinamiento y de ahí una de las claves del éxito turístico hispano, a pesar de sus nefastas consecuencias para el medio ambiente?

Haciéndose eco de este problema escribe Tamames: «Sobre el otro tema, el hacinamiento en el litoral en la temporada de verano, hay muchos puntos de vista. Algunos sociólogos incluso han llegado a señalar que a una elevada proporción del turismo extranjero le gusta ese hacinamiento. Es difícil compartir esa opinión. Pero lo que parece estar fuera de toda duda es que las altas densidades que se alcanzan en algunas zonas hacen insuficientes las infraestructuras de transporte, telecomunicaciones, agua y otros servicios públicos elementales.

A la larga, todo eso puede contribuir —ya está sucediendo así— "a crear muy mala prensa" a nuestras áreas turísticas. Sobre todo, si a ello se une una calidad detestable de muchos de los hoteles recientes, y de la propia administración de no po-

---

[33] Decimos esto porque Candilis fue uno de los ocho arquitectos-urbanistas de la Agencia de Urbanismo de la Misión Interministerial para la Ordenación Turística del litoral Languedoc-Roussillon, operación que montó el Estado francés para frenar la avalancha de turistas que todos los veranos se dirigían hacia España. El relativo fracaso de dicha operación puede darnos la medida de la posible falta de objetividad del arquitecto francés, pero a pesar de ello estamos de acuerdo con la crítica que realiza.

[34] Candilis, G.: *Arquitectura y urbanismo del turismo de masas*, Gustavo Gili, Barcelona, 1973.

cos de ellos, que los explotan con una mentalidad asimilable más bien a la de "granja" o "estabulación" de turistas»[35].

3.3. El desarrollo de la legislación turística específica

3.3.1. *La ordenación turística de los diferentes sectores empresariales privados*

A) El Registro de Empresas y Actividades Turísticas

No fue necesaria la entrada en vigor del Estatuto Ordenador de Empresas y Actividades Turísticas para que, con pocos días de antelación, se aprobara una disposición menor en el paquete de medidas reguladoras que, a lo largo de un par de años, iban a terminar de ordenar legalmente el funcionamiento de las diferentes actividades turísticas.

Fue una Orden de 20 de noviembre de 1964 reguladora del funcionamiento del Registro de Empresas y Actividades Turísticas, la que estableció un objetivo que hablaba por sí solo: *conseguir un censo lo más completo posible de Empresas y Actividades relacionadas con el turismo, no sólo a efectos estadísticos y orientadores, sino también a efectos de propaganda de las mismas empresas y actividades,* en las promociones que fuera a realizar en el futuro el ministerio.

La falta de control y el desconocimiento de un sector embarcado en un proceso de crecimiento muy acelerado eran patentes, y para conseguir el objetivo perseguido se fijó la gratuidad de la inscripción y la obligatoriedad de la misma si se quería obtener algún tipo de beneficio del ministerio, o la declaración de «empresa recomendada» oficialmente.

B) Las actividades turístico-informativas privadas

Incluso un año antes, y en virtud de las facultades de la Ley sobre Competencia en Materia Turística de 1963, mediante Orden de 31 de enero de 1964 se reguló el funcionamiento del ejercicio de «actividades turístico-informativas privadas». Unas actividades que precisaban su fomento y una paralela dignificación, en un contexto turístico en el que estas profesiones y actividades eran cada día más necesarias. De ahí que la orden aprobara el Reglamento de Guías, Guías-Intérpretes y Correos de Turismo, así como el ejercicio empresarial de las agencias de información turística. El texto normativo constituye un diseño profesional de derechos y obligaciones, así como la forma de acceder a la profesión mediante exámenes y habilitaciones.

También en el verano de 1967 apareció otra norma reguladora, en este caso de las oficinas de información turística para coordinar esfuerzos, sin merma de la autonomía de las diferentes administraciones y entidades en la prestación de un servicio que debía ser gratuito.

---

[35] Tamames, R.: *Estructura económica de España, op. cit.,* 7.ª ed., p. 488.

C) Actividades de restauración y cafeterías

Tras la aprobación del Estatuto, el *BOE* siguió publicando las diferentes normas específicas del sector. La primera de ellas fue la Orden de 17 de marzo de 1965 que reguló el funcionamiento de las actividades de restauración, acerca de las que se subraya no sólo su aportación al desarrollo del turismo exterior, sino al propio turismo interior estimulado por los aumentos del nivel de vida.

Una orden que se asienta en los principios de libertad de establecimiento, con la fijación de unas exigencias mínimas de servicios por cada una de las cinco categorías de establecimientos que se crean, y de libertad de precios, salvo para el obligatorio menú turístico.

Las competencias administrativas del Ministerio de Información y Turismo eran las que el Estatuto detallaba, ya que constituían «la doctrina administrativa común» configuradora del esqueleto de las normas reguladoras de las diferentes actividades turísticas que van ordenándose. Asimismo, se fijaban otras obligaciones como las relativas a publicidad de cartas, menús y precios, a facturas y a la existencia del libro de reclamaciones al igual que el cuaderno de sanciones.

Finalmente, es interesante destacar el exquisito detalle de la norma al describir las instalaciones generales y específicas precisas para cada categoría y cada uno de los elementos, tanto infraestructurales como del servicio de restauración.

Un día más tarde, el 18 de marzo, se aprobaba la Orden reguladora de las «cafeterías» que era similar a la de restaurantes, con la lógica adaptación a la actividad regulada en la que se establecían tres categorías.

D) Cámpings

Transcurrió poco más de un año antes de que el 28 de julio de 1966 se aprobara una nueva Orden, esta vez sobre los cámpings; un subsector de alojamiento que mostraba una importancia creciente. Es interesante constatar cómo se señalan el orden y la seguridad entre los valores turísticos de España: «El desarrollo progresivo de esta actividad en países como el nuestro que cuenta con condiciones geográficas, paisajísticas y climatológicas que, juntamente con el orden y seguridad reinante [...]».

La orden distinguía entre cámpings públicos y privados, con los requisitos específicos de cada uno de ellos y de sus categorías fijadas en cuatro. Igualmente se regularon las acampadas libres.

E) Alojamientos extrahoteleros

Mayor interés tuvo la publicación de la Orden de 17 de enero de 1967 que intentó ordenar una amplia gama de actividades de alojamiento turístico extrahotelero que estaban fuera de toda norma. Es la que reguló los «apartamentos, bungalows y otros alojamientos similares de carácter turístico».

El preámbulo de la orden es muy ilustrativo de lo que estaba ocurriendo entonces: un cambio de las características del fenómeno turístico que se traducía en su paso de la itinerancia y carácter minoritario a la masificación y residencialidad. Estas importantes transformaciones iban aparejadas a cambios en la demanda, ya que las vacaciones empezaban a convertirse en época de reunión familiar, para lo que se precisaba que el alojamiento turístico tuviera las características de «otro» hogar, pero dotado de los servicios complementarios que liberaran a sus ocupantes de las servidumbres hogareñas, y lógicamente con unas condiciones económicas aceptables.

Asimismo, y derivado de la variedad de modalidades de alojamiento extrahotelero que iban surgiendo y de sus lógicas peculiaridades, era preciso que la norma fuera flexible en el tratamiento del régimen empresarial que oscilaba entre el sistema de explotación típicamente hotelero y el del simple arrendamiento de vivienda amueblada por temporada. La pieza angular de todo el ordenamiento era el contrato-tipo, que distinguía claramente el normal arrendamiento de vivienda amueblada del ejercicio habitual de esa actividad en medios turísticos.

Se respetaba la libertad de fijación de precios con la sola exigencia de que se atuvieran a los principios básicos de la política de precios turísticos de aquella época: globalidad, inalterabilidad anual y máxima publicidad. Asimismo, se daba un tratamiento especial a los establecimientos que alojaban día por día.

Como no existía norma alguna que regulara previamente estas actividades, la orden es muy prolija, ya que al margen de las disposiciones generales y comunes a toda actividad turística, se establecieron las condiciones mínimas de los alojamientos y de los bloques o conjuntos de los mismos; se fijaron cuatro categorías con sus requisitos infraestructurales, de servicios y precios. Y también se reguló el ejercicio de la actividad empresarial de todas sus facetas, incluso la actividad de mediación en la contratación. La orden terminaba con la publicación del modelo de contrato de alojamiento turístico. Sin duda fue un loable intento de regulación de una importantísima actividad turística que escapaba a todo control.

En el ámbito temporal de este capítulo, esta norma se completó con otra Orden de 5 de julio de 1967 estableciendo la «cédula de habitabilidad» para las construcciones de alojamientos extrahoteleros a explotar turísticamente.

F) Clasificación de hoteles

Finalmente, el paquete regulador de las principales actividades turísticas se culmina con la Orden de 19 de julio de 1968 por la que se dictaron las normas de clasificación de establecimientos hoteleros.

El preámbulo de la misma es lo suficientemente sustancioso como para que hagamos un examen detenido del mismo. Tras considerar a la hotelería como el elemento básico de la oferta turística, se sientan las bases de lo que el Gobierno de la época consideraba el postulado fundamental de la política turística: la creación y el mantenimiento de una planta hotelera, y el que ésta cumpliese los siguientes requisitos: *a) que fuera cuantitativamente suficiente; b) que estuviera cualitativamente diversificada, y c) que se distribuyera geográficamente del modo más conveniente para el país.* Por consiguiente, se constataba la necesidad de desarrollar una oferta suficiente para acoger a una demanda en constante crecimiento; una oferta global que pudiera atender a un amplio espectro social, cultural y sociológico de la demanda; y una oferta, por último, que empezara a desarrollarse por otros entornos geográficos distintos a los tradicionales receptores de la explosión del turismo de masas.

Gran importancia en la publicación de esta orden tuvo la Primera Asamblea Nacional de Turismo de 1964 porque en ella se marcaron las directrices en materia de clasificación hotelera, y que son asumidas por la norma. Una norma reguladora que buscaba el equilibrio entre las exigencias técnicas mínimas difícilmente alterables a posteriori, es decir, la propia infraestructura hotelera, y la calidad de los servicios y de la atención a prestar a la clientela.

Por otra parte, y descendiendo a los objetivos concretos de la política que se diseñaba para la hotelería a través de la clasificación de establecimientos, ésta debía defender los intereses de la clientela, beneficiar el prestigio de la actividad hotelera española y satisfacer los principios de justicia y equidad. Obviamente esa nueva clasificación, cuyos criterios fijaba la norma, tendió a la adopción de un marco categorial más «internacional», sin que ello significara aumento de precios y estableciendo unos plazos para facilitar la adaptación de aquellos establecimientos que la precisasen.

Tras establecer cinco categorías de hoteles, tres de hostales y pensiones, una de fondas y cuatro de hoteles-apartamentos, la orden flexibilizó los criterios generales de carácter infraestructural y de servicios adoptando normas especiales para establecimientos especiales. Y consideraba «especiales» a los situados en la playa, en la alta montaña, los de temporada, los situados en estaciones termales, los carentes de comedor y los moteles.

Estas normas especiales tenían una lógica aplastante y afectaban a todos o a algunos de los apartados siguientes: las dependencias e instalaciones de uso general; las habitaciones, sus instalaciones y equipos; las dependencias e instalaciones de zonas de servicios; y la prestación de los servicios. Apartados que con las condiciones de seguridad e higiene y lo relativo a las sanciones, constituían el núcleo de la norma, y se desarrollan para todas las categorías de establecimientos hoteleros.

No creemos necesario pormenorizar los detalles de las modificaciones que afectaban a los establecimientos especiales. Baste señalar la dispensa de alfombrar dependencias generales y habitaciones en los hoteles de playa, o permitir habitaciones con literas en los de alta montaña, o la dispensa de instalar calefacción o refrigeración en hoteles de temporada en localidades en que la temperatura ambiente en «temporada» no lo requiere, para entender el sentido de las mismas.

Nos parece relevante destacar finalmente en esta norma, por lo sintomático de lo que decía, de lo que se constataba y de los efectos territoriales que el desarrollo de la oferta de alojamiento produjo, el criterio por el que se calificaba a un hotel como de playa: todo aquel situado en primera línea o, en su defecto, a menos de 250 metros de una playa, mar o lago.

G) **Ciudades de vacaciones**

Aunque con la normativa hotelera acaba el paquete legislativo de las principales actividades turísticas relacionadas con la oferta, la preocupación por dar respuesta a la dinámica del fenómeno turístico llevó a la publicación de la Orden de 28 de octubre de 1968, reguladora de una nueva modalidad de alojamiento turístico: las ciudades de vacaciones.

Concebidas para atender a contingentes numerosos de personas que acuden a ellas en busca de descanso en contacto con la naturaleza y que, por un precio global, tienen alojamiento, manutención, prácticas deportivas diversas y participación en diversiones colectivas, servían sobre todo para promocionar el turismo social interior.

La orden estableció tres categorías de ciudades de vacaciones y además de dictar una serie de disposiciones generales de carácter administrativo, fijó las condiciones generales y particulares de cada categoría, los precios y el ejercicio de la actividad y régimen de funcionamiento.

H) **Agencias de viajes**

Si bien es cierto que las actividades mediadoras en el mercado turístico tenían una normativa bastante reciente, ya que estaban reguladas por un decreto y una orden de 1962 y 1963, respectivamente, y teniendo en cuenta la creciente complejidad de la organización de viajes, el Decreto 1524 de 7 de junio de 1973 vino a simplificar la reglamentación reguladora de las relaciones entre las distintas clases de agencias, marcando unos ámbitos claros de actuación, y a establecer garantías de responsabilidad frente a los usuarios.

Este decreto, que clasificó a las agencias en tres tipos según su actividad, dejaba abierta a la publicación de su posterior reglamento la fijación de los porcentajes de comisiones, y la regulación y vigilancia de las relaciones entre agencias de viaje, empresas hoteleras y alojamientos.

Hemos incluido este decreto en este capítulo por cuanto entra dentro de su ámbito temporal. Sin embargo, su aplicación corresponde ya a la siguiente etapa en que se publicó el reglamento que lo desarrollaba

3.4. El tratamiento territorial del turismo

Centrándonos a continuación en los aspectos territoriales de la actividad turística, vamos a analizar en este epígrafe algunas normas de carácter turístico y de evidente incidencia espacial, que merecían un tratamiento diferenciado.

3.4.1. *Las denominaciones geoturísticas*

Una Orden de 31 de marzo de 1964 creó el Registro de Denominaciones Geoturísticas, que se sustentaba en la exigencia de delimitación territorial de determinadas denominaciones geográfico-turísticas por su valor descriptivo propagandístico y para evitar idénticos nombres a sectores geográficos diferentes. Unas denominaciones que podían incoarse de oficio o a instancia de autoridades locales, corporaciones y entidades públicas e incluso personas naturales o jurídicas interesadas; y que obviamente pretendían lograr una clarificación y evitar competencias desleales y errores en la clientela.

El 10 de diciembre del mismo año, otra orden empezó a reconocer los límites geográficos de las costas españolas de acuerdo con sus características geográficas, físicas, clima, ambiente, productos, floración, etc., estableciendo los relativos a la Costa Brava, Costa del Sol y Rías Bajas gallegas. Sucesivas órdenes de enero y marzo de 1965, respectivamente, hicieron lo propio con la Costa de la Luz, y las Costas Dorada, del Azahar y Blanca.

De esta manera se clarificó el panorama de las denominaciones y posterior política de imagen a desarrollar por los diferentes enclaves turísticos costeros.

3.4.2. *El litoral interior*

El desarrollo turístico en el período examinado en este capítulo estaba siendo espectacular. Paralelamente, la multiplicación de grandes embalses, la elevación del nivel de vida y el consiguiente crecimiento de las actividades recreativas planteaban la necesidad de ordenar la utilización de los embalses, compatibilizando usos y haciendo factible un aprovechamiento turístico de los mismos, aunque lógicamente orientado a un turismo interior.

Por eso el Decreto de 10 de octubre de 1966 estableció la exigencia de proceder a una clasificación de los embalses según sus posibilidades de aprovechamiento recreativo secundario, determinando qué tipos de actividades eran factibles en sus aguas. Asimismo, tomaba conciencia de la problemática de promociones turístico-inmobiliarias en sus proximidades, señalando la necesidad de la autorización del Ministerio de Obras Públicas y Urbanismo en todos aquellos planes de promoción turística que tramitase el Ministerio de Información y Turismo en las zonas limítrofes a los embalses. Igualmente, se fijaba en 500 metros del nivel máximo el perímetro dentro del cual cualquier construcción, instalación o actividad podría ser denegada. Y más allá de esa distancia podría suspenderse la construcción de cualquier instalación o actividad incompatible con las utilizaciones autorizadas del embalse.

Y para completar las garantías de defensa que el Ministerio de Obras Públicas pretendía, se ordenó que cualquier instalación de servicios públicos, como abastecimiento de aguas, saneamiento o accesos en los aprovechamientos recreativos, se hiciese bajo su inspección y vigilancia.

¡Fue sin duda una lástima que el citado ministerio no hubiese mostrado el mismo celo en la defensa del litoral marino porque entonces España se habría ahorrado muchos problemas posteriores!

La orden que desarrolló el decreto comentado se publicó casi dos años más tarde —el 28 de junio de 1968— y en ella se establecieron cuatro grupos de embalses según se autorizara en ellos: la caza y pesca, baños y natación, navegación deportiva a remo y a vela, y navegación deportiva a motor; y tres tipos según hubieran restricciones a esos aprovechamientos secundarios, sin restricciones de ningún tipo, y sin restricciones pero con condiciones naturales poco favorables. A partir de esa orden se inició un rosario de resoluciones ordenando las zonas limítrofes a los embalses, empezando por donde la presión turística era mayor, es decir, los de los alrededores de Madrid.

Normalmente el perímetro de exclusión total de edificación se fijaba en 50 a 100 metros del nivel máximo según fueran embalses con aprovechamiento para consumo humano con toma directa o sin ella; y con densidades de ocupación de suelo máximas de siete viviendas por hectárea, aunque lo más común es que se fijara un módulo de cinco, con parcela mínima de 2.000 metros cuadrados.

3.4.3. *El litoral marítimo*

El reglamento que desarrolló la Ley de Centros y Zonas de Interés Turístico de 1963 había fijado las «condiciones especiales» para la atracción y retención del turismo que debían tener las partes del territorio que pretendieran convertirse en centros de interés turístico: superficie territorial en la que existan bellezas naturales que lo justifiquen y facilidades para la práctica deportiva y la vida al aire libre en circunstancias climáticas adecuadas.

Con ello se abrió el camino para la desenfrenada ocupación turística del litoral español, ya que la Ley del Suelo de 1956 tampoco contemplaba en su articulado nada relativo a los bordes del litoral. Y la Ley de 26 de abril de 1969 reguladora de las Costas Marítimas dio la puntilla. Ésta fue una ley básicamente «competencial», ya que se ceñía a la asignación de competencias copiando en buena medida la antigua Ley de Puertos de 1928, que a su vez fue un calco de otra ley de puertos de 1880. Por consiguiente, casi un siglo más tarde se vuelve a legislar lo ya establecido sin abordar para nada los gravísimos problemas que estaban aquejando al litoral español por la presión urbanizadora de índole turística.

El preámbulo de la ley hacía una constatación sustanciosa que explicaba la situación: «La existencia de una legislación muy antigua, fragmentaria y plagada de normas contradictorias unas con otras». Problemática legal que se superponía a una problemática real: «La necesidad de regular las zonas marítimo-terrestres que se unía a la de los espacios terrestres y marítimos colindantes, pues no se pueden desligar los usos de unos y otros espacios». Asimismo, incluyó aspectos novedosos para el derecho español como el lecho y el subsuelo del mar territorial, el mar adyacente o las plataformas submarinas, en línea con las modificaciones que estaba experimentando el nuevo derecho del mar y con los nuevos conceptos y categorías jurídicas que tan novedoso derecho estaba engendrando. No obstante, los primeros artículos son meramente enunciativos de algo que ya estaba suficientemente definido.

Y más «ilustrativa» era, si cabe, la afirmación que se hace en el preámbulo: «La ley respeta los derechos legalmente adquiridos y la competencia de los tribunales para entender de las cuestiones que exceden del marco administrativo por penetrar en el jurisdiccional, y se estima que la mejor manera de evitar en lo sucesivo la repetición de enojosas controversias, consiste en acelerar y completar el deslinde y amojonamiento de la zona marítimo-terrestre en plazo no excesivo, pero sí suficiente para tal fin».

No dejan de ser «ilustrativas» las primeras palabras del artículo primero de la ley: «Son bienes de dominio publico *sin perjuicio de los derechos legalmente adquiridos* [...]. Si son bienes de dominio público, ¿qué derechos se han adquirido sobre ellos? ¿Quién permitió la adquisición de derechos sobre el dominio público y quién lo defendió? Y así se califican como tales a las playas, a la zona marítimo-terrestre, al mar territorial y al lecho y subsuelo del mar territorial y del adyacente.

El artículo cuarto sigue siendo clarificador cuando dice: «Los terrenos de *propiedad particular enclavados en las playas y zonas marítimo-terrestres* y colindantes con esta última y con el mar, estarán sometidos a las servidumbres de salvamento, de paso y de vigilancia litoral» (las cursivas son nuestras).

Por consiguiente, no se plantea ninguna protección a futuro que afecte a los terrenos adyacentes de las zonas marítimo-terrestres, salvo las servidumbres, y esto sólo en teoría.

La zona de servidumbre de salvamento se fija en 20 metros, contados tierra adentro, desde el límite interior de la zona marítimo-terrestre, y en ella se prohíbe edificar sin obtener las autorizaciones pertinentes. ¿Quién las da? ¿Cómo se tramitan? El silencio de la ley al respecto es suficientemente elocuente.

La servidumbre de paso supone dejar vías permanentes de acceso a las playas y zona marítimo-terrestre, previa la correspondiente indemnización que recaerá sobre las heredades colindantes o afectadas en la longitud y anchura que demanden su naturaleza y finalidad. ¿Quién las especifica y detalla? Hay una remisión a un reglamento futuro que nunca se publicó.

Finalmente, la ley establece una tercera servidumbre, la de vigilancia, que se define como una vía contigua a la línea de mayor pleamar, de seis metros de anchura, salvo en los lugares de tránsito difícil o peligroso en los que podrá ampliarse en lo que sea estrictamente necesario, a juicio del Ministerio de Marina. En esta zona tampoco se puede edificar ni hacer nada, ya que hay que dejarla expedita.

Parece claro que si la ley no previó nada de procedimientos, de vigilancia o sanción, si dejaba tantos cabos sueltos a expensas de un reglamento que tardó más de una década en ver la luz, era porque existía una evidente voluntad de no impedir el expolio del dominio público litoral. A ello contribuyeron igualmente las leyes de Paseos Marítimos y de Saneamiento de Marismas, ambas de 1918, que han estado vigentes hasta 1988. Por la primera de ellas, los ayuntamientos pasaban a ser propietarios de los terrenos urbanizados entre el paseo y el lado opuesto al mar, aunque fueran playas de dominio público, con lo que bastaba con invadir dicha zona en la construcción de tales paseos para municipalizar y edificar unos terrenos que no tenían cualidad legal para ello. Con la de Saneamiento de Marismas, a quien las «saneaba», es decir, las destruía ocupándolas con escombros, se las daba en propiedad. De esta forma se han destruido y edificado las tres cuartas partes de las marismas de la bahía de Santander.

3.4.4. *Los puertos deportivos*

El mismo día en que se aprobó la Ley Reguladora de Costas Marítimas, lo fue la Ley de Puertos Deportivos: el 26 de abril de 1969.

Tres años antes, en la Ley de Régimen Financiero de los Puertos y decreto que la desarrolló, ya se hablaba de la incorporación de zonas deportivas en los planes generales de puertos debido «al auge y expansión que ha adquirido en España el deporte náutico, así como la afluencia turística interior y exterior, realizada a través de la utilización de embarcaciones menores [...]». Pero fue la Ley de Puertos Deportivos la que reguló su construcción, conservación y explotación.

A los efectos que nos interesan en este libro, vamos a detenernos en el examen de los artículos 18 y 19. Dicen textualmente:

> Artículo 18. Los terrenos ganados al mar como consecuencia de la construcción de un puerto deportivo o de su paseo marítimo de ribera serán propiedad privada de sus concesionarios, sin perjuicio de las servidumbres y limitaciones a que quedaren sometidos de acuerdo con la legislación vigente.
>
> Los terrenos ganados al mar que con finalidad deportiva se construyan y habiliten en los puertos destinados a la industria y comercio marítimos se regirán por la legislación general de puertos.
>
> Artículo 19. Las entidades o particulares constructores de puertos deportivos tendrán preferencia para la obtención de créditos turísticos, en general, para los otorgados por el Estado u organismos oficiales con la finalidad de financiar la construcción y avituallamiento del puerto, así como a los alojamientos en él incluidos.
>
> El Estado, a través de los Ministerios de Obras Públicas e Información y Turismo, dentro de sus consignaciones presupuestarias, podrá conceder subvenciones y ayudas para la construcción de puertos deportivos, en cuantía proporcional a la inversión que se realice.
>
> Se autoriza al Gobierno para que a propuesta del Ministerio de Hacienda, pueda otorgar beneficios de orden fiscal a este tipo de concesiones.

Queda claro a la vista de esta normativa que se completa una estrategia facilitadora de la privatización del dominio público litoral, porque malamente se comprende la contradicción entre esta propiedad privada de terrenos ganados al mar y el dominio público de los mismos que se establece en la Ley de Costas. Bien es cierto que sin algún tipo de promoción inmobiliaria no es factible financiar privadamente la construcción de un puerto deportivo, pero ¿cómo puede haber propiedad privada de algo como un puerto deportivo que es una concesión pública limitada en el tiempo?

A resaltar que las disposiciones finales de la ley incluían los compromisos de aprobar el reglamento correspondiente en seis meses, cuya aprobación se demoró hasta 1980, y un plan de puertos deportivos en un año que nunca vio la luz.

3.4.5. *Requisitos mínimos de infraestructuras en los alojamientos turísticos*

Terminamos el análisis de este epígrafe sobre la incidencia territorial del turismo con un Decreto de 19 de diciembre de 1970, que viene a poner de relieve los graves problemas que el fuerte crecimiento de la oferta turística de la década estaba generando, por las deficiencias técnicas que tal oferta presentaba.

El preámbulo del decreto constata que el fuerte ritmo de crecimiento no había ido acompasado con el de los elementos infraestructurales básicos, lo que provocaba desequilibrios y saturaciones que podían deteriorar el patrimonio y el prestigio turísticos.

El hecho de que muchas de las exigencias de índole infraestructural de este decreto figurasen ya en las órdenes y reglamentos vigentes en cada sector, al margen de la facilidad que implicaba el tratamiento unitario del tema en el decreto para lograr una mayor coordinación entre órganos de la Administración, con lo que también hay una subliminal autocrítica a ésta por su falta de celo en hacerla cumplir, evidencia un generalizado incumplimiento de las mismas y el comienzo de una toma de conciencia de «estar tirando piedras al propio tejado» cuando se dice que otro objetivo es promover una conciencia individual y colectiva que prevea el amplio futuro de crecimiento de nuestro equipo turístico receptor.

Y los requisitos que se exigen tratan, pues, de poner coto a los problemas que estaban generando las deficiencias técnicas de la oferta turística, señalando unos mínimos técnicos relativos a la autonomía de suministro de agua potable, al tratamiento y evacuación de aguas residuales, al suministro eléctrico, a los accesos, aparcamientos y tratamiento y eliminación de basuras. Problemas, algunos de ellos, que todavía hoy seguimos padeciendo.

El decreto fue de aplicación inmediata en todo el litoral insular, mediterráneo y golfo de Cádiz; y un par de años más tarde, el 17 de febrero de 1972, se hacía extensible a los litorales gallego y cantábrico.

3.5. Otras regulaciones

La actividad normativa en materia turística no económica durante este período se resume en diversas disposiciones. Un primer grupo de ellas hacen referencia a la mejora de los tránsitos internacionales. La primera fue un Decreto de 30 de junio de 1964 sobre importación temporal de automóviles, por el que el régimen aduanero se sistematizó y simplificó, seguido de algunas órdenes que lo desarrollaron.

La segunda es el Convenio de Londres sobre Tráfico Marítimo Internacional de 9 de abril de 1965, que supuso el compromiso de adoptar medidas adecuadas para facilitar ese tráfico en los viajes turísticos para evitar demoras innecesarias a los buques, personas y bienes que se encuentran a bordo. No obstante, este convenio no fue ratificado por el Gobierno español hasta el 2 de julio de 1973.

Y la tercera fue la Orden de 24 de marzo de 1972 sobre Transportes Internacionales de Viajeros por Carretera que significó la liberalización de determinados transportes de ese tipo, siguiendo las recomendaciones de la Conferencia Europea de Ministros de Transporte celebrada en Madrid el año anterior.

Otro grupo de disposiciones la constituyen dos Órdenes de 23 de febrero de 1965 y 11 de septiembre de 1965 sobre estadística del movimiento de viajeros en hoteles y cámpings de las que se hace cargo el Instituto Nacional de Estadística y la coordinación de las mismas, respectivamente. Son la constatación de que las deficiencias en la materia eran notorias, así como una orientación más científica que policial en el citado control.

Un tercer grupo de disposiciones está relacionado con la caza: la Ley de 31 de mayo de 1966 de Creación de Reservas Nacionales de Caza, la Orden de 18 de octubre de 1967 reguladora del Coto Nacional de Cazorla y Segura; la Ley de Caza de 4 de abril de 1970, en la que se señala que se dictarán disposiciones para que los cotos nacionales de Gredos, Picos de Europa y Serranía de Ronda adquieran la condición de reservas nacionales; y la Orden de 17 de diciembre de 1973 reguladora de la caza en las reservas y cotos nacionales.

El interés estrictamente turístico de estas normas radicó en que se mantiene la reserva, en favor del Ministerio de Información y Turismo, de la misión de administrar los aprovechamientos cinegéticos de acuerdo con aquellos criterios turístico-deportivos que considerase más convenientes a los intereses generales. Asimismo, se mantiene la discriminación de tarifas a los cazadores extranjeros no residentes con un incremento para aquéllos del 10 por 100.

Dejamos también constancia de una Orden de 5 de marzo de 1971 sobre implantación y explotación de sistemas electrónicos de gestión de servicios turísticos, que exigía someter el proyecto de implantación a la aprobación previa del Ministerio de Información y Turismo con supervisión de condiciones de contratación; de otra Orden de 31 de julio de 1972 por la que se fijaban normas e instrucciones para la seguridad humana en lugares de baño, y que significó la ordenación y clasificación de las playas; y, por último, la Orden de 21 de noviembre de 1973 dictando normas de funcionamiento de centros de vacaciones escolares.

Finalmente, hagamos referencia a otro conjunto de normas vinculadas al prestigio de la red de establecimientos turísticos del Estado. En concreto, el Decreto 2240/1966 de 22 de julio creó la figura de los paradores y albergues colaboradores con las normas subsiguientes para su declaración como tales; regulación que fue modificada varios años más tarde por otro Decreto —el 1357/1971 de 3 de junio— ajustándola a tenor de las modificaciones experimentadas en la legislación sobre clasificación hotelera y concesión de crédito turístico y precisando los supuestos de retirada de tal calificación.

Nos parece importante resaltar cuáles eran los requisitos para que un establecimiento turístico privado pudiese optar a la declaración de colaborador de la Red de Establecimientos Turísticos del Estado. En concreto:

a) Estar situados en puntos turísticamente estratégicos o en centros de visitas y excursiones a monumentos o parajes de gran belleza.

b) Estar ambientados en forma análoga a los paradores y albergues de la Red, con decoración y mobiliario apropiados y, en todo caso, acordes con el estilo y tipismo de la región.

c) Haber sido clasificado en la categoría de hotel de tres o cuatro estrellas.

d) Prestar un servicio esmerado y cordial, según la tradicional usanza de los paradores y albergues nacionales de turismo, utilizándose siempre productos de primera calidad tanto en el servicio de restaurante como en el de bar.

e) En las zonas de gran concentración hotelera se precisará, además, que el establecimiento se halle instalado en edificio de manifiesto valor histórico o artístico, o que se adapte al estilo de la región, o de la comarca, en el caso de que se trate de un edificio de nueva planta.

Y las ventajas que se obtenían de tal calificación, además de poder exhibir el acreditado concepto turístico de «albergue o parador», eran las relacionadas con preferencias en la concesión de créditos oficiales a la hotelería, con el disfrute de la calificación de «empresa turística recomendada», la inclusión en las rutas nacionales de turismo, así como en la guía de establecimientos turísticos del Estado, y el recibir asesoramiento técnico gratuito de la Administración.

3.6. Una reorientación de la política turística

Aunque sin el rango administrativo de las leyes comentadas, es interesante hacer algunas consideraciones acerca de una serie de decretos y órdenes, todos ellos aparecidos en la década de los setenta, que muestran un intento de cambiar la orientación de nuestro turismo o al menos de racionalizarlo en función de los propios intereses del sector.

3.6.1. *La determinación de Zonas y Rutas Turísticas*

La primera de ellas en el tiempo es una Orden de 9 de marzo de 1971 —siendo ministro Sánchez Bella— sobre «determinación de zonas y rutas turísticas». Su preámbulo ilustra los fines de la misma: «*La planificación de la acción turística en el territorio nacional hace conveniente establecer unas líneas generales de coordinación y administración de sus recursos de base,* tomando en consideración tanto la indudable existencia de problemas comunes que afectan a determinadas áreas territoriales, como el estudio de los que plantea una racional distribución de la gran corriente turística que afluye a nuestro país, adecuando las exigencias de la demanda a las variadas características de la nación [...].

El desarrollo del fenómeno turístico ha alcanzado en el curso de los últimos años un avance extraordinario que ha situado a nuestro país entre las primeras potencias turísticas del mundo. *Este hecho aconseja también que, a efectos puramente de acción administrativa, se dé un enfoque de carácter genérico a la problemática que plantean las distintas zonas turísticas de España, entendidas como zonas homogéneas que, por sus características, requieren un tratamiento armónico coordinado,* agrupando en las mismas distintas áreas territoriales que, por otra parte, conservan sus denominaciones propias. Conocidas las peculiaridades de la demanda respecto a la estacionalidad, así como las motivaciones que impulsan al turismo internacional, se hace factible, de esta forma, planificar la política turística de acuerdo con la ordenación de las posibilidades que cada zona ofrezca, según sus características de infraestructura, capacidad de recepción, comunicaciones, servicios, etc. A todo ello se añade la necesidad de un equipamiento turístico conjunto que afronte, en forma análoga y comparativa, la ordenación y puesta al día de las principales rutas turísticas actualmente abiertas en nuestro país y las que se estime conveniente establecer» (las cursivas son nuestras).

Las zonas que se señalan en esta orden en función de los objetivos reseñados son las siguientes:

— Zona 1. Costa Brava y Costa Dorada.

— Zona 2. Costa del Azahar y Costa Blanca.

— Zona 3. Costa del Sol y Costa de la Luz.

— Zona 4. Cornisa Cantábrica y Rías Gallegas.

— Zona 5. Pirenaica.

— Zona 6. Baleares.

— Zona 7. Canarias.

El aspecto más relevante se encuentra, sin embargo, en el artículo 4.º.1: «Con la misión de facilitar una más eficaz realización de la acción turística, existirá en cada una de las indicadas zonas un comisario, designado por el Ministerio de Información y Turismo, y dependiente de las direcciones generales de Promoción del Turismo y Empresas y Actividades Turísticas, dentro de las órbitas de sus respectivas competencias que coordinará la acción que, en su calidad de jefe de todos los servicios del ministerio existentes en sus territorios, compete a los delegados en las provincias que quedan integradas en cada zona.»

Las competencias que se les asignan a los comisarios de zona son las enumeradas en el apartado 2 del mismo artículo 4:

a) Coadyuvar con los delegados provinciales del departamento para lograr la más eficaz coordinación en el impulso del desarrollo turístico de la zona y en la vigilancia y ordenación de una infraestructura turística adecuada.

b) Servir de enlace, en lo que se refiere a los problemas comunes de la zona, entre los delegados provinciales y los servicios centrales.

c) Conjuntar la organización de certámenes culturales, artísticos o de carácter popular que anualmente se le señalen y cuya celebración afecte al conjunto de la zona correspondiente.

d) Emitir los informes y formular las propuestas que estime precisas para la mayor efectividad del aprovechamiento turístico de la zona y sobre la ejecución de las resoluciones emanadas del Ministerio de Información y Turismo que afecten a la promoción y ordenación turística de la zona en su conjunto.

Esta figura del comisario de zona es una «recreación» de la que con igual denominación se creó en la Ley de Centros y Zonas de Interés Turístico Nacional, pues los cometidos que se le asignaban son prácticamente los mismos que tenía el primitivo comisario y vimos en el epígrafe 3.1.3, con las lógicas diferencias relativas al distinto ámbito legal en que se enmarcan.

En cualquier caso, la «recreación» de la figura del comisario no es ni más ni menos que la constatación del fracaso de la LCZ, y, sobre todo, la evidencia por parte del ministerio de la necesidad de su descentralización, que, sin embargo, no se atreve a llevar a cabo por las suspicacias políticas que el tema conlleva.

4. EL MARCO ECONÓMICO: UNA PLANIFICACIÓN NO PLANIFICADORA

4.1. Las medidas de apoyo financiero

Si importante fue la labor legislativa específica en materia turística a lo largo de este período, no menos relevante fue el desarrollo de la legislación económico-financiera.

Aunque las bases del crédito turístico para hoteles habían sido ya formuladas al final del período anterior —12 de julio de 1963—, van a sufrir diversas modificaciones y añadidos. Así el 2 de mayo de 1964 una Orden estableció que por parte del Ministerio de Información y Turismo se acordase cada año el porcentaje de fondos reseñados para las peticiones procedentes de zonas de insuficiente desarrollo turístico, con un mínimo del 25 por 100 del total de fondos disponibles. Y otra Orden de 16 de febrero de 1965 encomendó al Banco Hipotecario las concesiones de los créditos hoteleros.

Poco después, el 20 de octubre de 1965 una nueva Orden derogó las órdenes de 1963 y 1964 para mejorar su redacción y modificar los porcentajes de las ayudas crediticias al desarrollo de la oferta de alojamientos, que no se limita ya a los hoteles, sino que afecta a todo tipo de oferta turística, tanto de alojamiento como de servicios complementarios de restauración.

Las cuantías llegaron al 60 por 100 en las modernizaciones y reformas en hoteles y apartamentos y reformas en ciudades de vacaciones de carácter individual; al 50 por 100 en nueva construcción y ampliación de hoteles y apartamentos y ciudades de vacaciones con servicios colectivos; al 40 por 100 en construcción, ampliación y modernización de cámpings, así como de cualquier otra construcción complementaria de repercusión en actividades turísticas; y del 15 por 100 para mobiliario y equipo de nueva construcción. Asimismo, se fijaron unos límites en la cuantía de los créditos por habitación y categoría del establecimiento. El interés establecido era del 5,25 por 100 y los años de amortización variaban entre cinco para el mobiliario y quince en nueva construcción, con hasta tres de carencia.

Finalmente, este apartado de apoyos crediticios a alojamientos se completó con la Orden de 15 de diciembre de 1966 por la que el subsecretario de Turismo quedó autorizado a convocar concursos especiales de crédito hotelero.

Otra línea de apoyo financiero para el desarrollo de la oferta turística española fue la Orden de 14 de abril de 1964 que reguló la concesión de préstamos para financiar la construcción y venta de edificaciones a extranjeros en zonas turísticas.

Estos préstamos, que financiaría el Banco Hipotecario, tenían carácter hipotecario y podían alcanzar hasta el 70 por 100 del valor conjunto del solar y la edificación; financiaban a extranjeros la compra de inmuebles turísticos a un 6,5 por 100 de interés, con un plazo máximo de amortización de cinco años. Se fijó el requisito de que el cobro del crédito se realizase semestralmente en moneda extranjera convertible, y era preciso el informe previo favorable del Ministerio de Información y Turismo.

Los apoyos financieros se completaban con la Orden de 3 de julio de 1964 por la que se financiaban las obras de urbanización e infraestructuras en centros y zonas de interés turístico nacional. Esta orden autorizaba al Banco Hipotecario a financiar parcialmente tales obras siempre que la declaración de centro y zona de interés turístico hubiera sido realizada, previamente, al amparo de la ley correspondiente de 1963. El interés fijado era del 6,5 por 100, y el máximo a financiar del 40 por 100 del valor total de las obras, con una amortización a cinco años desde su terminación. Era preciso el informe favorable del Ministerio de Información y Turismo y se dio una autorización especial al Banco Hipotecario para atender esos créditos. Esta orden fue completada por otra de 15 de agosto de 1964 en la que se establecieron normas complementarias para la concesión de tales créditos.

Finalmente, hacemos referencia a un Decreto de 22 de octubre de 1964 por el que se estableció el «seguro turístico» a través de la modalidad de seguro privado, a concertar libre y voluntariamente por cualquier viajero. El sistema se fundamentaba en la obligación de las entidades de seguro de constituir una agrupación para proporcionar a los beneficiarios los servicios de cobertura de riesgos, condiciones uniformes y procedimientos simples y ágiles. Este decreto se concibió como una medida de política turística para hacer atractiva la estancia en España de los turistas extranjeros.

Los riesgos cubiertos eran los accidentes individuales, las enfermedades y asistencia sanitaria, defensa jurídica, repatriación de vehículos y ocupantes, y los equipajes. Y se dictaron dos Órdenes complementarias el 30 de julio de 1965, reconociendo la Agrupación para el Seguro Turístico Español, y el 3 de marzo de 1966, de aseguradoras de la rama de asistencia sanitaria.

4.2. El régimen general de las inversiones extranjeras

No nos vamos a detener demasiado en el examen del régimen general de las inversiones de capital extranjero en España que, como se sabe, se regía por los principios siguientes en los años sesenta y setenta:

1. Libertad de inversión hasta el 50 por 100 del capital de las empresas. Para inversiones superiores se requiere la previa autorización del Consejo de Ministros.
2. Garantía de transferibilidad de beneficios, sin limitación de ninguna clase.
3. Libertad total en la convertibilidad y transferencia de los capitales invertidos y las plusvalías obtenidas en su realización[36].

Principios a los que Cuadrado Roura añade: *permitir múltiples fórmulas de aportación*[37].

Sin embargo, dentro del sector turístico, las actividades relativas a la construcción, ampliación y explotación de hoteles vieron suprimida la necesidad de autorización del Consejo de Ministros para las inversiones que superasen el 50 por 100 del capital de las empresas. Así se establecía en el Decreto de 18 de abril de 1963 que extendía la liberalización a otros importantes sectores (siderúrgico, textil, alimentación, electrónico, etc.). Recientemente —Decreto de 11 de octubre de 1973— estos sectores, y con ellos el subsector hotelero, han vuelto al régimen general[38].

Tiene gran interés también hacer referencia en este subepígrafe a las nuevas pautas marcadas a las inversiones extranjeras que, sin modificar los principios generales señalados, supusieron un hito en la legislación española sobre el tema.

Nos referimos al Real Decreto 3099/1976, de 26 de noviembre, sobre «inversiones extranjeras en España» (*BOE*, 21 de enero de 1977). Esta normativa adicional

---

[36] Cals, J.: *Turismo y política turística en España: una aproximación,* Ariel, Esplugues de Llobregat, 1974, p. 181.
[37] Cuadrado Roura, J. R.: *Las inversiones extranjeras en España: una reconsideración,* Universidad de Málaga, p. 20.
[38] Cals, J.: *Op. cit.,* p. 181.

liberalizó todavía más el régimen general si aquéllas cumplían determinados requisitos: las que por su dimensión y su contribución a la resolución de los problemas de empleo y balanza de pagos merecen este tratamiento[39].

Así pues, ya no se precisaba la autorización del Consejo de Ministros —exceptuados aquellos sectores en los que era necesaria la previa autorización administrativa de instalación— para aquellas inversiones extranjeras directas que superasen el 50 por 100 en sociedades españolas, cuando cumplieran los siguientes requisitos:

1. El capital social desembolsado en el momento de la constitución no fuese inferior a 100 millones de pesetas.

2. La sociedad española no realizase pagos por transferencia de tecnología al inversor extranjero, sus filiales o empresas asociadas, con excepción de contraprestaciones por servicios oportunamente concretados y justificados, y en ningún caso efectuase pagos de cuantía constante o relacionada con el nivel de actividad de la empresa española.

3. El proyecto de inversión alcanzase no menos de 100 puestos fijos de trabajo en el momento de la puesta en marcha del proceso productivo.

4. A partir de un año de funcionamiento de la empresa, la sociedad mantuviese un saldo anual de divisas positivo.

5. La condición 4 podía no ser vinculante si era sustituida por alguno de los siguientes requisitos:

    5.1. En el proyecto de inversión se prevea la exportación por la empresa, a partir del año de funcionamiento, de un mínimo del 50 por 100 de la cifra de facturación de su propia producción, siempre que ésta superase los 100 millones de pesetas.

    5.2. En el caso de que se alcancen 1.000 puestos fijos de trabajo en el momento de la puesta en marcha del proceso productivo.

Este régimen era también aplicable a las ampliaciones de capital e inversiones en cartera, cuando cumplían el requisito incluido en el artículo 2.º.1 del vigente Reglamento.

En cualquier caso, el Consejo de Ministros siempre mantenía un derecho de veto a la realización de cualquier inversión que se acogiera a este decreto, «cuando el proyecto tenga consecuencias excepcionalmente perjudiciales para los intereses nacionales» (artículo 6.º).

En definitiva, fue una disposición que abrió aún más las puertas a la inversión extranjera favoreciendo a las grandes empresas internacionales que eran las que, en general, podían cumplir los requisitos reseñados.

No obstante lo expuesto, vamos a detenernos de modo especial en el análisis de las disposiciones que regularon una faceta turística de gran relieve como es la adquisición de inmuebles por extranjeros.

---

[39] Preámbulo del Real Decreto 3099/1976 de 26 de noviembre.

4.3. La financiación de la construcción y venta de edificaciones para extranjeros en zonas turísticas

Otro de los más significativos instrumentos de la dependencia española es una Orden de 14 de abril de 1964 sobre concesiones de préstamos para «financiar la construcción y venta de edificaciones para extranjeros en zonas turísticas», por medio de la cual se pretendió fomentar las edificaciones para adquirentes extranjeros y de esta manera la entrada de divisas. Pero antes de hacer otras consideraciones, veamos las características de la misma.

El sujeto de estos créditos era cualquier español, no importa si persona física o jurídica, constructor o propietario de viviendas en zonas turísticas, a condición de disponer de un compromiso de venta a persona extranjera. Para la concesión del crédito bastaba con el compromiso de venta, siempre que se acreditase en forma satisfactoria, a juicio del banco, y cualquiera que fuese el estado de la construcción; por lo tanto, podía estar proyectada, en curso de realización o concluida. Las entregas del crédito, sin embargo, no se efectuaban hasta que se hubiese formalizado la venta, lo cual, en principio, presuponía la total terminación de las edificaciones. Respecto a la cuantía, podía alcanzar hasta un 70 por 100 del valor conjunto del solar y la edificación, devengando un interés del 6,5 por 100 anual; y la amortización se realizaría en un plazo máximo de cinco años, a partir de la concesión o de la fecha que se fijase por el banco para la terminación de la construcción, con vencimientos semestrales satisfechos, igual que los intereses, en moneda extranjera convertible. La solicitud de los créditos se hacía en el Banco Hipotecario de España previo informe favorable del Ministerio de Información y Turismo. Con relación a la posible rescisión, se estableció que tendría lugar cuando el comprador no efectuase los pagos correspondientes en divisas en los plazos establecidos, así como cuando realizase la venta del inmueble sin previo conocimiento y conformidad del banco, el cual podría otorgarla si el nuevo comprador era de la misma nacionalidad que el vendedor y prestaba garantías semejantes a las que a éste le fueron exigidas.

La realidad es que este decreto era pura y simplemente de concesión de créditos a extranjeros, pues aunque se dijese que el sujeto debía ser español, siempre existían testaferros y sociedades interpuestas. Por tanto, bastaba que un promotor extranjero con solvencia en su país, o un grupo de turistas extranjeros en comunidad, formalizasen compromisos de venta, aunque no se hubiese empezado siquiera la construcción, para la obtención de los créditos cuya cuantía podía alcanzar la totalidad de la obra y parte del suelo, ya que no se señalaba la forma en que se valorarían una y otro. Sobre todo, teniendo en cuenta además la falta de trasparencia del mercado de suelo turístico, máxime en aquella época en que muchas zonas turísticas españolas se encontraban en el punto álgido de su especulación.

Sería interesante contrastar estas favorables condiciones con las que teníamos los españoles en la misma fecha para poder adquirir una vivienda. Podría ser, sin duda, un buen indicador del grado de subordinación de la economía española a intereses foráneos. La verdad es que el objetivo de obtener divisas se logró plenamente, pues 1965 fue un año que experimentó una fuerte alza en los ingresos turís-

© Ediciones Pirámide

ticos que todos los analistas achacaron precisamente a las entradas para realizar inversiones inmobiliarias.

Por otro lado, si el objetivo era obtener divisas, ¿por qué se impedía el acceso a la compra de estas viviendas a españoles con residencia en el extranjero, mientras que el español nacionalizado en el país donde residía sí podía hacerlo?

Un último aspecto crítico del mismo era puesto de relieve en la Segunda Asamblea Provincial de Turismo de Baleares en los siguientes términos: «El crédito —construcción para extranjeros— debe declararse expresamente por vía legal que tal préstamo oficial solamente se concede en caso de una "residencia" para extranjero usuario, pero nunca para explotación o cuando de tales construcciones se derive un incremento de la oferta de alojamiento»[40].

De estas afirmaciones se infiere una utilización abusiva del mismo, en contra de los propios intereses del turismo español, ya que el crecimiento de cualquier tipo de oferta de alojamiento repercutiría siempre frenando los precios de cualquier tipo de estancia en nuestro país.

Aunque ya fuera del ámbito temporal de este capítulo, otra Orden de 9 de agosto de 1974 (*BOE* de 29 de agosto de 1974) modificó el número 1.º de la orden comentada, de forma que ya no era necesario el requisito de la formalización de la venta para la concesión del préstamo por el Banco Hipotecario, que es el mayor obstáculo que se encontraba en la disposición para hacerla más efectiva.

El contenido de la modificación que se llevó a cabo se refleja en el segundo párrafo del número 1.º que dice así: «La compra deberá quedar formalizada dentro de los seis meses siguientes a la concesión del préstamo o, en su caso, del año siguiente a la terminación de la construcción, determinando el incumplimiento de esta condición la rescisión del contrato».

Por tanto, al bastar la firma de un compromiso de compra y no la formalización de la misma como se precisaba en la primitiva orden, se liberalizó y facilitó aún más la compra de los más bellos lugares del solar hispano por extranjeros, sin que ni tan siquiera se exigiesen garantías de que tales adquisiciones no fueran a ser objeto de explotación comercial generando una creciente competencia a empresas españolas al estimular un crecimiento desordenado de la oferta.

4.4. El anteproyecto de ley del residente turístico permanente

Un último ejemplo de disposición favorecedora del turista extranjero, que no llegó a consumarse, es el anteproyecto de ley «del residente turístico permanente» presentado en la Segunda Asamblea Nacional de Turismo con el cual se pretendían otorgar los siguientes beneficios:

1. Todos aquellos que la actual legislación en vigor reconoce a los extranjeros residentes en España por menos de seis meses durante el año natural.

---

[40] II Asamblea Provincial de Turismo, Palma de Mallorca, noviembre 1974, p. 160.

2. Exención del Impuesto sobre el Lujo y sobre el Tráfico de las Empresas en la adquisición, uso y tenencia de automóviles y embarcaciones de recreo.

3. Exención del Impuesto General sobre Transmisiones Patrimoniales y Actos Jurídicos Documentados, por la adquisición de solares y viviendas destinados a servir de casa-habitación propia y radicados en parajes declarados Zonas y Centros de Interés Turístico Nacional, conforme a la Ley 197/1963, de 28 de diciembre.

4. Exención del Impuesto General sobre las Sucesiones que pudiesen afectar a toda clase de bienes inmuebles, muebles y semovientes que radiquen en territorio español, hasta un valor que no exceda del 25 por 100 de las divisas importadas.

5. Exención del Impuesto sobre las Rentas del Capital por las obtenidas en el extranjero y gastadas en nuestro país.

6. Exención del Impuesto General sobre la Renta de las Personas Físicas, por las que obtenga en el extranjero y consuman en España.

7. Reducción del 80 por 100 de las bases imponibles de la Contribución Territorial Urbana y Arbitrio sobre la Riqueza Urbana, de las edificaciones adquiridas para su residencia habitual en inmuebles radicados en Zonas y Centros de Interés Turístico Nacional, en tanto conserve su condición jurídica de residente turístico.

8. La aplicación de un cambio preferente del 10 por 100, que incrementará la contrapartida en pesetas de las sumas en divisas importadas para los siguientes fines:

   a) Por una sola vez, para la adquisición, por compra, de una vivienda, destinada a su residencia habitual en España.

   b) Para gastos corrientes, siempre que la contrapartida de tales importaciones al cambio vigente en el momento, resulte superior a 75.000 pesetas e inferior a 150.000, si la importación se hiciese mensualmente, y superior a 675.000 pesetas e inferior a 1.350.000 si se hiciese anualmente.

   El importe del exceso que represente la cantidad anterior sobre el cambio oficial, se hará efectivo al interesado tan pronto como haya cumplido los nueve meses a que se refiere el apartado *a*) del artículo 10 de la presente Ley y verificado el cambio por cantidad superior a la indicada de 675.000 pesetas.

9. Preferencia en la concesión de créditos oficiales para compra o construcción de viviendas, de acuerdo a lo mencionado en el apartado 3) preinserto, dotando para ello al Banco Hipotecario de España de la necesaria línea de crédito, así como dictando las disposiciones complementarias que faciliten a las empresas turísticas o particulares la obtención de dichos créditos en la forma más ágil posible»[41].

---

[41] II Asamblea Nacional de Turismo, sexta ponencia: *Diversificación de la oferta turística. Anteproyecto de la Ley del Residente Turístico Permanente*, 1975, pp. 204 y 205.

Para acceder a los mismos bastaba con una residencia que superase los nueve meses al año, no se obtuvieran rendimientos derivados directa o indirectamente de trabajos o servicios personales, y que ingresasen en divisas convertibles un mínimo equivalente a 75.000 pesetas por cada mes de residencia en España.

5. LA CUANTIFICACIÓN

La década que constituye el objeto de este capítulo está claramente enmarcada en el contexto de la planificación indicativa que encauzó las dormidas energías del país, una vez superados los obstáculos que habían impedido en el pasado «engancharse» al carro de la prosperidad europea. El desarrollo es la nueva ideología que sustituyó los desvaríos «imperiales» de épocas pretéritas, y su materialización se produjo en los planes de desarrollo que siguieron bastante miméticamente los esquemas organizativos de la planificación francesa.

Fueron tres los planes cuatrienales que hubo, aunque el tercero quedó prácticamente desarbolado por su mitad cuando la crisis energética de octubre de 1973 hizo añicos todas las previsiones. Así pues, el período que analizamos en este capítulo lo abre el primer plan de desarrollo y lo cierra el tercero. Es por eso que a esta década la hemos denominado del «desarrollo», tanto por la materialidad de las cifras macroeconómicas como por la auténtica ideologización desarrollista que padeció la sociedad española.

Y esa concreción del desarrollo se comprueba al observar que la renta per capita de los españoles pasó de 600 dólares en 1964 a algo más de 1.900 en 1973, es decir, que se triplicó ampliamente en la década. Medida en pesetas constantes la renta per cápita aumentó un 75 por 100.

5.1. Evolución de las principales macromagnitudes

Ya los años preparatorios de la planificación del desarrollo, 1961-1963, habían mostrado la enorme capacidad de crecimiento que atesoraba la economía española cuando, culminada la estabilización de 1960, en 1961 y 1962 se alcanzaron tasas de crecimiento superiores al 10 por 100. En los años que abarcan el Primer Plan se alcanzó una tasa de crecimiento medio del 6,6 por 100, a pesar de la caída relativa de la correspondiente a 1967 por causa de la devaluación. El impulso modernizador fue cediendo a medida que iba creciendo el producto social español y la tasa media de crecimiento alcanzada durante el Segundo Plan 1968-1971 fue del 6,4 por 100, pero fue un crecimiento con grandes oscilaciones no uniforme en el tiempo. Finalmente, en los dos años que restan del período, 1972 y 1973, se recuperan los altos ritmos de expansión situadas ambas anualidades por encima del 8 por 100 (tabla 4.1).

TABLA 4.1

Estimación de la renta nacional (millardos de pesetas)

	1964	1965	1966	1967	1968	1969	1970	1971	1972	1973
Corrientes	946,2	1.117,8	1.274,6	1.400,8	1.552,1	1.707,7	1.907,5	2.160,5	2.520,5	3.039,8
Ktes 1958	717,2	767,7	824,1	854,6	904,8	961,6	1.016,3	1.066,8	1.149,9	1.251,6

FUENTE: Carreras A. (coord.): *Op. cit.*

5.1.1. *Balanza comercial*

Uno de los fenómenos económicos más determinantes de este período es el creciente peso que el sector exterior va alcanzando en la economía. La demostración más evidente es que si cuantificamos el indicador usual en estos casos —el porcentaje que el valor de las importaciones más el de las exportaciones representa en la renta nacional— dicho indicador pasa del 20 al 28 por 100 en los años extremos del período. Y esa creciente interpenetración con la economía internacional está en la base de las altas tasas de crecimiento experimentadas.

TABLA 4.2

Evolución de la balanza de mercancías (millones de pesetas corrientes)

	1964	1965	1966	1967	1968
Exportaciones	57.265,8	57.989,3	75.212,5	84.659,6	111.244,0
Importaciones	134.528,5	180.214,6	214.351,0	211.028,5	245.169,9
Saldo de la balanza	−77.262,7	−122.224,7	−139.138,5	−126.368,9	−133.925,9
	1969	1970	1971	1972	1973
Exportaciones	133.112,5	167.086,6	205.645,0	245.214,7	302.670,0
Importaciones	294.135,8	330.050,3	345.549,4	435.523,3	561.543,0
Saldo de la balanza	−161.123,3	−162.963,7	−139.904,4	−190.308,6	−258.873,0

FUENTE: Estadísticas del Comercio Exterior de España (Carreras).

Asimismo, y como lógica consecuencia de las carencias y necesidades españolas, a lo largo del período encontramos un saldo en la balanza comercial negativo y creciente, con la única excepción del bienio afectado por la devaluación: 1967-1968. Sin embargo, también hay que resaltar, y no es incompatible una cosa con la otra, que el dinamismo de las exportaciones sea mayor que el de las importaciones.

Y ese mayor dinamismo exportador se comprueba al ver el grado de cobertura de las importaciones por las exportaciones que en el trienio 1964-1966 fue del 36 por 100, mientras que en el trienio 1971-1973 se situó en el 56 por 100.

Junto a este déficit comercial en expansión, aunque también cada vez más equilibrado, se observa el continuo crecimiento de la partida de viajes a lo largo de todos los años, y en grados de expansión altamente crecientes.

Esta expansión de la balanza de viajes contribuye sobremanera a la financiación del déficit comercial cuya mitad es cubierta como mínimo a lo largo de la década, y en más de sus dos tercios en los últimos años.

TABLA 4.3

Grado de cobertura del déficit comercial por el saldo turístico (porcentajes)

1964	1965	1966	1967	1968	1969	1970	1971	1972	1973
66,0	50,3	51,8	61,2	57,8	51,9	66,3	93,3	75,3	64,5

Bien es cierto que el dinamismo exportador tiene mucho que ver con esta mayor cobertura del déficit por el saldo turístico, pero no menos cierto es que la creciente prosperidad de los españoles se traducía en un aumento de los pagos por turismo.

5.1.2. *Importancia del turismo en el PIB*

En cualquier caso, la relevancia del turismo en la economía española puede medirse también analizando el ratio que relaciona los ingresos turísticos con el PIB, y eso es lo que refleja la tabla 4.4. En la misma, podemos apreciar que, continuando el proceso iniciado tras el Plan de Estabilización, sigue la tendencia al aumento de la participación de los ingresos en el PIB, hasta situarse claramente por encima del 5 por 100, para entrar en una nueva fase protagonizada por la devaluación de la libra esterlina de 1967 que arrastró a la peseta.

TABLA 4.4

Participación de los ingresos turísticos en el PIBpm (porcentajes)

1964	1965	1966	1967	1968	1969	1970	1971	1972	1973
5,07	5,15	5,23	4,52	4,69	4,55	5,20	5,64	5,57	4,59

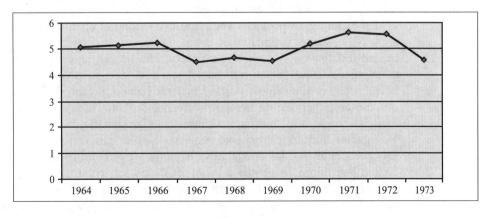

Figura 4.1.

Dado que este ratio está relacionado con diversos aspectos de la economía, como los tipos de cambio o la propia evolución de la dinámica exportadora influenciada por la situación económica interior, no resulta fácil interpretar el comportamiento de esta variable. En cualquier caso, resulta definitoria la crisis coyuntural experimentada por la economía europea en 1967 que repercute en las llegadas de turistas a España, crisis que se manifiesta igualmente en la reducción de los ingresos turísticos españoles medidos en dólares, y que se traduce en la devaluación de la peseta cuyos efectos impulsores del PIB en años sucesivos parecen claros al aumentar la competitividad de la economía española, así como en la reducción de los ingresos turísticos medidos en dólares. La fuerte caída que experimenta el ratio en el último año de este período es debida a la gran expansión del PIB español de aquel año.

5.1.3. *Crédito hotelero*

Antes de abordar el análisis de la evolución seguida por el crédito hotelero, hay que señalar que sólo se disponen de datos oficiales a partir de 1966.

Hecha esta salvedad, hemos de apuntar que la política crediticia seguida es de aumento continuo debido a la importancia creciente que el sector iba adquiriendo en la economía española.

Hay que señalar que este crecimiento no es exclusivo del crédito hotelero, sino que la tendencia aparece en los créditos de todos los sectores, de tal forma que desde 1966 hasta 1974 el total de créditos concedidos se multiplica por cuatro, pasando de rondar los 500.000 a superar los 2.000.000.

Este crecimiento es mucho más acentuado en el caso del crédito hotelero cuya cuantía, en vez de multiplicarse por cuatro, lo hace por nueve. Por años, son 1968, con un aumento del 52 por 100, y los años finales del período, con un poco más del 40 por 100, los que mayor incremento registran.

En la figura 4.2 se muestra cómo la relación créditos hoteleros/créditos concedidos se va incrementando año tras año a lo largo de todo el período, salvo en 1970, en el que se registra un estancamiento.

En dicha figura podemos ver cómo evolucionó el crédito hotelero durante estos años. No obstante, y teniendo en cuenta la importancia inversora y el peso de la actividad turística en la economía española, el volumen de créditos turísticos es bastante bajo. Aunque sea un indicador poco fino, si dividimos el volumen del crédito hotelero por el aumento de plazas hoteleras habido al cabo de tres años, al suponer que ése es el período de tiempo medio habido entre la concesión del crédito y su materialización inmobiliaria, podemos calcular cuál fue el crédito por habitación. Y llegamos a cifras ciertamente pequeñas que se explican por los créditos «alegales» concedidos por los operadores turísticos, y por la utilización de otras figuras de crédito bancario para atender a las necesidades del sector.

Este crecimiento continuo del crédito hotelero fue un apoyo al desarrollo de la oferta hotelera para así poder hacer frente a una demanda en expansión. Con las reformas que se hicieron durante estos años se consiguió incrementar la inversión ex-

196

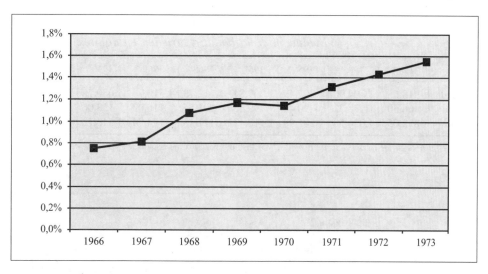

Figura 4.2.   Participación del crédito hotelero en el total de créditos.

tranjera en el sector, lo que dio lugar al surgimiento de una dependencia del extranjero.

5.1.4. *Entrada y salida de divisas*

A lo largo de estos años se comprueba que el saldo del movimiento de divisas mantiene su signo positivo, llegándose a multiplicar por tres.

A pesar de este signo en el resultado del movimiento de divisas, se aprecian alteraciones en el ritmo de crecimiento, e incluso reducciones del saldo, manteniéndose durante todos los años el signo positivo y siempre por encima del valor registrado el primer año del período. Este comportamiento alcista se registra tanto en las entradas como en las salidas.

La trayectoria del saldo es paralela a la de la entrada de divisas, presentando ambas magnitudes porcentajes de variación muy próximos. Esta trayectoria sufre varias oscilaciones, pues registra un crecimiento moderado y continuo durante el primer trienio de este período; a continuación experimenta una significativa reducción en 1967 y 1968 a resultas de la devaluación de la peseta y un nuevo ascenso a partir de 1969 durante otro trienio, para retroceder fuertemente en 1972 y mostrar una fortísima recuperación en 1973. Al margen de la deficiente información estadística o de la eventual aplicación de algún artificio contable que diera lugar al desplazamiento de los datos monetarios de un año a otro, conviene no olvidar que fue precisamente en 1971 y 1973 cuando tuvo lugar el desmoronamiento del sistema monetario internacional de Bretton Woods con las dos devaluaciones del dólar de diciembre de 1971 y febrero de 1973.

TABLA 4.5

Evolución de la balanza turística en dólares

	1964	1965	1966	1967	1968	1969	1970	1971	1972	1973
Entrada	918,65	1.104,90	1.292,47	1.209,84	1.212,73	1.310,76	1.680,78	2.054,45	1.607,60	3.091,20
Salida	66,60	78,32	90,48	99,42	101,55	116,02	138,06	176,42	190,41	270,51
Saldo	852,05	1.026,58	1.201,99	1.110,42	1.111,18	1.194,74	1.542,72	1.878,03	1.417,19	2.820,69

FUENTE: *Anuario de Estadísticas de España 1983,* Instituto Nacional de Estadística y *Boletín de Información Comercial Española.*

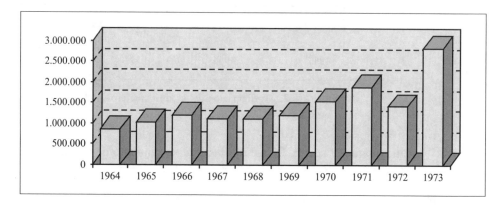

Figura 4.3. Saldo de la balanza turística.

5.2. La oferta de alojamientos, restauración y recreo

El contexto de expansión económica y desarrollo turístico no tiene por menos que, al igual que en el período anterior, saldarse con un resultado positivo para la oferta, con un incremento considerable, tanto en el número de plazas como en el de establecimientos.

Como diferencia notable con respecto a lo ocurrido en el período anterior, podemos observar que éste se cierra con un mayor incremento porcentual en el número de plazas que en el número de establecimientos, cuando en el período anterior la evolución de ambas variables fue muy parecida, aunque algo superior en plazas que en número de establecimientos. El incremento porcentual registrado entre 1964 y 1973 en el número de establecimientos fue del 158 por 100, mientras que el número de plazas se elevó al 233 por 100, prueba de la entrada en el mercado de una nueva hotelería de mayor dimensión media y porcentaje muy superior al incremento experimentado en el período anterior, que fue del 181 por 100.

En la figura 4.4 se recoge la evolución seguida por la oferta de alojamientos y plazas en el período 1964-1973 que nos muestra cómo ambas variables manifiestan un crecimiento sostenido, apoyado por las actuaciones del Gobierno en algunos ámbitos turísticos sobre los que a lo largo de este período aumenta su control, y por la falta del mismo en otros al permitir toda suerte de actividades especulativas sobre el suelo que constituyeron un poderoso atractivo a las inversiones turísticas y al consiguiente incremento de la oferta.

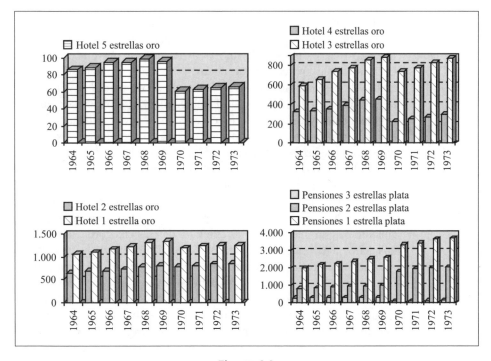

Figura 4.4.

Ciertamente, la expansión de la demanda continuaba siendo el factor fundamental en la impulsión de la oferta, pero no es desdeñable la acción del Gobierno reformando los créditos hoteleros, que se hacen extensibles a los inversores extranjeros, muestra de una liberalización progresiva en el ámbito financiero, pero también del proceso de dependencia de la economía española en general y del turismo en particular.

Los incrementos de la oferta no son, como era de prever, ni lineales ni generalizados a todas las categorías, ni tiene lugar por igual en toda la geografía española. Todo lo contrario, su comportamiento está sujeto a una serie de vaivenes que pasamos a analizar a continuación.

5.2.1. *Alojamientos y plazas hoteleras por categorías*

Como hemos señalado, el período 1964-1973 está caracterizado por un incremento en el lado de la oferta, pero este incremento es debido, básicamente, al aumento experimentado por las categorías inferiores. Tanto es así que, de los cerca de 4.000 nuevos establecimientos, unos 2.900 corresponden a las dos categorías inferiores de pensiones, esto es, pensiones de una y dos estrellas. Por el contrario, las pensiones de lujo ven reducida su oferta a casi la mitad de establecimientos respecto al principio del período, debido a su transformación en hoteles o a su descenso de categoría.

El comportamiento de los hoteles es similar, teniendo en cuenta que su número es inferior al de las pensiones. Así, sólo incrementan los hoteles de categoría inferior, mientras que los hoteles de lujo y los de primera A ven reducida su representación. Esto es lo que aparentemente ocurre porque, en realidad, el comportamiento es extraño y la explicación está en la Orden de 19 de julio de 1968 por la que se dictaron las Normas de Clasificación de Establecimientos Hoteleros. Una norma que al hacer más exigentes y restrictivos los criterios para poder ostentar las distintas categorías, originó un proceso de reclasificación de las categorías de los establecimientos hoteleros con desplazamientos hacia abajo. La prueba está en que el cambio se produce en 1969 y 1970. Por tanto, no hay homogeneidad en las estructuras hoteleras de principio y fin del período, no pudiendo por ello extraerse conclusiones de su evolución. En cualquier caso, los datos de 1968 pueden compararse con los de 1964 y los de 1973 con los de 1970 cuando el proceso de adaptación a la nueva norma ya había concluido, y se puede apreciar que en todas las categorías, en todos los años y en las dos series temporales mencionadas crece el número de establecimientos.

Ciertamente, la evolución no es paralela en todas las categorías. Y si sacamos las medias del crecimiento porcentual de los dos períodos citados, 1968-1964 y 1973-1970, el porcentaje de crecimiento mayor lo experimentan los hoteles de cuatro estrellas, con un 36 por 100, seguidos de los de tres, con el 32 por 100. Los de lujo lo hicieron al 12 y los de una y dos estrellas al 15 por 100. En cuanto a las pensiones crecieron al 21, 13 y 18 por 100 de mayor a menor categoría. Hay que subrayar, no obstante, que los ritmos de crecimiento fueron mucho más elevados en el primer subperíodo citado que en el segundo.

TABLA 4.6

Número exacto de alojamientos existentes por categorías

	1964	1965	1966	1967	1968	1969	1970	1971	1972	1973
Hoteles 5 estrellas oro	86	89	95	95	99	96	61	63	65	66
Hoteles 4 estrellas oro	322	337	355	391	448	456	228	255	269	302
Hoteles 3 estrellas oro	595	660	743	777	858	885	735	778	830	877
Hoteles 2 estrellas oro	648	685	685	729	778	812	785	800	841	857
Hoteles 1 estrella oro	1.052	1.095	1.165	1.225	1.310	1.342	1.188	1.233	1.241	1.239
Pensiones 3 estrellas plata	290	311	316	328	330	318	119	129	148	153
Pensiones 2 estrellas plata	840	878	894	945	959	992	1.817	1.959	2.016	2.038
Pensiones 1 estrella plata	1.983	2.194	2.246	2.374	2.523	2.595	3.311	3.414	3.634	3.683
Total	5.816	6.249	6.499	6.864	7.305	7.496	8.244	8.631	9.044	9.215

FUENTE: *Anuario de Estadísticas de España,* Instituto Nacional de Estadística.
NOTA: En 1969 se cambiaron las normas de clasificación hotelera y, con ello, algunos hoteles cambiaron de categoría.

En cuanto a la evolución seguida en el número de plazas, podemos señalar como gran conclusión que el ritmo de crecimiento del número de las plazas hoteleras ofertadas fue mayor que el de los establecimientos, manteniéndose esta tendencia a lo largo de todo el período.

TABLA 4.7

Oferta alojativa en lo que a plazas se refiere

	1964	1965	1966	1967	1968	1969	1970	1971	1972	1973
Hoteles 5 estrellas oro	23.798	24.689	27.096	27.242	28.311	27.334	19.376	21.208	23.051	23.427
Hoteles 4 estrellas oro	41.966	44.862	47.831	54.167	64.625	69.044	45.240	54.973	59.809	71.677
Hoteles 3 estrellas oro	51.146	58.573	65.685	71.361	82.298	89.973	106.108	121.824	139.962	159.908
Hoteles 2 estrellas oro	44.228	46.798	48.929	52.730	58.840	65.732	86.443	99.445	106.081	111.604
Hoteles 1 estrella oro	51.416	55.405	62.464	69.196	81.516	89.073	105.441	117.670	123.427	124.258
Pensiones 3 estrellas	10.320	11.395	1.278	12.700	13.414	13.358	7.630	8.048	8.906	9.488
Pensiones 2 estrellas	26.218	27.993	30.215	32.274	34.206	36.368	80.460	87.186	88.146	89.058
Pensiones 1 estrella	51.492	58.352	59.685	64.373	71.211	74.504	94.800	101.984	108.311	110.020
Total	300.584	328.067	343.183	384.043	434.421	465.386	545.498	612.338	657.693	699.440

FUENTE: *Anuario de Estadísticas de España 1971 y 1980,* Instituto Nacional de Estadística, Ministerio de Información y Turismo y guías hoteleras.

Dada la reestructuración hotelera explicada anteriormente, lo único cierto que se puede decir es que en la década contemplada en este período temporal el número de plazas se multiplicó por 2,3.

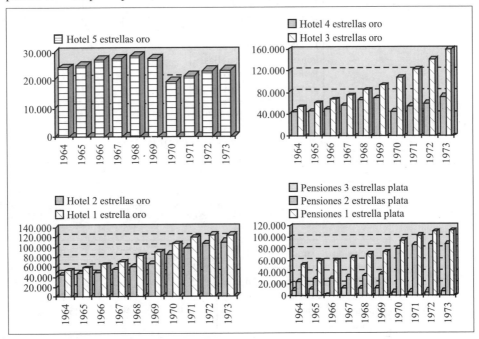

Figura 4.5.

Lo que sí resulta relevante destacar es que, al margen de la reestructuración de las categorías, todos los establecimientos por categorías aumentan su tamaño medio, como puede verse en la tabla 4.8, en que reproducimos los datos correspondientes al principio y al final del período, e igualmente es destacable la estrecha relación existente entre dimensión y categoría. A mayor categoría, mayor dimensión, y viceversa.

Por otra parte, es destacable apreciar la pérdida relativa de peso, tanto en número de plazas como en el de establecimientos en las dos categorías superiores y, paralelamente, el aumento de importancia de las categorías inferiores, especialmente en los de tres estrellas. Es lógico que la evolución de la infraestructura hotelera presente estas características, por cuanto al adquirir un carácter muy masivo la llegada de turistas —se pasó de 14 a 34 millones en la década— no era posible que esos fortísimos incrementos se atendieran con una hotelería de la máxima calidad. Aunque los precios españoles eran claramente inferiores a los europeos, no resulta factible que los niveles de renta de tantos millones de turistas se adecuaran a la calidad y a los precios de los hoteles de las categorías superiores.

TABLA 4.8

Dimensión media de los establecimientos hoteleros por categorías

	1964	1968	1973
Hoteles de 5 estrellas	277	286	349
Hoteles de 4 estrellas	130	144	198
Hoteles de 3 estrellas	86	96	160
Hoteles de 2 estrellas	68	76	124
Hoteles de 1 estrella	49	62	100
Pensiones de 3 estrellas	36	41	58
Pensiones de 2 estrellas	31	36	43
Pensiones de 1 estrella	26	28	29

FUENTE: Elaboración propia.

TABLA 4.9

Plazas, número y dimensión media de los hoteles por categoría

	1964			1973		
	Plazas %	Número %	Dimensión media	Plazas %	Número %	Dimensión media
Hoteles de 5 estrellas	11,2	3,2	277	4,8	2,0	349
Hoteles de 4 estrellas	19,7	11,9	130	14,6	9,0	198
Hoteles de 3 estrellas	24,1	22,0	86	32,6	26,2	160
Hoteles de 2 estrellas	20,8	24,0	68	22,7	25,7	124
Hoteles de 1 estrella	24,2	38,9	49	25,3	37,1	100
Total			79			146

FUENTE: Elaboración propia.

5.2.2. *Alojamientos y plazas hoteleras por provincias*

En este período, todas las provincias presentan una evolución de su oferta que registra incrementos, tanto en el número de establecimientos como en el de las plazas, salvo Guipúzcoa, que acompaña su pequeño incremento de tres establecimientos con una reducción de su capacidad hotelera de 812 plazas, lo que la lleva a ocupar el último lugar dentro del *ranking* de las principales zonas turísticas de España.

Esta provincia y Málaga son las únicas que soportan un incremento porcentual menor en el número de plazas que en el de los establecimientos. En el resto de provincias el ritmo de crecimiento de las plazas es mayor que el de los establecimientos, lo que implica un incremento generalizado de la capacidad media de los establecimientos en la mayoría de las provincias.

La provincia que mayor incremento registra en este período es Baleares, que continúa así con la tendencia iniciada en los años anteriores, manteniéndose en primer lugar como provincia de mayor capacidad receptora, con 1.534 establecimientos y 165.904 plazas en 1974, y aumentando distancias respecto a Gerona que ocupa el segundo lugar con 71.028 plazas y 958 establecimientos en 1974.

Canarias, Gerona, Madrid y Málaga son las provincias que mayor incremento en el número de establecimientos registran, después de Baleares, mientras que en el número de plazas son Canarias, Alicante, Gerona y Málaga. Por tanto, son los destinos de sol y playa los que registran un mayor incremento de su oferta hotelera, sobre todo los archipiélagos y Gerona.

La provincia con mayor incremento porcentual fue Alicante, que multiplicó por cuatro su contingente de plazas y duplicó el número de alojamientos, aumentando así posiciones en cuanto a su capacidad alojativa, gracias al incremento en la capacidad.

En las tablas 4.10 y 4.11 se recoge la oferta de las principales provincias medida en establecimientos y en plazas

TABLA 4.10

Oferta de establecimientos por provincias

	1964	1965	1966	1967	1968	1969	1970	1971	1972	1973
Alicante	199	222	227	242	274	291	337	377	399	409
Baleares	838	932	1.022	1.089	1.177	1.257	1.498	1.497	1.530	1.534
Barcelona	838	920	917	934	957	938	775	889	884	885
Canarias	235	282	325	367	410	414	434	424	439	434
Gerona	790	840	849	888	914	928	928	939	971	958
Guipúzcoa	140	145	140	139	136	128	141	144	147	143
Madrid	628	660	672	683	699	702	747	772	800	809
Málaga	191	201	210	226	283	272	335	327	340	356
Valencia	96	101	103	118	120	117	140	158	168	176
Resto de España	1.906	1.946	2.034	2.178	2.335	2.449	2.909	3.104	3.366	3.511

FUENTE: Servicio Sindical de Estadísticas, *Anuarios de Estadísticas de Turismo 1968, 1975*.

TABLA 4.11

Oferta de plazas por provincias

	1964	1965	1966	1967	1968	1969	1970	1971	1972	1973
Alicante	8.874	10.473	11.412	12.625	15.295	17.336	24.656	34.263	37.179	41.183
Baleares	50.209	58.379	71.837	81.985	100.108	118.085	157.050	185.060	198.813	216.113
Barcelona	40.683	44.173	44.690	46.593	50.409	49.601	52.560	57.825	58.925	59.864
Canarias	13.467	16.607	19.303	22.546	28.141	30.824	34.394	38.464	43.677	47.527
Gerona	42.711	44.805	45.691	47.523	50.535	52.836	59.835	65.202	69.837	71.028
Guipúzcoa	9.049	9.349	9.074	9.194	8.966	8.362	8.635	8.737	8.337	8.237
Madrid	28.724	29.803	31.206	32.463	34.630	35.818	37.012	40.584	42.534	43.725
Málaga	13.056	13.952	15.045	16.920	21.105	22.118	27.356	27.975	32.038	33.760
Valencia	5.563	5.898	6.327	7.442	7.490	7.330	7.916	8.679	9.236	9.438
Total nacional	300.584	328.067	354.183	384.043	434.421	465.386	545.798	612.338	657.693	699.440

FUENTE: Servicio Sindical de Estadísticas, *Anuarios de Estadísticas de Turismo 1964, 1975.*

Se observa, por tanto, un proceso de concentración turística en el litoral del Mediterráneo, sobre todo en Baleares, lo que provocó mayores desequilibrios territoriales en la distribución de la oferta entre unas zonas y otras de España. De hecho, son las cuatro zonas turísticas españolas más importantes (Baleares, Canarias, Costa del Sol y Costa Blanca) las que presentan un crecimiento de la oferta por encima de la media española que en la década analizada supuso multiplicar por 2,3 la inicial del período. Esto significó, por un lado, que se produjera una masificación que repercute negativamente sobre el propio sector turístico al generar problemas medioambientales derivados de tales concentraciones turísticas. Por otro, mermó la calidad de los servicios ofrecidos, ya que el crecimiento de la oferta contribuye poderosamente a la estrategia de los operadores de mantener los precios muy bajos para ensanchar el mercado, lo que a la postre se traduce en la pérdida de rentabilidad de las explotaciones turísticas y consiguiente imposibilidad de realizar mejoras en los servicios prestados y en la propia infraestructura hotelera que se va deteriorando paulatinamente al no poder abordar las imprescindibles inversiones de reposición.

5.2.3. *Alojamientos y plazas hoteleras por provincias y categorías*

El resultado global en las principales provincias en este período es de crecimiento en las plazas hoteleras, aunque ésta no es la tónica dominante en todas ellas, ni en todas las categorías. De todas maneras, hay que tener presente en el análisis que subsiste la problemática de la reclasificación hotelera a la que ya nos hemos referido con anterioridad, y que se traduce en una reducción de la categoría de numerosos establecimientos.

La reducción de plazas en las categorías superiores, cinco y cuatro estrellas oro, se repite en la mayoría de las provincias estudiadas, salvo en los dos archipiélagos de Baleares y Canarias, y en Alicante. Es sobre todo en Canarias donde realmente el incremento de su oferta hotelera de alto nivel compensa la reducción producida en las otras provincias, fundamentalmente en Gerona y Barcelona.

El mayor crecimiento se observa en hoteles de primera B, a los cuales se debe cerca del 40 por 100 del incremento total, debido en su mayoría a Baleares y Canarias. Sin embargo, son las categorías inferiores, hoteles de segunda y tercera, los que registran un mayor incremento relativo, que representan más del 50 por 100 del total de nuevos establecimientos hoteleros. Es decir, las islas Canarias y las Baleares más Alicante son las provincias que experimentan los mayores crecimientos en la oferta de establecimientos, pero cada una en categorías diferentes. Así, Canarias en establecimientos de lujo y primera, mientras que Baleares y Alicante en hoteles de categorías diferentes.

En la tabla 4.12 se recogen los datos representativos del primer y último año del período referentes a la oferta de plazas y establecimientos hoteleros (sólo hoteles) por provincias, desglosados en categorías.

TABLA 4.12

Plazas hoteleras por provincias según categorías (sólo hoteles)

		1964	1965	1966	1967	1968	1969	1970	1971	1972	1973
Alicante	Total	5.662	6.928	7.866	8.709	10.910	12.881	21.507	27.477	30.226	33.949
	Lujo	391	391	451	451	475	475	219	153	153	153
	1.ª A	1.072	1.446	1.450	1.568	1.835	1.835	859	1.220	2.152	3.450
	1.ª B	1.499	1.934	2.556	2.872	3.771	4.594	5.419	9.171	9.746	10.917
	2.ª	1.180	1.559	1.568	1.702	1.919	2.436	8.542	8.270	8.270	9.285
	3.ª	1.520	1.598	1.841	2.116	2.910	3.541	6.468	8.663	9.905	10.144
Baleares	Total	31.771	36.396	45.426	53.002	67.186	81.883	114.735	135.812	148.850	166.585
	Lujo	2.159	2.399	2.462	2.466	2.453	2.453	2.268	2.304	2.304	2.304
	1.ª A	4.897	5.332	6.091	6.624	7.154	7.751	9.461	10.786	10.562	11.952
	1.ª B	10.996	12.897	14.820	16.714	19.937	23.949	34.121	41.082	50.538	62.394
	2.ª	6.520	6.838	8.826	9.552	12.789	17.847	32.444	40.174	40.539	45.153
	3.ª	7.199	8.930	13.227	17.646	24.853	29.883	36.441	41.466	44.907	44.782
Barcelona	Total	27.952	29.844	31.307	32.355	34.625	34.251	30.959	35.881	37.872	39.318
	Lujo	2.465	2.389	2.537	2.650	2.660	2.660	1.998	1.998	1.998	2.040
	1.ª A	5.033	5.336	5.147	5.548	5.407	5.385	2.544	3.258	3.459	4.109
	1.ª B	5.392	5.118	5.479	5.325	5.306	5.130	5.595	5.496	5.722	6.082
	2.ª	5.616	5.940	5.726	5.787	6.293	6.219	4.161	4.696	5.317	4.809
	3.ª	9.446	11.061	12.418	13.045	14.959	14.857	16.661	20.433	21.376	22.278
Canarias	Total	9.770	12.286	14.807	17.914	23.252	26.163	28.789	32.933	38.128	41.980
	Lujo	2.015	1.916	2.884	2.884	2.880	2.394	2.796	3.753	4.380	4.342
	1.ª A	4.140	4.278	4.806	6.150	9.878	12.182	7.722	9.929	12.296	15.673
	1.ª B	1.299	3.071	3.865	4.885	6.447	7.373	10.886	13.123	14.526	15.427
	2.ª	1.377	2.014	2.215	2.743	2.652	2.771	4.824	4.452	5.285	4.999
	3.ª	939	1.007	1.037	1.252	1.395	1.443	2.561	1.676	1.641	1.539

TABLA 4.2 *(continuación)*

		1964	1965	1966	1967	1968	1969	1970	1971	1972	1973
Gerona	Total	33.295	34.771	35.319	36.582	38.610	40.609	40.146	45.258	48.842	50.130
	Lujo	563	563	835	835	698	698	590	590	590	590
	1.ª A	6.858	7.072	6.985	7.373	7.353	7.391	1.409	2.084	1.968	2.288
	1.ª B	7.979	9.183	9.272	9.497	10.183	10.486	11.861	11.851	13.424	14.997
	2.ª	6.996	7.083	7.334	7.662	8.436	9.292	11.387	14.287	17.208	16.637
	3.ª	10.899	10.870	10.893	11.215	11.940	12.742	14.899	16.446	15.652	15.618
Guipúzcoa	Total	7.957	8.152	7.941	8.064	7.941	7.461	5.738	5.791	5.391	5.510
	Lujo	1.132	1.132	1.132	1.132	1.132	1.132	0	0	0	0
	1.ª A	2.229	2.398	2.362	2.733	2.709	2.371	1.992	1.992	1.710	1.865
	1.ª B	1.194	1.194	1.194	1.088	1.050	1.050	729	1.653	1.787	1.655
	2.ª	1.495	1.523	1.401	1.311	1.208	1.112	1.617	1.019	697	697
	3.ª	1.907	1.905	1.852	1.800	1.842	1.796	1.400	1.127	1.197	1.293
Madrid	Total	19.009	19.561	20.844	21.812	23.842	25.024	21.318	24.892	26.681	27.795
	Lujo	5.246	5.603	5.820	6.300	6.616	6.585	4.924	5.566	6.777	6.872
	1.ª A	5.167	5.228	5.960	6.784	7.996	8.953	5.369	7.348	7.285	8.118
	1.ª B	4.603	4.718	5.127	4.899	5.181	5.295	6.084	7.218	7.511	7.704
	2.ª	2.509	2.427	2.452	2.383	2.421	2.576	2.962	2.782	2.995	2.860
	3.ª	1.484	1.585	1.485	1.446	1.628	1.615	1.979	1.978	2.113	2.241
Málaga ·	Total	11.070	11.834	12.632	14.236	18.228	18.697	20.609	21.102	24.594	26.421
	Lujo	3.317	3.306	3.736	3.291	3.794	3.748	3.425	3.539	3.544	3.542
	1.ª A	3.153	3.202	3.244	3.468	4.521	4.734	2.631	3.007	4.065	5.082
	1.ª B	2.985	3.610	3.793	5.370	7.503	7.779	7.469	7.420	9.509	10.146
	2.ª	1.239	1.373	1.551	1.778	2.047	1.964	5.445	5.350	5.980	6.091
	3.ª	376	343	308	329	363	472	1.639	1.786	1.496	1.560
Valencia	Total	3.926	4.072	4.527	5.535	5.536	5.397	4.782	5.038	5.374	4.214
	Lujo	414	414	414	578	578	164	160	164	164	164
	1.ª A	889	903	1.106	1.203	1.321	1.735	578	648	650	652
	1.ª B	583	751	815	1.463	1.334	1.334	1.959	2.283	2.568	1.731
	2.ª	1.268	1.197	1.220	1.220	1.230	1.091	866	701	750	567
	3.ª	772	807	972	1.071	1.073	1.073	1.219	1.242	1.242	1.100

FUENTE: Servicio Sindical de Estadísticas, *Anuarios de Estadísticas de Turismo 1968 a 1975* y elaboración propia.

5.2.4. *Otra oferta turística*

El crecimiento de la oferta de campamentos turísticos es bastante más mesurada que en el período anterior, aunque a lo largo de la década casi se llega a doblar el número de plazas ofertadas. Asimismo, tiene lugar un aumento de la dimensión media de este tipo de oferta de alojamiento del 20 por 100 en el período.

TABLA 4.13

Evolución del número de cámpings y de sus plazas

	1964	1965	1966	1967	1968	1969	1970	1971	1972	1973
Núm.	333	333	351	380	423	441	470	497	511	511
Plazas	115.288	120.820	126.763	135.777	156.059	171.195	190.820	203.419	208.079	211.631
D. med.	346	363	361	357	369	388	406	409	407	414

FUENTE: INE.

Ciertamente, es un crecimiento inferior al que experimenta la oferta hotelera, pero es bastante importante de todas formas. Hay que tener en cuenta, además, que el crecimiento de la demanda turística tiene uno de sus puntales en la expansión del transporte aéreo en general y de los vuelos chárter en especial, y el turista que utiliza este medio de transporte no es cliente de cámping.

5.3. La demanda turística

5.3.1. *Visitantes procedentes del extranjero*

Desde 1964 hasta 1973 el número de visitantes llegados a España provistos de pasaporte se triplica, pasando de algo más de 14 millones a superar los 34 millones y medio. Esta tendencia se mantiene a lo largo de todos los años sin que experimentara freno alguno en ningún año. En todos ellos se registran incrementos, correspondiendo los mayores a 1966 en que se registra un 30 por 100, y a 1972 con algo más del 24 por 100.

Paradójicamente, este crecimiento continuo no se corresponde totalmente con el comportamiento en la entrada de divisas, como se señaló en el apartado anterior.

5.3.1.1. Vías de entrada

El transporte terrestre continúa siendo el líder de los medios utilizados para acceder a España, sobre todo la carretera, aunque la importancia tanto de la carretera como del ferrocarril va reduciéndose en favor del transporte aéreo, que en estos años lleva a cabo su espectacular desarrollo gracias a los vuelos chárter. El Gobierno español adoptó las oportunas medidas legales favorecedoras de esos tráficos aéreos y, sobre todo, realizó importantes inversiones en los aeropuertos de zonas turísticas mejorándolos o construyendo nuevas instalaciones aeroportuarias donde no las había. De esta manera, se facilita el uso del avión, generando un crecimiento del negocio de los paquetes turísticos «todo incluido». Este producto turístico, que constituye la esencia de la actividad de los operadores turísticos, estimula el aumento de vuelos chárter, ya que los paquetes abaratan el precio de las vacaciones haciendo desaparecer el carácter elitista del transporte aéreo y democratizando su uso.

TABLA 4.14

Visitantes procedentes del extranjero que han entrado en España provistos de pasaporte
(según medio de entrada)

	1964	1965	1966	1967	1968	1969	1970	1971	1972	1973
Ferroc.	978.232	940.179	1.025.616	991.097	905.273	1.149.399	1.352.277	1.393.814	1.570.961	1.629.657
Carret.	7.912.235	8.049.665	10.819.274	10.657.376	11.367.738	12.741.747	14.085.945	14.971.171	19.476.458	20.692.157
Puertos	248.540	311.866	340.719	417.799	525.722	552.505	539.352	500.798	596.801	646.529
Aerop.	1.367.668	1.777.846	2.257.325	2.743.943	3.439.233	4.435.169	5.289.806	6.872.205	7.793.773	8.367.463

FUENTE: Estadísticas de Turismo, *Coyuntura Turística,* diciembre 1973.

5.3.1.2. Nacionalidades

La contigüidad geográfica y el mayor nivel de desarrollo de nuestro vecino septentrional es la razón fundamental por la que la mayor parte de los turistas que llegan a España son de nacionalidad francesa. La evolución del número de turistas franceses a lo largo del período, aunque con fluctuaciones significativas, pero coyunturales en algunos años, pone de relieve que el mercado francés hacia España terminó el período de igual forma que lo comenzó, esto es, siendo el principal país emisor, pero con una participación relativa que se ve reducida al pasar del 68 por 100 del total al 55 por 100 de los turistas extranjeros.

El resto de nacionalidades no presenta grandes variaciones en sus llegadas, apreciándose un incremento relativo en la participación en todas ellas, salvo Italia, que se mantiene con su bajo nivel de participación, fruto posiblemente de una potencialidad turística de similares características a la española.

Durante este período cobra gran importancia el turismo alemán y el procedente de Gran Bretaña, llegando a alcanzar entre ambos, y a partes casi iguales, el 33 por 100 del total de la demanda turística de extranjeros.

TABLA 4.15

Visitantes procedentes del extranjero que han entrado en España provistos de pasaporte
(según nacionalidad)

	1964	1965	1966	1967	1968	1969	1970	1971	1972	1973
Alemania	917.749	1.011.056	1.262.028	1.200.421	1.321.451	1.715.754	2.016.336	2.752.482	3.231.424	3.424.839
Bélgica	282.606	272.390	416.111	458.765	495.101	648.356	606.077	696.234	858.019	1.069.576
Francia	5.476.831	5.558.552	7.516.487	7.403.601	7.651.157	8.112.972	8.718.769	8.439.525	11.095.104	12.033.932
G. Bretaña	998.094	1.027.418	1.380.707	1.518.414	1.832.783	2.187.279	2.308.114	2.927.782	3.303.050	3.594.896
Italia	202.490	218.026	240.615	262.241	304.391	330.073	351.089	338.884	359.298	399.437
EE.UU.	351.212	392.187	434.356	466.630	503.904	672.368	819.663	920.864	1.138.419	1.176.231
Escandin.	319.381	410.024	536.835	652.070	803.653	840.714	946.384	1.075.522	1.212.722	1.299.395
R. mundo	1.958.312	2.189.903	2.655.795	2.848.073	3.325.526	4.371.304	5.500.948	6.586.695	8.239.957	8.607.500

FUENTE: Estadísticas de Turismo, *Coyuntura Turística,* diciembre 1973.

5.3.1.3. Entrada según meses

Según nos muestra la tabla 4.16, durante todos los años del período se mantiene la estacionalidad en la llegada de turistas, es decir, que sigue la concentración de la llegada de los turistas a nuestro país en los meses veraniegos.

Esta estacionalidad es considerada por el Banco Mundial en su informe de 1962 como uno de los problemas principales del turismo en España; problemática común a la de todos los destinos turísticos de sol y playa y que no presenta apenas corrección alguna en la década analizada.

TABLA 4.16

Evolución de la entrada de visitantes extranjeros según meses

	1964	1965	1966	1967	1968	1969	1970	1971	1972	1973
Enero	311.084	375.929	402.112	503.086	536.729	610.350	677.146	824.187	977.046	1.076.509
Febrero	329.978	349.338	440.895	499.519	559.911	609.645	685.592	836.303	1.045.723	1.006.394
Marzo	530.913	435.507	557.263	803.020	662.890	851.788	1.105.071	1.059.075	1.490.526	1.329.403
Abril	541.622	761.131	893.975	778.716	1.103.580	1.077.946	991.252	1.635.381	1.682.318	2.149.182
Mayo	810.477	770.267	1.077.762	1.037.719	1.045.061	1.319.799	1.471.724	1.720.052	1.965.122	1.930.957
Junio	893.695	1.019.979	1.240.057	1.260.049	1.431.646	1.854.390	2.027.855	2.294.360	2.639.695	2.868.319
Julio	1.859.439	1.996.187	3.010.085	3.146.623	3.065.291	3.482.271	3.887.219	4.308.128	5.787.389	6.257.111
Agosto	2.624.266	2.530.634	3.261.410	3.140.224	3.562.877	4.194.391	4.807.415	4.750.024	6.274.077	6.846.914
Septiem.	1.149.949	1.299.485	1.637.718	1.673.652	1.951.344	2.168.278	2.457.774	2.566.396	3.060.827	3.360.190
Octubre	597.551	626.639	817.406	815.929	962.199	1.112.519	1.322.755	1.529.184	1.728.549	1.958.010
Noviem.	405.105	455.521	519.203	515.630	660.711	774.102	912.274	1.098.287	1.255.737	1.396.880
Diciem.	452.596	458.939	585.048	636.048	695.727	823.341	921.303	1.116.611	1.530.984	1.452.937

FUENTE: *Boletín Informativo 1974, Hechos y cifras de la economía española 1974,* Banco Exterior de España.

Dado que la demanda es incontrolable por el Estado español, al no poder incidir en su evolución por proceder de otros países y estar controlada por operadores extranjeros, lo único que puede hacer el Gobierno es actuar sobre la oferta tratando de desarrollar nuevas modalidades turísticas, como el turismo deportivo, el cultural, que estimula la llegada de turistas en otras épocas, etc. Así lo pone de manifiesto el Segundo Plan de Desarrollo Económico, al tiempo que también propone una reducción de los precios fuera de temporada. En cualquier caso, el problema era conseguir tanto la desestacionalización de la demanda a escala nacional como, sobre todo, en las zonas turísticas donde se concentra la oferta hotelera, lo que no era ni es nada fácil dada la especialización de las principales en turismo de sol y playa.

Si analizásemos la evolución de la estacionalidad por trimestres podríamos comprobar que apenas muestra modificación alguna en el amplio período examinado en este capítulo. Aparecen unas lógicas oscilaciones, pero el tercer trimestre sigue concentrando como mínimo la mitad de las llegadas anuales, y parece apuntarse una muy lenta tendencia al crecimiento relativo del primer y cuarto trimestres en detrimento del segundo. Las vacaciones navideñas y de Semana Santa empiezan a desarrollarse, lo que, junto a las medidas de estímulo a la desestacionalización de la demanda, parece que empiezan a rendir sus primeros frutos.

Si a finales del período anterior veíamos que el primer y último trimestres representaban casi lo mismo que el segundo, ahora se aprecia que la diferencia a favor de aquéllos se sitúa en torno a los 4-5 puntos porcentuales. El proceso de desestacionalización de la demanda es necesariamente lento y tiene que ver tanto con las costumbres y usos sociales de los países emisores de turistas, como con la modificación de la oferta turística española, en la que la nieve empieza a aparecer, con la creación de nuevos atractivos de índole distinta al sol y la playa.

5.3.2. *Salidas de turistas españoles*

El desarrollo económico generó una mejora en el nivel de vida de los españoles y con ello aumentó la demanda turística hacia el extranjero, de manera que el resultado del período se salda con un incremento del número de personas que salen de España, que llega a superar los siete millones en 1974, casi el doble del volumen registrado en 1963, lo que supone un incremento de más de tres millones de salidas al final del período respecto del primer año.

Este crecimiento no fue uniforme, sino que registró rupturas en su trayectoria, siendo las más significativas la caída en el número de salidas registrada en 1968, consecuencia de la devaluación de la peseta del año anterior y consiguiente pérdida de poder adquisitivo en el extranjero, a pesar de que no llega a situarse debajo del volumen con que se inició el período. A partir de ese año las salidas turísticas de los españoles al extranjero se aceleran de forma muy significativa.

5.3.2.1. Medio de salida

A comienzos del período, el 97 por 100 de los españoles salía al extranjero por medios terrestres, correspondiendo al transporte por carretera el 78 por 100, lo que es sustancialmente diferente a lo que sucedía con las llegadas.

Al final del período el número de usuarios del ferrocarril para salir del país se había reducido en beneficio de los demás medios de transporte.

El incremento porcentual mayor se registra en el número de usuarios de aeropuertos, con un 257 por 100, lo que supone 206.514 personas más que emplean este medio para salir del país, lógica consecuencia del aumento del nivel de vida y del frenazo experimentado por las salidas de emigrantes, porque las estadísticas no distinguen entre salidas turísticas y emigración.

En el transporte de carretera se duplica el número de salidas, lo que representa superar los seis millones de usuarios en 1974.

Al contrario de lo que ocurre con la estructura de la demanda de los transportes utilizados por los turistas en sus viajes hacia España, en las salidas de españoles por carretera no se producen reducciones relativas, sino que su porcentaje aumenta en diez puntos llegando en 1974 al 88 por 100 del total de salidas del país. Este incremento tiene lugar a costa de la reducción de los usuarios del ferrocarril que pasa del 19 por 100 al 7, situándose así en una posición cercana a la del aeropuerto. La explicación de estos comportamientos ya la hemos comentado anteriormente: se en-

© Ediciones Pirámide

cuentra en las motivaciones de los españoles que salían al extranjero, ya que no todos eran turistas.

5.3.2.2. Según meses

En la tabla 4.17 se observa cómo a lo largo de todos los años se produce una concentración de las salidas de españoles provistos de pasaporte hacia el extranjero en los meses de vacaciones veraniegas, pero esta concentración no es tan acusada como en el caso de las llegadas, comportamiento diferencial debido al movimiento migratorio de los españoles hacia Europa en busca de trabajo o incluso para realizar tareas temporales como la vendimia, desplazamientos que no coinciden estrictamente con los períodos vacacionales.

TABLA 4.17

Salidas de españoles al extranjero según meses

	1964	1965	1966	1967	1968	1969	1970	1971	1972	1973
Enero	289.508	265.906	269.223	282.808	276.064	269.259	260.772	248.513	278.530	365.822
Febrero	240.692	219.158	245.863	253.147	228.202	227.663	243.239	215.491	245.655	292.173
Marzo	283.156	259.757	288.641	379.514	278.019	282.207	368.451	311.771	463.072	443.286
Abril	287.109	334.822	355.194	337.978	378.134	376.387	282.495	503.570	480.066	661.919
Mayo	312.216	292.180	341.482	436.383	272.422	367.526	357.071	431.004	472.920	495.191
Junio	342.036	307.021	319.723	321.467	327.312	362.528	249.638	467.219	501.416	560.852
Julio	404.198	381.642	447.410	455.427	732.748	462.056	508.822	568.297	786.983	782.935
Agosto	473.696	522.958	580.019	596.061	584.290	480.731	627.483	800.727	941.752	1.071.891
Septiem.	423.184	468.245	483.642	502.086	481.717	501.161	494.692	580.027	315.516	790.322
Octubre	276.649	326.941	329.443	329.443	315.836	279.689	413.891	402.577	423.129	600.872
Noviem.	241.297	276.756	297.481	297.481	292.101	273.606	254.042	318.242	405.487	477.070
Diciem.	243.241	262.121	302.726	302.726	260.236	267.883	289.285	316.178	426.705	457.997

Otro argumento adicional que puede explicar esa menor estacionalidad desde la perspectiva turística es que el menor nivel de vida español hace que quienes pueden salir al extranjero en viaje de turismo pertenezcan a los estratos de mayores niveles de renta. Y éstos no suelen ser asalariados ni están constreñidos por unos períodos vacacionales predeterminados. En buena lógica, viajan en épocas distintas a las de las grandes masas de turistas europeos.

5.3.3. *El grado de ocupación hotelera*

A mediados de este período aparece una nueva estadística que nos va a permitir la comprensión de la expansión de la oferta turística básica de alojamiento que es la hotelería. Es la estadística representada por el número de pernoctaciones registradas en alojamientos hoteleros y por el grado de ocupación, que constituyen los auténticos indicadores de la demanda hotelera.

Si consideramos una ocupación máxima correspondiente al número de plazas hoteleras multiplicadas por 365 días del año, haciendo exclusión de las plazas de pensiones o de establecimientos «de plata», y la ponemos en relación con las pernoctaciones efectivamente producidas, podemos llegar al establecimiento del grado de ocupación hotelera. Lógicamente, el fenómeno de los cierres hoteleros por temporada se nos escapa y contribuye a elevar las cifras reales del grado de ocupación, ya que un cierto número de hoteles no ofertan sus plazas los 365 días del año, sino una cifra inferior de días. Pero sí se puede aceptar una cierta constancia proporcional de tales cierres, por cuanto la estacionalidad de la demanda turística, aunque en regresión, cambia muy lentamente. En todo caso, las oscilaciones del grado de ocupación son lo suficientemente relevantes como para olvidarnos de las implicaciones estadísticas de los cierres temporales.

Y decíamos al principio de este epígrafe que esta estadística nos permite explicarnos la evolución de la oferta hotelera, por cuanto es quizá una de las variables fundamentales que tienen en cuenta los empresarios a la hora de tomar la decisión de construir nuevos hoteles. El carácter de «industria pesada» de la hotelería, a la que hemos hecho referencia en otros epígrafes, explica el carácter fuertemente cíclico, tanto del grado de ocupación como de la cifra de nuevas incorporaciones de plazas hoteleras al mercado.

TABLA 4.18

Evolución del número de plazas hoteleras y del grado de ocupación

	1968	1969	1970	1971	1972	1973
Número de plazas	315.590	341.156	362.608	415.120	452.330	490.874
Pernoctaciones efectivas (miles)	55.341	68.149	80.211	93.402	104.866	103.763
Pernoctaciones teóricas (miles)	115.190	124.522	132.352	151.519	165.100	179.169
Grado ocupación (%)	48,0	54,7	60,6	61,6	63,5	57,9
Incremento de plazas anuales	40.894	25.566	21.452	52.512	37.210	38.544

FUENTE: INE.

La interrelación entre las variables grado de ocupación e incremento anual del número de plazas se observa mejor en el largo plazo, y lo veremos en el capítulo 8. No obstante, ya podemos apreciar en los datos de la tabla 4.18 que ante un aumento del grado de ocupación se produce una reacción de la oferta hotelera hacia su expansión con un cierto retraso temporal de 2-3 años, que es el período de maduración para la culminación del proyecto de construir un hotel. En todo caso, nos movemos en estos años de transición entre los sesenta y los setenta con unos grados de ocupación que no han vuelto a alcanzarse con posterioridad hasta finales de los años noventa, al igual que los incrementos de la oferta también se encuentran entre los mayores habidos desde entonces, si hacemos salvedad de 1975 en que se registra el incremento más fuerte de la planta hotelera habido como respuesta empresarial a los elevadísimos grados de ocupación de los primeros años setenta.

6. EL MARCO CONCEPTUAL: DEL «TODO VALE» A UNA CIERTA ORDENACIÓN TURÍSTICA

Para entender la perspectiva conceptual de cómo se contemplaba el turismo a lo largo de la década que se ha dado en llamar de la «planificación no planificadora», hay que hacer una precisión al título del epígrafe. Al «todo vale» habría que añadir: «para obtener divisas de la actividad turística y cuántas más mejor». Ésa es la filosofía imperante en la Administración española de aquellos años; filosofía administrativa acerca del significado del turismo que impregnó toda la sociedad y toda la economía españolas.

El proceso de liberalización llevado a cabo en el tránsito de los cincuenta a los sesenta, tendente a la «armonización» de las bases del funcionamiento de la economía española con las imperantes en Europa occidental, se había traducido, en lo concerniente al sector turístico, en facilitar los desplazamientos de los turistas y estimular el crecimiento de la oferta como medio para incentivar la llegada de más turistas y, consiguientemente, de ingresar más divisas. No se tuvieron en cuenta ningún otro tipo de consideraciones que no fuesen las meramente cuantitativas del crecimiento.

Y para lograrlo había que eliminar las trabas urbanísticas que frenaban o limitaban el crecimiento de dicha oferta turística. La Ley del Suelo vigente era un obstáculo para el rápido crecimiento cuantitativo, de ahí que se encontrase una fórmula para obviarla en la Ley de Centros y Zonas de Interés Turístico, que fue un auténtico «gol administrativo» que marcó Fraga en el Consejo de Ministros. Esta norma, que sirvió para agilizar y estimular las inversiones, tanto nacionales como extranjeras, en bienes inmobiliarios turísticos, fue, a su vez, la culpable de los numerosos desaguisados urbanísticos que se cometieron esos años, y posteriores, en el litoral español.

Su significado económico fue, simple y llanamente, el de estimular la explotación y la exportación (sin desplazamiento, obviamente) de los mejores «filones» de las materias primas turísticas: las soleadas costas y playas españolas. Así, el turismo se convierte en la fuente más importante para la obtención de las divisas convertibles que precisaba el resto de los sectores productivos del país. Explotación de materias primas turísticas que no fue todo lo productiva que pudo ser debido a la fuerte dependencia de la oferta hotelera española respecto de los operadores turísticos extranjeros. Éstos, al controlar la demanda, hacían que permaneciera en sus países de origen cerca de la mitad del gasto turístico en divisas de los turistas a través de la venta de los paquetes turísticos *in situ*.

El expolio de tales recursos turísticos básicos de calidad se completó con las Leyes de Costas y Puertos Deportivos que posibilitaron la privatización del dominio público litoral. Por consiguiente, todo valía con tal de obtener divisas, bien por venta de suelo edificado o no, bien por explotación turística de los mejores territorios.

Junto a esta «liberalidad» en materia económica y territorial, la Administración desarrolló un amplio programa normativo para ordenar la actividad específica de los distintos subsectores turísticos, sobre muchos de los cuales se legislaba por primera vez; preceptos legales en los que se detallaban prolijamente características, condiciones técnicas, organización, etc., de tales actividades privadas que facilitaron su desarrollo y expansión.

Al final del período, ya a comienzos de los años setenta, aparecen los primeros síntomas de una tímida reorientación territorial de la política turística en lo relativo a la necesidad de proceder a una cierta planificación del espacio; son la constatación de que los excesos del pasado empezaban a dejarse sentir.

5

La transición política. De la dictadura a la democracia (de 1974 a 1977)

1. ENCUADRE GENERAL: UNA REORIENTACIÓN LASTRADA POR LOS CONDICIONANTES POLÍTICOS

1.1. De la crisis del petróleo a la incertidumbre política

El asesinato del presidente del Gobierno, almirante Carrero Blanco, en el mes de diciembre de 1973, marca el comienzo del fin del franquismo. El mundo estaba experimentando, asimismo, desde pocos años antes, el principio del fin de la mayor época de prosperidad conocida en tiempos modernos. La espectacular subida de los precios del petróleo fue la perfecta excusa para echar la culpa a los jeques árabes de los crecientes problemas económicos que habían ido gestándose en Occidente, y que estallan de golpe con el final de la energía barata.

Todos los gobiernos occidentales empezaron a adoptar drásticas medidas para hacer frente a lo que no era una crisis cíclica de corto alcance, como las conocidas con anterioridad que se presentaban de cuando en cuando, sino el principio del fin de unos modelos de desarrollo industrial asentados en precios del barril de petróleo muy bajos que no se habían alterado en más de una década. En España, por el contrario, el problema político de la sucesión del general Franco, cuya decadencia física se hacía más que evidente, y la enorme incertidumbre que se cernía sobre el futuro de nuestro país, habían paralizado las decisiones gubernamentales que, ciertamente, tenían que ser impopulares a la fuerza.

La crisis económica «es cosa de otros países, nuestras reservas de divisas son un colchón de seguridad que nos permitirá salvar esta coyuntura sin mayores sobresaltos», era la cantinela oficial para explicar la paralización de la acción de gobierno en materia económica, en claro contraste con lo que ocurría allende nuestras fronteras. No sabemos en qué medida los responsables políticos eran conscientes de la profundidad y características de la crisis, o el condicionante político les forzaba a actuar de esa manera. Y la realidad es que hasta mediado 1977 la política económica recibió poca atención por los sucesivos Gobiernos de Arias Navarro y Adolfo Suárez, lo que originó el deterioro de la situación económica con una inflación que empezaba a galopar hacia tasas latinoamericanas y con niveles crecientes de paro. Ello empezó a poner en riesgo la propia reimplantación de la democracia, camino que empezó a cubrirse tras el referéndum sobre la Ley de Reforma Política de diciembre de 1976.

Por tanto, es un período en que, si exceptuamos las dos devaluaciones de febrero de 1976 y de julio de 1977, apenas si se adoptaron otras medidas de política económica hecha salvedad además de un decreto-ley de medidas económicas al que nos referimos más adelante. Las manifestaciones más significativas de deterioro económico aparecían por el lado de las inversiones, ya que en 1974 y 1975 se produjo una espectacular caída de las mismas. Crisis inversora que se mantuvo de forma persistente y mostrando ritmos de decrecimiento importantes. Esto era una prueba muy significativa de la profunda crisis en que estaba cayendo la estructura productiva española, pero también, y sobre todo, de la enorme incertidumbre que planeaba sobre el futuro de España. Incertidumbre creciente que aumentaba al ritmo que lo hacían las constantes manifestaciones en la calle que, tras la muerte de Franco, se sucedían en demanda de «amnistía y libertad», poniendo en entredicho la capacidad de Arias Navarro para pilotar la reforma política.

El primer Gobierno de Adolfo Suárez, de julio de 1976, marca un punto de inflexión en el rumbo político y, también, un recrudecimiento de la tensión en la calle, que llegó a su punto culminante en aquel enero de 1977 con el asesinato de los abogados laboralistas. Pero las audaces decisiones políticas del «gobierno de penenes» legalizando los partidos políticos —incluido el comunista—, legalizando los sindicatos libres y de clase, reconociendo el derecho de huelga y disolviendo el Movimiento Nacional encarrilan definitivamente el rumbo político, desembocando en el segundo Gobierno de Suárez, ya legitimado por las urnas, en junio de 1977.

Se había perdido un tiempo precioso en materia económica. Muy posiblemente era inevitable que así ocurriese. La política condicionaba toda la actividad del país. Y no faltaron voces autorizadas que pidieran apoyos a las primeras decisiones en materia económica que adoptó el Gobierno Suárez al cumplir sus cien primeros días, con el Decreto-Ley de Medidas Económicas de 11 de octubre de 1976, por el que se pretendía moderar el consumo, frenar la escalada de los precios y limitar los ingresos, especialmente los más elevados, ante los graves problemas que afrontaba una economía como la española en deterioro constante, y que se manifestaban fundamentalmente en la inflación galopante, el crecimiento del paro y el aumento del déficit comercial. Reproducimos las palabras del prestigioso economista Julio Alcaide porque nos parecen un magnífico reflejo de la trascendencia de los momentos que se estaban viviendo enfatizados por el propio título del artículo: «Verdaderamente alarma el pensar que un país que durante cuarenta años ha tolerado y asimilado unos planteamientos socioeconómicos básicamente injustos no sea capaz de soportar la prueba, durante un año, para hacer posible el restablecimiento de la democracia asentada en la soberanía popular que sólo a través de unas elecciones libres puede tener realidad. Sobre la base del desarrollo económico alcanzado puede

216

y debe construirse la democracia que la mayoría del país desea. Por ello, me parece justo y, desde el punto de vista técnico, correcto apoyar y colaborar en las medidas económicas, no tan dolorosas, ni tan injustas, aprobadas por el Gobierno. Aunque no se esté plenamente de acuerdo con todas ellas [...]. Ello permitiría llegar a las elecciones generales del próximo año en condiciones adecuadas para practicar en libertad y civilizadamente el derecho que cada español tiene a emitir su opinión y su voto. Enterremos el hacha de guerra y dejemos que los españoles, sin exclusiones de ninguna clase, expongan libremente su opinión y sus deseos»[1].

El nuevo rumbo político, la legalización de partidos y sindicatos, y la nueva ley electoral, medidas que mostraban la sinceridad de un Gobierno nacido de las entrañas del franquismo disipando las razonables dudas existentes sobre su capacidad, y que había sido legitimado por las urnas al año de su nombramiento, prepararon el terreno en el ámbito político para el gran acuerdo político y económico que fueron los Pactos de la Moncloa de octubre de 1977. El terreno en el ámbito económico ya había sido allanado con las primeras medidas adoptadas en julio de 1977 —depreciación y control de las disponibilidades líquidas—, tendentes a lograr un nuevo equilibrio interior y exterior. Estos pactos monclovitas, en los que participaron todas las fuerzas políticas, fueron el resultado de un consenso alcanzado sobre sendos Programas de Saneamiento y Reforma de la Economía y de Actuación Jurídica y Política que, asimismo, se ratificaron por sendas resoluciones del Congreso de los Diputados de 27 de octubre de 1977, y del Senado de 11 de noviembre del mismo año.

Y se llegó a ellos porque «para que en España se consolide la democracia y pasemos de una situación de crisis a otra de prosperidad es necesario que el consenso de la Moncloa no se limite a los agentes de la negociación, ni siquiera a los militantes de los partidos; es necesario que la conciencia de la gravedad de nuestra situación y un auténtico patriotismo sean actitudes profundas y compartidas por todos los españoles».

Es el fin de la incertidumbre económica fundamentada en la incertidumbre política. Quedaba, no obstante, un largo camino por recorrer: recuperar la confianza económica, reestructurar nuestra economía y salir del profundo pozo de la crisis económica en que estábamos sumidos. Pero eso corresponde al próximo capítulo.

2. EL MARCO ADMINISTRATIVO: UN CONSTANTE TEJER Y DESTEJER

2.1. De las continuas reorganizaciones a la disolución del Ministerio de Información y Turismo

El proceso de Penélope de hacer y deshacer en que se sumió el ministerio en la década de los setenta ya había comenzado cuando Pío Cabanillas accedió al mismo.

---

[1] Alcaide Inchausti, J.: «El objetivo es evitar la quiebra», *Informaciones Económicas* (suplemento del periódico *Informaciones*), 19 de octubre de 1976.

El 11 de enero de 1974, una semana después de su nombramiento como nuevo ministro de Información y Turismo, procedió a una nueva reorganización por la que se creaban las direcciones generales de Régimen Jurídico de la Prensa, Coordinación Informativa, Cinematografía y Teatro y Espectáculos, al tiempo que se suprimían la Dirección General de Servicios creada por Liñán y dos subdirecciones generales, las de Prensa y Coordinación.

Otra importante novedad, por lo que significaba en orden a un cambio de óptica en el tratamiento del turismo, fue el que, junto con los cargos de director general de Ordenación del Turismo y de Empresas y Actividades Turísticas, se asimilaban a los mismos los de comisario nacional de Turismo y comisario nacional adjunto, respectivamente, de los que dependerían las Comisiones de Turismo de Zona, a las que nos referiremos en el próximo capítulo.

Con esta profunda reorganización el Ministerio de Información y Turismo quedaba integrado, además de por la subsecretaría y secretaria general técnica, por las siguientes ocho direcciones generales: Radiodifusión y Televisión, Ordenación del Turismo y Comisario Nacional de Turismo, Coordinación Informativa, Cultura Popular, Régimen Jurídico de la Prensa, Empresas y Actividades Turísticas, Cinematografía, y Teatro y Espectáculos. Y veinte días más tarde aparecía en el *Boletín Oficial del Estado* la continuación de la reorganización ministerial en lo que afectaba a las subdirecciones y secretarías generales. Fue, sin duda, una muestra del renovado ímpetu con que una persona tan ligada a Manuel Fraga como Pío Cabanillas abordaba la tarea ministerial, aunque los condicionantes políticos pesaban, y mucho.

Entre las realizaciones más relevantes de este período está el Primer Plan de Modernización Hotelera y un decreto sobre ordenación de Centros de Iniciativas Turísticas, a los que nos referiremos más adelante.

No habían transcurrido diez meses de su nombramiento cuando cesa Pío Cabanillas cuyas discrepancias políticas con el presidente del Gobierno, Arias Navarro, se hacían más que evidentes, y éste nombra nuevo ministro a León Herrera y Esteban, el 29 de octubre de 1974. Antes del mes de su toma de posesión, por Decreto 3229/1974, de 22 de noviembre, crea de nuevo la Subsecretaría de Turismo que había sido suprimida en 1967. Las causas que se aducen para la «recreación» son:

a) Necesidad de asegurar una acción conjunta de los organismos de la Administración que se ocupen de la promoción y gestión del turismo.

b) Inaplazable exigencia, acentuada por la crisis económica mundial, de planificar a corto y largo plazo la actuación del Estado y la de orientar la de la iniciativa privada.

c) Conveniencia de coordinación de actuaciones al nivel deseable.

Los objetivos de esta nueva subsecretaría son diferentes de los que tenía encomendada la primitiva. El artículo 2.º del decreto mencionado los especificaba de la siguiente manera: «Es competencia de la Subsecretaría de Turismo, fomentar el turismo interior y social en sus diversas modalidades, la promoción de España en el exterior como país turístico, dictar y proponer las normas que regulan el funcionamiento de las empresas y entidades dedicadas a actividades turísticas, el control de su cumplimiento y el estudio y propuesta del régimen legal de las profesiones turísticas». Es decir, que se concibe una triple función para la subsecretaría, la más importante de las cuales es la «controladora» del sector turístico en cuanto actividad productiva. Las otras dos son las de convertirse en agencia publicitaria estatal en el extranjero, y en elemento potenciador del turismo interior.

Al mismo tiempo que reorganiza por enésima vez el ministerio, Herrera y Esteban da marcha atrás en el tímido avance descentralizador dado por Cabanillas, suprimiendo la condición de comisario nacional y comisario nacional adjunto, adscritos a las direcciones generales de Ordenación del Turismo y Empresas y Actividades Turísticas, respectivamente, en el artículo 5.° del decreto que comentamos.

El nuevo ministro dura poco más en el cargo que su predecesor porque cesa el 11 de diciembre de 1975, siendo sustituido por Adolfo Martín Gamero, el cual en marzo de 1976 hace unas pequeñas modificaciones en el organigrama creando y suprimiendo, respectivamente, sendas subdirecciones generales.

Más breve fue aún el paso de Martín Gamero por el ministerio, pues el 7 de julio de 1976 es nombrado ministro Andrés Reguera Guajardo, que no modifica la estructura ministerial porque quizá ya estaba en el ánimo del Gobierno la supresión del ministerio. Las realizaciones más interesantes de esta última etapa son el Segundo Plan de Modernización Hotelera y un Decreto —el 1077/1977 de 28 de marzo— por el que se otorga la calificación de Territorios de Preferente Uso Turístico a determinados municipios.

Con la formación del primer Gobierno de la España democrática, se disuelve un ministerio que, dado su contenido inicial claramente dictatorial, tenía que desaparecer en un país que había expresado por primera vez su opinión política, después de cuarenta años de dictadura, eligiendo libremente a sus representantes. La función de un ministerio de «información» se mostraba, consiguientemente, como incompatible con un funcionamiento democrático de la sociedad. Vaciado de este contenido «informativo» la administración del turismo carecía de la suficiente entidad como para poder subsistir como ministerio, de ahí que se optara por su integración en el Ministerio de Comercio, con el rango de Secretaría de Estado, que añadió a su denominación «y Turismo».

Esta inserción del turismo en un ministerio típicamente económico supuso la homologación de los aspectos administrativos con la función real que hasta entonces había tenido encomendada el turismo: la de aportar divisas. Es decir, desaparece la incongruencia existente desde el principio de la «era Fraga» cuando el turismo estaba «sometido administrativamente» a los sectores políticos del Estado franquista, mientras que estaba subordinada «efectivamente» a intereses y poderes económicos ajenos al sector turístico.

Ciertamente, una simple ojeada al tejer y destejer administrativo de esos años pone de relieve algo que los analistas políticos han estudiado profusamente. El principio de descomposición del régimen que acompaña al declive físico de Franco estimula la lucha por el poder entre las distintas facciones o sectores del franquismo, y posiblemente sea en este ministerio, que tan importante rol desempeñaba como instrumento de propaganda, donde la batalla librada adquirió el más destacado protagonismo.

2.2. La Secretaría de Estado para el Turismo

Entre las novedades que trajo la democracia a España figura, en el orden administrativo, la aparición de un órgano novedoso por aquel entonces en nuestro país: las Secretarías de Estado.

Creadas por Real Decreto 1558/1977 de 4 de julio, por el que se reestructuran determinados órganos de la Administración central del Estado, después de las primeras elecciones legislativas celebradas democráticamente desde la Segunda República, la figura del Secretario de Estado se concibe como un ente *intermedio entre el Subsecretario y el Ministro para intensificar las acciones administrativas en ciertas áreas* [2].

Entre las diversas Secretarías de Estado recién nacidas, la de Turismo lo es en el seno del nuevo Ministerio de Comercio y Turismo, «que asume todas las competencias y unidades integradas o dependientes de la Subsecretaría de Turismo, extinguiéndose el cargo de Subsecretario de Turismo» [3].

Sobre la base de la disposición final segunda del reiteradamente mencionado real decreto, una nueva disposición legal de idéntico rango —Real Decreto 2677/1977 de 6 de octubre— regula la nueva estructura orgánica y funcional de la Secretaría de Estado de Turismo.

Pocas novedades presenta esta nueva normativa, que mantiene, en esencia, la estructura vigente de la Subsecretaría de Turismo del desaparecido ministerio, aparte de la lógica desaparición de la subsecretaría al elevar su rango a Secretaría de Estado que equivale a una especie de viceministerio. Quizá la novedad más digna de destacar consista en la autorización al secretario de Estado para que pueda proceder a la designación de hasta tres comisarios de Turismo. Esta figura administrativa, creada por Orden Ministerial de 9 de marzo de 1971, es decir, por el ministro Sánchez Bella, había permanecido «congelada» tras el intento de revitalización de Pío Cabanillas y posterior marcha atrás de León Herrera.

En síntesis, creemos que este paso administrativo fue positivo para el turismo, que vio elevada su categoría administrativa, efectiva y no nominalmente, al tiempo que pasó a insertarse plenamente, como hemos dicho con anterioridad, en los ámbitos económicos del Gobierno. De esta forma, los aspectos estrictamente económicos de la actividad turística resultarán potenciados, en aras de sus propios fines, una vez deslastrados de los condicionantes políticos que los habían mantenido subordinados.

---

[2] Preámbulo del Real Decreto 1558/1977 de 4 de julio.
[3] Artículo 8.º.2 del Decreto citado arriba.

2.3. La transformación de los organismos autónomos

Como consecuencia de la reorganización que la Ley General Presupuestaria para 1977 había impuesto en su articulado, el Real Decreto 1097/1977 de 1 de abril procedió a la clasificación de los organismos autónomos de la Administración del Estado y a determinar cuáles formarían parte de los autónomos de carácter comercial, industrial, financiero o análogo. Y en lo que a las actividades administrativas Relacionadas con el turismo concernía se incluyó a la Administración Turística Española, es decir al organismo encargado de la gestión de la red de albergues y paradores propiedad del Estado.

Pocos meses más tarde y haciendo uso de las facultades que la mencionada Ley General Presupuestaria dio al Gobierno para proceder a la transformación de diferentes servicios de la Administración del Estado en organismos autónomos, otro Real Decreto —el 3162/1977 de 11 de noviembre—, atendiendo a necesidades de conseguir una mayor agilidad y flexibilidad en su gestión, procedió a dar el mencionado carácter a la Escuela Oficial de Turismo que quedaba adscrita a la Secretaría de Estado de Turismo, único centro español especializado en enseñanzas turísticas que había sido creado en 1964, y que desde siempre permanecía vinculado a la administración turística y no al ministerio competente en materia de enseñanza.

3. EL MARCO LEGAL: LA PREOCUPACIÓN POR LOS PROBLEMAS ECONÓMICOS Y TERRITORIALES DEL TURISMO

3.1. La ordenación de los centros de iniciativas turísticas

El Decreto del Ministerio de Información y Turismo 2481/1974 de 9 de agosto (*BOE* del 16 de septiembre de 1974), sobre ordenación de centros de iniciativas turísticas, es una disposición que se dictó con el fin de centralizar y coordinar la actuación de centros de iniciativas turísticas que, a imitación de los sindicatos de iniciativas turísticas franceses, habían ido surgiendo por diferentes puntos de España, en los que la acción de promoción turística es llevada a cabo por agentes locales.

Aun cuando los fines del decreto analizado, según se expone en su preámbulo, fueran «estimular la actividad de los centros de iniciativas turísticas, fomentar la creación de otros nuevos y coordinar su acción con la de la Administración, dándoles, dentro de la flexibilidad indispensable que exige su naturaleza, una regulación acorde con las necesidades actuales de nuestro turismo», la realidad era bastante diferente, por cuanto de lo que se trataba era de controlar estrechamente la actividad de tales centros, como puede deducirse del artículo 10:

Artículo 10. 1. *El Ministerio de Información y Turismo,* al que corresponde la autorización de nuevos centros de Iniciativas Turísticas, *podrá en todo momento a través de cualquiera de sus órganos, conocer el fun-*

cionamiento y documentación de los centros proponiendo la adopción de las medidas que juzgue más idóneas para su mejor y más eficaz desarrollo y, asimismo, podrá *establecer el oportuno control* sobre la ejecución de los planes concretos de promoción turística para los que haya otorgado ayuda económica.

2. Todos los centros deberán enviar a la Dirección General de Ordenación del Turismo, por conducto de los delegados provinciales del Departamento, sus Estatutos de Constitución como requisito previo para su aprobación por el ministerio, y una vez autorizados, copia de las actas de las sesiones que celebre, tanto de la Junta Directiva como de las Asambleas generales, así como la Memoria anual de las actividades desarrolladas y de las propuestas para el próximo ejercicio. *Para que sean válidos los acuerdos de índole turística que se adopten, deberán merecer la aprobación de la citada Dirección General de Ordenación del Turismo* (las cursivas son nuestras).

Es decir, que el ministerio, celoso de las competencias que le confirió la Ley sobre Competencia en Materia Turística de 1963, no permite el más mínimo resquicio a la iniciativa privada si no va avalado con su visto bueno.

En cuanto a la regulación de las actividades de los centros de iniciativas turísticas, el artículo segundo del decreto expone sus fines específicos cuya exposición obviamos.

3.2. Las medidas de ordenación de la oferta turística

El Decreto 2482/1974, de 9 de agosto, sobre Medidas de Ordenación de la Oferta Turística, cuya efectividad tardó en hacerse sentir dado que el equipo ministerial que lo dio a luz —el de Pío Cabanillas— cesó a los dos meses de su promulgación, constituye el más serio intento de reorientar la política turística española desde los tiempos en que Fraga asumió la dirección del turismo español.

Su objetivo, en términos generales, quedaba patentizado en el preámbulo del mismo:

La actual coyuntura exige que se actúen el haz de competencias ordenadoras enunciado para dar entre otras, cumplimiento a la directriz de la política de desarrollo contenida en el vigente III Plan de acomodar la expansión de la oferta cuantitativa, cualitativa y espacialmente a la demanda, y fomentar la explotación de las nuevas zonas que tengan las condiciones más aptas para su desarrollo turístico.

A ello hay que añadir la inexcusable necesidad de equilibrar, dentro de cada territorio que se define, todo el equipo de alojamientos y servicios complementarios para no sólo alojar a los viajeros, sino diversificar y potenciar la oferta de atractivos que ayuden a la imitación del turismo de calidad, a una más plena satisfacción en los períodos de ocio, y a la posibilidad de un mayor beneficio.

No obstante, en el articulado del decreto (art. 10.2) se detallaban los nuevos objetivos de la política turística que suponen un importante giro de la imperante hasta ese momento.

a) Acomodar la expansión de la oferta turística en sus aspectos cualitativo, cuantitativo y territorial a las condiciones de la demanda actual y de la potencial previsible.

b) Equilibrar el ritmo de nuevas construcciones e instalaciones turísticas al del desarrollo de la infraestructura del territorio.

c) Condicionar las construcciones o instalaciones para que no produzcan deterioro del medio ambiente ni degraden la adecuada utilización de los alicientes motivadores del turismo.

d) Promover el cambio de las estructuras empresariales para mejorar sus condiciones de rentabilidad, gestión y competitividad en el mercado.

e) Fomentar a través de concursos públicos el equipamiento complementario que convenga a los alojamientos turísticos.

f) Colaborar a la mejora de la infraestructura cuando sea preciso, en lugares declarados de preferente interés turístico, según lo previsto en el presente decreto.

Pueden apreciarse en estos objetivos tres políticas turísticas sumamente interesantes. La primera es la del control de la oferta de alojamientos, que constituía uno de los principales factores que limitaba la adecuada remuneración de los servicios turísticos que presta España. La segunda se refiere a la situación empresarial de la hostelería española, claramente dominada por el oligopolio de los operadores turísticos. Y la tercera y última trata de la mejora del medio ambiente turístico en la más amplia acepción del término, al incluir el medio ambiente natural, las infraestructuras técnicas y los equipamientos complementarios.

3.3. La declaración de «Territorios de Preferente Uso Turístico»

Pieza clave en las políticas primera y tercera anteriormente mencionadas es la declaración de territorios de preferente uso turístico, que fue regulada por el Real Decreto 1077/1977 de 28 de marzo y, por consiguiente, promulgado casi tres años después del cese de Pío Cabanillas, en los cuales «[...] las construcciones, obras e instalaciones de nueva planta o de ampliación o mejora de las existentes, que sean destinadas al negocio o ejercicio mercantil (de las empresas turísticas o de las actividades turísticas privadas, reguladas en el estatuto ordenador aprobado por Decreto 231/1965 de 14 de enero), deberán contar además con la autorización del Ministerio de Información y Turismo, en cumplimiento de las funciones ordenadoras y reguladoras de la oferta turística a que se refiere el artículo primero del presente decreto» (art. 2.º).

Este real decreto constituye, de hecho, un desarrollo del Decreto 2482/1974 anteriormente citado y sobre la base de su articulado se declaraban «territorios de preferente uso turístico» a un total de 73 municipios, a partir de cuya declaración se precisa la autorización del Ministerio o de la Secretaría de Estado de Turismo para poder construir, mejorar o ampliar las construcciones destinadas al ejercicio mercantil de las empresas turísticas, al igual que los cambios de uso de construcciones existentes, con excepción de los puertos deportivos.

Este decreto constituye, en cierto sentido, algo semejante a una declaración de «zona saturada» en la que se va a controlar con mayor rigor su desarrollo ante la aparición de situaciones de exceso de oferta.

3.4. Otras medidas complementarias

En lo concerniente a la política dirigida a la mejora de las estructuras empresariales, ésta se articula en torno a tres figuras distintas: *a*) los complejos turísticos; *b*) las agrupaciones empresariales turísticas de objeto determinado, y *c*) las redes o cadenas de alojamientos o de servicios turísticos.

Se entenderá por complejo turístico el territorio preferente de uso turístico o aquellas áreas del mismo que sujeten el desarrollo y explotación de todas las instalaciones turísticas de base y complementarias, racionalmente equilibradas, a una dirección coordinada o unitaria (art. 6.º.1).

Las agrupaciones empresariales turísticas podrán formarse entre empresas turísticas privadas para la consecución de los siguientes objetivos: *a*) realizar campañas de captación de clientela; *b*) constituir unidades que mejoren las condiciones de contratación directa o indirecta de la referida clientela; *c*) realizar obras de infraestructura de común interés a las empresas agrupadas; *d*) crear instalaciones complementarias de uso común para las referidas empresas o por sus clientes; *e*) obtener economías de explotación; *f*) en general, cualquier otro objeto que mejore sus condiciones turísticas o de explotación comercial (art. 7.º).

Las redes o cadenas de alojamientos y servicios turísticos podrán estar constituidas:

a) Por empresas cuyos servicios a los clientes se escalonan para satisfacerles el ciclo completo de sus principales demandas turísticas.

b) Por empresas turísticas de características y fines paralelos.

En ambos supuestos, habrán de estar sometidas a una administración común, en la forma y con las condiciones que reglamentariamente se determinen (art. 8.º).

224

Los dos primeros tipos de figuras empresariales señalados, es decir, los complejos turísticos y las agrupaciones empresariales, aunque concebidos como instrumentos tendentes al logro de la mejora de las estructuras empresariales, también tienen, entre los fines que pueden dar lugar a su constitución, los de la política de mejora del medio ambiente turístico.

Los medios de los que se vale el Estado para impulsar la efectiva utilización del decreto son los beneficios que se determinan en el artículo 9.º del decreto comentado, y se corresponden con los instrumentos clásicos de que dispone la Administración: preferencia en la concesión del crédito hotelero, ayudas con cargo a los presupuestos generales del Estado, acciones concertadas y beneficios fiscales. Sin embargo, se establecen en el decreto unos requisitos mínimos para acceder a tales beneficios:

a) Que el complejo, agrupación o cadena reúna una capacidad de alojamiento no inferior a 5.000 plazas.

b) Que exista equilibrio o que el beneficio se otorgue precisamente para obtenerlo entre la capacidad de alojamiento y la existencia de servicios complementarios para el esparcimiento o permanencia de la población turística y para la adecuada utilización de los recursos naturales que motivan el turismo (art. 10.1).

3.5. La caza y la política de protección a la naturaleza

La Ley de Caza de 1970, que ya en su articulado contemplaba la existencia de empresas turístico-cinegéticas entre las que se inscribieran en el Registro de Empresas y Actividades Turísticas del Ministerio de Información y Turismo, a las que el reglamento decretado el 25 de marzo de 1971 permitía, previa petición razonada, el aprovechamiento cinegético de sus terrenos en días hábiles no coincidentes con las vedas correspondientes, dio lugar a un proceso de adaptación de toda la normativa con ella relacionada, poseedora de un indudable interés turístico.

Así, por una Orden de 17 de diciembre de 1973 se reguló la caza en reservas y cotos nacionales en los que los cazadores extranjeros no residentes podían satisfacer sus aficiones con un incremento del 10 por 100 de las tarifas sobre los residentes españoles. Es de destacar asimismo que, si bien el Ministerio de Agricultura se reservaba las actividades relacionadas con la protección, conservación y fomento de la caza, el Ministerio de Información y Turismo se reservaba, a su vez, la misión de administrar los aprovechamientos cinegéticos en las reservas y cotos nacionales de caza de acuerdo con aquellos criterios turístico-deportivos que considerase más convenientes a los intereses generales.

Otra norma de gran importancia, cuya promulgación se ve forzada por la creación simultánea de trece nuevas reservas nacionales de caza en 1973 que se añaden a las existentes, es su reglamento de funcionamiento, que supone la asunción por el Instituto de Conservación de la Naturaleza del Ministerio de Agricultura, Pesca y

Alimentación de todas las funciones de las reservas, a saber: *promover, conservar, fomentar y proteger determinadas especies subordinando a esta finalidad el posible aprovechamiento de su caza.*

Por consiguiente, los aprovechamientos cinegéticos son también controlados por el ICONA, lo cual era perfectamente lógico, quedándole al Ministerio de Información y Turismo las funciones de promoción turística que fuesen precisas para atraer a las reservas a los cazadores extranjeros suficientes para utilizar los cupos disponibles. Cupos a los que se llegaría mediante acuerdo con el Ministerio de Agricultura sobre la base de una proporción entre el importe de los permisos a cazadores nacionales y a los extranjeros. Asimismo, el importe de tales ingresos por permisos los cobraría el ICONA, que transferiría a la Administración Turística Española el exceso del 10 por 100 que los cazadores extranjeros abonan a los fines de promoción turística.

También, aunque no de forma directa, la práctica del deporte de la pesca fluvial y su incidencia turística fue promocionada por la Orden de 15 de julio de 1975 por la que se regularon cotos de pesca intensiva dependientes del ICONA en cursos de agua de ocho kilómetros como máximo, o en embalses, lagos o lagunas inferiores a veinte hectáreas con escasa capacidad biogénica desde la perspectiva de una explotación deportiva interesante o rentable, en los que periódicamente se incorporarían peces adultos procedentes de cultivos intensivos.

En otro ámbito de protección de la naturaleza, hay que mencionar la creación de un nuevo parque nacional, el de Timanfaya en Lanzarote, y la promulgación de la Ley 15/1975 de 2 de mayo de Espacios Protegidos y su correspondiente reglamento por Real Decreto 2676/1977 de 4 de marzo. Esta ley tiene la finalidad de contribuir a la conservación de la naturaleza *otorgando regímenes de adecuada protección especial a las áreas o espacios que lo requieran por la singularidad e interés de sus valores naturales.* Y entre los distintos regímenes se distinguen los «parques nacionales» —con abundante y antigua legislación—, las «reservas integrales de interés científico» (botánica, zoológica o geológica), los «parajes naturales de interés nacional», y los «parques naturales» todos ellos con su correspondiente definición, siendo factible su compatibilidad.

Es de destacar la especificación que se hace en el artículo primero de que *la protección de estas áreas conducirá a su mejor utilización con finalidades educativas, científicas, culturales, recreativas, turísticas o socioeconómicas.*

Finalmente, hacemos mención en este epígrafe de dos convenios internacionales sobre prevención de la contaminación del mar por vertidos de desechos y otras materias de 29 de diciembre de 1972 —el primero de ellos— que fue ratificado por el Gobierno español el 13 de julio de 1974, y sobre protección del Mediterráneo contra la contaminación de 16 de febrero de 1976 —el segundo—. En ambos convenios, entre otros objetivos, los Estados firmantes se comprometen a adoptar medidas que impidan «la contaminación del mar por el vertimiento de desechos u otras materias que puedan constituir un peligro para la salud humana, dañar los recursos biológicos y la vida marina, *reducir las posibilidades de esparcimiento* o entorpecer otros usos legítimos del mar», decía el primero. Y a promover todo tipo de medidas para proteger el medio marino en la Zona del Mar Mediterráneo contra todos los tipos y fuentes de contaminación que, entre otros efectos, *reduzcan las posibilidades de esparcimiento* según se especifica en el segundo. Vemos, pues, que, junto a la protección, la filosofía de un aprovechamiento racional de la naturaleza en su perspectiva turística va abriéndose paso (las cursivas son nuestras.

3.6. La nueva ordenación laboral de la hostelería

Por una Orden de 28 de febrero de 1974, el Ministerio de Trabajo aprobó la Ordenanza del Trabajo para la Industria de Hostelería. Una ordenanza que sigue en líneas generales el ámbito funcional y la estructuración de la antigua reglamentación de 1944 con las lógicas adaptaciones debidas al paso del tiempo.

En esta nueva reglamentación se diferencian nueve tipos de establecimientos o secciones, sobre los ocho vigentes hasta el momento, con ligeras variantes como el que en los servicios de alojamiento se distingan las pensiones, fondas, casas de huéspedes y posadas integradas en el segundo tipo, del resto de establecimientos de alojamiento que forman el primer tipo, entre los que están los cámpings, las ciudades de vacaciones y los diferentes tipos de apartamentos. Aparece una sección única para las cafeterías. También se integran nuevos establecimientos como las güisquerías en la sección de los cafés y bares; las discotecas, tablaos flamencos y salones de baile en la correspondiente a salas de fiesta; y los caterings en la de restaurantes. Además, cada una de estas secciones tiene sus correspondientes categorías, que no varían sustancialmente de las vigentes hasta el momento.

El reglamentismo inspirador de la normativa de 1944 subsiste, pues, acrecentado, ya que las categorías profesionales se amplían llegando a la cifra de 233, estableciéndose, para cada una de ellas, sus contenidos funcionales, las características de sus retribuciones con especial detalle en la participación de la recaudación de la empresa, es decir, en el porcentaje del servicio, su cuantía y su distribución, los complementos salariales, el sistema de premios, faltas y sanciones, etc.

No deja de ser llamativo que, tras treinta años de vigencia de la anterior reglamentación, y cuando el régimen franquista empezaba a mostrar signos evidentes de su decadencia coincidentes con el declive físico del dictador, se aprobara esta reglamentación que apenas mostraba cambios estructurales significativos cuando, parece más que evidente, el mundo laboral de mediados de los setenta tenía poco que ver con el de los años cuarenta. Esta ordenanza experimentó algunas precisiones posteriores en distintas Resoluciones de 4 de febrero y 29 de septiembre de 1976 que no implicaron modificación significativa alguna.

3.7. El Reglamento de las Agencias de Viaje

Ya en 1973 se había dictado el Decreto 1524/1973 de 7 de junio por el que se regulaba la actividad de las agencias de viaje. Decreto que tuvo su desarrollo ulterior en el correspondiente reglamento que fue aprobado por Orden Ministerial de 4 de agosto de 1974, y que analizaremos seguidamente.

Este subsector turístico, clave en el proceso de desarrollo del turismo en España, había venido siendo regulado con cierto retraso con respecto a otros subsectores, como los de hotelería o restauración, debido, muy posiblemente, a su carácter «sensible» al haber involucrado capital extranjero directamente en este tipo de actividades, ya que, conviene no olvidar, fueron los operadores turísticos extranjeros quienes lanzaron el producto turístico español al mercado internacional. Operadores o agencias de viajes extranjeras cuyos intereses no son siempre coincidentes con los de sus homónimos españoles, y mucho menos con los de los hoteleros nacionales. Prueba de ese carácter «sensible» es que hubieron de ser promulgados dos Decretos con posterioridad —el 58/1974, de 7 de enero, y el 2184/1974, de 28 de julio— para ampliar sucesivamente el período de tiempo establecido para que las agencias de viajes y delegaciones de agencias extranjeras pudieran adaptarse al nuevo marco legal.

El Decreto 1524/1973 había dejado ya delimitado el terreno cuando clasificó a las agencias en tres categorías a tenor de la «maduración» conseguida por la experiencia. Éstas eran: *a*) mayorista; *b*) grupo A, y *c*) grupo B.

Las primeras realizan las actividades propias a las que nos referiremos seguidamente sin limitación territorial alguna y sin prestar servicios directos al público. Las agencias tipo A realizan las mismas funciones que las mayoristas más la prestación directa de servicios al público. Y las del grupo B tienen su actividad limitada al ámbito territorial provincial en el que estén domiciliadas y no podrán establecer sucursales, ni representar a agencias extranjeras, ni organizar viajes a *forfait,* ni servicios combinados para ofrecer a otras agencias. Es decir, están muy directamente ligadas a su actuación cara al público.

Además de las funciones propias a desarrollar, salvadas las limitaciones específicas de cada categoría, como son la mediación en ventas de billetes y reservas de plazas en medios de transporte y alojamientos, reservas de servicios en todo tipo de alojamientos turísticos, organización de viajes a *forfait,* etc., también podrán desarrollar otras actividades o prestar otros servicios de conformidad con la legislación vigente en cada caso, tales como la información turística gratuita o la venta de guías turísticas y de viajes y publicaciones de esa índole, el cambio de divisas y la venta y cambio de cheques de viajeros, la expedición y transferencia de equipajes, la formalización de pólizas de seguro turístico y otras relacionadas con los riesgos en los viajes, el alquiler de vehículos sin conductor, reserva y adquisición de entradas a espectáculos, alquiler de equipos deportivos, y otros servicios turísticos complementarios.

El reglamento también se extiende de forma prolija en la fijación de la normativa administrativa para la obtención y revocación de los títulos-licencia, su tramitación y obligaciones anejas, fianzas, sucursales y dependencias auxiliares, actividades de las agencias de viajes extranjeras y sus delegaciones. Igualmente, dedica todo un capítulo a precisar el ejercicio de las actividades en general y de las contrataciones en especial con fijación detallada de los porcentajes por comisiones, cuantía de los depósitos, devoluciones e indemnizaciones, tanto en su actividad frente al público como en la de intermediación con empresas hosteleras.

Finalmente, el reglamento establece también el régimen de sanciones por infracciones, la protección y fomento de la profesionalidad frente al intrusismo y las funciones de la Comisión Mixta de Vigilancia en relación con la problemática de las actuaciones —¿fraudulentas?— de agencias o delegaciones extranjeras en España ante el incumplimiento de obligaciones contraídas con sus clientes y con empresas españolas.

3.8. La liberalización de los transportes internacionales y de los controles de viajeros

Examinamos brevemente en este epígrafe un par de disposiciones liberalizadoras. La primera de ellas es la Orden de 18 de diciembre de 1974 por la que se liberalizaron determinados transportes internacionales de viajeros; concretamente los realizados en autobuses discrecionales hechos a puerta cerrada, es decir, cuando los ocupantes del vehículo son los mismos durante todo el trayecto desde la entrada hasta la salida del territorio nacional. Asimismo, se liberalizaron los viajes en autobús en los que el viaje de regreso se efectúa en vacío.

La segunda disposición a la que hacemos referencia, también de carácter liberalizador, es el Decreto 522/1974 de 14 de febrero relativo a la entrada, permanencia y salida de los extranjeros en España. Estos aspectos legales se habían quedado claramente obsoletos, puesto que la regulación vigente de la situación de los extranjeros en nuestro país databa de 1935, cuando ni la cuantía de los movimientos internacionales de personas, ni la rapidez y facilidad de los medios de transporte de la época eran los vigentes en este tramo final del siglo XX. Esta norma actualizó la legalidad y facilitó, sobre todo, la tramitación y el control de la permanencia de extranjeros —asunto de gran importancia debido a la generalización de la figura del residente turístico— dotando de la necesaria flexibilidad y amplitud de actuación a los órganos encargados de vigilar el cumplimiento de la legalidad, salvaguardando los intereses generales y el orden público.

3.9. La organización e inspección de campamentos, albergues, colonias y marchas juveniles

El Decreto 2253/1974 de 20 de julio sobre la organización e inspección de campamentos, albergues, colonias y marchas juveniles vino a actualizar una obsoleta legislación vigente desde principios de los cincuenta, y que no había sido abordada en la exhaustiva ordenación legislativa de todos los subsectores turísticos llevada a cabo en la época Fraga. Una actualización tendente a *garantizar el orden público, la salubridad y seguridad de las instalaciones, y la conservación de los parajes donde estas actividades se realicen, así como la idoneidad de los dirigentes y la recta orientación educativa de toda la actividad* (las cursivas son nuestras).

Por tanto, la finalidad del decreto era múltiple, puesto que se pretendía regular los aspectos «internos» de la organización de estas instalaciones temporales de uso turístico compatibilizándolos con la protección debida a la naturaleza. De ahí que se estableciera en el decreto la necesidad de determinación por los organismos competentes de los lugares de dominio público de cada provincia susceptibles de acoger acampadas de esta naturaleza.

De otro lado, el decreto analizado establece, de alguna manera, el monopolio en la organización y dirección de estas fórmulas de turismo juvenil y deportivo en contacto con la naturaleza para la Secretaría General del Movimiento, que establecería las «condiciones de idoneidad» que para cada tipo se precisasen, siendo las Delegaciones Nacionales de la Juventud y Sección Femenina quienes expedirían los correspondientes títulos y autorizaciones.

En todo caso, la norma no está exenta de cierto anacronismo cuando señala entre las obligaciones de los jefes de los centros de vacaciones, albergues, campamentos y marchas el cuidar que en tales actividades «no se dé enseñanza ni se permitan prácticas contrarias a la moral y buenas costumbres, *ni a los Principios Fundamentales del Movimiento Nacional*» (las cursivas son nuestras). Obligación concurrente con otras de índole administrativa y de responsabilidad en la protección y conservación de la naturaleza.

Así pues, queda claro que esta norma es una anticipación de elementos residuales de la Falange que, ante la crisis del régimen que se avecinaba, buscaban unas ciertas garantías profesionales de futuro, concentrándose en los órganos administrativos vinculados a la política de la juventud.

En este sentido, conviene también mencionar la Orden de 26 de noviembre de 1976 por la que se determinaron las condiciones de idoneidad para dirigir las antedichas instalaciones y se autorizó la constitución de escuelas para la formación de especialistas en dichas actividades. Lógicamente, la muerte de Franco hizo ineludible un compás de espera de más de dos años entre una y otra norma. Esta última, dictada ya por el Gobierno Suárez, completa la anterior, pero la desprovee de su contenido político-ideológico, haciendo especial incidencia en el carácter técnico de la titulación para que los responsables de actividades juveniles estén en posesión de los conocimientos teóricos y prácticos precisos para garantizar, al máximo, la seguridad y la protección de los elementos de todo tipo que se dan en esas actividades.

3.10. Clasificación de apartamentos y otros

El desarrollo inmobiliario turístico y el generalizado uso que se hacía de apartamentos, bungalows y otras formas de alojamiento extrahotelero había dado lugar a una cierta clandestinidad en la explotación de este tipo de alojamientos.

Por otra parte, la orientación gráfica que las placas-distintivos hacían de las categorías de los establecimientos hoteleros estaban demostrando su utilidad, lo que aconsejaba su implantación también para la identificación de los alojamientos extra-hoteleros. Y es con esta finalidad por la que se dictó la Orden de 14 de marzo de 1975 en la que se establecieron normas complementarias sobre la clasificación de los apartamentos y otros alojamientos de carácter turístico. Objetivo de orientación gráfica, pero también de garantía para los clientes a quienes les servía de contrastación acerca de la debida autorización y control administrativo y, consiguientemente, de su tutela y vigilancia por las autoridades, así como instrumento de lucha contra la clandestinidad.

Se estableció que las placas llevaran el perfil de una llave, al igual que en los hoteles es la estrella, acompañando a las letras AT (apartamento turístico) como elemento gráfico, cuyo número indicaba la correspondiente categoría del establecimiento turístico. La máxima, tres llaves; la mínima, una llave.

3.11. Los controles de precios

Las excepcionales circunstancias inflacionarias por las que estaba pasando la economía española en aquellas fechas y el gran acuerdo político y económico que fueron los Pactos de la Moncloa, dieron lugar a la adopción de un conjunto de medidas, dentro del Programa Económico de aquéllos, tendentes a enderezar el rumbo económico español, tratando de lograr su equilibrio a corto plazo.

Una de ellas fue el Real Decreto 2695/1977 de 28 de octubre sobre normativa en materia de precios que se enmarca en el conjunto de las actuaciones del mencionado Programa Económico, y que pretendía «el mantenimiento transitorio de un sistema de precios controlados que afectará a productos estratégicos respecto del coste de la vida o a los precios que se formen bajo condiciones monopolísticas»[4]. Normativa que estableció cuatro regímenes de precios: autorizados y comunicados de carácter nacional, y autorizados y comunicados de carácter provincial.

En lo que al turismo concierne, los precios de restaurantes (salvo los de cinco tenedores), bares y cafeterías, así como los de hoteles (salvo los de cuatro y cinco estrellas) quedaron encasillados en el régimen de precios comunicados de carácter general. La normativa, que les era de aplicación, implicaba la necesidad de solicitar o comunicar con un mes de antelación las subidas de precios que tendrían que estar fundamentadas en aumentos de costes de producción o comercialización. Las amortizaciones, los beneficios del capital propio y ajeno, así como las cantidades destinadas a nueva inversión serían consideradas desde la perspectiva del normal desarrollo de la actividad empresarial; y, además, la Administración tendría en cuenta los factores de eventual compensación de costes, especialmente los derivados de los incrementos de la productividad.

Como se puede comprobar, se trataba de evitar la anticipación en las subidas de

---

[4] *Los Pactos de la Moncloa,* Secretaría General Técnica de la Presidencia del Gobierno, Madrid, 1977, p. 31.

precios para cortar e invertir la espiral inflacionista, así como controlar los beneficios atípicos que pudieran derivarse de una situación de esas características. La Administración se reservaba el derecho de demorar un mes más la entrada en vigor de las alzas de precios pretendidas, y el sector afectado podía igualmente pedir la dispensa de esos treinta días y aplicarlas inmediatamente.

La función disuasora de elevaciones de precios abusivas, o no debidamente justificadas, quedaba garantizada por la petición que la Junta Superior de Precios (organismo encargado del estudio de las solicitudes, bien directamente, bien por delegación en comisiones especiales) podía efectuar en sus informes al Gobierno sobre la recomendación de adoptar la práctica de una inspección comercial o fiscal o ambas a la vez, a la totalidad de un sector, a parte del mismo, o a empresas determinadas, entre otras medidas. Sin duda, fue un instrumento efectivo de disuasión.

Conviene finalmente señalar que esta norma —fuertemente intervencionista en unas circunstancias muy graves para la economía española— constituía un paso hacia la normalización del funcionamiento de la economía de mercado, tratando de evitar los riesgos derivados de la brusca ausencia de intervención administrativa en la citada situación económica. Y para ello la Junta Superior de Precios, a tenor del estudio de las situaciones que le planteaban los sectores contemplados en los regímenes de precios autorizados y comunicados, también podía proponer, entre otras medidas, la eliminación de obstáculos administrativos, la investigación de prácticas restrictivas de la competencia, la modificación de aranceles, de derechos reguladores, del impuesto de compensación de gravámenes interiores, de tasas y exacciones parafiscales, así como la posibilidad de realizar operaciones estatales de comercio exterior o de intervención en los circuitos de comercialización interior.

3.12. Otras normas de incidencia turística

Los incrementos de costes padecidos por el sector de la hotelería, especialmente en los apartados de energía, personal y materias primas, estaban planteando un grave problema al sector, dada la política de precios autorizados que impedían su traslado a la facturación a los clientes, poniendo en riesgo la rentabilidad de los establecimientos hoteleros.

De ahí que una Orden Ministerial de 19 de junio de 1974 modificara otras dos Órdenes anteriores de 28 de marzo de 1966 y 19 de julio de 1968, con carácter excepcional y temporal, buscando un mecanismo que permitiera mejorar las cuentas de resultados de los hoteles y no incidiera en el índice del coste de vida. Las fórmulas aplicadas fueron variadas, como la de autorizar el cobro de los servicios de desayuno aunque no se recibiera ese servicio por el cliente; aumentar la factura de la habitación en un 20 por 100 en los hoteles de dos estrellas cuando el cliente no realizase ninguna de las comidas principales; y la admisión del menú contratado en los servicios prestados a grupos.

4. EL MARCO ECONÓMICO: LA LIBERALIZACIÓN DE LAS INVERSIONES EXTRANJERAS Y EL APOYO FINANCIERO A LA MODERNIZACIÓN DEL EMPRESARIADO

4.1. La adquisición de inmuebles por extranjeros

El texto refundido de las disposiciones legislativas sobre inversiones extranjeras en España decretado el 31 de octubre de 1974 (*BOE* de 6 de noviembre de 1974) contempla en su capítulo VI el régimen especial de adquisición de inmuebles por extranjeros y españoles residentes en el extranjero —bajo los condicionantes de la legislación aplicable por motivos estratégicos o de defensa nacional—, y determina:

> Artículo 18. 1. Los inmuebles de naturaleza rústica, sitos en territorio nacional cuya extensión sea inferior a cuatro hectáreas de regadío o a veinte de secano, o los de cabida inferior que con los pertenecientes a quienes pretenden adquirirlos, completen extensiones superiores a las antes expresadas, no podrán ser trasmitidas por compra, permuta, licitación pública o privada, donación y, en general, cesión por cualquier acto *inter vivos,* a favor de personas extranjeras ya sean físicas o jurídicas sin previa autorización administrativa. También será necesaria esta autorización para la constitución o cesión de derechos reales sobre los referidos inmuebles a favor de las mismas personas.

Claro está que esta disposición afecta a los ciudadanos extranjeros en tanto en cuanto la adquisición no constituye en sí misma una actividad empresarial propia del titular, en cuyo caso se regularía por lo dispuesto en el régimen general de las actividades empresariales de los no residentes.

Asimismo, conviene señalar que «el Ministerio de Comercio podrá autorizar en las condiciones que se establecen con carácter general a las personas no residentes en España la utilización de pesetas interiores para la adquisición de fincas urbanas» (art. 16.º.2).

De forma simultánea a la aparición del texto refundido, el *Boletín Oficial del Estado* publicó el Reglamento de Inversiones Extranjeras, tal como se preveía en aquél. Este reglamento desarrolla más detenidamente las disposiciones comentadas. Se señala, por ejemplo, la posibilidad de obtener préstamos hipotecarios

> Artículo 20. 2. Con la previa autorización de la Dirección General de Transacciones Exteriores, las personas a las que se refiere el número 1 del artículo 19[5] de este Reglamento, podrán recibir préstamos hipotecarios de entidades de crédito españolas para la adquisición de inmuebles.

---

[5] Artículo 19.1 del Reglamento: «Las personas físicas extranjeras con residencia en el extranjero y las personas jurídicas extranjeras podrán adquirir, con las limitaciones y requisitos establecidos en este Reglamento, fincas rústicas y urbanas, siempre que el precio de las mismas se haga efectivo mediante la aportación dineraria exterior referida en el artículo 2, número 1, *a*), de este Reglamento».

También es interesante resaltar que se reputará actividad empresarial (y por lo tanto sometida al régimen general concernido) de las personas físicas extranjeras con residencia en el extranjero:

a) La adquisición de bienes inmuebles de naturaleza rústica.

b) La adquisición de solares considerados como inmuebles urbanos conforme a la Ley del Suelo y Ordenación Urbana.

c) La adquisición de más de tres viviendas en un mismo inmueble.

A los mismos efectos, se reputará como actividad empresarial de las personas jurídicas extranjeras, la adquisición de inmuebles tanto de naturaleza rústica como urbana (art. 23).

Finalmente, el artículo 26.1 del Reglamento nos parece bastante vago en su redacción:

Artículo 26. 1. Cuando la adquisición de inmuebles se hubiere efectuado mediante aportación dineraria exterior, el titular del inmueble gozará de la facultad de transferir al exterior la totalidad del precio real, en caso de venta, *siempre que el mismo no sea consecuencia de una actividad especulativa* (las cursivas son nuestras).

Porque, ¿qué se entiende por actividad especulativa? Cuando se permite a una persona física extranjera adquirir hasta tres viviendas en un mismo inmueble, y no se especifica límite alguno en la adquisición de viviendas en distintos inmuebles, parece deducirse que la finalidad que presume el legislador acerca de tales inversiones, es que se realizan para la obtención de un alquiler, que no se considera actividad empresarial. Y si esa persona física extranjera realiza operaciones de compraventa obteniendo un beneficio de las mismas, ¿está realizando una actividad especulativa? El Reglamento no aclara nada al respecto.

4.2. La Resolución de la Dirección General de Transacciones Exteriores acerca de la adquisición de determinados inmuebles urbanos por extranjeros

Consciente la Administración de las insuficiencias y dudas que el Reglamento dejaba sin resolver, dictó una Resolución de 30 de julio de 1975 por la que se aclaraban algunas de ellas, sobre todo en lo concerniente a parcelas de carácter urbano. La disposición señala:

Uno. 1. Se autoriza, con carácter general, a las personas físicas extranjeras no residentes, la adquisición, mediante aportación dineraria exterior, de solares o parcelas siempre que:

a) La superficie del solar o parcela adquirida no sea superior a 5.000 metros cuadrados.

b) Vaya a ser destinada a la construcción de una vivienda unifamiliar, villa o chalet para uso propio del adquirente.

2. Se autoriza, con carácter general, a las personas físicas extranjeras no residentes para que, mediante aportación dineraria exterior y formando parte de una comunidad, puedan adquirir solares destinados a la construcción de edificios de viviendas en régimen de comunidad de propietarios, siempre que ninguno de los comuneros, personas físicas extranjeras no residentes, resulte propietario de más de tres viviendas en el inmueble a cuya construcción se destine el solar adquirido.

Cuando la suma de las cuotas de propiedad correspondientes a las personas físicas extranjeras no residentes vaya a superar el 50 por 100 de la cuota total del solar o del inmueble, se precisará previa autorización de esta Dirección General.

Otro aspecto que aclara esta Resolución es el referente a los locales comerciales cuya normativa queda regulada de la siguiente forma:

Tres. 1. Se autoriza, con carácter general, a las personas físicas extranjeras no residentes la adquisición, mediante aportación dineraria exterior, de hasta tres locales comerciales siempre que:

a) La suma de sus superficies no exceda de 200 metros cuadrados.

b) Su comprador no los destine a la realización de una actividad empresarial propia del titular, salvo que la misma haya sido previamente autorizada. Su alquiler no se considerará actividad empresarial propia del titular.

Finalmente, se insiste de nuevo en la ambigua fórmula «que el precio no sea consecuencia de una actividad especulativa», como una de las circunstancias condicionantes para obtener la viabilidad de la transferencia al exterior en caso de venta de un inmueble urbano.

4.3. La despenalización del juego y la regulación de la inversión extranjera en la explotación de juegos de azar

En el marco de la nueva política turística, el Real Decreto-Ley 16/1977 de 25 de febrero legalizaba de nuevo el juego en España. No obstante, «teniendo en cuenta las características del sector, parece procedente, por una parte, establecer una normativa específica que permita, en cada caso, valorar la oportunidad de la entrada de capital extranjero, y por otra, se estima que debe fijarse un límite máximo a la presencia del capital extranjero en actividades dedicadas a la explotación del juego, cuidando, asimismo, de controlar las transferencias al exterior por conceptos distintos de los beneficios de la inversión propiamente dichos»[6].

Sobre la base de estos principios se fijó, en el Real Decreto 1026/1977 de 28 de marzo, un límite máximo a la inversión extranjera, en el «sector del juego», del 25 por 100 del capital social, previa autorización administrativa otorgada por el Ministerio de Comercio, quedando taxativamente prohibidos los pagos al exterior por transferencia de tecnología o asistencia técnica, con excepción de contraprestaciones por servicios oportunamente concretados y justificados.

Esta normativa sacó de la clandestinidad una realidad social, la del juego, con el objetivo de eliminar la falta de seguridad jurídica en que estaba sumida, asegurar el cumplimiento de objetivos ineludibles de tutela y protección social y defensa de los intereses fiscales, así como de impulso del sector turístico.

Las normas complementarias dictadas por Decreto de 11 de marzo de 1977 abrieron a los establecimientos turísticos la posibilidad de autorizar la realización en los mismos de juegos de suerte, envite o azar, con la excepción de los casinos de juego.

Finalmente, la vinculación del juego con el turismo se hizo también patente en el Real Decreto 2716/1977 de 2 de noviembre sobre convocatoria de solicitudes de autorización para casinos de juego, en la que se fijó un conjunto de criterios para la concesión de los mismos, entre los que destacan su localización, a cuyos efectos se tendrá en cuenta la densidad turística de la zona o la cercanía a aeropuertos con tráfico internacional y de puertos deportivos con más de cien puntos de atraque. Las concesiones que se hicieron pusieron de relieve la importancia que tuvo el turismo en ellas.

4.4. Los Planes de Modernización Hotelera

Otras disposiciones de rango inferior a la ley que vamos a examinar dentro de esta panoplia de medidas de carácter turístico que marcan un giro en nuestra tradicional política turística son los dos planes de modernización hotelera que, un tanto paradójicamente —pues desconocemos por qué no los dictó el Ministerio de Información y Turismo—, fueron «decretados» por la Presidencia del Gobierno.

El Primer Plan de Modernización Hotelera entró en vigor por Decreto 2623/1974, de 9 de agosto, y en el mismo se detallaban los objetivos concretos que se pretendían alcanzar. Los de carácter básico fueron:

---

[6] Preámbulo del Real Decreto 1026/1977, de 26 de marzo.

a) Modernización de 50.000 plazas hoteleras para adecuarlas a las necesidades de la demanda actual.

b) Formación y rectificación de las plantillas relativas a dichas plazas.

Los de carácter complementario perseguían:

a) Dotación de servicios complementarios a la oferta básica hotelera.

b) Adecuada clasificación de los hoteles afectados.

c) Reducción temporal de la oferta hotelera en las zonas en que se manifiesta un exceso en relación con la demanda.

Como puede apreciarse, estos objetivos son coincidentes con las políticas turísticas examinadas en el epígrafe anterior y se articulan sobre la base del aprovechamiento de la crisis turística, que se había iniciado a horcajadas de la crisis económica mundial, para mantener la situación puntera que, en lo concerniente a modernidad, confort y calidad de servicio, ostentaba la hotelería española desde comienzos del *boom* turístico de los sesenta.

Los créditos que se concedieron en este primer plan tenían un tipo de interés del 7,25 por 100, y en la concesión de los mismos se seguía una serie de criterios prioritarios que eran los siguientes: antigüedad del hotel, uso de las instalaciones medido por los porcentajes de ocupación, necesidad de dotación de servicios complementarios, personal afectado y situación del hotel.

La favorable acogida que tuvo este decreto fue la causa fundamental de la puesta en marcha de un segundo Plan de Modernización Hotelera por Decreto 2394/1976, de 16 de septiembre, aunque en éste se modificaran parcialmente los objetivos para adecuarlos a otras necesidades, y haciendo mayor hincapié en la política de reducción de la oferta hotelera, ya que, no sólo se indica taxativamente en el decreto que no podrán acogerse a los créditos de este segundo plan los proyectos que pretendan una ampliación de plazas, sino que se señala dentro de los criterios de preferencia (como tendremos ocasión de ver seguidamente) la reducción de las mismas.

Los objetivos de este nuevo plan son los de:

a) Dotación o renovación en las instalaciones básicas hoteleras para mantener las exigencias de la categoría o mejorar la que ostentan.

b) Mejora de las instalaciones aunque no sea exigible reglamentariamente.

c) Dotación o renovación de los servicios e instalaciones complementarias de la oferta básica hotelera.

La cuantía máxima de los créditos que se arbitraron fue de 2.000 millones de pesetas, al 8,25 por 100, y con un plazo de amortización de diez años y dos de carencia. Y los criterios preferenciales a la hora de conceder estos créditos situaron en primer lugar a los proyectos que implicasen una reducción de, al menos, un 100 por 100 de las habitaciones, los que no obtuvieron beneficios en el primer plan de modernización hotelera y la antigüedad del hotel.

En definitiva se trataba, como puede apreciarse, de mantener la calidad de los servicios turísticos y limitar la oferta.

El éxito acompañó estas actuaciones administrativas por cuanto un nuevo Real Decreto —el 1023/1977 de 15 de abril— ampliaba en 1.000 millones más la cuantía máxima de los créditos de este segundo plan, dado que las solicitudes presentadas evidenciaban la insuficiencia de la cantidad afectada. Todo lo cual demuestra, en forma magistral, la ausencia y la necesidad de una política crediticia de ayuda a largo plazo a la hotelería española que tenía y sigue teniendo confianza en su futuro y en el del turismo español.

4.5. La financiación de capital circulante de empresas turísticas y la creación del registro de empresas turísticas exportadoras

Vieja aspiración del sector, el Decreto dado el 9 de agosto de 1974, y la posterior Orden de 13 de marzo de 1975 que dictó las normas complementarias para su debida aplicación, vino a colmar una laguna importante en la actividad hotelera y, sobre todo, supuso la eliminación de una injusta discriminación que el sector estaba sufriendo con relación a otros sectores exportadores del país. Consistía exactamente en la aplicación del régimen de apoyo que tenían las empresas exportadoras de bienes y mercancías a la exportación de los servicios turísticos.

Estableció que tales créditos fuesen computables en el coeficiente de inversión de la banca privada y del Banco Exterior de España. Su límite máximo se fijó en el 15 por 100 sobre las cifras en que se situasen los ingresos procedentes de la clientela extranjera, que se calcularían sobre la base imponible declarada el año anterior a los efectos del Impuesto General sobre el Tráfico de Empresas. Los sujetos beneficiarios de tales créditos eran las empresas turísticas que se hallasen inscritas en el Registro Especial de Empresas Turísticas Exportadoras. Tanto el tipo de interés como las demás condiciones del préstamo serían las mismas que las establecidas para el crédito a la exportación.

Este decreto se completó con una Orden del Ministerio de Información y Turismo de 27 de septiembre de 1974 por la que se creó y reguló el funcionamiento del Registro de Empresas Turísticas Exportadoras, en el cual podían inscribirse las empresas españolas que no tuviesen inversión extranjera superior al 25 por 100 de su capital social, ni préstamos extranjeros que superasen el 25 por 100 del mismo o que estuviesen garantizados mediante hipoteca; y finalmente que, como mínimo, el 30 por 100 de sus ingresos los obtuviesen de clientes residenciados en el extranjero en el año turístico anterior a su solicitud de inscripción.

En el Registro constaba la clasificación que se había concedido a las empresas en función del porcentaje de su clientela extranjera. Serían clasificadas como «A» las que «exportasen» más del 70 por 100 de sus servicios; las que se encontrasen entre el 50 y el 70 por 100 se clasificarían como «B», y entre el 30 y el 50 por 100 como «C».

4.6. La financiación de inversiones en el exterior relacionadas con la actividad turística

Otra disposición legal que analizamos brevemente es un Decreto de 9 de agosto de 1974 sobre financiación de inversiones turísticas en el exterior, que marca un hito importante en la historia del turismo español, cualitativamente hablando, pues constituye el comienzo de lo que podríamos calificar como etapa de madurez del empresariado turístico español tras la fase de crecimiento y desarrollo experimentada hasta entonces. Pues una vez cubierto el mercado nacional se posibilita su internacionalización con este decreto que alienta las inversiones en el extranjero, con créditos que no podrán exceder del 60 por 100 de las mismas.

De esta forma, se pretende facilitar la instalación de servicios en el exterior que promuevan el turismo hacia nuestro país y reduzcan la dependencia del sector turístico español respecto de los intermediarios extranjeros, al tiempo que posibilita la exportación de turistas españoles a otros países a través de operadores y compañías hoteleras españolas.

Los créditos que la banca privada y el Banco Exterior de España conceden, con arreglo a esta disposición, podrán ser computados en los coeficientes de inversión, aunque para su materialización es preciso el informe favorable a su concesión del Ministerio de Información y Turismo.

Por último, aclaremos que el hecho de que consideremos este decreto como principio de una etapa de madurez del sector turístico español, no quiere decir que con ello disminuya su dependencia respecto de otros países. Ya es sabido el principio de jerarquía que establece el sistema en su funcionamiento. Lo que ocurre es que España, sin dejar de ser dependiente, empieza a su vez una fase de expansión en el extranjero, lo que confirma una vez más el éxito de las políticas llevadas a cabo al haber integrado plenamente a la economía española en el «contexto» internacional.

4.7. Los concursos mixtos para concesión de subvenciones y créditos para agrupaciones empresariales turísticas

Como complemento al Decreto de Ordenación de la Oferta Turística (analizado anteriormente) y con el fin de ampliar los objetivos generales del mismo a empresas que persigan fines turísticos distintos del alojamiento, aunque apoyadas en un stock de alojamientos mínimos, el Ministerio de Información y Turismo primero, y la Secretaría de Estado de Turismo después, convocaron sendos concursos mixtos para la concesión de subvenciones y créditos para agrupaciones empresariales, por Órdenes de 3 de agosto de 1976 (*BOE*, 30 de agosto de 1976) y 19 de agosto de 1977 (*BOE*, 20 de septiembre de 1977), respectivamente.

La cuantía de los concursos fue de 68 y 75 millones de pesetas, respectivamente, como ayudas a fondo perdido con destino a las agrupaciones empresariales de fin turístico-lucrativo que proyectasen alguno o varios de los siguientes resultados:

1. Realizar operaciones de oferta conjunta de servicios turísticos que mejoren las condiciones de contratación directa o indirecta de la clientela.
2. Realizar obras de infraestructura de común interés a las empresas agrupadas.
3. Crear instalaciones complementarias de uso común para las referidas empresas o para sus clientes.
4. Obtener economías de explotación.
5. En general, cualesquiera otras realizaciones en que, a juicio del Ministerio de Información y Turismo, se mejoren las condiciones de explotación, rentabilidad o comercialización del conjunto de empresas agrupadas (art. 1.º).

El segundo concurso especificaba otro objetivo, realmente significativo en lo que puede tener de ilustrativo acerca de los fines que se pretendían: dotar de instalaciones médico-sanitarias a las empresas agrupadas, reformar o modernizar las ya existentes o adquirir bienes de equipo para las mismas. El destino de las ayudas tenía que ser la realización de obras de inversión real o adquisición de bienes de equipo y, en general, las inversiones definidas como «transferencias de capital», y debían materializarse en el plazo de un año. Entre los requisitos para acceder al disfrute de las ayudas se señalaba el que la participación extranjera directa o en préstamos no superase el 25 por 100 de la agrupación o de alguna de las empresas agrupadas. Y con carácter prioritario se utilizaría el número de plazas de alojamiento afectadas, (a más plazas más prioridad), y las ayudas no podían exceder los diez millones de pesetas. Sin embargo, la concesión de las mismas conllevaba una ventaja adicional importante, la de la prioridad de acceso al crédito hotelero al tiempo que la agrupación implícitamente se beneficiaba de la «declaración de interés».

La cuantía del préstamo obtenible por medio de las consignaciones del crédito hotelero podía llegar hasta el 70 por 100 del presupuesto de inversión aceptado por el Ministerio de Información y Turismo, deducida la subvención; y el plazo de duración del préstamo era de quince años.

5. LA CUANTIFICACIÓN

Este período resulta evidentemente corto para poder efectuar análisis tendenciales de la evolución económica. Pero esa cortedad viene impuesta por la estructura que hemos adoptado en el libro que, además, responde a una circunstancia histórica en que la economía queda un tanto marginada de las preocupaciones colectivas ante la magnitud del problema político que se cernía sobre España. Ello no quita para que sea un período que en sí mismo presente una gran homogeneidad político-económica: el de la marginación de lo económico en la gestión gubernamental, o quizá sea más correcto calificar como el de la falta de realismo para abordar los problemas económicos.

En cualquier caso, 1975 se configura como el año clave para la transformación política del régimen, pero también lo fue para la transformación económica (que no se pudo abordar hasta el final de este período en los acuerdos monclovitas del otoño de 1977), por cuanto no era posible seguir de espaldas a la realidad de una crisis mundial a la que no se había querido o podido hacer frente. El frenazo del crecimiento económico es más que evidente, y a partir de ese 1975 se entra en una nueva etapa —que es también la de la gestación de nuevos modelos industriales— en la que las tasas de crecimiento económico se iban a mantener a niveles mucho más moderados, en la que se iba a originar un nuevo despegue de los niveles de paro motivado por el cambio tecnológico industrial, esta vez sin la posibilidad de salida emigratoria, y con un considerable aumento de la conflictividad social con sus manifestaciones económicas más notorias en la disminución de la productividad y el aumento de la inflación.

También desde la perspectiva turística son años de crisis, pues, como se verá, hubo una caída importante en las llegadas de turistas y se resintieron con ello los siempre importantes ingresos turísticos.

5.1. Evolución de las principales macromagnitudes

La predominancia de los asuntos políticos tuvo sus efectos sobre la evolución de la renta, por cuanto, además de los desequilibrios interior y exterior que se van agudizando en el curso de este ciclo histórico, las inversiones cayeron sustancialmente. Por eso, y aunque no se quiso hacer frente desde el primer momento a la fuerte subida de los precios del petróleo, la tasa de crecimiento del PIB de 1974 todavía alcanza un 5,6 por 100, pero seguidamente cae en picado, ya que no llega al 1 por 100 en 1975, para recuperarse en los dos últimos años de este período al situarse en torno al 3,5 por 100.

TABLA 5.1

Estimación de la renta nacional (millardos)

	1974	1975	1976	1977
Pesetas corrientes	4.395,6	5.160,4	6.251,7	7.817,1
Ktes de 1958	1.562,1	1.570,4	1.618,9	1.646,7

FUENTE: Carreras, A. (coord.): *Op. cit.*

En términos de renta, la evolución se puede apreciar en la tabla anterior en la que hemos utilizado los datos del Banco de Bilbao que la elabora en términos corrientes y constantes. Y de la simple comparación de los datos de una y otra serie podemos hacernos una idea del proceso inflacionario que padeció España aquellos años en que se pasó ampliamente la cota de los 20 puntos, e incluso se llegó a rozar los 30 en algún momento de aquel decisivo año que fue 1977.

5.1.1. *Balanza comercial*

El saldo de la balanza comercial en estos años está marcada por el signo de los nuevos precios petroleros. Las carencias energéticas hispanas imposibilitaban una más o menos rápida e intensa sustitución del combustible fósil por otras fuentes energéticas alternativas. Y ello se tradujo en el espectacular crecimiento de las importaciones de mercancías en términos monetarios. El salto en términos de dólares fue del 16 por 100 entre 1974 y 1977, pero si la comparación se efectúa sobre 1973 se llega al 87 por 100 de incremento, y si lo es sobre 1972, último año de precios «normales» del petróleo, las importaciones se han triplicado. Y aunque las exportaciones siguen mostrando bastante dinamismo, ya que se duplican en dólares entre 1973 y 1977, el resultado del saldo negativo de la balanza de mercancías no es otro que su casi duplicación entre 1973 y 1974, y luego una estabilización con ligero descenso el último año de este período.

TABLA 5.2

Balanza comercial de España (millones de pesetas corrientes)

	1974	1975	1976	1977
Exportaciones	407.894	440.636	582.219	774.297
Importaciones	883.661	922.466	1.158.175	1.336.397
Saldo de la balanza	–475.767	–481.830	–575.956	–562.100

FUENTE: Dirección General de Aduanas.

La partida de viajes presenta un comportamiento errático, porque el período se inicia con un práctico estancamiento respecto al final del período anterior del saldo turístico medido en dólares; luego crece un 5,5 por 100, para perder un 6,4 por 100 en 1976, y dar un espectacular salto del 30 por 100 el último año. El deslizamiento devaluatorio de la peseta, que significó un 37 por 100 de reducción del tipo de cambio peseta/dólar entre 1975 y 1977, tuvo que ver bastante en ello, máxime cuando en el resto de Europa, una vez transcurrido el crucial año de 1976 sin que se produjeran los malos augurios sobre el porvenir político español, se empezó a recuperar la confianza en el destino turístico español.

TABLA 5.3

Saldo de la balanza de viajes (millones de pesetas)

1974	1975	1976	1977
165.255	177.656	179.979	272.806

A pesar de todos estos avatares, el turismo siguió desempeñando su función compensadora del déficit comercial, y aunque en términos relativos reduce a la mitad esa capacidad de compensación respecto de la media de los años del desarrollismo por las razones petroleras antes mencionadas, todavía sigue cubriendo una tercera parte de dicho déficit, y el último año del período tiende de nuevo a situarse en porcentajes de compensación elevados.

TABLA 5.4

Grado de cobertura del déficit comercial por el saldo turístico
(porcentajes)

1974	1975	1976	1977
34,7	36,9	31,2	48,5

Esta rápida recuperación que muestra la balanza turística es la mejor prueba de la enorme fortaleza del sector turístico español. Atravesar una crisis política de la magnitud de la pasada sin que apenas se hayan resentido los ingresos turísticos (a excepción de 1976 en que mermaron un 12 por 100) con una recuperación espectacular en 1977 en unas circunstancias internacionales no ciertamente boyantes, son la mejor demostración de dicha fortaleza.

5.1.2. *Importancia del turismo en el PIB*

Una de las características más interesantes de este ratio es que su gráfica presenta ciclos de auge y depresión de medio plazo. Parece como si el aumento de la participación de los ingresos o del saldo turístico en una economía en crecimiento como es la española tirase de dicho crecimiento, lo que se traduce en el medio plazo en una reducción de dicha participación. Así, en el caso del período que analizamos, el ciclo depresivo que muestran los datos de la tabla 5.5 parte de 1971 en que se alcanza la cúspide mayor nunca alcanzada del 5,64 por 100 y con gran rapidez cae hasta el 2,86 de 1976, que es la cifra más baja desde 1960, para reiniciar su recuperación en 1977 y el principio de otro ciclo de auge que veremos hasta cuando llega en el siguiente capítulo.

TABLA 5.5

Participación de los ingresos turísticos en el PIBpm
(porcentajes)

1974	1975	1976	1977
3,66	3,38	2,86	3,41

Una de las explicaciones de estos ciclos puede encontrarse en la tradicional carencia tecnológica española que se ha paliado con el recurso a las importaciones hechas factibles en buena medida por las divisas aportadas por el turismo. De esta manera, tras una fuerte capitalización tecnológica posibilitada por un crecimiento de los ingresos turísticos y evidenciada en el aumento de la participación en el PIB, el sector real de la economía reacciona con una expansión productiva y consiguiente reducción de la importancia de la balanza turística en el PIB, hasta que el ciclo vuelve a repetirse.

Otra explicación, no necesariamente excluyente, tiene que ver más con la influencia que los ciclos de corto y medio plazo tienen en el comportamiento del PIB y, por consiguiente, de forma indirecta en este ratio, que con el de los ingresos turísticos, más estables en su dinámica de expansión. Esto da lugar a que el comportamiento del sector turístico se muestre anticíclico.

5.1.3. *Crédito hotelero*

El crédito hotelero sigue manteniendo la trayectoria de continuo crecimiento año tras año, pero ahora ya no se registran los grandes incrementos porcentuales que se contabilizaron en el período anterior, y como ya hemos visto para otras variables entre 1975 y 1976 se registra un corte en la trayectoria que, si bien no supone reducción alguna, sí ve alterado el ritmo de crecimiento.

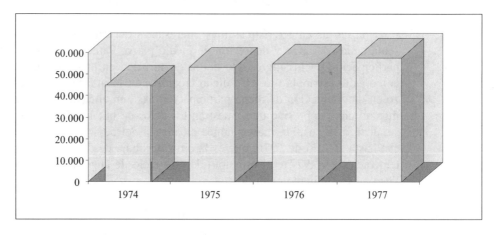

Figura 5.1. Crédito hotelero.

Otra diferencia observada en la evolución de esta magnitud es la reducción de la relación entre los créditos concedidos al sector turístico y los concedidos al total de sectores, lo que supone un cambio respecto al período anterior, significando esto que el crédito al sector turístico ve frenada su expansión respecto al resto de sectores. De esta manera, en la tabla 5.6 se observa cómo esta relación pasa de representar el 1,6 por 100 al 1,2 por 100.

TABLA 5.6

*Relación entre los créditos concedidos al total de los sectores
y los concedidos al sector turístico*

	1974	1975	1976	1977
Conjunto de sectores	2.785.554	3.549.949	4.049.622	4.906.442
Sector turístico	44.723	53.254	54.671	57.485
Porcentaje destinado al sector turístico	1,6%	1,5%	1,4%	1,2%

FUENTE: Central de Información de Riesgos del Banco de España y elaboración propia.

La finalidad del crédito hotelero cambia; se concede para levantar hoteles en zonas menos desarrolladas turísticamente y con potencialidades, y para reducir la capacidad y aumentar la calidad, como se contempla en los planes de modernización de la oferta hotelera aprobados en 1974 y 1977.

5.1.4. *Entradas y salidas de divisas*

Según se viene comprobando, en este período también se mantiene el que las entradas sean mucho mayores que las salidas de divisas, y son éstas, básicamente debido a su elevado volumen, las que marcan el signo del saldo, de manera que éste presenta variaciones porcentuales muy próximas a las de la entrada de divisas, a pesar de los incrementos porcentualmente mayores registrados en la salida de divisas de España por el motivo de turismo.

La trayectoria de esta magnitud también está marcada por los acontecimientos del año 1975, registrándose en 1976 una reducción tanto en las entradas como en las salidas que para las entradas alcanza un 9,42 por 100, lo que unido a la caída de las salidas hacen que el saldo en 1976 se reduzca respecto al año anterior en un 11,25 por 100.

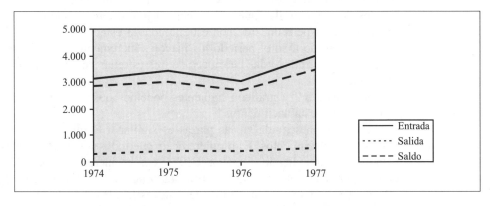

Figura 5.2. Entrada, salida y saldo de divisas en España.

A pesar de esta reducción de 1976, el período se salda en 1977 con incrementos positivos en todas estas partidas, siendo la que mayor incrementos porcentuales registra las salidas con el 164 por 100 respecto a 1974.

La evolución seguida por el saldo de la entrada y salida de divisas queda recogida en el gráfico de la figura 5.2.

5.2. La oferta de alojamientos, restauración y recreo

5.2.1. *Alojamientos y plazas hoteleras por categorías*

El período se salda con un resultado positivo, por cuanto aumenta la dimensión de la oferta, crecimiento generalizado para todas las categorías, tanto en establecimientos como en plazas, con la excepción de los hoteles de una estrella de oro que ven reducido su volumen de establecimientos en un 4 por 100 respecto a 1974, lo que supone una disminución total de 50 establecimientos.

El resto de categorías, salvo los de cinco estrellas, que sólo elevan su número en un establecimiento, saldan el período con incrementos moderados comprendidos entre los 51 nuevos establecimientos de los hoteles de dos estrellas y los 63 de tres estrellas, siendo este último el que mayor incremento registra.

La trayectoria seguida por todas las categorías responde a pautas muy parecidas, así se observa cómo todas registran en 1975 los mayores incrementos interanuales del período (salvo los hoteles de dos estrellas oro), para en 1976 y 1977 experimentar decrementos o reducciones del ritmo de crecimiento.

Los hoteles de categorías superiores son los que mayores incrementos relativos registran en 1975, un 13,4 por 100 y un 8,1 por 100 en los de cinco y cuatro estrellas oro, respectivamente, seguidos de las pensiones de tres estrellas de plata con algo más del 7 por 100. Pero dado que el número de hoteles de esas categorías es bastante inferior en comparación con el resto de categorías, las cantidades absolutas son menores. Así, podemos comprobar que son los hoteles de categorías intermedias los que mayores incrementos en términos absolutos registran, como ocurre con los de tres estrellas que acrecientan su oferta en 63 nuevos establecimientos, seguidos de las pensiones de una estrella con 43 establecimientos.

A lo largo de todo el período los mayores incrementos se registran en los hoteles de cuatro estrellas y las pensiones de tres estrellas con 17 y 11 por 100, respectivamente.

En la tabla 5.7 y gráficos siguientes podemos observar más claramente lo que ocurre con los establecimientos.

La evolución seguida en las plazas es similar a la que acabamos de comentar para los establecimientos. Esto quiere decir que todos los años se saldan con incrementos, correspondiendo el mayor a 1975, con un incremento del 7,7 por 100, bastante superior al 1,4 por 100 experimentado por los establecimientos, poniendo de relieve el mayor tamaño medio de los nuevos hoteles. En el resto de años, los incrementos porcentuales de plazas y establecimientos fueron más parecidos. En lógi-

TABLA 5.7

Alojamientos hoteleros por categorías

	1974	1975	1976	1977
Hoteles 5 estrellas oro	69	78	71	70
Hoteles 4 estrellas oro	312	337	355	364
Hoteles 3 estrellas oro	915	977	979	978
Hoteles 2 estrellas oro	883	889	923	934
Hoteles 1 estrella oro	1.219	1.223	1.190	1.169
Pensiones 3 estrellas plata	158	170	175	175
Pensiones 2 estrellas plata	2.069	2.077	2.085	2.086
Pensiones 1 estrella plata	3.739	3.767	3.764	3.782
Total	9.364	9.518	9.542	9.558

FUENTE: *Anuario de Estadísticas de España 1980,* Instituto Nacional de Estadística y Dirección General de Empresas y Actividades Turísticas.

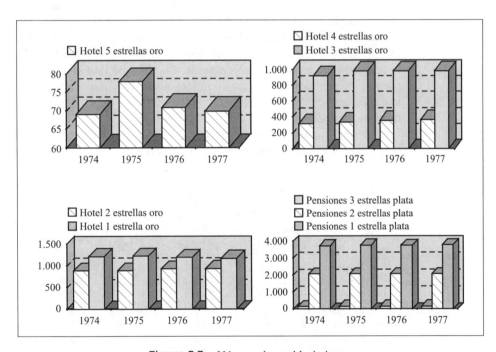

Figura 5.3. Número de establecimientos.

ca correspondencia con lo acaecido para los establecimientos, también en las plazas se experimentan los mayores decrementos en hoteles de una estrella, experimentando su mayor reducción en 1974, lo que supone un 2 por 100, equivalente a 2.000

plazas en total. Las pensiones, contrariamente a lo observado en los establecimientos, también ven reducida su capacidad alojativa en la categoría intermedia a pesar del ligero incremento registrado en el número de establecimientos.

Se aprecia, por tanto, que las medidas adoptadas por el Gobierno para conseguir compensar el exceso de oferta provocado por la retracción de la demanda, consecuencia de la crisis internacional de los precios del petróleo de 1973, si bien consiguen solucionar algunos problemas de la oferta hotelera, como, por ejemplo, aumentos proporcionales mayores en categorías superiores, no consiguen frenarla, ya que todas las categorías en general siguen aumentando al tiempo que la llegada de visitantes atraviesa estos años por una etapa de retroceso. También se observan algunos otros logros, como reducir algo la oferta de inferior categoría a excepción de las pensiones.

En cierto modo, se logra romper la tendencia de años anteriores de crecimiento constante en la oferta hotelera basado en la expansión desmesurada de las categorías inferiores, consecuencia, al parecer, de la efectividad del Primer Plan de Modernización Hotelera. En cualquier caso, los datos parecen probar que los objetivos perseguidos con ese Primer Plan respondían a una necesidad claramente sentida en el sector que la Administración no hace sino ayudar a su materialización, porque no creemos que en tan breve plazo de tiempo hubiera podido evidenciarse tan claramente. Si bien es cierto que la transición política fue un tiempo muy propicio para la adopción de decisiones empresariales de reducción de la oferta, ello pudo significar la superposición de criterios políticos a los económicos en las mismas. Los efectos del Segundo Plan de Modernización Hotelera de 1977 se dejarán sentir en el próximo período.

A continuación se muestra en la figura 5.4 y en la tabla 5.8 la evolución seguida por las diferentes categorías de plazas hoteleras.

TABLA 5.8

Plazas hoteleras por categorías

	1974	1975	1976	1977
Hoteles 5 estrellas oro	24.562	30.448	28.087	27.347
Hoteles 4 estrellas oro	75.104	88.234	95.900	101.048
Hoteles 3 estrellas oro	179.801	202.541	208.381	209.852
Hoteles 2 estrellas oro	119.221	126.350	128.976	130.123
Hoteles 1 estrellas oro	122.418	127.330	123.043	120.419
Pensiones 3 estrellas plata	9.841	10.673	10.693	10.737
Pensiones 2 estrellas plata	90.036	90.391	90.076	89.972
Pensiones 1 estrellas plata	111.939	113.269	113.829	114.249
Total	732.922	789.236	798.985	803.747

FUENTE: *Anuario de Estadísticas de España 1980*, Instituto Nacional de Estadística, Dirección General de Empresas y Actividades Turísticas.

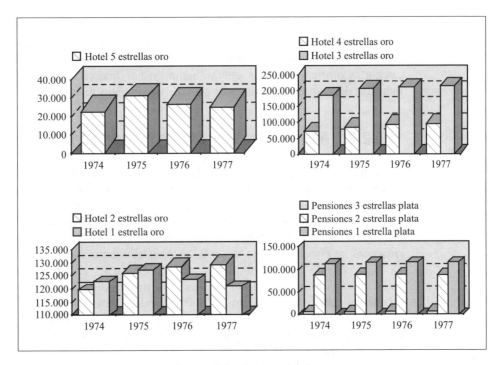

Figura 5.4. Número de plazas.

TABLA 5.9

Plazas, número y dimensión media

	1974			1977		
	Plazas %	Número %	Dimensión media	Plazas %	Número %	Dimensión media
Hoteles de 5 estrellas	4,7	2,0	356	4,6	2,0	391
Hoteles de 4 estrellas	14,4	9,2	241	17,2	10,4	278
Hoteles de 3 estrellas	34,5	26,9	197	35,6	27,8	215
Hoteles de 2 estrellas	22,9	26,0	135	22,1	26,6	139
Hoteles de 1 estrella	23,5	35,9	100	20,5	33,2	103
Total			153			168

FUENTE: INE.

El análisis de la evolución de la estructura hotelera en el cuatrienio reflejado en la tabla 5.9 pone de relieve el proceso de transformación en que se halla inmersa, ya que son dos las características tendenciales que se vienen manteniendo de períodos anteriores. Una tendencia a la concentración de la oferta hotelera en las categorías de tres y cuatro estrellas en primer lugar, y una segunda tendencia al aumento del tamaño de los hoteles; tendencia que se acusa en mayor grado a medida que vamos ascendiendo de categoría. Todo ello pone de manifiesto la existencia de unas economías de escala en la estructura y funcionamiento de los hoteles españoles de categorías media y superior, aunque tampoco hay que olvidar las relaciones con la industria del transporte aéreo y el progresivo aumento de capacidad de los aviones.

5.2.2. *Alojamientos y plazas hoteleras por provincias*

Como ya se ha comentado, tras la crisis de 1973 se produce un corte en la trayectoria ascendente experimentada en la llegada de turistas a España, con el consecuente estancamiento en la dinámica de expansión y crecimiento de la oferta hotelera de algunas zonas turísticas del país. En 1977 la mayoría de las principales provincias turísticas registran una reducción respecto a 1973 en la oferta de establecimientos hoteleros. Así ocurre en Baleares que, aunque sigue a la cabeza de España en número de establecimientos y plazas, pasa de ser la que mayor ritmo de crecimiento registró en el período anterior a sufrir reducciones con una pérdida de 60 establecimientos. Este decrecimiento se extiende a otras zonas punteras, como es el caso de Barcelona, Canarias, Gerona y Guipúzcoa, aunque esta última venía arrastrando una trayectoria decreciente desde el período anterior por razones extraeconómicas que a nadie se le escapan.

Como únicas provincias que no ven reducida su oferta de alojamientos se encuentran Alicante, Málaga, Valencia y Madrid, que se mantiene, siendo Valencia la única que registra un crecimiento continuo a lo largo de todos los años, mientras que Málaga es la que registra el mayor crecimiento total del número de establecimientos del período.

Todas estas alteraciones y pérdida de sintonía en la evolución de la oferta hotelera de las distintas zonas turísticas, responden al cambio de las circunstancias económicas internacionales y son fruto de los cambios en la política turística española, que trata de eliminar desequilibrios regionales, orientando el crecimiento hacia otras zonas menos desarrolladas y de mejorar la calidad del producto turístico al evitar concentraciones turísticas aún mayores, en zonas que empiezan a mostrar signos de saturación. Concretamente, una de estas decisiones administrativas encaminadas a la eliminación de diferencias regionales y el desarrollo turístico de zonas no saturadas es la Declaración de Territorios de Preferente Uso Turístico del 20 de marzo de 1977, cuyos efectos se dejarán sentir en el período siguiente.

En la tabla 5.10 se muestra la evolución seguida por la oferta de establecimientos hoteleros en las principales provincias turísticas españolas.

Pero los resultados no son los mismos si se analiza la evolución de las plazas, ya que, aunque el número de hoteles disminuye, no lo hace así la capacidad alojativa. Así, es Guipúzcoa la única provincia que acompaña la reducción en los establecimientos con la de las plazas, mientras que el resto de provincias registran incrementos en la capacidad alojativa a la vez o a pesar de las reducciones en el número de establecimientos. Esto tiene una explicación bastante simple. El período de madura-

TABLA 5.10

Alojamientos hoteleros por provincias

	1974	1975	1976	1977
Alicante	413	433	427	428
Baleares	1.508	1.490	1.467	1.448
Barcelona	891	886	869	847
Canarias	437	441	429	410
Gerona	948	946	941	939
Guipúzcoa	134	129	129	124
Madrid	825	825	830	827
Málaga	356	378	386	384
Valencia	187	198	198	205
Resto de España	3.665	3.792	3.866	3.946

FUENTE: Servicio Sindical de Estadísticas y *Anuarios de Estadísticas de Turismo 1975, 1976, 1977.*

ción desde que se toma la decisión de construir un hotel hasta que abre sus puertas puede oscilar entre dos y cuatro años. Por eso, aunque la crisis económica mundial se desata a finales de 1973, había ya en construcción bastantes hoteles que abrieron sus puertas en años posteriores. No podían parar su construcción, entre otras razones, porque en España no se adoptaron medidas económicas para hacer frente a la crisis pensando en su carácter coyuntural y en el amplio colchón de divisas que se guardaban en el Banco de España. Luego la gravedad de la crisis no era percibida como tal en nuestro país, más preocupado por los problemas políticos que se vislumbraban. Pero el hecho es que no se frenó la construcción de esos nuevos hoteles.

Por otro lado, estos nuevos establecimientos, al igual que ocurrió en períodos anteriores, eran lógicamente más modernos, mejor concebidos, de mayor dimensión, lo que, paralelamente a la crisis, desencadenó el cierre de hoteles obsoletos y menos rentables que coincidía, por lo general, con los más antiguos y viejos. De ahí que se produjera esa aparente paradoja de reducir el número de hoteles y aumentar el número de plazas.

Se observan comportamientos muy distintos en según qué provincias. Así, Málaga es la provincia que mayores incrementos registra en su oferta de plazas (12.440), seguida por las Canarias (10.132) que como ya se ha señalado más arriba, reduce su oferta de establecimientos. En Valencia y en 1976 se registra el mayor incremento interanual de plazas, que supone su triplicación, al tiempo que sus establecimientos aumentan sólo un 2 por 100.

En cierta medida, la disparidad de comportamientos es debida a las diferentes especializaciones turísticas y a la mayor o menor modernidad e índices de saturación de las respectivas áreas turísticas. El caso de Baleares, la zona turística española pionera en el turismo de sol y playa, es el más demostrativo de una saturación y deterioro de la oferta que empezaba a degradar las bases del propio atractivo turístico de las islas.

Seguidamente se muestra en la tabla 5.11 los resultados de la evolución de las plazas hoteleras en las principales provincias turísticas de España.

TABLA 5.11

Plazas hoteleras por provincias

	1974	1975	1976	1977
Alicante	44.687	50.179	49.091	50.402
Baleares	219.474	225.727	226.754	225.118
Barcelona	61.716	63.851	63.548	63.468
Canarias	52.595	59.781	63.516	62.727
Gerona	71.930	73.864	74.789	74.958
Guipúzcoa	7.960	7.529	7.561	7.511
Madrid	44.849	47.655	46.777	46.902
Málaga	35.532	43.524	47.155	47.972
Valencia	4.249	4.306	12.854	13.188
Total nacional	732.922	785.339	798.985	803.747

FUENTE: Servicio Sindical de Estadísticas y *Anuarios de Estadísticas de Turismo 1975, 1976, 1977.*

Se observan, por tanto, cambios en el crecimiento de la oferta que se orienta hacia zonas menos desarrolladas con grandes potencialidades turísticas y que permanecieron a lo largo de los años anteriores a la sombra de crecimientos desmesurados como los de Baleares.

5.2.3. *Alojamientos y plazas hoteleras por categorías y provincias*

En general, se aprecia en todas las provincias una reducción en la oferta de las categorías hoteleras inferiores. Así, salvo Málaga y Valencia, el resto de provincias ven reducido el número de hoteles de una estrella oro al final del período. La que mayor reducción sufre en esta categoría es Barcelona con 22 establecimientos menos en 1977, seguida de Baleares que lo hace en 17. En el caso de Baleares esta disminución se compensa con el incremento registrado en las categorías hoteleras medias, mientras que Barcelona no llega a compensar esta reducción que da lugar a un incremento negativo en el total de establecimientos.

Respecto a las plazas, el comportamiento seguido en esta categoría es muy parecido, coincidiendo Málaga y Valencia como las provincias sin ninguna reducción en su capacidad alojativa, frente a Baleares y Barcelona que son las que mayores reducciones registran suponiendo para Baleares una reducción de 3.854 plazas y 882 para Barcelona.

En Canarias se aprecian reducciones en los establecimientos de 1 y 3 estrellas oro, que sólo se corresponden con reducciones en la capacidad alojativa para estos últimos, y que se acompañan de incrementos en los de 4 estrellas oro tanto en plazas como establecimientos.

En Gerona, sólo registra disminución el número de hoteles de 1 y 2 estrellas oro, mientras que las plazas se reducen en el caso de los hoteles de 2 estrellas. Las categorías superiores compensan la reducción sólo en el caso de los establecimientos.

Guipúzcoa sigue con su tendencia decreciente, concentrando la reducción de su capacidad alojativa en las plazas de categorías inferiores, que las superiores no llegan a compensar.

Madrid ve reducida su cifra de establecimientos, básicamente debido a la disminución de hoteles de categorías inferiores, toda vez que las plazas registran un incremento, a pesar de las reducciones que se dan en las categorías inferiores, que se compensan por el aumento, sobre todo, de hoteles de 4 estrellas oro.

Málaga y Valencia no ven reducida su capacidad alojativa en ninguna de las categorías, solamente Málaga disminuye en uno sus establecimientos de 5 estrellas, que no supone reducción en las plazas de dicha categoría.

En la tabla 5.12 se muestra cómo evolucionan los establecimientos y las plazas por provincias y por categorías, reflejando sólo los datos de principio y final del período.

TABLA 5.12

Alojamientos y plazas hoteleras por provincias según categorías (sólo hoteles)

		Alojamientos		Plazas	
		1974	1977	1974	1977
Alicante	Total	218	230	37.634	43.716
	5 estrellas	2	2	495	495
	4 estrellas	16	17	4.179	5.012
	3 estrellas	49	58	13.026	17.309
	2 estrellas	70	74	10.396	11.379
	1 estrella	81	79	9.538	9.521
Baleares	Total	732	737	170.792	179.387
	5 estrellas	9	9	2.437	2.326
	4 estrellas	45	53	13.068	17.193
	3 estrellas	219	228	64.839	70.832
	2 estrellas	189	194	46.839	49.281
	1 estrella	270	253	43.609	39.755
Barcelona	Total	316	302	41.076	43.502
	5 estrellas	6	6	2.168	2.992
	4 estrellas	25	27	4.819	5.733
	3 estrellas	52	50	6.409	6.739
	2 estrellas	50	58	4.873	6.113
	1 estrella	183	161	22.807	21.925

TABLA 5.12 *(continuación)*

		Alojamientos		Plazas	
		1974	**1977**	**1974**	**1977**
Canarias	Total	264	271	40.729	58.450
	5 estrellas	10	11	4.354	5.437
	4 estrellas	46	55	7.158	22.253
	3 estrellas	113	109	20.732	20.215
	2 estrellas	60	64	6.732	8.622
	1 estrella	35	32	1.753	1.923
Gerona	Total	414	410	50.795	53.666
	5 estrellas	2	2	590	590
	4 estrellas	17	17	2.296	2.706
	3 estrellas	97	101	15.483	18.656
	2 estrellas	125	119	17.224	15.875
	1 estrella	173	171	15.202	15.839
Guipúzcoa	Total	48	47	5.401	5.281
	5 estrellas	0	0	0	0
	4 estrellas	8	7	1.717	1.801
	3 estrellas	15	15	1.732	1.732
	2 estrellas	8	9	617	483
	1 estrella	17	16	1.335	1.265
Madrid	Total	145	139	28.765	30.836
	5 estrellas	14	15	7.004	7.489
	4 estrellas	32	35	9.211	11.466
	3 estrellas	44	44	7.517	7.921
	2 estrellas	26	22	2.884	2.111
	1 estrella	29	23	2.149	1.849
Málaga	Total	152	174	28.016	40.047
	5 estrellas	12	11	3.542	3.992
	4 estrellas	15	20	4.577	8.726
	3 estrellas	53	68	11.762	17.239
	2 estrellas	47	50	6.626	7.943
	1 estrella	25	25	1.509	2.147
Valencia	Total	49	59	5.703	8.421
	5 estrellas	1	2	164	686
	4 estrellas	3	8	652	2.144
	3 estrellas	20	20	3.174	3.572
	2 estrellas	9	12	705	922
	1 estrella	16	17	1.008	1.097

FUENTE: Servicio Sindical de Estadísticas, *Anuarios de Estadísticas de Turismo 1975, 1976, 1977* y elaboración propia.

5.2.4. *Otra oferta turística*

Aunque los cámpings y la restauración no constituyan una oferta asimilable dada su diferente funcionalidad, la abordamos conjuntamente por economía expositiva. Asimismo, hay que señalar que la información estadística referente a la restauración se inicia en 1972, y es por lo que la incluimos por vez primera.

La evolución de la oferta de cámpings es de práctico estancamiento con un leve crecimiento en las plazas ofertadas, lo que implica, asimismo, un leve crecimiento de su dimensión media.

TABLA 5.13

Evolución de la oferta de cámpings y restaurantes

	1974	1975	1976	1977
Cámpings				
Número	521	529	527	529
Plazas (miles)	221	226	230	232
Capacidad media	425	427	437	439
Restaurantes				
Número (miles)	20,5	21,5	22,9	24,4
Plazas (miles)	1.157	1.204	1.294	1.404
Capacidad media	56	56	56	58

FUENTE: INE.

En lo concerniente a la restauración hay un continuo crecimiento de la oferta a un ritmo anual medio del 5 por 100 que es ligeramente inferior al apreciado en el bienio anterior a este período, primeros años sobre los que hay datos. Asimismo, se aprecia un práctico estancamiento en la dimensión media de este tipo de establecimientos.

5.3. La demanda turística

5.3.1. *Visitantes procedentes del extranjero*

El período comienza con una considerable reducción del número de visitantes llegados al país en 1974 respecto a 1973, pasando de algo más de 31 millones y medio a los 27,4 millones, siendo ésta la primera vez desde 1965 que se produce una reducción en la llegada de personas a nuestro país, debiéndose este hecho en gran medida a los efectos de la crisis del petróleo de 1973.

En 1975 también se aprecia una reducción insignificante que implica, de hecho, la estabilización en las llegadas de turistas. En 1976 se vuelve a crecer, pero muy moderadamente, no llegando a superar los 27,4 millones; pero superadas las más graves circunstancias políticas se recuperan las llegadas de turistas volviéndose a superar en 1977 las cifras de visitantes llegados a España provistos de pasaporte en 1973.

La evolución seguida por los visitantes llegados a España en este período es la reflejada en la figura 5.5.

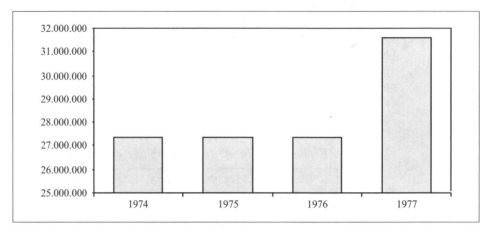

Figura 5.5.

5.3.1.1. Medio de entrada

El período se salda con una composición porcentual diferente a la registrada en 1974, invirtiéndose la tendencia del período anterior en que el aeropuerto ganaba posiciones a costa del ferrocarril y del transporte por carretera. El transporte de carretera continúa siendo el líder de los medios utilizados para acceder a nuestro país, además ganando importancia, pasando de ser utilizado por el 62,1 por 100 de los visitantes que acuden a nuestro país al 66 por 100. Este crecimiento es debido básicamente a la reducción del porcentaje de usuarios del ferrocarril y el avión, y en menor medida del transporte por mar.

El ferrocarril sigue perdiendo protagonismo, pasando de suponer el 6,1 por 100 a ser el 5,3 por 100.

Todos los transportes ven reducido el número de usuarios en 1975, salvo el aeropuerto que en este año ve aumentar el número de usuarios que llegan a España. Al año siguiente, la carretera se recupera del descenso de usuarios de 1975, mientras que el avión ve descender el número de viajeros que lo utilizan en sus viajes hacia España.

En 1977, todos los medios de acceso al país ven incrementarse el número de usuarios. Ello es totalmente lógico teniendo en cuenta que en este año se produce la recuperación de la llegada de visitantes, siendo la carretera la vía de entrada que mayores incrementos registra, llegando a superar los 20,5 millones el número de visitantes que utilizan este medio de acceso a España. Le siguen los aeropuertos, que en ese año superan los 8,5 millones de usuarios, alcanzando el valor más alto del período, que compensa todas la reducciones experimentadas a lo largo del mismo.

256

En la figura 5.6 se muestra la composición de las llegadas según medio de transporte utilizado por los visitantes de nuestro país.

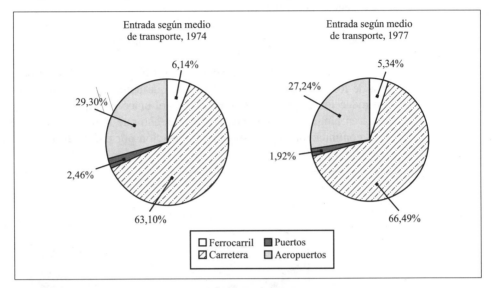

Figura 5.6.

En la figura 5.7 se muestra la trayectoria histórica seguida por cada uno de los medios de transporte usados para llegar a España por los turistas.

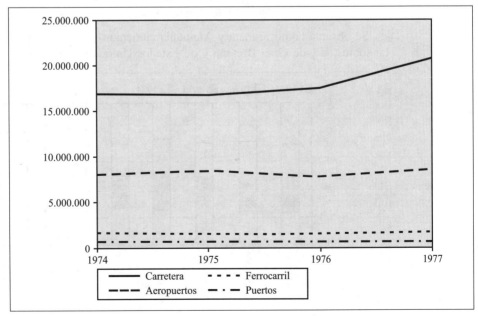

Figura 5.7. Entradas por medio de transporte.

5.3.1.2. Entrada según países

La llegada de visitantes por países se salda con incremento general en los principales países emisores, salvo Estados Unidos, que en 1977 aún no se ha recuperado de las reducciones sufridas en 1975 y 1976, fundamentalmente por la señalada crisis del petróleo, ya que a mayor distancia mayor incidencia de los costes de desplazamiento.

La evolución es descendente durante los tres primeros años del período para la mayoría de los países, salvo para Alemania, que aumenta en 1974 y en 1975, registrándose reducciones sólo en 1976. Francia es el único país que no experimenta reducción alguna en ningún año, suponiendo 1977 el año que registra mayor aumento este país.

A continuación se muestra la composición por países al inicio y al final del período (figura 5.8).

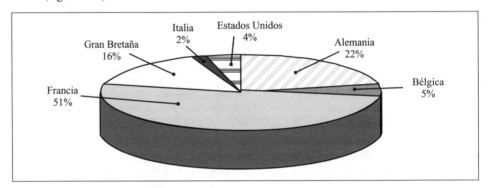

Figura 5.8. Entrada de viajeros según países.

Se observa cómo Francia y Alemania aumentan su cuota de participación a costa, sobre todo, de Gran Bretaña y de Estados Unidos (figura 5.9).

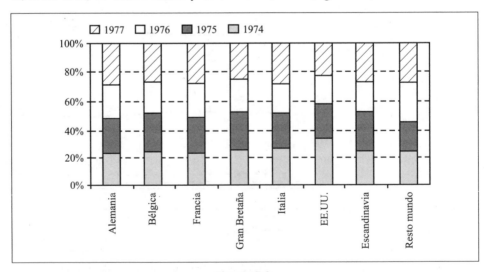

Figura 5.9.

En la figura 5.10 se apunta gráficamente la trayectoria seguida por cada uno de estos países.

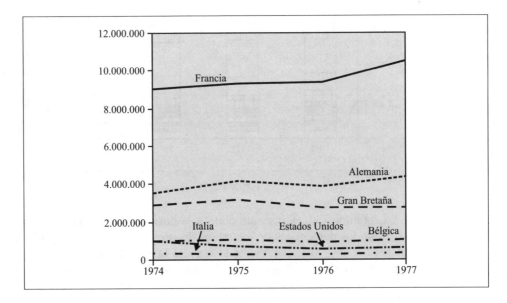

Figura 5.10. Llegada de viajeros a España por países.

5.3.1.3. Entrada según meses

En este apartado se mantiene la tónica de períodos anteriores, siendo la principal característica la estacionalidad. Esto supone que nada se ha conseguido contra este mal del turismo, principalmente porque la demanda turística está controlada por operadores turísticos extranjeros, lo que significa que desde España no se tiene nada que hacer en lo que a esta política se refiere, salvo lo que se venía haciendo desde años anteriores controlando los precios de los servicios turísticos y facilitando las reducciones de éstos en temporada baja. Para tratar de eliminar esta dependencia de los operadores extranjeros, el Gobierno, mediante un Decreto del 9 de agosto de 1974, da el primer paso alentando las inversiones en el exterior relacionadas con las actividades turísticas con créditos que no podrán exceder el 60 por 100 de los mismos. Facilita la instalación de servicios en el exterior para atraer turismo tratando de reducir la dependencia exterior.

En las figuras 5.11 y 5.12 se contempla claramente reflejado el fenómeno de la estacionalidad. La primera muestra cómo esta tendencia se repite durante todos los años, lo que permite realizar la agregación por meses que se presenta en la segunda figura.

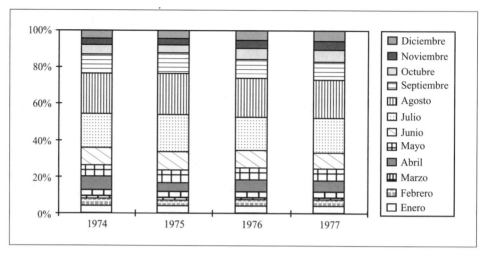

Figura 5.11. Entradas por meses.

La figura 5.11 es bastante clara a la hora de mostrar la estacionalidad, pues se ve cómo los porcentajes de los meses de verano son mucho mayores que el resto de meses del año. Más claramente se aprecia la estacionalidad en la figura 5.12 donde muestra agregada la llegada de visitantes de todo el período por meses.

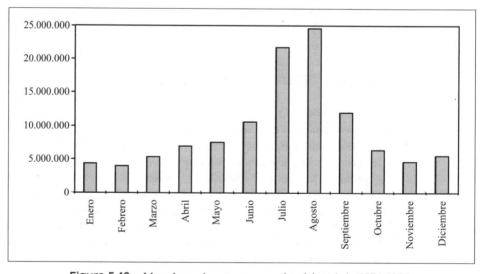

Figura 5.12. Llegada según meses agregados del período 1974-1977.

Los meses de junio, julio, agosto y septiembre representan el 60,7 por 100 del total de llegadas a nuestro país en el período 1974-1977, ligeramente inferior al 61,3 registrado en el período anterior, lo cual no representa un cambio sustancial entre ambos períodos.

© Ediciones Pirámide

5.3.2. *Salidas de turistas españoles*

Tras la reducción producida en los años 1974 y 1975, debida al efecto de la crisis de 1973 y/o a la incertidumbre política vivida en España durante estos años, se vuelve a iniciar un crecimiento continuo de la salida de españoles hacia el extranjero, llegándose a alcanzar los niveles de salidas de 1973 ya en 1976. Así, se pasa de 6 millones de españoles que salen fuera de las fronteras en 1974 a superar los 9 millones en 1977.

Gráficamente la evolución seguida por las salidas ha sido la que refleja la figura 5.13.

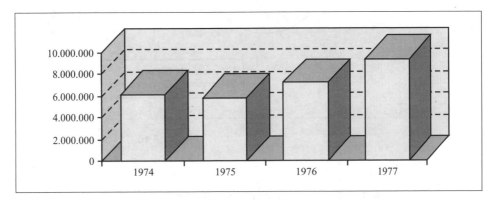

Figura 5.13.   Salida de españoles al extranjero.

Estas salidas, como viene siendo habitual en años anteriores, presentan características distintas de lo que acabamos de presentar en cuanto a las llegadas. Seguidamente damos paso a su análisis.

5.3.2.1. Medio de salida

La carretera sigue primando sobre el resto de posibles vías de salida de nuestro país. Este medio ve crecer su protagonismo a lo largo del período, pasando de ser utilizada por el 86 por 100 de los españoles que salen en 1974 a superar el 89 por 100 en 1977; esto, a costa de las reducciones en los otros medios, sobre todo del ferrocarril.

Todos los medios experimentan reducción del número de usuarios respecto a 1973 menos el transporte por carretera y el aéreo, que salda el período con un incremento del número de usuarios. A pesar de este aumento, los aeropuertos pierden cuota de mercado, siendo el transporte por carretera el único que sí aumenta su proporción.

El cambio en el porcentaje de salidas según el medio empleado lo vemos en la figura 5.14, donde se muestra cuál era la composición en 1974 y en 1977, respectivamente.

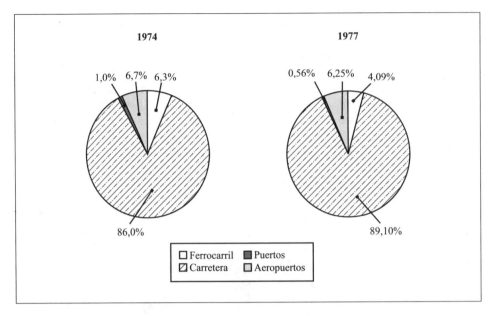

Figura 5.14.

5.3.2.2. Salida según meses

Como en el caso de las llegadas, no se aprecian grandes diferencias respecto a años anteriores, lo que quiere decir que si bien la mayor parte de los viajes que los españoles realizan hacia el extranjero tiene lugar en los meses de verano y en las vacaciones de Semana Santa, el efecto estacional es menos acusado que para las llegadas, probablemente debido a que los motivos de estas salidas sean distintos. Al igual que hemos hecho para las llegadas y en períodos anteriores, seguidamente se refleja de forma gráfica la trayectoria seguida por las salidas, primero desglosada por años, donde se aprecia más o menos el mismo comportamiento por meses, lo que nos permite la realización del segundo gráfico, en el que se agregan los meses por años (figuras 5.15 y 5.16).

La menor estacionalidad turística de las salidas de españoles al extranjero se explica por las mismas razones ya mencionadas en capítulos anteriores: la superposición de viajes de emigrantes a los estrictamente turísticos, y la concentración de la demanda hacia el extranjero en los estratos sociales de mayores niveles de renta que tienen mayor libertad para elegir sus fechas vacacionales.

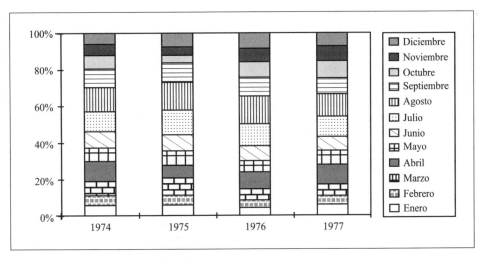

Figura 5.15. Salidas por meses.

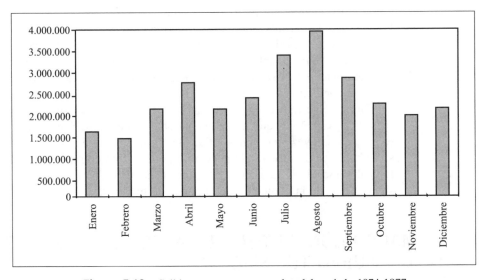

Figura 5.16. Salidas por meses agregados del período 1974-1977.

5.3.3. *El grado de ocupación hotelera*

Al igual que se analizó en el período anterior, otro de los indicadores que da cuenta de la evolución de la demanda es la correspondiente a las pernoctaciones hoteleras y, consiguientemente, del grado de ocupación de esa infraestructura básica para el desarrollo turístico. La tabla 5.14 informa de la evolución experimentada por dichas variables en el período analizado en este capítulo.

TABLA 5.14

Grado de ocupación hotelera

	1974	1975	1976	1977
Número de plazas hoteleras	521.106	574.913	584.387	588.789
Pernoctaciones causadas (miles)	100.425	103.171	99.015	118.602
Máximo de pernoctaciones (miles)	190.204	209.840	213.301	214.908
Porcentaje grado ocupación	52,8	49,5	46,4	55,2
Aumento anual de plazas hoteleras	30.232	53.797	9.484	4.402

FUENTE: INE, MVEH.

Tras la cima alcanzada en 1972 en el grado de ocupación se inicia un período de estancamiento en el número de pernoctaciones efectuadas en hoteles, con oscilaciones de cuatro puntos porcentuales como máximo, coincidiendo con la crisis petrolera y la transición política, para de nuevo apuntar al despegue en el último año de este período.

La coincidencia del período de estancamiento de la demanda hotelera con el de la incorporación al mercado de un importante número de nuevas plazas en el primer bienio de este período se tradujo, inevitablemente, en la caída del grado de ocupación y en la subsiguiente paralización de nuevas inversiones hoteleras que se aprecia claramente en el segundo bienio del período. El mercado turístico no estaba todavía en condiciones de absorber la nueva oferta hotelera.

Ciertamente que buena parte de las pernoctaciones causadas en los hoteles lo fueron por españoles que no se encontraban haciendo turismo, pero no menos cierto es que cada vez son menos nítidas las fronteras entre el ocio y el negocio (incluso se habla ya de turismo de negocio, lo que es una contradicción *in términis*), todo lo cual evidencia la relevancia de esta estadística de pernoctaciones como indicador significativo de la evolución de la demanda turística.

6. EL MARCO CONCEPTUAL: LA AUTOCRÍTICA Y EL DISEÑO DE UN NUEVO TURISMO

La coincidencia temporal de la crisis política en España y la crisis económica internacional coexiste, a su vez, en el tiempo con un principio de revisión del desarrollo turístico habido en España desde finales de los años cincuenta. Y todo ello porque la crisis económica originó una estabilización del proceso de crecimiento de las llegadas de turistas vivido como una profunda crisis, habida cuenta la tendencia constante al crecimiento de la oferta, que sirvió para plantearse ese proceso autocrítico.

Sin embargo, las luchas internas en el régimen ante el ocaso físico de Franco frenan la actuación político-administrativa necesaria para abordar las reformas que iba demandando el propio sector turístico, puesto que la concepción político-instrumental del turismo, derivado de su vinculación al Ministerio de Información, pugnaba con otra perspectiva más empresarial o economicista que estaba, asimismo, ligada a los sectores más aperturistas del régimen.

La incertidumbre política se traduce, lógicamente, en incertidumbre de la política turística, y los sucesivos y frecuentes cambios del titular del Ministerio de Información y Turismo no hacen sino frenar la adopción de las decisiones necesarias.

Algunos pasos se dieron en esa nueva concepción economicista del turismo con los Planes de Modernización Hotelera ante la constatación de la obsolescencia y descapitalización de la infraestructura hotelera. La dependencia de los operadores turísticos extranjeros había desembocado en esa situación. Y junto a la problemática estrictamente empresarial, la preocupación por los problemas territoriales y de saturación turística, que se detectaban en bastantes afamados lugares de vacaciones, también empieza a abrirse paso.

Una vez producidas, lo que de modo eufemístico se denominaban, «las previsiones sucesorias» desaparece el —desde una perspectiva democrática— anacrónico Ministerio de Información, y el turismo por fin se integra en una administración profesionalizada y orientada al apoyo al sector exterior español como era el Ministerio de Comercio. Esta nueva vinculación administrativa, a la postre, se tradujo en una nueva concepción del turismo, una vez desprovisto plenamente del lastre político-instrumental que había gravitado sobre él desde siempre. Al mismo tiempo, se elevó su rango administrativo con la creación de la Secretaría de Estado de Turismo.

A pesar de las dificultades y vaivenes políticos, fue un fecundo período, pues en él se sentaron las bases de la renovación turística española, luego seguida por sucesivos gobiernos y por algunas Comunidades Autónomas en años posteriores. Y fue fructífero porque ese nuevo enfoque del turismo dio prioridad a los problemas auténticos del sector: la necesidad de la renovación del equipamiento y el fortalecimiento empresarial a través de la mejora de sus estructuras organizativas y financieras.

6

La construcción del Estado de las Autonomías (de 1978 a 1985)

1. ENCUADRE GENERAL: LA CRISIS ECONÓMICA EN EL MARCO PROBLEMÁTICO DE LA CONSTRUCCIÓN DEL NUEVO ESTADO

Una vez superada en gran medida la incertidumbre política con la aprobación de la Constitución de 1978, quedaba la crisis económica en sentido estricto como gran problema pendiente. La Constitución logró un equilibrio en los principios generales que la informan entre la consagración del sistema capitalista, con lo que conlleva de aceptación de propiedad privada y de la herencia, de la libertad de empresa y de economía de mercado, y la atemperación del mismo con la consagración, igualmente, de los principios de: a) participación de los ciudadanos en la actividad de los organismos públicos y de los trabajadores en la empresa, b) de la redistribución de la renta, c) de la subordinación al interés público de toda la riqueza del país y d) el reconocimiento de la iniciativa pública en la actividad económica. Por consiguiente, el 6 de diciembre de 1978 se aprobó en referéndum un ámbito constitucional en el que tienen cabida todo tipo de fórmulas políticas democráticas.

La manifestación más visible de la crisis económica era el crecimiento espectacular del desempleo de origen fundamentalmente industrial. Por ello, las prioridades económicas tenían una doble orientación. Por un lado, una reforma fiscal que hiciera viable la imprescindible redistribución de la renta, y, por otro, una reconversión industrial que sentara las bases de la no menos imprescindible reindustrialización.

Las carencias fiscales de nuestro país fueron abordadas con la reforma fiscal Fuentes Quintana/Fernández Ordóñez, que estableció una tributación progresiva sobre la renta de las personas físicas, otra sobre el patrimonio y las sucesiones, modernizó la tributación de sociedades y reformó los impuestos indirectos con la introducción del IVA, avanzando en el proceso de armonización fiscal con la Comunidad Europea. Pero a pesar de los incrementos de recaudación, las necesidades fueron creciendo exponencialmente por encima de aquélla, puesto que el abono del subsidio de desempleo así lo exigía, al igual que la universalización de las pensiones, la financiación de la reconversión industrial —cuya cuantía fue fijada por el entonces ministro de Industria Carlos Solchaga en un billón de pesetas para el período 1983-1985— y la propia crisis financiera, que precisó la aportación pública de centenares de miles de millones de pesetas.

La consecuencia de todo ello fue el crecimiento ininterrumpido del déficit público a lo largo de todo el período desde 1976, pues, además, habría que añadir a las razones expuestas como elementos dinamizadores del gasto público, la elevada elasticidad-renta de la demanda de bienes y servicios públicos, materializada fundamentalmente en servicios educativos y sanitarios que igualmente se universalizan en su gratuidad, y el cambio de política institucional con el desarrollo de las administraciones autonómicas.

De todas formas, uno de los problemas fundamentales con que se enfrentaba el Gobierno Suárez era la falta de conciencia de la dimensión de la crisis económica. Parecía como si la sociedad española hubiera concentrado el origen y las causas de la crisis económica en la crisis política de la que se estaba saliendo, desconociendo su auténtica dimensión mundial. Esta situación era descrita por el ex vicepresidente económico del Gobierno, Fuentes Quintana, en un artículo en el que exponía que «los grupos de poder y las promesas electorales limitan la capacidad para hacer frente a la crisis. Las instituciones democráticas deben conocer y afrontar estos dos graves peligros de las "esperanzas crecientes" y de la "presión de los grupos de interés", pues de ellos arrancan actitudes sociales y políticas muy peligrosas para vencer la crisis. Si las esperanzas crecientes del electorado no se moderan, si no se excitan por los líderes políticos, sindicales y empresariales, rebasando las posibilidades de la economía, si los grupos de interés utilizan, sin autocontención alguna, toda su capacidad de agresión para conseguir sus fines particulares y si las decisiones económicas del poder político sucumben a la presión de los grupos organizados, la crisis económica actual será un largo túnel del que jamás saldremos a la luz de una economía dinámica y a una democracia pluralista»[1].

Estas frases no fueron sino un reconocimiento de la debilidad política del propio Gobierno de la UCD, atacado desde dentro y desde fuera, debilidad que desembocó en el frustrado golpe de Estado de febrero de 1981. Fue el principio del fin del primer Gobierno democrático de centro-derecha. Las siguientes elecciones generales dieron una confortable mayoría absoluta a los socialistas que iniciaron su gobernación en diciembre de 1982.

Otro escenario que conviene tener en cuenta es la expectativa de adhesión de España a la Comunidad Europea. Porque si el Acuerdo Preferencial de 1970 tenía vigencia inicial hasta 1976, quedó rápidamente obsoleto por las presiones norteamericanas y la ampliación comunitaria a Dinamarca, Irlanda y Gran Bretaña en 1973, que exigía una adaptación del acuerdo con nuestro país. No obstante, la crisis mundial y la propia crisis política española dejaron la cuestión en suspenso. Después, la caída del régimen franquista y posterior democratización española removió los obs-

---

[1] *El País,* 18 de febrero de 1979.

táculos que impedían dar curso a la petición española de adhesión que se reiteró formalmente el 28 de julio de 1977, es decir, al mes de la constitución del segundo Gobierno Suárez, primero legitimado por las urnas.

Las negociaciones no se abrieron formalmente hasta febrero de 1979, pero diferentes problemas internos de la Comunidad Europea mantuvieron «en el cajón» la solicitud española. Problemas que se despejaron cuando se llegó a un acuerdo sobre la futura financiación comunitaria aprobada en el Consejo del primer semestre de 1983, celebrado en Stuttgart. Ya entonces gobernaban los socialistas en España y Francia, que era el país que había mantenido frenada la petición de adhesión.

En suma, el escenario general de este período, 1978-1985, es el del definitivo abordaje frontal a la crisis económica, que tiene lugar con un considerable retraso de más de un lustro respecto a lo ocurrido en el mundo occidental. Pero se lleva a cabo además en la perspectiva de la integración en la Comunidad Europea, y en un contexto interior en el que los márgenes empresariales se habían erosionado terriblemente dados los fuertes aumentos salariales —superiores a los incrementos de productividad—, el creciente endeudamiento en un período de intereses al alza y de costes energéticos y de materias primas igualmente al alza. Y sin olvidar tampoco el contexto exterior de la emergente y explosiva competencia de los nuevos países industrializados del Lejano Oriente, la paralización de nuestros tradicionales mercados exteriores, o el efectivo cierre de la espita a la emigración con destino en Europa, en unos momentos en que el *boom* demográfico de los cincuenta y sesenta se incorporaba al mercado de trabajo.

Por todo ello, es perfectamente explicable la profundidad de la crisis española materializada en los tres desequilibrios básicos que configuran y caracterizan todo el período: inflación, déficit por cuenta corriente y volumen creciente de paro. Crisis de la que se empezó a salir tras las drásticas reconversiones industriales abordadas por el primer Gobierno socialista presidido por Felipe González. La efectividad de esa política industrial y el cambio de la coyuntura mundial en la mitad de la década de los ochenta reorientaron definitivamente el rumbo económico de España, ya como miembro de pleno derecho de la Comunidad Europea tras la firma del Tratado de Adhesión el 12 de junio de 1985.

2. EL MARCO ADMINISTRATIVO: LA REORGANIZACIÓN GENERAL DEL ESTADO

2.1. La paulatina adaptación de la Administración al nuevo Estado de las Autonomías

Se inicia este período en su perspectiva administrativa con la promulgación del reglamento del Instituto Español de Turismo por Decreto de 2 de junio de 1978, en el que se detallan sus funciones como órgano de investigación, estudio y asistencia técnica, documentación y alta formación especializada en turismo. Y también se cierra el período con la supresión del mismo como organismo autónomo en la última reorganización del Ministerio de Transportes, Turismo y Comunicaciones, a la que nos referiremos más adelante.

Poco tiempo había transcurrido desde la promulgación del reglamento del Instituto Español de Turismo, cuando un nuevo Real Decreto de 11 de enero de 1979 reorganizaba el otro organismo autónomo turístico, la Administración Turística Española, con el objetivo de conseguir la máxima eficacia de los medios humanos y materiales de la red de establecimientos turísticos del Estado, cuya gestión y explotación tenía encomendada, al tiempo de mantener su prestigio. Quedaba adscrito al Ministerio de Comercio y Turismo, y se abría la colaboración del mismo con empresas públicas y privadas.

La profunda crisis económica en que estaba sumido el país estimuló la necesidad de contención de los gastos públicos corrientes por medio de una reforma administrativa, que el Real Decreto 1996/1980 de 3 de octubre tradujo en la fusión del Ministerio de Comercio y Turismo con el de Economía dando origen al nuevo Ministerio de Economía y Comercio. A consecuencia de esta reorganización la Secretaría de Estado de Turismo se transfirió al Ministerio de Transportes y Comunicaciones que incorporó el turismo a su denominación en otro Real Decreto de 6 de marzo de 1981.

El siguiente paso en la adaptación al nuevo Estado de las Autonomías, en el que las competencias turísticas estaban siendo transferidas a las Comunidades Autónomas, supuso el descenso del rango administrativo de la administración turística, ya que el Real Decreto Ley 22/1982 de 7 de diciembre, por el que el nuevo Gobierno socialista abordaba la reforma administrativa con medidas urgentes, suprimió la Secretaría de Estado de Turismo y la transformaba en Secretaría General de Turismo con rango de subsecretaría.

Este inicio de reforma administrativa continúa con el Real Decreto 3579/1982 de 15 de diciembre que modificaba la estructura orgánica del Ministerio de Transportes, Turismo y Comunicaciones, estableciendo un organigrama para la Secretaría General de Turismo con dos direcciones generales: las de Promoción del Turismo y Empresas y Actividades Turísticas; y se culmina con una Orden de 30 de abril de 1983. Estructura que queda plenamente confirmada cuando la Ley 10/1983 de 16 de agosto de Organización de la Administración central del Estado derogó el Real Decreto de Medidas Urgentes de diciembre del año anterior.

2.2. El Instituto de Promoción del Turismo de España

El proceso de transferencia de competencias a las Comunidades Autónomas continuó (con una mecánica administrativo-legal un tanto discutible), al aprovecharse la Ley 50/1984 de 30 de diciembre de Presupuestos Generales del Estado para 1985 para crear el Instituto de Promoción del Turismo (INPROTUR) con el carácter de organismo autónomo de índole comercial. La finalidad de su creación fue la ejecución de la política gubernamental en la promoción exterior del turismo, así como la coordinación y el impulso de acciones para la promoción turística exterior

© Ediciones Pirámide

pública (tanto del Estado como de las Comunidades Autónomas) y para fomentar las iniciativas y actividades del sector privado en orden a ese mismo objetivo promocional.

Paralelamente a la creación del INPROTUR, se suprimieron como organismos autónomos el Instituto Español de Turismo y el de Exposiciones, Congresos y Convenciones de España, y sus funciones fueron asumidas por la Dirección General e INPROTUR, respectivamente. Este último había aparecido como organismo autónomo, al mismo tiempo que el Instituto Español de Turismo, en el organigrama ministerial con ocasión de la reforma que tuvo lugar el 11 de noviembre de 1977.

Esta nueva reforma administrativa obligó a otra modificación de la estructura orgánica del Ministerio de Transportes, Turismo y Comunicaciones, y el Real Decreto 1209/1985 de 19 de junio configuró una nueva Secretaría General de Turismo con una Dirección General de Política Turística con tres subdirecciones: Instituto de Estudios Turísticos, Información Turística y Cooperación, y Relaciones Turísticas Internacionales; y dos organismos autónomos: INPROTUR y la Administración Turística Española. La transformación de la administración turística tuvo lógicamente su reflejo en los órganos periféricos por medio de diferentes reales decretos que han acabado paulatinamente con las direcciones provinciales de los ministerios afectados por las transferencias a las Comunidades Autónomas, en un proceso progresivo y flexible adaptado a las circunstancias de cada autonomía.

Asimismo, entre las disposiciones adicionales del Real Decreto 1209 de 19 de junio se incluyó la desaparición de la Dirección General de Empresas y Actividades Turísticas juntamente con la Comisión Interministerial de Turismo que había sido creada en 1954. E igualmente perdieron su carácter de organismos autónomos el Instituto Español de Turismo y el organismo Exposiciones, Congresos y Convenciones de España, siendo asumidas sus funciones por la Dirección General de Política Turística y por el INPROTUR.

2.3. La remodelación administrativa de los turismos específicos

La construcción del Estado de las Autonomías tuvo lugar paralelamente a otra reforma administrativa de gran importancia: la liquidación de la Administración más marcada políticamente por el antiguo régimen e incompatible con el nuevo Estado democrático. Y así ocurrió con diferentes organismos vinculados a la antigua Organización Sindical, ya que la sindicación obligatoria había sido extinguida por el Real Decreto Ley 31/1977 que abordó la reforma de las estructuras sindicales, y a la organización política del Movimiento Nacional, que fueron absorbidos, según sus funciones, por los Ministerios de Cultura y Trabajo, en su mayor parte.

En lo que a los aspectos turísticos concierne hay dos ramas de turismos específicos cuya evolución administrativa vamos a examinar por ser especialmente interesantes: los turismos juvenil y social.

2.3.1. *El turismo juvenil*

El proceso de su transformación administrativa se inició con el Real Decreto 1119/1977 de 20 de mayo por el que se creó el Instituto de la Juventud, adscrito a la Subsecretaría de Familia, Juventud y Deporte de la Presidencia del Gobierno, con la finalidad de gestionar y explotar los centros, servicios y establecimientos del Estado al servicio de la juventud, y su estructura orgánica se fijó por Orden de 31 de mayo de 1978. De esta manera, la antigua Delegación Nacional de la Juventud de la Organización Sindical se convierte en un organismo autónomo, que ya había sido transferido, en el ínterin, de la Presidencia del Gobierno al Ministerio de Cultura por Real Decreto 2258/1977 de 27 de agosto que fijaba la estructura orgánica del citado ministerio. Este organismo autónomo, además de gestionar albergues, campamentos, instalaciones recreativas y residencias juveniles, disponía de una sección de turismo juvenil.

La supresión por Real Decreto 575/1981 de 6 de marzo del Instituto de Desarrollo Comunitario y su integración en el de la Juventud le añade a sus competencias la de «promoción comunitaria», y su estructura orgánica se desarrolló por la Orden de 15 de julio de 1981 creadora de la «Sección de Turismo Juvenil TIVE», al tiempo que una Resolución de 29 de junio de 1981 estableció tres redes nacionales: de Centros de Juventud y Promoción Sociocultural, de Albergues y Residencias Juveniles, y de Campamentos y Campos de Trabajo, redes que pretendieron establecer cauces de comunicación cultural entre las Comunidades Autónomas.

Finalmente, una vez culminado el proceso de transferir las infraestructuras de las redes nacionales a las Comunidades Autónomas, el Real Decreto de 24 de abril de 1985, que fijó la nueva estructura orgánica del Ministerio de Cultura, mantuvo el Instituto de la Juventud como organismo autónomo, desprovisto de nuevo de sus funciones de «desarrollo comunitario», con unas funciones en las que el fomento del turismo juvenil e intercambio de jóvenes a nivel nacional e internacional alcanza un papel fundamental.

2.3.2. *El turismo social*

La transferencia al Ministerio de Trabajo de la Obra Sindical de Educación y Descanso por Real Decreto 906/1978 de 14 de abril, supuso el punto de arranque en la democracia del turismo social, ya que el 20 de febrero de 1979 se creó por Real Decreto el Instituto Social del Tiempo Libre con la función de gestionar los centros y actividades destinados a los trabajadores procedentes de la antigua Obra Sindical. En este Real Decreto y posterior Orden de 28 de agosto de 1980, ordenadora de su estructura orgánica y funcional, se confería la competencia del turismo social a uno de los dos servicios que lo conformaban.

No fue inmune tampoco este instituto a la racionalización administrativa impuesta por el proceso de transferencias a las Comunidades Autónomas, de manera que el Real Decreto de 18 de diciembre de 1981, que reestructuró el Ministerio de Trabajo al integrarse en él la Seguridad Social, lo suprimió quedando asumidas su composición y funciones por una comisión encargada de las transferencias en materia de tiempo libre creada por Orden de 20 de enero de 1982 que, con algunas modificaciones posteriores, acabaría siendo disuelta con la conclusión de las mismas.

3. EL MARCO LEGAL: LA CONSTITUCIÓN DE 1978 Y LA TRANSFERENCIA DE COMPETENCIAS EN MATERIA TURÍSTICA

3.1. La Constitución de 1978 y el turismo

Como toda norma con rango de ley que se promulga, más si cabe en el caso de una Constitución como la de 1978, que tanta importancia tiene para la convivencia de las actuales generaciones de españoles, el preámbulo constituye —y nunca mejor empleada la palabra— el frontispicio donde se otea el horizonte de la nueva sociedad y del nuevo Estado que se configura

Y entre los diferentes objetivos cuya voluntad de consecución se proclaman, dos afectan, en nuestra opinión, al ámbito de las actividades turísticas:

1. Promover el progreso de la cultura y de la economía para asegurar a todos una digna calidad de vida.
2. Colaborar en el fortalecimiento de unas relaciones pacíficas y de eficaz cooperación entre todos los pueblos de la Tierra.

Pues el turismo, como instrumento de cultura para quienes lo practican, como medio de progreso económico de las poblaciones y territorios que acogen su desarrollo, y como muestra de una cierta calidad de vida, tanto en quienes lo reciben como en quienes lo disfrutan, se encuentra amparado por ese objetivo. Y culmina su entronque en la Carta Magna con la dimensión internacional que el reseñado punto 2 comporta, ya que, sin duda, y como proclama el eslogan difundido por la Iglesia católica, el turismo es el mejor «pasaporte para la paz».

3.2. Los Estatutos de Autonomía y las competencias turísticas

Las competencias en materia turística quedan englobadas en el conjunto de las que podrán asumir las Comunidades Autónomas a tenor del artículo 148.1 de la Constitución. Concretamente la competencia 18.ª dice textualmente: *Promoción y ordenación del turismo en su ámbito territorial.* Y de hecho todas las Comunidades Autónomas las asumieron en sus estatutos de autonomía respectivos entre el 18 de diciembre de 1979, en que se aprobaron los del País Vasco y Cataluña, hasta el 25 de febrero de 1983, en que lo fueron los últimos estatutos pendientes: los de Extremadura, Baleares, Madrid y Castilla-León.

Los diferentes decretos de transferencias completaron el proceso de avocación competencial de las Comunidades Autónomas. El mismo artículo 148 de la Constitución en su segundo punto dice que: «Transcurridos cinco años, y mediante la reforma de sus Estatutos, las Comunidades Autónomas podrán ampliar sucesivamente sus competencias dentro del marco establecido en el artículo 149». Es decir, que cabe la posibilidad de ampliar las facultades sobre la base de las materias no expresamente atribuidas al Estado en ese artículo 149.

No obstante, con la salvedad que introduce el punto 10.º del apartado 1 del citado artículo 149, por el que el Estado se reserva en exclusiva la competencia en «Régimen aduanero y arancelario; comercio exterior», todas las materias turísticas son absorbidas plenamente por las Comunidades Autónomas. Ello se traduce en que la Administración del Estado se ha reservado competencias en promoción exterior del turismo y otras que examinaremos más adelante.

Examinado el proceso de transferencias a las Autonomías es importante tener en cuenta que «durante la etapa preconstituyente entre el 15 de junio de 1977 y diciembre de 1978 se crearon toda una serie de entes preautonómicos a los que ya se hicieron algunas transferencias»[2].

En concreto, fueron todas las Comunidades Autónomas, con excepción de las uniprovinciales más la de Castilla-León, las que recibieron un primer paquete de transferencias turísticas en un contexto más amplio, semejante, aunque no exacto, de variadas competencias que afectaban a agricultura, urbanismo, administración local, interior, actividades molestas, insalubres, nocivas y peligrosas, cultura y sanidad, transportes, ferias interiores. Pero en lo concerniente al turismo prácticamente son idénticas estas primeras transferencias que podríamos calificar como «de entrenamiento», en un proceso largo, complejo, y llevado cabo con suma rapidez si se sitúa uno en una adecuada perspectiva histórica.

El ámbito de estas primeras transferencias es puramente «administrativo», ya que las competencias son de incoación de expedientes, información previa, fiscalización, sanción, autorización, dar vistos buenos, registrar, inspeccionar, vigilar, sustanciar reclamaciones, multar, apercibir, etc. Y estas actividades en relación con los territorios, zonas y centros de interés turístico y con las empresas y actividades turísticas, así como la gestión de algunas oficinas de información turística.

Las transferencias realmente son sustanciadas en su plenitud en un conjunto de decretos muy similares para todas las Comunidades Autónomas con ciertas diferencias no muy significativas en su contenido para Cataluña, País Vasco, Navarra y Madrid. Estos decretos, que completaban las transferencias, presentan todos ellos una misma estructura formal al distinguir tres tipos de funciones:

a) Las funciones y servicios del Estado que asume la Comunidad Autónoma.

b) Las funciones y servicios que se reserva la Administración del Estado.

c) Las funciones en que han de concurrir la Administración del Estado y la de la Comunidad Autónoma y forma de cooperación.

---

[2] Tamames, L., y Tamames, R.: *Introducción a la Constitución española,* Alianza, Madrid, 5.ª ed., 1991, p. 206.

Las funciones que asumen las Comunidades Autónomas son:

a) Planificación de la actividad turística.

b) Ordenación de la industria turística en el ámbito territorial [...] y de su infraestructura.

c) Ejecución de la legislación del Estado en materia de agencias de viaje.

d) Concreción y revocación del título-licencia de agencia de viajes.

e) Regulación, coordinación y fomento de las profesiones turísticas, así como la regulación y administración de enseñanzas turísticas.

En el caso de aquellas comunidades que no tuvieron transferencias preautonómicas, el decreto de traspaso de funciones y servicios incluye la suma de los dos decretos de las demás Comunidades Autónomas.

Hay singularidades dignas de resaltar en el correspondiente a Cataluña, ya que presenta una estructura formal distinta al no incluir el decreto las funciones que se reserva la Administración del Estado, que para esta Comunidad Autónoma se limitan a las facultades reservadas al Estado en la Constitución. Es formalmente una aceptación tácita de las mismas, que los catalanes no quisieron hacer explícita, en un decreto de transferencias. Asimismo, en las correspondientes al ámbito de la cooperación entre ambas administraciones, la Generalitat las asume en plenitud, aunque luego el articulado —salvando ciertas cautelas lingüísticas derivadas de un deliberado deseo en nuestra opinión de «aparecer diferente a las demás Comunidades»— y el contenido competencial correspondiente sean prácticamente idénticos al de las restantes autonomías.

Las funciones y servicios que se reserva la Administración del Estado son:

a) Las relaciones internacionales, con información en su caso a las Comunidades Autónomas.

b) La coordinación de la planificación general de la actividad turística.

c) Promoción, elaboración y, en su caso, aprobación de la legislación en materia de agencias de viajes y prestación de servicios turísticos.

d) Promoción y comercialización turística en el extranjero y establecimiento de normas y directrices para la que lleven a cabo las Comunidades Autónomas fuera de España.

e) Condiciones de obtención, expedición y homologación de títulos profesionales del turismo.

Finalmente, queda el ámbito competencial de cooperación entre administraciones. A este efecto las competencias en que se produce la concurrencia competencial son:

a) La tramitación de subvenciones de la Administración central a instituciones, entidades, empresas y agrupaciones de las mismas, del ámbito territorial de la Comunidad de que se trate o radicados en ella, a través de la Administración comunitaria con informe vinculante de ésta caso de ser negativo.

b) La tramitación de solicitudes de crédito turístico —y participación en la preparación de convocatorias especiales, así como en la Comisión de Crédito Turístico—, con informe vinculante, si es negativo, de acuerdo con la normativa y directrices generales sobre política crediticia turística de la Administración del Estado. Asimismo, el control, vigilancia y tramitación de la inversión consecuente.

c) La coordinación entre las administraciones para que la información turística de la Comunidad incluya también la correspondiente a la oferta del resto del Estado.

d) La coordinación en actividades de promoción turística de la Comunidad en el exterior, y la colaboración de las oficinas y representaciones del Estado en el extranjero.

e) La tramitación de solicitudes de inscripción en el Registro de Empresas Turísticas Exportadoras, y la comunicación de la correspondiente resolución por parte de la Administración del Estado a la de la Comunidad Autónoma.

f) El establecimiento de mecanismos mutuos de información estadística en materia turística.

g) El establecimiento de cauces de información para la debida cooperación entre ambas administraciones.

3.3. La competencia residual del Estado

Hemos visto en el epígrafe anterior la apoyatura legal de la competencia estatal en materia turística, así como las reservas competenciales de los decretos de transferencias en las Comunidades Autónomas. Sin embargo, antes de entrar en el análisis de aquélla, conviene hacer una breve referencia al artículo 150 de la Constitución, por cuanto, al establecer un marco de coordinación de competencias legislativas, introduce la posibilidad de modificar el ámbito competencial respectivo existente.

Este artículo hace factible una relevante ampliación de las facultades legislativas de las Comunidades Autónomas, que se verá limitada por la ley marco correspondiente y los sistemas de control que se establezcan. Dice textualmente: «1. Las Cortes Generales, en materia de competencia estatal, podrán atribuir a todas o a algunas de las Comunidades Autónomas, la facultad de dictar, para sí mismas, normas legislativas en el marco de los principios, bases y directrices fijados por una ley estatal. Sin perjuicio de la competencia de los tribunales, en cada ley marco se establecerá la modalidad del control de las Cortes Generales sobre estas normas legislativas de las Comunidades Autónomas». Artículo que no creemos pueda tener efectividad futura alguna, por cuanto las transferencias en materia turística han sido prácticamente completas, como podemos ver al examinar las funciones y servicios que se reserva la Administración del Estado, ya expuestas en el epígrafe anterior.

En virtud de las mismas, el *Boletín Oficial del Estado* de 16 de mayo de 1985 publicaba el Real Decreto 672/1985 de 19 de abril por el que se dictaron normas sobre la promoción exterior del turismo[3].

Es importante detenernos con algún detalle en el mismo, por cuanto es el punto de arranque de una nueva política de promoción turística, una vez completadas, casi en su totalidad, las competencias en materia turística a las Comunidades Autónomas.

El preámbulo pone inicialmente de relieve que, para captar nuevas cotas de mercado turístico internacional, hay que prestar *una atención creciente a las actividades de promoción* que no se asienten sólo en el aumento de inversiones, sino en que se procure una mayor eficacia. Eficacia que se logrará con investigación de adecuación de medios a mercados y con intensificación de acciones en los momentos y lugares más adecuados. Es, pues, un enfoque muy profesional de marketing turístico el que se delinea en esta parte introductoria del decreto dedicada a las razones «exteriores» del mismo, y que se completa con las razones «interiores». Éstas son la complejidad y tecnificación progresiva de la promoción turística, por un lado, y la necesidad de respetar la unidad de mercado nacional propio de una actividad exportadora, como es la turística, por otro.

Ambos elementos confluyen en un conjunto de características que deben cumplir las actividades de promoción y de comercialización. A saber: *a*) coordinación entre las Administraciones central y autonómica; *b*) sujeción a los principios de ordenación global de la economía en orden a tutelar el interés general de España; y *c*) homogeneidad de la imagen turística española sin mengua de la pluralidad de regiones y nacionalidades.

Sobre la base de estos principios, el Real Decreto establece que la Secretaría General de Turismo elaborará anualmente el Programa General de Promoción Exterior del Turismo, que no será exclusivo ni excluyente de la que puedan realizar las Comunidades Autónomas. Esta promoción realizada con dinero público, en su caso, requerirá la aprobación de la Secretaría General de Turismo y su sometimiento a las directrices que ésta determine. Igualmente, se establece que la presencia en ferias internacionales de las distintas ofertas regionales españolas deberán integrarse, a ser posible, en un espacio común a la totalidad de la oferta turística española.

Asimismo, fija una serie de cautelas sobre el uso de la bandera nacional y otras enseñas, las características de la palabra España en las instalaciones y material turístico que se utilice, y de la obligada utilización, en lugar destacado y preferente, del logotipo aprobado como signo de identificación del turismo español. Es decir, el mantenimiento de una unidad de imagen de la oferta turística española tanto por razones políticas como comerciales.

Precisamente el logotipo al que se hace referencia en este decreto se había creado por Orden de la Secretaría General de Turismo de 19 de noviembre de 1984 so-

---

[3] No deja de ser curioso que la única comunidad autónoma que en aquella fecha no había asumido plenamente las competencias turísticas que tenían las demás —Galicia—, presentara un conflicto de competencia en el Tribunal Constitucional por este decreto, lo que sólo puede tener —posiblemente— una explicación en clave de política regional interna.

bre unos diseños creados por Joan Miró, y su utilización quedó regulada por otra Orden de 22 de abril de 1986. Pero esto forma ya parte del ámbito temporal del próximo capítulo.

El mismo artículo 150 del texto constitucional incluye otros dos epígrafes que enmarcan igualmente el ámbito competencial residual del Estado. Dicen textualmente:

> 2. El Estado podrá transferir o delegar en las Comunidades Autónomas, mediante ley orgánica, facultades correspondientes a materia de titularidad estatal, que, por su propia naturaleza sean susceptibles de transferencia o delegación. La ley preverá en cada caso la correspondiente transferencia de medios financieros, así como las formas de control que se reserva el Estado.
>
> 3. El Estado podrá dictar leyes que establezcan los principios necesarios para armonizar las disposiciones normativas de las Comunidades Autónomas, aun en el caso de materias atribuidas a la competencia de éstas, cuando así lo exija el interés general. Corresponde a las Cortes Generales, por mayoría absoluta de cada Cámara, la apreciación de esta necesidad.

En relación con lo establecido en el epígrafe 2, vemos difícil que haya un nuevo traspaso de competencias en materia turística, porque todas han sido transferidas. Sin embargo, en relación con el epígrafe 3 podría ocurrir en el futuro que se aplicase, si surgiera una dispersión muy grande en las legislaciones autonómicas de materias turísticas comunes, que provocara problemas y el interés superior de la unidad de mercado de oferta pudiera hacerlo aconsejable.

3.4. El régimen de precios y reservas en los alojamientos turísticos

La necesidad de adecuación del régimen de precios y reservas de los alojamientos turísticos (una vez excluidos los hoteles del régimen de precios comunicados por Orden de 27 de julio de 1978, y estando ya excluidos de cualquier régimen especial de precios con anterioridad los del resto de establecimientos turísticos) al principio de libertad, compatible con las garantías de los derechos de los consumidores a través de los principios de globalidad, publicidad e inalterabilidad anual de precios, se materializó en la Orden de 15 de septiembre de 1978 sobre régimen de precios y reservas en los alojamientos turísticos.

Entre las medidas que se adoptaron, además de la libertad de precios, están la contemplación especial de Canarias y establecimientos turísticos de alta montaña donde el año natural de vigencia de precios se contará a partir del 1 de noviembre y de diciembre, respectivamente; el régimen de precios de las habitaciones, de anticipos y reservas, así como la fijación de los porcentajes de precios a aplicar por suplementos alimenticios y otros.

278

Hubo una modificación parcial por Orden de 4 de octubre de 1979 a tenor de la experiencia adquirida, ya que, al margen de la libertad de fijación y posterior comunicación de los precios máximos y mínimos, existía una vinculación entre ambos de manera que hubiera como un tope del 25 por 100 de diferencia entre uno y otro. Esta rigidez de oscilación planteó dificultades a su efectividad teniendo en cuenta la variadísima gama de alojamientos turísticos existentes, y las sustanciales diferencias que presentan por su situación, épocas de funcionamiento, modalidades de explotación y comercialización, etc; y, además, también provocaba desviaciones en los precios aplicados realmente y elevaciones de precios mínimos que frenaban la lucha contra la estacionalidad de la demanda.

De ahí que la Orden de 4 de octubre de 1979 eliminara cualquier referencia a precios máximos y mínimos y, por supuesto, la relación porcentual anteriormente citada, ya que ello no suponía ninguna garantía adicional a los consumidores y sí problemas a una óptima gestión empresarial.

3.5. Otras adaptaciones legales en materia turística

La Orden de 6 de marzo de 1979 sobre conciertos con otros organismos estatales y entidades territoriales para la realización de trabajos de planificación turística tuvo como origen la necesidad de pasar a una segunda fase de la planificación, una vez concluidos los trabajos de ordenación de la oferta turística que habían venido siendo realizados por el ministerio. Esa segunda fase consistía en procurar que tales estudios de ordenación turística tuvieran incidencia en los diferentes instrumentos de planificación territorial y sectorial, como los planes directores territoriales de coordinación, los planes generales de ordenación urbana, de costas y playas, de infraestructuras y vías de comunicación, de protección del medio ambiente y de protección monumental. Instrumentos cuya competencia era y es, lógicamente, de otras administraciones y entidades territoriales.

De ahí que esta orden facilitara el establecimiento de vías de colaboración técnica, financiera e instrumental, a través de la figura jurídica de los conciertos.

3.6. Las nuevas regulaciones específicas

La primera parte de las dos en que podemos dividir el período, cuyo punto de separación podemos ubicar en la llegada al poder del primer Gobierno socialista a finales de 1982, está plenamente absorbida por la problemática de las transferencias a las Comunidades Autónomas que hemos examinado en epígrafes anteriores. Sin embargo, desde la Administración central se siguió trabajando en la modernización de la legislación de la oferta de alojamiento, incluso ante la perspectiva del cambio político que se veía venir.

3.6.1. *Normas para la instalación de cámpings*

El 27 de agosto de 1982 el Real Decreto 2545 legislaba acerca de la creación de campamentos de turismo dejando en vigor la ordenación vigente desde mediados de los sesenta en lo relativo a su ordenación turística, ya que habían pasado, o estaban en vías de ello, a ser competencia de las Comunidades Autónomas.

Es, pues, una normativa para que los cámpings se ubiquen en los lugares que reúnan las condiciones necesarias con vistas a satisfacer las necesidades de los acampados, la preservación del medio ambiente y de los recursos turísticos de la zona. Y el marco general de actuación que delinea es la planificación de su implantación a través de planes sectoriales que se articulen con el planeamiento territorial, además de especificar las características de las zonas donde no podrán establecerse: ramblas y lechos de ríos o lugares susceptibles de inundación, proximidades a zonas de captación de agua potable, proximidad de monumentos o conjuntos histórico-artísticos, proximidad de industrias molestas, nocivas, insalubres y peligrosas, etc.

La orden detalla las características de los planes sectoriales y las determinaciones que deberán contener, así como documentos, procedimientos administrativos y fijación de cuáles podrán gozar de la declaración de utilidad pública o interés social. Igualmente, establece medidas de protección para aquellos casos en que no existe planeamiento urbanístico detallado.

Por último, se delimita claramente el carácter y contenido de los cámpings para distinguirlos de albergues, ciudades de vacaciones y campamentos juveniles, así como de aquellas instalaciones similares en que el contrato de alojamiento supere los seis meses.

3.6.2. *La ordenación de apartamentos turísticos y viviendas turísticas vacacionales*

No habían transcurrido dos meses cuando el *BOE* publicaba a principios de noviembre el Real Decreto 2877 de 15 de octubre de 1982, de Ordenación de Apartamentos Turísticos y de Viviendas Turísticas Vacacionales. Una nueva regulación en la que tras constatar la complejidad de la misma (lo que no es sino la aceptación del fracaso de la normativa vigente hasta entonces por la dificultad intrínseca de regular estas actividades y modalidades de alojamiento turístico) se plantea un doble objetivo: adoptar la normativa a la realidad y aumentar el nivel de garantías para el consumidor-usuario.

Para la consecución del primero, la normativa se centra en torno a la figura de la «empresa explotadora», reconociendo la función de los agentes de la propiedad inmobiliaria y administradores de fincas, y estableciendo una diferenciación en las características de estos alojamientos a la que nos referiremos más adelante.

En cuanto a la persecución del segundo objetivo, se establecen garantías pecuniarias bajo la forma de fianzas en la actuación de las «empresas explotadoras» y se distingue a los apartamentos turísticos de los establecimientos hoteleros, por un lado, y de las viviendas turísticas vacacionales, por otro. Estas últimas constituyen una nueva figura jurídica cuya regulación somera se aborda en cuatro artículos, en los que simplemente se constata la realidad de la existencia de apartamentos, bungalows, chalés o villas «aisladas» que se ofrecen en alquiler por motivos turísticos o vacacionales.

En cuanto a los apartamentos turísticos regulados en el capítulo primero del Real Decreto se establece una distinción entre los «bloques» y los «conjuntos» de apartamentos, bungalows, chalés y villas. Entiende por estos últimos los que están ubicados en uno o varios edificios bajo una sola unidad explotadora; y define a los primeros como aquellos edificios o conjunto de edificios que se ofrecen en su totalidad bajo una sola unidad empresarial de explotación. Obviamente, tanto unos como otros están dotados de mobiliario, instalaciones, servicios y equipo para su inmediata ocupación por motivos vacacionales o turísticos.

Asimismo, se mantienen las clasificaciones vigentes a la espera de un futuro desarrollo reglamentario que no se ha producido; se establece la obligatoriedad de un director titulado en las empresas explotadoras de alojamientos de lujo y primera categorías con más de treinta unidades, y en las de segunda y tercera categorías con cincuenta o más unidades.

Los precios se fijarán libremente para los distintos meses y temporada sin más obligación que la notificación anual a la Administración de las tarifas máximas vigentes en cada época del año y la no variación a lo largo del año.

Finalmente, se suprime la obligatoriedad de los contratos-tipo, al simplificarse las disposiciones vigentes, como forma de lucha contra la clandestinidad, y paralelamente se establecen unas bases mínimas de exigencia que se detallan en el articulado del Real Decreto.

3.6.3. *La nueva ordenación hotelera*

El mismo 15 de octubre se promulgó otro Real Decreto —el 3093/1982—, sobre ordenación de los establecimientos hoteleros, que fue publicado en el *BOE* el 22 de noviembre de 1982, en vísperas de la llegada al poder del primer Gobierno socialista, cuya vigencia fue suspendida por el Real Decreto 3692/1982 de 15 de diciembre a la espera de las Nuevas Normas de Clasificación de Establecimientos Hoteleros que dictó el Real Decreto 1634/1983 de 15 de junio.

No obstante, por su no vigencia práctica, nos parece interesante hacer algunas referencias al preámbulo del Decreto de 15 de octubre por cuanto contiene novedosos elementos en la filosofía que impregnaba la nueva regulación. Concretamente, la consideración dual del hotel como una unidad en la que se conjugaban un aspecto técnico-infraestructural y otro de prestación de servicios, por un lado; así como el combinar el carácter de norma básica que garantizaba los criterios comunes de homologación con un sistema flexible e innovador de valoración del servicio hotelero y de su calidad, que hiciese factible su posterior adaptación y desarrollo por las Comunidades Autónomas, por otro.

Y la suspensión de su vigencia, a la espera de la nueva regulación, tuvo su origen en la premisa con que se dictó —ya que el articulado contenía importantes defectos—, así como en la excesiva minuciosidad de sus anexos que, en lo relativo a los condicionantes técnicos, son asumidos sin variación, aunque simplificados, por la nueva reglamentación.

Por otra parte, el Decreto de 15 de octubre incluía un complejísimo anexo dedicado al nivel de calidad de los servicios en el que el factor esencial de los mismos, como es la plantilla y su profesionalidad, estaban ausentes. Se limitaba a cuantificar los servicios y facilidades adicionales a los servicios básicos, así como la calidad de los elementos materiales, por medio de un sistema de valoración de unidades de cuenta que tomaba en consideración más de cien factores agrupados en cuatro tipos de servicios y seis factores cualitativos.

La nueva reglamentación mantuvo la clasificación hotelera convencional basada en requisitos técnicos mínimos, similares a los del Real Decreto de 15 de octubre y en cierta medida reflejó la filosofía de aquél en cuanto a la concepción dual del establecimiento hotelero. El único aspecto en el que la nueva normativa es más detallada hace referencia a las características que debe reunir la zona de personal, como lógica consecuencia ideológica de la nueva Administración.

Asimismo, el preámbulo anunciaba una regulación posterior de calificación basada en factores de calidad de instalaciones y de prestación de servicios, que sustituyera al complejísimo sistema derogado, que no vio la luz. Sin duda, era un tema difícil y espinoso que ha quedado soslayado.

3.6.4. *Nuevas regulaciones en materia de restauración*

La antigua regulación de restaurantes de 1965, con su regulación del menú turístico, así como con la política de controles de precios, desempeñó una importante función en el disciplinamiento de un sector que emergió con gran fuerza e indudables carencias de profesionalidad a resultas del fuerte y rápido desarrollo turístico español de los sesenta. Aquella regulación experimentó ligeras variaciones con la Orden de 29 de junio de 1978, que tendía a buscar un mayor equilibrio entre la garantía al consumidor y el interés de los industriales de restauración y cafeterías, por medio del mantenimiento de normas de protección al cliente compatibles con una mayor libertad a las empresas.

Así, se reforzaron las medidas de publicidad de los platos integrados en la carta, con los que se formaba el menú de la casa, aunque dotándoles de mayor flexibilidad en su composición y precios, e imponiendo la presentación conjunta de las cartas de platos y vinos. Igualmente, y en aras de esa mayor flexibilidad y adecuación a las condiciones del mercado, se reconocía la especificidad de los restaurantes de lujo de cuatro y cinco tenedores, que quedaban eximidos de la obligatoriedad de ofrecimiento de un menú de la casa.

Esta normativa sufrió una nueva modificación con la Orden de 10 de julio de 1981, en la que, como consecuencia de los cambios habidos en la legislación sobre régimen de precios por Orden de 14 de octubre de 1980 que excluyó a los restaurantes, bares y cafeterías del régimen especial de «precios comunicados» al que estaban sometidos, estableció que el menú de la casa con precio global y composición de platos cerrada en el que se incluía pan, vino y postre, debía ser ofrecido por restaurantes de tres, dos y un tenedores, debiendo igualmente hacer constar en la carta la existencia, composición y precio del mismo.

3.6.5. *Otras normas*

En este período se produce un nuevo paso en la liberalización del transporte de viajeros por carretera por medio de una Orden de 17 de marzo de 1983, por la que se eliminan las limitaciones nocturnas a la circulación de servicios discrecionales de viajeros por vehículos extranjeros. Igualmente se aprueba y ratifica en diciembre de 1981 un nuevo convenio internacional sobre transporte internacional ferroviario que sustituye al convenio de 1970.

Por otra parte, se pone en marcha una nueva política de premios nacionales de turismo instituyéndose a lo largo de 1983 y 1984 los siguientes: Vega-Inclán para escritores; Ortiz Echagüe y Marqués de Santa María del Villar para fotografía turística; Caballo de Oro; Centros de Iniciativas Turísticas; Toro de Oro; Escritores y Periodistas Extranjeros; Prensa Española de Información General; Películas de Cortometraje; Embellecimiento y Mejora de Pueblos; y Gastronomía.

Finalmente, hagamos mención a la reordenación de un servicio de escasa relevancia que empieza a adquirir un gran incremento: el alquiler de embarcaciones de recreo, que pasa a estar regulado por Orden de 4 de diciembre de 1985. De conformidad con la misma, el número máximo de pasajeros a llevar es de doce además de la tripulación, y para embarcaciones con menos de catorce metros de eslora el pabellón debe ser español. Por consiguiente, se admite la prestación de este servicio con base en puertos españoles a embarcaciones de pabellón extranjero siempre que tengan más de catorce metros de eslora, y al menos la mitad de su tripulación sea de nacionalidad española, entre otras condiciones, como el cumplimiento de la legislación vigente en materia de importación temporal, etc. Las autorizaciones se expedirán por bienios.

3.7. El aprovechamiento turístico de la naturaleza

El Reglamento de la Ley de Espacios Naturales Protegidos aprobado por Real Decreto 2676/1977, de 4 de marzo, desarrolló los regímenes de protección aplicable a los espacios naturales. A saber: reservas integrales de interés científico, parques nacionales, parajes naturales de interés nacional, y parques naturales. Declaraciones que no tienen por qué ser excluyentes unas de otras. Entre sus fines, además de asegurar la lógica protección, está la mayor utilización de estas áreas con finalidades educativas, científicas, recreativas, turísticas o socioeconómicas, según cada caso.

Ya examinamos en el capítulo segundo el origen de la política de protección a la naturaleza y su vinculación con el aprovechamiento turístico, por lo que, en lo que respecta a los parques nacionales, está clara su importancia para el turismo. Y exactamente igual ocurre con los parques naturales en los que se armonizan la conservación de sus valores naturales con el aprovechamiento ordenado de sus producciones y acceso ganadero; e igual ocurre con los parajes naturales de interés nacional, cuya visita y disfrute se llevará a cabo de acuerdo con la normativa que al efecto se establezca.

El apoyo a las zonas de influencia socioeconómica de los parques naturales y reservas nacionales de caza, como instrumento para eliminar resistencias de las poblaciones afectadas por inevitables restricciones al aprovechamiento agrario de las zonas, se estableció por el Real Decreto 1105/1982 de 14 de mayo sobre cuya base el ICONA podría efectuar actuaciones para el desarrollo de las comunidades rurales y para el fomento del bienestar social. Entre estas últimas se incluyen, además de lo que podríamos calificar de «obras de urbanización» de los núcleos afectados, la realización de infraestructuras turísticas, como zonas de acampada, campamentos, cámpings y aulas de la naturaleza.

Esta nueva normativa desencadenó un rosario de reclasificaciones y creaciones de parques nacionales y naturales que constituyen una evidente apuesta política por el desarrollo de un turismo atraído por el disfrute de la naturaleza. Pues en lo relativo a los parques naturales, fueron diez los que se crearon entre octubre de 1978 y octubre de 1980, y en todos ellos el aprovechamiento turístico está presente, ya que sus juntas rectoras incorporan un representante del Ministerio de Comercio y Turismo.

Asimismo, y de conformidad con la Ley 15/1975, se procedió a reclasificar algunos parques nacionales, a ampliar otros como el de Ordesa-Monte Perdido y se creó también el de Garajonay en la isla de Gomera.

Es interesante destacar el cambio de filosofía hacia el conservacionismo que supone la nueva legislación, por cuanto se hace hincapié en la existencia en los parques nacionales de ecosistemas primigenios que no hayan sido alterados por la penetración, explotación y ocupación humana, frente al objetivo de «favorecer su acceso por vías de comunicación adecuadas» que imperaba en la legislación vigente hasta entonces: la Ley de Montes de 1957. Esto no obvia que el Estado fije las medidas para salvaguardar las características y valores que motivan la declaración haciéndolas compatibles con facilitar su acceso para uso, disfrute, contemplación y aprovechamiento ordenado de producción.

3.8. El comienzo de la recuperación del dominio público en la legislación del litoral

La Ley 7/1980 de 10 de marzo sobre Protección de las Costas Españolas vino a tratar de imponer una cierta disciplina en el litoral español, dado que el reglamento desarrollador de la ley de 1969 todavía no había visto la luz. Aunque más que de protección sería más correcto hablar de ley sancionadora o de policía de las costas. Concretamente, el objetivo era la protección del dominio público marítimo y de sus servidumbres, y las infracciones que se tipifican son:

— Incumplimiento parcial o total de las condiciones y prescripciones impuestas en las concesiones o autorizaciones administrativas cuando suponga menoscabo del dominio público, uso indebido del mismo o defectuosa prestación de servicios.

— Incumplimiento de las ordenanzas establecidas en los planes de ordenación general de playas o de las normas de explotación de las mismas.

— La realización, sin concesión ni autorización, de cualquier tipo de obras, trabajos, instalaciones o cultivos o de cualquier otro uso, aprovechamiento u ocupación en bienes de dominio público.

— La realización, sin concesión ni autorización, de cualquier tipo de ocupación, obras, trabajos, instalaciones o aprovechamientos en las zonas de servidumbre de salvamento o vigilancia del litoral.

— Los vertidos o descargas directas o indirectas al mar, de cualquier naturaleza o procedencia, sin la correspondiente autorización o concesión, o cuando se realicen con incumplimiento de las condiciones establecidas en las mismas.

— El menoscabo u obstaculización de las vías permanentes de acceso a las costas.

— La omisión de actos o servicios obligatorios según la legislación de costas.

— Obras, trabajos o instalaciones que impidan u obstaculicen el buen uso de los medios establecidos en los lugares de baño para la seguridad de las personas.

— Cualquier tipo de ocupación, obras, trabajos, instalaciones o abandono de objetos en el mar que obstaculice o perturbe el libre tráfico de embarcaciones en las zonas previstas en la Ley de Costas.

Este catálogo de problemas tenía una triple gradación sancionadora derivada de la gravedad de las infracciones, la persistencia de la conducta abusiva o la reiteración en la infracción. Sin duda, constituye un reflejo de la gravísima problemática que se cernía sobre el litoral español, donde el juego de los intereses y de los abusos cometidos, esencialmente de origen turístico, con casi absoluta impunidad, estaban poniendo en riesgo la propia actividad turística. Prueba de la gravedad de la situación es también que no se esperara a la redacción del Real Decreto 1088/1980 de 23 de mayo por el que se aprobaba el reglamento para la ejecución de la Ley de Costas de 1969 (cuya demora era prueba evidente de lo expuesto, ya que transcurrieron once años entre la aprobación de una y otro), donde quizá podía haber tenido acogida, y se prefiriera un texto legal de mayor rango y específicamente sancionador. No obstante, no fue todo lo duro que era menester, ya que, a pesar de las multas que se preveían, seguía siendo rentable para el infractor cometer las infracciones a sabiendas y luego pagar las sanciones correspondientes.

Este reglamento intenta poner las cosas en su sitio y corregir los gravísimos defectos de la ley de 1969, cuando el artículo primero especifica el carácter de inalienabilidad, imprescriptibilidad, e inembargabilidad de los bienes de dominio público marítimo. Sin embargo, la jurisprudencia anulaba la buena voluntad de la Administración, ya que los tribunales consideraban a los reglamentos como manifestación de la potestad discrecional de la Administración y, por tanto, como «malas interpretaciones de la ley».

No obstante los principios enunciados, se prevé un posible uso privativo de porciones del dominio público marítimo, que tendrá posterior desarrollo en dos Órdenes de 8 de noviembre de 1985 por las que se dictaron normas para las autorizaciones de ocupaciones provisionales de terrenos de dominio público de la zona marítimo-terrestre y playas al amparo del artículo 30 del reglamento sobre costas de 1980, el primero de ellos; y por lo que se aprobó el pliego de concesiones demaniales en las playas, zona marítimo-terrestre y mar territorial que se otorguen al amparo del artículo 10 de la Ley de Costas de 1969, el segundo.

El reglamento establece una ordenación de las playas; la posibilidad de la demolición de obras o instalaciones que obstaculicen la vigilancia litoral; se explicita claramente que las servidumbres de paso en las vías permanentes de acceso a las playas y zonas marítimo-terrestres serán de uso público y «permitirán el paso sin obstáculos a las personas y vehículos»; se abre una nueva utilización de los terrenos de dominio público, generados por aterramientos naturales u otras causas, de la zona marítimo-terrestre que no constituyan playa al señalarse necesidades de aparcamientos y vías públicas a lo largo de la costa; se exige un avance de ordenación general de la playa y de la zona marítimo-terrestre cuando un centro declarado de interés turístico nacional linde con el dominio público de la costa y pretenda obtener los beneficios de tal declaración; se impulsa claramente la labor de deslinde de las zonas marítimo-terrestres y, por consiguiente, del dominio público; se regula exhaustivamente el régimen de concesiones y autorizaciones de ocupación, utilización o aprovechamiento del dominio público litoral; y delimitan las competencias administrativas en relación con dicho dominio público. Es asimismo destacable el desarrollo del régimen sancionador de las infracciones que se tipifican.

En suma, es una nueva filosofía, aunque mejor habría que denominar renovada filosofía de defensa de lo público, que la democracia recupera.

Algo similar a lo ocurrido con la Ley de Costas sucedió con la Ley de Puertos Deportivos, ya que aprobada que fue el mismo día que aquélla, tuvo que esperar también once años para que su reglamento viese la luz. Concretamente, fue el Real Decreto 2486 de 26 de septiembre de 1980 el que lo aprobó, y cuyo contenido pretendía, entre otras cosas, solucionar los problemas derivados de «una falta de determinación de la mecánica administrativa», compatibilizar un servicio público eficiente con el derecho de propiedad y privatización de servicios que la actual ley otorga a los concesionarios, y condicionar la ganancia de terrenos al mar.

El reglamento es rico en detalles técnicos de diseño y construcción, tanto de la infraestructura como de los servicios. Pero a los efectos que nos interesa analizar, es importante señalar el artículo 10 en el que, de acuerdo con la renovada filosofía de defensa de dominio público, se dice textualmente: «En ningún caso podrá restarse al uso público una parte de la playa para la construcción de un puerto deportivo, a no ser que sea restituida artificialmente mediante obras específicas incorporadas a las propias obras del puerto, o mediante obras complementarias incluidas en el proyecto del puerto como consecuencia de los estudios realizados».

Asimismo, es destacable el interés por el equilibrio paisajístico y ecológico que se deduce del tercer párrafo del citado artículo al indicar que «todo puerto deberá armonizar estéticamente con el paisaje de su entorno costero y se tendrá por ello la máxima preocupación en defensa de la naturaleza, tanto física como ecológicamente». Y, por consiguiente, su ordenación general, además de respetar los intereses públicos, tendrá en cuenta las prescripciones establecidas en las normas de planeamiento urbanístico aplicable a la zona costera donde se ubique.

La defensa de la utilidad pública de los puertos deportivos se consigue estableciendo unos mínimos del 25 y 50 por 100 del total de amarres para el tránsito en los puertos de invernada y de escala, respectivamente. En cuanto al problema clave de la propiedad de los terrenos ganados al mar queda una situación un tanto nebulosa, por cuanto la consolidación de los derechos de propiedad que le reconoce el artículo 18 de la Ley exigirá de los concesionarios del puerto deportivo que «lo manifiesten en su petición en el momento de solicitar la concesión y que la Administración los conceda explícitamente en los términos de la misma»; cosa que no creemos se haya producido en ninguna concesión de puertos deportivos. De esta forma se salvaría en la letra la legislación vigente desde 1969, aunque no en la realidad del renovado espíritu de defensa del dominio público. El reglamento es, no obstante, muy claro en relación con los terrenos ganados al mar que formen parte de la zona de servicio del puerto, con la nueva zona marítimo-terrestre, con las nuevas playas que se formen y con los accesos que, en ningún caso, podrán ser privatizados.

Otra problemática muy distinta relacionada con el litoral es la derivada de los controles fronterizos en el tráfico turístico privado por vía marítima, por cuanto de su existencia y agilidad se deriva una cierta incidencia en el fomento de una actividad turística internacional. A tal efecto el Real Decreto 748/1980 de 14 de abril estableció la posibilidad de habilitar en las fronteras terrestres y en algunos puntos de costa, los denominados «puestos de control turístico», como órganos aduaneros concebidos para la atención del tráfico de viajeros de entrada y salida, el despacho de los efectos por ellos conducidos bajo cualquier régimen, así como la importación y exportación temporal de sus vehículos o embarcaciones de recreo. Las funciones fiscales se confían a la Guardia Civil.

En desarrollo del mismo y con el objeto de establecer dichos puestos de control turístico en puntos de costa utilizados como puertos deportivos con considerable movimiento de embarcaciones de recreo de bandera extranjera, la Resolución de 2 de septiembre de 1981 de la Subsecretaría de Hacienda estableció que podían solicitar la habilitación como tales los concesionarios de su explotación, con el requisito de su compromiso a anticipar al Tesoro todos los gastos que, en personal y material, se deriven del funcionamiento del puesto de control, y con la obligación indispensable de proporcionar instalaciones adecuadas para el desempeño de tales servicios.

Finalmente, y complementando el análisis de la problemática del turismo náutico, el Real Decreto 2720/1979 de 2 de noviembre creaba la matrícula turística para embarcaciones de recreo y deporte para evitar «que se desvíe hacia el exterior una determinada modalidad de actividad de servicios que bien pudiera quedar atendida dentro de nuestras fronteras».

4. EL MARCO ECONÓMICO: LOS PACTOS DE LA MONCLOA Y EL RECRUDECIMIENTO DE LA CRISIS ECONÓMICA

El proceso de transición política había estado absorbiendo todos los esfuerzos del Gobierno, en tanto que la situación económica continuaba un deterioro que sólo se frenó tras el gran acuerdo social y político que supusieron los Pactos de la Moncloa. Fue el comienzo de una creciente preocupación por los temas económicos que empezaban poco a poco, tras la aprobación de la Constitución, a adquirir el protagonismo que la situación reclamaba.

Vamos, pues, a examinar la forma en que esa nueva orientación política se tradujo en lo concerniente a la legislación que afectaba al turismo, y sin perjuicio de constatar dos subperíodos en el espacio temporal que analizamos en este capítulo, diferenciados por la sustitución del Gobierno de UCD por el del PSOE a finales de 1982. Distinguiremos las medidas legales de carácter general, tanto de índole financiera y cambiaria como fiscal, de las estrictamente relativas a las actividades turísticas. Asimismo, analizaremos otras medidas.

4.1. Medidas de índole financiera y cambiaria

El proceso de liberalización de operaciones invisibles corrientes entre residentes y no residentes dio un paso adelante con la Orden de 14 de septiembre de 1979 que estableció, con carácter general, una liberalización de las mismas sustituyendo la técnica de la autorización administrativa previa por la de la simple verificación de la regularidad y autenticidad de las operaciones, que se instrumenta a través de las entidades delegadas en materia de control de cambios, es decir, de los intermediarios financieros que tienen delegadas tales funciones. Y entre los servicios y operaciones, cuya lista anexa completaba la citada orden, estaban los relativos a publicidad con fines turísticos, transportes de personas por tierra, mar y aire, y transacciones personales relacionadas con viajes. Esta norma fue revisada y puesta al día en sus aspectos formales, que no de fondo, por resolución de 25 de marzo de 1985.

La facilidad para el tráfico de moneda internacional aumentó considerablemente con la Circular 16 de 30 de abril de 1985 por la que se autorizaba la realización de operaciones de cambio de divisas a los establecimientos turísticos. Estas operaciones, sobre la base del Real Decreto 2404/1980 de 10 de octubre de régimen jurídico del control de cambios, estaban reservadas a personas físicas o jurídicas debidamente autorizadas por el Banco de España.

Mediante dos Resoluciones, de 22 de octubre de 1982 y 28 de junio de 1983, el banco central reguló el procedimiento para la concesión de estas autorizaciones a diversos establecimientos turísticos, en razón a su actividad y, precisamente, como finalidad complementaria en relación con el tráfico turístico internacional en nuestro país. Y aprovechando la experiencia, se reelaboró la normativa para tener en cuenta la multiplicidad de establecimientos turísticos eventualmente interesados en la realización de ese tipo de operaciones cambiarias, y para mejorar el control y el conocimiento de tales operaciones.

Así, la disposición primera de la circular comentada señala que podrán recibir autorización para efectuar operaciones de cambio en moneda extranjera todos los establecimientos turísticos que tengan la consideración legal de hoteles, agencias de viajes, hostales, cámpings, cualquiera que sea su categoría o clasificación en la normativa correspondiente, así como cualquier establecimiento turístico legalmente constituido y operable en España. Posteriores disposiciones establecieron los requisitos exigibles, normas operativas, autorizaciones, revocaciones y responsabilidades.

Otro tipo de disposiciones liberalizadoras son las relativas a las franquicias dinerarias para viajes al extranjero que se regularon por medio de una Orden de 30 de junio de 1979 que agrupó en una sola disposición una gran variedad de normas de origen y rango diferente. De esta forma, se atendía a las necesidades de una mayor flexibilización por la creciente interconexión económica internacional de España, al tiempo que se actualizaban las cuantías. Éstas lo fueron en sucesivas Órdenes de 23 de diciembre de 1981 y 24 de mayo de 1985, y en diferentes Resoluciones del Banco de España de los años 1982 y 1983.

Otro aspecto de sumo interés es la total liberalización de las inversiones extranjeras que el Real Decreto 1042/1985 de 29 de mayo estableció y desarrolló la Orden de 19 de julio del mismo año, por los que se dispuso pasar al definitivo sistema de notificación previa o verificación con silencio positivo, adelantando el compromiso que exigía el próximo ingreso de España en la Comunidad Europea y extendiéndolo a todo el mundo. Sólo permanecen sometidos a regulación especial algunos sectores, habituales en la legislación de los países occidentales. Entre los cuales tienen relación con la actividad turística el transporte aéreo y la explotación de juegos de suerte, envite o azar.

Finalmente, el marco de disposiciones cambiarias y financieras se culmina con la regulación de los sistemas de cuentas extranjeras en pesetas ordinarias y convertibles del Real Decreto 1723/1985 de 28 de agosto y la Resolución de 20 de diciembre de 1985. La simplificación y liberalización del control de cambios y de las inversiones extranjeras aconsejaban y hacían necesaria esta modificación del sistema, lo que redundó igualmente en beneficio de la actividad turística y de sectores empresariales muy ligados o dependientes del turismo, como la promoción, construcción y venta de inmuebles a extranjeros.

4.2. Medidas de índole fiscal

En este apartado podemos analizar tres tipos de disposiciones. En primer lugar, están las relacionadas con las tasas fiscales ligadas al juego y, por consiguiente, de los casinos como empresas ligadas al turismo, entre las que sólo mencionaremos los reales decretos que fijaban la distribución de la tasa sobre el juego vinculándola en gran medida a la financiación de los ayuntamientos; y la Ley 30/1983 de 28 de diciembre por la que se cedió a las Comunidades Autónomas el rendimiento en su territorio de las tasas y exacciones sobre el juego.

Un segundo grupo de disposiciones son las relativas a los impuestos indirectos que afectan a los turistas. Concretamente, el Real Decreto 2028/1985 de 30 de octubre por el que se aprobó el reglamento del impuesto sobre el valor añadido tuvo importantes repercusiones en el sector de agencias de viajes. Asimismo, se establecieron las correspondientes exenciones del impuesto relativas a las exportaciones en régimen de viajeros (es decir, a las ventas a los turistas) y a las importaciones en idéntico régimen. Igualmente, la desgravación fiscal a la exportación en tiendas libres de impuestos en aeropuertos, que se estableció en 1968, se extiende a los suministradores y provisionistas de buques desde zonas y depósitos francos, así como a los concesionarios de los depósitos de provisiones en aeropuertos y de las tiendas libres de impuestos de los mismos por Real Decreto de 4 de abril de 1979.

Por último, el tercer tipo de disposiciones es el relativo a la fiscalidad local. En este apartado, el Real Decreto 2956/1979 de 7 de diciembre estableció la exclusión de las superficies de finalidad accesoria en establecimientos hoteleros a los efectos del impuesto municipal de radicación.

4.3. Medidas de apoyo al turismo

Este epígrafe es el más relevante en el análisis del marco económico. Y las medidas que lo configuran podemos agruparlas en tres: las relativas a las inversiones turísticas españolas en el exterior, los créditos de financiación del circulante, y el resto de medidas de apoyo.

El mero hecho de comprobar la publicación de disposiciones de apoyo a la exportación de capitales españoles para efectuar inversiones turísticas en el extranjero es una prueba del grado de madurez que, en esas fechas, estaba alcanzando el sector turístico español. Concretamente, el Real Decreto 2236/1979 de 14 de septiembre sobre inversiones españolas en el exterior fue el ámbito general en el que se inició la exportación de capitales españoles al exterior mediante la forma de inversiones directas o indirectas, y de manera más específica en la Orden de 4 de febrero de 1980 sobre financiación de inversiones en el exterior para actividades turísticas. Esta orden reguló la concesión de créditos por la banca privada a empresas turísticas españolas para financiar inversiones en el exterior que tuviesen por finalidad la adquisición o ampliación de servicios para la promoción del turismo hacia nuestro país. La cuantía del crédito se limitó al 60 por 100 del desembolso real y la amortización máxima era de seis años.

La financiación de circulante a empresas turísticas exportadoras mediante los oportunos créditos, establecida en 1974 por aplicación del Decreto 2525 de 9 de agosto, experimentó una ligera variación en el Real Decreto 2842/1979 de 7 de diciembre por el que se considera irrelevante la clasificación de las empresas en estacionales y permanentes; diferenciación que no afectaba al límite del crédito, pero sí determinaba el plazo de reembolso impidiendo la renovación, lo que además de discriminatorio carecía de justificación. Asimismo, se modificó el plazo establecido para su devolución para que no coincidiera con la baja temporada turística.

Finalmente, examinaremos el grueso de las medidas de apoyo al desarrollo del sector, cuyo marco normativo básico en este período está conformado por el crédito turístico y por el Tercer Plan de Modernización Hotelera.

4.3.1. *El crédito turístico*

La necesidad de adaptar la normativa vigente a la nueva realidad turística española está en la base de la Orden de la Presidencia del Gobierno de 25 de octubre de 1979 sobre crédito turístico. En ella se plantea la restricción máxima a la construcción de nuevas plazas de alojamiento en zonas que se consideran saturadas, al tiempo que se precisa el impulso y la potenciación de la modernización de la actual oferta hotelera, así como su diversificación. Junto a estas razones básicas, otras de importancia también fundamentan la oportunidad de esta norma. Entre las cuales están:

a) La actualización de los módulos máximos de la cuantía de los créditos por habitación y categoría, y, sobre todo, el acuerdo de una actualización cada dos años por medio de unos coeficientes correctores.

b) La necesaria adaptación de esta normativa a la vigente en materia de crédito oficial.

c) La necesaria adaptación a la legislación de las inversiones de capital extranjero.

d) La necesidad de agrupar en una sola disposición todas las normas relativas al crédito turístico para agilizar, clarificar y hacer más eficaz la tramitación correspondiente.

Las características generales de los créditos no varían en relación con lo establecido. No obstante, el plazo de amortización puede ampliarse en dos años en función del marcado interés turístico, declarado expresamente de la inversión, considerándose ya como tal la adaptación para fines turísticos de edificaciones monumentales o de valor popular tradicional.

También resulta interesante por lo novedoso del tema la creación de los concursos especiales de crédito turístico para lo que el Ministerio de Comercio y Turismo podría aplicar hasta un 30 por 100 de los fondos asignados al crédito turístico. Estos concursos especiales fueron destinados a proyectos de marcado interés turístico, cuyas características se especificaron en las sucesivas bases de convocatoria. En estos casos, la cuantía máxima de los créditos podría incrementarse en un 10 por 100 de los límites máximos establecidos con carácter general, y los plazos de reembolso en dos años más.

4.3.2. *El Tercer Plan de Modernización Hotelera*

En cuanto al Tercer Plan de Modernización Hotelera fue instituido por Real Decreto 2821/1979 de 7 de diciembre. En su preámbulo, además de constatar la cortedad financiera de los dos planes anteriores que impidieron atender las demandas formuladas por el sector, ponía de relieve una serie de circunstancias por las que estaba atravesando la hotelería española, que constituían los objetivos que se pretendían alcanzar con el mismo: hacer frente al deterioro de los servicios e instalaciones, y a los avances tecnológicos habidos en materia de detección y prevención de incendios.

El detalle de los objetivos aparece en el artículo 2.º, donde se señalan:

a) Adaptación de las instalaciones de los establecimientos hoteleros a las normativas de seguridad contra incendios.

b) Abastecimiento de aguas y saneamiento de residuales.

c) La sanidad y seguridad en las condiciones de trabajo del personal.

d) La renovación de instalaciones y equipos, especialmente las que vayan dirigidas al ahorro de energía.

Sin duda, es la constatación de la existencia de problemas infraestructurales serios en la planta hotelera, por cuanto los dos primeros objetivos, y sobre todo el segundo, no parece lógico se plantearan cuando el grueso de la planta hotelera española no había cumplido todavía veinte años.

Las condiciones financieras no eran muy especiales, ya que los tipos de interés eran los de mercado y la amortización de quince años con tres de carencia

Casi al final del período temporal analizado en este capítulo apareció un conjunto de medidas de apoyo de índole crediticia y subvencional que se inician con una Orden de 28 de febrero de 1984 sobre concesiones de ayudas y subvenciones en materia de turismo, que se concederían mediante concurso público con convocatorias a aprobar por órdenes ministeriales y publicación en el *BOE*. Cada convocatoria determinaría expresamente la cuantía de las subvenciones y ayudas, fines y objetivos, porcentajes máximos en relación con la inversión y normas procedimentales.

Sobre la base de esta norma, el Ministerio de Transportes, Turismo y Comunicaciones dictó un conjunto de órdenes con las siguientes características:

1. Orden 19 de julio de 1984 para el fomento de las ofertas turísticas especializadas, en las que se señalan expresamente: estaciones de montaña, explotaciones cinegéticas y ecuestres, estaciones termales, instalaciones náuticas y otras de carácter turístico recreativo. La subvención o ayuda a fondo perdido era del 20 por 100 de la inversión, y la cuantía total del concurso era ciertamente muy modesta: 26 millones de pesetas.

2. Orden de 19 de julio de 1984 de apoyo a proyectos de construcción de cámpings, con un máximo de ayuda del 30 por 100 de la inversión y una cuantía próxima a los 8 millones, con lo que evidentemente era algo puramente testimonial.

3. Orden de 19 de julio de 1984 para construcción y reforma de establecimientos hoteleros de explotación familiar, con menos de cuarenta habitaciones, situados en áreas de montaña, zonas turísticas insuficientemente desarrolladas y regiones del interior. El máximo de la ayuda fue del 30 por 100 de la inversión y la cuantía global presupuestada de 25 millones de pesetas.

4. Orden de 19 de julio de 1984 para la promoción y comercialización del turismo rural en proyectos con un número mínimo de diez viviendas rurales que se oferten conjuntamente en un núcleo rural, que proyecten crear equipamientos mínimos de carácter deportivo y recreativo, que oferten comercialización conjunta de plazas y servicios y con una valoración especial de los casos en que se acompañase un plan de animación turística basado en los recursos naturales del medio físico, itinerarios naturales, folklores, paisaje, rutas a pie, patrimonio cultural, etc. La ayuda a fondo perdido tenía un máximo del 50 por 100 de la inversión y la cuantía del concurso ascendió a 52 millones de pesetas.

Las líneas de crédito turístico se retoman en la Orden de 12 de abril de 1985 en la que se convocó concurso público de crédito turístico con destino a la modernización de alojamientos turísticos y a la dotación de oferta turística complementaria. En el preámbulo de la misma se explicitan los objetivos generales perseguidos que, en este caso, fueron los de consolidar y modernizar la oferta turística existente para elevar sus niveles de calidad y corregir su obsolescencia.

Las prioridades crediticias que se establecen en el artículo tercero son:

1. Infraestructura en alojamientos turísticos.

   a) Proyectos para modernización de sistemas de seguridad y prevención de incendios.

   b) Proyectos para mejoras de vías de acceso, aparcamiento, instalación de ascensores, aire acondicionado, calefacción.

   c) Proyectos para la mejora en los sistemas de tratamiento y aguas residuales.

2. Dotación de bienes de equipo, de gestión y explotación.

   a) Instalación para informatización de la gestión, centrales de reservas, modernización de centrales telefónicas.

   b) Modernización de cocinas, mecanización de lavandería y planchado.

   c) Proyectos de modernización de mobiliario y decoración.

3. Dotación de oferta turística complementaria. Equipamiento deportivo y recreativo para establecimientos turísticos.

   a) Campos de golf, minigolf, piscinas, hípica, canchas de tenis, instalaciones termales, etc.

   b) Proyecto de instalaciones para salones de convenciones, exposiciones, congresos, etc.

c) Proyectos de instalaciones para el deporte náutico.

d) Inversiones de carácter fijo para el equipamiento destinado a la animación turística y recreativa.

Las condiciones de acceso a tales créditos marcaban un límite del 70 por 100 del presupuesto, plazos de amortización entre siete y catorce años, dependiendo de la inversión, con tres de carencia, y tipos de interés los establecidos en el momento de la formalización. La línea de crédito arbitrada fue de 2.000 millones de pesetas. Obviamente, constituyó una apuesta seria por la modernización de la planta hotelera española, ya que abarcaba prácticamente todos los ámbitos de cualquier establecimiento hotelero que pretendiera acabar con su obsolescencia técnica o funcional.

Finalmente, un nuevo paquete de órdenes de concursos públicos de subvenciones a fondo perdido de apoyo a diferentes sectores cierra el período, todas ellas decretadas el mismo día 31 de mayo de 1985. Fueron las siguientes:

1. Para reforma, dotación de instalaciones complementarias e incorporación de nuevas tecnologías en establecimientos hoteleros de explotación familiar, con una cuantía de 20 millones de pesetas e iguales condiciones a las de la orden del año anterior.

2. Para la mejora, modernización, dotación de instalaciones complementarias e incorporación de nuevas tecnologías en estaciones termales, con una cuantía también casi testimonial de 15 millones de pesetas.

3. Para la promoción y comercialización del turismo rural, que presentaba idénticas características a la del año anterior y una cuantía de 44 millones de pesetas.

5. LA CUANTIFICACIÓN

Si hay un fenómeno económico-financiero que defina y mediatice la evolución de las grandes magnitudes de la economía internacional del período contemplado en este capítulo es el de la imparable ascensión del dólar. De las 67 pesetas por dólar de 1979 se pasó a 170 en 1985. La segunda crisis petrolera de finales de los setenta y las políticas económicas aplicadas por Reagan son las causantes de esta fortísima revaluación del dólar que no sólo lo fue respecto a la peseta, sino frente a todas las monedas internacionales.

En lo concerniente a nuestro país, por fin se empiezan a aplicar las políticas necesarias para adaptar el funcionamiento de la economía a las nuevas circunstancias internacionales, con sus profundos cambios tecnológicos y de organización empresarial, así como políticos. Se aborda el costoso proceso de renovación tecnológica, pero también, simultáneamente, tiene que adaptarse el funcionamiento de los agentes económicos y sociales a un marco político democrático. Y ello además en el contexto de la mayor descentralización político-administrativa realizada nunca en nuestro país con los traspasos de múltiples competencias a los gobiernos de las Comunidades Autónomas.

Es un período, asimismo, que podemos dividir por la mitad, ya que el primer cuatrienio está dominado por los procesos más fuertes de reajuste, de tal forma que el producto y la renta nacionales permanecen casi estancados en términos constantes. En el segundo cuatrienio se retoma la senda del crecimiento pero a ritmo lento, por cuanto el reajuste no había culminado todavía. Proceso que se puede decir termina con la incorporación de España a la Unión Europea, pero eso ya forma parte del próximo capítulo.

5.1. Evolución de las principales macromagnitudes

El examen de los datos de renta nacional contenidos en la tabla 6.1 es suficientemente elocuente de la magnitud de la crisis económica sufrida por España a principios de los ochenta. Por primera vez desde 1959 tiene lugar un retroceso de la renta en pesetas constantes en el bienio 1979-1981. Y ello es debido a la profundidad del proceso de reconversión y a su urgencia enmarcadas en una grave crisis industrial, tanto por el lado de la oferta como por el de la demanda, ya que las deficiencias estructurales de la industria española acabaron traduciéndose en un proceso de destrucción de empleos industriales sin parangón en el mundo occidental. Y ello porque mientras los reajustes internacionales se llevaron a cabo paulatinamente como respuesta a los dos choques petroleros reiteradamente citados, en España no se abordaron seriamente hasta el segundo cuatrienio de este período con el «Programa económico a plazo medio del Gobierno socialista». Los Pactos de la Moncloa fueron el primer paso para la restauración de los equilibrios básicos de la economía, que dio sus frutos como la evolución de las macromagnitudes de 1978 a 1980 revela, pero que no sirvieron para transformar el modelo industrial y además agotaron su virtualidad con la segunda crisis petrolera.

TABLA 6.1

Estimación de la renta nacional (millardos de pesetas)

	1978	1979	1980	1981	1982	1983	1984	1985
Corrientes	9.734,5	11.507,5	13.099,2	14.732,6	16.876,3	19.045,9		
Ktes 1958	1.673,6	1.696,7	1.708,9	1.692,3	1.698,5	1.717,9		
Ctes	9.533,5	11.074,2	12.613,3	13.830,1	15.980,7	18.023,7	20.186,6	22.301,3
Ktes 1986	23.117,2	23.009,0	22.975,1	22.713,2	23.023,6	23.453,1	23.743,3	24.327,8

FUENTE: Banco de Bilbao sobre la Contabilidad Nacional (las dos filas inferiores, las dos superiores en Carreras, *op. cit.*).

Y realmente fue un proceso de ajuste duro por su retraso en abordarlo y a consecuencia, además, de la especialización industrial española especialmente sensible a la coyuntura de los precios energéticos; pero también oportuno porque su culminación coincidió con el despeje de todas las incertidumbres políticas (el intento de golpe de Estado de febrero de 1981 hizo un daño tremendo a la credibilidad internacional de nuestro país) y económicas que se cernían sobre la economía española con la firma del Tratado de Adhesión a la Unión Europea. La sustitución de tecnología, la reorganización de los factores productivos entre los diferentes sectores, la intensificación de la acumulación del capital y la modernización de las estructuras laborales, generaron las imprescindibles mejoras de productividad que relanzaron el crecimiento.

5.1.1. *Balanza comercial*

La balanza comercial de estos ocho años está condicionada inicialmente por la segunda subida de los precios del petróleo del período 1979-1980, que dio origen al fuerte crecimiento del valor de las importaciones y consiguiente reducción del grado de cobertura de las importaciones por las exportaciones de mercancías que, a pesar de su dinamismo, reducen su grado de cobertura de aquéllas en diez puntos. Luego se recupera ese índice hasta situarse al final del período en el 80 por 100. Porcentaje que se sitúa entre los más elevados alcanzados desde el Plan de Estabilización.

TABLA 6.2

Balanza comercial (millones de pesetas corrientes)

	1978	1979	1980	1981	1982	1983	1984	1985
Export.	1.000.532	1.231.055	1.492.616	1.889.716	2.233.934	2.846.749	3.743.452	4.108.751
Import.	1.426.912	1.703.454	2.449.497	2.975.966	3.474.813	4.177.034	4.630.106	5.114.687
Saldo	−426.380	−482.400	−956.881	−1.086.250	−1.240.879	−1.330.284	−886.654	−1.005.936

FUENTE: Comercio Exterior de España (Carreras).

Los ingresos turísticos también siguieron un dinamismo similar al de las importaciones, pero el despegue del déficit comercial de 1980-1981 se tradujo en una muy fuerte reducción del grado de cobertura de la balanza comercial por la turística, pues del 87 por 100 de 1978 se pasó a la mitad de dicho porcentaje en dos años. Pero luego vino la recuperación exportadora y ello significó que, por vez primera en 1984 y 1985, los saldos de la balanza de viajes superaran claramente a los déficits comerciales.

TABLA 6.3

Saldo de la balanza de viajes (millones de pesetas corrientes)

1978	1979	1980	1981	1982	1983	1984	1985
373.439	371.748	412.543	534.189	675.585	861.625	993.465	1.205.108

TABLA 6.4

Grado de cobertura del déficit comercial por el saldo turístico (porcentajes)

1978	1979	1980	1981	1982	1983	1984	1985
87,6	77,1	43,1	49,2	54,4	64,8	112,0	119,8

5.1.2. *Importancia del turismo en el PIB*

Tras la crisis turística de 1975-1976, que, entre otros indicadores, puede apreciarse en el ratio que vincula los ingresos por turismo con el PIB, tiene lugar una recuperación que retoma los niveles de años anteriores, proceso que se estabiliza en el primer cuatrienio al quedar una participación media de los ingresos turísticos en el PIB del 3,47 por 100. Posteriormente, sigue su expansión en el segundo cuatrienio, que presenta un porcentaje medio del 4,58 por 100.

TABLA 6.5

Representación de los ingresos turísticos en el PIB (porcentajes)

	1978	1979	1980	1981	1982	1983	1984	1985
España	3,67	3,27	3,30	3,63	3,96	4,45	4,97	4,92
Francia	1,25	1,19	1,26	1,27	1,29	1,40	1,52	1,52
Italia	2,40	2,52	2,25	2,07	2,31	2,43	1,98	1,96
Alemania	0,61	0,61	0,60	0,64	0,61	0,64	0,70	0,76
Reino Unido	1,52	1,45	1,31	1,19	1,16	1,33	1,43	1,54
Estados Unidos	0,34	0,35	0,41	0,44	0,41	0,33	0,46	0,45
Grecia	4,19	4,31	4,32	5,10	3,98	3,39	3,89	4,27

FUENTE: OCDE y elaboración propia.

TABLA 6.6

Participación de los ingresos turísticos en el PIBpm (porcentajes)

1978	1979	1980	1981	1982	1983	1984	1985
3,67	3,27	3,30	3,63	3,96	4,45	4,97	4,92

Teniendo en cuenta la expansión productiva que se produjo en esa segunda parte del período contemplado en este capítulo, es especialmente significativo el fuerte incremento habido, ya que hay que contemplarlo siempre en términos relativos y a la luz de la enorme magnitud que significa el PIB; crecimiento medio en la participación de la mencionada magnitud que superó el 30 por 100.

5.1.3. *Crédito hotelero*

Debido a la gran importancia que el sector turístico ha ido adquiriendo en la economía española, la concesión de créditos hoteleros, en líneas generales, presenta una evolución creciente al igual que acaeció en los años setenta. No obstante, hay que destacar que los créditos totales concedidos no siguen una tendencia uniforme, sino que presentan una evolución marcada por años de fuertes incrementos como 1983 y 1985, y años de fuertes disminuciones como 1984. Frente a ellos, hay que destacar otros años de comportamiento más estable tal y como se puede observar en la tabla 6.7 en la que se incluye un análisis estadístico de la evolución anual de los créditos hoteleros concedidos.

Realmente es difícil sacar conclusiones de esos datos, por cuanto al ser cifras globales de créditos vivos, en 1984 puede haber producido una concentración de amortizaciones con el resultado aparente de reducciones cuando quizá ha tenido lugar un aumento de los nuevos créditos. Para saber a ciencia cierta lo ocurrido sería preciso disponer de algunos datos adicionales que clarificaran la situación.

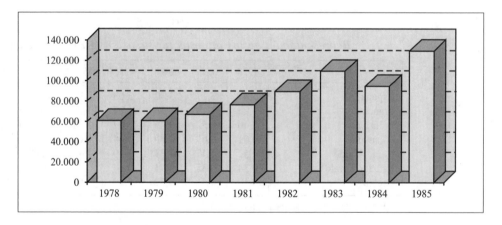

Figura 6.1. Crédito hotelero.

Resulta de interés acompañar este análisis de un estudio comparativo de la importancia del crédito hotelero respecto al total de créditos concedidos al conjunto de sectores económicos. De este modo, se puede comprobar que, a pesar de la importancia del sector turístico para la economía española, y a pesar de que la financiación concedida va creciendo poco a poco y de manera generalizada, es escasa la financiación al turismo si la comparamos con el conjunto del volumen crediticio (tabla 6.7)

De los datos expuestos se puede observar que la financiación al turismo solamente supera el 1 por 100 sobre el total en 1978. Sin embargo, en el período examinado en el capítulo anterior, el año en que menor fue la participación del turismo en el crédito ascendió al 1,2 por 100. Fue la necesidad de hacer frente a la profun-

TABLA 6.7

Relación entre los creditos concedidos al total de los sectores y los concedidos
al sector turístico

	1978	1979	1980	1981	1982	1983	1984	1985
Conjunto de sectores	3.557.312	6.480.042	7.728.312	9.203.415	11.299.111	12.847.389	15.370.503	16.698.794
Sector turístico	61.027	61.386	66.654	76.730	89.838	109.646	94.785	129.469
Porcentaje destinado al sector turístico	1,7%	0,9%	0,9%	0,8%	0,8%	0,9%	0,6%	0,8%

FUENTE: Central de información de Riesgos del Banco de España y elaboración propia. Cifras en 10^6 pesetas.

da crisis industrial y a la no menos profunda crisis financiera lo que se esconde bajo esos datos. No es que se redujeran los créditos turísticos, sino que aumentaron espectacularmente los dirigidos a los sectores anteriormente citados.

Ciertamente, en este período el sector turístico no supuso problema alguno dado el contexto general del período y de ahí que la atención gubernamental se centrara en hacer frente a los gravísimos problemas de la reconversión industrial y del sector financiero.

5.1.4. *Entrada y salida de divisas*

Aunque con ligeras oscilaciones debidas a la coyuntura económica internacional, el saldo del movimiento de divisas por turismo muestra una clara tendencia ascendente. También resulta interesante señalar que el período se inicia con un notable crecimiento del volumen de ingresos. En 1978 se incrementa la entrada de divisas en más de 1.000 millones de dólares respecto a 1977, por lo que se observa una clara respuesta a la devaluación.

TABLA 6.8

Entrada y salida de divisas por turismo (millones de dólares)

	1978	1979	1980	1981	1982	1983	1984	1985
Entrada	5.488,00	6.483,70	6.967,70	6.715,90	7.126,10	6.836,10	7.716,70	8.150,80
Salida	566,90	921,60	1.228,60	1.008,10	1.007,90	894,40	835,00	1.010,10
Saldo	4.921,10	5.562,10	5.739,10	5.707,80	6.118,20	5.941,70	6.881,70	7.140,70

FUENTE: *Anuario de Estadísticas de España 1983*, Instituto Nacional de Estadística y *Boletín de Información Comercial Española*.

La salida de divisas se duplica al final del período respecto a los datos del principio, aunque a partir de 1980 se inicia una caída gradual de la salida de divisas de turismo que se interrumpe en 1985 cuando el giro de la política económica, que refuerza el tipo de cambio de la peseta, favorece las vacaciones de los españoles en el extranjero por el aumento del poder adquisitivo de la divisa española.

El saldo de la corriente de divisas de la partida de viajes y turismo de este período duplica el saldo medio registrado en el período anterior, 1974-1977, que se cifraba en torno a los 3.000 millones de dólares anuales de media.

5.2. La oferta de alojamientos, restauración y recreo

En este epígrafe se recoge la evolución experimentada por la oferta hotelera desde 1978 a 1985, para lo cual se realiza un análisis de la oferta de establecimientos y plazas hoteleras, diferenciando las distintas categorías de las mismas. Seguidamente, estudiamos el desarrollo de la oferta hotelera en las provincias de mayor interés turístico de nuestro país, con lo que se obtendrá una visión general y muy explicativa de la evolución turística de España en el período estudiado.

Por último, se analiza conjuntamente estas dos variables con el fin de extraer unas conclusiones finales establecidas en un panorama geográfico concreto.

5.2.1. *Alojamientos y plazas hoteleras por categorías*

Si bien la tónica general que se mantuvo durante el período anterior (1974-1977) era la evolución y desarrollo creciente y constante de la oferta hotelera nacional en todas sus categorías, salvo los hoteles de una estrella, en este período se ha detectado una evolución distinta a la anterior, a la que podemos calificar de relativa estabilidad porque, a pesar de la importante crisis económica centrada en sectores industriales, la oferta de alojamiento experimenta una ligera expansión.

La oferta hotelera de máxima categoría, nos referimos a los hoteles de cuatro y cinco estrellas, presenta, durante el período analizado y dentro de la estabilidad, una cierta tendencia decreciente no lineal en el número de establecimientos, no así en el total de plazas ofertadas.

De nuevo nos encontramos con una aparente paradoja en la dispar evolución de plazas y hoteles que tiene su explicación en la continuación de los procesos de renovación y sustitución de la planta hotelera a los que nos referimos en capítulos anteriores.

A lo señalado anteriormente, hay que añadir algunas particularidades tales como el incremento que se produce en el año 1985 en el numero de establecimientos de cuatro estrellas, año en el que se abren ocho nuevos establecimientos, lo que contrarresta considerablemente la disminución experimentada en los años anteriores en esta categoría de establecimientos.

Ya hemos apuntado que aunque pueda parecer contradictorio, el número de plazas ofertadas no sigue la misma tendencia decreciente, pues durante estos años sufre alteraciones al alza y a la baja, si bien el resultado final es un incremento de las plazas ofertadas en los establecimientos de alta categoría. Sin embargo, respecto a

TABLA 6.9

Alojamientos hoteleros por categorías

	1978	1979	1980	1981	1982	1983	1984	1985
Hoteles 5 estrellas oro	67	68	65	64	64	64	65	64
Hoteles 4 estrellas oro	364	343	344	346	351	347	349	357
Hoteles 3 estrellas oro	973	1.002	1.010	1.003	1.027	1.046	1.056	1.073
Hoteles 2 estrellas oro	929	937	936	934	948	948	940	948
Hoteles 1 estrella oro	1.141	1.142	1.120	1.110	1.092	1.085	1.083	1.086
Pensiones 3 estrellas plata	175	176	178	179	184	183	177	173
Pensiones 2 estrellas plata	2.110	2.141	2.140	2.125	2.158	2.117	2.120	2.132
Pensiones 1 estrella plata	3.773	3.757	3.783	3.767	3.882	3.879	3.846	3.835
Total	9.532	9.566	9.576	9.528	9.706	9.669	9.636	9.668

FUENTE: *Anuario de Estadísticas de España 1988*, Instituto Nacional de Estadística y Secretaría General de Turismo.

los hoteles de cuatro estrellas se registra un incremento que supera las 6.000 plazas respecto a 1978, por lo que es evidente que si bien determinados establecimientos desaparecen o bien se clasifican con una categoría inferior, otros abren o llevan a cabo una ampliación de su capacidad de oferta.

TABLA 6.10

Plazas hoteleras por categorías

	1978	1979	1980	1981	1982	1983	1984	1985
Hoteles 5 estrellas oro	25.845	25.420	25.035	25.000	24.970	25.157	27.130	26.477
Hoteles 4 estrellas oro	104.034	104.026	104.409	106.035	108.916	108.329	106.258	110.313
Hoteles 3 estrellas oro	210.863	217.789	221.489	220.210	229.873	236.285	241.820	248.320
Hoteles 2 estrellas oro	130.955	129.051	132.193	132.816	133.895	134.474	133.144	131.292
Hoteles 1 estrella oro	118.096	117.246	113.748	112.657	110.920	108.433	105.929	106.026
Pensiones 3 estrellas plata	10.836	11.018	10.957	11.264	11.474	12.135	11.979	12.170
Pensiones 2 estrellas plata	90.135	90.089	89.584	89.104	90.463	86.885	86.316	85.464
Pensiones 1 estrella plata	113.877	116.087	116.979	114.614	120.050	122.838	122.624	123.275
Total	804.641	810.726	814.394	811.700	830.561	834.536	835.200	843.337

FUENTE: *Anuario de Estadísticas de España 1988* e Instituto Nacional de Estadística.

La oferta de alojamiento hotelero con categoría de tres estrellas, principalmente demandada por el turista de clase media, es la que muestra una evolución más homogénea con una clara tendencia al alza, salvo en 1981. Así, se observa que se registra un continuo crecimiento de estos establecimientos, y consecuentemente de las plazas ofertadas, que se ven incrementadas en un 18 por 100 respecto a 1978.

La oferta hotelera de baja categoría sufre una evolución de signo negativo, evolución principalmente marcada por los hoteles de una estrella.

En buena medida, la evolución del número de plazas por categorías está motivada por cambios en la clasificación hotelera hacia arriba y hacia abajo. De ahí que, aunque globalmente entre el principio y el final del período hay un aumento del 5 por 100 en el número de plazas, las variaciones por categorías sean bastante más acusadas.

En la figura 6.2 se observa la diferencia existente entre la oferta «superior» y la oferta de «clase media». Al realizar este gráfico comparativo hemos optado por los hoteles de cuatro estrellas y no por los de «lujo de cinco estrellas» por dotar a esta comparación, dentro de lo posible, de unos baremos más homogéneos.

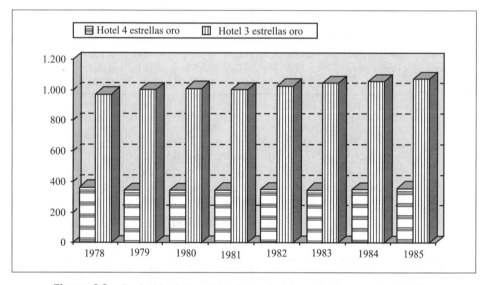

Figura 6.2. Evolución de los alojamientos hoteleros de tres y cuatro estrellas en el período 1978-1985.

Es evidente la diferencia existente. Lógicamente la oferta de tres estrellas supera cuantiosamente la de cuatro estrellas, aunque lo que resulta realmente interesante es la trayectoria divergente que presenta la evolución de ambas categorías. En el caso de la categoría inferior la trayectoria marcada es de crecimiento constante, mientras que la oferta superior se muestra más reticente a expansionar la capacidad de alojamiento.

Por último, encontramos que los establecimientos de inferior categoría, las pensiones, constituyen una oferta muy variable tal y como se puede comprobar en los siguientes gráficos, destacando notablemente el incremento registrado en 1982, año en el que se produce un significativo aumento de la oferta de estos establecimientos en todas sus categorías, crecimiento que en líneas generales no se mantiene en el número de establecimientos y sí en el número de plazas en los años sucesivos. Este anómalo comportamiento sólo puede explicarse por razones fiscales y administrativas, ya que puede que existieran en realidad aunque no estuvieran controladas, y con el cambio de Administración en 1982 se dieran de alta en los correspondientes registros.

La curva que refleja la evolución de la oferta total de pensiones, con su anómalo descenso de 1981 y posterior incremento no menos anómalo en 1982, parece estar estrechamente relacionada con la llegada al poder del primer Gobierno socialis-

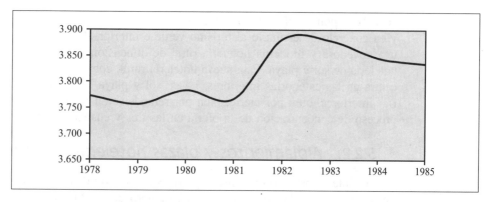

Figura 6.3. Alojamientos tipo pensión por categoría.

ta y con el previo intento de golpe de Estado de febrero de 1981, que pudo hacer pensar a muchos en un retroceso político (de ahí el cierre de establecimientos); por eso, tras el acceso al poder de los socialistas sin traumas, volvieron a darse de alta. El carácter familiar de estos establecimientos es lo que les presta esa gran flexibilidad para entrar y salir del mercado turístico.

TABLA 6.11

Plazas, número y dimensión media de la planta hotelera

	1978			1985		
	Plazas %	Número %	Dimensión media	Plazas %	Número %	Dimensión media
Hoteles 5 estrellas	4,4	1,9	386	4,3	1,8	414
Hoteles 4 estrellas	17,7	10,5	286	17,7	10,1	309
Hoteles 3 estrellas	35,7	28,0	217	39,9	30,4	231
Hoteles 2 estrellas	22,2	26,7	141	21,1	26,9	138
Hoteles 1 estrella	20,0	32,9	104	17,0	30,8	98
Total			170			176

A lo largo del período examinado en este capítulo se aprecia el mantenimiento de las tendencias estructurales que venían revelándose de antiguo. Si bien es cierto que a finales de la década de los setenta, aprovechando la crisis de la demanda turística, se produjo un cierto freno en la tendencia al incremento del tamaño de los hoteles de cinco estrellas debido a cierres temporales por remodelación. Pero superada esa etapa se reanudó la tendencia con mayor brío, si cabe. No obstante, hay que destacar una novedad estructural importante. Después de décadas de crecimiento del tamaño medio de los hoteles de todas las categorías, en este período aparece una tendencia contraria en los hoteles de las categorías inferiores, es decir, en los de una y dos estrellas.

La explicación se encuentra en el traspaso de todas las competencias relacionadas con el turismo a las Comunidades Autónomas, lo que originó una intensificación de la política de promoción de la oferta turística en prácticamente todas ellas, y en concreto de estímulo al turismo verde e interior, dando lugar a la creación de una novedosa y moderna hotelería rural de dimensiones más modestas a las de la hotelería de sol y playa. Esta nueva hotelería rural, contrariamente a aquélla, se concentra en las categorías inferiores. La de sol y playa va abandonando esas categorías inferiores, bien por cierre, bien por remodelación y subida de categoría, en un proceso de concentración de la oferta en las tres y cuatro estrellas.

5.2.2. *Alojamientos y plazas hoteleras por provincias*

Durante el período examinado y en todas las provincias analizadas, tiene lugar una reducción de la oferta hotelera en número de establecimientos provocada por los efectos de la crisis de los setenta que empezó a dejarse notar en España en el período anterior, 1974-1977, pero que se hace más evidente en la primera mitad de este período para, en la segunda, no mostrar una tendencia clara.

TABLA 6.12

Alojamientos hoteleros por provincias

	1978	1979	1980	1981	1982	1983	1984	1985
Alicante	424	418	403	403	401	400	397	396
Baleares	1.436	1.425	1.418	1.412	1.393	1.392	1.388	1.372
Barcelona	836	836	839	839	800	787	745	745
Canarias	410	409	395	404	343	350	348	346
Gerona	930	919	930	901	897	895	891	894
Guipúzcoa	124	123	113	106	106	106	106	107
Madrid	837	837	822	823	824	811	807	801
Málaga	380	356	346	346	354	358	354	355
Valencia	202	202	204	202	199	198	199	199
Resto de España	3.953	4.041	4.106	4.092	4.389	4.372	4.401	4.453

FUENTE: Servicio Sindical de Estadísticas y *Anuarios de Estadísticas de Turismo 1978 a 1985.*

Aunque el número de establecimientos hoteleros más bien se mantenga estable con oscilaciones, la capacidad receptora se amplía en plazas. Sin embargo, hay comportamientos muy dispares de la oferta según las provincias. Por ejemplo, las diferencias más acusadas se dan en Canarias, que es la última zona turística española del segmento de sol y playa que se desarrolla, experimentando estos años un crecimiento del 11 por 100 en el número de plazas. Y porcentaje algo mayor, pero de reducción de plazas, se da en Guipúzcoa. Ligeros incrementos experimentan la Costa del Sol y Valencia, leve descenso Barcelona, y el resto se mantiene prácticamente estable.

El gráfico de la figura 6.4 muestra la favorable evolución de la capacidad receptora para el conjunto nacional motivado fundamentalmente por la creación de nuevas plazas hoteleras en los tradicionales destinos turísticos de sol y playa, a lo que ya nos hemos referido.

TABLA 6.13

Plazas hoteleras por provincias

	1978	1979	1980	1981	1982	1983	1984	1985
Alicante	50.563	49.916	49.098	49.371	48.980	49.226	49.693	50.049
Baleares	224.836	224.844	226.525	224.263	226.749	227.053	227.245	226.932
Barcelona	63.350	63.282	63.425	63.416	62.322	62.565	61.488	61.995
Canarias	64.431	64.580	68.668	69.477	67.189	69.966	69.547	71.557
Gerona	74.173	73.612	74.109	72.343	75.529	73.486	73.411	73.951
Guipúzcoa	7.488	7.505	6.884	6.644	6.802	6.730	6.508	6.463
Madrid	48.483	48.374	47.774	47.782	48.229	48.152	47.843	48.414
Málaga	47.554	46.092	45.435	45.427	46.996	47.347	47.684	49.030
Valencia	13.191	13.215	13.498	13.438	13.544	13.366	13.340	13.660
Total	808.015	806.552	814.394	811.700	825.959	834.536	835.200	843.337

FUENTE: Servicio Sindical de Estadísticas y *Anuarios de Estadísticas de Turismo 1978 a 1985.*

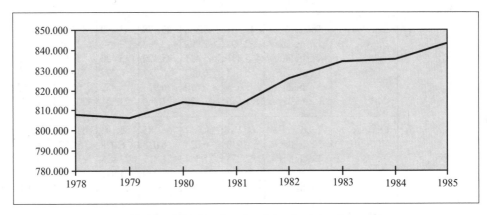

Figura 6.4. Total nacional de plazas hoteleras.

5.2.3. *Alojamientos y plazas hoteleras por categorías y provincias*

El hotel de tres estrellas es el tipo de alojamiento hotelero que presenta una evolución de signo más favorable, sobre todo en el número de plazas; y especialmente son los destinos de sol y playa los que de manera más significativa amplían su oferta de plazas de esta categoría.

La tónica general en el resto de destinos turísticos analizados ha sido la reducción de la oferta de alojamientos hoteleros de cinco estrellas o su mantenimiento, pero en ningún caso se incrementa el número de establecimientos.

Los aspectos más relevantes a destacar en la estructura hotelera por provincias, a principio y final del período, es que en todas se aprecia una tendencia al aumento

TABLA 6.14

Plazas hoteleras por provincias según categorías (sólo hoteles)

		1978	1979	1980	1981	1982	1983	1984	1985
Alicante	Total	43.978	43.631	42.885	43.148	42.906	43.195	43.632	44.063
	5 estrellas	495	495	495	495	495	495	495	495
	4 estrellas	5.012	5.020	4.634	4.634	4.657	4.664	4.677	4.675
	3 estrellas	17.309	17.302	16.722	16.711	16.558	16.843	17.335	17.970
	2 estrellas	11.597	11.646	11.536	11.813	11.958	11.955	12.344	12.504
	1 estrella	9.565	9.168	9.498	9.495	9.238	9.238	8.781	8.419
Baleares	Total	179.863	180.207	180.908	180.385	183.478	184.398	184.726	185.003
	5 estrellas	2.326	2.326	1.856	1.821	1.602	1.602	1.597	1.458
	4 estrellas	17.066	17.268	18.246	18.246	19.236	19.279	18.858	18.487
	3 estrellas	71.836	72.787	76.505	76.241	80.473	83.508	87.009	88.024
	2 estrellas	49.370	48.473	46.644	47.142	46.818	46.547	44.608	44.526
	1 estrella	39.265	39.353	37.657	36.935	35.349	33.462	32.654	32.508
Barcelona	Total	43.261	43.366	43.478	43.429	42.755	43.152	43.041	43.597
	5 estrellas	2.992	2.992	2.992	2.992	2.985	2.951	2.951	2.951
	4 estrellas	5.421	5.421	5.420	5.420	5.364	5.532	5.631	5.629
	3 estrellas	6.617	6.653	6.777	6.777	6.922	7.070	7.070	7.336
	2 estrellas	6.586	6.630	6.923	6.889	6.964	6.957	7.230	7.321
	1 estrella	21.645	21.670	21.366	21.351	20.520	20.642	20.159	20.360
Canarias	Total	60.151	60.317	64.385	65.194	63.748	65.875	65.548	67.531
	5 estrellas	6.028	6.028	6.028	6.028	5.277	5.264	5.382	5.372
	4 estrellas	22.235	21.364	21.815	22.578	23.685	23.882	24.003	26.123
	3 estrellas	20.887	22.238	22.030	21.948	21.079	22.807	22.838	23.013
	2 estrellas	9.137	8.801	12.646	12.774	12.305	12.470	11.857	11.591
	1 estrella	1.864	1.886	1.866	1.866	1.402	1.452	1.468	1.432
Gerona	Total	52.642	52.216	52.291	51.149	51.416	52.606	62.624	53.084
	5 estrellas	142	142	142	142	144	144	144	144
	4 estrellas	2.672	2.672	2.571	2.571	2.790	2.790	2.798	2.798
	3 estrellas	18.567	18.508	18.714	17.805	18.373	19.148	19.202	20.621
	2 estrellas	15.796	15.532	15.563	15.388	15.063	15.517	26.526	15.638
	1 estrella	15.465	15.362	15.301	15.243	15.046	15.007	13.954	13.883
Guipúzcoa	Total	5.281	5.326	4.967	4.869	5.026	4.961	4.752	4.731
	5 estrellas	0	0	0	0	0	0	0	0
	4 estrellas	1.801	1.801	1.801	1.801	1.672	1.442	1.442	1.442
	3 estrellas	1.732	1.732	1.600	1.553	1.563	1.828	1.619	1.629
	2 estrellas	483	528	528	516	654	654	800	769
	1 estrella	1.265	1.265	1.038	999	1.137	1.037	891	891

TABLA 6.14 *(continuación)*

		1978	1979	1980	1981	1982	1983	1984	1985
Madrid	Total	32.408	32.421	32.138	32.135	32.178	32.383	32.044	32.579
	5 estrellas	7.489	6.751	6.492	6.492	6.533	6.530	8.401	8.031
	4 estrellas	12.937	13.676	13.686	13.686	13.594	13.590	11.703	12.658
	3 estrellas	8.137	8.149	8.441	8.441	8.488	8.685	8.366	8.616
	2 estrellas	2.034	2.034	2.028	2.025	2.096	2.128	2.128	1.899
	1 estrella	1.811	1.811	1.491	1.491	1.467	1.450	1.446	1.375
Málaga	Total	39.778	38.545	37.965	37.957	39.358	39.659	39.948	41.348
	5 estrellas	3.085	3.085	3.175	3.175	3.221	3.208	3.201	3.201
	4 estrellas	10.203	9.667	9.663	9.655	9.229	9.257	9.246	9.407
	3 estrellas	17.450	17.034	16.658	16.658	18.680	18.936	19.139	21.012
	2 estrellas	7.633	7.470	7.115	7.115	6.865	6.897	7.001	6.367
	1 estrella	1.407	1.289	1.354	1.354	1.363	1.361	1.361	1.361
Valencia	Total	8.544	8.594	8.826	8.826	9.032	8.818	8.753	9.204
	5 estrellas	686	686	686	686	686	686	682	682
	4 estrellas	2.144	2.156	2.156	2.156	2.194	2.194	2.194	1.972
	3 estrellas	3.641	3.679	3.914	3.914	4.109	3.895	3.879	4.517
	2 estrellas	916	972	969	969	993	993	930	977
	1 estrella	1.157	1.101	1.101	1.101	1.050	1.050	1.068	1.056

FUENTE: Servicio Sindical de Estadísticas, *Anuarios de Estadísticas de Turismo 1978 a 1985* y elaboración propia.

de las plazas en las categorías intermedias, pues la oferta se adapta a un turista de clase media, siendo las habitaciones de tres estrellas las que experimentan un crecimiento mayor.

Pero mucho más significativo es resaltar las muy sensibles diferencias que se constatan en la estructura por categorías de la oferta del número de plazas entre unas y otras provincias. Así, Madrid destaca por una hotelería de la mejor categoría, con un dominio abrumador de los hoteles de cuatro y cinco estrellas que ofertan las dos terceras partes de las plazas hoteleras de la provincia. El turismo cultural y el factor capitalidad explican suficientemente esta diferencia.

El caso contrario es el de Barcelona donde la mitad de las plazas hoteleras corresponden a la categoría de una estrella. En esos años no se había desarrollado todavía el turismo de ciudad y su demanda de alojamientos estaba estrechamente relacionada con la actividad industrial y comercial características de la urbe catalana y su especialización productiva. El resto de las zonas turísticas presenta una estructura similar, en lógica correspondencia a la demanda turística de sol y playa, aunque con una mayor importancia de categorías más elevadas en Canarias y la Costa del Sol, mientras que la Costa Brava, Baleares y el Levante español acentuaban su orientación hacia categorías inferiores; en ambos casos, la mayoría de los establecimientos hoteleros pertenecían a la categoría intermedia.

5.2.4. *Otra oferta turística*

El crecimiento de esta oferta turística es ininterrumpido a lo largo del período. En campamentos, su número crece casi un 50 por 100 y en plazas cerca del 70 por 100, lo que da lugar a un aumento de la capacidad media de acogida muy importante en esta tipología turística en nuestro país.

Una evolución similar presentan los restaurantes, aunque en este caso la capacidad media se mantenga estancada. Ritmos medios de crecimiento superiores al 7 por 100 y de manera bastante constante, son prueba de una saludable confianza en el futuro turístico, en unos momentos económicos difíciles. De todas formas, habría que tener en cuenta un factor que no es fácil de demostrar, de indudable incidencia en esta expansión de la oferta de restauración, el relacionado con la crisis industrial y con los despidos incentivados o indemnizaciones que se han traducido en la puesta en marcha de negocios de restauración, fácilmente abordables por estas familias.

TABLA 6.15

Evolución de la oferta de cámpings y restaurantes

	1978	1979	1980	1981	1982	1983	1984	1985
Cámpings								
Número	517	546	600	615	657	708	733	767
Plazas (miles)	228	246	272	281	304	344	356	385
Capacidad media	441	451	454	456	463	486	486	502
Restaurantes								
Número (miles)	25,3	25,8	27,4	29,8	32,3	34,9	35,7	37,2
Plazas (miles)	1.460	1.566	1.661	1.767	1.943	2.014	2.042	2.209
Capacidad media	58	61	61	59	60	58	57	59

FUENTE: INE.

5.3. La demanda turística

5.3.1. *Visitantes procedentes del extranjero*

Durante la segunda mitad de la década de los setenta el movimiento turístico de entrada reflejó un proceso de estancamiento del que comienza a recuperarse en 1977 con la entrada de casi 32 millones de personas provistas de pasaporte. A partir de ese año la entrada de viajeros siempre supera esa cifra, que se constituye en una especie de límite inferior que no se transgrede. Sin embargo, después de 1978, año que registra un fuerte aumento de los turistas llegados, el volumen de entradas sufre un nuevo retroceso del que no se recupera nuestro país hasta comienzos de la siguiente década, a lo largo de la cual la corriente turística manifiesta una constante tendencia ascendente que alcanza los casi 40 millones de llegadas a mediados de los ochenta. Es la evolución que refleja la tabla 6.16.

TABLA 6.16

Visitantes procedentes del extranjero que han entrado en España provistos de pasaporte

1978	1979	1980	1981	1982	1983	1984	1985
36.942.697	33.859.793	32.925.110	35.569.413	37.650.617	37.089.090	39.003.818	39.672.398

FUENTE: Ministerio de Información y Turismo y *Anuario de Estadísticas de Turismo 1986.*

5.3.1.1. Vías de entrada

A lo largo de todo el período analizado la principal vía de entrada ha sido la carretera, ya que el 63 por 100 de los visitantes utilizaron el automóvil como medio de transporte. A continuación el segundo medio de transporte es el aéreo, que fue utilizado por casi el 30 por 100 de los turistas llegados. Los otros dos medios, ferrocarril y barco, son escasamente demandados.

TABLA 6.17

Visitantes procedentes del extranjero que han entrado en España según medio de transporte

	1978	1979	1980	1981	1982	1983	1984	1985
Ferrocarril	2.051.326	1.704.534	1.746.471	1.955.841	1.940.552	2.173.154	2.362.577	2.285.333
Carretera	24.539.735	22.109.494	21.759.449	23.389.962	24.258.007	22.924.932	22.921.073	24.461.041
Puertos	592.504	564.565	548.353	596.697	602.817	674.616	659.221	634.258
Aeropuertos	9.759.132	9.481.200	8.870.837	9.626.913	10.849.241	11.316.388	13.060.947	12.291.766

FUENTE: *Anuario de Estadísticas de Turismo de España 1993.*

5.3.1.2. Principales nacionalidades

Al igual que en el caso anterior, la tabla 6.18 muestra la evolución de visitantes procedentes del extranjero según su nacionalidad.

TABLA 6.18

Visitantes procedentes del extranjero que han entrado en España según su nacionalidad

	1978	1979	1980	1981	1982	1983	1984	1985
Alemania	5.009.440	4.579.197	4.625.902	4.474.935	4.680.459	4.876.778	5.174.647	5.548.303
Bélgica	1.184.986	1.061.305	1.037.772	1.071.987	997.814	1.019.357	999.048	1.048.297
Francia	11.945.402	10.172.071	9.290.233	10.535.353	10.832.003	10.287.859	9.954.904	10.976.337
Gran. Bretaña	3.327.073	3.283.689	3.453.793	3.927.496	4.764.989	5.090.539	5.936.947	4.924.335
Italia	387.997	347.103	402.034	463.821	560.278	593.352	746.774	947.437
Estados Unidos	689.400	622.474	560.588	573.106	590.726	704.514	819.440	875.013
Escandinavia	1.594.223	1.485.408	1.131.985	1.181.255	1.322.882	1.304.988	1.489.000	1.593.000
Resto mundo	12.804.176	12.308.546	12.422.803	13.341.460	13.901.466	13.211.703	13.883.058	13.759.676

FUENTE: *Anuario de Estadísticas de Turismo de España 1993.*

Alemanes, británicos y, sobre todo, franceses constituyen mayoritariamente la demanda turística que llega a España. La preferencia de los turistas de esos países por nuestro país viene de lejos en el tiempo, dada la proximidad geográfica y la complementariedad climática que España ofrece en períodos vacacionales. Y son los franceses los que se mantienen a la cabeza desde siempre.

Por otra parte, los turistas italianos que años atrás tenían una exigua representación entre los turistas recibidos, empiezan a despegar duplicando su participación en la demanda turística española aunque todavía representan una reducida parte de la misma.

5.3.1.3. Entrada según meses

Se mantiene la tendencia a la gran estacionalidad en los meses veraniegos; así, desde junio hasta septiembre se produce la mayor llegada de turistas. La característica oferta turística de sol y playa específica de nuestro país es la causa de que sean los meses de mejores condiciones climatológicas los que registran llegadas masivas de turistas. En la figura 6.5 se muestran las cifras totales de turistas llegados durante el período 1978-1985 diferenciando las llegadas totales del período mes a mes. La gráfica es similar en su forma a la de períodos anteriores por lo que se evidencia la fuerte estructuralidad de la demanda turística española.

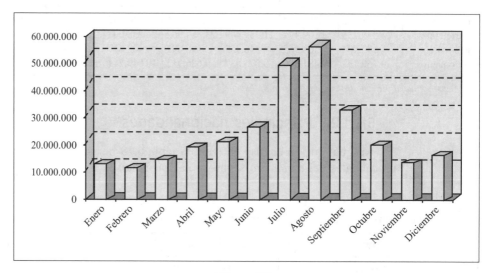

Figura 6.5.

5.3.2. *Salida de turistas españoles*

Los residentes españoles que disfrutan de sus vacaciones viajando al extranjero desde 1974 a 1977 no llegaron a alcanzar los 10 millones de salidas por año. Sin embargo, esta cifra, a pesar de las variaciones que se experimentan a principios de los años ochenta, quedará siempre bastante por debajo de la que se registrará en los años venideros, que siempre estará por encima de los 13 millones. Los españoles han dejado de considerar al turismo como un bien de lujo y así se puede comprobar en la tabla 6.19 en la que apreciamos la vertiginosa tendencia ascendente hasta 1980, para disminuir de forma brusca en los dos años siguientes y recuperarse más lentamente sin llegar a alcanzar la cifra de 1980. La evolución del tipo de cambio de la peseta y su consiguiente poder adquisitivo en el extranjero, así como la de la propia coyuntura económica interior, explican suficientemente tal comportamiento de la demanda turística exterior de los españoles.

TABLA 6.19

Españoles salidos al extranjero

1978	1979	1980	1981	1982	1983	1984	1985
11.109.390	16.608.326	17.705.431	14.312.380	13.896.497	14.244.937	14.619.187	15.651.101

FUENTE: *Avance del Movimiento Turístico,* febrero 1979, *Anuario de Estadísticas 1989* e Instituto Nacional de Estadística.

5.3.2.1. Vías de salida

Al igual que en el caso del medio de transporte de los turistas extranjeros que llegan a España, la principal vía de salida es la carretera en más del 90 por 100 de los casos. En la tabla 6.20 se observa la participación de la demanda de cada medio de transporte utilizado por los españoles en sus viajes al extranjero.

TABLA 6.20

Españoles salidos al extranjero, según el medio de transporte

	1978	1979	1980	1981	1982	1983	1984	1985
Ferrocarril	563.884	586.636	491.676	317.261	282.634	309.215	348.658	296.683
Carretera	9.931.626	15.308.790	16.389.379	13.190.098	12.807.060	13.141.485	13.506.498	14.386.134
Puertos	48.674	60.398	56.672	45.877	45.030	36.907	38.789	36.202
Aeropuertos	565.206	652.502	767.704	759.144	761.773	757.330	725.242	932.082

FUENTE: *Avance del Movimiento Turístico,* febrero 1979, y *Anuario Estadístico de Turismo 1982.*

5.3.2.2. Salida según meses

Si la entrada de viajeros se concentraba en los meses eminentemente veraniegos, los españoles aprovechan también estos meses para salir al extranjero, aunque no presentan tanta estacionalidad en sus viajes como los turistas que nos visitan, a excepción del mes de agosto. Las razones esgrimidas en períodos anteriores siguen pesando, aunque cada vez menos, por lo que poco a poco y con el aumento del nivel de vida español esta gráfica irá pareciéndose cada vez más a la de las entradas de turistas extranjeros.

A lo largo del año, los españoles manifiestan una tendencia uniforme a viajar al extranjero sin grandes variaciones, destacando los meses que disfrutan de períodos vacacionales, tales como los relativos a la Semana Santa y a Navidad. Esta emergencia de las vacaciones navideñas y semanasanteras es un fenómeno a destacar por lo que evidencia de mejora del nivel de vida de los españoles.

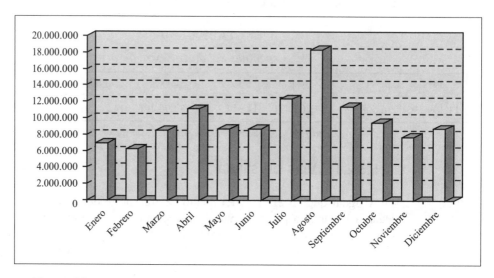

Figura 6.6. Total de españoles salidos al extranjero por meses en el período 1978-1985.

5.3.3. *El grado de ocupación hotelera*

Si a lo largo de los ocho años que abarca el período analizado en este capítulo la oferta hotelera experimenta un crecimiento de algo más de cinco puntos porcentuales, la demanda de pernoctaciones entre el principio y el final permanece estancada aunque evidenciando oscilaciones bastante relevantes. De esta manera, se explica el comportamiento del grado de ocupación hotelera que llega a sus mínimos en 1980. La consecuencia inmediata es una leve reducción de plazas en 1981, único año a lo largo de la reciente historia del turismo español en que tiene lugar tal reducción de la oferta hotelera (tabla 6.21).

La segunda crisis del petróleo de 1979-1980, cuyos efectos llegaron con un cierto retraso a España, es la causa fundamental de esta crisis del sector. El cambio de coyuntura mediada la década de los ochenta se traduce en aumentos de la demanda turística y, consiguientemente, en un crecimiento del grado de ocupación que acabará consolidándose en el siguiente período de nuestra historia.

TABLA 6.21

Pernoctaciones (miles) y grado de ocupación hotelera

	1978	1979	1980	1981	1982	1983	1984	1985
Número de plazas hoteleras	589.793	593.532	597.459	596.718	608.574	612.678	614.281	622.428
Pernoctaciones causadas	121.356	110.120	96.438	111.638	116.042	119.928	129.019	121.015
Máximo de pernoctaciones	215.274	216.639	218.073	217.802	222.130	223.627	224.213	227.186
% grado ocupación	56,4	50,8	44,2	51,3	52,2	53,6	57,7	53,3
Aumento anual plazas hotel.	1.004	3.739	3.927	−741	11.856	4.104	1.603	8.147

FUENTE: INE.

6. EL MARCO CONCEPTUAL: LA DEFINITIVA CONSIDERACIÓN DEL TURISMO COMO UN FENÓMENO ECONÓMICO

Ciertamente es éste un período crucial en la moderna historia de España por razones de sobra conocidas en las que no vamos a insistir. Solamente queremos resaltar la triple problemática en que se encontraba la Administración española enfrentada con su *aggiornamiento* a un Estado democrático, a la construcción de una nueva estructura administrativa apropiada para el nuevo Estado mediante un complejo proceso negociador con las emergentes autonomías, y a la necesidad de coronar con éxito ambos procesos por cuanto no era concebible que la transición democrática no mejorase el funcionamiento de la Administración precedente.

En este contexto, tiene lugar la transformación de la administración turística que, definitivamente, se separa de otras vinculaciones administrativas que habían lastrado, en cierta medida, el funcionamiento del sector turístico. Pues al margen de ser una de las actividades cuyas competencias más rápidamente se transfirieron a las Comunidades Autónomas, al ser asumidas plenamente por éstas, la función residual que se queda la Administración central adopta un contenido claramente comercial. Dicho de otra manera, se organiza una nueva administración turística central que enfoca la gestión turística como la de un sector típicamente exportador y, por consiguiente, de apoyo a su comercialización exterior, al tiempo que se eliminan las trabas burocráticas que habían venido encorsetando el funcionamiento del libre mercado en los distintos subsectores y actividades turísticas. En suma, fue un desembarazarse de normas rígidas que entorpecían el libre funcionamiento empresarial.

Las Comunidades Autónomas, por su parte, absorben las competencias «interiores» dando origen a una diversificación legal, sobre todo en la planificación y ordenación del sector, que presenta la ventaja de adaptarse plenamente a las características económicas, sociales, territoriales y culturales de los distintos pueblos y nacionalidades de España, pero entraña el inconveniente de la pérdida de homogeneidad de la legislación vigente hasta la fecha.

Finalmente, junto al comienzo de la «normalización económica» en el funcionamiento del mercado turístico, salen a luz nuevos elementos de política turística como respuesta a los cambios culturales experimentados en el mundo occidental y en nuestro país. Una nueva preocupación por el «patrimonio ambiental colectivo» (ya fueran litorales, áreas de montaña o viejos entornos urbanos), una creciente atención a un aprovechamiento turístico «ordenado y juicioso» de la naturaleza, y un cambio de orientación en nuestro turismo al prestarse una mayor atención a la calidad que a la cantidad de nuestras infraestructuras turísticas. Con ello no se hizo sino entrar en un proceso de madurez acorde con los nuevos rumbos que la economía de los diferentes sectores productivos presentaba en todo el mundo desarrollado.

7

La plena incorporación de España a la modernidad (de 1986 a 1999)

1. ENCUADRE GENERAL: LA CONSOLIDACIÓN DE LA DEMOCRACIA Y EL NUEVO IMPULSO MODERNIZADOR

Tras el fallido golpe de Estado de 1981 y el posterior acceso al gobierno de España del partido socialista, éste se aprestó a realizar la imprescindible y dolorosa reconversión industrial al tiempo que negociaba el ingreso en la Comunidad Europea. Logrados ambos objetivos, el 1 de enero de 1986 se inicia la andadura de España en el marco integrado europeo como miembro de pleno derecho. «Una entrada en la Comunidad Europea que era contemplada con temores e incertidumbres considerables y estuvo acompañada por una importante expansión económica y por un cierto clima de euforia y de exceso de confianza con graves repercusiones posteriores»[1]. Repercusiones económicas porque, desde la perspectiva social, las reticencias que pudieran haber existido se disiparon con prontitud ante la bonanza económica que presidió la segunda mitad de los ochenta, poniendo en evidencia a los euroescépticos y a los profetas de la catástrofe.

Se inicia de esta manera una fase distinta del desarrollo en España, coincidiendo con el entierro definitivo de la «vía nacionalista» del capitalismo hispano, iniciada un siglo antes, y con el arranque de un nuevo ciclo expansivo, el primero que alcanza cierta relevancia desde el comienzo de la gran crisis de 1973. Desde entonces hasta finales de 1995, cuando estaba expirando el último de los sucesivos mandatos de Felipe González, la economía española pasa por un ciclo completo de auge, que se extiende hasta 1991; depresión, que dominó la escena económica hasta finales de 1994; y comienzo de un nuevo ciclo de expansión. Un amplio período caracterizado por un fortísimo crecimiento del gasto público, ya iniciado a principios de los ochenta, resultado de la implantación del «Estado del Bienestar» con sus

---

[1] Malo de Molina, J. L.: «Situación de la economía española. Algunas reflexiones sobre la herencia del último ciclo», *Papeles de Economía Española,* núm. 62, 1995, p. 41.

secuelas de desequilibrios presupuestarios, déficit público y tasas de endeudamiento público permanentes y crecientes.

Sin embargo, es importante también referirnos con cierto detalle a la escena internacional porque en ella tiene lugar una serie de acontecimientos de gran relevancia. De entrada, hay que hacer mención a la metamorfosis técnica experimentada por la producción industrial, que ha transformado radicalmente las bases de los modelos industriales imperantes desde los años cincuenta, con la generalizada implantación de innovaciones, sobre todo en los sectores informáticos y de telecomunicaciones. A continuación, hay que referirse a la tendencia a la globalización económica mundial, hecha factible por los nuevos modelos de la producción flexible, asentada en estrategias de internacionalización productiva y deslocalización de actividades que hacen surgir nuevos competidores industriales por el Extremo Oriente.

Y junto a esta transformación de las bases de funcionamiento de la producción y del comercio mundiales, también acaecen una serie de acontecimientos cuya trascendencia no estamos en disposición de valorar todavía al faltarnos la suficiente perspectiva histórica. Nos referimos a la caída del Muro del Berlín como símbolo del hundimiento de los sistemas comunistas, por un lado, y de la reunificación alemana, por otro.

La desaparición de la Unión Soviética supuso la desaparición del dualismo de sistemas y de la bipolaridad mundial y el reforzamiento de la hegemonía político-militar de los Estados Unidos en el mundo. En cuanto a la reunificación de Alemania originó la reafirmación de su liderazgo en Europa, mientras que los efectos de la forma en que se produjo se dejaron sentir por las tormentas monetarias que poco después se desencadenaron en la Unión Europea.

Otros acontecimientos nada desdeñables por su influencia de todo tipo fueron la guerra del Golfo del verano de 1991, la desmembración de Yugoslavia y las guerras civiles que la siguieron, y la firma del Tratado de Maastricht en diciembre de 1991, por el que se ponía en marcha el definitivo proceso de unificación monetaria europea.

Éste es el marco internacional en el que se produce la definitiva consolidación en España de lo que alguien ha denominado el «modelo de economía abierta al exterior»[2]. El tratado de adhesión ha sido el instrumento con el que definitivamente se han vencido las renuencias de toda índole a una liberalización total de la economía española. Los intereses proteccionistas, que han anidado siempre por todos los entresijos de nuestra economía resistiéndose a competir abiertamente y que, tras los períodos liberalizadores, siempre encontraban fórmulas para recuperar posiciones de privilegio perdidas, han quedado al parecer definitivamente vencidos. La existencia de una amplia y prolija normativa comunitaria de obligado cumplimiento ha constituido la «ayuda exterior» imprescindible para imposibilitar retrocesos en el camino emprendido. Quedan algunos resquicios en determinados sectores que, poco a poco, desaparecerán cuando culmine todo el período transitorio de la adhesión y por imposición de esas normas.

---

[2] «Introducción editorial», *Papeles de Economía Española*, núm. 62, 1995.

316

Y si el Tratado de Adhesión fue el instrumento para disciplinar al sector privado, expansionando las fuerzas de mercado movidas por la doble influencia de nuestra adaptación al marco que regula los mercados europeos y de la dinámica impuesta por la creciente competencia exterior, el Tratado de Maastricht y consecuente firma del Acta Única Europea, con su quíntuple objetivo fiscal y monetario, fue el instrumento, asimismo, para disciplinar al sector público. Un sector público español siempre reluctante a la estabilidad económica que no ha gozado nunca del apoyo social preciso para la implantación de las políticas que la hacen factible.

Así pues, la estabilidad, como objetivo de política macroeconómica bastante extraño a la historia de la política económica española, surge como algo impuesto por la pérdida de autonomía de las políticas económicas nacionales derivada de un triple efecto: *a*) el de las políticas monetarias aplicadas por el Banco Central de Alemania; *b*) el de la concurrencia en un mercado absolutamente abierto y competitivo, y *c*) el de la libre circulación de capitales internacionales que se mueven por todo el mundo con absoluta fluidez. A estos tres efectos se les unió un cuarto, al final del período analizado: el de la autonomía del Banco de España que, inmunizado frente a las presiones políticas y sociales, tuvo la responsabilidad de hacer factible la convergencia española con la Unión Europea, reforzando la estrategia global de una política tendente a la estabilidad y a la participación de España, desde el principio, en la moneda única europea. Todos estos aspectos económicos y monetarios son de una enorme trascendencia para el sector turístico, de ahí que nos hayamos detenido con cierto detalle en ellos.

En definitiva, en este último período se ha culminado un trascendental cambio estructural de nuestra economía que ha dado como resultado su definitiva modernización, y no sólo en lo que a la estructura productiva se refiere, puesto que también se ha conseguido implantar unas nuevas pautas de actuación del sector público, e incluso nuevos hábitos de comportamiento económico en los ciudadanos.

Aunque este capítulo lo terminamos en 1996 con el fin del mandato del Gobierno socialista, han transcurrido ya algunos años de lo que en principio nos parece una nueva etapa con la recuperación democrática del gobierno de España por la derecha del Partido Popular. Sin embargo, no tenemos todavía la suficiente perspectiva histórica para contrastar esa diferencia de etapa que, en cualquier caso, no ha terminado todavía. Además, es evidente que la asunción por las Comunidades Autónomas de la práctica totalidad de las competencias en materia de turismo hace que los marcos administrativo, legal y económico apenas hayan cambiado desde la perspectiva del Gobierno central. Sin embargo, no parece lógico que dejemos de actualizar el análisis cuantitativo del turismo, aun a sabiendas de que rompemos al menos parcialmente el esquema metodológico seguido a lo largo de todo el libro. Por eso reflejamos en ese apartado toda la información estadística disponible a finales de 1999 en relación con el tipo de análisis que hemos abordado en este apartado de capítulos anteriores.

2. EL MARCO ADMINISTRATIVO: UN ENFOQUE MÁS «ECONOMICISTA» DE LA ADMINISTRACIÓN TURÍSTICA. HACIA UNA COLABORACIÓN ESTRECHA ENTRE LAS DISTINTAS ADMINISTRACIONES PÚBLICAS Y EL SECTOR PRIVADO

2.1. La adaptación administrativa a las nuevas circunstancias del Estado de las Autonomías

La necesidad de lograr una mayor operatividad en la captación de turismo extranjero y un mejor nivel de coordinación con las Comunidades Autónomas llevó al Ministerio de Transportes, Turismo y Comunicaciones a proponer una reorganización de la Secretaría General de Turismo y del Instituto Nacional de Promoción del Turismo que se hizo efectiva en el Real Decreto 124/1988 de 12 de febrero.

La adhesión de España a las Comunidades Europeas exigía una adecuación orgánica de la estructura administrativa del turismo español. Tal adhesión, que en lo relativo al capítulo turístico carece de mención expresa alguna en el Tratado y sólo se ve afectado indirectamente por el derecho a la libre circulación de trabajadores y al establecimiento y libre prestación de servicios —prueba de la evidente complementariedad entre los intereses turísticos españoles y comunitarios—, propicia un acrecentamiento de la cooperación con el resto de los socios europeos. De ahí que la disponibilidad inmediata de información fuese imprescindible para la formulación de los planes de promoción turística y para lograr una mejor coordinación con las Comunidades Autónomas que tenían transferidas las correspondientes competencias turísticas. Coordinación tanto de la promoción exterior como del turismo interior.

La nueva remodelación, que mantenía la Dirección General de Política Turística, significó también el cambio de denominación de dos de las subdirecciones generales que pasan a titularse de Coordinación Turística y de Planificación y Prospectiva Turística, así como el establecimiento del principio de que la cooperación de las oficinas españolas de turismo en el extranjero con las Comunidades Autónomas se llevara a efecto *siempre que éstas se sujeten a las normas y directrices de promoción turística exterior que establezca la Administración del Estado*. La especificación de este principio en el artículo 4.º.2 deja traslucir algún tipo de problema planteado en el pasado y la necesidad de mantener la unidad de imagen y, por consiguiente, de promoción de la marca España (las cursivas son nuestras).

La llegada de la década de los noventa trajo como novedad jurídico-administrativa la utilización de las leyes de Presupuestos Generales del Estado para efectuar modificaciones en el organigrama administrativo. De hecho, fue en la de 1990, Ley 4/1990 de 29 de junio, en su artículo 81, donde se reorganizó la administración turística española, modificando la denominación del Instituto Nacional de Promoción del Turismo por la de Instituto de Turismo de España (TURESPAÑA), manteniendo su carácter de organismo autónomo, y fijando las normas básicas reguladoras de sus funciones que, en síntesis, consisten en asumir todas las que hasta el momento había venido desempeñando la administración centralizada. O sea, toda la gestión administrativa del turismo pasa a ser desempeñada por el organismo autónomo TURESPAÑA. Asimismo, la Administración Turística Española (ATE), organismo autónomo que gestionaba la red de establecimientos turísticos estatales, se transformó en sociedad estatal con la denominación de «Paradores de Turismo de España». Y finalmente, se dispuso que la Escuela Oficial de Turismo se integrase en TURESPAÑA el año 1991, en los términos que se acordaren.

Son, en nuestra opinión, razones de operatividad las que fundamentan la conveniencia de un cambio de denominación de los órganos administrativos; y así el que el Instituto de Promoción del Turismo (INPROTUR) pase a denominarse TURESPAÑA parece responder a la necesidad de defender la imagen de la marca España ante la creciente promoción y utilización de denominaciones regionales realizadas por las Comunidades Autónomas en el extranjero. Había que evitar que, al margen de cuestiones políticas, esa marca no quedara diluida en el concierto promocional de aquéllas; había que garantizar para el futuro el «paraguas» promocional España. TURESPAÑA mantiene el carácter de organismo autónomo comercial e idénticos cometidos al anterior Instituto de Promoción del Turismo, al igual que la Administración Turística Española (ATE) que no sufre modificación alguna.

Y en las dos siguientes leyes presupuestarias se siguió legislando sobre la administración turística, ya que: *a*) en la de 1991 —Ley 31/1990 de 27 de diciembre, artículo 102— se dispone la transformación de la Escuela Oficial de Turismo en una entidad de derecho público, y *b*) en la de 1992 —Ley 31/1991 de 30 de diciembre, disposición final sexta— se facultó al Gobierno para dictar las normas necesarias para la organización y funcionamiento de TURESPAÑA y para que, en su caso, adecuase dichas normas al mantenimiento de la Secretaría General de Turismo como órgano de la Administración ostentador de la titularidad de las competencias del Estado en materia de turismo, efectuando la correspondiente redistribución de competencias y funciones.

No obstante esta última variación, en el curso de 1991 tuvo lugar un mero cambio de adscripción ministerial del turismo, por Real Decreto 420/1991 de 5 de abril, por el que se estableció la estructura orgánica básica del nuevo Ministerio de Industria, Comercio y Turismo creado el 12 de marzo de 1991 en el Real Decreto 298. Cambio de adscripción ministerial que se produjo sin que supusiera modificación alguna en la estructura de la Secretaría General de Turismo.

La enésima modificación ministerial, que se acordó por el Gobierno en julio de 1993, hizo que se cayeran las funciones competenciales sobre la industria del organigrama del departamento en el que estaba adscrita la administración turística, quedando ésta incluida en el nuevo Ministerio de Comercio y Turismo creado por Real Decreto 1173/1993 de 13 de julio. Pocos días después un nuevo Real Decreto, el 1289/1993 de 30 de julio estableció la estructura orgánica sin modificación alguna a la que había venido rigiendo desde 1988, y hasta tanto se dictaran las disposiciones reglamentarias previstas en las leyes presupuestarias anteriormente citadas, quedando la Secretaría de Estado de Turismo con rango de subsecretaría.

Estrechamente vinculadas a estas razones de índole administrativa, las propias transformaciones derivadas de la evolución y desarrollo turísticos propiciaron una adecuación funcional de los servicios turísticos del Estado a las nuevas necesidades del mercado, tendentes al mantenimiento de la competitividad turística española. Y esto es lo que se abordó en el Real Decreto 1693/1994 de 22 de julio.

2.2. Nueva estructura de la Secretaría General de Turismo y del Instituto Nacional de Promoción del Turismo de España

La modificación gubernamental de julio de 1993, que creó el Ministerio de Comercio y Turismo encomendándole las funciones en materia turística anteriormente atribuidas al Ministerio de Industria, Comercio y Turismo, mantuvo la estructura orgánica vigente en la Secretaría General de Turismo desde 1988. No obstante, el enfoque más comercial, y de mayor atención a los cambios en las corrientes turísticas mundiales y, consiguientemente, de adecuación permanente a las nuevas necesidades del mercado, hace que la reestructuración orgánica y funcional se orientase al mantenimiento de la competitividad del turismo español.

Este objetivo genérico se materializa orgánicamente en la atribución de las funciones de definición de una estrategia nacional de turismo en coordinación con las Comunidades Autónomas y entes locales a la Secretaría General, y las de colaboración en su diseño y en el desarrollo de sus contenidos al Instituto de Turismo de España, que tiene el carácter de organismo autónomo de carácter comercial.

En línea con los objetivos generales y administrativos señalados, se sitúa el fortalecimiento y dinamización de la Conferencia Sectorial de Turismo como órgano de colaboración interadministraciones, y de la Comisión Interministerial de Turismo creada por Real Decreto 6/1994 de 14 de enero para reforzar la coordinación de la propia Administración central.

Las funciones que se le encomiendan a la Secretaría General de Turismo, entre otras, son las de:

1. Definir, proponer, impulsar y coordinar la política turística gubernamental.

2. Decidir las directrices de ejecución y desarrollo de la política turística del Gobierno sobre promoción exterior, y las de colaboración y cooperación con las Comunidades Autónomas, entes locales y sector turístico en general para diseñar y planificar estrategias dirigidas al mantenimiento y mejora de la competitividad y *el desarrollo tecnológico* y al fomento y desarrollo del sector turístico nacional de *forma equilibrada, integral y con calidad* (las cursivas son nuestras).

3. Señalar los criterios generales y dirigir el ejercicio de las relaciones institucionales turísticas de carácter nacional e internacional.

4. Evaluar y controlar la calidad de las actuaciones de la administración turística del Estado.

5. Definir las estrategias, planes y presupuestos del Instituto de Turismo de España.

Y en cuanto a éste, además de la instrumentación práctica de las funciones de la Secretaría General, ya que la persona que la ocupe será asimismo el presidente del Instituto de Turismo de España, se señalan como funciones las de planificación y fomento del turismo español, así como la de coordinación y desarrollo de su promoción exterior —oídas y con la cooperación, si procede, de las Comunidades Autónomas—, de la comercialización de productos turísticos españoles en el exterior y de la internacionalización de las empresas turísticas españolas, presentando la oferta turística en el exterior como conjunto integrador de las características, peculiaridades e intereses de las Comunidades Autónomas. Asimismo, también le corresponden las funciones de la gestión y explotación de establecimientos turísticos y, en particular, fijar la estrategia y planificación de la actuación de Paradores de Turismo y el control de eficacia de la misma.

Las modificaciones experimentadas por la estructura orgánica de la Secretaría General son indicativas de la orientación que se pretende, ya que la integran las direcciones generales de Estrategia Turística y de Promoción Turística. A la primera de ellas se le encomiendan tres funciones básicas que dan lugar, cada una de ellas, a una subdirección general. Son las de identificación de nuevos recursos turísticos para su transformación en productos comercializables y la elaboración de planes para el fomento y desarrollo de productos turísticos nuevos y tradicionales que se le encarguen, a la de Desarrollo Turístico; la de diagnosticar y valorar los factores de toda índole que inciden en la competitividad de todo el sector turístico español, a la de Competitividad Turística; y la de coordinación y colaboración en materia turística con las Comunidades Autónomas y entes locales, así como las relaciones internacionales con corporaciones públicas o privadas, a la de Coordinación Turística.

En lo que concierne a la Dirección General de Promoción Turística, también se le asignan tres tipos de funciones básicas desempeñadas por tres subdirecciones generales, respectivamente. La formulación, coordinación y desarrollo de los planes de promoción del turismo español en o para el exterior, le corresponde a la de Promoción Exterior del Turismo; la formulación, diseño y desarrollo de planes de fomento de la comercialización de productos turísticos y la realización de acciones para incrementar la comercialización de tales productos, a la de Comercialización Exterior del Turismo; y la coordinación y control de gestión de planes y actividades de las oficinas españolas de turismo en el exterior, a la de Relaciones con las Oficinas Españolas de Turismo.

Los demás órganos administrativos, como el Instituto de Estudios Turísticos y la Subdirección General Económico-Administrativa y de Inversiones, pasan a depender directamente del presidente del Instituto de Turismo de España.

2.3. El Consejo Promotor del Turismo

A consecuencia de la última reordenación de la organización turística estatal de 1994 que configuró, como principio general de aplicación inexcusable en el marco de una estrategia nacional en materia de turismo, la colaboración y coordinación activa de la Administración central con las administraciones de las Comunidades Autónomas, con los entes locales y con el propio sector turístico, se creó el Consejo Promotor del Turismo.

Al margen de las razones propias de conseguir la optimización y máxima eficacia de los recursos puestos en marcha para promocionar y comercializar el turismo español, existen otras razones vinculadas a la propia dinámica turística que exigían esa coordinación activa. Entre ellas, la creciente diversificación de las ofertas turísticas, la segmentación de los mercados de oferta y demanda, la renovación e innovación consiguiente de la actuación de los agentes privados en promoción y comercialización, la necesidad de un alto grado de información, etc.

Por todo ello, se creó este órgano administrativo colegiado como instrumento y cauce para conseguir los fines señalados. Y como órgano colegiado adscrito al Instituto de Turismo de España desempeña funciones básicamente de consulta, asesoramiento e información en planes, y programas de fomento del turismo nacional, de promoción y comercialización exterior, así como de impulsión de la coordinación entre la iniciativa pública y privada en materia de turismo. Su composición era la siguiente: una presidencia y dos vicepresidencias correspondientes al Instituto de Turismo y a las dos direcciones generales de Promoción y de Estrategia Turísticas, respectivamente, seis representantes de la Administración central, nueve de las Comunidades Autónomas (en las que cinco corresponden a las comunidades más turísticas de España: Andalucía, Baleares, Canarias, Cataluña y Valencia), cinco de ayuntamientos y siete de empresarios del sector turístico.

Por consiguiente, se configura como un órgano fundamentalmente consultivo, pero de gran trascendencia, por cuanto en el mismo toman asiento representantes de todos los ámbitos y sectores con actuación en el sector turístico: las tres administraciones más el sector privado empresarial, lo que lo convierte como el lugar central donde se concierta la política turística española.

Finalmente, hay que citar la culminación del proceso de transferencias competenciales a las Comunidades Autónomas, para las que las asumen como competencia exclusiva, las relativas a promoción, fomento y ordenación del turismo. Esta definitiva transferencia se llevó a cabo para las Comunidades Autónomas de Aragón, Valencia, Castilla-La Mancha, Extremadura, Baleares, Madrid y Castilla-León por sendas leyes orgánicas de 24 de marzo de 1994.

2.4. Las modificaciones administrativas habidas tras el cambio de Gobierno de marzo de 1996

La apurada victoria de los populares en las elecciones generales de marzo de 1996 significó el cambio total de la Administración central del Estado de la que salieron los socialistas. Y con ello tuvo lugar una serie de cambios administrativos que si, en principio, parece lógico pensar que debían haber estado muy pensados, luego en la práctica no fue así, por cuanto la adaptación administrativa que implantaron los nuevos gobernantes se dilató a lo largo de todo 1996.

De entrada, el Real Decreto 758/1996 de 5 de mayo que reestructuró los departamentos ministeriales implicó la desaparición del Ministerio de Comercio y Turismo, con lo que significaba de pérdida —por lo menos aparente— de rango administrativo de la actividad turística, pasando los correspondientes servicios administrativos a integrarse en el Ministerio de Economía y Hacienda.

Dos días más tarde, el Real Decreto 765/1996 estableció la nueva estructura orgánica del citado ministerio. Nueva estructura que suprimía la Secretaría General de Turismo e integraba sus servicios en la nueva Secretaría de Estado de Comercio, Turismo y Pymes, dentro de la cual se creaba una Dirección General de Turismo. Curiosamente no se dice nada en este decreto de TURESPAÑA, salvo que su presidencia recaerá en el Secretario de Estado de Comercio, Turismo y Pymes; ni tampoco de las preexistentes direcciones generales de Estrategia y Promoción del Turismo.

Esto pudo significar la existencia de dudas de los responsables políticos de la reestructuración administrativa acerca de cómo culminarla, o de un compás de espera ante problemas más urgentes, como es lógico pensar tuviera sobre la mesa el vicepresidente segundo del Gobierno, responsable administrativo último del turismo, pero sobre todo de la economía y las finanzas del Estado en la tesitura del cumplimiento de los criterios de Maastricht para conseguir que la peseta entrase en la primera fase de la Unión Monetaria Europea. Fuera lo que fuese, la reforma administrativa continuó con nuevos reales decretos como el Real Decreto 1376/1996 de 7 de junio, por el que se suprimieron las dos direcciones generales antes mencionadas, que quedaron integradas en una sola dirección general del Instituto de Turismo de España.

El 2 de agosto el Real Decreto 1884/1996 dicta la estructura orgánica básica del nuevo Ministerio de Economía y Hacienda; y el 20 de diciembre el Real Decreto 2615/1996 hizo lo propio con el Instituto de Turismo de España.

Así pues, el turismo queda representado administrativamente por las dos direcciones generales tradicionales, de las que parece alcanzar cierta preeminencia la del Instituto de Turismo de España, por cuanto su titular es el vicepresidente primero de TURESPAÑA, mientras que el director general de Turismo pasa a ser vicepresidente segundo.

A la Dirección General de Turismo le afectan básicamente las funciones de identificación y fomento de nuevos recursos y productos turísticos, el diseño de estrategias nacionales, la mejora de la calidad y tecnificación empresarial, y las relaciones de toda índole tanto internacionales como interiores con las comunidades autónomas, los entes locales y el propio empresariado para establecer estrategias generales, planificar y fijar directrices.

En cuanto a la dirección general del Instituto de Turismo de España le corresponde fundamentalmente la formulación, coordinación y ejecución de planes de promoción y apoyo a la comercialización, así como las relaciones con las oficinas españolas de turismo en el exterior.

Dos últimas transformaciones administrativas, bastante leves, fueron la abordada por el Real Decreto 289/1997 de 28 de febrero por la que se dictaba una nueva regulación del Consejo Promotor del Turismo consistente en un reforzamiento de la cooperación con las Comunidades Autónomas, entes locales y del apoyo al empresariado; y el Real Decreto 1116/1998 de 8 de junio por el que se creó el Observatorio Turístico, siendo esta medida una de las recomendaciones que surgieron del magno Congreso Nacional de Turismo celebrado en Madrid en noviembre de 1997.

En suma, todavía es pronto para hacer una valoración de las transformaciones administrativas implantadas por los populares. Pero lo que es incontestable es la reducción del rango administrativo del turismo. Quizá haya sido lógica esa merma en el contexto de la España de las Autonomías, y quizá la dependencia orgánica establecida respecto del vicepresidente segundo del Gobierno haya significado alguna ventaja como se dijo —aunque lo dudamos—, pero lo cierto es que a escala de Administración central el turismo ha perdido peso político. Otra cuestión es la eficacia lograda por tal reforma, que en ediciones futuras de este libro tendremos ocasión de analizar.

3. EL MARCO LEGAL: LA CULMINACIÓN DE LA REORGANIZACIÓN NORMATIVA DE LAS ACTIVIDADES TURÍSTICAS

3.1. La «desregulación» de la actividad de las agencias de viaje

El proceso de modernización legislativa de los diferentes actores turísticos españoles terminó con la adaptación de la legislación reguladora del ejercicio de las actividades propias de las agencias de viaje, llevada a cabo por medio del Real Decreto 271/1988 de 25 de marzo. La necesidad de esta adaptación se asentaba en la acomodación a una nueva problemática tanto turística como legal, a causa del proceso de asunción de competencias turísticas por las Comunidades Autónomas.

Así, esta normativa respondió a la lógica y necesidad de una normativa general aplicable por todas las Administraciones públicas que se consensuó en la Conferencia Sectorial de Turismo de 7 de octubre de 1987. Lógicamente adquirió el carácter de norma básica, que las Comunidades Autónomas precisarían en sus respectivos desarrollos reglamentarios.

La comparación de los ocho artículos que contiene la disposición que comentamos, con los ochenta y tres de los vigentes en el reglamento de 1974 es suficientemente ilustrativa del fundamental cambio de filosofía producido. Porque además de esta radical simplificación legal, y del establecimiento de la competencia para el otorgamiento de los títulos-licencia en la «administración turística competente de acuerdo con la sede o domicilio legal de la empresa solicitante», se producen otras sustanciales alteraciones.

La más significativa de ellas es el cambio de criterio a la hora de establecer las categorías, ya que ahora sólo podrán haber tres tipos de títulos: mayoristas, minoristas, y mayoristas-minoristas, obviando el criterio básicamente territorial del ámbito de actuación hasta ahora vigente por el más adecuado del ámbito competencial o funcional de su actividad, y siendo la prestación o no del servicio en forma directa al consumidor el elemento fundamental de diferenciación. Por otra parte, se eliminan los requisitos existentes en cuanto a capital social desembolsado de las empresas, y se eleva la cuantía de las fianzas que garantizan su actividad, fijándose en 20, 10 y 30 millones de pesetas, respectivamente, según el tipo de agencia.

Es interesante poner de relieve la posibilidad que se abre de prestar fianzas colectivas, a través de asociaciones legalmente constituidas con un fondo solidario de garantía, que será la mitad de la suma de las garantías individuales y cuyo importe global no será inferior a 400 millones de pesetas. Es decir, que si la asociación estuviera constituida solamente por agencias minoristas el número mínimo de asociados tendrá que ser de 80. Asimismo, estas fianzas dan derecho a la apertura de seis sucursales, frente a las cuatro de la anterior legislación.

3.2. Otras normas

Entre las diferentes cuestiones de índole turística que se abordan en este período, vamos a referirnos a la nueva regulación de las declaraciones de interés turístico referidos a las fiestas o acontecimientos que constituyan un importante atractivo turístico y a los libros españoles o extranjeros que contribuyen a la promoción del turismo. Razones basadas en la nueva organización territorial del Estado español y en la conveniencia de ampliar el objeto de tales declaraciones a otras manifestaciones o actividades, como las obras audiovisuales, están en el origen de esta reorientación.

Igualmente ocurrió con la regulación de los premios nacionales de turismo, ya que razones similares a las anteriormente enunciadas, aunadas al deseo de darles un mayor realce, significación y relevancia, dieron origen a la Orden de 29 de septiembre de 1987 que limitaba los citados premios nacionales a tres: *a)* «Vega Inclán» a una obra impresa en medios nacionales o extranjeros; *b)* «Ortiz de Echagüe» a una labor en la promoción y difusión de los recursos turísticos españoles, y *c)* «Marqués de Villena» a entidades que se hayan distinguido en la promoción y el fomento de la gastronomía de nuestro país. Con esta orden se sustituyeron un total de otras veinticinco que regulaban la concesión de otros tantos premios de turismo, de los cuales una quincena tenía el carácter de «premio nacional».

Conviene hacer una breve mención en este apartado a lo que parece una decidida potenciación de todo lo relativo a la formación en turismo. Así, una Orden de 3 de junio de 1993 reordena la política de apoyo al estudio, investigación y práctica profesional para la investigación en materia turística, estableciendo las becas «Turismo de España» destinadas a titulados universitarios y técnicos en empresas y actividades turísticas.

Por otra parte, las modificaciones de los estudios de grado medio y bachillerato establecen, asimismo, la creación de títulos de técnicos superiores en agencias de viaje, información y comercialización turísticas, alojamiento y restauración; y de técnicos de grado medio en servicios de restaurante y bar, cocina, y pastelería y repostería. Estos nuevos títulos con el contenido de sus enseñanzas mínimas o curriculares son decretados por el Ministerio de Educación y Ciencia en sendas baterías de Reales Decretos firmados el 17 de diciembre de 1993 y 4 de febrero de 1994.

Por último, citemos la Orden de 24 de julio de 1992 por la que se regula la distribución de las bases de datos turísticos y del archivo de imágenes de TURESPAÑA.

3.3. La definitiva recuperación del dominio público litoral

A principios de la década de los ochenta la entonces vigente Ley de Protección de las Costas de 1980, que intentó poner coto a la depredación del litoral siguiendo los mandatos del artículo 132 de la Constitución, en que por primera vez en la historia moderna del derecho español se clasifican como de dominio público determinados bienes —la zona marítimo-terrestre, las playas, el mar territorial y los recursos naturales de la zona económica y la plataforma continental—, no acertó a cumplimentar plenamente el mandato constitucional.

Los principales fallos de la citada legislación eran la escasa definición de zona marítimo-terrestre y playa que no llegaban a cubrir la realidad natural; la prevalencia de la posesión particular amparada por el registro de la propiedad, con reivindicación a cargo del Estado, y la adquisición privada del dominio público; las servidumbres obsoletas e insuficientes; la ausencia total de medidas de protección en el territorio colindante; la usucapión veintenal como título legitimador de uso; el tratamiento indiferenciado de autorizaciones y concesiones y su generalización; la falta de garantías eficaces para la conservación del medio y el levantamiento de las ocupaciones a costa del Estado; la ausencia de normas conservacionistas del paisaje y del medio; la lentitud del procedimiento sancionador, etc. Aspectos todos ellos que fueron puestos de relieve en la exposición de motivos de la nueva Ley de Costas de 28 de julio de 1988.

La citada exposición de motivos es un resumen muy acertado de los males que han aquejado a nuestro litoral y de las causas que los han originado y que, a la postre, se concretan en una simultaneidad o coincidencia: la gran presión de diferentes usos del litoral y la falta de una legislación adecuada adobada con graves dejaciones administrativas en los veinte años que van de 1960 a 1980. Éste es el nudo de la cuestión que explica por qué España es uno de los países del mundo donde la costa, desde la perspectiva de su conservación, está más amenazada.

Así pues, esta nueva ley parte de una concepción distinta de la regulación del dominio público marítimo-terrestre, siendo profundamente innovadora en el doble sentido de recuperar la pureza de principios hondamente arraigados en el derecho histórico y en la incorporación de nuevos preceptos y normas orientados a solucionar los problemas derivados de la congestión y degradación del litoral. Concretamente hunde sus raíces en el *Digesto* e *Instituciones* de Justiniano del siglo VI: «Son comunes a todos, según el Derecho Natural, el aire, el agua que fluye, el mar, y por lo mismo sus orillas. Ahora bien, estas orillas no tienen dueño como tampoco lo tiene el agua del mar, ni la tierra, ni la arena que hay en el fondo»; y en *Las Partidas* de Alfonso X el Sabio que en el siglo XIII estableció: «Las cosas que comunalmente pertenecen a todas las criaturas que viven en este mundo son éstas: el aire, el agua de lluvia, el mar y su ribera. No se puede edificar en la ribera de modo que se embargue el uso comunal de la gente». De alguna manera pone fin a más de un siglo de legislación en que la privatización del dominio público fue posibilitada, desde la Ley de Aguas de 1866 y sucesivas leyes de puertos, hasta la de costas de 1969.

La nueva ley acaba con esta tendencia excluyendo la posibilidad de consolidación de apropiación particular de terrenos de dominio público, e incluso establece mecanismos que favorezcan la incorporación de nuevos terrenos al dominio público costero, ampliando la estrecha franja que actualmente tiene esa calificación demanial.

Si la Ley de Protección de las Costas de 1980 sentaba las bases jurídicas de inalienabilidad, imprescriptibilidad e inembargabilidad de los bienes de dominio público marítimo, la de 1988 refuerza ese carácter al establecer la facultad administrativa de su reintegro posesorio de oficio cualquiera que sea el tiempo transcurrido. De conformidad con este nuevo espíritu, e incluso impregnada de un importante enfoque conservacionista, a la vista de los problemas ecológicos detectados en un medio natural especialmente sensible como es el litoral, la garantía de conservación del dominio público no sólo puede lograrse con la proyección del mismo, sino que resulta imprescindible actuar sobre la franja privada colindante para «evitar que la interrupción del transporte eólico de los áridos y el cierre de las perspectivas visuales por la construcción de edificios en pantalla, la propia sombra que proyectan los edificios sobre la ribera del mar, el vertido incontrolado y, en general, la incidencia negativa de la presión edificatoria y de los usos y actividades que ella genera sobre el medio natural puede causar daños irreparables o de muy difícil y costosa reparación».

Así pues, se llega al ensanchamiento de la zona de servidumbre de protección hasta 100 metros hacia tierra desde el límite interior de la ribera del mar, si bien en las zonas ya urbanizadas se mantiene la anchura de 20 metros de la anterior servidumbre de salvamento. Las servidumbres tradicionales, lógicamente, se mantienen actualizando la denominación y el régimen de la anterior servidumbre de vigilancia que se transforma en servidumbre de tránsito público. Y se establecen nuevas limitaciones a la propiedad en lo relativo a las extracciones de áridos en los tramos finales de los cauces, y en la fijación de una zona de influencia mínima de 500 metros a partir del límite interior de la ribera del mar, en la que se marcan pautas de ordenación urbanística y planificación del espacio tendentes a evitar la formación de pantallas arquitectónicas en los bordes de las zonas de servidumbre de protección, sin perjuicio de medidas adicionales de protección que pudieran fijar las Comunidades Autónomas.

Por otro lado, se regula la utilización del dominio público en sus diferentes posibilidades, se faculta a la Administración a adoptar una posición activa en tales concesiones y autorizaciones de usos que podrán realizarse mediante concursos, y se reduce el plazo máximo de otorgamiento de 99 a 30 años.

Finalmente, las infracciones y sanciones se han regulado con mayor concreción y simplificado los trámites del procedimiento sancionador, sin menoscabo de las garantías de los presuntos infractores. No obstante, la ley ha resultado posteriormente afectada por la nueva Ley de Procedimiento Administrativo de 1992.

Obviamente, la ley es bastante más compleja de lo que este apretado resumen refleja. Simplemente añadiremos que su correspondiente reglamento, dictado por Real Decreto 1471 de 1 de diciembre de 1989, definió con mayor precisión los procedimientos administrativos relativos a la determinación del dominio público marítimo-terrestre y su régimen de utilización, así como los relacionados con las limitaciones de la propiedad sobre terrenos contiguos a la ribera del mar por las razones de protección anteriormente expuestas. Asimismo, se recoge la atribución de las competencias administrativas que corresponden a la Administración central en una necesaria clarificación competencial para evitar roces interadministrativos. Roces que no fueron evitados, ya que algunas Comunidades Autónomas interpusieron recursos de inconstitucionalidad a consecuencia de cuyas respectivas sentencias se hicieron algunas modificaciones en el reglamento a través del Real Decreto 112/1992 de 18 de septiembre. Estos cambios refuerzan los mecanismos de coordinación de las actuaciones de las diferentes administraciones, garantizando las de colaboración entre las mismas, de forma que las actividades a desarrollar sobre el espacio litoral se adecuen a los diferentes instrumentos de ordenación del territorio, del litoral y del urbanismo. E incluso la jurisprudencia ha originado que la zona de protección haya pasado a ser competencia de las respectivas Comunidades Autónomas a tenor de las competencias que constitucionalmente se les reconocen.

Por último, hay que citar la actualización-elevación de los límites cuantitativos de la competencia sancionadora de las distintas autoridades establecida por el Real Decreto 268/1995 de 24 de febrero, a fin de conseguir una mayor eficacia y agilidad en los procedimientos sancionadores.

Como muestra de la real voluntad recuperadora del dominio público litoral, y tras un vuelo fotogramétrico a escala 1/1.000 de toda la costa para conocer su situación real en el momento de entrada en vigor de la ley, se inició un plan urgente de deslindes del citado dominio público dotado presupuestariamente con 3.000 millones de pesetas, para acabar el deslinde de todo el litoral nacional.

3.4. El marco de apoyo al sector. Fin de la política de promoción urbanística del turismo

La sustancial modificación del marco político-administrativo del Estado español derivado de la Constitución, por el que tanto las competencias territoriales y urbanísticas como las de promoción y ordenación del turismo pasaron paulatinamente a las Comunidades Autónomas, dejó obsoleta la antigua Ley de Centros y Zonas de Interés Turístico Nacional.

A esta razón fundamental se le añade la nueva Ley de Costas de 1988 que derogó diferentes artículos relativos a efectos y beneficios de las declaraciones de interés turístico en lo que se refiere al dominio público marítimo-terrestre. Conviene no olvidar tampoco que las circunstancias del sector, los medios y, sobre todo, los criterios actuales para el fomento de la oferta turística han variado considerablemente. De ahí que quedara prácticamente vaciada de contenido, y por eso se explica su inaplicabilidad en los últimos años.

Sólo quedaba firmar el acta de defunción que tuvo lugar por Ley 28/1991 de 5 de diciembre; ley que la derogó salvando lógicamente los intereses subsistentes de aquellos centros de interés turístico nacional que disfrutasen de sus beneficios.

3.5. La eclosión de la protección de la naturaleza y su utilización turística

Como en tantos otros aspectos, la Constitución de 1978 marcó una serie de criterios y pautas de actuación pública, en clara sintonía con las preocupaciones de una sociedad industrializada moderna como la española de finales del siglo XX, en lo relativo a las relaciones entre el hombre y la naturaleza y a la consiguiente necesidad de una política de conservación de la naturaleza que aparece como uno de los grandes cometidos públicos de la época.

Así, el artículo 45, tras reconocer el derecho a disfrutar de un medio ambiente adecuado para el desarrollo de la persona y el deber de conservarlo, exige a los poderes públicos que «velen por la utilización racional de todos los recursos naturales, con la finalidad de proteger y mejorar la calidad de vida y defender y restaurar el medio ambiente».

La necesidad de adaptación de la legalidad al nuevo marco político-institucional, en el que las Comunidades Autónomas adquieren un decidido protagonismo en la materia, facilitó la coyuntura para modificar la legislación en el sentido de compatibilizar un fundamental régimen jurídico protector de los recursos naturales con su necesaria y ordenada explotación posibilitadora del desarrollo económico y social de las poblaciones directamente afectadas por aquella protección.

Por otro lado, la novedad de la gestión ambiental como objeto de actuación pública es notable, ya que a título de ejemplo la problemática medioambiental no se contempló como problema común en los tratados constituyentes de las Comunidades Europeas, y hasta 1972 la Comunidad Europea no empieza a dotarse de un marco de política ambiental. Y esa novedad dejó claramente obsoletas las legislaciones más rígidamente proteccionistas del pasado.

De ahí que la Ley 4/89 de 27 de marzo, de Conservación de los Espacios Naturales y de la Flora y Fauna Silvestres, refunda los regímenes de protección creados por la ley de 1975 e implique la extensión del régimen jurídico protector de los recursos naturales más allá de los nuevos espacios naturales protegidos, así como el establecimiento de una gradación protectora en relación al nivel de intensidad de uso que la planificación de tales espacios establezca, puesto que en los espacios naturales declarados tales por ley, se podrán establecer «zonas periféricas de protección» destinadas a evitar impactos ecológicos o paisajísticos procedentes del exterior. Asimismo, el artículo 18 de la ley establece que, con el fin de contribuir al mantenimiento de los espacios naturales protegidos y compensar socioeconómicamente a las poblaciones afectadas, podrán establecerse «áreas de influencia socioeconómica» en sus disposiciones reguladoras, con especificación del régimen económico y compensación adecuada al tipo de limitaciones. Estas áreas estarán integradas por el conjunto de los términos municipales donde se encuentre ubicado el espacio natural de que se trate y su «zona periférica de protección».

En buena medida, esta ley, que reserva al Estado la gestión de los parques nacionales, tiene el carácter de básica y deja a las Comunidades Autónomas el desarrollo de la misma, pues, aunque el artículo 8 habla de un futuro reglamento, éste no ha visto la luz, posiblemente debido tanto a los múltiples y variados desarrollos que han emprendido las Comunidades Autónomas, como a que quizá se esté a la espera del análisis de la propia experiencia que está teniendo lugar en materia de planificación de estos espacios. Una planificación con dos vertientes complementarias: *a*) externa, a través del «plan de ordenación de los recursos naturales» que deberá ser previo a la declaración de parque nacional; y *b*) interna, por medio del «plan rector de uso y gestión». Instrumentos ambos que prevalecerán sobre el planeamiento urbanístico.

Y en lo que a la perspectiva turística afecta, es evidente que la ley está pensando en un uso «ordenado» de tales recursos naturales, puesto que, entre los objetivos de los «planes de ordenación de los recursos naturales», está «el formular los criterios orientadores de las políticas sectoriales y ordenadores de las actividades económicas y sociales, públicas y privadas», para que sean compatibles con las exigencias de protección, conservación, restauración y mejora de los recursos naturales que lo precisen. Estas políticas sectoriales pueden materializarse en «planes especiales», limitados al interior del parque, que afecten de forma exclusiva y con gran detalle a una actividad concreta. En cualquier caso, la turística es una de ellas.

El primer «plan de ordenación de recursos naturales» aparecido después de la publicación de la ley de 1989 es el del Parque Nacional de los Picos de Europa, que integra, dentro de sus límites, al antiguo Parque Nacional de la Montaña de Covadonga, que fue establecido por el Real Decreto 640/1994 de 8 de abril. Nos vamos a detener con cierta atención en el mismo por lo que supone de contrastación de la nueva filosofía ecoturística que empieza a impregnar la política de conservación de la naturaleza.

Este plan de ordenación pone de relieve, en su diagnóstico del estado de conservación de los recursos, la modificación experimentada por los demandantes de aquel espacio, tradicionalmente lugareños y montañeros, al constatar que «en la última década va tomando cuerpo la idea de explotar a gran escala los recursos turísticos de los Picos de Europa. La explotación masiva de éstos, idea difícilmente sostenible por las características físicas y medioambientales del territorio, plantea como necesarias unas infraestructuras de fuerte impacto espacial —teleféricos, carreteras, etc.— que pueden dañar de forma irremediable los valiosos recursos existentes».

Por todo ello, se establecen tres zonas bien diferenciadas con una lógica de protección especial a cada una de ellas en función de sus respectivos valores ecológicos, y unas limitaciones específicas que, en lo concerniente a su incidencia turística, son: *a*) la regulación de la práctica del barranquismo y cualquier otro deporte que entrañe riesgo de afectación a especies catalogadas; *b*) la práctica de la espeleología, que requerirá autorización; *c*) la prohibición del uso de bicicletas fuera de las pistas para vehículos de cuatro ruedas o de las que se habiliten al efecto; *d*) la prohibición del sobrevuelo sin autorización a menos de 1.000 metros sobre la máxima cota del parque; *e*) la prohibición de introducir y portar armas salvo las autorizadas, y *f*) la evitación de instalación de sistemas mecánicos de arrastre y de remontes aéreos de nueva implantación.

Es importante hacer un análisis más pormenorizado de los objetivos y criterios orientadores que deberán seguirse en relación con las políticas sectoriales. Así, en lo concerniente a las infraestructuras, se propugna fomentar la instalación de aparcamientos disuasorios abiertos al público en las inmediaciones de los cascos urbanos de los núcleos del entorno del parque, y potenciar los transportes colectivos desde la periferia para el acceso a las áreas frágiles o de escasa capacidad de acogida. En cuanto a las actividades turísticas y recreativas, el objetivo propugnado es fomentar el uso turístico sostenido que no produzca una disminución de la calidad ambiental del área, ni ponga en peligro la conservación de sus valores naturales y culturales. Los criterios orientadores pretenden que las infraestructuras turísticas se integren en el paisaje adaptándose a las tipologías tradicionales, que los hoteles y restaurantes se ubiquen en los núcleos de población y tratando de potenciar los hospedajes que utilicen casas tradicionales y la rehabilitación de casas abandonadas para alquiler. También se regulará la instalación de nuevos cámpings.

En otro orden de cosas, se propugna el aumento de la calidad de los servicios ofertados, estimulando un turismo respetuoso con la naturaleza y hábitos de la zona, diversificado espacialmente, e integrado en las comunidades rurales locales. Para conseguir todo ello se incrementará la información a los visitantes, la señalización de las rutas y se impulsarán nuevos recorridos apoyados en vías existentes y núcleos de población. Por último, se regularán los deportes de naturaleza compatibilizándolos con la conservación del medio natural y con el desarrollo de otras actividades recreativas, tratando de diversificar su desarrollo en la periferia del parque y fomentando las de baja incidencia ambiental.

La vertiente interna de la planificación de los parques nacionales a través de los planes rectores de uso y gestión también arranca en España con el correspondiente al Parque Nacional de la Montaña de Covadonga, que fue aprobado por Real Decreto 2305/1994 de 2 de diciembre. Este «plan rector de uso y gestión» establece unos objetivos generales entre los que se especifica la promoción del desarrollo social, económico y cultural de las comunidades afectadas; una zonificación que distingue cuatro zonas según su grado de protección; unas directrices de la gestión en todas sus facetas que, en lo tocante a su incidencia turística, acrecentarán el atractivo turístico del parque por las líneas de actuación propugnadas en materia de restauración del paisaje, control de acceso y actividades, o desarrollo de medidas de seguridad y adecuación de instalaciones e infraestructuras existentes; igualmente fija una normativa acorde con el «plan de ordenación», su período de vigencia inicialmente de cuatro años y planes sectoriales a desarrollar en el futuro.

Lógicamente, este «plan rector de uso y gestión», al estar orientado hacia el «interior», tiene menor contenido turístico que el plan de ordenación. Pero ambos están estrechamente imbricados y se complementan mutuamente.

3.5.1. *La potenciación del turismo juvenil de la naturaleza*

Una de las nuevas líneas de potenciación de lo que podríamos denominar como ecoturismo, es la relativa a la promoción de este tipo de turismo entre la juventud. Así, a lo largo de 1986 se promulgaron un conjunto de órdenes todas ellas en la misma fecha de 21 de febrero, por las que se creaban campos de trabajo, encuentros juveniles y actividades de conocimiento de determinadas realidades geográficas de España.

Se convocaron cuatro tipos de campos de trabajo. El primero de ellos tuvo lugar en torno a los parques nacionales de Covadonga, Ordesa, Doñana, Garajonay y Timanfaya, con la finalidad de aproximar a los jóvenes a la realidad de tales parques, posibilitando la convivencia participativa y el contacto con la naturaleza. El segundo tenía por objeto la recuperación del patrimonio a través de tareas de tipo social, sin ánimo de lucro, en un clima formador de conocimiento y convivencia y en colaboración con las Comunidades Autónomas. El tercer tipo de campo de trabajo tenía por objeto la defensa del litoral de Cartagena, río Eo en Asturias, en el mismo contexto participativo y formador de los anteriores. Y el cuarto tipo era de investigación, a realizarse en Ribadesella para aplicación de ordenadores al trabajo de campo en la naturaleza; en Castropol, de carácter etnográfico; y en Cartagena, de arqueología subacuática.

También se convocaron encuentros en la naturaleza en torno a los parques nacionales de Aigües Tortes, Covadonga, Doñana, Garajonay y Ordesa, con objetivos similares a los de los campos de trabajo; travesías de los parques de Aigües Tortes, Covadonga y Ordesa; y actividades especiales como «conoce nuestras cañadas» para aproximar a los jóvenes a la naturaleza posibilitando la vivencia, el conocimiento y el respeto al patrimonio cultural y natural, en «rutas vaqueiras», cañada de la Ruta de la Plata, y cañada Galiana; y como «conoce nuestros ríos» con el mismo objetivo anterior en los casos del Duero y el Ebro.

3.5.2. *El inicio de la acción protectora de las Comunidades Autónomas*

Ya hemos mencionado con anterioridad la relevancia creciente de las Comunidades Autónomas en todo lo relacionado con la conservación de la naturaleza. Pues bien, una de las primeras en hacer uso de sus competencias ambientales fue Andalucía, cuyo Parlamento aprobó, mediante la Ley 2/1989 de 18 de julio, la declaración del Parque Natural del Entorno de Doñana, lo que vino a completar la protección del Parque Nacional de Doñana. La evaluación del plan rector de uso y gestión (en lo sucesivo PRUG) vigente en éste, y el nuevo marco jurídico incidente, como el Plan Almonte-Marismas, el Plan Director Territorial de Coordinación de la Comarca de Doñana, y la declaración de «parque natural» anteriormente citada, generaron la necesidad de revisar el PRUG, revisión que fue aprobada por Real Decreto 1772/1991 de 16 de diciembre. Un nuevo PRUG elaborado con la participación de la Comunidad Autónoma y el Consejo Superior de Investigaciones Científicas que incorpora las nuevas metodologías planificadoras aplicadas en otros parques.

Desde la perspectiva turística, el nuevo PRUG pretende mejorar el sistema de uso público adaptándolo a las características naturales, a la capacidad de acogida del parque nacional y a la diversidad de la demanda de acuerdo con los principios de: *a*) mantener al mínimo la presión de las visitas al interior del parque; *b*) ubicar las ineludibles infraestructuras de acogida en la periferia del parque; *c*) adecuar el sistema de visitas al conjunto de las instalaciones existentes en cada momento; *d*) diversificar la oferta de visitas de libre acceso, y *e*) prestar atención especial a las demandas de uso público.

La forma de actuar al respecto se articula en torno a la definición de itinerarios, recorridos y senderos de visita, así como del establecimiento de un sistema de interpretación que consta de cinco centros de acogida, con la determinación del número de viajes diarios y visitantes por viaje por las zonas que se establezcan, de acuerdo con las cuatro zonificaciones fijadas en razón a la intensidad y modalidad de su uso.

Otra de las primeras comunidades autónomas que hizo uso de sus facultades en la materia fue Cataluña, que el 10 de diciembre de 1990 aprobó la Ley 7 de Conservación de la Flora y Fauna del Fondo Marino de las Islas Medas. Una ley protectora de un entorno marino que contemplaba la necesidad de la aprobación de un plan que garantizase el equilibrio ecológico de las áreas protegidas en el que se fijará, entre otras cuestiones «en cuanto a los usos turísticos y a los deportivos, el número máximo de inmersiones permitidas en la zona estrictamente protegida y los lugares adecuados para el fondeo de las embarcaciones, las actuaciones a emprender para promover y fomentar el conocimiento del área y los estudios y trabajos a realizar para mejorar la educación ambiental de los visitantes y facilitarles el uso y disfrute».

Esta norma autonómica saca a luz una nueva preocupación, no asumida plenamente por el Estado, por los entornos ambientales marinos que, hasta entonces, se habían mantenido relativamente bien conservados por razones diversas. Así, la Administración central abordó la declaración de Parque Nacional Marítimo-Terrestre del archipiélago de Cabrera en las Baleares por la Ley 14/1991 de 29 de abril, en la que se establecía entre otros objetivos el contribuir al conocimiento científico de sus valores naturales, así como a fomentar las actividades educativas y culturales que permitiesen un mejor conocimiento de ese espacio. Obviamente, detrás de esta declaración estaba el objetivo de eliminar cualquier preocupación por su futuro, dada la presión turística existente tendente a urbanizar la isla de Cabrera o a establecer algún tipo de infraestructura turística en tierra, al igual que disipar la preocupación por la presión de numerosas embarcaciones turísticas de recreo que navegan y fondean en verano en aquellas aguas, y por la práctica del submarinismo incontrolado.

Otro entorno de influencia marina que pasa a ser protegido es el de las marismas de Santoña y Noja bajo la forma jurídica de «reserva natural», y por medio de la Ley 6/1992 de 27 de marzo. Es un área recientemente amenazada por la desecación propiciada por intereses inmobiliarios en la que se trata de preservar los equilibrios ecológicos de sus ecosistemas.

Hagamos una referencia final a la actuación normativa de otras Comunidades Autónomas como Asturias o Castilla-León que también promulgaron sus correspondientes leyes de protección de espacios naturales; Ley 5/1991 de 5 de abril en aquélla, y Ley 8/1991 de 20 de mayo en ésta.

3.6. La institucionalización de la cooperación internacional en materia turística

El marco internacional en que se va desenvolviendo crecientemente la actividad económica española y el propio proceso de integración en la Unión Europea no dejan de hacer sentir sus efectos sobre todos los ámbitos de la economía, la sociedad, la cultura, la política, etc. La forma que tal proceso de cooperación o de integración adopta es variada. Veamos seguidamente las principales manifestaciones de esa institucionalización de la regulación de actividades en lo que a su incidencia turística se refiere.

3.6.1. *El Convenio Marco Europeo sobre la Cooperación Transfronteriza*

La primera que vamos a examinar es el Convenio Marco Europeo sobre Cooperación Transfronteriza entre comunidades o autoridades territoriales, elaborado en Madrid el 21 de mayo de 1980, firmado inicialmente el 1 de octubre de 1986 y finalmente ratificado por España con algunas salvedades formales el 10 de julio de 1990, siendo publicado el correspondiente instrumento de ratificación el 16 de octubre de 1990. El objetivo de estas acciones concertadas es el reforzamiento y el desarrollo de las relaciones de vecindad para la conclusión de acuerdos de cooperación entre las comunidades y las autoridades territoriales. Acuerdos o arreglos que tienen sólo naturaleza indicativa y carecen, por tanto, del valor del tratado.

En su contenido se incluye un anexo con los modelos y esquemas de acuerdos, estatutos y contratos sobre cooperación transfronteriza, y en concreto un modelo de acuerdo internacional sobre acción concertada transfronteriza regional en el que se fijan las cuestiones que podrán ser objeto de tales acuerdos. Son múltiples, pero en el interés que nos concierne sólo podemos citar las siguientes: *a)* protección de la naturaleza (lugares que deben ser protegidos, zonas de recreo, parques naturales, etc); *b*) cultura, disfrute del tiempo libre y deportes (teatros, orquestas, centros deportivos, colonias de vacaciones, centros juveniles, etc); *c*) turismo (proyectos comunes de promoción turística).

3.6.2. *Plan de medidas comunitarias en favor del turismo*

El segundo de los instrumentos jurídicos internacionales a los que nos vamos a referir es la Decisión del Consejo de la Unión Europea de 13 de julio de 1992 por la que se aprobó un plan de medidas comunitarias en favor del turismo. En su preámbulo se hace una serie de *considerandos* sobre el turismo, como los relativos a la creación de puestos de trabajo; la promoción del mejor conocimiento de las raíces culturales europeas y su contribución al avance de la idea de «ciudadanía europea»; el objetivo de consolidar un planteamiento horizontal del turismo en las políticas comunitarias y nacionales que debe presidir la acción europea en materia turística; la coordinación de los servicios comunitarios relacionados con el turismo, en particular los relativos a las políticas comunitarias de transportes y de protección de los consumidores; la contribución a la mejora de la calidad y de la competitividad de la oferta turística comunitaria, alentando la diversificación y la intensificación de la promoción en países terceros; la contribución a la realización del objetivo de la cohesión económica y social, del desarrollo armónico, de la expansión permanente y equilibrada, de la mejora del nivel de vida, y del estrechamiento de relaciones entre los Estados miembros; el respeto al principio de subsidiariedad en las medidas que se apliquen; el respeto a las poblaciones locales y al entorno natural y cultural; la necesidad de asegurar la libre competencia; el favorecimiento de la cooperación entre agentes públicos y privados para mejorar la integración del turismo en las políticas comunitarias; la necesidad de seguir desarrollando las estadísticas turísticas y los análisis prospectivos sobre las nuevas formas de turismo.

A la vista de todo ello, se establece un plan de acciones comunitarias en favor del turismo de tres años de duración dotado con 18 millones de ecus. Las medidas, que deben atenerse al principio de subsidiariedad siguiendo un conjunto de criterios, se centran en las siguientes acciones: «Mejora del conocimiento del ámbito del turismo y consolidación de la coherencia de las acciones, escalonamiento de las vacaciones, acciones transnacionales, los turistas como consumidores, turismo cultural, turismo y medio ambiente, turismo rural, turismo social, turismo juvenil, formación, y promoción en terceros países».

3.6.3. *El Convenio de la OIT sobre condiciones de trabajo en la hostelería*

La tercera disposición de carácter internacional que vamos a comentar es el «Convenio sobre las condiciones de trabajo en los hoteles, restaurantes y establecimientos similares» adoptado en Ginebra por la Conferencia General de la Organización Internacional del Trabajo el 25 de junio de 1991, cuyo instrumento de ratificación fue firmado por el Rey el 17 de mayo de 1993, y publicado en el *BOE* el 3 de marzo de 1994.

En particular, se hace especial referencia a las condiciones de trabajo relativas a la jornada normal de trabajo, a las horas extraordinarias, a la información previa sobre los horarios de trabajo, a las compensaciones por trabajar en días festivos, al derecho a las vacaciones anuales pagadas, etc. Entre las recomendaciones, se habla de la eliminación progresiva de los horarios discontinuos, del derecho a un período semanal de descanso ininterrumpido no inferior a treinta y seis horas y a un descanso diario de diez horas consecutivas como promedio, a la consecución de cuatro semanas anuales de vacaciones pagadas, y algunas otras, haciendo siempre la salvedad de tener en cuenta las condiciones particulares y la práctica de las legislaciones nacionales. Asimismo, se hace una recomendación a los Estados firmantes para que procedan a la elaboración de políticas y programas de educación y formación profesionales y de capacitación gerencial, con el objetivo de mejorar las cualificaciones personales y la calidad del trabajo, así como las perspectivas de promoción.

3.6.4. *La Directiva del Parlamento Europeo y del Consejo sobre los contratos de adquisición de inmuebles en tiempo compartido*

La aparición de una nueva modalidad de contratación a caballo entre el arrendamiento y la propiedad, por la que se adquiere el derecho a la utilización de inmuebles en régimen de tiempo compartido, ha puesto sobre el tapete numerosos problemas derivados de las diferencias legales existentes entre los distintos Estados comunitarios e incluso la inexistencia de legislación aplicable. Es por eso que el Parlamento y el Consejo adoptaron la Directiva 94/47/CE de 26 de octubre, por la que tratan de crear una base mínima de normas comunes que garanticen el funcionamiento del mercado interior y defiendan a los adquirentes de prácticas viciosas que los dejan en indefensión, por lo que se precisan las obligaciones mínimas que los vendedores deben cumplir.

En concreto, el objetivo explícito de la directiva es «aproximar las disposiciones legales, reglamentarias y administrativas de los Estados miembros referentes a la protección de los adquirentes en lo relativo a determinados aspectos de los contratos relativos, directa o indirectamente, a la adquisición de un derecho de utilización de uno o más inmuebles en régimen de tiempo compartido». Y se refiere únicamente a aspectos relativos a la información referente a los elementos constitutivos del contrato y las condiciones de transmisión de dicha información y de los procedimientos y formas de resolución de tales contratos.

3.7. La actividad legislativa turística desde 1996: la ley reguladora del aprovechamiento por turno de bienes inmuebles de uso turístico

Poca dimensión ha alcanzado esta parcela de la actuación de la Administración central en los últimos años, por cuanto la culminación de las transferencias turísticas a las Comunidades Autónomas ha supuesto, igualmente, la de la actividad normativa, que están llevando a cabo con fruición. Pero no es éste el lugar para su examen.

Básicamente, es una norma emanada del Parlamento nacional durante la administración popular. Se trata de la Ley 42/1998 de 15 de diciembre reguladora del aprovechamiento por turno de bienes inmuebles de uso turístico y normas tributarias. Una norma que se adapta a la directiva correspondiente del Parlamento y del Consejo Europeos de 1994, y que se hacía cada día más necesaria en tanto que España es hoy día el segundo país del mundo por el número de inmuebles destinados a este tipo de aprovechamiento. Norma que igualmente introduce una clarificación terminológica de lo que es un derecho de uso por turno, en vez de multipropiedad o tiempo compartido, como vulgarmente se conoce; que establece una serie de cautelas para defender los derechos de los consumidores adquirentes de este derecho, como el de desistimiento unilateral dentro de los diez días siguientes al de la firma del contrato, como la obligatoriedad de información detallada por el vendedor sobre el objeto del contrato, o como la resolución de los contratos de préstamo concedidos por terceros a consecuencia del desistimiento, etc.

Es interesante igualmente hacer constar que con esta norma se regula un nuevo derecho real de aprovechamiento por turno, que se configura como una variante del arrendamiento de temporada, al que se aplicarán las disposiciones de la ley en cuanto no contradigan su naturaleza jurídica. Técnicamente, es una ley compleja en este sentido y algo confusa, que presenta variantes significativas respecto de leyes semejantes en otros países, como la limitación del derecho a un máximo de cincuenta años.

Asimismo, es importante la mención expresa que se hace en la ley de la empresa de servicios, que es instrumento esencial para la vida del régimen y para el adecuado disfrute del derecho adquirido, ya que si no existiera dicha empresa, o ésta funcionase incorrectamente, el derecho no podría ejercerse en la práctica.

Finalmente, la ley tiene un contenido fiscal que clarifica la normativa tributaria aplicable, cuya finalidad es la no discriminación de los titulares de estos derechos de aprovechamiento por turno en relación con otras posibles fórmulas de utilización parcial de inmuebles.

4. EL MARCO ECONÓMICO: UNA NUEVA POLÍTICA DE APOYO AL SECTOR

4.1. Las nuevas líneas crediticias de apoyo

La política de apoyo al sector muestra inicialmente en el período una clara continuidad con la iniciada por el primer Gobierno socialista, aunque enmarcada en la regulación del crédito turístico de la Orden de la Presidencia del Gobierno de 6 de febrero de 1986. Una orden que modificó la reglamentación vigente desde 1979 con el fin de acomodar la normativa a las directrices generales de política crediticia y a las exigencias de la política turística en el contexto político-administrativo de transferencias de competencias y funciones a las Comunidades Autónomas.

Los créditos turísticos podrían ser destinados a:

a) Construcción, ampliación, modernización y acondicionamiento de establecimientos hoteleros y demás alojamientos y establecimientos turísticos y de su infraestructura, así como adaptación para estos fines de edificios existentes.

b) Instalaciones y servicios de oferta complementaria de dichos edificios turísticos.

c) Adquisición de mobiliario, maquinaria y equipamiento para dotación de los referidos establecimientos e instalaciones turísticas.

d) Construcción, establecimiento, puesta en funcionamiento y modernización de toda clase de instalaciones, recursos, servicios o actividades turísticas no comprendidas en los apartados anteriores, así como de cuantos otros bienes o servicios puedan ser susceptibles de utilización turística.

Así pues, cabe todo tipo de inversión en el campo turístico dentro de las finalidades del crédito turístico. Ahora bien, con el fin de adaptar este marco general a las necesidades coyunturales de la política turística, es preciso, para acceder a estos créditos, la previa declaración de interés turístico otorgada por la Secretaría General de Turismo a la vista de la finalidad de la inversión, de las prioridades y criterios de la política turística y de las disponibilidades financieras del ejercicio económico.

Las normas a que habrá de someterse la tramitación de las solicitudes de declaraciones de interés turístico fueron dictadas pocos días después por Resolución de 28 de febrero de 1986, donde se da una participación relevante a las Comunidades Autónomas con el carácter vinculante de sus preceptivos informes en caso de ser negativos, además del control y tramitación complementaria inherente a la ejecución del plan de inversiones.

El crédito turístico seguirá siendo atendido por una línea de crédito oficial encomendada al Banco Hipotecario con unas cuantías máximas del 60 por 100 en las finalidades del apartado «a»; del 50 por 100 en las de los apartados «b» y «d», y del 40 por 100 en las del apartado «c». No obstante, se fijan también unos topes cuantitativos por habitación y categoría del establecimiento, así como en función de su especialidad, ya que tales módulos o topes podrán ser elevados hasta un 40 por 100 en establecimientos proyectados en estaciones de nieve o de montaña. Estos módulos podrán ser actualizados cada dos años y los plazos máximos de amortización crediticia no excederán de doce años y tres de carencia.

La experiencia que se había iniciado el año 1985 con los concursos públicos de crédito turístico, y con las ayudas a fondo perdido, aunque con cifras ridículas, como ya señalamos, en algunas de sus modalidades, fue sin duda relevante por lo que supuso de despertar el interés del sector, cuyas peticiones desbordaron enormemente las cuantías previstas, y generaron unas expectativas que empiezan a ser satisfechas con las tres Órdenes de 8 de abril de 1986 en las que se convocaban los concursos de crédito turístico con destino a:

1. Modernización de alojamientos turísticos y a dotación de oferta turística complementaria, con un importe de 2.000 millones de pesetas.

2. Modernización de balnearios y estaciones termales, con un importe mínimo de 700 millones de pesetas.

3. Construcción, ampliación y dotación de instalaciones complementarias en establecimientos hoteleros de explotación familiar, con un importe mínimo de 1.000 millones de pesetas.

Las características de los objetivos, así como las condiciones crediticias son prácticamente iguales a las del año anterior en los segmentos objetivo de la línea 1. En lo referente a la nueva línea de crédito turístico a balnearios, los objetivos, así como las condiciones crediticias son prácticamente iguales a los de la línea anterior, sólo que constituye una línea específica para promover —además de la modernización y mejora general de instalaciones— la demanda de un turismo especializado en zonas donde no existe desarrollo turístico, tratando de diversificar de este modo la oferta turística. Finalmente, la línea de apoyo a la hotelería familiar también se adapta a los objetivos generales de las dos líneas anteriores, aunque se establecen elementos novedosos a valorar positivamente, como la adecuación de la construcción a las características arquitectónicas y al estilo tradicional de la zona o región, o una restauración cuidada, con platos de cocina regional y menús para niños y otros especiales. Asimismo, se apoya especialmente su ubicación en zonas de montaña, zonas turísticas insuficientemente desarrolladas y regiones del interior.

A lo largo de los años 1987 y 1988 se abre una nueva orientación en los concursos de crédito turístico con vistas a apoyar el desarrollo de nuevos alojamientos, que acontecimientos excepcionales y singulares iban a demandar. Concretamente, las Olimpiadas de Barcelona y la Exposición Universal de Sevilla en primer lugar, y el Año Santo Compostelano a continuación. Así, se estimó oportuno a través de diferentes resoluciones estimular la creación o ampliación de alojamientos hoteleros, adaptación a hoteles de edificaciones preexistentes, y proyectos de nuevos hoteles de especial calidad, en Barcelona, Sevilla, Granada, Córdoba y Málaga por medio de la Resolución de 31 de julio de 1987, en la que se mejoraban las condiciones generales del crédito turístico al aumentar las cuantías máximas de los créditos en un 10 por 100 sobre las establecidas genéricamente, y ampliar, asimismo, en dos años el período de amortización. Un año más tarde, una nueva Resolución de 9 de septiembre de 1988 abrió otra línea de crédito, dotada con 2.000 millones de pesetas al igual que la anterior, pero sólo para creación de alojamientos hoteleros en Sevilla y Barcelona.

Dentro de esta nueva política, geográficamente selectiva, de potenciación de la oferta turística, dos Resoluciones, de 21 de julio de 1988 y 5 de septiembre del mismo año, ponían en vigor sendos concursos de crédito dotados con 1.000 millones de pesetas cada uno, teniendo como destinatarios al Camino de Santiago y a la Vía de la Plata, respectivamente. En concreto, el objetivo de ambas normas era la creación, ampliación y modernización de hoteles en Santiago de Compostela y en localidades de la Vía de la Plata; la adaptación de edificaciones ya existentes a alojamientos hoteleros; las instalaciones de carretera integradas por alojamiento y restauración con platos de cocina regional y otras especialidades; la creación de campamentos de turismo en zonas de las respectivas vías de interés paisajístico o monumental; la dotación de oferta turística complementaria de los referidos establecimientos; y la dotación de mobiliario y equipo. En cuanto a las características financieras de los concursos fueron similares a los relacionados anteriormente.

También en 1987 tuvo lugar una actualización de los módulos por habitación y categoría del establecimiento, por medio de una Orden de 17 de diciembre de 1987 que aplicaba un coeficiente corrector a los citados módulos para el bienio 1988-1989.

Una nueva orientación del crédito turístico se abre con una Orden de 16 de julio de 1990, en la que se pretende una diversificación del desarrollo turístico español. De alguna manera, es una profundización de las nuevas orientaciones que habían venido diseñándose desde 1987 por los motivos anteriormente apuntados, ya que se pretende una demanda cualitativamente distinta de la puramente vacacional y de playa, para lo que se apoya:

a) Crear una oferta turística geográficamente selectiva y cualitativamente diferenciada, con especial atención a zonas de fuerte potencial turístico aunque escasamente desarrollado, atendiendo preferentemente al mantenimiento del patrimonio histórico-artístico, al aprovechamiento de nuestra diversidad geográfica y climática y a la preservación del medio ambiente.

b) Crear una oferta de alojamientos que contribuyan a satisfacer una demanda cualitativamente distinta de la puramente vacacional y de playa.

c) Crear una oferta complementaria a la existente, atendiendo a la creciente demanda de actividades distintas al mero alojamiento: deportivas, entretenimientos, culturales, etc.

d) Renovar y modernizar los procesos productivos, así como innovar y aportar avances tecnológicos con especial atención a la mejora de la gestión energética en hoteles, de la seguridad de los turistas y el respeto al medio ambiente y depuración de residuos.

Los plazos crediticios no excederán de quince años y las carencias de amortización tienen un límite de tres años.

En virtud de esta nueva orientación del crédito turístico, una Resolución de 25 de enero de 1991 de la Secretaría General de Turismo pasó a especificar con detalle las acciones de modernización que serían objeto de «preferente interés turístico», quedando agrupadas en los siguientes tipos de actuaciones:

a) Mejoras energéticas:
  - Optimización del consumo de energía eléctrica.
  - Aprovechamiento de energías residuales en las instalaciones tradicionales.
  - Empleo de energías alternativas (solar, eólica, etc.).
  - Optimización de los consumos de agua.

b) Implantación de sistemas de seguridad:
  - Control de accesos y servicios por tarjeta magnética.
  - Instalación de cajas de seguridad.

c) Sistemas contra incendios:
  - Instalaciones automáticas de detección de incendios.
  - Mejora de las instalaciones de extinción de incendios.
  - Escaleras de emergencia.

d) Mejoras de la gestión:
  - Informatización de la gestión hotelera (recursos, contabilidad, almacén, etc.).
  - Informatización del mantenimiento de las instalaciones.
  - Centrales telefónicas digitales.

e) Acciones de preservación del medio ambiente:
  - Tratamiento de aguas residuales.
  - Mejoras en instalaciones orientadas a la disminución y purificación de residuos sólidos y gaseosos.

f) Otras actuaciones:
  - Instalación de aire acondicionado cuando no lo requiera la categoría del establecimiento.
  - La remodelación total siempre que suponga mejora de la totalidad de las instalaciones y eventual aumento de la categoría del establecimiento.

El objetivo perseguido era bastante claro: modernizar la oferta, mejorar y racionalizar los procesos productivos, e incorporar avances tecnológicos en la gestión. Prácticamente toda mejora de calidad de la oferta turística quedaba amparada y sólo se excluía la correspondiente al equipamiento normal y su renovación.

4.2. Las inversiones extranjeras

La Ley 47/1985 de 27 de diciembre de Bases de Delegación al Gobierno para la aplicación del derecho de las Comunidades Europeas, le facultó para dictar normas con rango de ley que adecuaran la normativa española al ordenamiento jurídico comunitario, en un conjunto de materias entre la que se encontraba la relativa a las inversiones extranjeras. En su virtud, el Real Decreto 1265/1986 de 27 de junio sobre inversiones extranjeras en España y su consiguiente reglamento aprobado igualmente por Real Decreto 2077/1986 de 25 de septiembre, vinieron a cumplir el mandato de la ley de bases anterior adecuando la normativa española a las normas comunitarias reguladoras de los movimientos de capital y de derecho de establecimiento.

Tal como se indica en el preámbulo correspondiente del Decreto 1265/1986, se establece una definición mucho más técnica de las inversiones directas y de las inversiones en cartera utilizando el criterio diferenciador de la influencia en la gestión de la sociedad en vez del de la cotización en bolsa. Asimismo, se incluyen como inversión directa los préstamos financieros de duración superior a cinco años.

Obviamente, se liberalizan los movimientos de capital, con las salvedades excepcionales que se recogen en el decreto que en nada alteran los compromisos de liberalización derivados de la incorporación a la Comunidad Europea, articulando un procedimiento de verificación administrativa. Solamente se califican como sectores con regulación específica en materia de derecho de establecimiento: el juego, las actividades directamente relacionadas con la defensa nacional, la televisión, la radio y el transporte aéreo. Con carácter general, todas las inversiones directas están plenamente liberalizadas con el único trámite de verificación administrativa para aquéllas en las que la participación extranjera supere el 50 por 100 del capital social. En cuanto a las de cartera, también se decreta su liberalización dejando pendiente para un reglamento posterior las condiciones de la misma.

Análisis especial por su gran incidencia turística merece la regulación de las inversiones en bienes inmuebles, que obviamente tendrán las limitaciones impuestas por la legislación dictada por motivos estratégicos o de defensa nacional, si la finca a adquirir se encuentra en alguna zona afectada por dicha legislación. Salvo esta limitación, las inversiones en inmuebles son totalmente libres, quedando sujetas al trámite de verificación administrativa las inversiones de personas jurídicas y físicas extranjeras no residentes en España de:

a) Inmuebles de naturaleza rústica.

b) Solares urbanos conforme a la legislación del suelo y ordenación urbana.

c) Locales comerciales.

d) Más de tres viviendas en un mismo inmueble.

Si el inmueble a adquirir se pretende destinar a una actividad empresarial se regirá por lo regulado para las inversiones directas.

Si bien las mencionadas disposiciones introdujeron una notable agilidad en la tramitación ante la Administración pública de los expedientes de inversión extranjera, quedaron pendientes algunas cuestiones formales y de procedimiento. Estos aspectos fueron, a su vez, abordados por una Orden de 4 de febrero de 1990, y entre los que afectan de modo más directo al sector turístico cabe mencionar la posibilidad de concesión de préstamos hipotecarios en favor de no residentes que graven la adquisición de inmuebles, a las entidades delegadas y sociedades de crédito hipotecario, así como la subrogación de tales créditos por los no residentes. Estas operaciones no requerirán verificaciones administrativas previas. E igual ausencia de verificación previa se establece para las transferencias al exterior del producto de la liquidación de una inversión extranjera en inmuebles, aun en el caso de que el inversor extranjero que proceda a repatriar esa inversión conceda aplazamientos de pago en favor del comprador residente.

Asimismo, se autoriza la libre transferencia al exterior de las rentas obtenidas por los inversores extranjeros por el arrendamiento de sus inmuebles en España, sin verificación previa; e incluso las comisiones y corretajes relacionados con la venta de inmuebles a no residentes, si no superan el 15 por 100 del precio de venta del inmueble.

Finalmente, la Orden de 25 de septiembre de 1991 modificó la anteriormente comentada de 4 de febrero de 1990 elevando las cuantías de las inversiones extranjeras en sociedades españolas que quedan exentas de los trámites administrativos de verificación previa.

4.3. Medidas de índole financiera y cambiaria

El proceso de adhesión española a las Comunidades Europeas lógicamente no está exento de adaptaciones que obligan al sistema financiero español a una progresiva liberalización. Y una de las primeras adaptaciones que tiene lugar es la que realiza el Real Decreto 321/1987 de 27 de febrero por el que se regula el coeficiente de inversión obligatoria de las entidades de depósito, y cuya principal consecuencia es la desaparición de la exportación como elemento computable en tales coeficientes. De ahí que quedasen derogadas todas las disposiciones relativas a capital circulante de empresas turísticas exportadoras y a financiación en el exterior de actividades turísticas. Es decir, que todo tipo de apoyos financieros a la exportación dejan de estar en los circuitos privilegiados de financiación y pasan a funcionar libremente en el mercado.

Sin embargo, el apoyo financiero oficial al crédito a la exportación de operaciones incluidas en el ámbito de aplicación de acuerdos multilaterales en los que España participa quedaron regulados por el Real Decreto 322/1987 de 27 de febrero, sobre la base de la Ley 11/1983 de 16 de agosto que en su artículo primero posibilitaba subvenciones a los citados créditos a la exportación, a través del Instituto de Crédito Oficial. El Real Decreto 322 prohíbe lógicamente el apoyo a las exportaciones con destino a países comunitarios.

Otras normativas de índole monetaria que precisan adaptación son las relativas a la liberalización de gastos de viaje, estancia en el extranjero y movimiento de divisas y pesetas por frontera. Esta liberalización plena se estableció por la Orden de 13 de marzo de 1987 y se articuló administrativamente por Resolución de la Dirección General de Transacciones Exteriores de 30 de marzo de ese mismo año. En su virtud, desaparecen los límites anuales de gasto por viajes en el extranjero, aunque se mantiene un límite de adquisición de divisas de 350.000 pesetas por persona y viaje sin necesidad de previa justificación. Igualmente, se eliminan las distinciones jurídicas existentes hasta entonces entre diferentes motivaciones de viaje.

4.4. Otras medidas de liberalización financiera

El contexto jurídico español en lo relativo a los derechos y libertades de los extranjeros en España fue modernizado, a tenor de la necesidad de su alineamiento con similares normativas comunitarias, por la Ley Orgánica 7/1985 de 1 de julio, cuyo reglamento aprobado por Real Decreto 1119/1986 de 26 de mayo mantuvo la posibilidad, vigente de tiempo atrás, de que los funcionarios encargados de los controles de entrada en el territorio español exigiesen a los extranjeros la acreditación de la posesión de recursos económicos suficientes para su sostenimiento en España durante su permanencia y, en su caso, para su traslado a otro país o para el retorno al país de procedencia, así como reducir dicho tiempo en proporción a los recursos de que dispongan.

Sobre la base de tal normativa, la Orden de 22 de febrero de 1989 estableció que la cantidad a acreditar fuera de 5.000 pesetas por día y persona y con un mínimo de 50.000 pesetas con independencia de la duración de la estancia.

En este contexto de derechos y libertades de los extranjeros en España se incluye también la normativa que regula las relaciones de los extranjeros residentes y no residentes con las entidades financieras españolas. Así, la Resolución de 16 de abril de 1991 de la Secretaría de Estado de Economía sobre cuentas de residentes en divisas autorizó la apertura de tales cuentas, siempre que las divisas estuvieran cotizadas oficialmente en el mercado español, eliminando todas las limitaciones que se aplicaban a cada grupo de cuentas, simplificando, por tanto, las normas de procedimiento.

Otra Resolución, ésta de 25 de octubre de 1991, liberalizó igualmente las operaciones de abono sobre cuentas extranjeras de pesetas ordinarias, sin perjuicio de la aplicación del régimen de control de cambios.

Y finalmente, la Circular número 3/1992 de 15 de enero sobre cuentas a no residentes abiertas en España unificó en una sola clase de cuenta de pesetas de no residentes, las vigentes cuentas extranjeras de pesetas convertibles y de pesetas ordinarias.

Paralelamente a estas medidas, la liberalización de los mercados financieros alcanzó lógicamente a préstamos y créditos de no residentes en divisas o en pesetas y, en general, a todas las transacciones económicas con el exterior. A este respecto, se promulgó el Real Decreto 1816 de 20 de diciembre de 1991. En el mismo se establecieron los únicos límites vigentes hoy día a la plena libertad de movimientos de capitales, que es la exigencia de autorización previa para exportar físicamente moneda metálica, billetes de banco, cheques bancarios al portador y oro amonedado o en barras por importe superior a cinco millones de pesetas. Limitación que tiene como fundamento la lucha contra las actividades delictivas, singularmente el narcotráfico.

Este decreto es la culminación de la plena aplicación por España de las disposiciones de la Directiva 88/361 de 24 de junio de 1988 de la Comunidad Económica Europea. Su contenido se desarrolló por Orden de 27 de diciembre de 1991 y diferentes resoluciones posteriores.

Aunque son medidas monetarias y financieras cuya finalidad es de carácter general, ello no obsta para que tengan una especial incidencia en el sector turístico, tanto en lo relativo al favorecimiento de la estancia y permanencia de no residentes en nuestro país como de las inversiones extranjeras, que, en gran medida, se orientan al desarrollo turístico español, y como tampoco conviene olvidar, a la salida de capitales turísticos españoles que favorezcan la internacionalización de las empresas turísticas de nuestro país.

4.5. Las acciones concertadas

En el contexto general de apoyo al sector turístico, el instrumento que se articula para potenciar la acción promocional y comercializadora exterior del turismo español es el de la acción concertada. Creado por resolución del Instituto Nacional de Promoción del Turismo (INPROTUR) de 18 de noviembre de 1985 tuvo carácter anual y se extendió a lo largo del quinquenio 1986-1990.

La concertación adoptaba la forma de un contrato a suscribir entre el INPROTUR y entidades privadas, contrato que la convocatoria de 1988 (Resolución de 3 de febrero de 1988) matizó y amplió al indicar que podrían solicitar acogerse a tales acciones las entidades sin ánimo de lucro y empresas privadas tanto españolas como extranjeras cuyo objeto social sea la promoción o venta de recursos y servicios turísticos.

La solicitud de concertación debía consistir en acciones de promoción y comercialización que se materializasen en inversiones reales, que la convocatoria de 1988 matizó, igualmente, al añadir «tales como la edición de material impreso o audiovisual o adquisición de espacios publicitarios en medios de comunicación». Sólo con carácter excepcional podrá proponerse la participación en ferias, exposiciones u otras manifestaciones de reconocido interés turístico.

Asimismo, esta convocatoria precisaba la posibilidad de que la promoción española pudiera presentarse conjuntamente con la de otros países, obviamente deduciendo de la inversión realizada la correspondiente a destinos no españoles. Estas matizaciones y ampliaciones del contenido de las convocatorias posibilitaron abiertamente que los grandes operadores turísticos internacionales pudieran beneficiarse de esas ayudas.

Otro aspecto interesante de recalcar son las circunstancias valorativas para la aceptación de las solicitudes de concertación. En la convocatoria para 1986 se decía que se valoraría entre otros factores la concurrencia de las siguientes circunstancias:

1. Que las entidades tengan delegaciones en el exterior.
2. Que actúen en mercados prioritarios (Estados Unidos, Canadá, Japón e Italia).
3. Que tiendan a aumentar la ocupación en temporada baja.

Estos condicionantes variaron ligeramente en la convocatoria para 1987 al añadirse una cuarta circunstancia:

4. Que tiendan a diversificar la oferta turística y alcanzar una mejor distribución territorial del turismo.

Y se precisaba que «se valorará la concurrencia de al menos dos de las cuatro circunstancias anteriores».

En la convocatoria para 1988 hubo dos nuevas variaciones «circunstanciales». La primera quedó definida de la siguiente manera: Volumen de actividad en el exterior de la entidad o empresa solicitante, que podrá acreditarse mediante certificación de las entidades delegadas del Banco de España en materia de control de cambios sobre los ingresos aportados en divisas, y disponer de delegaciones o sucursales en los países en los que se va a desarrollar la acción propuesta. Asimismo, hubo un cambio en los mercados prioritarios al sustituirse Italia por toda Europa. Es evidente que se perdía selectividad en la promoción, pero al mismo tiempo se potenciaba la acción promocional de los grandes operadores turísticos europeos.

Finalmente, hay que señalar el establecimiento de un tope del 50 por 100 de la inversión en la financiación del INPROTUR, y la no concurrencia de financiación de otros organismos públicos como nuevos condicionantes fijados en la convocatoria para 1988.

4.6. La promoción económica regional. Su incidencia turística

La necesidad de dar una respuesta actualizada a los mandatos constitucionales de promover condiciones favorables para una distribución más equitativa de la renta regional y de garantizar la realización efectiva del principio de solidaridad, junto a la necesidad de simplificar y sistematizar las disposiciones legales vigentes al efecto, adaptarse a los criterios comunitarios en los regímenes de ayudas de finalidad regional, y de considerar explícitamente la nueva organización territorial del Estado español, llevaron al Gobierno a proponer, y a las Cortes a aprobar, la Ley 50/1985 de 23 de diciembre de «incentivos regionales para la corrección de desequilibrios económicos interterritoriales».

Dos años más tarde, el Gobierno dictó el Real Decreto 1535/1987 de 11 de diciembre por el que se aprobaba el reglamento que desarrollaba la Ley 50/1985. Este reglamento consiste, de hecho, en una primera etapa de concreción de la ley para su aplicación efectiva al desarrollar los principios generales inspiradores de la ley en aspectos comunes a las zonas promocionables, con independencia de la coyuntura económica de cada una de ellas. Y se señalan tres tipos de zonas promocionables: *a*) las zonas de promoción económica; *b*) las zonas industrializadas en declive; y *c*) las zonas especiales. Asimismo, se fijan cuatro tipos de zonas según el tope máximo de subvención neta equivalente a la inversión, que oscila entre el 50 por 100 de la zona tipo I al 20 por 100 de la zona tipo IV.

Pero lo que nos interesa a efectos turísticos es analizar la segunda fase de concreción de la ley materializada en los reales decretos que delimitan las zonas afectadas, y el desarrollo consiguiente de los aspectos propios y específicos de cada una de ellas. A tal efecto, el 24 de mayo de 1988 el *BOE* publicaba un primer paquete de cinco reales decretos de delimitación de «zonas de promoción económica» de Asturias, Murcia, Castilla-La Mancha, Cantabria y Aragón. En todos ellos se fijaban como sectores promocionables: «Establecimientos de alojamiento hotelero, campamentos de turismo, instalaciones complementarias de ocio de especial interés y otras ofertas turísticas especializadas con incidencia en el desarrollo de la zona». Igualmente, ocurrió pocos días después con sendos reales decretos referentes a Galicia, Castilla-León y Extremadura.

En lo concerniente a los correspondientes a Canarias y Andalucía hubo una cierta ampliación en los sectores promocionables para «modernización de la oferta hotelera existente que suponga mejora importante en la calidad e instalaciones complementarias de ocio de especial interés en zonas de alta densidad turística». Por tanto, aparece en el caso de estas dos comunidades autónomas, de notable especialización turística, una preocupación por la reforma y mejora de las instalaciones turísticas, frente a una política de incentivación pura, específica del resto de las comunidades.

No consideramos relevante detallar los municipios y tipología de la zonificación a efectos de subvención, pero sí al menos constatar que las clases de proyectos a incentivar son de creación, ampliación, modernización y traslado de instalaciones. Y la cuantía de las inversiones mínimas a realizar, que deberán llevar aparejadas la creación de puestos de trabajo, fueron de 15 millones de pesetas para la creación y ampliación; que el activo neto empresarial en los proyectos de modernización debería ser como mínimo de 45 millones; y que en los proyectos de traslado deberían realizarse inversiones que, como mínimo, doblen el valor de los activos netos.

4.7. Medidas fiscales

En cumplimiento de los reglamentos sobre los impuestos sobre la Renta de las Personas Físicas y del Valor Añadido, la Orden de 25 de noviembre de 1993 estableció la modalidad de signos, índices o módulos del método de estimación objetiva del citado impuesto personal, y el régimen especial simplificado del impuesto sobre el valor añadido a los siguientes sectores:

— Restaurantes de uno y dos tenedores que tengan como máximo doce empleados.
— Cafeterías, cafés y bares de categoría especial y otros bares y cafés que tengan como máximo diez empleados.
— Servicios de hospedaje en hoteles y moteles de una y dos estrellas, que tengan como máximo quince empleados.
— Servicios de hospedaje en hostales, pensiones, fondas y casas de huéspedes con doce empleados como máximo.

4.8. El Plan Marco de Competitividad del Turismo Español

4.8.1. *Plan Futures I*

La Secretaría General de Turismo[3], que era el máximo órgano competente de la política turística a escala nacional, se planteó en 1992 un cambio de estrategia en el sector debido al cambio estructural producido en los mercados turísticos a finales de la década de los ochenta.

El propósito de las medidas recogidas en este Plan era, tal y como señala el preámbulo del mismo, «[...] como el de toda normativa de política económica, la consecución del máximo nivel de bienestar». Propósito que se concretó en los siguientes objetivos finales:

1. *Sociales*. Trataba de aumentar la calidad de vida de los agentes involucrados en la actividad turística, tanto por el lado de la oferta como por el de la demanda. Para ello se pretendía:
   — Mejorar la calidad turística.
   — Potenciar la formación y cualificación en el sector turístico.
   — Proteger al consumidor turista mediante la mejora de la normativa aplicable.
   — Mejorar el entorno informativo.

2. *Económicos*. Pretendía conseguir un sector más competitivo y rentable que contribuyera de forma sostenida y equilibrada al crecimiento económico de las distintas zonas turísticas. Los objetivos a alcanzar eran:
   — Mejora de la investigación y desarrollo en las empresas.
   — Mejora del capital humano en la empresa.
   — Modernización e innovación de la industria turística.
   — Diversificación y diferenciación de la oferta.
   — Fortalecimiento del tejido empresarial.
   — Mejora de las infraestructuras.
   — Adaptación del marco jurídico e institucional.

3. *Medioambientales*. El tercer ámbito de objetivos a alcanzar contemplaba la conservación y mejora de los entornos naturales y culturales, tanto por ser una exigencia social como por suponer el recurso básico del turismo. Y de forma específica perseguía:
   — La conservación del entorno natural y urbano.
   — La recuperación y desarrollo de tradiciones y raíces culturales.
   — La revalorización del patrimonio susceptible de uso turístico.

---

[3] Cuando se publicó el Plan Futures, la Secretaría General de Turismo pertenecía al Ministerio de Industria, Comercio y Turismo.

Este Primer Plan Marco de Competitividad desarrolló cinco grandes planes operativos, de los cuales exponemos a continuación sus características más importantes:

a) Plan de coordinación y cooperación institucional

Incluía los programas a desarrollar en relación con las instituciones internacionales. También contemplaba la coordinación y cooperación necesarias entre los distintos órganos de las diferentes administraciones, y el papel que debía desarrollar el sector privado en la consolidación del sector turístico.

b) Plan de modernización e innovación turística

Abordaba la imprescindible puesta al día de la oferta turística existente mediante la dinamización de las funciones inherentes al ámbito de la empresa: innovación y desarrollo, recursos humanos, información y comercialización, y cooperación interempresarial.

c) Plan de nuevos productos turísticos

Respondía al objetivo de consolidación, diversificación y diferenciación del producto turístico, contribuyendo también a alcanzar otros objetivos de ámbito empresarial.

d) Plan de promoción, marketing y comercialización

Promovía el desarrollo de nuevas líneas de actuación en el ámbito del marketing, caracterizadas por una mayor coordinación y planificación, para mejorar la eficiencia de las acciones promocionales.

e) Plan de excelencia turística

Integraba las acciones dirigidas a la conservación y mejora del medio ambiente, para lograr una adecuación entre la oferta turística y los entornos naturales y urbanos. Pretendía alcanzar estándares de excelencia turística acordes con las exigencias del mercado nacional e internacional.

El desarrollo de este Plan Marco elaborado por la Secretaría General de Turismo del antiguo Ministerio de Industria, Comercio y Turismo, se contemplaba en dos órdenes ministeriales, fechadas ambas el 19 de agosto de 1992, aunque una publicada en el *Boletín Oficial del Estado* del 26 de agosto, y la otra en el del 1 de septiembre.

Veamos, seguidamente y con cierto detalle, esta normativa que configuraba el marco jurídico para incentivar a las empresas e instituciones.

A) Fomento de la competitividad del sector turístico español

Tal y como señala el preámbulo de la orden publicada en el *BOE* de 26 de agosto de 1992, el Plan Futures, con sus disposiciones correspondientes, se contempla como el instrumento para la concesión de ayudas a los diversos tipos de proyectos y actividades turísticas que persigan la excelencia, la calidad, la mejora de la competitividad del sector, la transparencia y la libre competencia del mercado.

El objetivo último era el aumento de la competitividad del sector turístico español; y para lograrla actuó sobre factores tales como la formación de los recursos humanos, la investigación e innovación, la información a los agentes y usuarios, la cooperación interempresarial y el desarrollo de nuevos turismos, al tiempo que se estimulaba la consolidación del turismo tradicional.

Disponía de seis actuaciones que podían ser objeto de subvención. Sus características principales y respectivas eran:

1. *Diagnóstico y análisis de empresas, productos y destinos turísticos.* Hacía referencia a la mejora de la competitividad de una empresa, zona o producto turístico. Tenía un doble objeto de subvención. Uno general, que era el análisis de las diferentes áreas funcionales de la empresa, el análisis de productos turísticos de una zona o de planes estratégicos de desarrollo turístico. Otro específico, consistente en el análisis de una determinada área dentro de una empresa y la viabilidad de un producto o proyecto turístico nacional o internacional. En ambos casos, general y específico, se señalaba que deberían realizarse recomendaciones prácticas para la mejora de la competitividad de una empresa, zona o producto turístico.

2. *Cualificación y formación de recursos humanos.* Tenía como objetivo lograr una mejora en la cualificación y formación de las personas que trabajaban o se integraran en el futuro en el sector. Las ayudas financieras se destinaban a las actuaciones siguientes:

   — Formación de formadores y jóvenes titulados en especialidades vinculadas al turismo.

   — Formación de especialistas en sectores concretos de interés de la empresa.

   — Creación o potenciación de centros de formación, cualificación y especialización de recursos humanos.

   — Desarrollo de sistemas y productos avanzados de formación.

3. *Mejora y promoción de la calidad.* Se subvencionaron actuaciones encuadradas dentro de las siguientes acciones:

   — Desarrollo de sistemas técnicos y profesionales de calidad para sectores empresariales turísticos.

   — Análisis y diagnósticos de calidad de las empresas turísticas.

   — Implantación y mejora de medidas de control y gestión de la calidad.

4. *Innovación turística y fortalecimiento del tejido empresarial.* Se incentivaron las actuaciones dirigidas a lograr la implantación de innovaciones en el sector turístico y que se encuadraban dentro de alguno de los siguientes apartados:
   — Creación de infraestructuras técnicas de innovación turística.
   — Diseño y desarrollo de proyectos turísticos con alto contenido tecnológico, así como proyectos de I+D.
   — Análisis de viabilidad, anteproyectos y participación en programas internacionales de innovación turística.
   — La cooperación empresarial de carácter estable.
   — La instalación de empresas o asociaciones de empresas turísticas y de servicios turísticos en mercados exteriores.

5. *Nuevos productos.* Se apoyaron dentro de este apartado el diseño, puesta en marcha, gestión y marketing de la oferta turística singular que sirviera de proyecto demostrativo para difundir nuevos productos que revalorizasen el entorno, el patrimonio histórico o los recursos naturales.

   Como nuevos productos se entendían aquellos que supusieran una diversificación de la demanda del destino, presentaran una fuerte capacidad de demostración, y pudieran dar lugar a la creación de oferta complementaria en destinos ya existentes o de oferta de calidad en nuevos destinos.

6. *Sensibilización y difusión del Plan Marco.* Se subvencionaron la organización, preparación y promoción de jornadas, seminarios, congresos, campañas de sensibilización, servicios de información y, en general, encuentros profesionales y administrativos para la divulgación de nuevas técnicas, métodos y productos relacionados con la innovación, la mejora de la calidad y la competitividad turística.

Por otra parte, hay que señalar que los proyectos relativos a la modernización de empresas y a la creación de nuevos productos turísticos singulares pudieron acceder a líneas de financiación preferentes según los convenios, que se suscribieron a tal fin, entre distintas entidades financieras operantes en España y la propia Secretaría General de Turismo.

Los criterios para la concesión de estos incentivos, a tener en cuenta por el órgano evaluatorio de la Secretaría General de Turismo, fueron:

— Cofinanciación del proyecto por la Comunidad Autónoma correspondiente.
— Mejora de la calidad.
— Conservación y protección del medio ambiente.
— Carácter interregional o transnacional.
— Interés técnico y económico del proyecto.
— Efecto demostración.
— Cooperación entre empresas.

Se pudieron acoger a estas ayudas las pequeñas y medianas empresas turísticas, agrupaciones de empresas, personas físicas e instituciones.

B) Apoyo a la promoción y comercialización

La segunda orden, publicada en el *BOE* de 1 de septiembre de 1992, contemplaba las acciones de promoción e información de la oferta turística española en los distintos mercados emisores. Normativa basada en las recomendaciones realizadas por el Plan Marco en la perspectiva de la promoción y la comercialización de los distintos productos turísticos españoles en los mercados emisores; sobre todo, el diseño y realización de planes de comercialización de nuevos productos turísticos y el estímulo al desarrollo y conocimiento de marcas turísticas y sus planes de promoción.

Para ello, planteaba el que como medidas subvencionables, las acciones a realizar tenían que ser:

— Estudios sobre los mercados emisores.
— Adquisición de espacios en sistemas de información y comercialización.
— Adquisición de espacios publicitarios en medios de comunicación.
— Creación y registro de marcas.
— Creación de redes de distribución.
— Actos de promoción en mercados emisores y de material de promoción siempre que estén enmarcados en programas globales de promoción.

Los proyectos susceptibles de ser incentivados, además, debían tener las siguientes características:

— Formar parte de estrategias globales de promoción.
— Tener carácter plurianual.
— Ser susceptibles de evaluación.

En la valoración de los incentivos a las propuestas se tuvieron en cuenta los siguientes criterios:

— Realización de acciones incluidas en planes de promoción duradero y global.
— Acciones tendentes a la apertura de nuevos mercados.
— Promoción de productos con un estándar de calidad elevado.
— Acciones para aumentar el nivel de ocupación en temporada baja.
— Actuaciones en mercados y productos prioritarios.
— Actuaciones para dar a conocer y consolidar nuevos productos y/o marcas turísticas.

Los beneficiarios que pudieron acogerse a estos incentivos fueron las pequeñas y medianas empresas turísticas, las agrupaciones de las mismas, personas físicas e instituciones. Y se consideraba pyme, con arreglo a la definición de la Comunidad Europea, aquella que cumplía los siguientes requisitos:

— No superar los 250 empleados.
— No sobrepasar los 2.580 millones de pesetas de negocio.
— No sobrepasar los 1.290 millones de pesetas de activo.
— No estar participada en más de un 25 por 100 por una gran empresa.

4.8.2. *Plan Futures II*

Con la ampliación del Plan Marco de Competitividad del Turismo Español, «Plan Futures II», la administración turística pretende conseguir el objetivo de establecer las estrategias necesarias para que el turismo español consolide su posición como sector económico, con una fuerte capacidad competitiva en los mercados internacionales.

La aplicación de este plan es sensible a la diversificación de la oferta turística española mediante el apoyo a nuevos productos y a la mejora de la calidad. Por todo ello, y de acuerdo con estos objetivos, se elaboró el Plan Futures II, cuya ejecución supone la adopción de un conjunto de medidas administrativas y de estímulos económicos, a desarrollar simultáneamente entre la Administración del Estado y las Comunidades Autónomas. Medidas que contemplan la participación de TURESPAÑA en proyectos compartidos con otras administraciones, instituciones y empresas del sector mediante la aportación de servicios y asistencia técnica.

Podrán obtener la participación de TURESPAÑA mediante la prestación de servicios y asistencia técnica aquellos proyectos y actuaciones que se encuadren en los planes y programas que se enumeran a continuación.

Plan de calidad - Futures calidad

Pretende la definición y adopción voluntaria de estándares de calidad y procedimientos de control de su cumplimiento, de forma que se lleve a cabo una autorregulación por parte del conjunto de establecimientos que identifiquen una oferta global en un subsector turístico a escala nacional, o en el ámbito de un destino turístico concreto.

Se dirige a asociaciones o agrupaciones empresariales que ostenten una representación mayoritaria de las empresas turísticas de un determinado subsector a escala nacional o en el ámbito territorial de realización. Los proyectos deberán incidir de forma específica en:

— La realización de diagnósticos sobre satisfacción de la demanda.
— La definición de normas sobre los procedimientos de prestación de servicios.
— La implantación de sistemas de gestión de calidad.
— La definición y aplicación de estrategias de promoción y comercialización del producto.

Los criterios de selección para proyectos que, siguiendo las directrices de este programa, mejoren la competitividad del turismo español, se basarán en:

— Incidencia sobre productos turísticos maduros necesitados de reorientación, o de productos nuevos en los que la adopción de las recomendaciones y sistemas puede contribuir de forma determinante a su expansión.

— Grado de complementariedad con la realización de otros planes de Futures para el subsector o destino, especialmente en el ámbito del «plan de nuevos productos y de destinos turísticos».

— Cofinanciación del resto de las administraciones turísticas.

— Número de establecimientos y plazas turísticas comprometidas. Tipología de las empresas afectadas, características en cuanto a organización, estructura y número de empleados y su capacidad para adoptar un sistema de gestión basado en la calidad.

Plan de formación - Futures formación

En este programa se contemplan proyectos dirigidos a la formación en atención al cliente, en comunicación con el turista, a la mejora de la calidad en la prestación de servicios, etc.

Los beneficiarios de este programa son las corporaciones locales. Las Comunidades Autónomas podrán solicitar la realización de dichas acciones, indicando las localizaciones (corporaciones locales concretas) en las que sería deseable impartir los cursos, y una estimación del público objeto de los mismos.

Este programa pretende la mejora de la cualificación de los recursos humanos del sector turístico, y está fundamentalmente dirigido a cursos integrados que oferten los siguientes módulos formativos:

— Técnicas de atención al cliente.

— Técnicas de mejora de la calidad.

— Técnicas de comunicación con el turista (para guías turísticos).

— Técnicas de gestión de la calidad en los espacios turísticos.

Se considerará, de forma preferente, la realización de cursos dirigidos al desarrollo de productos turísticos multicomunitarios, o en localizaciones donde se estén llevando a cabo actuaciones de ejecución del Plan de Nuevos Productos o del Plan de Destinos Turísticos de Futures 1996-1999.

Plan de tecnificación e innovación - Futures innovación

Tiene como objetivo la tecnificación o introducción de innovaciones tecnológicas que incidan en la mejora de la competitividad empresarial, y de la eficiencia y racionalización de la gestión interna o externa de las empresas turísticas.

Los beneficiarios del programa serán las pequeñas y medianas empresas turísticas, las agrupaciones de las mismas, personas físicas e instituciones, cuya actividad se encuadre en los ámbitos de actuación a que se refiere el objeto de la subvención. Por consiguiente, este programa se orienta a la ejecución de proyectos, de ámbito nacional o que afecten al territorio de más de una Comunidad Autónoma, cuyo objetivo sea la tecnificación o introducción de innovaciones tecnológicas que incidan en la mejora de la competitividad empresarial, y de la eficiencia y racionalización de la gestión interna o externa de las empresas turísticas.

Los proyectos deberán presentar un enfoque global para su aplicación en las empresas, o un carácter general en el caso del sector. Y los conceptos incentivables, de manera específica, serán:

— El diseño, aplicación y adaptación de productos y sistemas informáticos y tecnológicos novedosos.
— El diseño e implantación de innovaciones tecnológicas en la empresa que mejoren la gestión interna y la calidad del producto ofertado o su comercialización.
— La innovación tecnológica que suponga una mejora en la competitividad de la empresa, especialmente en los aspectos medioambientales.
— La asistencia técnica, etc.

Asimismo, se tendrá en cuenta el carácter prioritario de aquellas inversiones que responden a un proyecto global de actuación, no susceptibles de realización de forma independiente en distintas localizaciones. El programa engloba tres bloques de proyectos subvencionables, que son los que a continuación se detallan y desarrollan:

— Proyectos de infraestructura tecnológica.
— Desarrollo de productos de alto contenido tecnológico.
— Proyectos de tecnificación de empresas.

El objetivo a conseguir con la realización del programa de infraestructura tecnológica es la ejecución de proyectos que favorezcan la creación de bases de datos y redes capaces de almacenar y transmitir información turística. Tales proyectos podrán ser promovidos por agrupaciones o asociaciones de empresas, asociaciones representativas de los distintos subsectores o por las propias administraciones turísticas. Se considera también la participación de socios tecnológicos, fundaciones o entidades públicas y privadas de investigación y desarrollo.

En este programa se incidirá de forma específica en:

— Puesta en marcha de centrales de reservas.
— Implantación de bases de datos con información turística, preferentemente multimedia.
— Implantación de sistemas de intercambio electrónico de datos.
— Proyectos de comunicaciones e integración que faciliten la interacción de sistemas descritos en los puntos anteriores.
— Proyectos de coordinación.

En cuanto al programa de desarrollo de productos de alto contenido tecnológico, su objetivo es la creación de productos tecnológicos novedosos cuya aplicación en la industria turística represente una mejora en la organización interna, en la imagen externa o en la calidad de los productos y servicios prestados. Sus beneficiarios son las asociaciones de empresas turísticas, entidades de investigación y empresas tecnológicas.

Se incentivarán los proyectos dirigidos al desarrollo de productos que incidan en mejoras medioambientales y colaboren eficientemente para lograr un modelo de turismo sostenido. Y de manera específica en:

— Creación de aparatos, productos o dispositivos tecnológicos.
— Creación de centros, de exposiciones o sistemas de demostración sobre avances tecnológicos en el sector turístico.
— Creación de nuevos productos de alto contenido tecnológico.
— Sistemas expertos, capaces de almacenar y manejar conocimientos turísticos.

Por último, y dentro de este programa, los proyectos de tecnificación en empresas tienen como objetivo la ejecución de proyectos de innovación tecnológica que abarquen, con visión global, la planificación e inversión necesaria para la tecnificación de las empresas turísticas. Sus beneficiarios son las asociaciones de empresas turísticas con representación suficiente dentro del destino o subsector a que pertenezcan. En este programa se incide de manera específica en:

— Dotación de programas informáticos comerciales.
— Consultoría.
— Asistencia técnica para la instalación y adaptación de los productos y sistemas informáticos y tecnológicos.
— Apoyo a la implantación de otras innovaciones técnicas.
— Mejora de los aspectos medioambientales de las empresas.

Plan de nuevos productos - Futures nuevos productos

Tiene como objetivo promover la diversificación y desestacionalización de la oferta turística española y la adecuación de sus productos a las nuevas exigencias del mercado. El plan se orienta hacia proyectos que contemplen toda una estrategia para el desarrollo de un producto, o que aborden aspectos tales como la elevación de los niveles de calidad, la adecuación a criterios de sostenibilidad ambiental y de respeto al entorno cultural, la adaptación a los cambios tecnológicos y del mercado, y la adición de un elemento que permita captar nuevos segmentos de demanda y alargar la temporada.

Está dirigido a las pequeñas y medianas empresas turísticas, las agrupaciones de las mismas, personas físicas e instituciones, cuya actividad se encuadre en los ámbitos de actuación a que se refiere el objeto de la subvención; es decir, dicha actividad se debe encuadrar en proyectos, de ámbito nacional o que afecten al territorio de más de una Comunidad Autónoma, que supongan el desarrollo de un nuevo producto turístico basado en la integración y potenciación de una oferta turística que, aun dispersa o separada geográficamente, reúna unos atributos y características comunes que se desean potenciar y que se concibe de forma integrada para su comercialización, preferentemente en el exterior.

Los proyectos deberán poseer un enfoque global y su ámbito será supracomunitario aun cuando podrán contemplarse actuaciones piloto en zonas más concretas. La concesión de las subvenciones estará condicionada a la acreditación del cumplimiento por los peticionarios de sus obligaciones fiscales y para con la Seguridad Social.

Se concederá prioridad en el tiempo y en la aportación de recursos a aquellos proyectos que con mayor intensidad reúnan las siguientes características:

— Incidir sobre productos turísticos que mayor potencial de expansión presenten.
— Ofrecer una visión global del plan y un conjunto de propuestas de actuación estructuradas y coherentes entre sí.
— Perseguir la puesta en el mercado de un producto de calidad, susceptible de comercializarse en el exterior.
— Estar elaborado con criterios de sostenibilidad.
— Complementarse con otras actuaciones públicas.
— Actuar sobre una zona o subsector que cuente con una dinámica empresarial y social que garantice la permanencia y el éxito de la actuación.

Plan de Actuaciones en Destino - Futures Destinos Turísticos

Este plan va dirigido a apoyar la realización de proyectos que, si pretenden actuar sobre destinos tradicionales, quieran fomentar el valor turístico de recursos culturales o naturales no explotados y, en general, la desestacionalización de la temporada, la rentabilidad de las inversiones y la mejora medioambiental del destino; y si los proyectos pretenden actuar sobre nuevos destinos vayan dirigidos a la dinamización empresarial de la zona.

Sus beneficiarios son las asociaciones o agrupaciones empresariales que ostenten una representación mayoritaria de las empresas turísticas de un determinado subsector a escala nacional o en el ámbito territorial de realización del proyecto.

A la hora de definir las estrategias de actuación, habrá de tenerse en cuenta que los proyectos implican la participación de todas las Administraciones afectadas, estatal, autonómica y local, así como del sector empresarial turístico del destino.

Las actuaciones concretas a acometer deberán suponer:

— La implicación de todos los agentes públicos y privados que actúan sobre la oferta turística del destino.
— La estructuración de un proyecto de claro contenido turístico, con unos objetivos y actuaciones coherentes.
— La adecuación de los objetivos y del proyecto al modelo de desarrollo sostenible.

— El carácter demostrativo del proyecto y su posibilidad de aplicación en zonas o destinos de características similares.

Plan Futures de Internacionalización de la Empresa Turística Española

Tiene como objeto apoyar la instalación de empresas o asociaciones de empresas turísticas y de servicios turísticos en mercados exteriores, tanto para captar turismo hacia España como para vender servicios o explotar instalaciones, y el acceso a concursos internacionales u otras acciones tendentes a la internacionalización de la empresa.

Por tanto, este programa está dirigido a las pequeñas y medianas empresas turísticas, las agrupaciones de las mismas, personas físicas e instituciones, cuya actividad se encuadre en los ámbitos de actuación a que se refiere el objeto de la subvención.

Los incentivos se deben destinar a cubrir costes de:

— Estudios de viabilidad del proyecto.

— Elaboración de anteproyectos.

— Gastos de constitución y primer establecimiento.

— Inversiones para la instalación de la empresa y gastos de funcionamiento durante, como máximo, el primer año desde su instalación.

4.9. Últimas actuaciones

La actividad en materia económica desde 1996 se ha limitado al desarrollo del Plan Futures en general y, en especial, a la puesta en marcha del Plan de Apoyo a la Comercialización Turística 1998 que, reforzado con la Campaña de Publicidad y con las acciones de Relaciones Públicas y de Información, constituyen los aspectos más relevantes de la actividad promocional. Dicho plan está organizado por mercados y por productos a partir de la información que suministran los miembros del Consejo Promotor de Turismo fijando sus criterios y prioridades, y tras la colaboración de las oficinas españolas de turismo en el exterior en el establecimiento de los proyectos de plan en relación con su mercado correspondiente. De esta forma, se pretende facilitar a las instituciones y empresas un conjunto ordenado y sistemático de acciones promocionales garantizando la coordinación de la promoción turística en su totalidad.

Es significativo apuntar la constatación a la que se llegó, tras los estudios correspondientes del Grupo de Trabajo del Consejo Promotor de Turismo, abordados por mandato del Congreso Nacional de Turismo, de la importancia de la cofinanciación en materia promocional, lo que se ha traducido en una creciente colaboración con el Consejo Superior de las Cámaras de Comercio de España materializado en una Orden de 10 de diciembre de 1998 sobre ejecución del Plan Cameral de Promoción de Exportaciones, en cuyo cumplimiento se incorporan dos vocales representantes del Instituto de Turismo de España en la comisión de seguimiento, desarrollo y valoración del plan cameral. Con ello se sigue avanzando en la consideración de la actividad turística como un sector exportador más y se rentabilizan más y mejor las acciones promocionales a la exportación en las que llevar de la mano a empresarios industriales y empresarios turísticos sólo puede beneficiar a la imagen exterior de España y a la propia promoción exportadora.

5. LA CUANTIFICACIÓN

El último período que analizamos en este libro está caracterizado por el trascendente ingreso español en la Unión Europea con el que se identifica plena y temporalmente. Por así decir es el comienzo de una nueva etapa histórica de la economía española, aunque no sólo lo es para la economía. Y es histórica por el significado político que tuvo la existencia, primero, y duración, después, de un Gobierno de izquierdas durante estos años y algunos más del final del período anterior. Período al que siguió la recuperación democrática del Gobierno por la derecha popular.

Pero no es una etapa homogénea desde la perspectiva económica y su evolución tiene que tomar en consideración que fueron las políticas de ajuste que se adoptaron en las crisis de 1977 y 1983 las que posibilitaron la firma del mencionado tratado a través de la política de convergencia. Son los primeros años de la adhesión tras la firma del correspondiente tratado los que estudiamos seguidamente.

Un período que puede dividirse en tres fases bien definidas con los puntos de ruptura a finales de 1991 y de 1995. La primera de crecimiento, la segunda de recesión y la tercera de recuperación de la senda expansiva. En la primera, coincidente con una buena coyuntura del ciclo y con la euforia de la integración, se alcanzaron altas tasas de expansión gracias a la reducción a la mitad de la inflación y al espectacular aumento de la inversión lo que generó un crecimiento importante del empleo. En la segunda aparecen dos fuertes desequilibrios: el de las cuentas exteriores y el de las cuentas públicas, paralizándose el impulso de años anteriores; etapa en la que además se plantea el nuevo reto de la convergencia para estar en la primera fase de la Unión Monetaria con la necesidad de cumplimentar los duros criterios que se aprobaron en Maastricht. Por último, la tercera fase presenta una espectacular recuperación una vez superado el examen de Maastricht y, gracias a su impulso, presentando unos bajísimos niveles de inflación y de tipos de interés del dinero que no tienen parangón en la moderna historia económica de España.

5.1. Evolución de las principales macromagnitudes

El saldo total del aumento del producto en la década 1986-1997 fue del 36 por 100 en términos reales, pero con fuertes alteraciones a lo largo de la misma. El primer trienio 1986-1989 fue de crecimiento extraordinario al alcanzarse tasas desconocidas desde principios de los sesenta por encima incluso del 5 por 100 en 1986 y en 1988. Luego vino un segundo trienio, 1989-1991, en el que el ritmo de crecimiento se moderó, hasta que de nuevo en el otoño de 1991 surge la recesión internacional a la que se suma España de forma simultánea al mundo occidental.

Y así se llega a una reducción del producto nacional en 1993. Esta recesión duró cuatro años hasta que en 1995 de nuevo se retoma la senda del crecimiento con tasas que se sitúan en el 3 por 100 de media.

TABLA 7.1

Estimaciones del producto interior bruto (millardos de pesetas)

	1986	1987	1988	1989	1990	1991	1992	1993	1994	1995	1996[a]	1997[b]
Corrientes	32.324	36.144	40.159	45.044	50.145	54.927	59.105	60.953	64.812	69.780	73.743	77.987
Constantes	32.324	34.148	35.910	37.611	39.018	39.903	40.177	39.710	40.604	41.707	42.715	44.224

[a] Estimación provisional. [b] Estimación avance.
FUENTE: INE.

El estancamiento del cuatrienio 1990-1993 y la profundidad de la crisis de 1993 vinieron a poner en evidencia las graves deficiencias de la puesta en marcha del modelo de economía absolutamente abierta cuando no se cumplen las condiciones de estabilidad nominal que imponen nuestros socios del mercado europeo, y cuando la apertura exterior no se acompaña de las necesarias reformas estructurales para la mejora de los mercados internos. Con la perspectiva que da el tiempo, ya que estas páginas se escriben una vez que España ha logrado salvar el reto de Maastricht y forma parte del grupo de países creadores del euro, hay que destacar la enorme trascendencia de la crisis de 1993 como una «ducha fría» de realismo que fue importantísima para enfriar las excesivas euforias postintegración y sentar las bases de un giro político-económico que hizo factible la imprescindible preparación para llegar a la meta del euro. Y todo este proceso englobado en el más amplio de la necesaria y difícil adaptación al fenómeno de la mundialización de los mercados.

5.1.1. *Balanza comercial*

De todas las circunstancias anteriormente expuestas se resintió lógicamente la balanza de pagos, en general, y la de mercancías, en particular, como la siguiente tabla demuestra, aunque luego se haya recuperado.

TABLA 7.2

Balanza comercial (millardos de pesetas)

	1986	1987	1988	1989	1990	1991	1992	1993	1994	1995	1996	1997[a]	1998[a]
Exportaciones	3.750	4.091	4.607	4.868	5.656	6.225	6.757	7.876	9.889	11.646	13.018	15.289	16.378
Importaciones	4.520	5.484	6.495	7.770	8.620	9.384	9.846	9.773	11.856	13.914	15.046	17.253	19.151
Saldo	−770	−1.393	−1.888	−2.902	−2.964	−3.159	−3.088	−1.897	−1.967	2.268	−2.028	−1.964	−2.773

[a] Estimación provisional.
FUENTE: Banco de España.

El grado de cobertura de las importaciones por las exportaciones que a principios del período se situaba en el 83 por 100, cayó en 1989 hasta el 63 por 100, manteniéndose en cifras en torno al 65 por 100 varios años; y tras la devaluación de 1993 se recuperan las ventas al exterior elevándose, otra vez, los grados de cobertura hasta niveles similares a los de 1986, e incluso mejorándolo en los años finales analizados en que se alcanzó un 89 por 100 de cobertura en 1997. En todo caso, resulta interesante señalar la gran similitud en el ritmo de expansión tanto de las exportaciones como de las importaciones que se aprecia a partir de 1993, lo que parece evidenciar una fuerte «sensibilidad» del sector exterior de la economía española a la aproximación de las cifras hispanas a las establecidas en los criterios de Maastricht, por contraste con lo acaecido entre 1986 y 1992 en que el dinamismo importador superó con creces el exportador.

TABLA 7.3

Saldo de la balanza de viajes (millardos de pesetas)

1986	1987	1988	1989	1990	1991	1992	1993	1994	1995	1996	1997	1998
1.460,1	1.579,0	1.657,9	1.559,5	1.449,1	1.517,8	1.699,2	1.911,5	2.327,2	2.611,0	2.866,0	3.277,0	3.711,0

FUENTE: Banco de España.

La partida correspondiente al saldo turístico se muestra bastante afectada por el proceso de revalorización de la peseta que se produjo entre 1985 y 1992, ya que incidió tanto sobre las llegadas de turistas como sobre las salidas de españoles al extranjero estimuladas por una peseta con un mayor poder adquisitivo en el exterior. Un proceso que tuvo el efecto beneficioso de abaratar la adquisición de tecnología para la modernización industrial, pero que repercutió en los sectores exportadores como el turístico. Una vez vuelto el tipo de cambio efectivo nominal de la peseta frente a la UE a los niveles de 1985, después de la crisis monetaria de 1993, se retoma la senda del crecimiento del saldo turístico hasta el punto que en 1995 había aumentado más de un 45 por 100 dicho saldo respecto a 1991 en dólares y más que duplicaba el de 1986; e incluso a pesar de la revaluación del dólar en los años finales de la década de los noventa, el índice del saldo en 1998 de la balanza turística española en dólares se situaba en el 238 sobre las cifras del año inicial del período.

TABLA 7.4

Grado de cobertura del déficit comercial por el saldo turístico (porcentajes)

1986	1987	1988	1989	1990	1991	1992	1993	1994	1995	1996	1997	1998
189,6	113,4	87,8	53,7	48,9	48,0	55,0	100,8	118,3	115,1	141,3	166,9	133,8

FUENTE: Banco de España y elaboración propia.

Todas estas alteraciones monetarias y comerciales dejaron sentir su influencia en la cobertura del déficit comercial por el saldo turístico. Y desde el índice histórico de 1986 (un año comercialmente anómalo, ya que se retrajo el sector exterior hispano al disminuir tanto las importaciones como las exportaciones de mercancías como consecuencia de la adaptación al nuevo marco comercial por la adhesión a la Unión Europea), el grado de cobertura cae espectacularmente al ritmo del aumento del déficit y del paralelo estancamiento del saldo turístico, para recuperarse después de 1993. A partir de ese año, se repite un período trienal en el que el saldo turístico supera a los números rojos del comercio exterior estableciendo un nuevo límite a la fortaleza de la capacidad exportadora del turismo hispano, pues hay que tener presente que en estos últimos años también ha crecido el déficit en términos cuantitativos.

5.1.2. *Importancia del turismo en el PIB*

De forma similar a lo ocurrido con los grados de cobertura comerciales y con el ciclo de la renta nacional, la participación de los ingresos turísticos en el PIB cae desde el primer año del período de forma continua, tanto a consecuencia del espectacular crecimiento de la producción en esos primeros años como por el freno a las llegadas de turistas que supuso la etapa de revalorización de la peseta.

TABLA 7.5

Peso relativo de los ingresos por turismo en el PIB de cada país (porcentajes)

	1986	1987	1988	1989	1990	1991	1992	1993	1994	1995	1996
España	5,23	5,10	4,84	4,27	3,75	3,63	3,83	4,13	4,45	4,54	4,73
Francia	1,33	1,35	1,43	1,69	1,69	1,79	1,91	1,89	1,85	0,79	1,84
Italia	1,63	1,61	1,48	1,38	1,48	1,60	1,88	2,24	2,34	2,52	2,47
Alemania	0,71	0,69	0,70	0,72	0,70	0,66	0,58	0,57	0,54	0,74	0,75
Reino Unido	1,46	1,50	1,33	1,36	1,42	1,25	1,35	1,49	1,52	1,7	1,73
Estados Unidos	0,49	0,53	0,61	0,71	0,79	0,86	0,92	0,92	0,91	1,04	1,08
Grecia	4,63	4,91	4,52	3,66	3,89	3,66	3,34	3,62	3,99	4,18	4,0

FUENTE: OCDE y elaboración propia.

TABLA 7.6

Participación de los ingresos turísticos en el PIBpm (porcentajes)

1986	1987	1988	1989	1990	1991	1992	1993	1994	1995	1996	1997
5,23	5,10	4,84	4,27	3,75	3,63	3,83	4,13	4,44	4,54	4,73	5,72

FUENTE: Banco de España.

Desde 1991 tiene lugar un nuevo ciclo de recuperación del índice analizado que tiende a situarse en cotas próximas al 6 por 100 superando las que se alcanzaron a principios de los setenta, en las épocas del mayor auge turístico del pasado.

5.1.3. *Crédito hotelero*

Las cifras del crédito oficial hotelero están caracterizadas por una marcada tendencia expansiva, de tal manera que al final del período las entregas efectuadas por este motivo son más de cuatro veces superiores a las de 1986, pasando de 191.827 a 809.963 millones de pesetas.

Este crecimiento no es lineal ni extensible a todos los años, ya que como podemos apreciar a través de los datos de la tabla 7.7, los años de mayor incremento porcentual corresponden a los iniciales de período, siendo los centrales los que menores incrementos registran, llegándose incluso a producir una lógica reducción del 30 por 100 en este instrumento de apoyo turístico en 1993 que lo sitúa en un valor inferior al registrado en 1989. Este descenso es meramente coyuntural y en 1995 se consigue superar el valor alcanzado en 1992. La explicación radica en el esfuerzo inversor que se produjo con motivo de la EXPO-92 y de las Olimpiadas de Barcelona.

TABLA 7.7

Evolución del crédito hotelero (entregas)

1986	1987	1988	1989	1990	1991	1992	1993	1994	1995
191.827	268.610	372.042	568.236	635.010	684.329	741.374	522.584	675.546	809.963

FUENTE: Central de Información de Riesgos del Banco de España y elaboración propia.

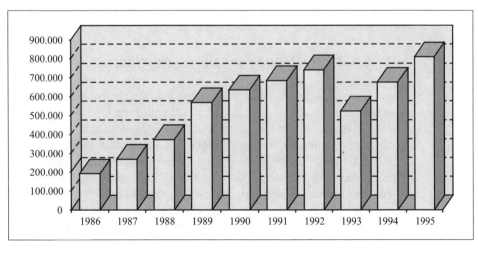

Figura 7.1. Crédito hotelero.

La evolución del crédito hotelero no sigue el mismo comportamiento que el crédito concedido al resto de sectores económicos del país. A este respecto, es interesante señalar que el volumen total de créditos no sufre la gran reducción que en 1993 se registró en el crédito al sector turístico por las razones ya esgrimidas. En el conjunto total de créditos concedidos se mantiene la tónica de crecimiento a lo largo de todos los años.

El porcentaje del total de créditos destinado al sector turístico comienza el período ganando posiciones año tras año hasta 1991, año en que desciende su participación, para llegar en 1993 al mismo punto en que comenzó el período. A partir de este año, se vuelve a iniciar un ciclo de crecimiento en el porcentaje turístico del total de créditos concedidos.

De todas maneras, hay también una lógica en el distinto comportamiento temporal del crédito turístico en relación con el crédito a los demás sectores. Y es que mientras las motivaciones de la demanda crediticia de los sectores no turísticos están en relación con las expectativas empresariales respecto de la evolución de la demanda interior española, la demanda crediticia para el sector turístico está vinculada a las expectativas en relación con la demanda exterior; y ésta no tiene por qué coincidir con la española. En cualquier caso también el turístico es un sector como el de la construcción, en lo que concierne a la evolución de su oferta, caracterizado por su carácter cíclico, lo que explica su comportamiento crediticio.

TABLA 7.8

Relación entre los créditos concedidos al total de los sectores y los concedidos al sector turístico

	1986	1987	1988	1989	1990	1991	1992	1993	1994	1995
Conjunto de sectores	19.054.311	21.797.803	26.665.909	34.117.963	39.476.493	45.284.227	49.692.221	52.279.625	56.376.349	62.417.655
Sector turístico	191.827	268.610	372.042	568.236	635.010	684.329	741.374	522.584	675.546	809.963
Porcentaje destinado al sector turístico	1,0%	1,2%	1,4%	1,7%	1,6%	1,5%	1,5%	1,0%	1,2%	1,3%

FUENTE: Central de Información de Riesgos del Banco de España y elaboración propia. Cifras en millones de pesetas.

5.1.4. *Entradas y salidas de divisas*

Como muestra la tabla 7.9, las entradas de divisas medidas en dólares aumentan constantemente durante el período con la sola excepción de 1993 y 1997. En cuanto a las salidas también muestran esa tendencia expansiva, aunque más afectadas por las variaciones del tipo de cambio del dólar que subió fuertemente en los años 1993-1994 y 1997. De todas maneras, las diferencias de volumen entre unas y otras es muy elevado, como viene siendo habitual en nuestro país en todos los períodos analizados: las entradas superan siempre con creces a las salidas. El ritmo de crecimiento de ambas es diferente; así, las entradas se multiplican por 2,5 a lo largo del período mientras que las salidas lo hacen por 3,3. No obstante, este dispar comportamiento tiene una escasa repercusión sobre el saldo, que muestra una clara tendencia ascendente, tendencia que depende fundamentalmente de los ingresos más que de los pagos.

TABLA 7.9

Entrada y salida de divisas por turismo (millones de dólares)

	1986	1987	1988	1989	1990	1991	1992
Entrada	12.058	14.760	16.543	16.174	18.593	19.004	22.181
Salida	1.514	1.938	2.440	3.080	4.254	4.530	5.543
Saldo	10.545	12.822	14.103	13.094	14.340	14.474	16.638
	1993	1994	1995	1996	1997	1998	1999
Entrada	19.749	21.474	25.405	27.567	26.892	29.839	30.482
Salida	4.737	4.130	4.467	4.929	4.515	5.000	5.181
Saldo	15.012	17.341	20.938	22.638	22.377	24.839	25.301

Los datos de 1999 son provisionales. (Estos datos se han obtenido aplicando el tipo de cambio medio del dólar sobre los datos de turismo del *Boletín económico*.)
Fuente: Banco de España.

En definitiva, el aumento porcentual de las salidas de divisas por turismo en el período, basado en el aumento del nivel de vida de los españoles, es bastante más elevado que el de las entradas, pero el aumento cuantitativo es significativamente mucho más apreciable en las entradas de divisas 18.000 millones de dólares frente a los 3.500 millones de las salidas. Este dispar comportamiento es perfectamente explicable dado el inferior nivel de vida español respecto del existente en los países europeos, que son nuestros principales clientes. Mientras para éstos pasar las vacaciones en el extranjero es un producto «maduro» en términos mercadotécnicos, para el mercado español todavía es un producto «joven» y de ahí la fuerte elasticidad de demanda que presenta. El saldo turístico global, salvo catástrofes impensables o excepcionales malas coyunturas, continuará aumentando año tras año en cifras absolutas, por cuanto la simple diferencia demográfica española con la de nuestros principales clientes, con los que en el futuro no van a plantearse problemas de tipo de cambio que tanta incidencia tienen en las corrientes turísticas, dejará sentir sus efectos; y ello sin tener en cuenta la atracción de nuevos mercados.

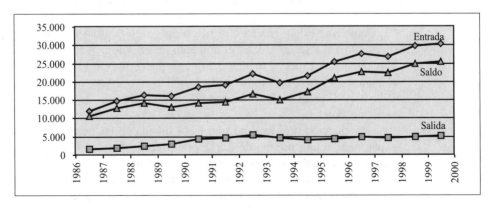

Figura 7.2. Evolución de las entradas y salidas de divisas por turismo.

5.2. La oferta de alojamientos, restauración y recreo

En los años que van desde 1986 a 1995, es la primera vez desde finales de los cincuenta que se produce un descenso en la oferta hotelera total del período, no en el número de plazas, sino en el de establecimientos; aunque conviene precisar que esa reducción global está provocada por la desaparición de buen número de pensiones porque los hoteles, con la excepción de los de cinco estrellas, siguen aumentando de número año tras año. No obstante, en el conjunto del período 1986-1999, se produce un incremento global de casi 500 alojamientos. Como viene siendo habitual, por lo acaecido en períodos anteriores, el comportamiento seguido por las plazas y los alojamientos es diferente según sus distintas categorías.

Tal y como hemos expuesto anteriormente en este capítulo, las líneas de actuación del Gobierno fueron encaminadas a consensuar las actuaciones de las Comunidades Autónomas y a adaptar nuestra economía a las necesidades de la integración europea. Esto supone que los turistas de los países europeos tengan plena libertad de acceso a nuestro país, así como los trabajadores. Se hace, pues, necesaria la adaptación a esta nueva situación. Además de este cambio socioeconómico, se advierte un cambio en los gustos de la demanda, que empezaba a detectarse en años anteriores. Todo esto hizo que la política de apoyo al sector turístico en nuestro país adoptara ciertos giros. Se trató de estimular el desarrollo de una oferta capaz de satisfacer actividades diferentes al sol y playa, de crear una oferta complementaria capaz de atender demandas distintas al mero alojamiento, así como de renovar y modernizar los procesos productivos, sobre todo en aspectos tales como el ahorro energético y la seguridad de los turistas.

Se continuó con la experiencia iniciada en 1985 con los concursos públicos de crédito turístico, y con las ayudas a fondo perdido que, a pesar de sus bajas cifras, estimuló el interés del sector cuyas peticiones desbordaron las cuantías previstas.

5.2.1. *Alojamientos y plazas hoteleras por categorías*

Como ya se ha señalado, el rasgo más significativo del período en lo que a la oferta alojativa se refiere, es el aumento en el volumen total de alojamientos (500). Hay que hacer especial mención a que se puede dividir este período en dos: de 1986 a 1995 en el cual se produce, de forma general, una pequeña disminución, y de 1996 a 1999 en el cual se observa un crecimiento muy acelerado de la oferta de alojamiento hotelera.

La reducción más espectacular es la sufrida en las pensiones de una estrella, que experimentan una merma de 2.512 establecimientos y 69.627 plazas, lo que en términos porcentuales representó una reducción aproximada del 50 por 100.

El resto de los establecimientos (de todas las categorías), salvo las pensiones de tres estrellas que también disminuyen en 52 establecimientos, aumentan su volumen actuando como amortiguadores de la gran reducción de las pensiones. Así, las que mayor incremento registran al final del período son las categorías hoteleras de nivel medio, es decir, los hoteles de tres estrellas, que al final del período presentan una cifra que casi supera en 1.000 a los establecimientos existentes al principio. Esto significa incrementos próximos al 100 por 100.

Las categorías superiores, correspondientes a hoteles de cinco y cuatro estrellas, experimentan crecimientos constantes, pequeños en el caso de hoteles de cinco estrellas y espectaculares en el caso de los de cuatro estrellas. Solamente en los de cinco estrellas se aprecia un descenso bastante significativo en 1993, que responde a razones fiscales vinculadas con el IVA, que se modificó al alza para los hoteles de cinco estrellas. Este cambio originó que, por razones de competitividad, un significativo número de estos hoteles redujeran en una sus estrellas para mantener el mismo tipo de IVA que habían venido aplicando hasta entonces.

El incremento experimentado por los hoteles de cuatro estrellas es parecido al experimentado por los de una, no llegando ninguno a superar los 300 establecimientos.

Se observa, por tanto, que el crecimiento de este período está marcado por las categorías medias, con un leve estancamiento en los hoteles de cinco estrellas y un crecimiento acelerado, sobre todo de 1995 a 1999, en los hoteles de cuatro estrellas. Estos incrementos son muy superiores a la disminución del número de pensiones, por lo que en el conjunto del período se puede afirmar que aumenta la calidad y el número de establecimientos de forma muy significativa.

Las cifras de la oferta de establecimientos quedan plasmadas en la tabla 7.10 en la que se puede apreciar más claramente la evolución detallada año a año.

TABLA 7.10

Alojamientos hoteleros por categorías

	1986	1987	1988	1989	1990	1991	1992	1993	1994	1995	1996	1997	1998	1999
Hoteles 5 ☆ oro	63	62	63	67	72	78	78	63	62	62	65	67	71	77
Hoteles 4 ☆ oro	375	381	395	393	400	470	515	570	616	616	689	717	759	802
Hoteles 3 ☆ oro	1.104	1.137	1.177	1.263	1.330	1.420	1.542	1.625	1.721	1.720	1.886	1.946	2.024	2.081
Hoteles 2 ☆ oro	965	1.012	1.091	1.157	1.221	1.309	1.393	1.444	1.511	1.510	1.621	1.648	1.683	1.722
Hoteles 1 ☆ oro	1.102	1.136	1.158	1.202	1.210	1.273	1.315	1.330	1.383	1.382	1.405	1.427	1.430	1.411
Pensiones 3 ☆ p.	169	164	155	153	136	113	96	93	96	96	116	119	118	117
Pensiones 2 ☆ p.	2.165	2.206	2.300	2.348	2.333	2.431	2.475	2.530	2.595	2.595	2.570	2.660	2.701	2.729
Pensiones 1 ☆ p.	4.388	4.367	4.138	3.300	2.734	2.509	2.378	2.079	2.079	2.021	1.957	1.896	1.869	1.876
Total	10.331	10.465	10.477	9.883	9.436	9.603	9.792	9.734	10.063	10.002	10.309	10.478	10.655	10.815

FUENTE: 1986-1995: *Anuario de Estadísticas de España 1988,* Instituto Nacional de Estadística.
1996-1999: Instituto de Estudios Turísticos y TURESPAÑA.

El comportamiento seguido por las plazas, como sucedía en los anteriores períodos, registra incrementos porcentuales generalmente mayores que los experimentados por los establecimientos. No obstante, en los hoteles de cinco estrellas se aprecia la importancia que la subida del IVA significó para este grupo. Más de una cuarta parte de las plazas de cinco estrellas bajaron de categoría administrativa en

1993 con respecto a 1992, recuperándose año a año a partir de dicha fecha, aunque sin llegar a ofertar el número de plazas de 1992.

Además de este grupo de hoteles, también se reducen las plazas ofertadas en las pensiones y en los hoteles de una estrella. Así terminan el período con casi 100.000 plazas menos que al inicio, lo que supone una reducción del 75 por 100 respecto a 1986.

Las plazas de hoteles de dos, tres y cuatro estrellas son las únicas que registran una expansión continua de su oferta, especialmente los hoteles de tres estrellas.

En la tabla 7.11 se muestran las cifras relativas a la capacidad alojativa de los establecimientos.

TABLA 7.11

Plazas hoteleras por categorías

	1986	1987	1988	1989	1990	1991	1992
Hoteles 5 estrellas oro	26.365	25.981	26.570	26.703	28.896	30.403	31.197
Hoteles 4 estrellas oro	116.447	120.326	123.974	120.496	122.337	149.852	161.609
Hoteles 3 estrellas oro	256.961	269.140	285.866	311.121	330.519	347.728	372.914
Hoteles 2 estrellas oro	133.013	139.233	143.660	148.047	154.182	157.309	159.372
Hoteles 1 estrella oro	104.287	103.889	103.082	101.607	99.815	95.799	92.873
Pensiones 3 estrellas plata	12.108	12.003	11.375	11.553	11.280	10.688	9.615
Pensiones 2 estrellas plata	86.628	87.515	89.832	90.729	89.015	96.060	96.302
Pensiones 1 estrella plata	129.025	128.612	123.562	108.393	93.489	84.453	79.317
Total	864.834	886.699	907.921	918.649	929.533	972.292	1.003.199
	1993	**1994**	**1995**	**1996**	**1997**	**1998**	**1999**
Hoteles 5 estrellas oro	22.616	22.958	22.958	23.196	23.144	24.962	26.108
Hoteles 4 estrellas oro	182.380	198.416	198.416	220.018	227.496	238.700	252.421
Hoteles 3 estrellas oro	387.080	411.972	411.845	447.245	458.966	468.342	474.929
Hoteles 2 estrellas oro	157.768	157.577	157.548	149.535	147.710	145.857	144.468
Hoteles 1 estrella oro	87.797	86.123	86.043	80.626	92.175	78.723	74.118
Pensiones 3 estrellas plata	9.385	11.668	11.668	13.568	13.606	13.391	13.994
Pensiones 2 estrellas plata	92.040	94.866	94.865	91.872	79.171	92.697	92.835
Pensiones 1 estrella plata	70.175	70.175	67.131	62.752	61.131	58.545	59.398
Total	1.009.241	1.053.355	1.050.074	1.088.812	1.103.399	1.121.217	1.138.271

FUENTE: 1986-1995: *Anuario de Estadísticas de España 1988,* Instituto Nacional de Estadística.
1996-1999: Instituto de Estudios Turísticos y TURESPAÑA.

Esta evolución diferencial pone de relieve un cierto cambio en la estructura de la oferta por categorías, ya que los hoteles de dos, tres y cuatro estrellas, que a principios del período suponían menos del 60 por 100 de las plazas, pasan a ofrecer, junto con los de la máxima categoría, más de las tres cuartas partes del total. Así pues, como además son las plazas de dos estrellas de oro las que menos crecen en cifras relativas dentro de ese grupo, es evidente que el período puede caracterizarse por una mejora cualitativa de la planta hotelera.

TABLA 7.12

Plazas, número y dimensión de los establecimientos hoteleros

	1986			1995			1999		
	% plazas	% núm.	Dimensión media	% plazas	% núm.	Dimensión media	% plazas	% núm.	Dimensión media
Hoteles 5 estrellas	4,1	1,7	418	2,6	1,2	370	2,7	1,3	339
Hoteles 4 estrellas	18,3	10,4	311	22,6	11,6	321	2,6	13,2	315
Hoteles 3 estrellas	40,3	30,6	233	47,0	32,5	239	48,9	34,2	228
Hoteles 2 estrellas	20,9	26,7	138	18,0	28,5	104	14,9	28,3	84
Hoteles 1 estrella	16,4	30,5	95	9,8	26,1	62	7,6	23,2	53
Total			177			166			160

FUENTE: Elaboración propia.

5.2.2. *Alojamientos y plazas hoteleras por provincias*

La tónica general seguida por la oferta hotelera en la mayoría de las principales provincias turísticas del país, es una leve reducción en el número de establecimientos. Salvo Guipúzcoa, que parece haber tocado fondo en su decadencia turística en 1990 e incrementa su oferta casi en un 25 por 100, el resto de provincias ven disminuir su volumen de establecimientos, aunque es una reducción que afecta fundamentalmente a los establecimientos «de plata». Es decir, que la hotelería española sigue la senda de la mejora de su cualificación. La provincia que mayor reducción experimenta es Gerona, una de las zonas turísticas de sol y playa más saturada del país, seguida por Madrid y Barcelona, con reducciones muy próximas entre sí, y tras ellas los dos archipiélagos y Málaga. Se observa, por tanto, que esta reducción en el número de establecimientos es un fenómeno generalizado en todo el país. En la tabla 7.13 se aprecian los datos pormenorizados por años de la evolución de alojamientos hoteleros por provincias.

TABLA 7.13

Alojamientos hoteleros por provincias

	1986	1987	1988	1989	1990	1991	1992
Alicante	395	402	420	370	362	358	346
Baleares	1.377	1.381	1.377	1.399	1.400	1.397	1.344
Barcelona	810	823	710	702	697	692	690
Canarias	359	367	376	324	312	302	305
Gerona	898	894	861	855	849	730	751
Guipúzcoa	97	93	93	91	90	95	97
Madrid	808	825	817	756	747	983	668
Málaga	367	364	381	358	248	276	285
Valencia	211	230	238	191	186	190	188
Resto de España	5.009	5.086	5.204	4.837	4.545	4.580	4.118

TABLA 7.13 *(continuación)*

	1993	1994	1995	1996	1997	1998	1999
Alicante	344	343	342	322	310	302	315
Baleares	1.271	1.319	1.343	1.263	1.270	1.286	1.307
Barcelona	648	669	611	630	639	628	621
Canarias	287	314	313	332	334	337	336
Gerona	695	678	628	623	629	635	632
Guipúzcoa	103	106	104	105	118	123	122
Madrid	634	648	647	662	652	648	635
Málaga	275	291	295	309	316	328	314
Valencia	193	205	203	177	172	173	174
Resto de España	5.284	5.490	5.516	5.886	6.038	6.195	6.013

FUENTE: 1986-1995: *Anuario de Estadísticas de España 1988*, Instituto Nacional de Estadística.
1996-1999: Instituto de Estudios Turísticos y TURESPAÑA.

Pero esta desaparición de establecimientos —casi exclusivamente «de plata»— no significa que la capacidad alojativa se vea reducida, ya que el número de plazas no se ve reducido en ninguna provincia, correspondiendo el mayor incremento del número de plazas a los destinos insulares: Baleares, que cierra el período con 60.000 plazas más que al inicio del período, y Canarias, con un incremento de cerca de 50.000 plazas.

TABLA 7.14

Plazas hoteleras por provincias

	1986	1987	1988	1989	1990	1991	1992
Alicante	49.618	50.649	50.545	497.427	49.189	49.949	49.606
Baleares	228.742	234.536	237.440	244.733	252.189	260.379	260.247
Barcelona	64.176	64.451	62.841	62.548	64.541	68.656	72.700
Canarias	77.690	79.876	86.461	86.870	48.730	89.335	90.717
Gerona	74.353	75.565	76.351	78.139	77.965	73.893	77.071
Guipúzcoa	5.833	5.490	5.467	5.479	5.495	5.654	6.105
Madrid	48.510	49.950	49.559	49.226	49.635	48.966	49.490
Málaga	49.942	50.896	51.825	51.236	53.846	52.027	52.840
Valencia	14.394	14.851	15.033	14.096	13.982	14.495	14.408
Total nacional	864.834	886.699	907.921	918.649	972.808	929.533	998.816
	1993	1994	1995	1996	1997	1998	1999
Alicante	49.843	50.214	50.166	51.229	50.972	51.053	52.214
Baleares	258.357	271.260	271.737	274.486	279.885	283.290	289.693
Barcelona	75.923	78.636	76.317	78.569	79.566	79.707	78.629
Canarias	84.726	100.571	100.558	109.963	109.514	113.496	113.767
Gerona	75.494	74.715	73.583	73.826	74.832	74.070	75.275
Guipúzcoa	6.753	6.857	6.832	6.785	7.114	7.257	6.996
Madrid	51.335	52.728	52.558	55.207	55.025	55.238	55.471
Málaga	52.994	55.140	55.179	57.069	57.848	58.730	57.186
Valencia	14.982	15.637	15.594	16.796	16.615	16.613	16.738
Total nacional	1.009.241	1.053.355	1.050.074	1.088.812	1.103.399	1.121.217	1.138.271

FUENTE: 1986-1995: *Anuario de Estadísticas de España 1988*, Instituto Nacional de Estadística.
1996-1999: Instituto de Estudios Turísticos y TURESPAÑA.

5.2.3. *Alojamientos y plazas hoteleras por categorías y provincias*

Lo primero que llama la atención al analizar los datos de la evolución de la oferta hotelera es que no existe reducción en el número de establecimientos en ningún destino en particular.

Se salda el período con un incremento significativo para la oferta total de establecimientos y plazas. Si comparamos esta circunstancia con la evolución total de alojamientos, incluidas pensiones, podemos comprobar que se producen algunas reducciones en las pensiones, ya que los datos que analizamos aquí corresponden exclusivamente a la categoría hotelera y, por tanto, los alojamientos de las categorías de plata no están incluidos.

La evolución que presenta la oferta de alojamientos en las distintas categorías hoteleras varía de unas provincias a otras. En general, los establecimientos de categoría superior no sufren grandes incrementos o disminuciones, oscilando las variaciones entre el incremento de cuatro nuevos establecimientos en Baleares y la reducción en dos de Madrid, aunque es conveniente precisar que la mayor parte de las variaciones a la baja responden a alteraciones de categoría.

No existe un comportamiento homogéneo extensible a todas las provincias, ya que en cada una de ellas la oferta de establecimientos evoluciona de manera muy distinta. Así, en Alicante se observan incrementos en las categorías superiores de tres, cuatro y cinco estrellas. En Guipúzcoa y Valencia no se producen reducciones en ninguna de las categorías, pero mientras que en Guipúzcoa los incrementos se presentan, sobre todo, en las categorías de una y dos estrellas, en Valencia son considerables en todas ellas, centrados en las categorías inferiores que saldan el período con incrementos importantes en dos, tres y cuatro estrellas.

En Canarias se aprecia un cambio en la oferta, registrándose incrementos en las categorías superiores (sobre todo en cuatro estrellas), mientras que las medias e inferiores se mantienen. Esta tendencia es seguida también en Gerona, donde sólo disminuyen las categorías inferiores.

En Barcelona y en Madrid se registran grandes incrementos, con comportamientos similares. En Madrid se comprueban pequeños incrementos en la oferta hotelera de una, dos y cinco estrellas, frente a un gran desarrollo de los de tres y cuatro estrellas; y algo parecido ocurre en Barcelona, al apostarse decididamente por una oferta hotelera de calidad centrada en los alojamientos de tres y, sobre todo, de cuatro estrellas.

Es significativa la reducción de 106 establecimientos de una estrella registrada en Baleares, que constituye la mayor de todas las provincias, en contraposición al gran incremento en los hoteles de categoría media que supera los 160.

En cuanto a las plazas, se observa también una reducción generalizada en las categorías inferiores. Salvo en Guipúzcoa, Canarias y Valencia, en el resto disminuyen en esta categoría, siendo la más afectada Baleares, que salda el período con un decremento en su capacidad alojativa de cerca de 21.000 plazas, seguida de Barcelona con un descenso de más de 14.000.

Los mayores incrementos se registran en las plazas de categorías medias-altas, esto es, en hoteles de tres y cuatro estrellas, siendo Baleares la provincia que mayor incremento registra en la categoría de hoteles de tres estrellas, que al final del período posee unas 73.000 plazas más que al principio.

En la tabla 7.15 queda detallada la trayectoria seguida por las principales provincias, tanto en el número de plazas como de establecimientos hoteleros.

TABLA 7.15

Establecimientos y plazas hoteleras por provincias según categorías (sólo hoteles)

		Plazas			Establecimientos		
		1986	1995	1999	1986	1995	1999
Alicante	Total	43.646	46.483	52.214	214	233	250
	5 estrellas	495	342	529	2	1	3
	4 estrellas	4.798	3.504	6.530	15	11	21
	3 estrellas	18.653	24.317	29.559	59	73	97
	2 estrellas	11.347	13.393	10.735	70	82	78
	1 estrella	8.353	4.927	2.377	68	66	51
Baleares	Total	187.093	232.554	254.576	738	820	886
	5 estrellas	1.431	1.171	1.520	5	5	9
	4 estrellas	18.522	23.861	41.001	58	68	121
	3 estrellas	91.367	148.132	167.168	282	422	469
	2 estrellas	43.926	41.934	34.555	182	181	162
	1 estrella	31.847	17.456	10.332	211	144	105
Barcelona	Total	45.137	67.870	70.276	284	410	416
	5 estrellas	2.951	2.889	3.061	6	6	6
	4 estrellas	6.245	18.869	20.899	31	81	83
	3 estrellas	8.213	20.851	28.901	62	123	153
	2 estrellas	7.384	15.753	11.247	55	100	91
	1 estrella	20.344	9.508	6.168	130	100	83
Canarias	Total	73.709	98.448	110.919	245	265	295
	5 estrellas	5.352	7.973	6.698	10	14	12
	4 estrellas	29.916	49.248	56.616	62	89	103
	3 estrellas	24.817	30.933	37.901	99	97	110
	2 estrellas	12.252	8.906	5.710	51	47	43
	1 estrella	1.372	1.388	3.994	23	18	27
Gerona	Total	53.228	61.562	64.252	396	414	431
	5 estrellas	144	204	266	1	2	3
	4 estrellas	2.720	4.273	4.574	16	27	31
	3 estrellas	21.027	33.975	38.425	105	145	165
	2 estrellas	16.271	11.549	10.919	125	105	108
	1 estrella	13.066	11.561	10.068	149	135	124

TABLA 7.15 (*continuación*)

		Plazas			Establecimientos		
		1986	1995	1999	1986	1995	1999
Guipúzcoa	Total	4.184	5.544	5.517	38	54	58
	5 estrellas	266	266	253	1	1	1
	4 estrellas	1.118	1.504	1.514	5	7	7
	3 estrellas	1.629	2.328	2.111	16	21	19
	2 estrellas	697	791	951	8	12	15
	1 estrella	474	655	688	8	13	16
Madrid	Total	32.646	39.158	42.047	127	177	189
	5 estrellas	8.031	1.958	4.613	13	16	11
	4 estrellas	12.756	24.346	23.262	36	63	64
	3 estrellas	8.657	9.583	10.942	43	56	71
	2 estrellas	1.899	2.588	2.453	19	29	26
	1 estrella	1.303	683	777	16	13	17
Málaga	Total	42.142	51.630	54.479	159	209	230
	5 estrellas	3.210	2.697	3.274	9	6	9
	4 estrellas	10.973	14.119	17.880	25	34	42
	3 estrellas	20.128	27.940	28.183	67	90	101
	2 estrellas	6.543	5.002	4.191	39	46	52
	1 estrella	1.288	1.872	951	19	33	26
Valencia	Total	9.854	11.961	14.866	66	95	115
	5 estrellas	684	1.073	1.073	2	3	3
	4 estrellas	1.967	2.193	4.641	7	9	16
	3 estrellas	5.065	5.575	5.961	24	28	32
	2 estrellas	1.064	1.829	2.024	16	29	39
	1 estrella	1.074	1.291	1.167	17	26	25

Lo más significativo a destacar en la evolución del número de plazas hoteleras es el cambio estructural experimentado en la clasificación por categorías de tal oferta de alojamientos hoteleros. En general, aparece una pérdida relativa de importancia de las categorías máxima y mínima, y un reforzamiento de las centrales, sobre todo de tres y cuatro estrellas.

En todas las zonas turísticas la categoría con mayor número de plazas es la de tres estrellas con diferencia sobre las demás y con la excepción de Canarias y Madrid, donde esa oferta prioritaria está en las cuatro estrellas.

5.2.4. *Otra oferta turística*

Como conclusión general cabe destacar que en el período de estudio se ha producido un incremento sostenido en el número de cámpings, de plazas, en el número de restaurantes y en las plazas ofertadas en restauración.

TABLA 7.16

Evolución de la oferta de cámpings y restaurantes

	1986	1987	1988	1989	1990	1991	1992	1993	1994	1995	1996	1997	1998
Cámpings													
Número	797	836	858	893	928	954	984	1.039	1.079	1.130	1.171	1.197	1.223
Plazas (miles)	406	436	457	470	571	575	581	602	617	622	641	650	654
Capacidad media	510	522	533	527	616	603	590	578	572	551	547	543	534
Restaurantes													
Número (miles)	39,2	40	44	49,2	50	51,2	53,1	55	56,6	58,9	59,5	60,6	55,6
Plazas (miles)	2.297	2.351	2.600	2.921	3.020	2.713	2.877	3.386	3.385	3.545	3.580	3.657	3.200
Capacidad media	59	59	59	59	60	53	54	61	60	60	60	60	58

NOTA: En 1998 se modifica la serie por reajuste sectorial en el Directorio de Empresas del INE.
FUENTE: 1986-1995: *Anuario de Estadísticas de España 1988,* Instituto Nacional de Estadística.
1996-1999: Instituto de Estudios Turísticos y TURESPAÑA.

También se aprecia una tendencia a la disminución de la capacidad media de los cámpings resultado de la legislación y controles de las Comunidades Autónomas sobre este tipo de equipamiento turístico.

5.3. La demanda turística

5.3.1. *Visitantes procedentes del extranjero*

La evolución en la entrada de visitantes procedentes del extranjero que se registra en nuestro país durante estos años está marcada por el crecimiento, con un ligero retroceso en 1989 y en 1990. A partir de ese año se reinicia el ritmo de crecimiento.

En la tabla 7.17 se aprecia el comportamiento de este indicador más claramente, pudiendo comprobarse una renovada expansión de la demanda en el último cuatrienio.

TABLA 7.17

Visitantes procedentes del extranjero que han entrado en España provistos de pasaporte

1986	1987	1988	1989	1990	1991	1992
47.388.793	50.544.874	54.178.150	54.057.562	52.044.056	53.494.464	55.330.716
1993	**1994**	**1995**	**1996**	**1997**	**1998**	**1999**
57.263.351	61.428.030	57.594.558	60.654.506	64.962.850	70.857.732	76.391.900

NOTA: Debido a un cambio metodológico, se produce una ruptura en 1995 en la serie histórica debido a cambios en el método y no a un descenso en las llegadas.
FUENTE: *Anuario de Estadísticas. INE, 1986-1995,* Instituto de Estudios Turísticos, 1996-1999.

5.3.1.1. Medio de entrada

El medio más utilizado por los visitantes que llegan a nuestro país sigue siendo el transporte por carretera, aunque cada vez el avión tiene más importancia. Según se puede apreciar en la tabla 7.18, el aumento de la proporción de visitantes que llegan por aire gana peso a costa de los transportes terrestres: carretera y ferrocarril, y es totalmente predominante si se analizan las llegadas específicas de turistas. La utilización del transporte marítimo es cada vez mayor, aunque la proporción de usuarios de este medio sigue siendo bastante pequeña, incluso para un país como el nuestro que posee un litoral tan dilatado.

Esta mayor incidencia del transporte aéreo está estrechamente relacionada con el acortamiento de la duración media de la estancia turística y la aparición del fenómeno del fraccionamiento vacacional a lo largo del año. La forma de optimizar estos períodos más cortos y repetitivos de vacaciones es reducir al máximo los tiempos de desplazamiento. De ahí el auge del transporte aéreo.

TABLA 7.18

Visitantes procedentes del extranjero que han entrado en España provistos de pasaporte según medio de entrada (en miles) y turistas desde 1998

	1986	1987	1988	1989	1990	1991	1992	1993	1995	1996	1997	1998	1999
Ferrocarril	2.340	2.138	2.263	2.358	2.285	2.179	2.184	2.129	241	411	457	422	446
Carretera	26.990	27.619	30.040	29.735	28.198	29.522	30.460	31.125	27.899	29.622	31.148	10.579	11.645
Puertos	646	657	812	827	941	924	1.051	1.209	1.707	1.815	2.023	1.936	1.981
Aeropuertos	13.768	16.182	16.644	16.387	15.921	16.018	17.299	18.635	27.746	28.807	31.335	34.466	37.701

NOTA: Debido a la implantación del sistema Frontur por parte del Instituto de Estudios Turísticos, a partir de 1998 se presentan los resultados de la entrada de turistas y no de visitantes.

FUENTE: *Anuario de Estadísticas. INE, 1986-1994,* Instituto de Estudios Turísticos, 1995-1999.

5.3.1.2. Nacionalidades

El principal emisor de visitantes hacia nuestro país en este período sigue siendo, al igual que en períodos anteriores, la vecina Francia, que tiene un peso específico de algo menos del 40 por 100 del total de llegadas durante todo el período. Le siguen en importancia Gran Bretaña y Alemania, ambas con porcentajes muy próximos, en torno al 24 por 100 cada una. Los visitantes franceses, aunque mantienen su posición de líderes en cuanto a las llegadas a nuestro país, van disminuyendo distancias, sobre todo en favor de los países antes mencionados, fundamentalmente de Alemania.

En cuanto al número de turistas, según los datos de la nueva encuesta diseñada por el Instituto de Estudios Turísticos y denominada Frontur, con la que se cambia la estructura de contabilización de turistas llegados a España, se comprueba cómo son mayoritarios los procedentes de Gran Bretaña y de Alemania, los grandes países emisores de turistas, seguidos, muy de lejos, por los franceses.

TABLA 7.19

Visitantes procedentes del extranjero que han entrado
en España provistos de pasaporte según nacionalidad
(en miles)

	1986	1993	1999
Alemania	5.862	8.648	12.138
Bélgica	1.117	1.467	2.531
Francia	11.256	12.047	5.734
Gran Bretaña	6.348	7.380	13.224
Italia	1.005	1.874	2.428
Estados Unidos	875	720	
Escandinavia	1.838	1.631	
Resto del mundo	15.440	19.326	15.600

FUENTE: *Anuario de Estadísticas. INE, 1986-1994,* Instituto de Estudios Turísticos, 1995-1999.

NOTA: Debido a la implantación del sistema Frontur por parte del Instituto de Estudios Turísticos, a partir de 1998 se presentan los resultados de la entrada de turistas y no de visitantes.

5.3.1.3. Entrada según meses

Como es habitual, uno de los principales problemas del sector sigue siendo la estacionalidad, como podemos ver a la luz de las figuras 7.3 y 7.4, aunque del análisis de los datos de la evolución histórica se comprueba cómo, en los últimos años, la distribución temporal de la llegada de turistas es más homogénea a lo largo del año y no tan concentrada en determinadas épocas.

En el gráfico de la figura 7.3 se muestran los valores porcentuales de la llegada de turistas a nuestro país desglosados por meses y por años. En él se aprecia claramente cómo se repite cada año una mayor afluencia en los meses de verano, sobre todo en julio y agosto. Esto nos permite agregar los datos de todos los años del período por meses y obtener el gráfico de la figura 7.4. En éste se ve más claramente el fenómeno de la estacionalidad tan característico del sector.

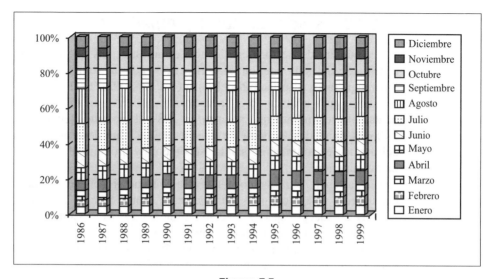

Figura 7.3.

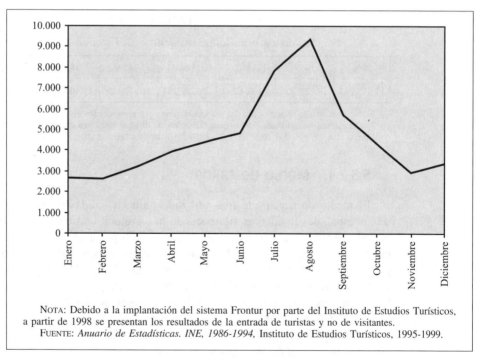

NOTA: Debido a la implantación del sistema Frontur por parte del Instituto de Estudios Turísticos, a partir de 1998 se presentan los resultados de la entrada de turistas y no de visitantes.
FUENTE: *Anuario de Estadísticas. INE, 1986-1994,* Instituto de Estudios Turísticos, 1995-1999.

Figura 7.4.

5.3.2. *Salidas de turistas españoles*

El número de personas residentes en nuestro país que atraviesan las fronteras para hacer viajes al exterior salda el período con un volumen muy similar a los valores registrados al principio del mismo (1986-1993). Este hecho no implica estancamiento, pues analizando la trayectoria se observa en los años iniciales una tendencia al crecimiento que alcanza en 1989 el máximo llegando a superar los 23 millones de salidas. A partir de este año se inicia un descenso que hace que al final del período el volumen de salidas se sitúe muy próximo al de 1986, aunque ligeramente superior.

En la tabla 7.20 se recoge la evolución que siguen las salidas de españoles al extranjero y se aprecia, más claramente, la evolución a lo largo del período.

Hay que hacer especial mención a que en 1997 el Instituto de Estudios Turísticos pone en marcha una nueva forma de contabilizar las salidas de españoles al extranjero, denominada Familitur, y a través de la cual cambian totalmente las estadísticas emisoras de residentes en España hacia el exterior.

La ruptura con la serie existente es total y por eso la tabla 7.20 la hemos cortado en 1993.

TABLA 7.20

Salida de españoles, residentes en España, al extranjero

1986	1987	1988	1989	1990	1991	1992	1993
17.637.247	18.227.708	18.984.794	23.305.931	21.877.928	19.405.123	19.862.198	17.708.170

NOTA: Debido a la implantación del sistema Familitur por parte del Instituto de Estudios Turísticos, a partir de 1997 se presentan los resultados de la contabilización de turistas españoles que salen al extranjero a su regreso.
FUENTE: *Anuario de Estadísticas. INE, 1986-1993,* Instituto de Estudios Turísticos, 1997-1999.

5.3.2.1. Medio de salida

El medio de transporte más utilizado para las salidas de nuestro país por parte de los españoles residentes sigue siendo la carretera, con un 91 por 100 del total del período, seguido del transporte aéreo con un 6,6 por 100. La tendencia que se aprecia es un descenso porcentual del número de usuarios de este medio que pasa de representar el 93 por 100 en 1986 a algo más del 82 por 100 en 1993 en favor del resto, siendo el más beneficiado el transporte aéreo. En el ferrocarril se aprecia un ligero incremento porcentual, pasando de representar el 1,7 por 100 de las salidas en 1986 al 2,1 por 100 en 1993.

El transporte marítimo también registra un ligero incremento porcentual, pero su volumen sigue siendo muy pequeño.

Al igual que en el caso anterior, hay que señalar explícitamente el cambio de contabilización del medio de salida del residente en España, tal y como también pasa en el epígrafe siguiente a partir de 1997 con la entrada en vigor del cambio metodológico motivado por Familitur.

No existen datos oficiales de esta variable para el trienio 1994-1996, y puede comprobarse la profunda reestructuración realizada en esta estadística con la simple comparación de los datos de los años 1997 y 1998 con el resto de la información de la tabla 7.21.

TABLA 7.21

Salida de españoles, residentes en España, al extranjero según medio de salida

	1986	1987	1988	1989	1990
Ferrocarril	300.407	314.751	317.369	381.752	427.386
Carretera	16.402.565	16.866.462	17.674.741	21.734.334	19.705.232
Puertos	38.219	62.301	70.867	64.507	114.490
Aeropuertos	896.056	984.194	921.817	1.125.338	1.630.820
	1991	1992	1993	1997	1998
Ferrocarril	506.484	434.672	376.620	71.288	111.420
Carretera	17.332.350	17.501.558	15.616.730	2.057.688	2.600.043
Puertos	124.052	162.496	132.672	47.414	78.202
Aeropuertos	1.442.237	1.763.472	1.582.148	1.786.012	1.996.764
Otros				17.597	7.847

NOTA: Debido a la implantación del sistema Familitur por parte del Instituto de Estudios Turísticos, a partir de 1997 se presentan los resultados de la entrada de turistas españoles que salen al extranjero. No existen datos oficiales para 1994, 1995 y 1996.

FUENTE: *Anuario de Estadísticas. INE, 1986-1993*, Instituto de Estudios Turísticos, 1997-1999.

5.3.2.2. Salida según meses

Las salidas de españoles en este período siguen un comportamiento similar al observado en años anteriores. Éstas se incrementan en los meses de vacaciones, concentrándose sobre todo en verano. Comienza a aparecer una mayor concentración en el mes de agosto que no era tan acusada en períodos anteriores. Este hecho puede ser debido a la suavización del fenómeno migratorio de nuestro país que hacía que en períodos anteriores se atenuara la estacionalidad en las salidas de los españoles. Además, la mejor situación económica hace que los españoles se decidan a salir al extranjero para efectuar sus vacaciones, fundamentalmente en verano y, sobre todo, en agosto. La confluencia de ambos fenómenos explica el aumento de la estacionalidad.

Como ya hemos presentado en otros períodos, se muestran las salidas por meses y por años en términos porcentuales pudiendo verse claramente lo anteriormente expuesto sobre la distribución de las salidas de españoles. Además, se comprueba que el comportamiento no varía mucho entre los meses de un año y otro, lo que ha permitido agregar por meses la totalidad del período y realizar los gráficos de las figuras 7.5 y 7.6.

La principal diferencia que podemos apreciar en el comportamiento turístico-va-

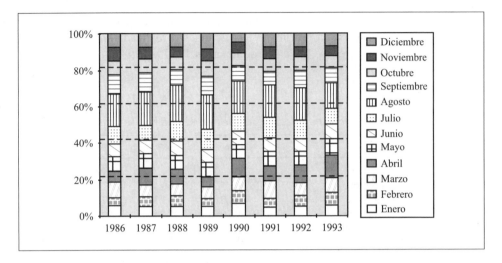

Figura 7.5. Salidas según meses.

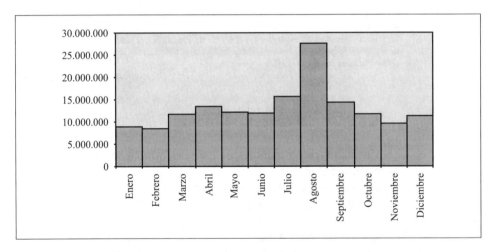

Figura 7.6. Salidas según meses agregados del período.

cacional de españoles y extranjeros, al menos en lo que a su temporalidad concierne, es la fuerte concentración en agosto que presentan las salidas de españoles al extranjero. Esto pone de relieve un hecho sociocultural típicamente español, cual es el cierre de empresas y negocios por vacaciones en agosto en vez de proceder a un escalonamiento de las mismas que los mantuviera abiertos todo el año. Sin duda, la climatología española, aparte razones culturales, constituye un factor clave en este comportamiento empresarial.

5.3.3. *El grado de ocupación hotelera*

La tendencia expansiva de la demanda turística que empezó a columbrarse al final del período anterior, tiene su inmediata respuesta en el crecimiento de la oferta a lo largo de toda esta década a niveles desconocidos desde finales del desarrollismo. Un crecimiento de la oferta que, además de ser impulsado por el de la propia demanda, lo es por los grados de ocupación media de los primeros años del período.

TABLA 7.22

Grado de ocupación hotelera

	1986	1987	1988	1989	1990	1991	1992
Número de plazas hoteleras	637.073	658.569	683.152	707.974	735.749	781.092	817.965
Pernoctaciones causadas (miles)	129.514	138.721	137.338	131.425	119.880	134.499	131.704
Máximo de pernoctaciones (miles)	232.532	240.378	249.350	258.411	268.548	285.099	298.557
Porcentaje grado ocupación	55,7	57,7	55,1	50,9	44,6	47,2	44,1
Aumento anual de plazas hoteleras	14.645	21.496	24.583	24.822	27.775	45.343	36.873
	1993	**1994**	**1995**	**1996**	**1997**	**1998**	**1999**
Número de plazas hoteleras	837.641	876.646	876.810	920.620	949.491	956.584	972.044
Pernoctaciones causadas (miles)	138.103	154.669	159.463	158.259	166.733	178.356	229.436
Máximo de pernoctaciones (miles)	305.739	319.976	319.890	336.026	346.564	349.153	354.796
Porcentaje grado ocupación	45,2	48,3	49,8	58,1	56,9	53,6	60,0
Aumento anual de plazas hoteleras	19.676	39.005	164	43.810	28.871	7.093	15.460

NOTA: Debido a la implantación de la nueva encuesta de ocupación hotelera por parte del Instituto Nacional de Estadística, a partir de 1998 se produce un cambio metodológico a la hora de establecer en la muestra los establecimientos con categoría de una estrella de plata y similares.

FUENTE: *Anuario de Estadísticas. INE, 1986-1993*, Instituto de Estudios Turísticos, 1997-1999. *Movimiento de Viajeros en Establecimientos Hoteleros. INE, 1986-1997. Encuesta de Ocupación Hotelera. INE, 1998-1999.*

Hay que destacar igualmente que la crisis cíclica de principios de la década se hizo notar en la caída del grado de ocupación, ya que, a pesar de los grandes acontecimientos de 1992, coincidió la retracción de la demanda con un fortísimo crecimiento de la oferta. Por eso, en 1992 se llegó a niveles sumamente bajos de la ocupación y la repercusión inmediata fue la levísima reducción de la propia oferta de plazas hoteleras en 1995, por segunda vez en la moderna historia del turismo español. De todas formas hay que recordar que estamos refiriéndonos a un índice de ocupación teórico, ya que los cierres de temporada (que indudablemente influyen en el grado de ocupación) no tienen por qué ser iguales unos años a otros.

6. EL MARCO CONCEPTUAL: UNA NUEVA POLÍTICA PARA UN NUEVO MODELO TURÍSTICO

El último período histórico que abordamos en este libro coincide con la definitiva consolidación del modelo español de economía abierta al exterior, y se inaugura con la incorporación de España como miembro de pleno derecho a la Unión Europea. Al mismo tiempo, es la etapa en que empieza a funcionar plenamente el «Estado de las Autonomías», con lo que ello supone de adaptación legal y administrativa de las estructuras institucionales que afectan al turismo.

El reparto de competencias entre las Comunidades Autónomas y el Gobierno central facilita el proceso de profesionalización, no ya de la estructura administrativa, como en el pasado, sino de los propios responsables de los organismos administrativos centrales encargados del turismo, que pasan a convertirse en organismos autónomos. También se originan nuevos problemas derivados de ese proceso de traspaso de competencias a las Comunidades Autónomas que exigen la creación de un órgano de coordinación entre ellas, con las Administraciones central y local, y con el empresariado, como es el Consejo Promotor de Turismo que, aun de carácter consultivo, es de una gran importancia.

Asimismo, los nuevos tiempos coincidentes con una nueva ola de expansión de la demanda turística exigen una modernización legislativa de carácter desrregulador que, al mismo tiempo, cambie el enfoque de la actividad administrativa al adoptar ésta un carácter competencial y no territorial. Tales cambios administrativos y legales también se presentan en los mecanismos de apoyo al sector, mucho más ágiles y mejor orientados: primero, hacia la modernización de nuestras infraestructuras turísticas, para desembocar, después, en su conversión en elemento clave de una estrategia permanente de mantenimiento de la competitividad del turismo español. El Plan Marco de Competitividad del Turismo Español —el conocido como Plan Futures— significa la concreción de una estrategia permanente de adaptación a los nuevos gustos del mercado apoyando la diversificación, los nuevos productos y la mejora de la competitividad desde un enfoque integral e integrado.

Por último, hay que subrayar que, en este período, se recuperó el dominio público litoral, se dio fin a la política de promoción urbanística del turismo, se puso en marcha y generalizó la política de protección de la naturaleza, haciéndola compatible con su uso turístico, y se utilizó al turismo como sector promocional en la política de incentivos regionales tendente a la corrección de los desequilibrios interterritoriales, prueba de la importancia y madurez que el sector ha alcanzado en la economía española.

En suma, en este período se conciben y abordan nuevas políticas de apoyo al turismo español, que cambia sustancialmente al diversificarse y mejorar en calidad, creando, asimismo, un nuevo modelo turístico más y mejor adaptado a las nuevas y cambiantes exigencias del mercado que, sin renegar del «sol y playa», lo diversifica y complementa con nuevos atractivos de toda índole, a la búsqueda permanente de la máxima competitividad.

8

Visión conjunta de la evolución del turismo en España

1. INTRODUCCIÓN

Resulta necesario, para concluir un trabajo como el presente, hacer una recapitulación y compendio que permita obtener, a quien se acerque al estudio de la historia del turismo en España, una panorámica global y sintética de la evolución de una actividad tan compleja como la turística. Por tanto, hemos pretendido en este capítulo final dar una visión panorámica que no rompa con la metodología que hemos mantenido a lo largo de todo el libro, y que, al mismo tiempo, facilite una primera impresión de conjunto y sirva como instrumento, a quien le interese un hecho o una norma concreta, para localizarlo rápidamente y en su contexto temporal.

Hay que añadir, igualmente, que el propósito de esta visión global no es tanto la rigurosidad jurídica en la cita de una determinada norma (que por lo demás se puede encontrar en el capítulo correspondiente), o la precisión —dentro de la respectiva anualidad— a la hora de mencionar la fecha en que tuvo lugar tal cambio administrativo o se produjo tal aprobación, cuanto el proporcionar un resumen panorámico de la evolución del turismo en España. Resumen que ya de por sí es suficientemente ilustrativo, por cuanto permite visualizar conjuntamente la evolución de los marcos administrativo, legal y económico dando una perspectiva global muy interesante que sirve para caracterizar perfectamente los componentes más relevantes de la política turística de cada momento histórico. A título de ejemplo de lo que esta panorámica puede significar, es muy ilustrativo comprobar la ausencia de norma alguna de carácter económico desde 1942 hasta 1959, lo que ya da una idea de lo que significaba el turismo en la España de aquella época y, por el contrario, la abundancia de las mismas desde la recuperación de la democracia.

También hay que señalar que no hemos procurado la exhaustividad en la elaboración de este capítulo, por cuanto eso constituye objeto de investigaciones de carácter jurídico. Además, en un sector como el turístico tan trufado por todo tipo de actividades económicas, y tan difícil de deslindar de ellas, se corre el permanente riesgo de desbordarse por todos los sectores productivos mínimamente relacionados con él. Por eso, nos hemos limitado a reflejar lo que nos ha parecido más relevante dentro de los tres marcos, centrándonos obviamente en lo que afecta al ámbito público y dejando de lado, sobre todo, las normas de carácter particularista y de interés privado.

Esta visión conjunta de los tres marcos se completa con otra panorámica de la evolución de las principales magnitudes del turismo desde que se tiene información estadística disponible. Nos parecía importante presentar estos gráficos para obtener igualmente una visión a largo plazo de la evolución del turismo español, visión que se pierde o no queda suficientemente clara en los análisis correspondientes de cada capítulo. Al mismo tiempo, cada uno de los gráficos que resume la evolución de las magnitudes seleccionadas va acompañado de una serie de comentarios que ilustran esa evolución global y contribuyen a interpretar el significado de la misma.

2. EVOLUCIÓN DEL MARCO ECONÓMICO, LEGAL E INSTITUCIONAL

Año	Marco administrativo	Marco legal	Marco económico
1905	Creación de la Comisión Nacional para Fomentar las Excursiones Turísticas y de Recreo del Público Extranjero.		
1909		R.D. Regulación del Servicio de Viajeros.	
1911	Supresión de la Comisión Nacional y creación de la Comisaría Regia de Turismo.		
1916		Ley de Parques Nacionales.	
1928	Supresión de la Comisaría Regia y creación del Patronato Nacional de Turismo.		R.D. Creación del seguro obligatorio de viajeros para personas y ganado vivo. R.D. Regulación del funcionamiento del seguro obligatorio de viajeros. R.D. Facultad al Patronato Nacional de Turismo para concertar empréstitos con la banca nacional hasta un total de 25 millones de pesetas.
1929		R.D. Establecimiento del libro de reclamaciones.	
1931	Creación de la Dirección General de Turismo. Reorganización del Patronato Nacional de Turismo.	D. Transformación de los cotos Real de Gredos y Picos de Europa en Cotos Nacionales de Caza dependientes del Patronato Nacional de Turismo.	D. Regularización financiera por la que el presupuesto del Patronato Nacional de Turismo se integra en los Presupuestos Generales del Estado. O. Facultad para realizar cambio de divisas a bordo de los buques a los turistas extranjeros.
1932	Publicación del Reglamento del Patronato Nacional de Turismo y creación del Consejo General de Turismo.		

Año	Marco administrativo	Marco legal	Marco económico
1934	Supresión del Consejo General de Turismo y creación de la Junta del Patronato.	Ley Reguladora de la adquisición de fincas y terrenos por extranjeros en las islas españolas. D. Regulación de requisitos y formalidades administrativas a cubrir en el desembarco de súbditos extranjeros en las islas Baleares.	
1935		D. Código de Circulación, regula la matrícula turística.	
1938	Creación del Servicio Nacional de Turismo que asume las funciones del Patronato en el bando franquista.		
1939	Supresión del Servicio Nacional de Turismo y creación de la Dirección General de Turismo dependiente del Ministerio de la Gobernación.	O. Regulación del hospedaje. O. Reglamento para la industria hotelera, cafés, bares y similares.	
1940		O. Uso de la palabra turismo por albergues, paradores y similares. O. Apertura de cafés, bares y similares.	
1941		O. Normas para la publicidad con fines turísticos. O. Regulación de la confección de carteles de propaganda turística.	
1942		Ley Reguladora del Fomento y Conservación de la Pesca Fluvial. D. Regulación de la actividad mercantil de las agencias de viajes. O. Modificaciones al alza de los porcentajes a cobrar por el concepto «servicios».	O. Establecimiento de una línea de crédito hotelero. O. promulgación del Reglamento de desarrollo de la línea de crédito hotelero.
1943		Ley del Coto Nacional de Reres. D. Reglamento de la Ley de Pesca Fluvial, crea los Cotos Nacionales de Pesca.	
1944		O. Nuevo Reglamento Nacional de Trabajo para la Industria Hotelera y de Cafés, Bares y similares.	

Año	Marco administrativo	Marco legal	Marco económico
1945		O. Reglamento del Coto Nacional de Reres.	
1946		D. Regulación del tráfico irregular de aviones civiles extranjeros. O. Derogación de la anterior y nueva orden sobre apertura de cafés, bares, cervecerías y similares.	
1948		D. Constitución de aeroclubes. Ley del Coto Nacional de la Serranía de Ronda.	
1949		D. Reglamento ordenador de los transportes por carretera. D. Creación de la empresa mixta de transportes para turismo por carretera.	
1950		Ley del Coto Nacional de la Sierra de Gredos. D. Establecimiento de servicios públicos internacionales de transporte por carretera. O. Prohibición del uso de los términos: «Parador de turismo», «Albergue de turismo», «Hostería de turismo» y «Refugio de turismo» a privados.	
1951	Creación del Ministerio de Información y Turismo.	O. Transportes de viajeros por carretera realizados por agencias de viajes.	
1952	Estructuración del Ministerio de Información y Turismo que integra a la Dirección General de Turismo y organiza la Red de Alojamientos Turísticos del Estado.	D. Autorización al MIT para refundir y unificar las facultades inspectoras y sancionadoras. D. Regulación del uso de los nombres «parador o albergue», sin el adjetivo «de turismo» y estableciendo al efecto el monopolio del Estado. O. Regulación del procedimiento para imposición de multas y sanciones por el MIT.	

Año	Marco administrativo	Marco legal	Marco económico
1954	Creación de la Comisión Interministerial de Turismo.	D. Creación de los Parques Nacionales del Teide y Caldera de Taburiente. D. Autorización de creación de Cotos Nacionales de Pesca Deportiva en las aguas continentales sujetas a protección especial.	
1955		D. Creación del Parque Nacional de Aigües Tortes y Lago San Mauricio. O. Ampliación y modificación de algunos preceptos del transporte de viajeros por carretera realizado por agencias de viajes. O. Modificación del modelo de los libros de reclamaciones de los hospedajes. O. Reglamento del Parque Nacional del Teide. O. Registro de nombres y marcas comerciales con la denominación «albergue o parador».	
1956		D. Reglamentación de los campamentos de turismo.	
1957		O. Regulación de la hostelería. O. Condiciones técnicas de los campamentos de turismo. O. Reglamento del Parque Nacional de la Caldera de Taburiente.	
1958	Reorganización de la Dirección General de Turismo y creación de la «Administración Turística Española» por fusión de otros organismos.	D. Complemento a la reglamentación sobre campamentos de turismo. O. Normas de instalación de campamentos de turismo en la proximidad de carreteras y caminos vecinales. O. Acampada libre.	
1959		D. Documentación a llevar por los establecimientos de hostelería referentes a la entrada de viajeros y obligatoriedad del libro-registro.	D. Liberalización de la legislación económica. O. Normas de funcionamiento del mercado de divisas.

Año	Marco administrativo	Marco legal	Marco económico
1959		D. Ejercicio de la caza en España por extranjeros no residentes. O. Inspección de industrias de hospedaje.	
1961			D. Convertibilidad exterior de la peseta.
1962	Creación de la Subsecretaría de Turismo y de dos direcciones generales: Promoción del Turismo, y Empresas y Actividades Turísticas. Estructuración de los servicios de la Subsecretaría de Turismo. Creación del Instituto de Estudios Turísticos.	D. Creación de la Medalla y Placa al Mérito Turístico. Ley de Competencias en materia de turismo. D. Nueva regulación del uso de los nombres «parador o albergue» de turismo. O. Regulación de los precios del hospedaje. O. Creación de la Junta Administrativa de la Póliza de Turismo.	O. Liberalización de los precios del hospedaje. O. Oficinas de cambio de divisas.
1963	Creación de la Escuela Oficial de Turismo. Constitución de la Empresa Nacional de Turismo.	Ley de Centros y Zonas de Interés Turístico. D. Importación temporal de automóviles. Creación de la matrícula turística. O. Reglamento para la concesión de la Medalla y Placa al Mérito Turístico. O. Reglamento de la pesca marítima de recreo. O. Reglamento de actividades de las agencias de viajes.	O. Concesión de créditos a las corporaciones locales radicadas en zonas turísticas para la realización de obras de interés turístico. D. Liberalización de inversiones extranjeras. O. Concesión de crédito turístico para hoteles.
1964	Reglamento de la Escuela Oficial de Turismo. Reorganización de las direcciones generales de Empresas y Actividades Turísticas, y de Promoción del Turismo. Reorganización de la Comisión Interministerial de Turismo. Reorganización de la Subsecretaría de Turismo y creación del Servicio Ordenador.	D. Reglamento de Centros y Zonas de Interés Turístico Nacional. O. Funcionamiento del Registro de Empresas y Actividades Turísticas. O. Reglamento del ejercicio de actividades turístico-informativas privadas. O. Creación del Registro de Denominaciones Geoturísticas. O. Reglamento de la Escuela Oficial de Turismo.	O. Establecimiento de los porcentajes de los fondos del crédito turístico destinado a zonas de insuficiente desarrollo turístico. O. Regulación de la concesión de préstamos para financiar la construcción y venta de edificaciones a extranjeros en zonas turísticas. O. Financiación de las obras de urbanización e infraestructuras en Centros y Zonas de Interés Turístico Nacional.

Año	Marco administrativo	Marco legal	Marco económico
1964		O. Regulación del funcionamiento del Registro de Empresas y Actividades Turísticas.	O. Complemento a la orden de concesión de crédito turístico para hoteles. D. Establecimiento del Seguro Turístico.
1965		D. Estatuto Ordenador de las Empresas y de las Actividades Turísticas Privadas. D. Promoción Turística de la Costa de Huelva. O. Estadística de movimiento de viajeros en establecimientos hoteleros y campamentos turísticos. O. Imposición de multas por infracción de normas reguladoras de las Empresas y Actividades Turísticas Privadas. O. Ordenación turística de restaurantes. O. Ordenación turística de cafeterías. O. Autorización de prórroga de la hora de cierre de restaurantes, cafés, cafeterías, bares y establecimientos similares.	O. Autorización de convocatorias de concursos especiales de crédito hotelero. O. Establecimiento de los procedimientos para la aplicación de beneficios fiscales de industrias de interés preferente y de Centros y Zonas de Interés Turístico Nacional. O. Regulación del sistema para fijar los precios de los campamentos de turismo. O. Reconocimiento de la Agrupación para el Seguro Turístico Español. O. Encomienda al Banco Hipotecario las concesiones de créditos hoteleros. O. Derogación de las órdenes de 1963 y 1964 modificando los porcentajes de ayudas crediticias y ampliando el ámbito de actuación sectorial que no se limita ya a los hoteles. O. Regulación del crédito hotelero y para construcciones turísticas.
1966		D. Ordenación de las zonas limítrofes a los embalses. D. Puertos deportivos. O. Ordenación turística de campamentos de turismo.	O. Autorización a la Subsecretaría de Turismo para convocar concursos especiales de crédito hotelero.
1967	Supresión del Servicio Ordenador del Turismo y de la Subsecretaría de Turismo. Sus funciones son absorbidas por el ministro y por la Dirección General de Promoción del Turismo.	O. Estatuto de los Directores de Empresas Turísticas. O. Ordenación de apartamentos, bungalows y otros alojamientos similares de carácter turístico.	

Año	Marco administrativo	Marco legal	Marco económico
1967		O. Normas sobre condiciones de habitabilidad de apartamentos, bungalows y otros alojamientos similares de carácter turístico y se establece el modelo de «cédula de habitabilidad» de los mismos. O. Regulación de las Oficinas de Información Turística.	
1968	Reorganización del Ministerio de Información y Turismo que no afecta al ámbito del Turismo.	D. Líneas básicas del desarrollo turístico del núcleo central de la Sierra de Guadarrama. D. Establecimiento de «Tiendas desgravadas de impuestos» en los aeropuertos nacionales. O. Fiscalización e inspección de las obras que se realicen en los centros de Interés Turístico Nacional. O. Colaboración entre la Administración Turística y el Patrimonio Forestal del Estado. O. Clasificación de embalses según su posible aprovechamiento. O. Normas de clasificación de establecimientos hoteleros. O. Ordenación turística de las ciudades de vacaciones. O. Colaboración entre la Administración Turística y el Servicio de Pesca Continental, Caza y Parques Nacionales.	O. Tramitación de las concesiones de créditos para edificaciones vendidas a extranjeros.
1969		Ley reguladora de las costas marítimas. Ley de Promoción turística de la isla de La Graciosa. Decreto del Parque Nacional de Doñana.	D. Reglamento del Seguro Obligatorio de Viajeros.
1970	Nueva reorganización del Ministerio de Información y Turismo, que afectó a estratos inferiores del organigrama administrativo. Reorganización de la Comisión Interministerial de Turismo.	Ley de Puertos Deportivos. D. Requisitos mínimos de infraestructura en los alojamientos turísticos. Ley Reguladora de la Caza. O. Ordenación turística de restaurantes, cafés, bares y similares.	O. Establecimiento del nuevo régimen de precios en restaurantes.

Año	Marco administrativo	Marco legal	Marco económico
1970	Reorganización de la Administración Turística Española.	O. Modificación de las normas de clasificación de establecimientos hoteleros. O. Nuevo régimen de precios en los restaurantes.	
1971		D. Reglamento de la Ley de Caza. D. Regulación de la declaración de Paradores y Albergues colaboradores. O. Regulación de la implantación de sistemas electrónicos de servicios turísticos.	
1972		D. Requisitos mínimos de infraestructura de alojamientos en costas cantábrica y gallega. O. Regulación de los Servicios Discrecionales Internacionales de viajeros por carretera. O. Nuevo Estatuto de los Directores de Establecimientos de Empresas Turísticas.	D. Régimen de precios en hostelería, cafés, bares y similares. O. Precios en alojamientos turísticos.
1973	Creación de la Dirección General de Servicios del Ministerio de Información y Turismo. Nueva reorganización ministerial y cambio de denominación de la Dirección General de Promoción del Turismo por la de Ordenación del Turismo.	D. Regulación del ejercicio de actividades propias de las agencias de viajes. D. Parque Nacional de las Tablas de Daimiel. O. Inscripción en el Registro de Directores de Establecimientos de Empresas Turísticas.	
1974	Nueva reorganización ministerial y recuperación de las figuras administrativas de Comisario Nacional de Turismo y de su adjunto. Creación de las delegaciones provinciales del Ministerio de Información y Turismo. Recreación de la Subsecretaría de Turismo.	D. Identificación y registro de usuarios de establecimientos turísticos y de quienes alquilan vehículos. D. Régimen de precios en las empresas de hostelería. D. Regulación de la importación temporal de vehículos en régimen de matrícula turística. D. Ampliación de plazo para reglamentar el ejercicio de actividades de agencias de viajes.	D. Regulación del régimen de precios en restaurantes. D. Régimen de precios en las empresas de hostelería. O. Modificación de los requisitos para la concesión de créditos para financiar la construcción y venta de edifica ciones a extranjeros en zonas turísticas. D. Publicación del texto refundido de las disposiciones sobre inversiones extranjeras.

Año	Marco administrativo	Marco legal	Marco económico
1974		D. Ordenación de Centros de Iniciativas Turísticas. D. Medidas de ordenación de la oferta turística. D. Regulación del funcionamiento de las tiendas libres de impuestos en los aeropuertos nacionales. O. Aprobación de la Ordenanza de Trabajo para la industria de hostelería. D. Organización de campamentos, albergues, centros de vacaciones, colonias y marchas juveniles. O. Nuevo Reglamento de las Agencias de Viajes. O. Control gubernativo de ocupantes de determinados alojamientos no hoteleros. O. Regulación del funcionamiento del Registro de empresas turísticas exportadoras. O. Composición de la Comisión Mixta de Vigilancia de las Agencias de Viajes. O. Liberalización de determinados transportes internacionales de viajeros por carretera.	D. Financiación de capital circulante de empresas turísticas exportadoras. O. Creación del Registro de Empresas Turísticas Exportadoras. D. Aprobación del Primer Plan de Modernización Hotelera. D. Financiación de inversiones turísticas españolas en el exterior.
1975	Nueva estructura y funcionalidad del Ministerio de Información y Turismo. Establecimiento de la estructura del organismo «Exposiciones, Congresos y Convenciones de España». Establecimiento de la estructura orgánica de la Administración Turística Española. Creación del Servicio de Relaciones Turísticas Internacionales en el Ministerio de Información y Turismo y establecimiento de su estructura orgánica.	Ley de Espacios Naturales Protegidos. O. Aprobación Plan de estadísticas del MIT. O. Atribución de facultades sancionadoras a empresas y actividades turísticas privadas. O. Regulación de la concesión de autorizaciones de Centros de Iniciativas Turísticas y el Registro general de dichos centros. O. Normas complementarias sobre clasificación de apartamentos y otros alojamientos de carácter turístico.	O. Medidas complementarias al decreto de financiación de capital circulante de empresas turísticas exportadoras.
1976	Establecimiento de la estructura de la Junta Central de Información, Turismo y Cultura Popular.	R.D. Ampliación del plazo para aprobación del texto refundido de la ley de Centros y Zonas de Interés Turístico.	O. Convocatoria de concursos mixtos para la concesión de créditos y subvenciones para agrupaciones empresariales turísticas.

Año	Marco administrativo	Marco legal	Marco económico
1976	Nueva reorganización ministerial con pequeños cambios del organigrama administrativo.	R.D. Reclamaciones de los clientes en los establecimientos de las empresas turísticas y derogación del libro de reclamaciones. O. Condiciones de los establecimientos de comidas o bebidas situados en playas, vías públicas y lugares de esparcimiento. O. Reorganización de la Comisión Mixta de Vigilancia de las Agencias de Viajes. O. Modificación del Estatuto de Directores de establecimientos de empresas turísticas.	D. Aprobación del Segundo Plan de Modernización Hotelera. R.D. Inversiones extranjeras en España.
1977	Supresión del Ministerio de Información y Turismo y creación de la Secretaría de Estado para el Turismo dependiente del Ministerio de Comercio y Turismo. Desaparición de la Subsecretaría de Turismo. Conversión de la Administración Turística Española y de la Escuela Oficial de Turismo en organismos autónomos.	O. Normas de procedimiento para la expedición de autorizaciones de construcciones, obras e instalaciones de empresas turísticas o de las actividades turísticas privadas en territorios de preferente uso turístico. R.D. Declaración de «Territorios de preferente uso turístico» a determinados municipios. D. Aprobación normas para la instalación de casinos de juego. O. Fijación de horarios de cierre de espectáculos, fiestas y establecimientos públicos.	R.D. Establecimiento de límites a la inversión extranjera en el «sector del juego». O. Derogación de otras órdenes sobre precios mínimos y descuentos máximos en establecimientos hoteleros. O. Convocatoria de concursos mixtos para la concesión de créditos y subvenciones para agrupaciones empresariales turísticas. R.D. Ampliación de la cuantía de los créditos del Segundo Plan de Modernización Hotelera. R.D. Convocatoria de solicitudes de autorización de casinos de juego.
1978	Promulgación de la Constitución y apertura del proceso de transferencias administrativas en materia de turismo a las Comunidades Autónomas. Publicación del Reglamento del Instituto Español de Turismo.	Ley del Parque Nacional de Doñana. O. Reorganización de la Comisión Mixta de Vigilancia de las Agencias de Viajes. O. Modificación de menús y cartas en restaurantes y cafeterías.	O. Régimen de precios y reservas en alojamientos turísticos.
1979	Reorganización del organismo autónomo Administración Turística Española.	O. Prevención de incendios en establecimientos turísticos. R.D. Creación de la matrícula turística para embarcaciones de recreo y deporte.	O. Modificación del régimen de precios y reservas en alojamientos turísticos. O. Regulación de las franquicias dinerarias para viajes al extranjero.

Año	Marco administrativo	Marco legal	Marco económico
1979			O. Liberalización de las operaciones invisibles corrientes entre residentes y no residentes. R.D. Inversiones españolas en el exterior. R.D. Exclusión de superficies accesorias en hoteles a efectos del impuesto de radicación. R.D. Modificación del decreto de financiación de circulante de empresas turísticas exportadoras. O. Normas reguladoras del crédito turístico. R.D. Establecimiento del Tercer Plan de Modernización Hotelera.
1980	Supresión del Ministerio de Comercio y Turismo y creación del Ministerio de Economía y Comercio. Las competencias turísticas pasaron al nuevo Ministerio de Transportes, Turismo y Comunicaciones.	Ley de Protección de las Costas Marítimas Españolas. Ley de Reclasificación del Parque Nacional de las Tablas de Daimiel. R.D. Habilitación de puestos de control turístico. R.D. Ordenación de las enseñanzas turísticas especializadas y de los centros que las imparten. R.D. Reglamento para la ejecución de la Ley 28/1969 reguladora de las costas marítimas. R.D. Reglamento de la Ley de Puertos deportivos. O. Modificación de la orden sobre prevención de incendios en establecimientos turísticos. O. Declaración de territorios de preferente uso turístico. O. Plan de estudios de las enseñanzas turísticas especializadas.	O. Financiación de inversiones en el exterior para actividades turísticas. O. Declaración de la libertad de precios en restaurantes, bares y cafeterías. R.D. Ordenación del control de cambios.
1981		Ley del Parque Nacional de Garajonay. Ley de Reclasificación del Parque Nacional de la Caldera de Taburiente.	R.D. Modificación del porcentaje de crédito aplicable a los créditos de financiación de capital circulante de empresas turísticas exportadoras.

Año	Marco administrativo	Marco legal	Marco económico
1981		Ley de Reclasificación del Parque Nacional del Teide. Ley de Reclasificación del Parque Nacional de Timanfaya. O. Modificación de horarios de cierre de espectáculos, fiestas y establecimientos públicos. O. Modificación de las condiciones del «Menú de la casa» en restaurantes.	
1982	Supresión de la Secretaría de Estado de Turismo y creación de la Secretaría General de Turismo con rango de subsecretaría. Regulación estructura del organismo público «Administración Turística Española».	Ley de Reclasificación y Ampliación del Parque Nacional de Ordesa y Monte Perdido. R.D. Normas de actuación del ICONA en las zonas de influencia socioeconómicas de los Parques Nacionales y Reservas Nacionales de Caza. R.D. Creación de campamentos de turismo. R.D. Ordenación de apartamentos turísticos y de viviendas turísticas vacacionales. R.D. Ordenación de los establecimientos hoteleros. R.D. Derogación del Real Decreto de ordenación de los establecimientos hoteleros.	Resolución del Banco de España regulando el procedimiento de concesión de autorizaciones para realizar operaciones de cambio de divisas a los establecimientos turísticos.
1983	Creación de la Conferencia Sectorial de Turismo. Regulación de la estructura orgánica de la Administración Turística Española.	R.D. Normas de clasificación de establecimientos hoteleros.	Resolución del Banco de España completando el procedimiento para operaciones de cambio de divisas realizadas por establecimientos turísticos.
1984	Creación del Instituto de Promoción del Turismo y supresión de dos organismos autónomos: «Instituto Español de Turismo», y «Exposiciones, Congresos y Convenciones de España».	Ley de Contrato de seguro turístico. R.D. Aprobación Plan Rector de Uso y Gestión del Parque Nacional del Teide.	O. Concesiones de ayudas y subvenciones en materia de turismo, mediante concurso público en convocatorias sucesivas. O. Fomento de ofertas turísticas especializadas. O. Apoyo a proyectos de construcción de cámpings.

Año	Marco administrativo	Marco legal	Marco económico
1984			O. Construcción y reforma de establecimientos hoteleros de explotación familiar. O. Promoción y comercialización del turismo rural.
1985	Reorganización del Ministerio de Transportes, Turismo y Comunicaciones. En materia turística queda una Secretaría General de Turismo con una Dirección General de Política Turística; tres subdirecciones generales: Instituto de Estudios Turísticos, Información Turística, y Cooperación y Relaciones Turísticas Internacionales; y dos organismos autónomos: Instituto de Promoción del Turismo (INPROTUR) y Administración Turística Española. Desaparecen la Dirección General de Empresas y Actividades Turísticas y la Comisión Interministerial de Turismo.	R.D. Normas sobre promoción exterior del turismo.	R.D. Simplificación y unificación del sistema de cuentas extranjeras en pesetas. O. Convocatoria de concurso público de crédito turístico con destino a la modernización de alojamientos turísticos y a la dotación de oferta turística complementaria. O. Convocatoria de concurso público de subvenciones a fondo perdido para reforma, dotación de instalaciones complementarias e incorporación de nuevas tecnologías en establecimientos hoteleros de explotación familiar. O. Convocatoria de concurso público de subvenciones a fondo perdido para la mejora, modernización, dotación de instalaciones complementarias e incorporación de nuevas tecnologías en estaciones termales. O. Convocatoria de concurso público de subvenciones a fondo perdido para la promoción y comercialización del turismo rural. Circular autorizando el cambio de divisas a los establecimientos turísticos. Resolución sobre cuentas extranjeras en pesetas ordinarias. R.D. Liberalización del régimen de autorización de las inversiones extranjeras. O. Desarrollo del Real Decreto de liberalización total de las inversiones extranjeras. R.D. Regulación de los sistemas de cuentas extranjeras en pesetas ordinarias y convertibles.

Año	Marco administrativo	Marco legal	Marco económico
1985			Resolución del INPROTUR convocando acciones concertadas para la promoción y comercialización exterior del turismo español. (Convocatoria de carácter anual en el quinquenio 1986-1990).
1986		O. Regulación de la utilización del Logotipo de Turismo Español.	O. Regulación del crédito turístico. Resolución determinando normas de tramitación de solicitudes de declaración de interés turístico a efectos de concesión de crédito turístico. O. Convocatoria de concurso público de crédito turístico para la modernización de alojamientos turísticos y dotación de oferta turística complementaria. O. Convocatoria de concurso público de crédito turístico para la modernización de balnearios y estaciones termales. O. Convocatoria de concurso público de crédito turístico para la construcción, ampliación y dotación de instalaciones complementarias en establecimientos hoteleros de explotación familiar. O. Regulación de la utilización del Logotipo de Turismo Español R.D.L. Inversiones Extranjeras en España. R.D. Aprobación del Reglamento sobre Inversiones Extranjeras en España.
1987		O. Regulación de los Premios Nacionales de Turismo.	R.D. Aprobación del Reglamento de la Ley de Incentivos Regionales para la corrección de los desequilibrios territoriales. Resolución mejorando las condiciones generales del crédito turístico para estimular la creación o ampliación de hoteles, adaptación a hoteles de edificaciones preexistentes, y proyectos de nuevos hoteles de especial calidad en Barcelona, Sevilla, Granada, Córdoba y Málaga.

Año	Marco administrativo	Marco legal	Marco económico
1987			R.D. Regulación de los coeficientes de inversión obligatoria de las entidades de depósito derogando la exportación como elemento computable en dichos coeficientes. R.D. Regulación del apoyo financiero a las exportaciones incluidas en acuerdos multilaterales. O. Liberalización de gastos de viaje y estancia en el extranjero. O. Actualización de los módulos por habitación y categoría del establecimiento para el crédito turístico.
1988	Reorganización de la Secretaría General de Turismo y del INPROTUR. Nueva reorganización ministerial con cambio de denominación de dos subdirecciones generales que pasan a denominarse: Coordinación Turística, y Planificación y Prospectiva Turística.	Ley de Costas. R.D. Regulación de las actividades propias de las agencias de viajes.	Resolución para estimular la creación de alojamientos hoteleros en Sevilla y Barcelona. Resolución convocando concursos de crédito para creación, ampliación y mejora de alojamientos hoteleros en Santiago de Compostela. Resolución convocando concursos de crédito para creación, ampliación y mejora de alojamientos hoteleros en localidades de la Vía de la Plata. RR.DD. Delimitación de las Zonas de Promoción Económica de Asturias, Murcia, Castilla-La Mancha, Cantabria, Aragón, Galicia, Castilla-León, Extremadura, Canarias, Andalucía.
1989		Ley de Conservación de los Espacios Naturales y de la Flora y Fauna Silvestres. R.D. Reglamento de la Ley de Costas.	
1990	Cambio de denominación del INPROTUR por Instituto de Turismo de España (TURESPAÑA). También la Administración Turística Española se transforma en sociedad estatal Paradores de Turismo de España; y la Escuela Oficial de Turismo se integra en TURESPAÑA.		O. Mejora de procedimientos de tramitación de inversiones extranjeras. O. Nueva orientación del crédito turístico.

Año	Marco administrativo	Marco legal	Marco económico
1990	Transformación de la Escuela Oficial de Turismo en entidad de derecho público.		
1991	Nueva reorganización ministerial y creación del Ministerio de Industria, Comercio y Turismo.	Ley de Derogación de la Ley de Centros y Zonas de Interés Turístico Nacional. Ley del Parque Nacional Marítimo-Terrestre del Archipiélago de Cabrera. R.D. Revisión del Plan Rector de Uso y Gestión del Parque Nacional de Doñana.	Resolución de la Secretaría General de Turismo especificando con detalle las acciones de modernización que serían objeto de «preferente interés turístico». Resolución autorizando la apertura de cuentas de residentes en divisas. Resolución liberalizando las operaciones de abono sobre cuentas extranjeras de pesetas ordinarias. R.D. Liberalización de los préstamos y créditos de no residentes en divisas o en pesetas. R.D. Liberalización de préstamos y créditos a no residentes en divisas o en pesetas.
1992		R.D. Modificación del Reglamento de la Ley de Costas. R.D. Aprobación del Estatuto del Ente Público «Escuela Oficial de Turismo». O. Libros de registro y partes de entrada de viajeros en establecimientos de hostelería y análogos. O. Regulación de la distribución de las bases de datos turísticos y del archivo de imágenes de TURESPAÑA. O. Plan Marco de Competitividad del turismo español. O. Fomento de la competitividad del sector turístico español. O. Acciones de promoción e información de la oferta turística española en los mercados emisores.	Circular sobre cuentas a no residentes abiertas en España. O. Concesión de incentivos para mejorar la competitividad de las pequeñas y medianas empresas e instituciones turísticas de acuerdo con el Plan Marco de Competitividad. O. Concesión de incentivos a pequeñas y medianas empresas turísticas para acciones de promoción de la oferta turística española.
1993	Nueva reorganización ministerial y recreación del Ministerio de Comercio y Turismo.	R.D. Creación de títulos de técnicos de grado medio en Servicios de Restaurante, Bar, Cocina, y Pastelería y Repostería.	O. Modificación del régimen de precios de determinados bienes y servicios.

400

Año	Marco administrativo	Marco legal	Marco económico
1993	Nueva estructura orgánica del Ministerio de Comercio y Turismo. La Secretaría de Turismo pasa a tener rango de subsecretaría.	O. Reordenación política de apoyo al estudio, investigación y práctica profesional para la investigación en materia turística.	
1994	Creación de la Comisión Interministerial de Turismo. Reorganización de la Administración Turística del Estado.	R.D. Creación de títulos superiores en Agencias de Viajes, Información y Comercialización Turísticas, Alojamiento y Restauración. R.D. Plan de Ordenación de Recursos Naturales del Parque Nacional de los Picos de Europa.	
1995	Creación del Consejo Promotor de Turismo, en el que se integran representantes de la Administración estatal, de las Administraciones autonómicas, de las corporaciones locales y del empresariado; recreación de la Comisión Interministerial de Turismo. Se redefinen las funciones de la Secretaría General de Turismo y cambia su estructura que queda integrada por dos direcciones generales: Estrategia Turística, y Promoción Turística; y cada una de ellas a su vez por tres subdirecciones generales: Desarrollo Turístico, Competitividad Turística, y Coordinación Turística, la primera; y Promoción Exterior del Turismo, Comercialización Exterior del Turismo, y Relaciones con las oficinas Españolas de Turismo, la segunda.	Ley de Viajes Combinados. R.D. Elevación límites cuantitativos de la facultad sancionadora en materia de costas. O. Regulación del ejercicio de las actividades turístico-informativas privadas.	

3. EVOLUCIÓN DEL MARCO CUANTITATIVO

3.1. Llegadas de turistas

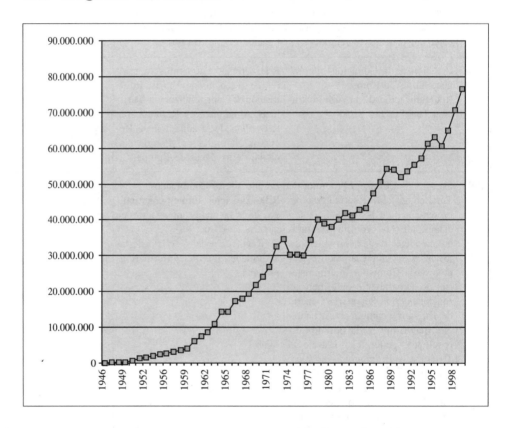

La llegada de turistas a España a lo largo de los años expuestos presenta un crecimiento exponencial.

En esta tendencia se aprecian tres períodos de una cierta recesión: *a*) el primero de ellos y el más acusado coincide con el desencadenamiento de la crisis del petróleo y con el período de incertidumbre política que gira en torno a la muerte del general Franco; *b*) el segundo receso coincide con la segunda crisis del petróleo de finales de los setenta; *c*) y el tercer período recesivo importante tiene lugar a finales de los ochenta y tiene su fundamento en la revalorización que experimentó la peseta y el consiguiente encarecimiento de España para los turistas extranjeros.

Aunque con cifras modestas para las que se alcanzarían con posterioridad, las cifras de finales de los cuarenta y de los cincuenta muestran un crecimiento constante e ininterrumpido, con fuertes porcentajes anuales de incremento relativo, que ponen de relieve la atracción turística que España ejerció, a pesar de los condicionantes políticos que lastraban su desarrollo turístico.

3.2. Españoles salidos al extranjero

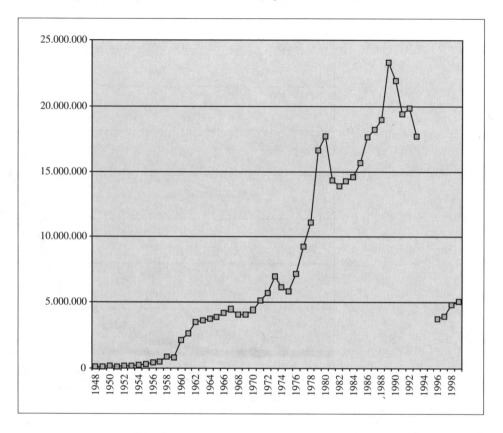

La evolución de las salidas de turistas españoles al extranjero presenta un carácter bastante cíclico —dentro de una lógica tendencia expansiva— muy ligado a la situación económica general de España y a la evolución del tipo de cambio de la peseta.

La primera crisis se presenta tras la devaluación de la peseta de 1967.

La segunda crisis tras el inicio de la crisis petrolera de 1973.

La tercera crisis coincide con la fuerte revalorización del dólar de principios de los ochenta.

La última crisis, que es además la que ofrece un perfil de mayor agudeza, se presenta coincidiendo con la crisis económica de finales de los ochenta, y la devaluación de 1992 retoma cuando parecía haber tocado fondo.

Las oscilaciones son cada vez más profundas como consecuencia de la propia dimensión que ha alcanzado esta variable, lo que lógicamente la hace cada vez más sensible a la evolución de la coyuntura económica y del tipo de cambio.

3.3. Evolución de la balanza de pagos turística

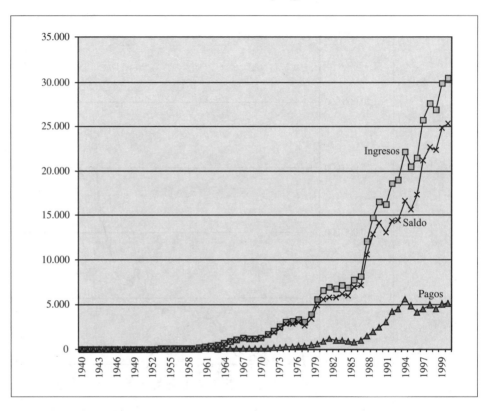

Tan exponencial como la llegada de turistas es la evolución de los ingresos turísticos medidos en dólares, aunque la evolución del tipo de cambio peseta/dólar tiene gran incidencia en la misma.

Las pequeñas crisis que modernamente se presentan tienen que ver con acontecimientos tales como: *a*) Las medidas previas al Plan de Estabilización de finales de los cincuenta; *b*) la devaluación de la peseta de 1967; *c*) el período álgido de la transición política española tras la muerte del general Franco; *d*) a principios de los ochenta con la revaluación del dólar; *e*) a finales de los ochenta con el comienzo de un nuevo ciclo depresivo.

La magnitud de las cifras de turistas que llegan a España las hace mucho más sensibles a la coyuntura económica porque el nivel de renta medio de los turistas llegados lógicamente tiene que haber disminuido en términos relativos con el crecimiento de su número. Ésa es la causa de la mayor influencia de la coyuntura económica en estas magnitudes.

La recesión de 1993 tiene que ver tanto con las alteraciones monetarias de finales de 1992 como con los acontecimientos de ese año y la gran atracción turística que generaron.

El comportamiento de los pagos por turismo es más mesurado en su comportamiento, aunque desde mediados de los ochenta experimentan una fuerte aceleración a resultas de la mejora de la situación económica española y de la revaluación de la peseta. Esta tendencia fuertemente expansiva quebró en 1993 con el cambio de coyuntura y parece haberse recuperado de nuevo en 1995.

3.4. Pernoctaciones

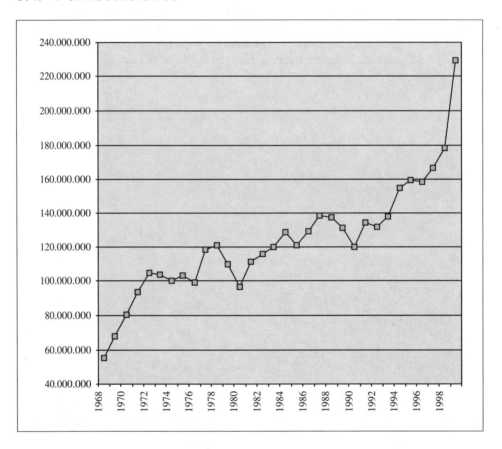

Esta variable es uno de los mejores indicadores de la demanda turística, por cuanto en situaciones de crisis muchos turistas no prescinden de las vacaciones pero sí reducen su duración, lo que tiene un reflejo inmediato en las pernoctaciones.

De esta forma, se aprecian claramente las tres crisis experimentadas por el turismo español moderno: la aparecida en los períodos de 1972-1976, 1978-1980 y 1987-1990

En la perspectiva del largo plazo, se aprecia una tendencia fuertemente expansiva que finaliza en 1972, una segunda fase de crecimiento lento en las dos décadas que se extiende entre 1972 y 1992, y lo que parece una nueva fase de fuerte expansión en los últimos años analizados.

3.5. Grado de ocupación hotelera

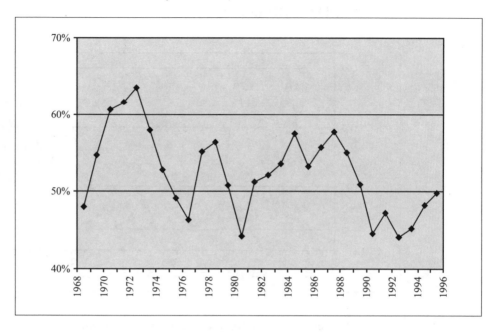

Como consecuencia de la evolución de la oferta y de la demanda, este indicador refleja la típica evolución en forma de dientes de sierra.

El intervalo del índice de ocupación entre el 50 y el 60 por 100 es el colchón en el que se asienta la rentabilidad del sector hotelero. Por encima de dicho índice, se genera un crecimiento de la oferta, y por debajo del mismo se adoptan medidas para reducirla o congelarla a la espera de las nuevas demandas turísticas que sitúen el índice de ocupación en el «colchón» de rentabilidad.

3.6. Evolución de la variación anual del número de plazas hoteleras

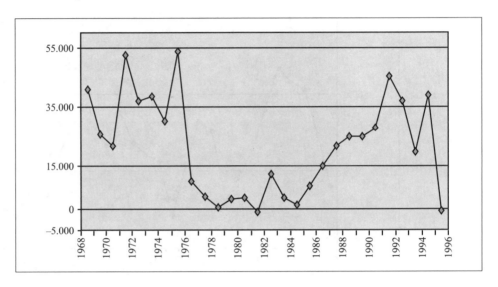

Las características de la oferta hotelera y el relativamente largo período de maduración de las inversiones en hoteles, hace que las oscilaciones anuales de este índice sean relativamente amplias.

Asimismo, la evolución interanual del número de plazas hoteleras muestra un retraso de un par de años, normalmente respecto de la evolución de la coyuntura económica de los países emisores de turistas, coyuntura que tiene un inmediato reflejo en la demanda turística.

Se aprecia claramente cómo en la década de la crisis, 1975-1985, España se retrasa algo en su inicio respecto al resto de Europa. A mediados de los ochenta arranca una fase de recuperación que quiebra con el cambio de coyuntura de 1991. De todas formas, dado el volumen de la oferta hotelera española, no son esperables en el futuro niveles de crecimiento sostenidos similares a los de finales de los sesenta y principios de los setenta y ochenta.

3.7. Incidencia de los ingresos turísticos en el PIB

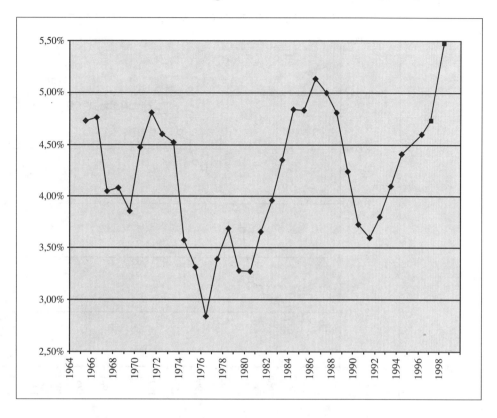

Resulta en principio sorprendente la similitud del comportamiento de las variables que examinamos conjuntamente en este gráfico.

Sin embargo, es apreciable que, en términos relativos, las oscilaciones de la curva que representa la incidencia de los ingresos turísticos en el PIB español son más acusadas que las que reflejan el peso de los ingresos turísticos españoles en el ingreso turístico total de los países europeos de la OCDE. La explicación tiene que ver con la mayor incidencia que las oscilaciones de cualquier variable tienen en ámbitos más reducidos, máxime teniendo en cuenta que la falta de sintonía entre las coyunturas de los países europeos compensa las oscilaciones de unos con las de otros.

La similitud del comportamiento de ambas curvas se explica porque cuando el turismo pierde peso en la economía española indica una cierta recesión turística que tiene su lógico reflejo en la pérdida de peso internacional de los ingresos turísticos españoles.

El comportamiento de la curva que representa la importancia de los ingresos turísticos españoles en el PIB tiene más que ver con el comportamiento del propio PIB que con el de los ingresos turísticos.

3.8. Número de hoteles

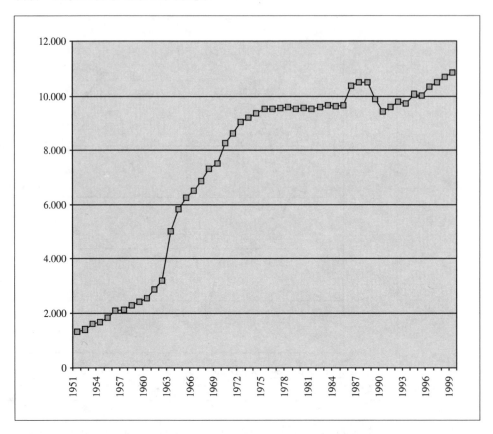

Si es sabido que el gran despegue del turismo español tiene lugar a principios de la década de los sesenta, este gráfico pone de relieve que desde principios de los cincuenta en que se dispone de información estadística seriada, la oferta hotelera española estuvo creciendo de manera constante, poniendo de relieve la atracción turística que España ejercía y que las cifras de turistas de aquellos años evidencian meridianamente.

Asimismo, no ha habido una crisis —entendiendo por tal una reducción de la capacidad productiva, es decir, una merma en el número de alojamientos y/o de plazas— a lo largo de tan dilatado período

La crisis económica de los setenta supuso un freno en la dinámica del crecimiento del número de establecimientos hoteleros, aunque siguió ampliándose el volumen de la oferta por la mayor dimensión de los nuevos hoteles puestos en servicio y por la ampliación de antiguos.

Los altibajos que se aprecian en el número de establecimientos a finales de los ochenta y principios de la década de los noventa responden, básicamente, al proceso de renovación de la planta hotelera con cierres temporales, pudiendo apreciarse que la oferta en plazas no disminuyó esos años.

Bien es cierto que al tratar de la hotelería nos enfrentamos con una auténtica «industria pesada» por lo que hace a la estructura de su balance dado el fuerte peso del inmovilizado, y que por ello no tiene fácil adaptación a situaciones de retracción de la demanda. La única posibilidad de adaptación la tienen por la vía de los cierres por temporada. Al no disponer de estadísticas sobre tales cierres de temporada y su duración en meses, no podemos conocer a ciencia cierta si no se ha producido una contracción del volumen total de pernoctaciones ofrecidas al año.

3.9. Dimensión media de los hoteles

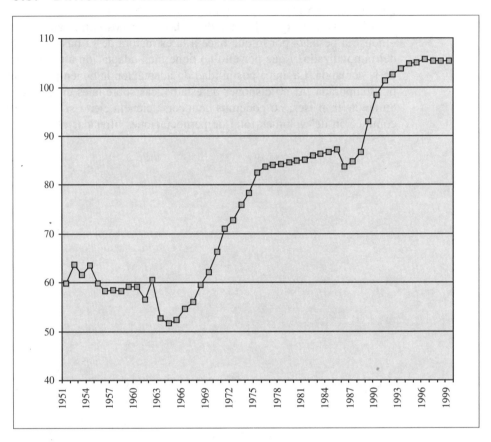

La gráfica que refleja la evolución del tamaño medio de los hoteles presenta una serie de etapas muy definidas: *a*) La primera, que se extiende hasta mediados los sesenta, es relativamente estable, con oscilaciones y con tendencia a la disminución; *b*) la segunda es de fuerte crecimiento y dura hasta los años finales de los setenta; *c*) de finales de los setenta a finales de los ochenta de nuevo hay un cierto estancamiento, aunque con tendencia al aumento de tamaño; *d*) y, por último, de nuevo hay un despegue importante en los noventa que apunta a frenarse de nuevo.

Aparece una cierta «irregularidad» en los datos entre 1963 y 1964 que distorsiona cualquier análisis, porque el año 1964 fue el de la entrada en vigor del Registro de Empresas y Actividades Turísticas que puso fin al descontrol del sector turístico, y es por eso que la incorporación registral de un gran número de establecimientos que no figuraban como tales, aunque sus plazas estuviesen en el mercado, supuso un «incremento artificial y meramente estadístico» del número de establecimientos hoteleros, lo que significó una fuerte y «artificial» caída de su dimensión media.

Esta evolución del tamaño medio de los hoteles tiene que ver con la propia dinámica de la coyuntura económica. Los nuevos hoteles tienen tendencia a ser cada vez mayores por razones de economías de escala y por la estrecha vinculación entre el desarrollo turístico y el de la industria del transporte aéreo. El hecho de que los aviones sean cada vez mayores tiene una gran influencia en el desarrollo de la hotelería a través de los vuelos chárter y la adaptación del tamaño hotelero a los flujos de viajeros que los aviones aportan. Obviamente, este fenómeno está ligado exclusivamente a la hotelería de las zonas de turismo masivo de playa.

Hay un cierto desfase temporal, de un par de años o tres, entre la evolución del tamaño hotelero y la coyuntura turística, lo que es lógica consecuencia de la duración de los proyectos de puesta en marcha de los nuevos hoteles. Es el desfase existente entre la toma de la decisión y la efectiva apertura de las puertas del nuevo hotel.

El reciente desarrollo de la hotelería rural va a condicionar el futuro de esta variable, por el menor tamaño medio de los nuevos hoteles rurales que abren sus puertas.

3.10. Evolución del numero de cámpings

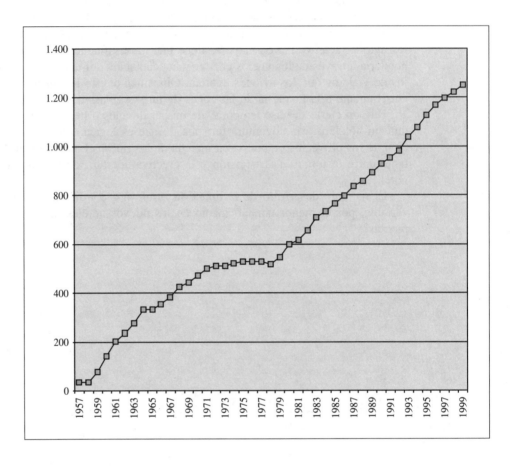

La gráfica es suficientemente expresiva para obviar mayores comentarios.

Solamente es apreciable un estancamiento y ligera recesión desde el desencadenamiento de la crisis del petróleo a principios de los setenta y hasta finales de dicha década. Salvando ese período, el crecimiento es geométrico.

414

3.11. Evolución de las agencias de viaje

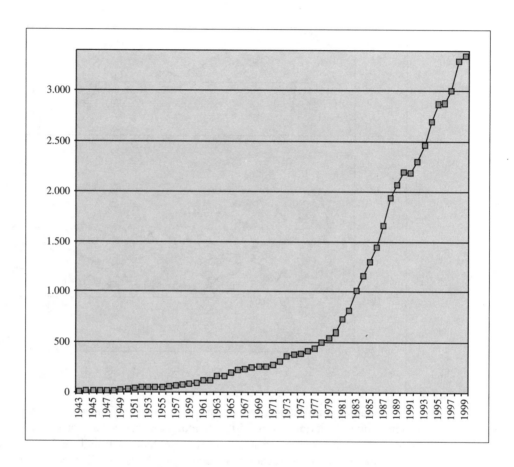

La progresión en la evolución del número de agencias de viajes es exponencial. Las ligeras alteraciones en la evolución tienen que ver más con los cambios legales que regulan esta actividad que con la propia coyuntura turística.

3.12. Estacionalidad de las llegadas de turistas

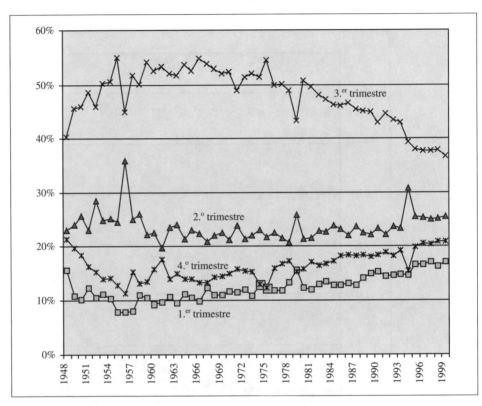

Dejamos a un lado la evolución de la estacionalidad hasta principios de los sesenta, que es ciertamente errática aunque con una concentración de las llegadas de turistas en el tercer trimestre, que representaba la mitad de las llegadas anuales, coincidiendo con las vacaciones veraniegas. Y es difícil hacer comentario alguno, por cuanto los elevados niveles de renta de los turistas de aquellos años les liberaba de los condicionantes de los períodos obligatorios de vacaciones.

Desde 1966 en que se alcanzó el mayor grado de concentración de llegadas en el tercer trimestre, con casi el 55 por 100 del total de las llegadas anuales, la tendencia que se aprecia es la de una lenta reducción de la estacionalidad. Actualmente, el tercer trimestre concentra en torno al 40 por 100 de las llegadas anuales.

Por consiguiente, es bastante clara la tendencia a una reducción de la importancia relativa del tercer trimestre, y al crecimiento del primero y del cuarto. El segundo trimestre aparece claramente estancado.

La razón de este comportamiento tiene que ver con el creciente fraccionamiento de las vacaciones y la aparición de nuevos períodos vacacionales en invierno y primavera. Asimismo, el alargamiento en el tiempo de la temporada alta y el fuerte impulso de las vacaciones de la tercera edad contribuyen a esta evolución desestacionalizadora de las llegadas de turistas.

3.13. Evolución del gasto medio por turista

El comportamiento de la variable representada está influido por cuestiones tales como el tipo de cambio de la peseta, ya que mide la evolución en dólares, y por la bondad de los datos de turistas llegados y su diferenciación de los excursionistas.

Hasta la normalización monetaria de finales de los cincuenta con la declaración de convertibilidad exterior de la peseta, es difícil extraer conclusión alguna dada la importancia del mercado negro.

Luego, en la década de los sesenta, buena parte de las inversiones inmobiliarias extranjeras aparecían contablemente como ingresos turísticos, distorsionando los datos del gasto medio del turista.

En cualquier caso, desde la devaluación de la peseta de 1967 los períodos en que hay un retroceso en la dinámica creciente del gasto medio del turista coinciden con situaciones monetarias en que la peseta se devalúa respecto al dólar.

3.14. Cuotas de mercado por países emisores

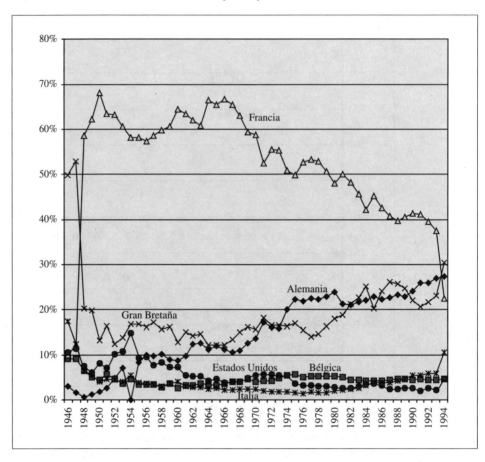

Es evidente el predominio de los tres grandes países europeos, Francia, Alemania y Gran Bretaña, en el origen del turismo que recibe España.

La proximidad geográfica ha sido un plus que ha jugado a favor de Francia, pero la mejora de las redes y sistemas de transporte y su abaratamiento relativo ha posibilitado el fuerte crecimiento de los mercados germano y británico.

El mercado francés está estancado cuantitativamente desde comienzos de la década de los setenta y de ahí su pérdida relativa de importancia. Y lo contrario ocurre con británicos y alemanes, que aumentan de forma bastante paralela salvadas las respectivas coyunturas económicas. Todo apunta a una convergencia cuantitativa de estos tres mercados para finales de siglo.

El resto de los mercados se mantiene estancado en términos relativos con oscilaciones.

3.15. Medio de transporte de los turistas

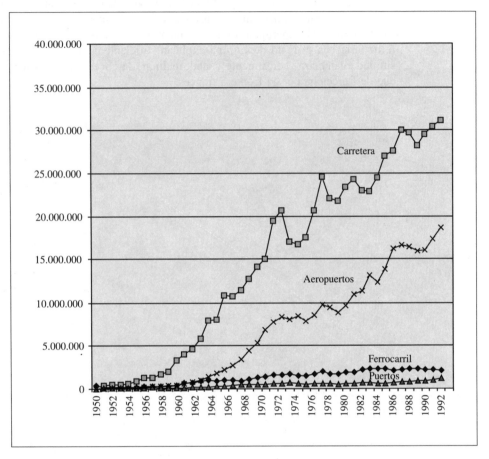

Hay que destacar el fortísimo crecimiento de la carretera, en primer lugar, y del avión, con posterioridad, como medios de transporte que utilizan los turistas para llegar a España.

Se aprecian claramente las subidas del precio del petróleo en la caída de las llegadas de turistas por carretera: períodos 1973-1976 y 1978-1981. Las otras crisis posteriores de menor intensidad tienen que ver con la evolución del tipo de cambio de la peseta.

También es apreciable la coincidencia temporal en los retrocesos experimentados en las llegadas de turistas por carretera y avión, aunque estos últimos son de menor intensidad relativa.

A pesar de que dos de los más importantes destinos turísticos españoles son islas, las llegadas de turistas por mar creció muy lentamente en los sesenta, se estancó posteriormente, y retoma la senda del crecimiento sostenido desde 1985, aunque en cifras bastante modestas. Hay que precisar, no obstante, que estas últimas cifras se corresponden esencialmente con los pasajeros de cruceros turísticos.

La ausencia de conexiones regulares de transporte de viajeros por mar con el extranjero explica esta aparente paradoja, sobre todo para las Baleares.

El ferrocarril se encuentra estancado, con oscilaciones, desde finales de los setenta. Con anterioridad experimentó un crecimiento muy lento. Las dificultades de conexión ferroviaria con el resto de Europa explican suficientemente este comportamiento, que sin duda cambiará radicalmente cuando culmine la conexión ferroviaria en alta velocidad de Barcelona con la frontera francesa.

Anexo: Los planes de desarrollo

1. EL TURISMO EN EL PRIMER PLAN DE DESARROLLO

Dentro del texto básico del Primer Plan de Desarrollo se aborda el análisis del fenómeno turístico en forma resumida, aunque suficientemente explícita, en torno a la función que le va a corresponder desempeñar en el marco global de la planificación económica española.

Nos vamos a remitir brevemente a este texto para analizar, con posterioridad y de forma más explícita, el anexo de «Turismo» que recoge los trabajos de la Comisión del mismo nombre publicados junto con la de «Servicios de Información».

Los primeros párrafos que se dedican a la política de turismo marcan claramente cuáles van a ser las líneas maestras de la actuación de gobierno en este sector, no sólo en el primero, sino a lo largo de los sucesivos planes de desarrollo dentro de una perspectiva de intervencionismo ordenancista de la Administración que va a adoptar una forma planificadora «a efectos de asegurar en cuanto sea posible la evolución programada [...]».

Por otro lado, frente a la concentración turística propugnada por el BIRD, la política adoptada es precisamente la inversa, ya que «se concederá la máxima importancia a su aplicación y dispersión, dado que se observa un excesivo grado de concentración geográfica de la oferta, en tanto que zonas con perspectivas favorables no logran alcanzar su despegue turístico».

Es evidente la intención de la Administración española de expandir lo más posible los efectos del turismo, al tiempo que «encauzará e impulsará (las iniciativas privadas) por la Ley de Zonas y Centros de Interés Turístico Nacional».

Finalmente, el tercer punto importante es la política laboral relacionada con el sector, sobre todo tendente a que la misma no pueda resultar un freno ni un obstáculo a su actividad, pues: «Se mejorará la formación profesional de personal cualificado y se revisará la reglamentación laboral de la industria turística, ya que las especiales características que requieren su explotación, necesitan de una elasticidad tendente a evitar rigideces inadecuadas que en última instancia solamente conducen a un encarecimiento de los costos». De esta forma se arbitran los medios para que la parte laboral, según la terminología del sindicalismo de la época, no sea obstáculo al crecimiento del sector.

Sin embargo, aunque más tarde se reconoce el papel primordial que desempeña el turismo en el conjunto de la economía del país, el objetivo de programación queda poco más o menos en pura manifestación verbal al no instrumentarse los medios económicos para hacer factible la política turística.

La irrisoria cifra de ocho millones de pesetas es todo lo que el Primer Plan de Desarrollo dedica al «planeamiento en zonas turísticas». Es decir, que no existe una verdadera voluntad de planificar el espacio turístico. La cifra representa el 0,5 por 100 de las inversiones públicas previstas para el cuatrienio 1964-1967 en el sector turístico, por lo que todo queda en «buenas palabras» muy alejadas de una auténtica intencionalidad, pues nadie está interesado en que se planifique verdaderamente el espacio.

«La necesidad de ordenar las actuales zonas turísticas y de impulsar racionalmente la apertura de nuevas zonas, se apoyará en una acción de planeamiento que facilite la actuación de la iniciativa privada. Planes de tipo territorial serán establecidos a lo largo del período que abarca el Plan de Desarrollo.» Parece evidente que la distancia entre los «deseos» y la voluntad presupuestaria de planificar es abismal, salvo que la acción de planeamiento consista en no hacer nada y dejar a la iniciativa privada campar por sus respetos.

No deja de ser cómico afirmar—a pesar del tiempo transcurrido— que la dotación señalada de 8 millones de pesetas «sea básica para la apertura de nuevas zonas y para un óptimo aprovechamiento de los recursos existentes»[1].

Otros objetivos fijados, además del planeamiento turístico, son los de lograr importantes aumentos en la capacidad de plazas hoteleras, de plazas en industrias turísticas complementarias, en plazas extrahoteleras, en superficie urbanizada turística, en infraestructura, en propaganda y en formación profesional.

También se subraya en el apartado correspondiente a inversiones, que de los casi 50.000 millones de inversión privada, «tendrá importancia creciente la aportación de capital extranjero, así como el crédito oficial para inversiones turísticas»[2].

Por otro lado, se presta atención a la remoción de los obstáculos físicos y administrativos cuya persistencia, aunque atenuada, continúa frenando la afluencia turística al propugnarse la consecución, «al ritmo más rápido posible, de la simplificación de los trámites administrativos para entrada de turistas y la mejora de las instalaciones y accesos fronterizos»[3].

Por último, se hace especial hincapié en la ampliación de la oferta hotelera, tanto por intensificación de la concentración turística en las zonas consagradas, como por la diversificación de las zonas en aras de una creciente atención de la demanda potencial. «En este sentido, la Administración no puede limitarse a la mera función

---

[1] Presidencia del Gobierno, Comisaría del Plan de Desarrollo: *Plan de Desarrollo Económico y Social 1964-1967*, Madrid, 1963, p. 352.
[2] *Ibídem*, p. 353.
[3] *Ibídem*, p. 353.

de vigilancia y ordenación de las iniciativas privadas, y ha de suplir su falta en caso necesario.» Por tanto, a la Administración le incumbe la tarea de iniciar la promoción turística en aplicación del principio de subsidiariedad, lo que en el fondo deriva en una garantía de las actividades especulativas que van a surgir en derredor de la actividad estatal.

Coincidiendo con las recomendaciones del Banco Mundial de nuevo se recalca el precio que España tiene que pagar para recibir a los turistas cuando se dice que «la importancia que las inversiones extranjeras tienen en este sector, tanto a efectos de reducir las necesidades de financiación con cargo a capital español como por la ventaja que las mismas ofrecen para una permanente promoción del turismo extranjero, aconseja la concesión de las mayores facilidades para dichas inversiones». Es decir, hay que dejar abierto el camino para la venta al exterior de los recursos naturales costeros españoles, recurso escaso, agotable y limitado, cuyo control y dominio no pasará mucho tiempo sin que se traslade a centros de decisión extranjeros.

El último párrafo que este Primer Plan de Desarrollo dedica al turismo, no deja de ser un mero enunciado sin instrumentación operativa alguna, pero suficientemente significativo, por cuanto pone el dedo en la llaga del problema básico del turismo español que el redactor del mismo vislumbraba: «Se favorecerá la creación o ampliación de las cadenas hoteleras, así como la reestructuración de las agencias de viajes a efectos de mejorar su posición frente a la competencia extranjera»[4].

Al margen de la introducción básica al turismo del Plan, es interesante analizar los trabajos específicos de la Comisión de Turismo, mucho más prolijos y detallados, que abarcan un total de cien páginas distribuidos en once capítulos y cinco anexos.

El primer capítulo se dedica al estudio de la situación del turismo en el momento de ser elaborado el trabajo, y en el cual se pone de manifiesto que constituye un indicador de primera mano sobre «el grado en que una economía ha alcanzado la etapa del consumo de masas». Es interesante también resaltar la preocupación existente en su día por el ahorro, ya que al referirse al turismo interior se dice: «[...] en tanto que los gastos del turismo interior pueden suponer, como efecto primario, una disminución de la tasa de ahorro, si bien los efectos globales pueden ser económicamente beneficiosos, tanto en el ámbito regional como en el nacional»[5].

También se detecta una serie de elementos estructurales que van a caracterizar el turismo español desde entonces. Son la excesiva dependencia de un reducido mercado geográfico, la estacionalidad típica de esta actividad, pero agravada por el turismo interior que se concentra aún más que el extranjero en los meses punta de verano, y la concentración creciente en un número reducido de provincias españolas.

Los capítulos que siguen hasta el noveno se centran en el estudio de los siguientes temas: evolución del turismo en 1961 en relación con la capacidad de alojamiento; estudio de la demanda futura; previsión de la capacidad hotelera precisa para 1967; capacidad de alojamientos extrahoteleros precisa para 1967; objetivos

---

[4] *Ibídem*, p. 354.
[5] Comisión de Turismo y Servicios de Información: *Plan de Desarrollo Económico y Social 1964-1967*, Madrid, 1963, p. 11.

generales; infraestructura general; programa de inversiones; y aspectos locacionales del fenómeno turístico.

No nos detenemos en su análisis, por cuanto, de una forma u otra, los iremos examinando en el comentario de los sucesivos planes de desarrollo que nos quedan más próximos en el tiempo. No obstante, es interesante resaltar un aspecto metodológico frecuentemente utilizado: la comparación con Italia. Razones obvias de semejanza geográfica y económica, con las debidas precauciones en las diferencias de renta, son las que sin duda motivaron a los redactores del estudio cuando se encontraban con falta de datos estadísticos, por ejemplo, respecto al turismo interior, o cuando las series estadísticas eran demasiado cortas para ser extrapoladas.

El capítulo décimo, que se titula «El turismo y la industria de la construcción», es un estimable intento planificador de prever la inversión en construcción que hará el sector turístico durante el cuatrienio del plan. Se llega al desglose por subsectores (mano de obra, material cerámico, viguería de cemento, cemento, hierro y varios) y por provincias. Asimismo, se prevén las necesidades de suelo y financieras para su adquisición por provincias y subsectores turísticos (hostelería, otros alojamientos, industrias turísticas complementarias y urbanización).

Finalmente, el undécimo y último capítulo incluye las líneas maestras de la «Actuación sobre el sector» que pueden resumirse en los siguientes puntos:

1. Para atraer la demanda extranjera:

   a) Aumento general de los esfuerzos de propaganda dirigida a los mercados exteriores.

   b) Mantenimiento del sistema de la póliza de turismo.

   c) Promoción del turismo de fuera de estación.

   d) Coordinación de la propaganda exterior de los aspectos comercial y turístico.

   e) Establecimiento de canales de distribución adecuada para hacer llegar a los mercados extranjeros el material de propaganda de todo tipo.

2. Respecto del turismo interior, las pautas básicas son dos:

   a) Medio de manifestación de una promoción social.

   b) Actuar como regulador de la estacionalidad. Para lograrlo se debe: escalonar las vacaciones laborales; tender a una mejor utilización del equipo existente mediante reducciones de precios en períodos de fuera de temporada; dar las mayores facilidades por parte de la Administración para la promoción del turismo social; y favorecer la creación y funcionamiento de asociaciones no mercantiles cuyo objetivo sea la promoción del turismo social.

3. El tercer punto en que se basa la actuación sobre el sector turístico se refiere a la ampliación de la oferta turística, sentándose el principio de que la Administración no debe limitarse a las funciones de vigilancia y ordenación del sector privado, sino que debe fomentarlas, apoyarlas y suplirlas en caso necesario.

Los instrumentos operativos para el logro de los fines indicados son los siguientes:

a) Implantación de un crédito turístico para centros y zonas de interés turístico.

b) Acción directa de la Administración en la obtención de suelo turístico, para ponerlo a disposición de la iniciativa privada, mediante la creación de nuevos centros en zonas de amplios atractivos hoy prácticamente inexplotadas.

c) Ampliación del crédito hotelero para financiar instalaciones complementarias.

d) Selectividad en la aplicación de los créditos hoteleros y turístico para conseguir una mayor dispersión geográfica de la oferta dejando a salvo los principios de rentabilidad y eficacia.

e) Creación de una Empresa Nacional de Turismo, enmarcada dentro del INI, para apoyar la política turística.

f) Dotación financiera a la administración turística española para continuar la red de paradores y albergues.

g) Ampliación de la red de estaciones de servicio de carburantes.

h) Acción coordinada entre el Ministerio de Información y Turismo, la Obra Sindical de Artesanía, y Sección Femenina de FET y de las JONS, para un más amplio desarrollo y difusión de la artesanía típica y folklore español, dándosele mayores facilidades a aquélla para su venta.

i) Favorecer la celebración de festejos fuera de temporada en las zonas turísticas más desarrolladas.

j) Desarrollo de estaciones de invierno.

k) Concesión de amplias facilidades para las inversiones extranjeras en instalaciones turísticas.

Respecto a este último punto se justificaba así: «La aportación de capital extranjero en este campo presenta un doble interés, por cuanto si, por una parte, reduce las necesidades de financiación con cargo a capital español, por otra, supone una permanente promoción de la demanda de turismo extranjero, dado que, en su labor posterior, las empresas turísticas de este tipo se interesan directamente en la captación de la clientela potencial existente en los países originarios del capital invertido»[6].

4. Finalmente, la última de las líneas maestras de actuación sobre el sector turístico en este Primer Plan de Desarrollo, se refiere a la «regulación del mercado turístico». Las directrices propugnadas son las siguientes:

a) Facilitar una gran flexibilidad y elasticidad en la reglamentación laboral del sector turístico sobre la base de la característica estacionalidad del mismo.

b) Revisión de la clasificación hotelera por categorías que deberá efectuarse en lo sucesivo cada cuatro años.

c) Realización de un censo de alojamientos extrahoteleros y estudio de la normativa de explotación adecuada a tales establecimientos.

d) Regulación de las industrias turísticas complementarias.

---

[6] *Ibídem*, p. 66.

e) Favorecer la creación y ampliación de las cadenas hoteleras, así como de re-estructuración de las agencias de viajes, con el fin de mejorar su posición frente a la competencia extranjera. (Esto demuestra que empezaban a sentirse los efectos de un principio de dominación del sector por el capital extranjero que, sin embargo, se trataba de atraer por todos los medios, como se ha señalado anteriormente.)

f) Revisión de la limitación en la concesión de divisas para viajes al extranjero.

g) Necesidad de disponer de estadísticas muy completas sobre movimientos y estancias en las distintas zonas y de estudios prospectivos de todo tipo.

h) Finalmente, se presta especial atención a la red de transportes y comunicaciones que constituye la columna vertebral de una buena organización turística.

«Desde el punto de vista del turismo resulta perentoria la necesidad de mejorar y ampliar la red existente, bien entendido que la labor de mejora ha de centrarse, fundamentalmente, en la red de carreteras y en las redes telefónica y telegráfica, precisadas cada vez más de ampliación importante en las principales zonas turísticas. Para ello ha de tenerse en cuenta no la población estable de las mismas, sino las necesidades derivadas de la estancia de importantes masas de turistas extranjeros en los períodos punta del año. La mejora de las comunicaciones telefónicas con el resto del mundo —en especial en zonas de turismo de lujo— es inaplazable y deberá hacerse con la máxima amplitud para las necesidades previsibles a plazo medio»[7].

El trabajo de la comisión de turismo termina con cinco anexos dedicados a:

1. Confrontación de la previsión realizada respecto al turismo extranjero en España.
2. Carreteras turísticas.
3. Aeropuertos turísticos.
4. Puertos turístico-deportivos.
5. Inventario de necesidades en orden a la restauración y conservación del patrimonio artístico y monumental.

Para terminar este breve análisis del Primer Plan de Desarrollo realizamos algunos comentarios respecto al anexo dedicado a los aeropuertos, por cuanto, estimamos, contiene una serie de apreciaciones interesantes que constituyeron una novedad, en su momento, a la vez que dejan sentadas las bases de la importancia que el transporte aéreo iba a tener en el futuro desarrollo del turismo español.

«El tráfico turístico representa, por consiguiente, claros elementos de diferenciación con relación al tráfico aéreo general. Entre ellos cabe destacar:

a) Es fundamentalmente un tráfico a gran distancia.

b) Se dirige a zonas de acusada especulación turística.

---

[7] *Ibídem*, p. 66.

c) Valora en alto grado la rapidez en el tiempo total del viaje y la comodidad del mismo.

d) Entre los usuarios predominan los turistas de elevada propensión al gasto [...].»

En lo que respecta a la zona de influencia de un aeropuerto como colector o como difusor del tráfico, su extensión es muy variable y depende fundamentalmente de la distancia total del viaje y de la existencia o inexistencia de adecuados servicios. Una vez sobrepasado el límite mínimo antes indicado (hace referencia a unos 300 km entre el lugar de origen y el de destino del viaje aéreo), se admite comúnmente que un transporte colector o difusor que dura más de una hora deja de tener carácter de complementario del transporte aéreo para constituir —al menos desde el punto de vista subjetivo— una etapa adicional en un viaje difícil y complejo.

Para ello se admite que, desde el punto de vista turístico, la zona de influencia óptima de un aeropuerto viene dada aproximadamente por un círculo de 50 km de radio con centro en el mismo. «Toda ampliación de esta área eleva más que proporcionalmente la sensación de sacrificio que el viaje supone para el turista, sensación tanto más importante cuanto el transporte complementario se realiza en sentido contrario al del desplazamiento principal»[8].

Los aspectos novedosos que subrayan estos párrafos van a confirmarse plenamente, sobre todo, en lo que hace referencia al desplazamiento complementario desde el aeropuerto al alojamiento, que constituye, sin duda, una barrera.

Esta apreciación, junto con la referencia a la acusada especulación turística de las zonas adonde se dirige el tráfico aéreo de carácter turístico, son los elementos clave de la actuación de los operadores turísticos cuyo espectacular desarrollo, sobre todo en la segunda mitad de la década de los sesenta, va a dejar obsoleta la afirmación relativa al nivel de renta de los turistas al abaratarse paulatinamente el transporte aéreo chárter y hacerse asequible a amplios estratos de población, por lo que quienes utilizan este medio de transporte dejan de ostentar el carácter elitista que inicialmente les caracterizó.

2. EL TURISMO EN EL SEGUNDO PLAN DE DESARROLLO

El tratamiento que se da al turismo en el Segundo Plan de Desarrollo es bastante profundo y detallado al igual que en el anterior Plan, al dedicarle toda una ponencia de casi cien páginas dividida en ocho capítulos que tratan de: la situación actual, previsión de la demanda, dimensionamiento de la oferta global, infraestructura turística, promoción turística, ordenación turística, la programación del Plan, y la política de desarrollo turístico.

---

[8] *Ibídem*, p. 88.

2.1. Situación del turismo en España

La ponencia se inicia con una serie de consideraciones generales en las que se confirma lo que se había venido observando en el pasado, es decir, la creciente estructuralidad del fenómeno turístico, cuando se expone que «no se trata de un fenómeno cíclico a plazo medio»[9], es decir, que, al menos oficialmente, se entierra la polémica acerca de la coyunturalidad del turismo. Es precisamente en esta hipótesis sobre la que se basan todas las previsiones de demanda turística que se realizan a continuación, ya que se «reafirma el aserto de que el turismo mantiene en todas partes un crecimiento sostenido y que constituye un fenómeno estructural y no meramente coyuntural»[10], al tiempo que se señalan por primera vez las causas de ello: «Su crecimiento se haya íntimamente ligado al proceso de desarrollo económico mundial y al nivel alcanzado por la evolución tecnológica en los transportes, circunstancia que hace posible los desplazamientos personales con la rapidez y comodidad requeridas por el turista»[11]. Por consiguiente, desarrollo económico y desarrollo tecnológico en los transportes son la base de la expansión turística.

Asimismo, se reitera de nuevo lo que se ha puesto de manifiesto en otras ocasiones: la importancia de las divisas que aporta el turismo para el equilibrio de las balanzas de pagos internacionales. Aunque se añade una nueva y sorprendente virtualidad: «su aportación a una redistribución de la renta a nivel internacional» —afirmación que no vamos a discutir y sobre la que ya hemos expuesto públicamente nuestras opiniones[12]—, así como otra característica singularmente relevante para el desarrollo de las relaciones internacionales: el constituir «un factor importante en la mejora del entendimiento entre los pueblos»[13]. De esta forma se puede enterrar más fácilmente el espíritu de revancha que pudiera anidar en los vencidos de la Segunda Guerra Mundial, eliminando una de las causas de una posible tercera conflagración mundial, como lo fue de la segunda.

Tras analizar posteriormente las características de la demanda y de la oferta turísticas se insiste especialmente en la problemática de la estacionalidad y sus efectos laborales, señalándose la conveniencia de «una regulación ágil del empleo, dada la incidencia de las circunstancias temporales sobre las permanentes»[14]. Por tanto, se detecta uno de los principales problemas del sector, por la contradicción existente entre la legislación y la realidad laboral al funcionar a pleno rendimiento sólo una cuarta parte del año.

Después del examen detenido de la previsión de la demanda, sobre la base de análisis estadísticos de regresiones y correlaciones entre renta nacional y gastos en turismo extranjero de los principales países emisores y receptores de turistas, y to-

---

[9] Comisión de Turismo: *Segundo Plan de Desarrollo Económico y Social*, Presidencia del Gobierno, Madrid, 1967, p. 13.

[10] *Ibídem*, p. 14.

[11] *Ibídem*, p. 14.

[12] *Ibídem*, p. 14. Y véase al respecto: Esteve Secall, R.: *Turismo, ¿democratización o imperialismo?, op. cit.*, caps. 4 y 6.

[13] *Ibídem*, p. 13.

[14] *Ibídem*, p. 26.

mando en consideración la posición española en el área turística mediterránea, se pasa al estudio del dimensionamiento de la oferta global en función de las nuevas proyecciones de demanda realizadas.

En este sentido se hace una serie de afirmaciones un tanto gratuitas que posteriores trabajos se han encargado de desmentir[15]. «La composición de la demanda es muy dispar, según se trate del turismo extranjero o del nacional, presentando el primero una mayor calidad como corresponde a su más elevado nivel de vida, al menos en cuanto a valores medios»[16]. No hay que olvidar que la mayoría del turismo nacional va por libre a los hoteles pagando el precio máximo fijado, mientras que el turismo extranjero viene en gran parte en viajes organizados, pagando por su estancia bastante menos del tope mínimo instituido, por lo que lo de la calidad es algo que no está tan claro como se afirma y no se demuestra.

Otro de los capítulos se dedica al examen de la problemática relativa a las infraestructuras turísticas prestándose un especial interés al tema de los aeropuertos, aspecto decisivo en el espectacular *boom* turístico español. En este sentido, hay una aseveración que hemos tenido ocasión de confirmar en otro trabajo nuestro[17]. Es la que hace referencia a los aeropuertos como centros irradiadores del desarrollo turístico: «Desde el punto de vista turístico, la zona de influencia óptima de un aeropuerto viene dada, aproximadamente por un círculo de 50 km de radio, con centro en el mismo. Toda ampliación de esta área eleva más que proporcionalmente la sensación de sacrificio que el viaje supone para el turista, sensación aún más penosa cuando el transporte complementario se realiza en sentido contrario al del desplazamiento principal. Dada la importancia que la valoración del tiempo tiene en el transporte turístico, el turista acepta con desagrado la necesidad de efectuar transbordos. La utilización sucesiva de líneas distintas limita el campo de utilización turística de este medio de comunicación»[18]. Conviene tener presente, además, que bajo estas afirmaciones se plantea una política de expansión aeroportuaria, dado el lamentable estado de las infraestructuras terrestres, política que se vinculaba a la necesidad de expansionar la oferta turística

Más adelante, una vez terminado un pormenorizado análisis de los diferentes aspectos infraestructurales de atracción turística y urbanística, así como de la política de revalorización de los atractivos turísticos españoles, la Comisión aborda el examen de la promoción turística. Y, concretamente, en donde se hace referencia a las bases generales para el desarrollo de las distintas formas de turismo, se señala un hecho muy importante que da pie para explicar el gran auge del turismo en general y del alemán en especial: «Otro sería el caso de un país con excedente crónico en su balanza de pagos y alto nivel de desarrollo económico. El turismo hacia el ex-

---

[15] Véase Gaviria, M. y otros: *Turismo de playa en España. Chequeo a 16 nuevas ciudades del ocio*, Turner, Madrid, 1975.

[16] Comisión de Turismo: *Op. cit.,* p. 41.

[17] Esteve Secall, R.: *L'aeroport dans la localisation touristique. Le cas de la Côte du Soleil,* memoria no publicada presentada para la obtención del título de Maître en Ciencia y Programación Urbana y Regional, Universidad Católica de Lovaina, 1976.

[18] Comisión de Turismo: *Op. cit.,* p. 48.

tranjero constituiría una válvula de escape adecuada para el logro de una más fácil estabilidad externa, un mayor nivel de bienestar social y una mayor integración internacional desde los puntos de vista económico, social y político»[19]. Es decir, la utilización de una política favorecedora de vacaciones en el extranjero como medio de facilitar el equilibrio de una balanza de pagos con tendencia hacia el desequilibrio superavitario.

La sistematización de las bases operativas para la promoción turística es también objeto de una detallada programación en la que no nos vamos a detener, ya que responde a las pautas de actuación del marketing turístico que no abordamos en este libro.

No obstante, sí ofrece más interés el capítulo sexto de la ponencia dedicado a la ordenación turística, aspecto al que hemos tenido ocasión de referirnos en otros trabajos nuestros. Conviene, sin embargo, dejar constancia de un peligro agudamente percibido en este capítulo que, desgraciadamente, se ha confirmado con el paso del tiempo sin que se hiciera nada por atajarlo. Nos referimos a las desviaciones que pueden surgir en la actividad de los operadores turísticos extranjeros. A este respecto se dice en la ponencia: «Sin necesidad de profundizar en la relación entre nivel de rentabilidad y dimensión empresarial —por ser tema sobradamente conocido— resulta indudable que sólo agencias muy importantes pueden afrontar el riesgo y los gastos que implica la captación en origen de la demanda extranjera. Esta acción es fundamental para consolidar la posición turística española, sin el temor de las desviaciones que, por muy diversas causas, pueden introducir las grandes organizaciones extranjeras de viajes. *Un posible motivo de tal actuación ciertamente no desdeñable, aparte de los políticos, deriva de utilizar la promoción de viajes para favorecer una especulación inmobiliaria en ciertas zonas.* En otro sentido, la existencia en España de delegados personales de las agencias de viajes extranjeras ha sido repetidamente criticada por el sector empresarial, tanto por estimar innecesaria tal figura como por la dificultad de controlar su actuación que invade el campo privativo de las agencias españolas»[20] (las cursivas son nuestras).

Ha sido precisamente este mecanismo desencadenador de la especulación inmobiliaria en zonas turísticas el que, en un principio, ha propiciado el gran desarrollo turístico español, aunque en un segundo momento haya sido el creador de la dependencia del sector hotelero español respecto de las agencias y operadores turísticos extranjeros.

2.2. La actuación directa del sector público en la oferta de servicios turísticos

Dentro del capítulo dedicado al estudio de la ordenación turística, el epígrafe centrado en el examen de la intervención del Estado respecto de la oferta turística española es del mayor interés, por cuanto en él se presenta, de forma sistemática, la

---

[19] *Ibídem*, p. 59.
[20] *Ibídem*, p. 66.

política de actuación estatal en dicho campo. Estas líneas de acción se estructuran en tres apartados:

1. El Estado como creador de economías externas.
2. El Estado como impulsor y ordenador del sector privado.
3. El Estado como protagonista en la actividad turística.

La primera de las tres grandes líneas señaladas se enmarca en el ámbito de actuación del capitalismo moderno, ya que una de las funciones básicas del Estado es la de crear las condiciones para que la iniciativa privada se sienta atraída y se desarrolle en zonas donde la ausencia de los elementos fundamentales e imprescindibles para su funcionamiento, tal como de forma prioritaria constituyen las infraestructuras, hace inviable tal actividad. La segunda trata de regular tal iniciativa privada. Finalmente, la tercera enfrenta a la Administración con el principio de subsidiariedad en el sector, de manera que asume su función como empresario turístico de la red de Paradores del Estado, actividad iniciada en 1928 con la construcción del Parador de Gredos.

Precisamente es en este último punto sobre el que más se insiste en el texto de la ponencia, ya que se pone especial énfasis en un aspecto en el que sin duda fue pionera la Administración española: centrar su actuación en el marco cualitativo y no cuantitativo de la oferta de alojamientos, rescatando de la ruina, la incuria o el expolio a numerosos edificios de carácter histórico-artístico que de esta manera encuentran, de nuevo, una función en el mundo actual, sin menoscabo de sus características arquitectónicas. De esta forma se renuevan y potencian estas edificaciones, convirtiéndose tales alojamientos en focos de atracción turística, al tiempo que prestan un servicio importantísimo en la apertura de nuevas rutas turísticas, ya que esta red sirve básicamente al turismo itinerante que utiliza la carretera para sus desplazamientos, y, sobre todo, al turismo cultural.

Los principios sobre los que se debe basar la expansión de esta red estatal de alojamientos, a tenor de las directrices marcadas en este Segundo Plan de Desarrollo son las siguientes:

1. Prioridad en las futuras realizaciones de las provincias que no dispongan de ningún establecimiento estatal.
2. Prioridad de las zonas carentes de establecimientos hoteleros de primera categoría.
3. Prioridad en la revalorización de inmuebles histórico-artísticos frente a edificaciones de nueva planta.

Es decir, que el Estado no se plantea de forma básica la cuestión de la rentabilidad de sus alojamientos, ya que esta rentabilidad es más cualitativa que cuantitativa —es decir, gracias a las inversiones del Ministerio de Información y Turismo se han realizado importantes obras de adecuación y mejora en monumentos que difícilmente hubieran podido ser abordadas a través de los cauces habituales del patrimonio artístico— y, además, tal rentabilidad se transmite en cierto sentido al entorno de los alojamientos, por cuanto éstos constituyen en sí focos de atracción turística que dejan sentir sus efectos sobre las poblaciones próximas.

Claramente conectado con este punto se aborda seguidamente la función que la empresa pública puede desempeñar en el sector turístico. Rol que no se limita estrictamente a la subsidiariedad (en cuanto actuación del sector público donde no existe iniciativa privada para desarrollar ésta y retirarse después), sino que se enfoca con una perspectiva de fomento de una actividad altamente cualificada, tratando de que la actuación pública adquiera niveles de prestigio para sí y para el conjunto del sector (público y privado).

Por otro lado, se enuncia otro importante principio de actuación de la empresa pública turística, que desgraciadamente se ha quedado en su mera enunciación y que, de haberse llevado a la práctica hasta sus últimas consecuencias, podría haber modificado radicalmente la situación de dependencia del sector turístico español de aquella época. Dice textualmente la ponencia del Segundo Plan de Desarrollo: «Un país esencialmente receptivo, como es el caso español, requiere disponer de elementos estabilizadores del mercado, con potencia suficiente para que no se deteriore en su contra, el poder de negociación de quienes intervienen en el mismo. *Las grandes agencias y organizaciones de viajes extranjeras que controlan, en cierto sentido, una parte importante del tráfico turístico mundial deben ser contrapesadas con empresas españolas de suficiente dimensión y fuerza como para evitar que dominen el mercado,* y ésta es también en general una de las finalidades principales de las empresas nacionales»[21] (las cursivas son nuestras).

¿No era precisamente este peligro, para los intereses turísticos internacionales, el que intuía el Banco Internacional de Reconstrucción y Fomento cuando en su informe sobre la economía española atacaba continuamente a la red de albergues y paradores estatales, en clara contradicción con las recomendaciones que en otras partes del mismo se hacían acerca de la necesidad de que el Estado utilizase plenamente sus recursos para impulsar el desarrollo turístico?

Lo que en el momento de la redacción de la ponencia era una intuición basada en un profundo conocimiento de la realidad turística española del redactor de la misma, y en algunos hechos muy significativos perfectamente perceptibles en aquel momento, como, por ejemplo, la penetración extranjera en el sector de alquiler de automóviles, se ha visto confirmado plenamente con posterioridad sin que la actuación de la Administración haya hecho nada para remediarlo.

Por último, se resalta la importante labor de diversificación de la oferta turística, que puede llevar a cabo la Empresa Nacional del Turismo, actuando en aquellas zonas donde los estímulos normales de la Administración no sean suficientes para dar lugar a un crecimiento autosostenido del desarrollo turístico, para lo que precisa de importantes medios financieros a largo plazo, y que puedan ser utilizadas como áreas de descongestión de las zonas consagradas.

También es de gran importancia el epígrafe consagrado a los problemas de la ordenación comercial y profesional del sector, una vez que se ha analizado, con ante-

---

[21] *Ibídem*, p. 70.

rioridad, la ordenación administrativa de todo los servicios relacionados, tanto directa como indirectamente, con el turismo. Las directrices en las que se basa esta ordenación son las del libre mercado, aunque atenuadas por una intervención estatal tendente a «reducir al máximo los riesgos e incertidumbres que acompañan a la actividad empresarial»[22].

La tradicional actitud de la Administración española de controlar los precios, en la que se basó el espectacular crecimiento turístico acaecido hasta entonces, ya que fue motivo de preocupación esencial el procurar que los mismos se mantuvieran a niveles inferiores a los de los principales competidores turísticos de España, no varía en absoluto, aunque se flexibiliza, evitando que la congelación de los mismos pudiera afectar a la rentabilidad del sector. En este sentido, la nueva política «ordenancista» de precios debe regirse «por los principios de clarificación del mercado y de seguridad en el tráfico y todo ello procurando que los precios aseguren:

1. Rentabilidad de las inversiones, tanto de las ya realizadas como de las nuevas.
2. Competitividad de nuestra oferta en el mercado internacional.
3. Flexibilidad para acomodarse, entre ciertos límites, a la presión estacional de la demanda»[23].

Al mismo tiempo, y con la finalidad de seguir manteniendo la ventaja comparativa de los precios turísticos españoles, se señala que «el nivel de precios turísticos, globalmente considerados, deberá estar más en consonancia con la capacidad interior de gasto y se podrá obtener menor ventaja del mayor nivel de vida de los visitantes extranjeros»[24]. Esta frase deja traslucir una evidente atención al turismo interior cuya creciente importancia es de esta forma destacada, aunque la segunda parte de la misma no es demasiado acorde con la realidad, puesto que los precios que se contratan con las agencias de viajes extranjeras no tienen nada que ver con los oficialmente fijados.

Finalmente, se presta atención en este epígrafe a la ordenación comercial de un subsector en el que el intrusismo es casi la norma en vez de la excepción: el de la mediación turística.

2.3. La programación del Plan y la política de desarrollo turístico

En el capítulo séptimo la comisión plantea la cuantificación de las inversiones precisas en el sector, así como los medios para su financiación. No vamos a entrar en el detalle de las cifras ni en su contrastación con las cantidades que realmente fueron invertidas en el período. Simplemente nos limitamos a resaltar, al igual que

---

[22] *Ibídem,* p. 70.
[23] *Ibídem,* p. 71.
[24] *Ibídem,* p. 72.

hicimos con las cifras del Primer Plan, la exigua magnitud de 30 millones de pesetas para planeamiento de zonas turísticas y estaciones invernales que suponen, solamente, el 0,7 por 100 de las inversiones públicas en el cuatrienio 1967-1971, por lo que todo lo expuesto con anterioridad se mantiene en vigor.

Es interesante destacar otro aspecto, inédito en el Primer Plan, y es el referente al capital extranjero, del cual, después de resaltar su importancia como equilibrador de la balanza de pagos, se dice certeramente: «Las inversiones preferidas por el capital extranjero son las materializadas en alojamientos extrahoteleros, seguidas en términos relativos por las dedicadas a urbanizaciones turísticas. Tal resultado es lógico, porque ambas actividades permiten más fácilmente una colocación especulativa de los capitales y no debe olvidarse que la circunstancia de una más difícil valoración objetiva del riesgo introduce un sesgo en las exigencias de liquidez y rentabilidad a corto plazo de las inversiones extranjeras»[25].

Es decir, que la entrada de capital extranjero no se orienta hacia actividades productivas como la hostelería, sino que se centra en la adquisición de suelo y alojamientos extrahoteleros, bien para uso personal del inversor, bien para especular con la inversión realizada, siendo por tanto una inversión «parasitaria» cuyos beneficios, en la mayoría de los casos, escapan al control de la fiscalidad española. No obstante, al menos el sector de la construcción se beneficia de estas inversiones.

Finalmente, el último capítulo está dedicado a la política de desarrollo turístico, en el que se marcan las directrices, los objetivos, los medios instrumentales y financieros y las medidas ordenadoras y de promoción del sector.

3. EL TURISMO EN EL TERCER PLAN DE DESARROLLO

El Tercer Plan de Desarrollo dedica cuatro grandes capítulos al estudio del sector turístico dentro de una sola publicación en la que se recogen los trabajos de la comisión de «Turismo e Información y Trabajos Culturales». Por consiguiente, a diferencia de la presentación del Segundo Plan, en éste se opta por la publicación conjunta de las directrices del Tercer Plan, que afecta al ámbito social de competencias del Ministerio de Información y Turismo.

Hecha esta aclaración pasemos al análisis del tratamiento que se da al sector que nos ocupa en el tercer cuatrienio de la planificación española.

Los cuatro capítulos de que consta son los siguientes:

1.º *El turismo en 1970,* en el que se analiza la realidad turística española en los umbrales de la década de los setenta, desglosada en cuatro grandes apartados: *a)* la demanda turística; *b)* la oferta turística; *c)* las infraestructuras turísticas, y *d)* la formación profesional.

2.º *Directrices de política de desarrollo,* donde se señalan las grandes líneas de actuación en el sector para el período planificado y que será objeto de especial atención.

---

[25] *Ibídem*, p. 89.

3.º *La evolución del turismo en el cuatrienio 1972-1975,* capítulo dedicado a la prospectiva de las principales magnitudes turísticas concretadas en cinco apartados: *a*) ingresos y gastos; *b*) número de visitantes y turismo interior; *c*) alojamientos e industrias turísticas y complementarias; *d*) otros recursos, y *e*) infraestructura sanitaria en zonas turísticas litorales.

4.º *Los programas del sector público,* dedicado al estudio de las medidas previas para hacer factible la consecución de los objetivos señalados en los capítulos anteriores y que también se desglosa en cinco apartados: *a*) acciones de promoción del turismo; *b*) alojamientos turísticos; *c*) otras actuaciones; *d*) programa de inversiones públicas, y *e*) resumen de los objetivos y actuaciones.

3.1. El turismo en 1970

Este capítulo está centrado en el análisis recapitulativo de la realidad del turismo español. Como nuestro objetivo ahora no es realizar un análisis de dicha evolución, nos vamos a limitar a señalar aquellos aspectos que nos parecen más relevantes para los fines perseguidos en este libro.

Es interesante constatar la diferencia que el redactor de la ponencia establece entre el turismo de masas, que es el que caracteriza el *boom* turístico español, y las concepciones tradicionales de la actividad turística; diferencia organizativa que corresponde a una adecuación del sector turístico a los moldes de actuación del moderno capitalismo, que se está produciendo en forma acelerada, y cuya consecuencia más notoria para España es la de dotar de estabilidad a la corriente turística, base indispensable para una modernización y capitalización del sector que, hasta épocas muy recientes, ha funcionado bajo patrones de carácter precapitalistas.

Precisamente se inicia el trabajo señalando las cuatro grandes características del turismo recibido en España:

a) Concentración geográfica en el litoral mediterráneo y en el archipiélago balear, con el problema consecuente de la congestión, en algunos casos, de esas zonas.

b) Concentración temporal o estacional, con el problema derivado de la infrautilización de la capacidad de alojamientos turísticos fuera de la temporada.

c) Concentración de procedencias del turista, con la consecuencia de una escasa diversificación del riesgo de cambios de coyuntura económica en los países de origen.

d) Concentración de motivaciones, especialmente el sol y la playa, lo que motiva una excesiva especialización de la oferta turística[26].

---

[26] Comisión de Turismo e Información y Actividades Culturales: *Tercer Plan de Desarrollo,* Presidencia del Gobierno, Madrid, 1972, p. 16.

Frente a esta caracterización de concentraciones, en la ponencia se aboga por la diversificación turística que sólo podrá conseguirse a través de un cambio en la imagen turística española. Reorientación que pueda desestacionalizar la demanda de alojamientos, al mismo tiempo que ayuda a un mayor equilibrio regional al abrirse nuevas zonas al turismo cuyos móviles de atracción sean también distintos y novedosos.

Sin embargo, en nuestra opinión no vemos cómo podría lograrse esa desestacionalización, puesto que si los alojamientos se encuentran ubicados en las zonas costeras, difícilmente podrían servir a un turismo de nieve o monumental, y viceversa, salvo que estuvieran relativamente próximos y bien comunicados. Por consiguiente, creemos constatar una clara contradicción entre los objetivos y la realidad. La única forma de lucha contra la estacionalidad turística radica en la ampliación de las temporadas altas por sus extremos y potenciación de vacaciones invernales sobre la base de incentivos como reducciones de precios u otro tipo de acciones estimuladoras; pero, en todo caso, siempre tendrá una efectividad limitada, ya que la raíz del problema escapa al control de las autoridades y empresas españolas, al no poder intervenir en el escalonamiento de los períodos vacacionales laborales y estudiantiles en los países de origen de los turistas. No se dice nada tampoco en relación a las vacaciones de la tercera edad, que también contribuyen a la desestacionalización de la demanda. La diversificación propugnada se articula sobre la base de una orientación de la demanda turística en el exterior, o sea, en los centros emisores de turistas, y de una orientación de las inversiones en el interior para hacer frente a esa nueva demanda.

Por lo que concierne a la oferta de alojamientos hoteleros es interesante constatar la clara conciencia que demuestran tener los elaboradores de la ponencia acerca de la pérdida de rentabilidad del sector, aunque ni se ataque este problema en su raíz ni se haga alusión a las causas del mismo: el oligopolio de demanda de plazas que ostentan los operadores turísticos extranjeros que, frente a la dispersión y a la atomización del empresariado hotelero español, imponen precios y condiciones dada su posición de fuerza en el mercado. La solución que empieza a esbozarse acepta de partida la situación descrita y se enfoca en el sentido de incrementar la productividad. Por consiguiente, ante la pérdida de beneficios, que se desplazan al exterior, el empresario español responde incrementando la productividad y reduciendo la calidad del servicio que prestan los trabajadores del sector turístico.

En la estructura de nuestra capacidad hotelera se pone de manifiesto la insuficiencia de los establecimientos para hacer frente al tráfico turístico de hoy. En general, se trata de hoteles de pequeña capacidad, *con los inconvenientes que ello lleva consigo para una posible mecanización de los mismos.* Por consiguiente, debe fomentarse la instalación de establecimientos de capacidad suficiente para, de una parte, poder responder a los imperativos de la demanda, caracterizada no por el cliente individual, sino por el grupo en viaje colectivo, y, de otra, que dicha capacidad *permita una rentabilidad adecuada* a la inversión realizada que sólo se consigue —dentro de unos precios moderados (más bien diríamos nosotros de unos precios muy bajos) impuestos por los operadores turísticos— *elevando la productividad*[27] (las cursivas son nuestras).

Más adelante se analiza el problema de las infraestructuras turísticas (entendiendo por tales los servicios que toda comunidad debe proveer a sus habitantes, como alcantarillado, urbanización, abastecimiento, saneamiento, etc.), cuyas deficiencias, a diferencia de lo que se afirma en la ponencia, afectan a la calidad de la oferta turística y suponen un factor negativo que puede inducir una contracción de la demanda. Buena prueba de ello son las rápidas respuestas del Gobierno español ante los informes que sobre la limpieza de las aguas litorales o sobre la calidad del agua potable aparecen de cuando en cuando en la prensa extranjera.

3.2. Directrices de política de desarrollo

Gran interés tiene este capítulo de la ponencia, puesto que marca las líneas de actuación en la Administración española para el cuatrienio 1972-1975. En él se señala la necesidad de mantener de forma especial el impulso turístico —objetivo obvio—, pero prestando especial atención a la consecución de una demanda turística más cualificada para poder obtener un mayor gasto de divisas por cada turista que nos visita. Para ello se propugna:

— Crear o desarrollar aquellas modalidades que supongan un gasto más elevado.
— Promover la atracción turística de elevada capacidad de gasto.
— Crear o desarrollar el equipo receptor más acorde con los deseos del turista que se desee atraer.
— Crear o promocionar los atractivos complementarios del que se considere motivo principal en la realización de su viaje[28].

Todo ello por medio de una profundización del desarrollo turístico basado en la diversificación del motivo de atracción de las zonas ya conocidas y en la promoción de otras zonas, tratando para ello de fomentar el turismo de congresos, el deportivo en sus diversas modalidades, el cultural y el residencial. Esto permitirá, a su vez, luchar contra el grave problema de la estacionalidad.

Por otro lado, se hace una loable declaración de intenciones cuya instrumentación brilla por su ausencia. Se trata de las acciones selectivas de política económica «para conseguir un armónico y adecuado desarrollo turístico». A tal fin se diferencian tres tipos de zonas turísticas según tengan un fuerte, medio o insuficiente desarrollo turístico. En las de primer tipo se persigue *perfeccionar, ordenar y diver-*

---

[27] *Ibídem,* pp. 23 y 24.
[28] *Ibídem,* p. 57.

sificar; en las del segundo se pretende *consolidar e impulsar* más, el crecimiento turístico; y por último en las zonas vírgenes, turísticamente hablando, se establece un *programa coordinado de promoción,* con un orden de prioridades, siguiendo una serie de criterios objetivos acordes con las directrices generales del sector.

En estrecha relación con estas «acciones» se aborda también los problemas del suelo, puesto que leemos en el texto que «se proseguirá la ordenación y aprovechamiento del suelo mediante las líneas de acción conducentes a:

— Evitar la especulación del suelo de tal forma que sea posible disponer de los terrenos necesarios sin una inversión excesiva que represente una pesada carga a las empresas turísticas.
— Construir unas edificaciones acomodadas al ambiente y al tipismo local.
— Evitar los daños al paisaje con construcciones que atenten a la armonía del conjunto[29].

No deja de ser paradójico que una Administración que no ha hecho nada para frenar la especulación del suelo, cuando no la ha alentado ella misma con su inoperancia, que ha permitido el acelerado deterioro de los paisajes turísticos españoles, hable de «proseguir la ordenación» sin que, por otro lado, se expongan los medios y las acciones que se pretenden llevar a cabo para el logro de los objetivos enunciados. A no ser que lo que realmente se pretenda es que todo siga como hasta entonces; es decir, no hacer nada.

Mayor concreción y posterior instrumentación de soluciones se presta al análisis de los problemas que plantean las insuficiencias infraestructurales y los deficientes servicios comunitarios. En este caso la acción administrativa no se queda en meras palabras y se afectan los siguientes instrumentos: crédito hotelero para la dotación de infraestructuras, crédito de infraestructuras para municipios y empresas urbanizadoras de centros declarados de interés nacional, e inversiones públicas directas de exclusiva competencia estatal.

Los principios económicos en los que deba asentarse la intervención pública, tanto en su propia función como cuando actúe en colaboración o ayuda de la privada, son los derivados de la rentabilidad, especificándose que esa rentabilidad es a largo plazo, para la red de establecimientos turísticos estatales administrados por la Administración Turística Española. Y en cuanto a la rentabilidad y eficacia que se exige a la iniciativa privada para optar a la ayuda oficial, se especifican las siguientes consideraciones:

— Condicionar la concesión de cualquier clase de ayuda oficial a la rentabilidad futura de la explotación teniendo en cuenta:
  a) La oportuna adecuación cuantitativa, cualitativa y locacional de la oferta a la demanda que se desea atraer y servir.
  b) La dimensión óptima de cada tipo de explotación según criterios de racional explotación.

---

[29] *Ibídem,* p. 60.

— Facilitar y apoyar la reconversión, unión, fusión y asociación de empresas conducentes a obtener explotaciones de dimensiones óptimas.
— Atender a la adecuada capacitación profesional del trabajador que permita un aumento sustancial a su productividad[30].

Por consiguiente, se aprecia una clara preocupación por el minifundio empresarial, por la inadecuación de la dimensión empresarial y por la falta de profesionalidad del trabajador turístico.

Otra de las directrices del Plan es la que hace referencia a los precios y se indica, de forma general, que se tratará de que el nivel de los precios turísticos permitan «una adecuada rentabilidad a las empresas turísticas y sean atractivos para el cliente», dejando de lado totalmente la problemática derivada del oligopolio de los operadores turísticos.

Finalmente, se hace una serie de declaraciones relativas al turismo social o popular[31] que se trata de *facilitar, estimular y encauzar* por medio de la creación de fórmulas de ahorro-vacaciones, de aprovechamiento turístico de los «mares interiores» y áreas forestales, de creación de burgos turísticos, y de promoción de vacaciones en casas de labranza y de pescadores.

3.3. La evolución del turismo en el cuatrienio 1972-1975

Este tercer capítulo es el centrado en la prospectiva del sector para el período del Plan de Desarrollo contemplado. Tras especificar la metodología seguida para la estimación de cada una de las magnitudes que iremos reseñando, se pone de manifiesto, al prever los ingresos, que «puede admitirse la existencia de una fuerte repercusión en el incremento del gasto por turismo de los aumentos de la renta nacional[32], que el índice del coste de la vida influye pero no excesivamente»[33], y se señalan los resultados de la evolución prevista. Es decir, el incremento de los ingresos en un 11 por 100 anual y acumulativo, el logro de 2.800 millones de dólares en ingresos en 1975, la obtención de más de 9.750 millones de dólares en el cuatrienio y la consecución de una cobertura del 30 por 100 de las importaciones previstas en el período gracias al turismo. También se estimaron los gastos turísticos previstos en torno a los 655 millones de dólares para todo el período.

---

[30] *Ibídem*, pp. 61 y 62.
[31] Por turismo social el Bureau International de Tourisme Social (BITS) en el artículo 3.º de sus Estatutos entiende: «El conjunto de relaciones y fenómenos resultantes de la participación en el turismo de las capas sociales de renta modesta, participación que se ha hecho posible o facilitado por medidas de un carácter social muy definido».
«El valor y el beneficio del turismo social o turismo popular, como también se le denomina a menudo, son de varios tipos. Yo me limitaré a mencionar la ampliación y profundización de la instrucción y la educación popular, la conservación y el establecimiento de la salud pública y el desarrollo del rendimiento de la economía nacional» (Max Gafner, presidente del I Congreso Internacional de Turismo Social, discurso de apertura, 28 de mayo a 1 de junio de 1958, Berna, Suiza).
[32] *Comisión de Turismo e Información...*, *op. cit.*, p. 68.
[33] *Ibídem*, p. 70.

Respecto al número de visitantes se señala que las previsiones indican una llegada masiva de 135 millones de personas en el cuatrienio, una tasa anual acumulativa del 10 por 100 y una cifra próxima a los 40 millones de turistas en 1975. Es interesante resaltar que en las investigaciones realizadas para la determinación de las anteriores magnitudes se ha evidenciado que: «Para la estimación de los gastos medios por visitante se ha procedido a la extrapolación basada en la recta de tendencia ajustada a la serie histórica del gasto medio por visitante con base en el año 1960. El bajo coeficiente de correlación obtenido indica que el ajuste realizado no es muy consistente»[34].

Esta constatación pone claramente de manifiesto las grandes deficiencias de nuestras estadísticas de turismo tanto por el lado de las cifras de turistas como por el de los ingresos. A este respecto todo parece indicar que, con la llegada de Fraga Iribarne al Ministerio de Información y Turismo, se inició un proceso de deterioro en la calidad de las estadísticas por su evidente falseamiento, fruto de la asimilación del éxito de su gestión al frente del ministerio con el sistemático crecimiento de las cifras de turistas, o de la modificación de los criterios para «estimar» una realidad que no era debidamente controlada ni cuantificada.

Como señala Juan Fuster:

3.º Aparece un fuerte salto en el número de turistas entrados entre 1963-1964 sin explicación plausible. El siguiente punto lo aclara. 4.º Escaso aumento de los turistas entre 1964-1965 en contraposición con el abultado crecimiento de las divisas.

Hecho paradójico. La explicación no responde a ningún hecho real como pudieron ser un pronunciado aumento de la estancia media, turistas de nivel de vida más alto [...]. Es de orden estadístico: en 1964 se contabilizó mayor número de visitantes que el real. La sombra de la incertidumbre perseguirá las estadísticas de turismo, sin saberse, a ciencia cierta, cuál es realmente el número de turistas y la composición de los que han permanecido más o menos de veinticuatro horas[35].

En esta misma línea crítica podemos contar una anécdota personal muy reveladora: «Ocurrió el 16 o 17 de agosto de 1972 en Irún, donde a la sazón se encontraba uno de los autores de este libro realizando un trabajo de investigación. Precisamente en función del mismo estaba entrevistándose con un funcionario de Aduanas, con quien comentó el incremento de las cifras de turistas pasados por los puentes internacionales en la primera quincena del mes de agosto respecto al año anterior. Tales datos los había publicado aquella mañana la prensa local. La extrañeza del funcionario fue total, pues resultó que él era el encargado de elaborar las citadas estadísticas y todavía no había realizado el cómputo». Los datos «exactos» los había

---

[34] *Ibídem,* pp. 72 y 73.
[35] Fuster Lareu, J.: «El turismo», en la obra colectiva dirigida por Fraga, Velarde y Del Campo, *La España de los años 70,* Moneda y Crédito, Madrid, 1973, p. 807.

facilitado «al parecer» a la prensa, la delegación provincial del Ministerio de Información y Turismo. No creemos que este tema merezca mayores comentarios.

También se realizan unas previsiones sobre turismo interior que pueden estar mucho más cerca de la ciencia ficción que de la realidad, puesto que como se reconoce en la ponencia «por falta de información estadística, se ha tenido que utilizar una serie muy corta», lo que, sin duda, resta validez a las proyecciones; y además se califica como turismo interior a cualquier tipo de desplazamiento, lo que no es evidentemente cierto.

Los alojamientos necesarios para alojar a la ingente masa de turistas cuya llegada se prevé, también han sido proyectados por diversos métodos que, debidamente contrastados, han permitido llegar a la cifra de 718.617 plazas, de las que poco menos del 10 por 100 serán construidas por la acción pública. Las plazas hoteleras necesarias se cifran en 265.600 y las de apartamentos se sitúan en torno a las 330.000; el resto serán plazas en otro tipo de alojamiento. También se prevé la creación de 190.000 puestos de trabajo y la inversión de nueva planta se cifra en algo menos de un cuarto de billón de pesetas, a los que habría que añadir 2.700 millones para reposición.

En este capítulo, aborda la ponencia del Tercer Plan el análisis más detenido de los problemas y soluciones previstas a los elementos más importantes de la atracción turística española.

El primero de ellos y al que dedica más pormenorizada atención es el de las costas y playas. Se constata la necesidad de protección de las playas cuyo futuro se encuentra amenazado, en unos casos más y en otros menos, por diversas causas, entre las que enumera la disminución de los aportes fluviales derivados de los represamientos de los ríos y repoblaciones forestales, las extracciones de arena, las invasiones privadas de los terrenos de dominio público de las zonas marítimo-terrestres, las perturbaciones ocasionadas por las obras marítimas, y las modificaciones del régimen de vientos originados por las edificaciones inadecuadas y próximas a la costa.

Precisamente se subraya que «como justificante de la necesidad de ciertas inversiones del sector público, debe señalarse el carácter de bienes de dominio público de las playas, que, si bien salvaguarda de un modo eficaz el uso público gratuito de las mismas (que se estima debe conservarse a ultranza), tiene como contrapartida el interés que para la iniciativa privada tiene la ejecución a su costa de las infraestructuras adecuadas a una buena explotación»[36]. Esto no obsta para que nuestras costas se vean afectadas de un creciente proceso de privatización sobre la base de concesiones a muy largo plazo que está transformando muy seriamente el litoral, sin que se hayan estudiado a fondo las consecuencias de tales acciones. A veces se llega hasta la casi grotesca constatación de que la proximidad al mar y la altura de las edificaciones han provocado fuertes alteraciones microclimáticas como la perturbación del régimen de brisas marinas que dulcifican las temperaturas en las zonas costeras, a causa de las murallas de cemento, o la forzada expulsión de la playa de los

---

[36] *Comisión de Turismo e Información..., op. cit.*, p. 89.

que se hallan tomando el sol en ellas en las primeras horas de la tarde, porque los edificios extienden un manto de sombra sobre las soleadas arenas. Precisamente estos aspectos que subrayamos entre otros muchos, que tienen una indudable incidencia en la explotación de las playas, son ignorados en el Plan, que se limita a referirse en exclusiva a los problemas de las tarifas de los servicios playeros y al de su limpieza.

Por otro lado, se distingue entre obras de infraestructura y de superestructura de playas, reafirmándose la necesidad de la intervención pública en aquéllas por su elevado costo y escasa rentabilidad directa, debiendo prestarse especial atención al principal problema de nuestras playas, como ha sido afirmado y comprobado en múltiples ocasiones: el del saneamiento.

Tras las declaraciones de intención sobre la necesidad de la planificación y ordenación de las playas, se señalan las medidas urgentes y necesarias para su defensa y regeneración: prohibición de extracciones, deslinde de la zona de dominio público y ejecución de obras marítimas protectoras y regeneradoras de playas. Para todo ello la inversión que se prevé es aproximadamente de 1.500 millones de pesetas.

El segundo de los elementos de atracción turística que se contempla es el de los puertos deportivos, como uno de los factores destinados a la elevación del nivel del gasto de los turistas, y como «eficaz estímulo para facilitar las promociones de venta de las urbanizaciones particulares o atraer clientes de más alto nivel». El puerto Banús en Marbella puede ser el paradigma de tales instalaciones. Las estimaciones realizadas sobre la demanda futura de puestos de atraque los cifran en 13.500 para el cuatrienio, que, en una cuarta parte, podrían ser cubiertos por acondicionamientos de puertos generales y el resto por el sector privado, con una inversión total necesaria en torno a los 4.500 millones de pesetas.

El tercer elemento y nuevo frente turístico que se trata de potenciar, es el de las estaciones turístico-deportivas de montaña. La posición geográfica española, dada la escasez de zonas esquiables asequibles técnica, económica y climatológicamente, ante un mercado turístico en rápida expansión es, por consiguiente, excelente. Los objetivos en número de plazas que se fijan para el período de duración del Plan se cifran en 40.000, lo que implica una inversión de 20.000 millones de pesetas, una cuarta parte de los cuales sólo para infraestructura básica urbanística y deportiva, y el resto para los alojamientos propiamente dichos. Asimismo, se señala la conveniencia de proceder a una concentración espacial de tales realizaciones en torno a los Pirineos, Guadarrama y Sierra Nevada.

El cuarto elemento está constituido por los campos de golf, también dirigidos a elevar el nivel de gasto del turista, tanto en el aspecto monetario como temporal, es decir, que se trata de alargar la estancia media de un tipo de turismo que, por la actividad deportiva que le atrae, hace presumir una determinada calidad económica del turista. En este caso, y de igual forma que ocurre con los puertos deportivos, el campo de golf es un elemento difícilmente rentabilizable por sí mismo, que se convierte en un complemento de primer orden para rentabilizar otro tipo de inversiones. El Tercer Plan estima necesaria la creación de 17 nuevos campos y una inversión prevista de unos 300 millones de pesetas.

Finalmente, se hace referencia a otros recursos turísticos, como ríos y embalses, cotos de caza y pesca, estaciones termales y otros recursos turísticos de primera importancia a los que no se les presta la atención que merecen por su potencialidad, etc.

El capítulo se cierra con un epígrafe dedicado al problema de las infraestructuras sanitarias en zonas turísticas litorales, al que se concede toda clase de prioridades en el Decreto 3787/1970 de 19 de diciembre sobre requisitos mínimos de infraestructura en alojamientos turísticos. Sobre la base del mismo se concentra la acción pública en unas zonas turísticas seleccionadas previamente, que son todas las costas mediterráneas más la del golfo de Cádiz y los dos archipiélagos, al tiempo que, en colaboración con las correspondientes diputaciones provinciales y municipios, se establecen igualmente prioridades entre las mismas. El monto total de las inversiones previstas asciende a 7.100 millones de pesetas a sufragar por el Estado, corporaciones locales y organismos autónomos, previéndose la conveniencia de ayudas económicas a las citadas corporaciones y a los particulares afectados por las disposiciones, sobre abastecimiento de aguas y saneamiento, dictadas en el decreto detallado anteriormente.

3.4. Los programas del sector público

Empieza este capítulo con una introducción en la que se hace una serie de afirmaciones, contestables unas, programáticas otras, que evidencian en gran medida el pensamiento y las líneas de actuación de las autoridades turísticas.

Concretamente, afirma la ponencia, que «el auge notable del turismo durante estos años ha sido atendido desde dos planos distintos. Por un lado, gracias al esfuerzo y la tenacidad de la iniciativa privada capaz de absorber una continua demanda de plazas, hasta el punto de que hoy se puede hablar de una "industria turística" española de las más rentables y de las que menos sacrificio impone al país. Por otro lado, la Administración pública ha preparado y cuidado la infraestructura necesaria para asegurar unos desplazamientos masivos sobre el territorio nacional»[37].

Vamos a detenernos un poco en su resumen. No hay nada que objetar a los calificativos que aplica a la iniciativa privada, puesto que su actuación ha sido francamente sorprendente. Nuestras reticencias surgen cuando considera la industria turística como de «las más rentables del país». Si por industria califica a la actividad especuladora en las urbanizaciones turísticas es obvia la veracidad de tal aserto. Pero creemos que cuando se habla de industria se debe uno referir fundamentalmente a la hotelera que es la que, al fin y al cabo, hace posible la estancia en España de tantos millones de turistas. Y en este caso aplicarle tales calificativos nos parece, por lo menos, un tanto discutible.

En cuanto a la calificación de poco costosa para el país estamos de acuerdo en lo relativo al aspecto material del sacrificio. Es evidente que no ha sido preciso proceder a gastar divisas para la instalación de la industria turística, ni tampoco ésta ha

---

[37] *Ibídem,* p. 119.

causado problemas a otros sectores económicos del país; si acaso algunos problemas muy locales en sectores agrícolas. Pero, de hecho, más que sacrificios al país, lo que ha logrado el turismo ha sido un impulso, el «despegue económico» en términos de Rostow. Sin embargo, la realidad es muy distinta si se afrontan seriamente los aspectos inmateriales, los costos sociales del desarrollo turístico. Y aquí no coincidimos en absoluto con las aseveraciones de la ponencia.

La industria, turística, por las razones que sea en las que no vamos a incidir en este momento, ha impuesto fuertes sacrificios a España, sobre todo en lo concerniente al patrimonio colectivo de los españoles: los paisajes, las bellezas naturales, los conjuntos histórico-artísticos, en fin, todo lo que constituye la inmensa herencia que nos legaron nuestros antepasados. Los daños en muchos casos son irreversibles y en gran parte han sido realizados, si no con la «complacencia» de la Administración, lo cual es sin duda un calificativo algo duro, sí por lo menos con su «permisividad». Ya lo estamos lamentando seriamente y eso está ya repercutiendo, y lo hará aún más en el futuro, en el bolsillo colectivo que son los presupuestos generales. Basta con señalar las partidas destinadas en los últimos años a regeneración de playas para tener un buen botón de muestra.

En cuanto a la segunda parte del párrafo comentado, también nos parece algo exagerado. No ha sido gracias a la actuación de la Administración que se han «asegurado» los desplazamientos masivos sobre territorio nacional, sino más bien que éstos han tenido lugar «a pesar de» la Administración, que ha sido mucho más lenta en sus reacciones frente a la creciente demanda de servicios infraestructurales, que la mucho más dinámica iniciativa privada, de la que siempre ha ido a remolque.

Asimismo, en estos párrafos introductorios se hace referencia a la política ministerial sobre el turismo: «Al Ministerio de Información y Turismo le corresponde la acción catalizadora y de fomento de aquellas actividades a donde todavía no puede alcanzar la iniciativa privada, bien desarrollándolas por sí, o bien estableciendo los medios que necesita esta última»[38]. Todo un programa resumido de actuación pública: complementariedad y subsidiariedad respecto de la iniciativa privada.

El primer epígrafe del capítulo se centra en las acciones de promoción del turismo que deben ser abordadas, dada la mayor competitividad y agresividad de otros mercados del área mediterránea. Entonces para mantener el puesto puntero que ocupa España en el mercado turístico mundial «se pretende que los turistas vengan a distintos lugares, de distintas procedencias, en distintas épocas del año, de distintos estamentos, con distintos motivos, y por distintos medios. Todo ello se resume en dos objetivos: diversificación del riesgo y equilibrio de la economía nacional»[39].

Es decir, que a la política pasada de «recibir a cuantos más turistas mejor» le sucede ésta con unos criterios de racionalización, aunque los medios puestos a su servicio no son suficientemente potentes como para enderezar las características de nuestro turismo.

---

[38] *Ibídem*, p. 119.
[39] *Ibídem*, p. 121.

La promoción del turismo se presenta en su doble vertiente: exterior e interior. En lo referente a la exterior, la actuación del Ministerio de Información y Turismo se centra en propaganda, publicidad y relaciones públicas, exposiciones y congresos, ayuda a entidades locales para que continúen su propia labor de propaganda, y ayuda técnica al exterior. Y en la vertiente interior se prevé la realización de campañas de promoción específicas, y ayudas a particulares y entidades.

En un segundo epígrafe detalla la acción directa del ministerio, o la de fomento a la iniciativa privada y a la de otros órganos de la Administración, en lo concerniente a paradores nacionales, ciudades modélicas y residencias de vacaciones, caravaning y burgos turísticos.

Por último, en un tercer epígrafe se marcan las líneas de actuación en otros campos como las enseñanzas turísticas, las agencias de turismo, los mesones españoles, termas, medio rural, ordenación de costas y playas, puertos deportivos, estaciones de montaña e infraestructuras sanitarias en zonas turísticas.

El capítulo se cierra con el programa de inversiones públicas estatales que asciende a unos 6.600 millones de pesetas disponibles a lo largo de todo el cuatrienio de los cuales, algo más de la tercera parte se destina a promoción del turismo y el resto a inversiones en alojamientos de la Administración Turística Española (ATE), hoteles-escuelas y otras.

4. EL TURISMO EN EL CUARTO PLAN DE DESARROLLO

Desaparecido el Ministerio de Planificación y Desarrollo en enero de 1976, y enterrada la planificación indicativa en España, quedaron sin terminar los trabajos para la formulación del Cuarto Plan de Desarrollo, aunque de hecho ya había muerto en el Tercer Plan impulsada por la doble crisis económica y política que se vivía en España. Sin embargo, las investigaciones básicas de este Cuarto Plan estaban en su mayor parte realizadas, por lo que la Subsecretaría de Planificación de la Presidencia de Gobierno, residuo del efímero ministerio, optó por darlas a la publicidad, decisión de la que nos congratulamos todos los que de una manera u otra estamos interesados en el conocimiento de la realidad económica de nuestro país. Concretamente, los trabajos recopilados en la ponencia de Turismo, aunque con las lógicas contradicciones inherentes a una investigación colectiva que no ha sido suficientemente afinada por las razones aludidas, constituyen en nuestra opinión una de las mejores —si no la que más— aportaciones sobre la realidad turística española hasta aquellas fechas.

La ponencia está dividida básicamente en cuatro grandes capítulos, además de otros dos dedicados a la introducción y al ámbito de la ponencia. Los cuatro grandes capítulos son los siguientes:

1. *El sector turismo en la economía española,* donde se analiza la importancia del sector en el marco macroeconómico de la economía española.
2. *Evolución de la oferta y demanda turística mundial,* en que se sitúa el mer-

cado turístico español en el contexto general de la actividad turística mundial.

3. *Evolución del sector turismo en el período 1964-1973,* capítulo centrado en un profundo análisis estructural de las distintas actividades relacionadas directa o indirectamente con la actividad turística.

4. *Evolución previsible del sector turismo en el cuatrienio 1976-1979,* en donde se hace la prospectiva del sector y se especifican los objetivos y los medios de factible aplicación para la consecución de los objetivos.

Antes de entrar en el análisis más pormenorizado de los cuatro capítulos citados, nos vamos a detener en el examen de los aspectos más relevantes de la introducción y del «ámbito». En aquélla se hace hincapié en la constatación de que el turismo es una forma de manifestación del ocio, que ambos son inherentes a la naturaleza humana, y que la masiva importancia y volumen que han adquirido las migraciones turísticas precisa de una organización especializada que siente, al mismo tiempo, las bases de una mundialización cultural. En cuanto al capítulo centrado en el ámbito de la ponencia se hace una subdivisión metodológica de la oferta y demanda turísticas, a seguir a lo largo de todo el trabajo. Mientras se diferencia a la demanda exterior de la interior o turismo social[40], la oferta se divide en tres elementos: infraestructura turística, servicios complementarios y oferta básica.

Hechas estas precisiones iniciales pasemos a la descripción de los capítulos básicos. Y la haremos de forma bastante pormenorizada porque es una muy buena síntesis de las luces y las sombras experimentadas por el desarrollo turístico español desde 1960 hasta entonces.

4.1. El sector turismo en la economía española

Este capítulo se divide en tres epígrafes, que dan la visión global del peso del sector en el conjunto económico español.

En el primero de ellos se encuentran las cifras de los grandes agregados macroeconómicos. El consumo privado en el período 1960-1973 se ha multiplicado por tres en pesetas constantes y, lo que es más importante, el porcentaje dedicado a turismo de los recursos familiares disponibles ha ido aumentando paulatinamente, lo que es un índice de gran interés que augura la continuidad de la expansión turística. En cuanto al consumo público, a pesar de las dificultades estadísticas existentes, es apreciable su escasa relevancia.

Son muy significativas las cifras relativas a la formación bruta de capital (FBC), ya que las inversiones turísticas directas han representado un porcentaje medio sobre la FBC española a lo largo de la década 1964-1973 del 7,9 por 100, porcentaje

---

[40] La conjunción «o» demuestra que el redactor de la ponencia no tiene claro el concepto de turismo social al que hacíamos referencia anteriormente. La identificación de los términos turismo interior y turismo social es un grave error.

que se eleva al 26,1 en relación con el sector de la construcción excluyendo las viviendas. Es decir, que dejando aparte éstas, más de la cuarta parte de las inversiones españolas en la industria de la construcción iban destinadas al sector turismo.

En lo referente a la exportación, considerando como tal los gastos de los no residentes, el porcentaje que en la misma representa el turismo se sitúa en una media decenal de 41,5; y aunque, con algunos altibajos, parece mostrar una tendencia a su decrecimiento; apreciándose igualmente que los ingresos por turismo han representado una media del 5,65 por 100 en el decenio sobre las cifras del PNB español.

Las magnitudes señaladas ponen de manifiesto que el turismo «supone una proporción importante en las relaciones económicas con el exterior; importancia que se manifiesta con más relieve si se tiene en cuenta que aumenta su proporción respecto al PNB, a medida que la economía española se integra con más intensidad en la economía mundial. Es decir, después de haber ayudado en la década de los años sesenta a una mayor vinculación de la economía española con el resto del mundo (cuando el turismo representaba cerca de la mitad de las exportaciones), haciendo posible una mayor proporción de las exportaciones totales en el PNB, también sigue creciendo la participación de los ingresos turísticos»[41]. Este párrafo es clarividente en su afirmación, ya que confirma nuestra opinión de lo que realmente ha significado el turismo para España, es decir, la reintegración del capitalismo español en el contexto del capitalismo liberal del que se había aislado tras la Guerra Civil y la autarquía.

El último de los agregados macroeconómicos es el de las importaciones turísticas, es decir, los gastos turísticos de los residentes españoles en el extranjero. Representan como media en el decenio 1964-1973 el 4,47 por 100 del total de las importaciones españolas de esos años. Por consiguiente, se evidencia, al comparar esta cifra con la de las exportaciones, el gran saldo favorable de nuestra balanza turística, aunque al mismo tiempo, y en buena lógica debido al crecimiento económico de los últimos años, los porcentajes muestren una tendencia ascendente.

El segundo de los epígrafes de este capítulo examina el fenómeno turístico en el cuadro macroeconómico comparando las magnitudes nacionales y las sectoriales del turismo, resaltándose «algunos aspectos de indudable interés para la orientación de la política turística:

a)   El turismo ha ido aumentado su participación en la demanda total.

b)   Ha aumentado en dos puntos aproximadamente, durante la década examinada, su participación en el PNB, que alcanza alrededor del 12 por 100 del mismo.

c)   La proporción del valor añadido que suponen las actividades turísticas es solamente una parte, aproximadamente la mitad, de lo que el turismo representa en el PNB.

---

[41] Ponencia de Turismo, *IV Plan de Desarrollo,* Subsecretaría de Planificación, Madrid, 1976, pp. 29 y 30.

d) La estructura de la demanda turística registra una distribución muy diferente a la demanda total. Por cada peseta invertida en turismo ingresan de tres a cuatro por exportaciones.

e) La política turística española debe aprovechar al máximo la capacidad de demanda turística de los países desarrollados cuyo afianzamiento puede considerarse asegurado y con tendencia creciente, adoptando las medidas que favorezcan las actividades más vinculadas al turismo, *porque con ello se favorece el aprovisionamiento de divisas que garanticen la adquisición de bienes y servicios que el desarrollo económico precisa* [...].

f) El fenómeno turístico ayuda a fomentar la exportación; es lo que se puede llamar publicidad de los bienes y servicios españoles»[42] (las cursivas son nuestras).

Es fundamental recalcar y subrayar la importancia del punto *d)* que, en nuestra opinión, debe ser uno de los índices más elevados del mundo, contrariamente a lo que sucede con el turismo en los países subdesarrollados. En cuanto a las afirmaciones contenidas en el punto *f)*, creemos que es algo que, a nivel oficial, no ha sido tenido muy en cuenta, máxime al saber la importancia que tiene el «boca-oído» y el consejo del amigo en la elección del lugar de vacaciones, como numerosas encuestas han demostrado.

Finalmente, se cierra el capítulo con un tercer epígrafe dedicado al empleo turístico. En él se destaca que el personal empleado en el sector, directa o indirectamente, asciende a casi 1.700.000 personas, o lo que es lo mismo, el 13 por 100 de la población activa, al tiempo que «se observa una tendencia creciente en el empleo que se manifiesta con bastante regularidad, e intensidad muy superior a la de la población ocupada total, en las actividades turísticas, que contribuyen de esta forma al mantenimiento de un alto nivel de ocupación»[43]. La contrapartida de esta relevante función ocupativa es la menor productividad del trabajador turístico, lógica consecuencia de la imposibilidad de mecanizar su trabajo más allá de ciertos límites. «En cuanto al descenso de la productividad relativa que presenta la serie, no debe considerarse como reducción de la productividad del turismo, sino más bien el reflejo de la realidad española de los últimos años, en que debido al mayor grado de industrialización se distancia más su productividad general con la del turismo, lo que viene a confirmar la afirmación de que la mano de obra de los sectores de servicios, principalmente turísticos, adquiere una importancia decisiva, puesto que el hombre es difícilmente sustituible y adquiere todavía mayor trascendencia cuando se quiere mejorar los servicios; aún se podría añadir que *cuanto mayor sea la intensidad de capital, probablemente se precisa una mayor y mejor calidad de trabajo humano* (no se concibe un hotel de lujo sin abundante y calificada mano de obra»[44] (las cursivas son nuestras).

---

[42] *Ibídem,* pp. 33 y 35.
[43] *Ibídem,* p. 37.
[44] *Ibídem,* pp. 37 y 38.

448

4.2. Evolución de la oferta y demanda turística mundial

Éste es un capítulo bastante reducido en el que se analizan las principales magnitudes del turismo mundial y la participación española en las mismas.

Una primera evidencia es la gran explosión del turismo en el mundo, que en los veintitrés años que median entre 1950 y 1972 se ha multiplicado por ocho. Las causas de este espectacular crecimiento han sido según la UIOOT:

1. El aumento de ingreso disponible en los principales países emisores de turistas.
2. El desarrollo del comercio internacional y las inversiones en el extranjero.
3. El desarrollo del tráfico aéreo, en particular de los vuelos chárter.
4. El aumento de los viajes «todo incluido» procedentes de Europa[45].

Es interesante destacar el segundo de los factores señalados, que enlaza el tema del turismo con el del imperialismo, y que, en el caso concreto de España, se relaciona igualmente con lo anteriormente expuesto relativo a la reintegración de España en el seno del capitalismo liberal de los países desarrollados.

También el tercer factor muestra la clara interdependencia entre las industrias aeronáuticas y compañías hoteleras. Y el cuarto no es ni más ni menos que la consagración de la industrialización de las vacaciones y la entrada en el circuito económico de los recursos paisajísticos, de los bienes inmateriales, por medio del producto turístico «vacaciones a *forfait*».

Más adelante se señalan las cifras del turismo mundial haciendo hincapié en el hecho de que Europa absorbe las dos terceras partes de los gastos turísticos mundiales, y que España ha tenido un crecimiento mucho más rápido de los mismos al haber pasado del 4,5 por 100 de los ingresos mundiales en 1960 al 11 por 100 en 1972.

Por último, y al realizar el estudio comparativo del porcentaje de ocupación de plazas hoteleras entre distintos países, indicador íntimamente ligado al problema de la estacionalidad, se aprecia que España se sitúa en el 47,9 por 100, porcentaje superior al de los principales países competidores, con la excepción de Francia, donde el indicador no es sobre plazas, sino sobre habitaciones, por lo que es posible que también sea inferior. Por consiguiente, en este aspecto se demuestra que la industria hotelera hispana podría ser más rentable que la de sus competidores, en gran parte debido a las mejores coordenadas geográficas y climatológicas españolas, aunque manifieste la debilidad de su dependencia respecto de operadores extranjeros que se deja sentir vía precios.

---

[45] *Ibídem,* p. 44.

4.3. Evolución del sector «turismo» en el período 1964-1973

Aplicando el tratamiento metodológico esbozado en el minicapítulo dedicado al «ámbito de estudio» de la ponencia, este capítulo estudia la evolución turística española en el decenio 1964-1973 siguiendo una división en cinco grandes apartados.

A) Infraestructura

Para el análisis de la infraestructura turística la ponencia divide el epígrafe en los elementos básicos de la misma con relación al turismo; es decir, la ordenación del turismo, los atractivos turísticos naturales y la infraestructura urbanística.

No vamos a entrar a analizar la lamentable actuación del Ministerio de Información y Turismo en lo referente a la ordenación del territorio, puesto que gran parte de lo que podríamos exponer lo hemos hecho en el epígrafe que hemos dedicado a la Ley de Centros y Zonas de Interés Turístico Nacional, sobre la que ha girado básicamente la actuación ministerial en este campo. Bástenos señalar los planes más importantes de «desarrollo y ordenación» elaborados por distintos organismos del citado ministerio:

1960	Plan de Desarrollo Turístico de la Costa del Sol.
1960	Plan de Desarrollo Turístico de los Pirineos.
1963	Ordenación, Promoción y Desarrollo Turístico de Sierra Nevada.
1967	Proyectos de Desarrollo Turístico del Núcleo Central de la Sierra del Guadarrama.
1968	Informe sobre la Costa Brava.
1969	Promoción turística de Estaciones Invernales.
1970	Proyecto de Promoción Turística de la Costa de Huelva.
1972	Directrices básicas de ordenación de la isla de La Graciosa.

FUENTE: *Ponencia Turismo, IV Plan de Desarrollo,* p. 53.

El segundo de los aspectos tratados en este epígrafe es el de los atractivos turísticos naturales y la interrelación entre naturaleza y turismo, ya que aquélla es la infraestructura natural de éste, que puede ser revalorizable o destruible por las actividades turísticas. Tampoco entramos a fondo en este tema, que sale del ámbito de este libro. Nos limitaremos a reproducir las líneas maestras que se marcan para el logro de la compatibilidad entre las actividades turístico-recreativas y la naturaleza. «Es urgente y necesario canalizar la creciente demanda de espacios naturales para usos recreativos, así como prever su evolución durante los próximos años, a fin de preparar adecuadamente y con antelación nuevos territorios para satisfacerla, en los que los problemas que de ella se derivan no lleguen a desbordar la posibilidad de resolverlos. Ello exige inventariar los recursos naturales disponibles en función de la prospección de motivaciones solicitantes; la correcta evaluación de impactos ecológicos previsibles en aras de garantizar la conservación de la naturaleza, y una detenida planificación y programación de actuaciones»[46].

Finalmente, en lo concerniente a la infraestructura urbanística, la política llevada a cabo se centra en conseguir la aplicación estricta del decreto sobre «infraestructura sanitaria de zonas turísticas» en las nuevas construcciones, y la adecuación de las ya existentes al decreto citado. Todo ello en el marco de una estrecha colaboración con el Ministerio de Obras Públicas.

B) Servicios complementarios

En este epígrafe se recoge la evolución de las instalaciones complementarias que pueden suponer motivos adicionales de atracción turística. Tal es el caso de las instalaciones turístico-deportivas centradas en unos cuantos deportes, como el golf, la pesca, la caza, y los deportes de montaña, de mar, y de nieve, o sea, montañismo, esquí, vela y navegación aérea.

Mayor interés tiene el análisis de la decadencia del termalismo en España. Actividad turística de gran importancia en los países centroeuropeos e inexplicablemente olvidada por la Administración, hasta muy recientemente, dada la gran riqueza española en aguas minero-medicinales. Los problemas básicos de tal actividad se sintetizan en: *a*) pequeña cifra de termalistas; *b*) pequeña dimensión media de los balnearios; *c*) escasez y baja calidad de los alojamientos; *d*) instalaciones deficientes; *e*) malos accesos a los balnearios; *f*) acusada estacionalidad; *g*) problemas con el cuerpo médico de inspectores de balnearios; *h*) ausencia de promoción y publicidad; *i*) problemas derivados de la actuación del sector público. Obviamos mayores comentarios cuya exposición detenida nos llevaría demasiado espacio.

C) Oferta básica

Este apartado se dedica a realizar un exhaustivo análisis de la oferta hotelera y extrahotelera, poniéndose de manifiesto que mientras aquélla ha crecido en el decenio 1964-1973 a un ritmo anual y acumulativo del 11,3 por 100 en el número de plazas, no existen datos fidedignos de la oferta no hotelera y singularmente de apartamentos. Fue y sigue siendo un subsector difícilmente controlable. Sólo los hay para las plazas de los acampamentos turísticos, que en el decenio aumentaron un 164 por 100 cuando las hoteleras lo hicieron en el 250 por 100.

Por otro lado, y tras analizar las cifras de pernoctaciones, grado de ocupación, estacionalidad, personal empleado, inversiones y evolución de precios, se centra en

---

[46] *Ibídem,* p. 60.

los problemas más importantes que tiene planteados la oferta básica, que son, en esencia, los problemas del turismo español, y que nunca habían sido reconocidos tan explícitamente por la Administración española en ninguna publicación.

Estos problemas son de tres tipos y los exponemos seguidamente: estructurales, derivados de la propia actividad y de la política económica:

Problemas estructurales:

a) Como consecuencia del mayor esfuerzo realizado en la creación de la oferta que en la promoción de la demanda, la oferta ha crecido sin la planificación adecuada; la plusvalía inmobiliaria ha actuado de incentivo para la ampliación de la oferta sin una visión de futuro para su posterior explotación. De ahí que existan zonas con gran concentración de oferta, mientras que otras, potencialmente aptas, no están desarrolladas turísticamente.

b) Fuerte concentración de la oferta en determinadas zonas. La concentración de la demanda en algunos municipios o áreas turísticas ha originado, en general, una respuesta masiva en la oferta, pero se han producido estrangulamientos de otro tipo y degradación de los servicios turísticos que llega a expulsar de un área determinada a la corriente turística, con el consiguiente problema para la oferta que es inamovible.

c) Aunque se ha mejorado últimamente, la capacidad media de la empresa turística es reducida, lo que lleva consigo una menor rentabilidad, debido al gran peso de los costes fijos y la inadecuada estructura financiera y comercial de gran parte de las empresas como consecuencia de su poca potencia económica.

Problemas derivados de su propia actividad:

a) El alto grado de estacionalidad del fenómeno turístico tiene graves repercusiones en la explotación de la oferta, sobre todo en las empresas de menor tamaño, obligando en algunos casos a permanecer cerradas durante varios meses del año; disminuye su rentabilidad al mismo tiempo que la fuerte concentración temporal de la demanda puede ser causa del deterioro de la calidad de los servicios con la consiguiente pérdida de clientela a largo plazo.

b) Inadecuada formación profesional, consecuencia del rápido crecimiento de la oferta que ha exigido la incorporación de mano de obra insuficientemente preparada. De otra parte, la fuerte variación estacional de la actividad exige el mantenimiento de una plantilla alta para determinados meses y la contratación de personal eventual en los de mayor concentración.

c) La degradación de los servicios prestados como consecuencia de los problemas anteriores y presiones de los mayoristas.

Problemas derivados de la política económica:

a) La política fiscal aplica criterios generales sin tener en cuenta las singularidades propias del sector, con lo que la presión fiscal resulta elevada. Siendo el turismo el primer sector exportador, no existe una figura fiscal que estimule la exportación como en otros sectores de la economía. Las tasas y arbitrios municipales ensombrecen aún más el panorama fiscal del sector.

b) Ausencia de un plan coherente de comercialización del turismo en el exterior y en el propio territorio nacional como consecuencia de la atomizada oferta. Insuficiencia de la política publicitaria y promocional no sólo por los bajos presupuestos destinados a la misma, sino también por la ausencia de colaboración entre la iniciativa privada y la oficial. A esta deficiente utilización hay que añadir la casi total ausencia de promoción de algunas actividades turísticas (termalismo, nieve, etc.).

c) Gran dependencia de los operadores de turismo extranjero El momento actual ha puesto de manifiesto la debilidad que existe al depender de la acción de captación y promoción de agentes extranjeros. La situación económica de sus empresas y de su propio país puede repercutir gravemente sobre la oferta turística.

d) Se produce un desajuste entre la oferta y la demanda de mano de obra especializada, como consecuencia de la estacionalidad del turismo. La reglamentación laboral vigente no contempla adecuadamente este fenómeno, uno de cuyos principios generales es el logro de la estabilidad en el empleo; objetivo socialmente deseable, pero no es posible en muchos casos en este sector.

e) Otro problema que puede presentarse, cuando las instalaciones están alejadas del núcleo urbano, es el de facilitar vivienda y demás servicios a los familiares de los trabajadores[47].

D) Demanda exterior

Es interesante en este punto dejar constancia de las consideraciones generales que hace la ponencia al respecto, entre las que se subraya la necesidad de un cuidadoso análisis de las variables que influyen en el turismo, y para ello nada mejor que «tomar conciencia de la necesidad de realizar un verdadero esfuerzo estadístico e investigador que elimine las profundas lagunas estadísticas existentes que motivan un conocimiento parcial de las cifras, una casi total ignorancia de las causas y motivaciones, de las inflexiones, gaps, etc., y una pobre utilización de las más adecuadas metodologías para sistematizar, prever y planificar el futuro»[48].

---

[47] *Ibídem,* pp. 135 y 136.
[48] *Ibídem,* p. 138.

En este sentido, una simple muestra de la importancia de la mejora estadística se deduce de los siguientes hechos. La demanda turística extranjera en España experimentó durante el decenio analizado un incremento del 245,4 por 100 cuando la oferta de plazas hoteleras lo hizo en un 250 por 100. Si el grado de ocupación hotelera se mantuvo constante sobre la capacidad total, en torno al 36 o 37 por 100, o aumentó sobre las plazas abiertas del 50 al 55 por 100[49]; y si «en líneas generales, durante los diez años que se estudian hay que resaltar la mayor importancia relativa del disfrute de la hotelería española por aquellas personas que proceden del extranjero»[50], ¿cómo es entonces que hoy día se habla de exceso de oferta?

La explicación de esta contradicción se halla en la falsedad de las estadísticas de turistas llegados, la inexactitud de las cifras de ocupación que facilitan los hoteleros, la ausencia de otros datos de importancia básica para conocer la magnitud exacta de nuestro turismo, como son las cifras de apartamentos y de sus plazas, etc. La misma ponencia es consciente de tal contradicción cuando expone: «Hay que señalar como aspecto muy importante que estudios previos han estimado una infravaloración del volumen total de pernoctaciones declaradas por las empresas hoteleras, igual al 25 por 100, aunque en el análisis de sus posibles tendencias de crecimiento no se ha corregido tal error»[51]. En esas circunstancias se hace, por consiguiente, imprescindible un plan de estadísticas de turismo, máxime cuando «a la vista de los valores alcanzados (en las llegadas de turistas) hay que reflexionar sobre la expansión de esa variable y considerar si es oportuno una acción de influencia, con objeto de canalizarla más ventajosamente para los intereses del país»[52].

Tras estudiar la distribución de la demanda según nacionalidades, su estacionalidad, los medios de transporte utilizados, los ingresos turísticos y la distribución regional, y poner de manifiesto entre otras muchas cosas que «en la preferencia hotelera de extranjeros, la calidad actúa con más fuerza que el precio, circunstancia que ha de tenerse en cuenta en la formación de una política turística»[53] se sintetizan los problemas más importantes de la demanda exterior de la siguiente manera:

a) Concentración temporal o estacionalidad muy acusada en los meses de verano, lo que origina que una parte importante de la capacidad de oferta no se ofrezca sino en determinados meses del año, con la consiguiente pérdida de rentabilidad.

b) Gran concentración, asimismo, de los visitantes agrupados por nacionalidades, predominando los turistas europeos y con mayor intensidad los de los países próximos.

c) También se observa una concentración en determinadas zonas muy acusada, que por coincidir en el tiempo con las apetencias del turismo

---

[49] *Ibídem*, p. 113.
[50] *Ibídem*, p. 139.
[51] *Ibídem*, p. 211.
[52] *Ibídem*, p. 138.
[53] *Ibídem*, p. 154.

interior origina problemas que pueden ir en detrimento de la calidad de los servicios por congestión de los mismos.

d) Un gasto medio por turismo inferior al que corresponde a la calidad media mundial.

e) Control de una gran parte de la demanda por los «tours operadores» que, por su posición dominante en el mercado, imponen sus criterios a la oferta, con la consiguiente degradación de los servicios turísticos.

f) Escasa acción coordinada en la promoción turística exterior.

g) Los problemas anteriores son causa de que predominen entre los visitantes los de rentas medias y bajas de los países emisores.

h) Falta de investigación estadística que perfeccione las actuales con vistas a un mejor conocimiento de las circunstancias que concurren en la demanda, para orientar la política turística[54].

E) El turismo interior

Termina el capítulo centrado en la problemática del turismo interior, del que precisamente se cuestiona su contenido, dando una definición del mismo que no compartimos en modo alguno. Dice la definición: «Desplazamiento efectuado por los españoles a cualquier punto del *país sin tener en consideración el motivo del desplazamiento,* que origine como consecuencia una demanda de los servicios prestados por las empresas de carácter turístico»[55] (las cursivas son nuestras). Nuestra objeción se centra en el subrayado, porque de darlo por bueno significaría, por ejemplo, que el camionero que duerme en un hostal o come en un restaurante de carretera es un turista interior, lo cual evidentemente nos parece totalmente incorrecto. Somos conscientes de la dificultad de discernir el turista del no turista en esa fluida y etérea frontera del trabajo y el ocio, pero en cualquier caso creemos que hay que tomar en cuenta de alguna forma las motivaciones del viaje.

Es interesante la tipología que se ofrece del turismo interior por cuanto facilita la compresión global del fenómeno; e importante la constatación del desconocimiento existente sobre el tema, lo cual da lugar a la recomendación en la ponencia de no realizar proyecciones de ningún tipo si no se cuenta con la apoyatura de otros datos que confirmen o den una mayor fiabilidad a los existentes.

Una vez analizada la distribución regional de la demanda interior en la oferta hotelera y extrahotelera se resumen, al igual que en anteriores epígrafes, los problemas más importantes de la demanda interior a pesar de las deficiencias informativas. Y los elementos indiciarios detectados parecen confirmar que:

a) El grado de estacionalidad es quizá más acusado que en la demanda exterior, coincidiendo con ésta, como consecuencia de la concentración del período de vacaciones.

---

[54] *Ibídem,* pp. 162 y 163.
[55] *Ibídem,* pp. 164.

b) Otro problema que se acusa con gran intensidad es la concentración geográfica del turismo interior en determinadas zonas que, como ocurre con la concentración estacional, coincide en muchos casos con la de los visitantes extranjeros.

c) Falta de campañas que faciliten el turismo interior y social, información sobre posibles zonas de indudable interés turístico y sobre las posibilidades que las empresas turísticas ofrecen a distintas clases de turistas.

d) Asimismo, faltan investigaciones de carácter estadístico que proporcionen un conocimiento real de este importante aspecto de la vida económico-social de la nación[56].

4.4. Evolución previsible del sector «turismo» en el cuatrienio 1976-1979

La proyección para el cuatrienio 1976-1979 de las principales variables turísticas es el objeto de este último capítulo de la ponencia. Las tres variables cuya evolución futura se estima son la demanda exterior, la interior y la oferta básica.

A) Demanda exterior

La evolución del turismo mundial en el pasado quinquenio 1968-1973 ha experimentado un fuerte crecimiento acumulativo anual de casi un 9 por 100 debido al ritmo de crecimiento del PNB de los países que proporcionan mayores contingentes de turistas al mercado mundial, al mantenimiento de la «estabilidad» política, por lo menos en los grandes países emisores y receptores de turistas, al crecimiento e intensificación de los medios de transporte colectivo, a las moderadas subidas de los precios turísticos, etc. Ahora bien, la crisis de 1973 ha trastocado profundamente las bases monetarias internacionales y, por consiguiente, ha dado lugar a un período de «inestabilidad económica», al fin del crecimiento económico. En estas condiciones es evidente que todos aquellos aspectos económicos vinculados al nivel de desarrollo de las naciones se ven seriamente afectados y el turismo no puede ser una excepción.

Tomando en consideración este problema, se han realizado proyecciones de la demanda turística mundial y de la demanda de Europa meridional, así como del gasto medio, sobre la base de dos hipótesis, optimista y pesimista, en cada caso, además de la tendencia histórica que obviamente se ha rechazado por irreal. Al mismo tiempo, se han realizado las mismas estimaciones para España en función de su cuota de participación en los mercados mundial y meridional europeo. Estas pro-

---

[56] *Ibídem*, p. 172.

yecciones se llevan a cabo también sobre la base de la estructura de nacionalidades de nuestros visitantes, de la estacionalidad, del medio de transporte utilizado, de las pernoctaciones en hotelería, y de la participación de las distintas zonas españolas en el mercado español de pernoctaciones.

No entraremos en el análisis crítico de estas proyecciones que estaban ajustadas y bien fundamentadas científicamente, aunque se les escapara a los autores de los análisis estadísticos un factor aleatorio de suma importancia que alteró de manera sensible el panorama del turismo español durante un año y medio aproximadamente. Fue la muerte de Franco y la apertura de un período de inestabilidad política que se añadió a las circunstancias adversas del turismo mundial ya enunciadas más arriba.

En conjunto, tales estimaciones se sintetizaban en los siguientes puntos:

1. Los ingresos por turismo habrán de crecer, con base en el año 1974, a una tasa media anual acumulativa del 15 por 100.
2. El número de visitantes procedentes del extranjero crecerá con base en 1974, a una tasa media anual acumulativa del 6 por 100.
3. El gasto medio de los visitantes crecerá a un ritmo anual acumulativo del 8,5 por 100[57].

Para el logro de los mismos se hacía especial referencia a la necesidad de llevar a cabo un esfuerzo de promoción bastante más considerable del realizado hasta entonces, y la no consecución de los mismos en grado aceptable conllevaba el incumplimiento del plan en sus objetivos fundamentales en materia turística, a saber:

1. Incremento del gasto medio por turista.
2. Elevación del grado de ocupación de la hotelería.
3. Aceleración del ritmo productivo turístico.
4. Apoyo al equilibrio de la balanza de pagos.

Las consecuencias de este incumplimiento pueden ser gravísimas para la economía española —se decía— dada la influencia multiplicadora de las divisas aportadas por el turismo y la gran dependencia de la economía española de las mismas.

Muy interesante, por último, es la clasificación que se hizo de los factores que influyen en el sector turístico, al diferenciar entre estructurales y coyunturales.

B) **Demanda interior**

El mismo tipo de estimaciones realizadas para la demanda exterior se ha materializado para proyectar la interior, estimando pernoctaciones totales, por zonas, categorías de establecimientos y estaciones del año, y utilizando un modelo de simulación para el análisis conjunto de las mismas. También se ha intentado estimar la

---

[57] *Ibídem*, p. 228.

demanda de pernoctaciones extrahoteleras a pesar de las subrayadas dificultades inherentes a una insuficiente información estadística, a la falta de fiabilidad de los datos disponibles y a la ausencia de series históricas.

Por otra parte, se ha proyectado el gasto de los turistas españoles en el extranjero, que ha crecido fuertemente en los últimos años al ritmo del deseo de conocimiento de otros países y de la elevación del nivel de vida, facilitado por la existencia de buenas relaciones diplomáticas, de facilidades administrativas y de tráfico, y de la propaganda. Y por último, es forzoso dejar constancia de la interesante clasificación de los factores que dejan sentir su influencia en las variaciones del turismo interior, partiendo de las mismas premisas metodológicas presentadas para el turismo exterior.

C) Oferta básica

Éste es quizá el epígrafe más importante de toda la ponencia, pues se pone el dedo en la llaga de los problemas de nuestra industria turística.

En las consideraciones preliminares se destaca la ruptura del equilibrio ecológico en algunas zonas por un evidente exceso de edificaciones turísticas, el peligro económico y social derivado del «monocultivo» del turismo, y la ruptura del equilibrio económico porque la concentración espacial de la demanda en los meses «punta» del verano da lugar a elevaciones «punta» de precios.

También son interesantes las consideraciones que se hacen sobre la función del crédito turístico en la modernización de las instalaciones hoteleras y en la conservación del medio ambiente, así como la necesidad de racionalización y coordinación de las empresas turísticas de la Administración y de las paraestatales, ya que existen tres grupos, Ministerio de Información y Turismo, Intursa —empresa propiedad del INI— e Iberia.

Atención esencial se le dedica al problema de la fiscalidad turística. A tal efecto se dice en la ponencia: «Sólo muy recientemente se ha reconocido que las industrias turísticas son exportadoras y deben en lo posible completar su tratamiento como tales, ya que las mismas empresas turísticas no se benefician de desgravación alguna aplicable a la exportación, y que, inversamente a otros sectores, pagan más impuestos cuando más recaudan del cliente extranjero, dándose una fuerte contradicción entre los principios generales y la práctica»[58].

De igual manera, se vuelve a hacer hincapié en el problema de la comercialización del producto «vacaciones» y la situación dependiente de la hotelería española frente a los operadores turísticos extranjeros. «En materia de comercialización podría decirse que el problema mayor sería el del control y vigilancia sobre los "tours operadores", que si bien han traído a España un turismo de grandes masas, juegan siempre a la baja sobre la oferta hotelera, unas veces privándole de todo posible beneficio y en otras incluso esclavizándola; hay unos precios mínimos que debieran

---

[58] *Ibídem*, p. 262.

ser respetados, para que la libertad de contratación no se convierta en un suicidio del empresario. Respetando las justas iniciativas de la libre empresa, debe impedirse un *dumping* turístico a veces casi invisible, ya que no se hace con protecciones oficiales, sino vendiendo la mercancía hotelera —la habitación del hotel y la estancia a *forfait*— por debajo de su coste, para conseguir así escuálidos pero seguros ingresos en caja. El contrato tour-operador-hotelero debiera establecerse según las formas fijadas por la IFIA (Asociación Internacional de Hoteles), y cumpliendo sus requisitos en una forma razonable y adecuada»[59].

El problema laboral también es abordado en su doble aspecto de la formación y de la ocupación, poniéndose de relieve el retraso de los salarios del sector respecto de otros sectores, por lo que el pobre estímulo económico, los malos horarios y condiciones de trabajo llevan a una mediocre calidad profesional. Son interesantes las sugerencias que hace la ponencia en torno a la ligazón de este último problema con el fiscal, ya que «se aconseja un estímulo fiscal o desgravación para las empresas que fomenten entre sus empleados la formación profesional»[60]; y tampoco olvida otro de los aspectos más lacerantes y menos conocido del turismo: el del acomodo de los trabajadores del sector. «No será tolerable en el futuro que los trabajadores de hoteles y residencias de lujo hubiesen de pernoctar y vivir después de concluida su tarea en chabolas, en sótanos o en barrios de lata. *Incluso la prudencia política aconseja impedir esto por todos los medios adecuados*»[61] (las cursivas son nuestras).

Volviendo al tema laboral y recordando los objetivos básicos del sector en orden a una mejora de su calidad, se hace una especie de autocrítica cuando al apreciar la incidencia de costes salariales y la inconveniencia de utilizar mano de obra inmigrante, se expresa la conveniencia de racionalizar las empresas turísticas: «Ya no es posible hoy, ni una hotelería basada sólo en el abundante personal que no podría estar bien remunerado, ni menos aún en una política de salarios bajos que degradarían el sector desprestigiándolo. El turismo requiere personal capacitado y la transformación que los tiempos reclaman en las estructuras empresariales y sociales. El hotel "colonial" no es posible en una nación que continuamente va desarrollándose hacia módulos europeos de precios y salarios. Otro tanto podría decirse de un sistema de precios hoteleros, que va creando un profundo "gap" entre nuestros precios y los de otros países con niveles de renta semejantes. Siempre con precios bajos oficialmente impuestos, una hotelería de calidad sería quimérica e irrealizable»[62]. Esto es precisamente lo que ha sido el sector turístico español y todavía sigue siendo en su mayor parte en esas fechas.

Tras estas consideraciones generales, la ponencia aborda el estudio de las necesidades de cada tipo de alojamiento y de la industria complementaria para cada una de las siete zonas en que se ha dividido España. Las líneas básicas de las proyec-

---

[59] *Ibídem*, p. 263.
[60] *Ibídem*, p. 264.
[61] *Ibídem*, pp. 264 y 265.
[62] *Ibídem*, p. 265.

ciones realizadas pasaban por el estudio de un crecimiento moderado y el fomento de una oferta de mejor calidad.

Mayor interés tiene el epígrafe siguiente por su novedad. Está dedicado al tema de la política fiscal, que se enfoca en toda su amplitud. El replanteamiento de la política fiscal turística es algo complejo que se enmarca dentro de la generalidad del tratamiento fiscal a las actividades productivas y presenta un doble aspecto: el de la equidad o justicia tributaria y el de la rentabilidad, o productividad social de tal política. Respecto al primero de ellos, que sería más bien objeto de estudio separado que no nos hemos propuesto, baste con reproducir la autocrítica que expone la ponencia: «Por una parte, habrá de desterrarse la desconfianza indiscriminada ante las peticiones de beneficios e irse hacia la apreciación técnica del principio de excepcionalidad que debe informar, según la ley, la concesión de los mismos. Por otro lado, es de esperar que en lo sucesivo se atienda cada vez más, en esta materia, a las peticiones cursadas a través de los cauces idóneos, *dejando de lado las actuaciones políticas marginales, ya desgastadas por el abuso indiscriminado que de las mismas se ha hecho en defensa de grupos o sectores no en todo caso merecedores de la protección fiscal*»[63] (las cursivas son nuestras).

En cuanto a lo concerniente a la productividad social de los tratamientos fiscales «favorables» hay que interrogarse muy seriamente sobre la compensación social de los ingresos no recaudados, puesto que es muy fácil darse cuenta hoy día cómo unos beneficios fiscales a los hoteleros, eventualmente concedidos, irían a parar a las arcas de los operadores turísticos sin dar lugar a la aparición de la rentabilidad social buscada. Sería una mera subvención al empresario extranjero que haría el mismo efecto que puede derivarse de una devaluación.

Las consideraciones que se hace la ponencia sobre la positividad o negatividad de una fiscalidad favorable desde el punto de vista exclusivamente de la política fiscal parecen inclinarse por aquélla, por la influencia que el sector turístico ha tenido en el desarrollo económico y social español en el pasado, y la que sin duda tendrá en el futuro, en orden al planteamiento de una capacidad adquisitiva del país frente al exterior, a pesar de la incidencia desfavorable que la crisis económica capitalista deja sentir en el sector y que sería más acusada para el conjunto de las actividades económicas del país, ya que tales dificultades también inciden fuertemente en él por medio del encarecimiento de materias primas de importación ineludible, las crecientes dificultades de la mano de obra española en el extranjero, y el progresivo enrarecimiento del mercado de capitales.

En línea con este análisis y sus consecuencias, la política del Ministerio de Información y Turismo trató de reordenar el sector con una serie de disposiciones aparecidas en agosto de 1974 que son las que debieran ser apoyadas por los estímulos fiscales. Tales disposiciones tendían a:

— Reestructurar y modernizar el sector hotelero.
— Reconocer el carácter exportador de las denominadas «Empresas turísticas exportadoras».

---

[63] *Ibídem*, p. 314.

— Apoyar el establecimiento de servicios exteriores de contratación de servicios turísticos.

— Adaptar la oferta a las características y necesidades del territorio.

— Agrupar, concentrar e integrar las empresas turísticas.

Dentro ya del esbozo de medidas específicas de estímulo fiscal al sector turístico se analizan los efectos y consecuencias de las existentes, así como de las de posible establecimiento. Y se distinguen los siguientes cinco tipos de medidas específicas de estímulo fiscal:

a) Referentes al carácter exportador de las empresas turísticas, vieja aspiración del sector reconocida finalmente por Decreto 2525/1974 de 9 de agosto en lo relativo a la obtención de créditos a la exportación, aunque todavía no lo sea a efectos fiscales. A este respecto dos medidas podrían ser de enorme utilidad. Tal es el caso de la reserva para inversiones de exportación y la desgravación fiscal de la misma. La aplicación de una y otra se enfrenta con serios problemas por los límites, no superados, de orden administrativo que impone la legislación. Las ventajas de poder aplicar las medidas reseñadas se traducirían en una mejora de la competitividad del sector frente al exterior, y en un impulso a la propia y directa contratación de clientela extranjera, con lo cual decrecería la dependencia española en este aspecto.

b) Relativas a la reestructuración y modernización del sector. En este campo la consideración fiscal de las actividades hoteleras como «comerciales» limita la aplicación de la previsión para inversiones, herramienta fundamental en una ordenada política de modernización periódica de la planta hotelera que evite la obsolescencia de las instalaciones y mantenga su competitividad. Asimismo, y en orden a la consecución del objetivo perseguido podría ser aplicable el régimen de acción concertada cuya eventual consideración y ejecución es un elemento nada desdeñable. También se hace referencia en la ponencia a la fiscalidad local en torno al objetivo que nos preocupa y, más concretamente, al impuesto municipal del incremento del valor de los terrenos que puede desalentar la modernización y mejora de los establecimientos hoteleros, obstáculo para cuya superación podría ser conveniente alguna fórmula que armonizara los intereses opuestos cuando el conflicto se planteara.

c) Concernientes al desarrollo turístico selectivo, y concretamente a los centros y zonas de interés turístico nacional, así como a los territorios de preferente uso turístico, en los que no nos vamos a detener, puesto que ya hemos abordado detenidamente su examen. Simplemente señalaremos el carácter exclusivo de los beneficios de instalación. Se plantea en la ponencia la posibilidad de instrumentar estos incentivos de alguna manera que afectasen a los costos fiscales —tanto estatales como locales— de funcionamiento.

d) Relacionadas con la concentración e integración de empresas turísticas. A este respecto se puede actuar en una doble vía. La primera de ellas es la eliminación de los costes fiscales que se derivan de los procesos de concentración e integración empresarial; y la segunda debe buscarse en la línea de los estímulos a la modernización y reestructuración del sector ya enumerados anteriormente.

e) Con respecto al perfeccionamiento de la formación profesional, sólo existen algunas partidas deducibles de los ingresos para la obtención de las respectivas bases imponibles, son las referentes a los gastos de investigación o docencia. Este último caso podría ser aplicable a la formación profesional turística con sólo una adecuación reglamentaria que incluya a los hoteles que practiquen tales actividades formativas.

Por último, se presta atención al perfeccionamiento técnico tributario de forma que puedan eliminarse distorsiones fiscales en el sector. Al margen de las medidas que puedan tomarse con carácter general para todos los sectores productivos, el turístico presenta unas especificidades derivadas fundamentalmente de la estacionalidad de la actividad turística, al no coincidir ésta con el calendario del contribuyente, de donde se deduce la existencia de distorsiones recaudatorias normales y excepcionales. Asimismo, pueden presentarse defectos en la distribución de la carga tributaria en el sector turístico planteándose concretamente el de la desigualdad tributaria entre los hoteles y los apartamentos turísticos que, en su inmensa mayoría, no tienen regularizada su situación legal.

Para la superación de todos los inconvenientes reseñados y, sobre todo, de una adecuada interrelación entre política fiscal y política turística se precisa una coordinación entre los distintos organismos relacionados con el sector y la administración tributaria en orden a la elaboración y aportación de datos, a la calificación y tratamiento de las actividades, estudio y elaboración de medidas, vigilancia para corrección de distorsiones, y eficacia procesal para la concesión particular de beneficios fiscales.

Las conclusiones a las que se llega en materia fiscal son las siguientes[64]:

1. Excepcionalidad de un tratamiento fiscal favorable plenamente justificada en el sector turístico por la posición básica que ostenta de apoyo a la economía nacional.

2. Justificación evidente de un replanteamiento de las directrices de política fiscal para el sector turístico.

3. La adecuación selectiva del régimen tributario que se establezca en función de los objetivos generales del sector.

4. Reconocimiento fiscal pleno del carácter exportador de la actividad de prestación de servicios turísticos a extranjeros, sobre todo en lo referente al régimen de reserva para inversiones de exportación y en la desgravación fiscal respectiva.

5. Necesidad de adaptación del régimen de previsión para inversiones a la especificidad del sector, además de la aplicación del régimen de ac-

---

[64] Estas conclusiones son un resumen de las que presenta la ponencia en las páginas 334 a 336.

ción concertada, de un régimen de excepcional de incentivos a la renovación de empresas turísticas, y de la suspensión temporal de los impuestos municipales que recaen sobre las plusvalías no realizadas.

6. Adaptación selectiva de las nuevas inversiones sobre la base de criterios territoriales junto con incentivos que incidan sobre la rentabilidad esperada de la inversión.

7. Homogeneización de los beneficios específicos otorgables a la modernización y reestructuración de empresas turísticas con las de posible aplicación en las inversiones derivadas de procesos de asociación o concentración.

8. Reconocimiento de la deducibilidad a efectos fiscales de gastos generales en la formación de personal.

9. Posibilidad de concesión automática de moratorias fiscales al sector en situaciones de excepción.

10. Superación y eliminación de la falta de equidad tributaria entre distintos subsectores turísticos.

11. Necesidad de una comisión permanente de carácter técnico representante de los distintos organismos con competencia en el sector, que coordine la elaboración y aplicación de medidas.

El epígrafe siguiente está dedicado al estudio de la formación profesional y problemas humanos, cuyas conclusiones son las siguientes:

1. Creación de un organismo especialmente dedicado a la programación de los estudios hotelero-turísticos, divulgación y coordinación con los centros de enseñanza y promoción del profesorado y monitores de empresas.

2. Unificar en una sola rama profesional los estudios actuales de turismo y hostelería, incluyendo la integración en aquéllos de los correspondientes a los de correos de turismo, así como el de azafatas.

3. Creación de nuevos centros de enseñanza que funcionen en régimen de hoteles-escuelas, con objeto de intensificar la cualificación profesional de los actuales trabajadores de este sector, y ampliación de aquéllos actualmente en funcionamiento de enseñanza regular.

4. Estimular entre las empresas la realización de las funciones de perfeccionamiento y acción informativa permanente para sus empleados.

5. Exigibilidad de titulación profesional para el ejercicio de las distintas actividades en esta clase de empresas, manteniendo el equilibrio entre oferta y demanda de mano de obra especializada.

6. Creación de un centro de altos estudios hoteleros, con objeto de ampliación de estudios de los postgraduados y formación del empresario[65].

---

[65] *Ibídem*, p. 351.

Finalmente, el último epígrafe de la ponencia está también dedicado a un problema clave del turismo español: el de la comercialización de la oferta. Desglosa su estudio en los tres elementos esenciales del producto turístico afectado: la oferta básica, los precios y la promoción.

El primero de ellos es autocriticado en la ponencia poniéndose de relieve los aspectos negativos que debilitan la competitividad y rentabilidad del sector. Son los siguientes:

— Expansión indiscriminada y heterogénea de la oferta.
— Insuficiente desarrollo de la infraestructura.
— Deficiencia de equipamiento complementario.
— Atomización empresarial.
— Dependencia progresiva de tour-operadores extranjeros.
— Inseguridad contractual ante compromisos exteriores.
— Degradación progresiva de los servicios.
— Competencia desleal en los precios.
— Insuficiente desarrollo normativo.
— Incontrolada importación de capitales turísticos.
— Incontrolada expansión de determinado subsector (apartamentos)[66].

Al margen de estos problemas se señalan también otros como las ventas de apartamentos en el extranjero, que no son controladas plenamente por la Administración española: «Existen además otros motivos de preocupación para el Estado, ya que en múltiples casos de ventas de apartamentos turísticos en el exterior, no está claro que los capitales se importen realmente por su totalidad, o que sus rendimientos tributen lógicamente en España, circunstancia ésta que, por su parte, produce un desequilibrio de costos perjudicial al resto de los subsectores de la oferta. En especial, han de destacar en esta actividad las variedades en las que las unidades de apartamentos, de propiedad atomizada, son comercializados agrupadamente por medio de una administración intermediaria, cuya fórmula jurídica no le permite responder como entidad mercantil de tales apartamentos, ya que, según la contradictoria normativa vigente, son empresarios cada uno de los propietarios»[67].

No obstante las ventajas que se derivan para la economía española de la comercialización en el extranjero de inmuebles de apartamentos, es evidente que una reglamentación adecuada de tales actividades es imprescindible, máxime después del deterioro sufrido de la imagen turístico-comercial española tras la espectacular quiebra de la compañía Sofico que había popularizado tales sistemas de gerencia y comercialización.

Más adelante se expresa en la ponencia la preocupación por uno de los aspectos

---

[66] *Ibídem*, p. 352.
[67] *Ibídem*, p. 353.

fundamentales de la comercialización turística española al que nos referimos reiteradamente en el presente trabajo: el control del último eslabón de la cadena turística, es decir, del hotel, por los operadores turísticos extranjeros.

> Las agencias de viajes y, en mayor medida, los programadores de servicios turísticos y tour-operadores tienden a sobrepasar su mera función intermediaria controlando en lo posible todos aquellos elementos que completan el producto. Si bien estas tendencias son lógicas en el ámbito mercantil, deben destacarse las desviaciones que aparecen cuando algunas organizaciones llegan a controlar económicamente el último eslabón básico de la cadena, el establecimiento hotelero, imponiéndole condiciones e infraprecios en exclusivo beneficio de la organización y obligando además al hotel a practicar una competencia desleal. La multiplicación de estas situaciones no sólo perjudica a los establecimientos sometidos, sino que rompe las bases económicas de la oferta turística. Podrán sobrevivir, por el contrario, las empresas cuya colaboración les permita buscar su propia demanda y completar en lo posible el servicio turístico. El desarrollo de nuestra oferta turística sufre un notorio retraso respecto a aquellas tendencias integradoras beneficiándose de ello los tour-operadores extranjeros. Resulta imprescindible, por tanto, promocionar por todos los medios la integración horizontal y vertical de las empresas españolas[68].

Consciente del problema, la Administración española dio ya los primeros pasos para sentar las bases de un cambio radical de tal situación, con la promulgación de un decreto[69] sobre el fomento y creación de complejos turísticos, agrupaciones empresariales turísticas y redes o cadenas de alojamientos o de servicios turísticos, al margen de la legislación existente de carácter general sobre concentración e integración de empresas.

> En lo concerniente a un aspecto fundamental de la comercialización turística, como es el tema de los precios de la oferta turística, se señala en la ponencia la necesidad de un replanteamiento de la política seguida hasta entonces por la Administración centrando el mismo en torno a dos puntos:
>
> 1. Un riguroso control de precios mínimos, que permita la leal competencia de las empresas y la comercialización de una oferta global homogénea.
> 2. Un sistema de límites con flexibilidad reglada dentro del año. Podría servir de ejemplo la fijación de unos límites normales para temporada media, con unos factores automáticos de corrección para temporadas baja y alta lo suficientemente amplios para estimular, en el primer

---

[68] *Ibídem,* p. 354.
[69] Decreto 2482/1974 de 9 de agosto.

caso, el mayor escalonamiento posible de las vacaciones, y para alcanzar, en el segundo, el nivel de precios más consecuente con la fuerte presión de la demanda[70].

Al mismo tiempo se indica la posibilidad de una liberalización total de precios en la oferta hotelera de lujo.

Finalmente, se cierra el trabajo de esta ponencia de turismo con el análisis de la promoción de la oferta turística. En el mismo se pone en evidencia la inadecuación de nuestros medios de promoción en relación con los casi tres millones y medio de plazas de alojamiento que ofrece anualmente el país. Para potenciar consiguientemente la política de promoción turística se fijan los siguientes objetivos:

a)   Unificación de directrices promocionales.

b)   Aglutinación de los múltiples intereses privados en planes agrupados de promoción privada.

c)   Aglutinación de los sectores público y privado para la promoción conjunta.

d)   Coordinación de las campañas oficiales de propaganda.

e)   Intensificación de la promoción y de la propaganda.

Las conclusiones y recomendaciones de la ponencia en materia de comercialización son las siguientes:

1.   Se controlará el nivel de oferta en las zonas que resulten de «crecimiento mínimo», intensificando especialmente en estas zonas la modernización y mejora de la oferta existente.

2.   Se intensificará el desarrollo de la infraestructura turística, dando a estas acciones carácter de urgente necesidad en los territorios que se declaren de preferente uso turístico y centros de interés turístico nacional.

3.   Se fomentarán al máximo los procesos de concentración de empresas turísticas, en especial las de carácter vertical o escalonado de los servicios.

4.   Se dará el máximo desarrollo e impulso a los Decretos 2482, 2530 y 2623/1974 de 9 de agosto, incrementando los estímulos, si es preciso, para lograr su plena eficacia.

5.   Se creará una comisión de coordinación técnica entre los Ministerios de Información y Turismo y Hacienda, para la más eficaz regulación de los beneficios fiscales específicos que sean aplicables y la más ágil tramitación de los expedientes en los que proceda su otorgamiento, en cumplimiento de los anteriores decretos.

6.   Se procederá a una revisión de la ordenación de los apartamentos turísticos, para conseguir el debido encauzamiento y absoluto control de esta modalidad de oferta turística.

---

[70] *Ponencia de Turismo, op. cit,* p. 351.

7. Se fijará un sistema de precios de oferta de mayor flexibilidad reglada, controlando rigurosamente el cumplimiento de los niveles mínimos que se autoricen.

8. Se procurará la máxima concentración de las distintas campañas oficiales de propaganda en torno a la estructura publicitaria del turismo, con objeto de multiplicar el impacto propagandístico mediante la programación de campañas de base genérica nacional.

9. Se crearán organismos paraestatales para la ejecución de las gestiones técnicas de promoción, con el fin de lograr la máxima participación conjunta entre la Administración y el sector privado en la promoción del turismo.

10. Se efectuará una intensificación general de la promoción en sus acciones concretas tradicionales: publicidad, relaciones públicas, exposiciones, congresos, etc.

11. En el programa de inversiones públicas del Cuarto Plan de Desarrollo, para el concepto promoción del turismo quedará incorporado, en expresión cifrada, el 1 por 100 de la correspondiente previsión de ingresos por turismo en el cuatrienio de vigencia.

Bibliografía

Acosta Sánchez, J.: *Crisis del franquismo y crisis del imperialismo,* Anagrama, Barcelona, 1976.

AECIT: *La actividad turística española en 199... (varios años),* Asociación Española de Expertos Científicos en Turismo, Madrid.

Aguilar Canosa, S.: *Las adquisiciones por extranjeros de bienes inmuebles en España,* Banca Más Sardá, Barcelona, 1973.

Arcos y Cuadra, C.: *De las grandes ventajas económicas que producirá el desarrollo del turismo en España,* Banca Más Sardá, Barcelona, 1974.

Arespacochaga y Felipe, J.: *Turismo y desarrollo económico,* Documentos económicos, Servicio Informativo Español, Madrid, 1967.

Arespacochaga y Felipe, J.: *Los problemas urbanísticos en las zonas de turismo,* Ministerio de Información y Turismo, Madrid, 1966.

Arrillaga, J.: *El turismo y la economía nacional,* Editora Nacional, Madrid, 1955.

Arrillaga, J.: *Sistema de política turística,* Aguilar, Madrid, 1955.

Arrillaga, J.: *El desarrollo del turismo,* Instituto de Estudios Políticos-Editora Nacional, Madrid, 1963.

Arrillaga, J.: *Ensayos sobre turismo,* Editur, Barcelona, 1962.

Banco Internacional de Reconstrucción y Fomento: *El desarrollo económico de España,* 3.ª ed., Oficina de Coordinación y Programación Económica, Madrid, 1962.

Borja Solé, L.: *Fundamentos de economía de la empresa turística,* Barcelona, 1983.

Bote Gómez, V.: *Planificación económica del turismo: de una estrategia masiva a una estrategia artesanal,* Editorial Trillas, México, 1990.

Bru, L.: *El crédito hotelero en España,* Instituto de Estudios Turísticos, Madrid, 1964.

Burkart y Medlink: *Tourism, past, present and future,* Heinemann, Londres, 1974.

Cals, J.: *Turismo y política turística en España: una aproximación,* Editorial Ariel, Esplugues de Llobregat, 1974.

Candilis, G.: *Arquitectura y urbanismo del turismo de masas,* Gustavo Gili, Barcelona, 1973.

Clavera, J. y otros: *Capitalismo español: De la autarquía a la estabilización (1939-59),* 2 tomos, Cuadernos para el Diálogo, Madrid, 1973.

Cuadrado Roura, J. R.: *Las inversiones extranjeras en España: una reconsideración,* Universidad de Málaga, 1975.

Estapé, F.: *Ensayos sobre economía española,* Ariel, Esplugues de Llobregat, 1972.

Esteve Secall, R.: *Turismo, ¿democratización o imperialismo?,* Universidad de Málaga-Mancomunidad de Municipios de la Costa del Sol Occidental, Málaga, 1983.

Esteve Secall, R.: *Un nuevo modelo turístico para España,* Universidad de Málaga, Málaga, 1991.

Esteve Secall, R.: *Ocio, turismo y hoteles en la Costa del Sol,* Diputación Provincial de Málaga, Málaga, 1982.

Fernández Álvarez, J.: *Curso de Derecho Administrativo Turístico,* 2 tomos, Editora Nacional, Madrid, 1974.

Fernández Álvarez, J.: *Aportaciones a la historia del turismo en España,* Editora Nacional, Madrid, 1965

Fernández Fuster, L.: *Historia general del turismo de masas,* Alianza, Madrid, 1991.

Fernández Fuster, L.: *Geografía general del turismo de masas,* Alianza, Madrid, 1991.

Fernández Fuster, L.: *Teoría y técnica del turismo,* 2 tomos, Editora Nacional, Madrid, 1967.

Figuerola Palomo, M.: *Turismo de masas y sociología. El caso español,* BET, OMT, 1976.

Figuerola Palomo, M.: *Economía turística,* Madrid, 1979.

Figuerola Palomo, M.: *Teoría económica del turismo,* Alianza, Madrid, 1985.

Figuerola Palomo, M.: *Previsión matemática del desarrollo turístico español,* Instituto de Estudios Turísticos, Madrid, 1971.

Fraga Iribarne, M.: *Horizonte español,* Madrid, 1966.

Fraga Iribarne, Velarde Fuertes, y Del Campo (dirs.): *La España de los años 70,* Editorial Moneda y Crédito, Madrid, 1973.

Fuentes García, R.: *El turismo rural en España,* Ministerio de Comercio y Turismo, Madrid, 1996.

Gabinete de Estudios de la Delegación Nacional de Prensa, Propaganda y Radio del Movimiento: *Nuevo horizonte del turismo español,* Ediciones del Movimiento, Madrid, 1962.

Gámir, L. (coord.): *Política económica de España,* Alianza, Madrid, 1980.

Garcés, J. E.: *Soberanos e intervenidos. Estrategias globales, americanos y españoles,* Siglo XXI de España Editores, Madrid, 1996.

García Delgado, J. L. (ed.): *La crisis de la Restauración. España entre la Primera Guerra Mundial y la II República,* Siglo XXI, Madrid, 1986.

García Delgado, J. L.: *Santiago Alba. Un programa de reforma económica en la España del primer tercio del siglo xx,* Instituto de Estudios Fiscales, Madrid, 1989.

García Delgado, J. L., y Segura, J.: *Reformismo y crisis económica. La herencia de la dictadura,* Editorial Saltés, Madrid, 1977.

Gaviria, M.: *El escándalo «Court Line». (Bancarrota del turismo español),* Cuadernos para el Diálogo, Colección Los Suplementos, núm. 57, Madrid, 1975.

Gaviria, M.: *Benidorm, ciudad nueva,* Editora Nacional, Madrid, 1978.

Gaviria, M.: *España a go-go. Turismo chárter y neocolonialismo del espacio,* Ediciones Turner, Madrid, 1974.

Gaviria, M. y otros: *Turismo de playa en España,* Ediciones Turner, Madrid, 1975.

Herrero Anguita, J.: *Estudio del turismo y proyecto para su desarrollo en España mediante la creación de un Consejo Nacional y constitución de la Compañía Hispano-Americana de turismo,* Requesens, Barcelona, 1926.

Instituto Español de Turismo: *Tabla input-output de la economía turística española. Tabla básica aproximada, 1970,* IET, Madrid, 1975.

Instituto Español de Turismo: *Tabla input-output de la economía turística española. 1974,* IET, Madrid, 1977.

Lavour, L.: *El turismo en su historia,* Editur, Barcelona, 1974.

López Muñoz, A.: *Capitalismo español: una etapa decisiva,* Zero, Madrid, 1970.

Marqués de la Vega Inclán: *Turismo en España,* Madrid, 1927.

Muñoz Casayus, A.: *El turismo en sus aspectos social y económico,* La Cadiera, Zaragoza, 1959.

Nasarre Alastruey, R.: *Las urbanizaciones particulares. La ley del suelo ante el fenómeno turístico,* Editorial Montecorvo, Madrid, 1973.

OECE: *Informe sobre la economía española,* Oficina de Coordinación y Programación Económica, Documentación Económica, núm. 4, Madrid, 1959.

Palomino, A.: *El milagro turístico,* Plaza y Janés, Esplugues de Llobregat, 1972.

Paniagua, F. J.: *La ordenación del capitalismo avanzado en España: 1957-1963,* Anagrama, Barcelona, 1977.

Plaza Prieto, J.: *Turismo y balanza de pagos,* Ministerio de Información y Turismo, Madrid, 1954.

Prats, F.: *Turismo y medio ambiente. La sostenibilidad como referencia,* Secretaría General de Turismo, Madrid, 1994.

Pulido San Román, A.: *Introducción a un análisis econométrico del turismo,* Instituto de Estudios turísticos, Madrid, 1966.

Roldán, S.; García Delgado, J. L., y Muñoz, J.: *La consolidación del capitalismo en España,* Confederación Española de Cajas de Ahorro, Madrid, 1974.

Román, M.: *Los límites del crecimiento económico en España. 1959-1967,* Editorial Ayuso, Madrid, 1972.

Ros Hombravella, J. y otros.: *Capitalismo español: De la autarquía a la estabilización (1939-1959),* 2 tomos, Editorial Cuadernos para el Diálogo, Madrid, 1973.

Secretaría General Técnica de la Presidencia del Gobierno: *Los Pactos de la Moncloa,* Madrid, 1977.

Secretaría General de Turismo: *Libro blanco del turismo español,* Madrid, 1990.

Secretaría General de Turismo: *Plan marco de competitividad del turismo español,* Madrid, 1992 y 1996.

Servicio de Estudios del Banco Urquijo: *La economía española en la década de los 80,* Alianza, Madrid, 1982.

Tamames, R.: *La República. La Era de Franco,* Alianza Editorial-Alfaguara, Madrid, 1973.

Tamames, R.: *Estructura económica de España,* 3 tomos, 7.ª ed., Guadiana de Publicaciones, Madrid, 1974.

Tamames, L., y Tamames, R.: *Introducción a la Constitución Española,* 5.ª ed., Alianza, Madrid, 1991.

Traver Tomás, V.: *El Marqués de la Vega-Inclán,* Dirección General de Bellas Artes, Fundaciones Vega-Inclán, Castellón, 1965.

Tuñón de Lara, M.: *España, 1898-1936: Estructuras y cambio,* Editorial de la Universidad Complutense de Madrid, 1984.

Varela Parache, F.: *Industria turística internacional,* en la obra colectiva dirigida por E. Fuentes Quintana, *El Desarrollo Económico de España. Juicio crítico del informe del Banco Mundial,* Editorial Revista de Occidente, Madrid, 1963.

Varios: *Horizonte español 1966 (tomo I),* Cuadernos de Ruedo Ibérico (Suplemento 1966), Ediciones Ruedo Ibérico, 1966.

Varios: *España en el desarrollo mediterráneo,* Tiempo de España II, Ínsula, Madrid, 1975.

Varios: *Mercado y desarrollo económico en la España contemporánea,* Siglo XXI, Madrid, 1986.

Vázquez Montalbán, M.: *La penetración americana en España,* Editorial Cuadernos para el Diálogo, Madrid, 1974.

Velarde Fuertes, J.: *Política económica de la Dictadura,* Guadiana, Madrid, 1968.

Velarde Fuertes, J.: *Sobre la decadencia económica de España,* Tecnos, Madrid, 1967.

Vila Fradera, J.: *La gran aventura del turismo en España,* Editur, Barcelona, 1997.

Viza Caball, J.: *Valorización del descanso. (Dopolavoro español),* Editorial Española, Burgos, 1937.

Viñas, A.; Viñuela, J.; Eguidazu, F.; Pulgar C. F., y Florensa S.: *Política comercial exterior en España (1931-1975),* Banco Exterior de España, Madrid, 1979.

ALGUNOS TÍTULOS PUBLICADOS